2015

崇义年鉴

CHONGYI YEARBOOK

《崇义年鉴》编纂委员会　编

方志出版社
Publishing House of Local Records

图书在版编目（CIP）数据

崇义年鉴．2015 / 《崇义年鉴》编纂委员会编。-- 北京：方志出版社，2015.9

ISBN 978-7-5144-1734-0

Ⅰ．①崇… Ⅱ．①崇… Ⅲ．①崇义县-2015-年鉴 Ⅳ．①Z525.64

中国版本图书馆 CIP 数据核字（2015）第 245677 号

崇义年鉴（2015）

编　　者：《崇义年鉴》编纂委员会
责任编辑：刘方圆

出 版 人：冀祥德
出 版 者：方志出版社
地址　北京市朝阳区潘家园东里 9 号（国家方志馆 4 层）
邮编　100021
网址　http://www.fzph.org
发　　行：方志出版社发行中心
电话（010）67110500
经　　销：各地新华书店
印　　刷：赣州市康达印刷有限公司

开　　本：889×1194　　1/16
印　　张：26.5
字　　数：824 千字
版　　次：2015 年 9 月第 1 版　2015 年 9 月第 1 次印刷
印　　数：001 ～ 700 册

ISBN 978-7-5144-1734-0　　定价：260.00 元

编辑说明

一、《崇义年鉴（2015年）》是由中共崇义县委领导、崇义县人民政府主办的具有公报性质的综合性地方年鉴。它记载崇义县经济和社会发展的主要情况，收录年度性主要文献，具有汇集资料、信息、史料等功能。

二、《崇义年鉴（2015年）》以马列主义、毛泽东思想、邓小平理论、“三个代表”重要思想和科学发展观为指导，贯彻落实中共中央总书记习近平一系列重要讲话精神和中央“八项规定”，全面、真实、客观地记载2014年崇义人民在积极投身改革开放和社会主义现代化建设所取得的成功经验及全县经济和社会发展的成就和现状，为社会各界了解、认识、研究和投资崇义提供全面、系统的信息资料。

三、《崇义年鉴（2015年）》采取分类编辑法，以篇目、类目、条目组成框架结构的主体部分，在少数分目中，增加了子目的层次。全书条目标题统一用黑体加【】表示，个别包含多方面资料的条目则在段落间加插楷体标题提示，以便读者查阅。

四、《崇义年鉴(2015年)》主要载录崇义县2014年经济社会发展的基本资料，设有26个篇目。篇目依次为：特载、大事记、地情、党政机关、人民团体、法治、军事机构、经济综合管理、农林水利、工业·企业、公路·交通、城市建设·环境保护、商贸、邮政·电信、旅游·宾馆、财政·税务、金融业、科技·气象、文化·广播·电视、教育、卫生·体育、社会事务、乡镇、人物·荣誉录、国民经济社会发展统计资料、附录等。除内文外，还设置彩页，力求做到图文并茂，并增加直观感。

五、本年鉴初稿由各部门(单位)、乡镇及驻县单位提供，经县地方志办公室人员编辑，并经各自单位领导审核，再由县地方志办公室人员校稿，方才成稿。

六、书中“统计资料”由县统计局提供。中高级技术人员名单由县人力资源和社会保障局提供。书中所刊其他数据，除国家统计部门正式公布的外，均由崇义县各有关单位提供，并经供稿单位审核。由于来源、统计方法或使用角度不同，不同部门提供的同项数据有不一致的可能，如遇同一项目或名称的数据不一致时，应以统计部门公布的数据为准。

七、本年鉴上限自2014年1月1日，下限至2014年12月31日止，为一年一鉴，彩页图片内容截至时间与年鉴上下限时间有所突破。

八、《崇义年鉴(2015)》的编辑出版工作得到各撰稿单位及各方面的热情关怀和大力支持，在此谨表谢意。对本书的疏漏之处，敬请各界批评指正，以便改进我们的工作。

CHONGYI YEARBOOK

崇义县地方志编纂委员会

《崇义年鉴》编辑部

审稿人员和撰稿人员名单

（此表按年鉴类目顺序排列）

单 位	审稿人员	撰稿人员
县委办	刘昌恒	黄郁亮
组织部	陈欣欣	刘承俊 朱建文
宣传部	邓玉金	鲁 静
统战部	肖玉明	肖辉平
老干局	张彩兰	郭崇秀
关工委	黄俊衍	张积华
党 校	田长文	刘宝华 吴志勇
台 办	钟连华	桂林红
县直工委	陈欣欣	程兰香
党史办	林席常	罗宏香
信访局	罗昌福	黄上贵
人大办	罗文波	刘玉梅
人力资源和社会保障局	吴为远	夏慈禹
编 办	范美蓉	刘中华
政府办	杜书福	罗丕津
外侨办	肖小勇	罗军华
民宗局	郭雪梅	兰和远
接待办	黄名兰	黄 慧
机关事务管理局	梁 宏	肖 平
行政服务中心	王小明	阳振奎
档案局	周 杰	肖叶扬
县志办	黄 萌	郭文良
政协办	林发良	卢慧君
纪 委	李祥鑫	曾 杨
总工会	余启良	殷才发 刘禄生
团县委	叶子卿	何 娟
妇 联	舒 莉	易彩云
社 联	邓玉金	鲁 静
文 联	邓玉金	鲁 静
个 协	赖 兵	黄先远
消 协	赖 兵	张建林
老年体协	李水源	朱才坪
慈善会	刘仁花	古春招
工商联	钟才红	肖辉霞
科 协	戴晓剑	谢宝龙
残 联	钟德胜	陈诗辉
政法委	罗光亮	曹月华
人民法院	李舒文	赖春阳
检察院	邱忠东	张剑锋
公安局	李锦龙	胡益和
交管大队	陈名生	朱鹏华
森林公安局	刘天钱	黄明毅
司法局	钟 霞	眭启胜
人武部	党生维	宋 赟 蒋家盛
武警中队	连宇锭	应 涛
消防大队	汪 华	李志强

单位	审稿人员	撰稿人员
人民防空	钟林生	李鸿金
发改委	汤新敏	廖 军
统计局	杨卫星	张道树
物价局	罗宗夫	何昌华 黄文知
工商局	赖 兵	郭名华 黄志伟
安监局	黄上贵	赖静虹
质监局	钟 昱	钟 玲
审计局	陈年高	王志标
国土局	曹梦飞	陈丽芸
矿管局	周厚林	王明月
农工部	李秀松	罗四平
农粮局	张溯文	夏 菁
林业局	廖继洪	刘建明
果茶局	刘德浪	朱恩丰
水利局	陈海波	雷建燕
农机局	兰晓明	朱耀辉
工信局	曾宪瑞	刘世聪
民营企业管理局	刘章伟	罗小红
供电公司	魏华东	李翠松
章源钨业	赖昌洪	罗 翔
耀升钨业	刘小平	甘业书
长飞矿业	黄先庆	张功浩
林业股份有限公司	黄上富	何泽全
红杉木业	余先华	王全玲
华森竹业有限公司	李英长	古和群
齐云山食品有限公司	刘志高	黄丽萍
君子谷	刘崇衡	李优兰
威克曼实业有限公司	刘显亮	谢仁平

单位	审稿人员	撰稿人员
清泉水业有限公司	叶吉茂	黄 炜
公路分局	刘志强	王瑞亭
交通局	肖保东	范敦辉
高速办	刘德福	甘有松
海事处	黄盛辉	谢弟海
城建局	黄夏晓	成海龙
城管局	余 剑	邹 华
房管局	陈国玮	余秀平
环保局	黄海荣	肖宝光
商务局	吴春娣	吴宝春
供销社	陈昌建	赖兴华
粮食流通服务中心	谢小林	吉冬玲
烟草专卖局	黄春海	李祥辉
石油公司	杜晓桃	刘雅琴
邮政局	张红生	何雪梅
电信公司	戴训华	石家松
移动公司	唐小波	谢祥燕
联通公司	上官尉歆	倪贵莲
旅游局	罗德明	刘 娟
耀升国际饭店	郭名宝	朱佩锦
崇义宾馆	曾玉良	郭兰萍
财政局	赖楚彦	徐 程
国投公司	刘 宇	肖 焱
林投公司	邓舜桂	肖金凤
章江源旅游发展公司	王国凡	谢 青
国家税务局	钟永钰	刘厚华 钟 平
地方税务局	彭廷佐	肖丽芳
人民银行	廖永鸿	陈永忠
银监办	黄念标	熊 晖

单　位	审稿人员	撰稿人员
工商银行	黄继锋	彭义林
中国银行	曾明华	陈昌燕
建设银行	谢　莉	刘声辉
农业银行	刘海涛	刘光辉
农村信用合作联社	叶　虎	黄积平
赣州银行	邓　忠	周颖烨
邮政储蓄银行	何庆栋	杨　兰
银座村镇银行	阳士昆	张文婷
住房公积金中心	黄甫海	钟立琼
人保财险股份有限公司	陈运权	古乃萍
人寿保险股份有限公司	钟　勤	黎纯敏
太平洋人寿保险公司	廖新玲	张功绩
科技局	邱志坚	吴晓燕
气象局	李连星	林世豪
文广局	张昌忠	黄六月
广播电影电视新闻中心	朱伦真	郑　旸
广电网络公司	肖秋生	郭太鑫
新华书店	李德明	肖芳烈
教育局	赖奇林	朱运金
教师进修学校	肖敦高	林立新
崇义中学	刘明军	钟宝平
职业中专	朱耀军	杨清宁
章源中学（崇义三中）	阳孝珍	曾照晖
横水中学（崇义四中）	刘荣建	杨清明
城关小学	曾宪灵	罗昌峰
章源中英文实验小学	肖海长	吴世运
城关幼儿园	温晓敏	朱忠莲
卫生局	张兴鸿	陈开华
药监局	陈俊源	陈　炜
疾控中心	张青生	肖　青

单　位	审稿人员	撰稿人员
卫生监督所	肖厚忠	李英勇
人民医院	刘事明	杜书锋
中医医院	刘才桂	邹兴明
妇幼保健院	刘彩萍	刘春义
皮防所	方　莲	王嘉连
体育局	卢和瑄	王　平
民政局	刘文泽	余席珠
人口与计划生育委员会	杨小红	彭文斌
扶贫和移民办	李发平	黄美峰
社保局	刘清华	刘　娟
医保局	甘东升	郭惠亮
就业局	梁　宏	余怀敏
农保局	王俊斌	刘　扬
横水镇	曾俊辉	黄权红
铅厂镇	肖鸿斌	黄圣强
长龙镇	叶新生	罗　斌
扬眉镇	熊晓琼	彭良龙
龙勾乡	卢鑫平	温常明
关田镇	胡爱忠	李景德
聂都乡	田长征	廖春燕
文英乡	陆水明	程俊杰
乐洞乡	徐丽清	兰治科
丰州乡	张　滟	魏采月
过埠镇	陈相聿	王受坚
上堡乡	温华锦	卢　茜
麟潭乡	刘秋兰	刘　亭
思顺乡	钟　瑞	黄少华
金坑乡	谢才丰	张　婷
杰坝乡	王玉清	江　兵

2014 · 崇义荣誉

■荣誉称号
■获得荣誉单位或项目
■荣誉颁发部门

国家农民合作社示范社
长兴竹产业专业合作社
农业部、国家发展和改革委员会、财政部、水利部、国家税务总局、国家工商行政管理总局、国家林业局、中国银行业监督管理委员会、中华全国供销合作总社等九部委联合

中国重要农业文化遗产
江西崇义客家梯田系统
农业部

全国教育系统先进集体
崇义职业中专
人力资源和社会保障部 教育部

第四批全国计划生育基层群众自治示范村（居）
崇义县扬眉镇小姑村
中国计划生育协会

南京青奥会少儿田径体育启蒙活动三等奖
城关小学
南京青奥组委会文化教育部、国际田联地区发展中心·北京

2014 — 2015 年全国啦啦操联赛（南昌站）花球课间啦啦操示范动作第一名
城关小学
全国啦啦操比赛组织委员会、国家体育总局体操运动管理中心、中国大学生体育协会、中国中学生体育协会

2014 — 2016 年全国啦啦操联赛（南昌站）街舞示范动作第一名
城关小学
全国啦啦操比赛组织委员会、国家体育总局体操运动管理中心、中国大学生体育协会、中国中学生体育协会

2013 年度全省开放型经济先进企业 （牌匾）
章源钨业股份有限公司
省委、省政府

2014 年度全省人口和计划生育工作二等奖
崇义县
省政府

2014·数字崇义

国土面积	2206.27 平方千米
年末总户数	64376 户
年末总人口	214557 人
农业人口	178651 人
非农业人口	35906 人
乡镇数	16 个
村（居）委会数	124 个
全县生产总值	629940 万元
第一产业	94155 万元
第二产业	373398 万元
第三产业	162387 万元
规模以上工业总产值	1015370 万元
规模以上工业增加值	270403 万元
农业总产值	136966 万元
全社会用电量	34343 万千瓦·时
工业用电量	25221 万千瓦·时
人均生产总值	33102 元
财政总收入	96000 万元
人均财政总收入	4475 元
城镇居民人均可支配收入	19528 元
年末在岗职工人数	12914 人
在岗工平均工资	40068 元
农民人均可支配收入	6845 元
年末各项存款余额	636255 万元
个人存款	384909 元
年末各项贷款余额	494451 万元
短期贷款	348326 万元
中长期贷款	143606 万元
粮食作物播种面积	110767 亩
粮食作物总产量	44481 吨
固定资产投资完成	334091 万元
国有企业投资完成	91979 万元
私营企业投资完成	75796 万元
房地产开发投资完成	23544 万元
新增固定资产	289765 万元
房屋竣工面积	72.83 万平方米
社会消费品零售总额	117590.0 万元
普通中学学校数	15 所
普通中学在校学生	10549 人
普通中学专任教师	718 人
中等职业学校数	1 所
职业高中在校学生	1622 人
职业高中专任教师	131 人
小学学校数	110 所
小学学校人数	17634 人
小学专任教师	916 人
幼儿园数	77 所
在园幼儿	8525 人
卫生机构总数	28 所
医院	5 所
卫生院	18 所
妇幼保健院	1 所
卫生监督所	1 所
疾病预防控制中心	1 所
皮肤病防治所	1 所
农医中心	1 所
病床总数	757 张
卫生技术人员	1033 人

江西省地图发行站 编制

崇义县民政局 监制

崇义县政区图
比例尺 1:220000
上犹县
（东山镇）
梅水乡
（梅子坝）
陡水镇
黄埠镇
龙华
（新圩上）
至赣州
南康区
朱坊
（朱坊村）
横寨
（田下）
赤土畲族
（大街上）
龙勾乡
扬眉镇
长龙镇
崇义县
（横水镇）
横水镇
（沿江路）
左拔镇
樟头镇
新城镇
青龙镇
黄龙镇
大余县
（南安镇）
至南雄
至南康
广东省
上犹江
扬眉江
章江
康大高速公路
821.2▲笔架山
868.2▲尖峰顶
495.0▲大棚山
671.2▲鸡冠寨
1038.7▲八仙墙
拱桥头
笔架山
涌洞
弯背
石皮
长潭
中洞
柑坑子
赖屋
李屋
下坑
上锁口
黄秋洞
下獭坑
鹿坑
下村
乌坑
泥坑
渡山半坑
下姜家洞
桂竹庵
石门子
上姜家洞
官坑垄
上坪山
大坪子
新坑
吊足洞
照水面
小新坑
枫树角
大密
荒田坑口
羊坳背
何屋
中心坑
盆形
各牛坪
下村
塘湾
观音堂
茶滩
牛牯洞
横排山
矮寨子
寨下
车前坝
三坑
横田塍
谢屋
塔下
麻土
金竹窝
萝卜巷
锡家山
横水
彩棚背
中心坑
中营
东边排上
上营
十八面
湾背
石门子
龙潭下
龙潭垴
老营场
川坳背
坑尾
黄垄坑口
小摆
大坝里
大摆
北坑尾
邓屋
南田
大板桥
上洞子
横坑里
下陂水
沈埠畲族
龟形
拨萃
黄田
长龙
葫芦
石屋
鹅公龙
黄陂排
高陂
跌死黄牛
天门山
竹山下
双坝
老棚坑
桂花树下
龙垴
茅坪
下塘
新溪
岩前
磨形
下棚
上庙
野猪窝
蓑衣塘
塘窝里
中山
上山
老虎石
老罗坑
官溪口
玉坑
黄石坑
桔水垴
山口
龙头
井背
石罗
下东山
黄泥排
贯前
义安
小杰
砂窝里
上庵子
长坑尾
塘孜头
杨眉角
寺里
东山
朱坊里
牛轭
田头下
龙勾
良田
营上
陈文石
寮背坑
新郭屋
茶头窝
合坪
大岸
乌石头下
石塘
九姑前
水口
华坪
坪田
扬眉寺
南石
桥头
华芦
正元里
白枧
小姑
下龙子
中坑口
湾坝
高排
阳星
藤桥面
庄子前
吃水湾
珠子湖
太坪山
大坪坑口
牛形
图例
县行政中心
乡、镇政府
村委会
自然村
河流及流向
大型水库
桥梁
高速公路
国道
省道
县、乡道
村道
省界
县、区界
乡、镇界
1275.6▲云山
山峰及高程
附注：本图内境界仅供参考，不作为解决边界争议的依据。

二〇一四年八月

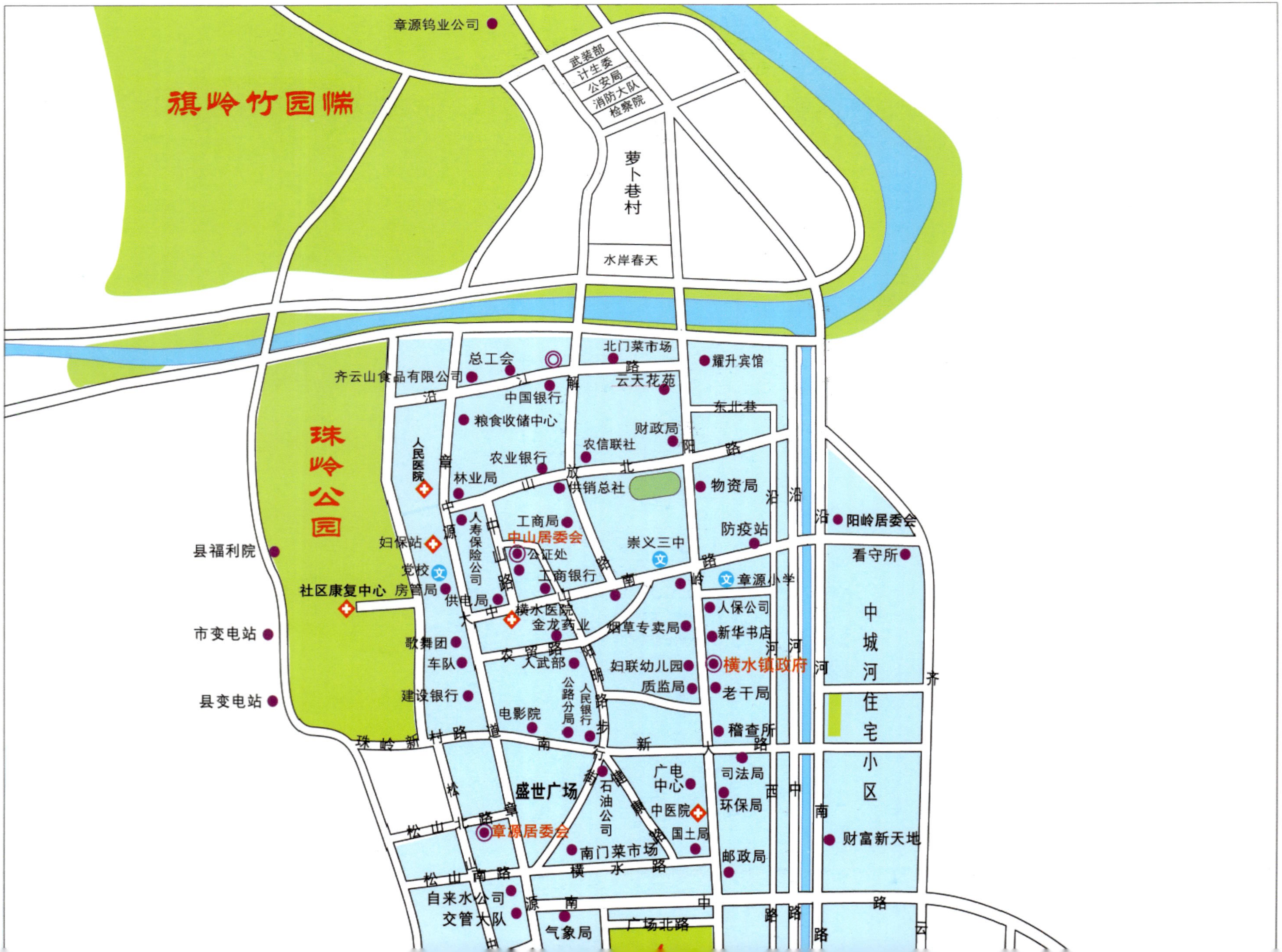
旗岭竹园牍
章源钨业公司
武装部
计生委
公安局
消防大队
检察院
萝卜巷村
水岸春天
珠岭公园
县福利院
市变电站
县变电站
社区康复中心
齐云山食品有限公司
总工会
北门菜市场
耀升宾馆
云天花苑
中国银行
东北巷
粮食收储中心
财政局
农信联社
农业银行
人民医院
林业局
供销总社
物资局
工商局
中山居委会
公证处
崇义三中
防疫站
阳岭居委会
看守所
妇保站
党校
房管局
人寿保险公司
工商银行
章源小学
供电局
横水医院
金龙药业
烟草专卖局
人保公司
新华书店
歌舞团
车队
人武部
妇联幼儿园
横水镇政府
质监局
老干局
建设银行
电影院
公路分局
人民银行
稽查所
中城河住宅小区
司法局
广电中心
盛世广场
石油公司
中医院
环保局
章源居委会
国土局
南门菜市场
邮政局
财富新天地
自来水公司
交管大队
气象局
广场北路
珠岭新村路
松山路
松山南路
横水路
章源南路
中山路
阳北路
沿河路
新南路
步行街
齐云路

崇义县城区图

公务大楼
政务大楼
国税局
体育路
体育局
奥林匹克广场
崇义一中
城西阳光小区
南门加油站
南门医院
贵竹购物广场
法院
岭移动公司
教育局
矿产局
民政局
鸿福苑
耀升国际饭店
水利局
瑞丰小区
汽车客运站
大余方向
扬眉方向
环城路
上岗路
竹东路
沿河路
中路
新华道
复兴
上营
城南路
大道
文
阳
道

县领导

县委书记
许志辉

县委副书记
县政府县长 许 斌

县委副书记
县政府副县长 卫虹霞

县委副书记
县政府副县长 钟 斌

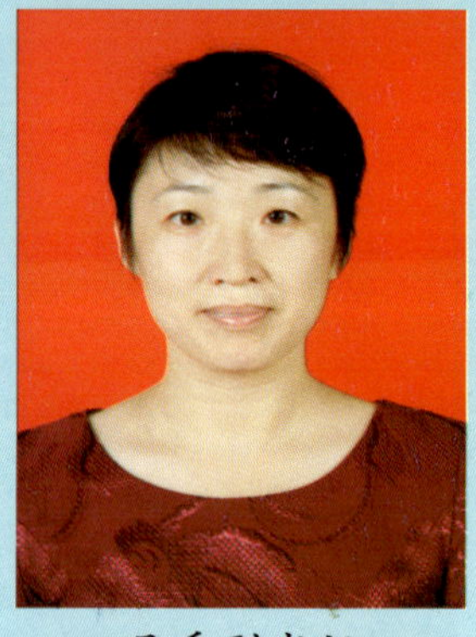
县委副书记
组织部长 黄 华

人大主任
郭 兰

政协主席
陈金发

县委常委、纪委书记
杨忠万

县委常委
宣传部部长 刘洪梅

县委常委、县政府
常务副县长 李贱贵

县委常委
政法委书记 何 琳

县委常委、副县长
边建忠

县委常委、人武部
政委 党生维

人武部部长
金仁贵

人大副主任
余启良

人大副主任
刘立伟

人大副主任
汤名东

人大副主任
郭远君

人大副主任
刘向民

人大副主任
康仁宝

县政府副县长
谢 筠

县政府副县长
王子康

县政府副县长
刘春香

县政府副县长
易 龙

县政府副县长
钟 洁

县政府副县长、
公安局局长 黄小波

政协副主席
刘小明

政协副主席
刘红卫

政协副主席
陆芳锋

政协副主席
黄义华

政协副主席
吴忠浩

政协副主席
黄名兰

政协副调研员
肖青云

法院院长
李舒文

（截至2014年12月31日）

乡镇、单位领导

横水镇党委书记
曾宪炳

横水镇镇长
曾俊辉

铅厂镇党委书记
肖鸿斌

铅厂镇镇长
刘宏春

长龙镇党委书记
张小兰

长龙镇镇长
叶新生

过埠镇党委书记
刘文辉

过埠镇镇长
胡朝臻

扬眉镇党委书记
熊晓琼

扬眉镇镇长
华伦勇

关田镇党委书记
李复金

关田镇镇长
胡爱忠

龙勾乡党委书记
卢鑫平

龙勾乡乡长
唐芳浩

思顺乡党委书记
黄炜华

思顺乡乡长
钟　瑞

上堡乡党委书记
张朝晖

上堡乡乡长
温华锦

麟潭乡党委书记
肖开朗

麟潭乡乡长
庄珍财

杰坝乡党委书记
樊　斌

杰坝乡乡长
吴　岚

金坑乡党委书记
谢才丰

金坑乡乡长
吕京辉

丰州乡党委书记
成　涛

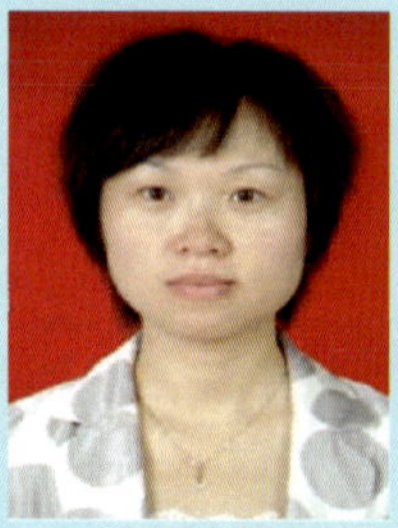
丰州乡乡长
张　滟

聂都乡党委书记
田长征

聂都乡乡长
陈允康

文英乡党委书记
廖家文

文英乡乡长
陆水明

乐洞乡党委书记
徐丽清

乐洞乡乡长
刘德斌

县委办主任
刘昌恒

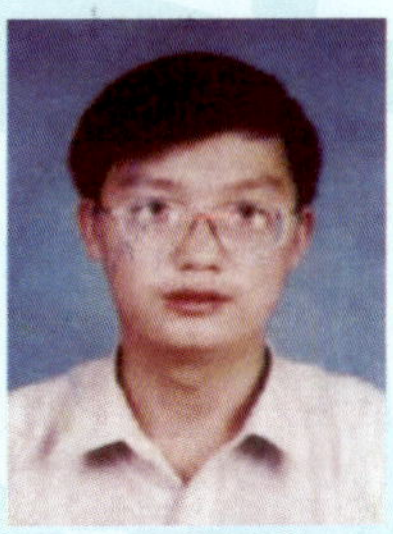

人大办主任
罗文波

政府办主任
杜书福

政协办主任
林发良

纪委副书记、监察局局长 李祥鑫

组织部副部长、人社局局长 成 松

组织部副部长、老干局局长 张彩兰

组织部副部长、直属工委书记 陈欣欣

发改委主任
汤新敏

物价局局长
罗宗夫

信访局局长
罗昌福

财政局局长
赖楚彦

审计局局长
黄志军

计生委主任
杨小红

司法局局长
刘乔夫

民政局局长
刘文泽

卫生局局长
郑建军

林业局局长
罗福生

水利局局长
陈海波

工信局局长
曾宪瑞

宣传部副部长、文广局局长 张昌忠

宣传部副部长、广电新闻中心主任 朱伦真

安监局局长
黄上贵

农工部部长
李秀松

农粮局局长
张湖文

城建局局长
黄夏晓

房管局局长
陈国玮

国土局局长
曹梦飞

统计局局长
杨卫星

环保局局长
黄海荣

团县委书记
叶子卿

妇联主席
郭继莲

商务局局长
吴春娣

科协主席
戴晓剑

残联理事长
钟德胜

行管办主任
刘清华

党校常务副校长
田长文

城管局局长
肖保东

扶贫和移民办主任
李发平

档案局局长
周　杰

县志办主任
黄　萌

党史办主任
林席常

外侨办主任
肖小勇

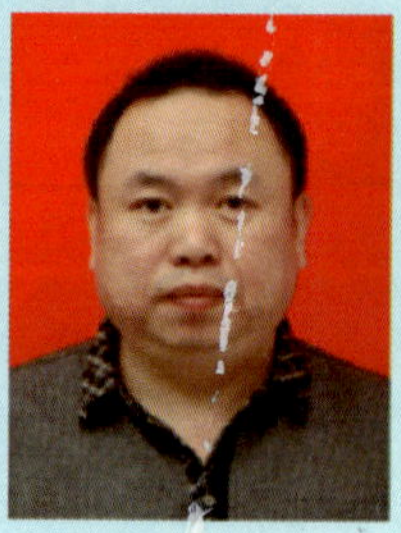
人防办主任
钟林生

科技局局长
邱志坚

旅游局局长
罗德明

供销社主任
陈昌建

药监局局长
邹能璋

农机局局长
兰晓明

体育局局长
卢和瑄

果茶局局长
刘德浪

民营企业管理局局长
刘章伟

粮食流通中心主任
谢小林

国税局局长
曾剑锋

地税局局长
何启菲

烟草专卖局局长
吕先庆

人民银行行长
廖永鸿

中国银行行长
曾明华

农业银行行长
曾　涛

工商银行行长
黄继锋

建设银行行长
兰恩涛

赣州银行行长
肖日东

农信联社理事长
叶　虎

邮政储蓄银行
行长 何庆栋

银座村镇银行
行长 阳士昆

工商局局长
赖　兵

质监局局长
钟　昱

中国人寿经理
钟　勤

气象局局长
李连星

公路局局长
刘志强

邮政局局长
张红生

电信公司总经理
戴训华

网络公司总经理
肖秋生

住房公积金主任
黄甫海

海事处主任
黄盛辉

（截至2014年12月31日）

黄 啸《云涌阳岭》赣南苏区振兴发展图片展 佳作奖

刘 云《梦幻梯田》中国•赣州“客家摇篮”国际摄影大展 铜奖

杨卫平 《客家梯田》“客家圣地•美丽家乡”赣粤闽三市摄影作品联展 优秀奖

崇义风光

黄啸 《无限风光在险峰》 第二届“今日中国”全国艺术摄影大赛 三等奖

江克平《库区风光》中国●赣州“客家摇篮”国际摄影大展 优秀奖

全民健身

12月12日，2014年全国群众登山健身大会闭幕式暨“中国体育彩票杯”中国阳岭登山邀请赛在阳岭国家森林公园举行。

3月21日至23日，“2014 年中国、美国、立陶宛、澳大利亚四国青年男篮巅峰争霸赛”在崇义县举办。

11月16日完成施工并交付使用的新奥林匹克足

全民健身

9月5日至10月28日举办“2014崇义县全民运动会”

2014年崇义县“全民健身日”活动暨全民运动会启动仪式

坚守社会主义核心价值观--奥运冠军赣南(崇义)行

农业

刺葡萄栽培技术培训班

刺葡萄栽培技术现场指导

送科技下乡活动

送科技下乡活动

城市建设

阳岭新城
一角

北门一角

水利局

全县农业农村暨防汛工作会议

水利局组织民兵应急分队
在阳岭水库开展水上舟艇实战演练

县城防洪工程中城河段实景

县城防洪工程章源工业园段
施工现场

扬眉河堤工程场景

2014年，水利局在县委、县政府的正确领导下，紧紧抓住水利改革发展这条主线，坚持科学发展观，努力构建人水和谐社会，以水资源的可持续利用保障经济社会的可持续发展为目标，与时俱进，开拓创新，进一步加强水利基础设施建设、水利改革发展，水利建设取得了长足发展。

一、水利工程建设情况

1、小型农田水利重点县工程。2014年冬春完成了5个乡镇小型农田水利重点县项目建设，共完成投入2150.92万元。崇义县经过3年第一轮小型农田水利建设，争取上级资金累计投入3900多万元，完成改造全县16个乡镇灌溉设施规划内容，3年建设项目已顺利通过省级验收。

2、农村安全饮水工程。2014年，已完成9座集中供水工程，完成投入974.54万元，占总投入的100%，项目可解决2.412万人饮水不安全问题。至此崇义县在全市已率先完成农村安全饮水工程。

3、中小河流治理工程。一是县城防洪工程北门段、章源工业园段、中城河段持续施工。3个项目工程设计概算总计7588.16万元，累计完成投资95%，2014年底基本完工;二是思顺乡防洪工程初步设计已经省水利厅批复，完成工程施工图设计、公开招投标工作，工程已开工建设。

4、水土保持综合治理工程。精心组织开展过埠项目区长江、长庆、梅源、杰坝4条小流域水土流失综合治理工程建设，工程项目综合治理水土流失面积1100公顷，项目建设总投资为429万元，完成投入429万元，占总投入的100%。

5、病险山塘治理工程。完成编制2014年山塘治理方案，投入项目资金260万元，整治改造19座山塘，截至2014年底，19座山塘已完成主体工程建设。

二、项目前期工作进展顺利

1、在2014年10月中旬完成了全省第六批小农水利重点县3年建设方案和2014年度实施方案的编制，崇义县完成第一轮（2011年-2013年）小型农田水利重点县建设任务后，现已成功申报第二轮（2014年-2016年）小型农田水利重点县建设项目，拟继续通过3年的项目实施，改造面积6966.67公顷（其中农田4860公顷、果园2106.67公顷），计划每年向上争取补助资金1600万元。

2、2014年10月，完成《全县山塘整治规划》和《南方节水减排规划》，将全县110座1万方以上5万方以下、23座5万方以上10万方以下、以及326座500方以上1万方以下山塘纳入整体规划，规划总投资约1500万元。

3、完成省五河治理项目“聂都乡防洪工程实施方案”编制工作，实施方案已批复并已下达中央资金。

在抓好项目建设的同时，水利局还将全面抓好防汛抗旱、水利工程管理、水资源管理等职能工作以及党的群众路线教育活动、征地拆迁、党建等工作，使水利局水利工作在原来的基础上再跃上一个新的台阶。

实施除险加固后的阳岭水库

崇义县小农水重点县项目
上堡乡赤水灌区建前渠道

崇义县小农水重点县项目
上堡乡赤水灌区建后渠道

崇义县小农水重点县项目
上堡乡水南灌区建前渠道

崇义县小农水重点县项目
上堡乡水南灌区建后渠道

文英乡

文英乡地处崇义县西南部，全乡面积102平方公里，距县城全程高速仅35公里，处湘、粤、赣三省交界。辖区内共有5个行政村，69个村民小组，农业人口6844人，耕地面积8093亩，林地面积12万亩。

交通便利的美丽边乡。随着文热(文英--热水)公路的开通和赣崇高速的建成，文英乡已成为赣西南的门户，承接广东、湖南的前沿阵地。立足得天独厚的区位优势，通过对圩镇高品位、高规格的规划，倾力打造湘、粤、赣三省交界的边贸重镇，构建和谐秀美新文英。

资源丰富的边贸大乡。文英乡境内拥有毛竹林30万根以上；主要矿产资源有钾长石、钨和稀土、萤矿石等；水资源丰富，全乡共拥有13座水电站，可开发水能蕴藏量达1.5万千瓦时,全年发电总量约6千万千瓦时;主要产业有无公害蔬菜种植、无病毒脐橙育苗、水稻制种、生姜产业、笋竹两用丰产林等。

前景广阔的活力新乡。立足资源交通优势，大力发展特色产业，全乡有规模竹木加工企业5家，发展百亩大棚蔬菜生态产业基地560亩，建设一个赣州、崇义的果蔬供应基地，以建立蔬果冷藏库为平台，按照“一村一品”的产业布局，大力发展农业特色产业，助推文英乡新型农业产业转型。

水头村产业示范基地

无病毒脐橙育苗

焕然一新的文英

县领导走访慰问困难群众

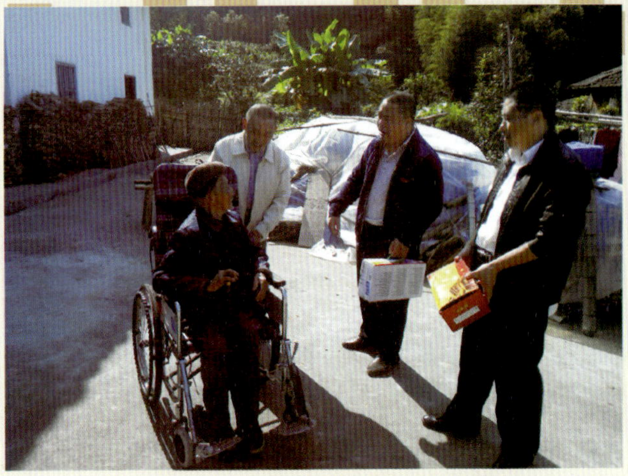
乡领导走访慰问困难群众

生态宜居一水头新村

梦想家园·文英乡

上塔村百亩生姜园

产业扶贫基地一水头村刺葡萄园

水头村党支部产业示范基地-无公害蔬菜种植

水头村党支部产业示范基地

农村饮水安全集中供水工程一净化池

垃圾焚烧炉

乐洞乡

乐洞乡位于崇义县西南边陲，是赣粤湘三省交界的中心乡镇，素有“鸡鸣三省”的美誉。辖4个行政村，32个村民小组，全乡总人口2835人，有汉、畲、回三个民族。境内多山，平均海拔800米以上，南高北低，气候湿润，温差较大，雨量充沛，四季分明。全乡耕地面积3300亩，林地面积7.2万亩，主要农作物是水稻，兼种红薯、玉米、花生、豆类和蔬菜，主导产业是毛竹，特色产业是茶叶、高山迟熟西瓜、高山辣椒和高山豆角，其中龙归茶享誉全国。乐洞矿产资源丰富，硅、铀及花岗岩储量较大，境内还拥有大量濒临灭绝的珍贵植物、国家一级保护树种、植物黄金——红豆杉。总投资10.5亿元、装机容量为49.5MW的龙归风电项目目前正在建设之中，乐洞未来将结合龙归风电项目大力发展生态休闲旅游项目，打造崇义乃至赣粤湘三省边界地区生态休闲旅游避暑胜地。

万亩竹林有人家

奇石

毛竹林

九狮拜象

风电

杜鹃花

高山西瓜

茶场

红豆杉

江西赣州银座村镇银行崇义支行

行长：阳士昆

江西赣州银座村镇银行崇义支行成立于2012年2月24日，隶属江西赣州银座村镇银行，由浙江省台州市台州银行发起设立。自开业以来，支行以“通过让小企业得到一流的金融服务，以改进中国的金融市场”为企业使命，树立“简单、方便、快捷”的服务理念，做大做强免费银行、信用担保贷款等服务品牌，始终坚持服务小微企业的市场定位，以市场为导向，以客户为中心，精耕细作，创新管理，不断丰富金融产品，提升经营特色，为崇义县经济建设添砖加瓦。

支行从赣南的实际和本行的特色出发，坚持“支农支小”和“错位发展”的经营理念和差异化服务，努力成为赣州金融服务特别是农村金融服务体系的有益补充。在“金融产品”上，始终保持创新理念，推动金融产品本土化，以适应崇义县经济金融的土壤与气候，先后推出“小本贷款”、互助担保基金授信业务、小微信贷通、林权抵押贷款、果业贷款、信用贷款等在当地叫得响、有竞争力的产品。尤其在与地方政府合作实施的免任何抵押担保的“小微信贷通”业务工作中取得突出成效，受到广泛欢迎与好评，有力地支持了小微企业实体经济发展。

行之有效的举措，使支行业务得以稳健发展，截止2014年底，崇义支行存款余额达15461万元，较上年增加3070万元；贷款余额达16433万元，较上年增加7953万元，不良贷款率为零，各项业务指标均完成较好。

在注重业务发展的同时，注重企业文化建设，重视员工职业生涯规划和发展，为员工提供有价值的培训和提升的平台。

母亲节走进上营小学组织开展“关爱初阳 感恩母爱”沙画比赛活动，与学校师生合影留念

每周定期召开周会、学习会，加强员工对我行文件制度、各项业务的学习，增进部门间的沟通交流

营业大厅内柜员为客户办理业务

信贷员处理日常工作事务

参加江西赣州银座村镇银行第一届职工运动会取得优秀成绩

业务拓展部信贷人员团队风貌

走进社区、贸易市场开展反假币和理财知识讲解公益活动

在街道路口设点开展业务营销宣传活动

崇义县地方志办公室

全国方志系统
先进集体
中国地方志指导小组
二○一○年十一月

荣誉证书
中国地方志指导小组
二○一○年十一月

崇义县志

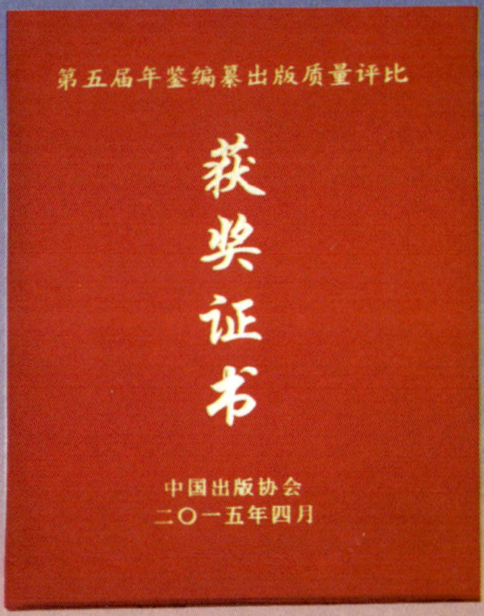
第五届年鉴编纂出版质量评比
获奖证书
中国出版协会
二○一五年四月

荣誉证书
授予 崇义县地方志办公室：
"全国方志系统先进集体"荣誉称号。

获奖证书
《崇义年鉴》（2014年卷）荣获第五届年鉴编纂出版质量评比综合三等奖。
特发此证
中国出版协会
二○一五年四月

获奖证书
《崇义年鉴》（2014年卷）在中国出版协会主办、年鉴工作委员会承办的第五届年鉴编纂出版质量评比中，荣获框架设计三等奖，条目编写一等奖，装帧设计三等奖。
特发此证

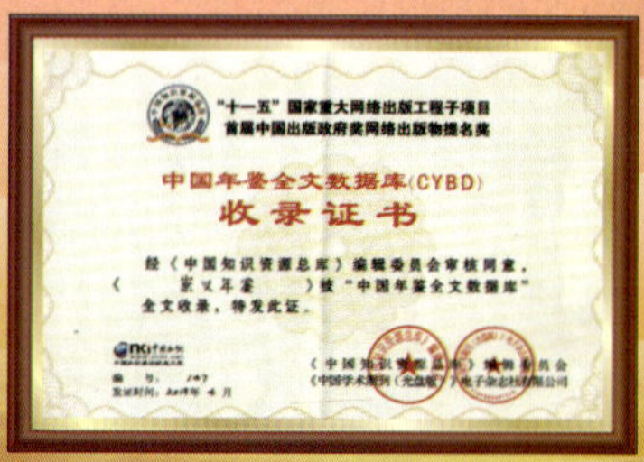
"十一五"国家重大网络出版工程子项目
首届中国出版政府奖网络出版物提名奖
中国年鉴全文数据库(CYBD)
收录证书
经《中国知识资源总库》编辑委员会审核同意，
《 崇义年鉴 》被"中国年鉴全文数据库"
全文收录，特发此证。

目　录

CONTENTS

特　载

大事记

地　情

党政机关

人民团体

法　治

军事机构

经济综合管理

农林水利

工业·企业

公路·交通

城市建设·环境保护

商　贸

邮政·电信

旅游·宾馆

财政·税务

金融业

科技·气象

文化·广播·电视

教育

卫生·体育

社会事务

乡 镇

人物·荣誉录

经济和社会发展统计资料

附　录

主题索引

特 载

许志辉同志在县委十六届四次全体（扩大）会议上的讲话

（2014年1月4日）

这次全会的主要任务是：深入学习贯彻党的十八大、十八届二中、三中全会精神，以及中央经济工作会议、省委十三届八次全会、市委四届五次全会精神，动员组织全县党员干部群众解放思想，深化改革，奋力加速崇义振兴发展。下面，我讲三点意见：

一、深入贯彻党的十八届三中全会精神，迅速掀起新一轮思想大解放

党的十八届三中全会吹响了全面深化改革的号角。习近平总书记指出，解放思想是前提，是解放和发展社会生产力、解放和增强社会活力的总开关。回顾过去，崇义的辉煌贵在解放思想；审视现在，崇义的差距困在解放思想；展望未来，崇义的振兴要靠解放思想。

只有解放思想才能抓住新一轮改革机遇。改革开放35年来，我国取得举世瞩目的发展成就，创造了令世界惊叹的“中国速度”，靠的就是坚持不懈解放思想。党的十八届三中全会关于全面深化改革的决定，涵盖15个领域60项具体改革任务，都是真金白银。历史上每次重大改革都蕴含着重大机遇。为此，我们要深刻把握、找准定位、积极作为。崇义有改革的优良传统，曾经是改革的一面旗帜，国家层面的多项重大改革先后在我县试点。如农村税费配套改革、新型农村合作医疗改革、林业产权制度改革等。回过头看，我们率先推进国企改革，成就了今天的章源、耀升两大钨业龙头。这些都是解放思想、大胆改革的结果。今天，新一轮改革必然导致各地重新洗牌、重新站位，唯有解放思想，快人一拍、先人一步，才能争取更多改革红利。

只有解放思想才不会在振兴发展中掉队。一个地方的思想解放程度，决定了一个地方发展的速度。《若干意见》出台，我县成功争取一般性财政转移支付县、国家农业综合开发县等重大政策，2013年争取上级各类资金9.18亿元，比前一年增加1.13亿元，享受到了更多阳光雨露。但与其他县（市、区）比，我们并不占优势，瑞金、龙南设立国家级经济技术开发区，昌吉赣深高专即将启动，将对沿线地方注入强劲活力，瑞金规划建设核电站。如果我们不解放思想、没有危机意识，在这一轮发展中，我们不仅不能进位赶超，而且可能掉队。从目前的发展态势来看，2013全市财政收入突破10亿的县（市、区）有9个，我们还不到8亿元。和周边县（市、区）相比，大余的规模以上工业企业是38家，我们才30家。企业少、总量小，县城6万人不到，人气不旺，对经济拉动作用不明显。面对各地竞相发展的激烈态势，如果我们不解放思想，等待观望，畏首畏尾，再多的支持、再好的政策也会丧失，借力赶超将成为一句空话，这绝不是危言耸听。

只有解放思想才能攻坚克难。只要思想不滑坡，办法总比困难多。上年阳岭新城征地拆迁攻坚战，靠的是解放思想。县里出台最优惠的政策，拿出最好的安置地让利于民，在不到100个工作日内，征地1656.76亩，拆除房屋7.4万平方米，拓展城区面积一个平方公里，创造了征地拆迁的崇义速度。当前，崇义正处于转型升级、爬坡过坎的关键时期，困难和问题日益显现。比如产业结构比不协调，转型升级偏慢；城镇化滞后，县城人口少、城镇规模小；民生事业欠账大，农村基础设施建设滞后；体制机制不活、招商引资难。这些问题要解决好，首先要解放思想。我们要善于向解放思想要出路、要资金、要项目、要环境，大力弘扬征迁攻坚战中形成的阳岭精神、阳岭作风、阳岭方法，认真“把脉”，仔细“开方”，扎实解决影响发展的重点难点问题。

当前，全县干部群众精神状态总体是好的，

但与周边兄弟县（市、区）相比，还存在封闭保守、思想僵化、视野狭隘的桎梏，小农意识、小富即安、小进即满的局限，吃“安逸饭”、当太平官、做维持会长的惰性，部门利益、排外心理、效率低下的痼疾。我们要紧紧扭住这些突出问题，打破陈规、破除陋习、冲破障碍，打开思想解放的“阀门”。一是要破除老生常谈的问题。解放思想没有终点站。要把解放思想作为一种常态，作为永不停歇的发动机，不为“本本”所框，不为“规则”所拘，与时俱进、创新发展。二是要破除坐而论道的问题。解放思想重在实干，要落实到推动工作上。要以解决问题为导向，以服从大局为根本，少说“不能办”，多说“怎么办”，以破解难题的成效检验解放思想的程度。三是要破除利益藩篱的问题。跳不出部门利益的小圈子，就打不开解放思想的新局面。要树立大局意识，学会算大账、算长远账，跳出崇义看崇义，大胆冲破利益固化的藩篱。解放思想关键在领导。领导不仅要当好组织者和推动者，更要当好引领者和实践者，敢于自我揭短、自我革新，以实际行动引导广大干部群众，以思想大解放推动崇义的大发展。

二、紧紧围绕贯彻《若干意见》，全面加速崇义振兴发展

2013年是崇义发展史上极不平凡的一年。过去的一年是活力迸发的一年，争资争项突破历史，产业集聚发展提速，招商平台建设加快，经济发展动力强劲。征地拆迁创历史新高，示范镇建设有声有色，城市框架快速拉开。2013年土地出让收入金额比前五年总和还多2亿元。为下一步的城市建设、经济拉动奠定了基础，是2013年工作最大的亮点、最大的成绩。把农村危旧土坯房改造作为振兴发展开局大事来办，让群众得到了更多看得见、摸得着的实惠。通过历练，干部作风明显转变，精神面貌焕然一新。这些成绩的取得来之不易，是全县广大干群艰苦奋斗、开拓进取、努力拼搏的结果。在看到成绩的同时，也要看到我们存在的一些问题。比如，经济增长乏力，招商引资滞后，治污任务繁重等。2014年是承上启下、继往开来的关键之年。党的十八届三中全会吹响了全面深化改革的号角，苏区振兴发展全面深入推进，《若干意见》政策红利充分释放，崇义发展将迎来新一轮历史性机遇。我们要重点做好以下几方面工作：

（一）充分发挥资源优势，走差异化发展之路

产业是发展的基础支撑。培植发展产业，必须紧紧围绕四大优势产业，坚持发展思路不动摇，找准优势，突出特色，走差异化发展之路。崇义的优势在哪里，就在我们的资源禀赋。资源是崇义参与市场竞争的最大资本和潜力。要紧紧抓住“资源”这个核心，在“资源”上解放思想、开动脑筋、挖掘潜力，把资源优势转化为产业优势、经济优势、发展优势。要围绕资源强产业。培育资源主导型产业，崇义有成功的先例，通过把钨矿资源配置给民营企业，培植壮大了章源、耀升这样的产业龙头，造就了全省首家钨上市企业；同时也有失败的教训，比如林业过去曾经辉煌过，崇义也因为林业辉煌在省、市扬名，但由于转型不及时，林业产业对财政贡献率从上世纪90年代的半壁江山，到近年来的不足3%。总结经验教训，我们宁可慢一点，也要牢牢围绕资源抓产业，咬定青山不放松。要加强资源整合，按照政府引导、市场运作的思路，提高矿产、林业资源的集聚度。围绕产业升级，谋划新上一批技术升级、产业配套项目，促进章源碳化硅、耀升硬质合金、齐云山南酸枣系列食品、君子谷年产1000吨刺葡萄干红等重大项目投产达效。要围绕资源抓招商。寻找资源开发利用的金钥匙，招商引资是必由之路。要突出资源招商，实行重点产业招商、重点部门招商，舍得把优质资源配置给优秀企业和优质资本，扬优成势，借力发展，走出一条以资源换资本、以资源换技术、以资源换项目、以资源换市场的路子，着力在矿业、林业、绿色食品业、旅游业等方面引进几个大项目、好项目。崇义发展工业和招商引资虽然存在区位、土地、劳动力等劣势，但也有其他地方无可比拟的资源优势。相关职能部门要认真研究，围绕资源优势开展招商，充分挖掘我县资源潜力。我们要探索走出一条科学合理配置资源的新路，通过公开招标，一视同仁，把外面的企业引进过来，用资源优势去弥补其他方面的劣势。同时，我们也要设置反制条件，要把资源配置与企业税收相挂钩，实现企业经济效益的最大化。要适度提高招商引资准入门槛，对企业纳税没有达到预期额度的，要考虑收回资源。要优化招商环境。当前我们的现状是主要依赖本地企业，外来“和尚”少，这就说明我们的发展环境有问题。比如外来企业办证办照程序烦琐、乱收费等问题，我们要从严从重查处。要围绕资源扶企业。做强产业，归根到底要落实到企业上。崇义企业少、规模

小，是产业不强、经济不旺的根本原因。要把扶持企业作为经济工作的重中之重，大力实施“企业成长倍增计划”，通过“一企一策”帮扶，实现企业质量和数量的倍增。要加大帮扶力度，一对一帮扶企业，切实帮助企业解决问题，助推企业成长。要加大资源配置给本地企业的力度，要把资源配置给市场认可、守法经营的本地企业。在盯着大企业的同时，也要帮扶小微企业，如新世野农业、旗岭食品加工等企业，政府要研究出台扶持政策。

（二）紧紧抓住同城化机遇，提升新型城镇化水平

文清书记在市委四届五次全会上提出，促进南康、赣县、上犹、崇义与中心城区同城化。市委四届五次全会第一次把崇义纳入中心城区同城化的范围。同城化是指一个城市与相邻的城市，在经济、社会和自然生态环境等方面具有能够融为一体的发展条件，以相互融合、互动互利，促进共同发展。同城化对我们崇义的发展，是一个非常重大的机遇。赣州将建设成为城市人口超300万，城市建设用地达300多平方公里的特大城市。同城化对我们是什么概念呢？打个比方，赣州是大马，我们是小车，有赣州这匹大马来拉动我们这辆小车，在人流、物流、资金流、信息流、文化流等方面将实现空前融通，在更高层次、更高水平上推动我们崇义城市发展和经济繁荣。这些对我们城市建设和发展提出了更高的要求，要抓紧研究出台融入同城化的实施意见，抓紧对接、主动融入。要提升城市品位。近几年，我们坚持大手笔投入、大气魄建设，城市框架基本拉开，城市布局基本定型。但这还远远不够，我们要站在更高的角度，全方位与赣州对接，舍得大投入，追求高品位，把先进理念融入城市规划中，科学设计城市轮廓线、景观线、交通线，使规划更具前瞻性和科学性，更显崇义特色和城市符号。作为赣州的“后花园”，我们要做到“开门见山”，把小山城的概念立起来。下一步，要树立精品意识，打造精品城市，把整个县城作为一个景点来打造，建成一个旅游景区，老城区改造原则上只拆不建，拆一片、绿化一片。目前，要重点打造阳岭新城，把城市当作景区建、把建筑当作景观建。要充分挖掘阳明文化，提升城市文化内涵。要拓宽城市建设视野，我们的城市不单单是建给崇义人，也要辐射全赣州乃至更大的范围。要把新型城镇化作为我们发展的重要引擎和着力点，通过新城建设倒逼旧城改造，做到旧城和新城统一规划，旧城改造和新城建设同步，真正建好几条畅通路、样板路、景观路，打造几个特色风貌街区，研究推进沿江路及“一江两岸”打造。要提升城市功能。城市的魅力在于舒适便利。目前，我们城市功能还很不完善，教育、文化、卫生、体育设施等公共建设不完善。要重点研究解决城区公交车次少、公厕少等问题。要改善城市形象。我们不但在全市最有条件，而且也最需要创建全国文明城市。要志存高远，按全国文明城市的体系和指标来建设、管理城市。要持之以恒推进“四城同创”，每年春节前的一个月为“四城同创”月，集中精力、财力，抓好县城的美化亮化。要加强网格化管理，把示范路、示范街、示范小区，延伸到各个社区。要统筹城乡发展。城镇化是推动县域经济发展的引擎，要把过埠镇作为省、市统筹城乡发展示范镇重点打造好，出经验、出典型，带动其他乡镇建设。各个乡镇要继续围绕“三项重点”工作，进一步抓好乡镇经济社会发展，充分激活乡镇的经济活力。

（三）视民生为第一大事，着力保障和改善民生

发展的目的是为了民生，为了让老百姓生活得更好，要坚持民生为先，不能等到有钱了再来抓民生。2013年整体来说比较好，全县民生财政支出8.6亿元，增长11.6%，占财政总支出的65.9%。2014年我们要在民生领域投更多的钱、花更多的精力，集中解决一批教育、卫生、住房等突出的民生问题。要顺应城镇化趋势，按照向圩镇、中心村、农村危旧土坯房改造点集聚的原则，按照年内要基本完成农村危旧土坯房改造的要求，加快建设步伐，打造一批上规模、上档次、配套设施完善的集中建房点。要讲究公平。要把公平摆在首位，让发展成果更多更公平地惠及老百姓。老百姓穷一点、差一点会有意见，如果不公平，老百姓意见就更大了。要关注效率。民生投入不撒胡椒面，要把“好钢用在刀刃上”，切实提高民生资金的使用效率。对偏远山区分散居住的群众，要加大政策宣传和思想引导，通过移民搬迁来解决。要着眼长远。解决民生问题要把农民致富跟民生工程结合起来，把富民当作最大的民生工程来抓，抓好农业生产、特色产业，积极实施产业扶贫，增强造血功能，扶持广大群众用辛勤劳动创造幸福生活。要保障底层。对生活最困难的百姓，要雪中送炭，关心解决好特殊困难群众的特殊困难，把弱势群体的基本生活的底兜好，加大对低收入家庭、基本生活困难家庭扶持力度。

（四）以争创全国生态文明示范区为抓手，大力保护发展绿色生态

习近平总书记指出，良好生态环境是人和社会持续发展的根本基础，蓝天白云、青山绿水是长远发展的最大本钱。党的十八届三中全会首次确立生态文明制度体系，提出 14 项具体改革举措。推进生态文明已成为当今发展的主潮流。良好的自然生态是崇义的最大优势、最大品牌、最大财富，是加速振兴发展、绿色崛起的潜力希望和生命线。巩固发展好我们的生态优势不仅是重大民生问题，也是重大经济课题。要以创建全国生态文明示范区为契机，以新的标准、新的视野来保护好、发展好生态。要高度重视生态保护。崇义生态好，但污染也很严重。要把保护生态作为崇义发展的生命线，始终坚持保护就是发展的理念，坚持保护第一、发展第二的原则，坚持宁可不发展也要保护好生态的底线。要像保护我们的眼睛一样保护好生态环境，抓紧研究乡镇生态功能区建设，把一些乡镇划定为重点生态功能区，不发展工业、不开矿。乡镇生态保护实行党委书记终身责任追究制。要铁心硬手抓治理。如果不采取更为有力有效的措施整治，我们的生态优势就会最终丧失。要用制度保护和治理生态，规范矿权管理，建立常态化违规采矿整治机制，下决心关停治理排污企业，严格执行招商引资环保门槛。抓好农村环境连片整治、重金属污染综合防治等项目建设，推进麟潭江、横水江、扬眉江河流污染治理，争取尽快实施陡水湖良好湖泊试点、钨污染防治工程技术中心等工程建设。要向生态要效益。把生态作为资源、资本来经营开发，走绿色发展、循环发展、低碳发展道路。做好生态这篇文章，围绕发展生态工业、生态农业、生态旅游业和建设生态城市，在技术升级上做好“加法”，在节能降耗上做好“减法”，扶持培育更多像齐云山食品、君子谷这样的绿色龙头企业，打响“高山、有机、富硒”品牌。抓紧推进阳岭健康养老、乐洞风电等项目建设，打造绿色经济新的增长极。大力发展农家乐等乡村旅游，培育多元旅游业态。

三、以党的群众路线教育实践活动为契机，切实加强党的建设

事业兴旺，核心在党。要以深入开展党的群众路线教育实践活动为契机，总结反思并及时解决党的建设存在的突出问题，扎实推进思想建设、组织建设、作风建设、制度建设和反腐倡廉建设，有效化解精神懈怠的危险、能力不足的危险、脱离群众的危险、消极腐败的危险，不断增强全县各级党组织的创造力、凝聚力和战斗力。

一是要把开展教育实践活动作为当前党建工作的重中之重。根据中央、省委、市委统一部署，第二批党的群众路线教育实践活动即将全面铺开。这次教育实践活动的主要任务是聚焦作风建设，集中解决“四风”问题。按照“照镜子、正衣冠、洗洗澡、治治病”总要求，着力抓好学习教育、听取意见，查摆问题、开展批评，整改落实、建章立制等三个环节，达到党员、干部思想进一步提高，作风进一步转变，党群干群关系进一步密切，为民务实清廉形象进一步树立、基层基础进一步夯实的目标要求。应当说，上级要求很明确、很具体，我们的任务就是要不打折、不走样，认认真真地抓好落实。为此，全县领导班子和党员、干部，首先要把“表针”调到总要求上，把“焦距”对准“四风”问题，虚心听取基层和党员群众的意见，以树立标杆、向我看齐的态度检查自己，以整风精神开展批评和自我批评，当好表率、作好示范，一级做给一级看，一级带着一级干。要减少繁文缛节，每个环节、每项工作都要务求管用、注重实效，确保“不虚”“不空”“不偏”。要正确处理好坚持与创新的关系，既要严格遵循“路线图”，按照上级要求精确“施工”，把“规定动作”做扎实、做到位，又要积极探索富有特色的“自选动作”，注重实效、务求管用，创造性地推动教育实践活动深入开展。

二是要把转变作风作为加强党建工作的重要手段。作风是根本、是基础、是前提。过硬的工作作风，是实现振兴的前提与保障。作风问题，再怎么强调都不为过，没有过硬的工作作风作保障，加速崇义振兴发展就会成为一句空话。在具体工作中，要时常教育警醒广大党员干部，常照镜子，时刻绷紧政治这根弦，绷紧组织纪律这根弦，绷紧作风建设这根弦，把很多我们习以为常、司空见惯的小事情用放大镜去看一看，找准切入点，切实抓好整改。要一以贯之抓好作风建设，把阳岭新城征地拆迁攻坚战涌现的好作风贯穿到崇义经济社会发展的各项工作中去。各部门单位要切实提高履职意识，改进工作作风，认真履职尽责。县纪委、监察局要改进

方式方法，狠抓作风建设，严格监督检查，强化工作落实。要持之以恒地贯彻落实中央八项规定，从群众反映最强烈的问题抓起，从群众身边的事做起。要针对党员干部队伍中的“庸懒散”、“假浮蛮”、“私奢贪”等突出问题，动真格、出实招、给猛药。对以身试法、顶风违纪的，该曝光的曝光，该查处的查处，以铁的纪律、铁的手腕、铁的决心，坚持不懈地推进党风廉政建设和反腐败工作。

三是要把提高群众工作能力作为党建工作的重要内容。党的十八大指出，全党必须增强宗旨意识，相信群众，依靠群众，始终把人民放在心中最高位置。这就要求我们，加强新形势下基层党建工作，必须以联系服务群众为核心，实现好、维护好、发展好广大群众的根本利益，为党的建设获得最广泛最可靠最牢固的群众基础和力量源泉。“三送”工作实施三年多来，已成为做好群众工作、筑牢基层堡垒、促进振兴发展的有力抓手，赢得了群众的拥护。要以深入开展“三送”工作为抓手，积极探索新形势下服务群众方法路径，充分发挥和运用好群众信息服务中心的平台作用，打造成新形势下服务群众的“信息高速”。要健全干部直接联系服务群众工作网络，实行网格化管理、片区化服务。要从群众最期盼、最急需解决的问题入手，既要解决特殊困难群体的民生问题，扶贫济困、雪中送炭，也要采取项目化方式解决一家一户无法解决，但千家万户受益的公共服务问题，让群众从“三送”工作中得到更多实惠，让“三送”工作凝聚振兴发展正能量。

同志们，责任在心重千钧，使命在肩催奋进。让我们紧密团结在以习近平同志为总书记的党中央周围，牢记职责、奋发有为，以不甘人后的拼劲、勇往直前的闯劲、百折不挠的韧劲，抢抓机遇、攻坚破难、乘势而上，奋力谱写加速崇义振兴发展的新篇章！

在县委十六届五次全体（扩大）会议上关于县委常委会工作的报告

（2015 年 2 月 11 日）

许 志 辉

各位委员、同志们：

现在，我代表县委常委会向全会报告工作，请予审议。

2014 年，县委常委会深入学习贯彻党的十八大、十八届三中、四中全会和习近平总书记系列重要讲话精神，认真落实省委“发展升级、小康提速、绿色崛起、实干兴赣”方针，紧紧围绕市委“发展为先、生态为重、创新为魂、民生为本”理念，团结带领全县广大干部群众，贯彻《若干意见》，加速振兴发展，各项工作取得显著成效。

一、抓牢理论武装，学习贯彻习近平总书记系列重要讲话精神全面深入

县委始终把学习贯彻习近平总书记系列重要讲话精神作为重要政治任务，高位推动、精心组织，推动学习贯彻不断向广度和深度拓展，切实用讲话精神武装头脑、指导实践、推动工作。

一是坚持上下联动，做到形式丰富、全面覆盖。县委常委会先后 12 次开展专题学习和集中研讨，带头到联系点为基层党员干部讲党课。充分发挥县委中心组理论学习的示范带动作用，中心组成员共在市级以上报刊杂志发表理论文章 18 篇。乡镇及县直机关党委（党组）通过培训班、研讨班等形式，村（社区）、企事业党组织通过“三会一课”、远程教育、专题报告会等形式，持续深入学习讲话精神。组织“三送”干部下乡宣讲 380 多次，抽调 42 名业务骨干组成“流动党校”深入乡村、田间地头流动教学，累计授课 400 多期，培训党员干部群众 2.3 万人次。在旅游报、手机报、电视台等县内媒体开辟专栏，解读讲话精神。利用公开栏、电子显示屏等形式，在机关、学校、医院、村（社区）等公共场所宣传，使讲话精神家喻户晓、深入人心。

二是坚持内外兼修，做到深研细读、入脑入心。通过读原著、看原文，逐字逐句学，逐段逐篇读，经常温习，反复琢磨，广大干部群众深刻领会讲话精神的核心要义和思想精髓，实现了认识上由零散到系统的拓展、孤立到联系的转变、感性到理性的提升。大家更加坚定了中国特色社会主义道路自信、理论自信、制度自信，明确了前进方向；增强了对中国梦的思想认同、理论认同、情感认同，坚定自觉地同以习近平同志为总书记的党中央保持高度一致；进一步树立了实事求是思想、历史唯物主义思想、唯物辩证法思想和改革创新思想，增强了战略思维、辩证思维、法治思维和底线思维。

三是坚持知行合一，做到联系实际、指导实践。着力把习近平总书记系列重要讲话作为把握方向、加快发展、化解矛盾、克服困难的重要法宝，运用到经济、政治、文化、社会、生态和党的建设各个方面。围绕发展升级，主动适应新常态，全县经济保持较快增长；围绕深化改革，坚持正确方向，蹄疾步稳推进各项改革工作；围绕改善民生，坚持把增进民生福祉作为工作的出发点和落脚点，切实办好民生实事；围绕从严治党，持续改进干部作风，营造风清气正的政治生态。

学习贯彻习近平总书记系列重要讲话精神，

是一个持续深入、逐步提升的过程。今后我们还要在学用相长、真学实用上下更大功夫，推动全县各项工作取得更大实效。

二、注重从严从实，党的群众路线教育实践活动取得丰硕成果

县委根据中央及省委、市委的统一部署，在省委第七督导组和市委第四督导组的精心指导下，按照“照镜子、正衣冠、洗洗澡、治治病”的总要求，紧扣为民务实清廉主题，聚焦“四风”，践行“三严三实”，立足实践创特色，严字当头求实效，教育实践活动成果丰硕。

一是领导带头，以身作则树标杆。县委常委始终坚持带头学习、带头查摆问题、带头整改落实，为广大党员干部作出表率。通过瞻仰烈士纪念塔、观看纪录片、召开座谈会、接受警示教育、讨论交流心得、撰写读书笔记、给基层党员干部上党课等活动，力求先学一步、学深一层。深入开展“一周村官”活动，走遍挂点乡镇所有村，到一个偏远、贫困、不通公路的自然村，与群众同吃同住同劳动，到基层访贫问苦，向群众求教问策。高标准严要求召开专题民主生活会，自我批评不讲面子，相互批评真刀真枪，共提出批评意见和建议133条，达到了红脸、出汗、排毒的效果。围绕“五个不让过”制定18条刚性措施，自我加压、严把关口。每位常委指导1个乡（镇）、联系1个村（居委会），重点指导1个县直单位，同时督促分管部门单位认真抓好教育实践活动，确保程序不变、标准不降，推动了活动扎实深入开展。

二是依靠群众，敞开大门搞活动。始终坚持开门搞活动，把群众参与、群众监督和群众评判贯穿始终，充分调动广大群众参与活动的积极性。活动中向群众发送征求意见短信18万条，共收集各类问题、意见21232条，经梳理为9876条，其中涉及“四风”方面7418条。及时公示整改任务书、时间表、责任人和进展情况，认真开展整改工作民主评议，安排31个活动单位召开“整改面对面”新闻发布会，做到整改落实“面对面”，兑现承诺“实打实”。对“四风”问题整改群众不满意的，要求重改，先后有2个单位被责令“返工”“补课”。

三是问题引导，动真碰硬求实效。聚焦“四风”问题和群众反映强烈的突出问题，认真制定实施“两计划一方案”，在抓好中央、省委及市委要求的专项整治任务的同时，部署开展文山会海、环境污染、信访维稳、行业不正之风、损害群众利益、制约振兴发展等7个大项专项整治，以重点突破推动作风好转。每位县委常委结合分管工作查找3个突出问题，提出解决措施，制定时间表，在规定期限整改到位。针对群众反映住房难、看病难、上学难、用电难、饮水难等突出问题，以“钉钉子”的精神，一项一项整治、一个一个销号。

总的来看，通过为期9个月的教育实践活动，干部受到了教育，作风得到了改善，组织肯定，群众认可，为崇义经济社会发展注入了强劲动力。

三、贯彻《若干意见》，振兴发展迈出坚实步伐

县委主动适应经济发展新常态，深挖《若干意见》政策潜力，沉着应对经济下行压力，克服钨市场低迷困境，科学研判、把握大势，保持定力、积极应对，全县经济持续稳步发展，转方式调结构扎实推进。

一是加大投入扩总量，发展速度明显加快。2014年财政总收入跨越8亿、9亿两个台阶，达到9.6亿元，公共财政预算收入跨越5亿、6亿两个台阶，达到6.79亿元，均实现了四年翻番，财政总收入同比增长26.3%，公共财政预算收入同比增长38.9%，增幅分别列全市第2、3位。实现规模以上工业增加值27.04亿元，增长11.9%，新增5家规上企业，总数达到34家。实现内资进资12亿元，外资进资1399万美元，分别增长12.6%和5.3%。这种发展速度在新常态下实属不易、难能可贵。究其原因，和换届以来我们持续加大工业、城市、旅游、能源等方面的投入密不可分。从城市建设来看，阳岭新城，城市综合体、安置小区等项目快速推进，“两纵五横”路网格局拓展成型，5.5公里振兴大道全线贯通，齐云山大道、阳明大道、正德路等主干道路加快建设。全年房地产业在2013年增长翻番的基础上实现税收1.8亿元，增长51%，极大地抵消了经济下行带来的压力。

二是加快转型优结构，发展质量大为提升。矿业向深加工、高端化发展，章源碳化硅陶瓷复合材料、耀升硬质合金一期等重大钨产业项目竣工投产，章源钨业在A股市场募集6.1亿元用于技术创新及产业技改项目建设。林业招商实现突破，分别投资1个亿左右的红木家具项目和现代杉木深加工项目正在办理落户手续，与中科院合作开发的活性炭新产品投产上市。绿色食品业加速崛起，君子谷

成功举办“创建全国生态文明（酒企）示范基地研讨会”，实现税收500多万元，比往年增长一倍。生态旅游业全面起步，与上犹、大余组建“赣州西部绿海”旅游联盟，成功举办广州旅游招商推介会，“天下第一闲”“中国生态第一县”两张名片正式推出。全年共接待游客146.4万人次，实现旅游综合收入8.8亿元，同比分别增长33.5%和27.2%，阳岭景区门票收入在2013年增长173%的基础上实现增长72.23%，突破200万元。经济新增长点加快培育，创新资本运作，引进国内知名私募基金和君集团在我县设立基金并注册公司，股权基金规模2亿元，为全省最早的县级私募股权投资基金公司。

三是深化对接落项目，发展后劲持续增强。国家部委对口支援工作有序推进，在环保部的支持推动下，陡水湖被列入全国水质较好湖泊生态环境保护总体规划，方案获省环保厅、财政厅审核通过。体育总局安排28个司局及直属事业单位对口帮扶我县16个乡镇，支持崇义创建全民健身服务体系试验县。成功争取国家主体功能区建设试点县、全国大中型水库移民避险解困试点县等一批国字号政策。其中列为国家主体功能区建设试点县，国家将逐年大幅度提高中央财政重点生态功能区转移支付基数，我县2014年生态功能区转移支付6104万元，比2013年增加1184万元。崇义是全省5个被列为全国大中型水库移民避险解困试点县之一，国家将安排5474万元支持解决移民搬迁问题。成功被列入江西省通用机场布局规划（2014－2030年），省道龙大线、赣丰线升为国道升级改造规划。项目资金加速落地，全年争取各类资金首次突破10亿元，达到10.55亿元，同比增长14.9%，其中争资额排名靠前的部门单位是环保口1.09亿元、林业口0.92亿元、教育口0.84亿元，2014年全县财政支出增长22.5%。重大项目加速推进，总投资2.5亿元的关刀坪220千伏输变电工程、投资10.5亿元的乐洞风力发电等一批能源项目加快建设，有望今年运行投产。平台建设有序推进，省政府批复同意筹建崇义县省级工业园，结束了我县无省级工业园的历史，已投资1.71亿元，完成土地平整和相关基础设施建设，将为产业发展、项目落地提供坚实的平台支撑。生态治理力度加大，开展重点流域环境整治，依法取缔31家无证非法小矿产品加工作坊，关停21家小矿产加工厂；全县34个和谐秀美乡村建设点稳步推进，启动4个乡（镇）10个村（社区）农村环境连片整治试点，城乡环境更加整洁，被评为全省清洁工程先进县。“四城同创”活动扎实开展，顺利通过省级卫生城市复审，成功创评全市第三届文明城市，城市形象和品位进一步提升。这些政策、项目、资金、平台以及生态和环境方面的进展和成效，为我们实现更高标准、更高层次、更高质量和效益的发展奠定了坚实基础。

四、突破体制机制障碍，全面深化改革稳步推进

县委坚持把改革作为第一动力，出台贯彻落实全面深化改革的若干实施意见，抓住重点领域和关键环节，制定年度工作要点和任务分解方案，坚持“每月一改”工作机制，全面改革起步有力、开局良好。

一是政府职能加快转变。全面推进行政审批制度改革，承接国家审批权下放9项、省级下放11项、市级下放80项，市级委托实施7项，共计107项。比如，工商部门下放的“外商投资企业核准登记”，以前需要在市里办理，现在县里就可以办理，目前已办理30户；国土部门下放的“建设用地预审”，以前需要市里立项的项目在市里预审，省里立项的项目在省里预审，现在统一在县里预审。承接好这些下放改革事项有利于拆掉市场的“篱笆墙”，为市场“松绑”，方便了企业和群众。精简县级行政审批事项81项，精简率达19.4%，审批事项平均办结时限缩短50%。积极探索过埠镇扩权强镇改革试点，下放财政所等7个站所归口镇里全权管理，赋予人事调配等8项县级行政管理权限，实施经济发展奖励等4项扶持政策，示范镇活力进一步激发。

二是市场活力有效激发。加快推进工商登记制度改革，实行注册资本认缴制，推行“先照后证”，新增企业228户。稳步实施营改增、小微企业税收优惠政策。全面启动农村土地承包经营权确权登记颁证工作，完成16个乡镇4.4万农户、13.5万亩耕地的调查摸底工作。大力推进农村土地流转，促进土地适度规模经营，全年新增家庭农场14家、农民专业合作社13家、农业龙头企业11家。启动实施国有林场改革，推动全县11个国有林场开展资源重组，设立2个生态林场和1个商品型林场。

三是重点领域改革有序推进。深化部门预算改革，强化预算刚性约束，压减一般性支出预算，“三公”经费下降10%。深化医药卫生体制改革，积极

推进县人民医院“医药分开”，进一步减轻群众看病负担。推进公共文化服务体制改革，已完成14个乡镇综合文化站及124个村级农家书屋和文化活动室建设。推进民主法制领域改革，推动基层民主建设，在村级换届选举工作中采取“自荐直选”的方式选举村委班子成员，打破地域、身份、职业限制，真正选出村民满意的村委会成员，全县有16个村实行了“自荐直选”。推进纪律检查体制改革，研究细化党委（党组）主体责任和纪委监督责任清单，开展了新任领导干部财产申报公开试点，完成了县纪委监察局内设机构调整，制定出台《纪检监察机关再监督、再检查实施办法》。整合县委报道组、电视台、崇义旅游报等组建新闻传媒中心，新闻宣传工作水平进一步提升。

五、坚持亲民爱民为民，百姓幸福感和安全感切实增强

县委始终坚持把改善民生作为工作的出发点和落脚点，新增财力向民生倾斜，不断加大民生投入，全年民生支出10.37亿元，同比增长20.5%，占公共财政预算支出的64.8%，群众生产生活条件大为改善。

一是社会保障体系不断完善。巩固和扩大社会保障覆盖面，新增城镇就业2099人、转移农村劳动力2844人，发放养老金1.17亿元，为4784名规划区内失地农民办理养老保险，发放高龄长寿补助327万元，建设农村幸福院10个，低收入群体提标提补增长20%以上，人民群众得到更多实惠。深入推进农村危旧土坯房改造，新建、维修、拆除空房6987户，启动集中建房点24个，上级拨付补助资金4406万元，新建保障性住房505套，困难群众住房条件有效改观。

二是公共服务水平进一步提升。坚持教育优先发展，办好人民满意教育，投入1650万元完成75所基层学校标准化建设，12所乡镇公办幼儿园、7个乡镇教师公租房项目全面开工，办学条件不断改善。投资1500万元的阳岭示范幼儿园已开工建设，由香港言爱基金会出资1000万元援建的思源实验学校，已初步完成总体规划。顺利通过省政府教育督导评估，高考质量综合评价位列全市第一。公共卫生服务体系建设加速推进，投资8000万元的县人民医院新住院大楼主体工程完成，乡镇卫生院、村级卫生室改造新建工程稳步实施；在全省首创新农合大病保障机制，年补偿封顶线高达25万元；稳步推进重大疾病免费救治，全年补助治疗费用达605万元，群众“因病致贫、因病返贫”问题得到有效缓解。深入开展文化“三下乡”活动，全年乡村文艺演出64场次，放映电影1948场次，自办文化活动32场次，群众精神生活更加丰富多彩。县电影院建成使用，文化馆、图书馆、档案馆、博物馆、城展馆、妇女儿童活动中心“五馆一中心”完成设计，即将进入建设招投标程序。全面完成农村安全饮水工程，有效解决24120名农村人口安全饮水问题。农村公路建设稳步实施，完成通自然村公路改造86.6公里，边远山村行路难问题得到有效解决。

三是社会大局持续和谐稳定。深入推进平安崇义建设，严格落实领导带头接访、包案制，逐步完善县、乡、村三级矛盾纠纷排查调处机制，主动化解一批社会矛盾纠纷、信访积案、涉法涉诉信访突出问题；整合部门力量，集中开展“七打七治”打非治违专项行动，不断加大排查、整治力度，全县各领域安全形势整体平稳。完善治安防控体系，全面推行风险评估、社区网格化管理试点，深入开展“利剑”行动，严厉打击各类刑事犯罪活动。公众安全感综合测评指数97.14%，列全省第11名，全市第2名，群众安全感和满意度进一步提升。

六、强化党要管党、从严治党责任，党的建设科学化水平有效提升

县委始终坚持党要管党、从严治党，牢固树立抓好党建是最大政绩的理念，把党建工作当作主业来抓，坚持抓班子带队伍、出思路定方向，抓基层打基础、强纪律转作风，党的建设科学化水平不断提升。

一是强化了舆论引导。整合媒体资源，构建“两报两台两网”的全方位宣传格局。加大舆论引导监督力度，通过《天在看》《脏崇义》等专题栏目力促征地拆迁、城市管理中的问题整治，深受广大群众欢迎。组织专题宣讲团，采取县、乡、村、组四级联动的方式，深入推进“三贴近三下乡”宣讲活动，全年开展理论宣讲380多次，受众8.1万人次。大力培育和践行社会主义核心价值观，广泛开展“十大身边的榜样”评选、“乡风文明大讲坛”等活动。成立崇义县志愿者协会，扎实推进志愿服务活动，进一步弘扬了主旋律，凝聚了正能量。与新华社等主流媒体合作，成功举办“中华绿谷·美丽崇义”全国摄影大赛。中央主要新闻单位和全国知名网络媒体到崇义采风采访12批次、70余人次，批次、

规格和人数均创近年新高。

二是筑强了基层堡垒。全面落实基层党建工作责任制，强化“书记抓、抓书记”党建工作责任机制，落实党组织书记履职“双述双评”制度。深入推进“三送”工作全覆盖常态化，大力开展“连心、强基、模范”三大工程。名誉村支书“情系家乡、共建家园”活动，得到省委强卫书记的专门批示和充分肯定。开展领导干部“4+1”联系帮扶活动，整顿软弱涣散村级党组织 14 个，完成规范化建设 36 个，健全村（居）民理事会 390 个。依法有序推进村（社区）“两委”换届选举工作，换届后具有双带能力的村（社区）书记比上届同比增长 19.35%。完善党内激励关怀帮扶机制，建立党龄 50 周年以上老党员发放 100 元 / 月补助制度。健全不合格党员清退机制，处置不合格党员 61 名。

三是锤炼了干部队伍。认真贯彻《党政领导干部选拔任用工作条例》，按照“好干部”的标准选人用人，树立重品德、重实绩、重基层、重公认的用人导向。注重安排干部到“三送”、征地拆迁、信访维稳等一线培养锻炼，提升应对复杂局面和处理疑难问题的能力，提拔重用表现突出的干部 29 人。建立健全人才激励机制，完成 126 套人才公寓的分配管理。推行“一户一票”群众直接评议干部办法，对拟提拔重用的 47 名科级干部接受群众评议，满意率达 98.73%。加大公开选拔干部工作力度，从事业单位工作人员公选乡镇副科领导干部13名，充实了乡镇领导班子。强化干部监督管理，健全和落实领导干部重大事项报告、经济责任审计和干部谈心谈话等制度，开展超职数配备干部、领导干部到企业兼职和亲属经商办企业等问题的专项整治，进一步规范了干部廉洁从政行为。

四是纯洁了党风政风。全面落实党风廉政建设党委主体责任和纪委监督责任，严格执行中央八项规定、坚决纠正“四风”，深入开展收送“红包”“为官不为”等专项治理活动。查处违反八项规定精神和工作纪律的党员干部 31 人，向社会通报典型案件 17 起。清退“红包”43.56 万元，清理“吃空饷”人员 188 人，清理纠正违规民生资金 1034.17 万元。始终保持惩治腐败的高压态势，全县纪检监察机关立案 49 件，结案 47 件，给予党纪政纪处分 48 人（其中科级干部 6 人），移送司法机关 4 人（其中科级干部 2 人）。及时调整县乡纪委书记分工，强化监督执纪和案件查办力量，扎实有效推进纪检监察机关“三转”，组织县四套班子领导和科级领导干部到赣州监狱、县廉政教育基地等地开展警示教育。

一年来，县委常委会十分注重加强自身建设，始终坚持正确的政治路线、政治立场、政治方向和政治道路，在思想上、政治上、行动上同以习近平同志为总书记的党中央保持高度一致，不折不扣落实省委、市委的重大决策部署，切实增强政治敏锐性和政治鉴别力，做到在大是大非面前旗帜鲜明，在风险考验面前立场坚定，在矛盾困难面前勇于担当。在班子内部，严格落实民主集中制和常委分工负责制，坚持重大问题集体讨论、集体决定，各位常委相互配合、相互支持，树立正确的政绩观、权力观、事业观和价值观，守纪律、讲规矩，观大势、谋全局、干实事。与此同时，加强对人大和政协工作的领导，积极支持人大及其常委会依法行使职权，开展视察调研和执法检查；大力推进协商民主，支持政协开展专题民主监督；加强公检法系统建设，社会公平、司法公正的民主法治体系不断完善；加强党管武装工作，投入 2100 多万元新建人武部营院，列为省军区重点工程，已建成投入使用；贯彻党的民族宗教政策，充分发挥工会、共青团、妇联、侨联等群团组织的桥梁纽带作用，汇聚起了加速崇义振兴发展的强大正能量。

回顾过去一年工作，成绩来之不易。全县上下同心同德、真抓实干、攻坚克难，较好地完成了各项目标任务，全县经济社会发展保持良好发展态势。成绩的取得，是县四套班子齐心协力、奋发进取的结果，是全县干部群众扎实苦干、共同努力的结果。在此，我代表县委，向所有为崇义振兴发展付出辛勤汗水的同志们表示衷心的感谢和崇高的敬意！

在总结成绩的同时，我们也清醒地看到经济社会发展还面临着不少困难和问题，主要表现在：经济基础薄弱，产业结构单一，县域经济转型升级任务仍然艰巨。环境容量和承载能力有限，生态治理任务繁重，基础设施建设滞后。融资渠道不广，资金投入不足，市场活力没有得到有效激发。个别党员干部不守纪律、不讲规矩，顶风违纪、以身试法，等等。这些问题都需要我们在今后的工作中高度重视，采取有效措施，切实加以解决。

同志们，让我们共同努力把工作做得更好，为贯彻《若干意见》，加速振兴发展，建设美丽、文明、活力、法治崇义而努力奋斗！

崇义县人民代表大会常务委员会工作报告（摘要）

——2015 年 3 月 18 日在崇义县第十七届人民代表大会第六次会议上

县人大常委会主任　郭　兰

2014 年是深入贯彻党的十八大精神的关键之年，是贯彻落实十八届三中全会精神、全面深化改革的开局之年。一年来，在中共崇义县委的正确领导下，在省、市人大常委会的指导下，县人大常委会全面贯彻落实党的十八大、十八届三中、四中全会和习近平总书记系列重要讲话精神，深入开展党的群众路线教育实践活动，紧紧围绕全县工作大局，依法认真履职，奋发有为工作，各项工作都取得了新成效，为推进全县民主法制建设、促进经济社会健康发展做出了积极贡献。

监督工作方面。突出监督重点，始终把人民群众关心的热点难点问题作为监督的焦点，督促"一府两院"依法行政、公正司法；创新监督方式，在听取和审议专项工作报告、开展专题调研、执法检查、组织代表视察以及办理信访等有效监督形式的基础上，不断改进方式方法，健全完善监督机制，增强监督实效。全年共听取审议专项工作报告 4 项，开展工作评议 2 项，开展视察调研 8 次，听取和审议整改落实情况报告 4 项，开展执法检查 1 项。

代表工作方面。围绕提高代表履职水平，从强化代表培训、提升履职水平，拓宽履职渠道等方面，加强常委会组成人员与代表、代表与人民群众的联系，充分发挥代表作用，提高代表深入群众、带动群众、沟通群众、服务群众和化解矛盾的能力。县十七届人大五次会议代表提出的 57 件建议全部办结，代表满意和基本满意率达 100%。邀请代表列席常委会会议 24 人次，组织人大代表开展专题视察 1 次，举办人大代表履职培训班 2 期。

任免工作方面。坚持党管干部与依法任免有机结合，2014 年，共任免国家机关工作人员 21 人次（任 17 人、免 4 人）、接受辞职 2 人、撤职 1 人、任命人民陪审员 29 人，提请的人事任免议案全部

通过，为全县经济社会发展提供了人力支持和组织保障。同时，依法做好村（居）委换届选举监督指导工作，严把法律关、政策关，规范工作程序，确保换届选举工作圆满完成。

一年来，人大常委会在总结以往经验和做法基础上，致力于继承与创新并举开展工作，主要措施和做法有：

（一）坚持党的领导、服务大局，全力保障和促进全县振兴发展

常委会始终自觉坚持县委的领导，紧盯事关全县振兴发展大局，紧扣可持续发展要求，积极贯彻县委对人大工作的要求，依法行使职权，加强监督工作，使人大工作在推进县域经济社会发展中较好地发挥了把握全局、审议决策、服务保障的作用。

围绕促进经济平稳较快增长，全面加强财政监督。听取和审议了 2013 年县本级财政预算执行（决算）及其审计情况与 2014 年上半年县国民经济、社会发展和财政预算执行情况的报告，督促审计部门抓好 2014 年"同级审"，全面了解预算执行中的真实情况和存在的问题，并督促整改。县政府有

关部门以整改审计出的问题为切入点，进一步加强预算科学化、精细化管理，完善财政、审计监督，规范预算执行，公共财政保障能力得到有效提升。组织召开上半年经济运行分析暨新预算法座谈会，认真总结和分析了我县2014年上半年经济运行情况，指出存在的问题及原因，对完成全年任务提出意见建议，就学习宣传贯彻落实新预算法提出了要求。组织开展2015年部门预算调研，召开座谈会听取意见建议，为科学编制部门预算提供依据。

围绕全面深化改革加强调研，切实推进人大工作与时俱进。根据县委部署，常委会对《中共崇义县委全面深化改革领导小组2014年工作要点》中“完善人大工作机制”方面进行了领题调研，以问题为导向，就改进监督方式，规范监督程序，完善监督机制开展了调研。在多次征求常委会委员意见建议、充分借鉴兄弟县市经验的基础上，修改完善常委会有关议事规则及工作办法，为全面深化人大机制改革奠定了坚实基础。同时，为策应县委、县政府推动县林股公司“新三板”上市发展战略，常委会对此进行了深入调研，形成了质量较高的调研报告供县委决策参考。

围绕中心工作尽职尽责，切实做好参谋服务工作。统筹兼顾人大工作与全县中心工作，在推进中心工作中，常委会领导坚持深入一线、靠前指挥，积极参与县重点工程“百日攻坚战”，全力推进旗岭绿色食品加工、县人民医院住院大楼、新世野农业综合开发等挂点重点工程项目建设的实施，亲力亲为做好项目调度、征地拆迁、工程建设等工作，各项重点工程项目建设平稳有序推进。积极推进“三送”工作，常委会领导和人大机关为“三送”挂点联系乡（镇）、村共争取各类资金60万元，切实为民办好事实事，赢得群众广泛好评。

（二）坚持以人为本、惠民利民，努力维护人民群众的根本利益

常委会紧紧抓住事关民生改善和社会发展的重大问题，深入调查研究，认真履行职责，为维护人民群众根本利益，推动社会全面进步作出了积极努力。

致力推进生态文明建设。近年来广大人民群众和人大代表非常关注扬眉江流域水质污染治理问题，常委会顺应群众关切，组成6个调研组深入有关单位和长龙镇、扬眉镇、龙勾乡及部分矿产品加工企业进行了实地调研，并组织部分县人大代表开展专题视察。县十七届人大常委会第24次会议听取和审议了县人民政府关于扬眉江流域水质污染治理工作情况报告，针对治理工作中存在的问题，形成了审议意见，转达县政府及相关部门研究处理。县政府及有关部门加大工作力度，开展了流域内水质污染专项整治活动，依法取缔非法矿产品加工作坊及采砂厂11家，对群众反映强烈的手续不齐、污水处理设施不完善的21家小型矿产品加工厂采取断电、停产措施，该流域的污染问题目前取得阶段性整治成果。为推进农村垃圾处理工作，保护秀美乡村，常委会开展了农村环境连片整治专项督查，对连片整治重点乡（镇）集镇、主干道沿线进行了实地察看，进一步督促相关部门加快整治进度。

致力改善安全生产环境。常委会对县安监局进行了工作评议，听取和审议了全县安全生产工作情况报告。通过评议，县安监局强化了与各部门、乡镇的协调联动，形成工作合力；组织安全生产培训，提高全民安全意识；开展“七打七治”专项整治行动，强化重点行业安全生产监管；加强安监队伍建设，提高部门依法行政、规范执法的能力，整改工作取得扎实成效，为全县安全生产环境营造了良好的氛围。

致力关注民生事业发展。常委会对教育工作整改落实情况持续进行跟踪问效，分别在县十七届人大常委会第23次和25次会议上听取和审议了县政府关于我县教育工作专项报告的审议意见整改落实情况的报告，并进行了满意度测评。县政府及其职能部门对常委会审议意见高度重视，及时制定整改措施，尽最大努力解决教育工作所存的实际问题。加快了乡镇公办幼儿园建设进程；强化了对学前教育跟踪指导和服务，进一步规范了民办幼儿园的办学行为；加大对校园及其周边环境的专项整治活动，教育环境不断优化。对县卫生局进行了工作评议，常委会在深入基层广泛开展调研的基础上，听取和审议了县卫生局工作情况报告。针对评议中指出的“新农合‘报账难’、监督管理工作不到位、工作作风有待进一步改善”等问题，县卫生局高度重视，及时制定整改方案，边纠边改，加强监管，深入开展“医疗质量安全与控制费用年”和“创群众满意卫生院”等系列活动，全县卫生基础设施得到进一步完善，医疗服务质量水平明显提升，医德医风建设得到加强，新农合“报账难”问题得到较好解决，有力推动了我县卫生工作上新水平。

（三）坚持标本兼治、多措并举，加快推进法治崇义建设进程

常委会紧紧抓住事关“法治崇义”建设的源头性、基础性、根本性问题，综合运用多种形式开展法律监督，为促进经济社会转型跨越发展、维护社会公平正义提供了有力的法治保障。

全力开展执法检查。为全面了解《中华人民共和国老年人权益保障法》在我县贯彻实施情况，促进我县老年人事业发展，常委会组织执法检查组，深入部分乡镇（村）、县直单位、养老机构，采取实地察看、听取汇报、座谈访问、查阅资料等方式，对我县贯彻实施老年人权益保障法情况进行了执法检查，撰写执法检查报告，将审议意见转至县人民政府及有关部门研究办理。此外，积极配合省人大常委会开展《江西省农田水利条例》（草案修改征求意见稿二）、《江西省矿产资源开采管理条例（修改草案）》立法调研，配合市人大常委会对《中华人民共和国未成年人保护法》《中华人民共和国档案法》贯彻实施情况进行执法检查。

全面强化司法监督。听取和审议县人民法院民事诉讼工作情况专项报告，在充分肯定成绩的同时，客观指出了当前民事诉讼工作中还存在一些亟待解决的问题。县人民法院结合实际，狠抓整改落实，强化司法为民意识，优化司法环境，完善法官教育培训制度，大力加强执行工作，一年来执结各类案件356件，2014年在全省法院群众满意度测评中，在全市排名第四。加强了对司法机关的监督，选择针对社会影响较大、群众较关心的个案，适时组织代表参与法院执行个案巡视和庭审旁听，让人大代表较全面了解司法机关执法办案的过程，有效促进了法院审判质量的提高和司法的公平公正。一年来，共组织代表参与法院庭审旁听6次，执行个案巡视3次。

全心化解信访矛盾。常委会高度重视信访工作，制定了《崇义县人大常委会机关信访工作办法》，坚持主要领导联系信访工作制度，加强与“一府两院”信访工作部门衔接沟通。一年来，共受理人民群众来信34件，接待来访50余人次，承办市人大转办信访件2件，督促“一府两院”有关部门及时妥善解决了一些涉及群众切身利益的重大问题，维护了社会稳定。如针对2007年罗某与张某合伙建房一案，当事人双方多次来访，常委会高度关注，持续对该案进行跟踪督办，多次听取县人民法院对案件的办理情况报告，组织部分代表参与执行巡视，并督促县法院加大执行力度，促进该案得到妥善处理。

（四）坚持完善机制、搭建平台，充分发挥人大代表作用

常委会认真落实《代表法》和党的十八大对代表工作的新要求，充分发挥代表作用，支持和保障代表依法履行职责。

加强培训，提高代表履职能力。常委会采取走出去、请进来的形式，强化代表培训，邀请了省、市专家学者进行授课，并组织代表到南康、赣县等地考察学习示范镇建设、土坯房改造示范点建设、现代农业示范园建设以及农牧产业发展等情况，通过学习交流，进一步解放了思想，开拓了视野，提高了能力。

夯实基础，搭建代表履职平台。常委会精心搭建活动平台，推进代表活动制度化、常态化，切实发挥代表作用。完善了常委会组成人员联系代表、走访代表工作机制，常委会组成人员深入基层倾听代表意见建议，自觉接受代表监督；坚持邀请代表参与常委会活动制度。通过手机短信、《崇义人大信息》等及时向代表通报常委会各项重要工作，确保代表知情知政权。

完善机制，督办代表意见建议。常委会在总结以往经验的基础上，创新代表意见建议办理工作方式，年初会同县政府召开代表意见建议交办会，将县十七届人大五次会议收到57件代表意见建议转交有关单位进行办理，并首次在县电视台进行了公示，接受群众和社会监督。6月下旬组织6个督查组到各承办单位进行“面对面”督办，督促政府和各承办单位加快办理进度。9月份开展代表意见建议办理不到位专项整治活动，常委会领导牵头对7件有代表性的意见建议进行重点督办，促进县政府及各有关部门加大工作力度，进一步改进办理方式，切实提高办理实效，如扬眉镇圩镇杆线迁移、对全县死亡人口准确及时销户等意见建议都得到了较好解决。

（五）坚持求真务实、开拓创新，不断提高依法履职能力和服务保障水平

常委会以开展第二批党的群众路线教育实践活动为抓手，大力加强自身建设，努力提高履职水平。

聚焦“四风”转变作风。常委会党组及机关

党支部紧扣“为民务实清廉”主题，按照“照镜子、正衣冠、洗洗澡、治治病”的总要求，扎实开展党的群众路线教育实践活动。坚持每周五集中学习及每月学一法制度，强化学习教育，提高思想认识；坚持开门纳谏，广泛听取意见；坚持聚焦“四风”，反复查摆班子和自身存在的突出问题，认真撰写对照检查材料，高标准、高质量召开专题民主生活会；坚持问题导向，积极开展专项整治，切实抓好整改落实，建章立制，形成长效。通过教育实践活动，较好地解决了常委会党组和机关党员干部在“四风”方面存在的突出问题，使机关党员干部经受了一次严格的党性锻炼和洗礼，受到了一次党的宗旨意识再教育；推动了一批关系群众切身利益的问题得到有效解决，赢得了群众的信任支持；人大机关务实高效工作作风得到明显改进，“为民务实清廉”形象得到进一步树立。

创新人大工作机制。健全完善审议制度，修订完善了常委会议议事规则、主任会议议事规则等19项工作制度和办法，进一步明确常委会议事决策的程序规范，保证常委会严格按程序履行职责、行使权力，确保集体行使职权和科学民主决策。健全了对拟任干部的任前法律知识考试、任前表态发言、审议票决等制度，增强拟任人员的人大意识、法治意识和对人民负责、受人民监督的公仆意识。创新述职测评方式，采用百分制进行民主测评，更加全面客观地评价任命干部，监督和激励他们认真履职、奋发作为。积极探索完善人大工作公开制度，通过网络、电视、手机报等媒体，公开常委会行使职权以及与此相关的各类活动，增加人大工作的透明度，不断扩大公民有序政治参与。进一步完善公文处理、财务管理、信息宣传等一系列机关管理制度，使机关各项工作有章可循、有条不紊，不断推进机关管理制度化、规范化。

推进乡镇人大工作。坚持常委会领导分片联系乡镇人大工作制度，邀请乡镇人大主席列席常委会会议，利用会议安排部署工作、开展业务培训和工作交流。全年共组织乡镇人大主席和人大工作者业务培训3期，其中组织部分乡镇人大工作者参加1期全市人大工作能力培训班，切实提高乡镇人大工作水平。

各位代表，回顾去年的工作，我们深切地感到，常委会的工作之所以取得一定成绩，是县委正确领导，“一府两院”密切配合，人大代表大力支持和监督，常委会全体组成人员共同努力的结果。在此，我谨代表县人大常委会，向各位代表和所有关心支持人大工作的同志们，表示崇高的敬意和衷心的感谢！

面对新形势、新任务、新要求，我们也清醒地看到，常委会的工作还存在一些差距：监督力度还需进一步加大，监督方式有待进一步创新，对乡镇人大工作的指导有待进一步加强等。常委会将高度重视这些问题，在今后的工作中采取更加有效的措施加以改进。

政府工作报告（摘要）

——2015年3月18日在崇义县第十七届人民代表大会第六次会议上

崇义县人民政府县长　许斌

2014年，在县委的正确领导下，在县人大、县政协的监督支持下，县政府按照县委十六届三次、四次全会的总体部署，科学应对严峻复杂的经济形势，凝心聚力，狠抓落实，在经济发展新常态下取得了来之不易的成绩。

（一）产业升级提质提效，经济发展逆势向好。实现生产总值63亿元，增长9.1%；财政总收入9.6亿元，公共财政预算收入6.79亿元，分别增长26.3%和38.9%，增幅列全市第2位和第3位；固定资产投资33.4亿元，增长20.5%。

工业经济稳步提升。实现规模以上工业增加值27亿元，增长11.9%；利税总额11.4亿元，增长4.1%。18个重大工业项目完成投资7.5亿元，增长24.6%。章源碳化硅等项目竣工投产，丰宝源光伏玻璃等项目即将投产。新增规上企业5家、矿产品贸易企业10家，纳税500万元以上企业达19家。新泰昇炭业、君子谷公司获出口备案资格，耀升钨业、齐云山公司认定为高新技术企业。“财园信贷通”“小微信贷通”发放贷款1.43亿元。落实西部大开发税收减免政策，为企业减免税收5000多万元。开放型经济稳步发展，实际利用外资1399万美元，外贸进出口8638万美元。

农业产业特色做强。实现农业增加值9.42亿元，增长4.5%；支出惠农资金1.6亿元，增长43.1%。“财政惠农信贷通”发放贷款1900万元。绿色食品业发展迅速，新增刺葡萄200亩、南酸枣5000亩、高山有机水稻3900亩、规模以上蔬菜基地560亩。齐云山南酸枣食品、君子谷产业项目进展较快，新世野农业综合开发、旗岭绿色食品项目开工建设，粮食储备库建设稳步推进，评为全省粮食监督检查示范单位。县、乡、村三级联动，投入821万元打好柑橘黄龙病防控攻坚战。新增农民专业合作社23家、家庭农场11家，铅厂长兴竹产业、龙勾亿诚果茶合作社评为国家农民合作示范社。

现代服务业发展加快。实现第三产业增加值16.2亿元，增长7.3%；社会消费品零售总额11.8亿元，增长12.3%。旅游业发展提速，上堡梯田和“九层皮”美食亮相央视《舌尖上的中国》，与上犹、大余成立“赣州西部绿海”旅游联盟，成功举办广州旅游招商推介会，生态旅游品牌效应持续扩大。全年接待游客146.4万人次，实现综合收入8.8亿元，分别增长33.5%和27.2%，阳岭景区挤入全市景区门票收入6强。金融信贷较快增长，存款余额63.6亿元，贷款余额49.5亿元，分别增长15.4%和5.3%；金融业实现税收6433万元，增长84.2%。商贸物流快速发展，万村千乡市场工程、耀丰物流中心项目扎实推进。房地产业逆市增长，实现税收1.8亿元，增长51.5%。电子商务、通信、保险等服务业取得新成效。

（二）政策项目落地见效，振兴发展后劲增强。《若干意见》政策效应持续释放，政策、资金、项目加速落地，实现从“输血健身”到“造血强身”的转变。

争资争项实现突破。争取各类资金10.55亿元，增长14.9%，其中国家重点生态功能区转移支付6104万元，比2013年增加1184万元；全国第六批小农水重点县建设资金4800万元；国有林场改革补助资金4283万元。争取国家主体功能区试点县、全国大中型水库移民避险解困试点县、国家珍贵树种培育示范县等一批国字号政策，争取省政府批复筹建省级工业园。上堡梯田列为全国重要农业文化遗产，为全省仅有的两个之一。省道龙大线、赣丰线列入国道升级改造规划。

部委支援取得实效。环保部和体育总局出台对口支援工作方案。争取各级环保资金1.09亿元，重金属污染治理项目稳步推进，陡水湖列入国家水质较好湖泊生态环境保护总体规划。体育总局安排28个司局和直属单位对口支援16个乡镇，支持创建全国基本公共体育服务体系示范县，安排到位各类项目资金1061万元，为乡村和中小学捐赠价值651万元的教学和体育设施器材，全民健身条件显著改善。

重大项目扎实推进。先后开展重点工程重大项目征地拆迁攻坚月、九大重点推进项目征地拆迁活动，征收土地2337亩，拆迁房屋8.6万平方米，有效缓解项目用地难问题。37个重点项目完成投资15.3亿元，关刀坪220千伏输变电工程、中小河流防洪工程等相继开工；安置地基础设施建设、县人民医院住院大楼等项目快速推进。列入省市调度的乐洞风电、活性炭产业园等6个项目扎实推进，完成投资21.4亿元。关田工业园、过埠工业小区平台设施更加完善。

（三）统筹城乡互动融合，宜居城镇和谐秀美。城市框架拓展成型。实施24个市政工程项目，完成投资2.98亿元。新增城区面积1.1平方公里。城市综合体、文昌塔等项目快速推进，5.5公里振兴大道全线贯通，阳明大道、齐云山大道等主干道路加快建设，阳岭新城“两纵五横”路网格局全面拉开，阳明社区公园、文化活动综合楼等项目扎实推进，污水管网修复、垃圾填埋场等工程顺利完工。深入开展“四城同创”活动，“两违”整治取得实效，顺利通过省级卫生城市复审，成功创建赣州市第三届文明城市。

乡镇发展统筹推进。过埠统筹城乡发展示范镇建设取得新成效，圩镇面积达1.5平方公里，圩镇面貌明显改善，列为全国重点镇和全省百强镇。投入1.1亿元改善农村交通、农田水利等设施，硬化通自然村公路86.6公里，新建和改造农村电网69.4公里，解决24120人农村人口饮水安全问题。34个和谐秀美乡村建设点稳步推进，打造了铅厂义安里、横水石门子、杰坝七星湾等一批特色乡村。

美丽乡村更加宜居。开展生态环境治理年活动，初步形成各部门齐抓共管机制。在全市率先开展农村环境连片整治试点，农村垃圾下河现象得到有效遏制，评为全省农村清洁工程先进县。完成造林绿化3.3万亩，废弃矿山复绿500亩。空气质量优良率达100%，评为全国百佳深呼吸小城。完成年度节能减排任务。开展重点流域环境整治，依法取缔31家无证非法矿产品加工作坊及采砂场，停产整顿21家小矿产品加工厂，建立5个绿色植物防控示范点，推广新型农药使用面积16万亩。

（四）深化改革破题开篇，发展活力有效释放。全面推进行政审批制度改革，保留和承接下放审批事项337项，为市场有效“松绑”；精简县级审批事项81项，转办58项，行政审批精简率达19.4%，平均办结时限缩短50%。实施工商登记制度改革，推行“先照后证”，新增企业228户，注册资本增加6.5亿元，增长180%。积极发展总部经济，引进国内知名私募股权机构和君资本在我县设立基金管理公司，是全省最早的县级私募股权基金公司之一。列为全国不动产统一登记试点县，颁发全国第一本林权类不动产权证书。开展县级公立医院医药分开试点。在过埠镇开展扩权强镇改革试点。完成11个国有林场改革。基本完成农村集体土地所有权确权登记工作。事业单位分类改革稳步推进。同时，行政体制、民主法治、公共服务等领域改革取得新成效。

（五）民生保障投入加大，幸福指数大幅提升。完成民生支出10.37亿元，比2013年增加1.8亿元，增长20.5%，占财政总支出的64.8%。

民生福祉持续改善。城镇居民人均可支配收入19528元，增长9.4%；农村居民人均可支配收入6845元，增长11.8%。完成省政府下达的40件、市政府下达的50件民生实事。完成危旧土坯房改造6987户，贫困群众移民搬迁2039人，新建保障性住房550套，为历年来最多。发放小额担保贷款7232万元，新增城镇就业2139人，转移农村劳动力2873人。发放高龄长寿补助320万元，建设农村幸福院10个，低收入群体提标提补增长20%以上，评为全省社会救助工作先进县。

社会治理持续推进。深入推进“三送”工作全覆盖常态化，大力开展“连心、强基、模范”三大工程，为群众解决一批实事难事。集中开展“七打七治”专项行动，安全生产形势整体平稳。优化信访调解机制，成立医患纠纷、劳资纠纷等行业调解中心，建成运行16个乡镇社会管理服务中心。投入500万元改建 “天网”工程，开展社会治安整治等系列活动，公众安全感指数居全省第11位、全市第2位。

各项事业持续发展。科技创新能力增强，专利申请量和授权量分别增长157%和130%，列为全省知识产权富民强县示范县。顺利通过省政府教育督导评估，完成75所义务教育学校标准化改造，乡镇公办幼儿园建设稳步推进。完成14个乡镇综合文化站建设，数字影院建成使用。卫生服务体系更加完善，建立新农合大病保障机制，免费救治重大疾病患者450人。承办四国男篮巅峰争霸赛等5项国家级赛事，列为省级鼓励社会体育组织发展试点县。人口计生工作保持全省全市先进。征兵工作继续保持全市前列。编制、人事、民族宗教、外事侨务、地方志、档案、保密、统计、审计、物价、供销、质监、药监、气象、机关事务、防震减灾、人民防空、海事、石油、烟草、工会、妇女儿童、青少年、残联、红十字会等事业不断取得新进步。

（六）作风建设久久为功，政府效能明显改善。一年来，我们围绕为民务实清廉目标，狠抓自身建设，行政效能进一步提升。深入推进党的群众路线教育实践活动，集中开展6项专项整治，解决扬眉江和小江流域治理、解放路综合改造等群众关心关注的问题。完善县政府工作规则、机关事业单位差旅费管理办法等17项制度，自觉接受县人大、县政协监督，办理人大代表建议57件、政协委员提案125件，办结率100%，满意率98.6%，赣崇高速损毁公路修复等一批建议和提案得到落实。持续深入贯彻中央八项规定，大力整治“四风”，各类公文减少20.7%，“三公”经费下降10.9%，清理超标办公用房4663平方米。作风建设的正能量，凝聚了全县上下奋进思变、创新实干的新风正气，正转化为加速振兴发展的强大力量。

各位代表，在严峻复杂的形势下，取得上述成绩实属不易。这是县委正确领导的结果，是县人大、县政协监督支持、合力推进的结果，是21万崇义人民辛勤耕耘、拼搏进取的结果。在此，我代表县政府，向在各个领域、各条战线上辛勤工作的干部群众，向给予政府工作大力支持和帮助的人大代表、政协委员、人民团体、工商联、无党派人士、离退休老同志，向武警官兵、公安干警，向所有关心、支持崇义发展的社会各界人士，致以崇高的敬意和衷心的感谢！

在充分肯定成绩的同时，我们也清醒地看到，发展中还面临不少困难和问题。主要表现在：经济基础薄弱、产业结构单一，县域经济转型升级任务艰巨；产业层次不高，创新能力不强，主导产业支撑体系还未完全形成；环境容量和承载能力有限，融资渠道不广，市场活力激发不足；基础设施建设滞后，扶贫攻坚、改善民生任务繁重；干部推进改革、创新发展的能力仍需加强等等。对此，我们将认真研究、切实解决。

《政府工作报告》注释

1.“财园信贷通”：由省财政厅、工业园区管委会按1:1比例筹集资金存入银行，作为贷款风险保证金。银行按不低于保证金8倍的放大贷款额度，为园区内有一定税收贡献、成长性好，又达不到银行贷款条件的中小微企业提供一年期无抵押无担保贷款。

2.“小微信贷通”：由市、县两级财政按1:1比例筹集资金存入合作银行，作为风险保证金。合作银行按不低于财政保护金8倍的放大贷款额度，向县（市、区）域范围内小微企业提供一年期以内、无抵押无担保、200万元以下低息贷款。

3.“财政惠农信贷通”：省、市、县三级财政按2:1:2的比例筹集风险补偿资金，存入合作银行，合作银行按不低于财政风险补偿金8倍的放大贷款额度，向新型农业经营主体提供一年期内无抵押无担保贷款。

4.“七打七治”专项行动：自2014年8月至12月底，在全省集中开展以打击矿山企业无证开采、超越批准的矿区范围采矿行为，整治图纸造假、图实不符问题等七类问题为重点的“打非治违”专项行动。

5.重大疾病免费救治：对白内障、唇腭裂、儿童白血病、儿童先天性心脏病、贫困家庭重性精神病、农村贫困家庭妇女乳腺癌、宫颈癌患者免费救治和尿毒症患者免费血透救治。

6.“设施蔬菜”：指蔬菜栽培具有一定的设施，能在局部范围改善或创造出适宜的气象环境因素，为蔬菜生长提供良好的环境条件而进行的有效生产，又称为反季节栽培、保护地栽培等。设施蔬菜的科技含量高，其发展速度和程度，是一个地方农业现代化水平的重要标志之一。

7.农业“接二连三”：将农业产业链延伸到工业和服务业，拓展农业服务功能，提高农产品附加值，实现农业增效、农民增收。

8.“智慧崇义”：指运用信息和通信技术手段感测、分析、整合城市运行核心系统的各项关键信息，对包括民生、环保、公共安全、城市服务、工商业活动在内的各种需求做出智能响应。

9.“多规合一”：推动经济社会发展规划、城乡规划、土地利用规划、生态环境保护规划等“多规合一”，形成县乡一本规划、一张蓝图。

政协崇义县第九届委员会常务委员会工作报告（摘要）

2015 年 3 月 17 日在政协崇义县第九届委员会第五次会议上

陈金发

在中共崇义县委的正确领导和县人民政府的大力支持下，县政协常委会认真学习贯彻中共十八大、十八届三中、四中全会精神和习近平总书记系列重要讲话精神，以及中共崇义县委十六届三次、四次全会精神，牢牢把握团结和民主两大主题，紧扣服务和推进加速崇义振兴发展这一主线，认真履行政治协商、民主监督、参政议政职能，政协工作水平有新的提高。

一、深入开展了党的群众路线教育实践活动

把学习教育作为首要任务，落实了党组会议、主席会议、常委会议等多层次的理论学习制度，保质保量撰写读书笔记和心得体会。坚持问题导向，认真查摆“四风”问题，以整风精神开展批评与自我批评。制定完善调研视察、民主监督、社情民意、联系委员等 10 项制度。查摆的问题已基本整改落实到位。通过教育实践活动，机关干部理想信念更加坚定，思想认识进一步提高，联系群众、服务委员的能力进一步提升，机关作风明显转变。

二、立足本职工作，发挥政协优势，为加速崇义振兴发展凝心聚力

1. 凝心尽力开展议政协商。在县政协九届四次会议上，对我县职业教育发展、对和谐秀美乡村建设、对绿色食品产业、对城南新区建设、对蔬菜产业发展、对农村饮用水安全、对持久开展四城同创、对农村圩镇建设管理、对发展非公有制企业、对柑橘黄龙病防治、对促进竹业发展等 11 个专题进行了大会发言，开展了专题协商。2014 年县政协分别形成了《关于解决影响崇义中学发展关键问题的建议案》《关于在文英乡建立蔬菜生产加工供应基地的建议案》和《关于我县农村生活垃圾治理情况调研报告》报送县委、县政府及相关部门供决策参考。

2. 主题突出积极调研视察。紧紧围绕县委、县政府中心工作，视察调研做到尽早谋划，广泛协商。选题在“准”字上下功夫，立足本县实际，聚焦人民群众关注的热点难点问题；调研在“深”字上作文章，筛选专业对口的委员参加，邀请相关部门领导参加，既下基层掌握第一手资料，又走出去学习先进经验；报告在“严”字上把好关，力争反映问题清晰，调查研究深入，对策切实管用。一年来，组织开展了农产品安全保障的调研，组织开展了民营林场生产经营的调研，组织开展了养老服务体系的调研。配合省政协在我县进行了污水处理设施建设及运行情况的调研，配合市政协在我县进行了壮大县域经济、非公经济发展、民生实事落实情况等专题调研或视察。

3. 务实创新做好提案督办。县政协九届四次会议以来，共收到提案 126 件，立案 125 件，立案的提案已按规定全部办复。在提案办理工作中，我们解放思想，创新督办方法，加强提案办理协商，建立承办单位、提案者、政协专委会三方沟通协商机制。2014 年，对九届一次会议以来的《关于加大财政资金支持商品蔬菜基地建设的建议》《关于我县新农合运行中存在的问题的建议》《关于建立农村垃圾处理长效机制的建议》《关于解决占道经

营问题的建议》《关于解决因年龄造成落选村干部养老保险问题的建议》《关于加大刺葡萄产业财政支持力度的建议》《关于尽快维修省道赣丰线的建议》《关于阳岭景区开通公交车的建议》《关于机关事业单位干部职工纳入工伤保险范畴的建议》《关于南中路设立红绿灯的建议》等10件重要提案开展了提案办理落实“回头看”活动，有效推动了提案办理意见的落实，促进了民生事业发展。

4. 扎实有效开展民主监督。2014年，把作风建设作为民主监督重点，组织委员参加了一些部门和单位的作风建设情况听证会和行业行风评议会，委员们在促进机关作风转变上建言献策。委员通过提案、社情民意，对社会的热点难点问题进行民主监督。组织委员积极参与党风廉政建设社会评价活动，到群众中听取意见，宣传引导，起到了积极作用。

5. 积极主动参与中心工作。扎实做好“送政策、送温暖、送服务”工作，政协班子成员每人挂点了一个乡镇抓“三送”工作，为群众解决实际困难169件，办实事43件，争取相关部门“三送”扶助资金79.5万元，完成85户危旧土坯房改造，机关干部结对帮扶211户。组织政协委员和机关干部积极参与扶贫救助，2014年累计向各级慈善救助机构捐款360余万元，扶持贫困家庭179户，救助贫困生216名。

在征地拆迁和县重点工程建设中，政协班子成员积极参与，主动作为，把中心工作当作分内之事。在政协班子成员挂点的全县重点工程项目中，谢屋板块征地拆迁基本完成，平盘山板块征地拆迁顺利完成，文昌塔建设基本竣工，关田工业园基础设施建设稳步推进，阳岭示范幼儿园已动工兴建，振兴大道建成通车，万村千乡市场工程全面完工，较好地完成了县委、县政府安排的中心工作任务。

三、加强自身建设，完善工作机制，提高政协工作科学化规范化水平

1. 加强了机关制度建设。认真贯彻落实中央、省、市、县关于加强和改进作风的有关规定，进一步规范了委室和机关干部工作考核。加强了专委会建设，更多地赋予视察调研的主动权，从而增强了工作自觉性和主动性，提高了工作效率。机关科级干部实行了每日工作行程短信公示，编印《一周工作汇要》，每月总结和部署一次工作，提高了整体工作效率。

2. 加强对委员的服务和管理。2014年，政协班子成员开展了两次走访委员活动，实现班子成员与委员“面对面”全覆盖，全面倾听委员的意见建议；并分批次邀请政协委员列席政协常委会、党组会、主席会，确保每位委员都参与了一次以上政协机关会议；年底对委员进行了工作量化考核，严格评比表彰，肯定了先进委员的成绩，指出了落后委员的不足，增强了政协组织的凝聚力和号召力。

3. 提高了宣传报道质量。重视宣传工作，重点加强了对外宣传，一年来，机关干部和政协委员在《中国政协》《光华时报》《赣州政协》《崇义手机报》等新闻媒体投稿率和用稿率稳步提升，较好地宣传了我县发展成效和委员履职风采。

各位委员，过去的一年，县政协常委会工作成绩的取得，是中共崇义县委正确领导的结果，是县人民政府及社会各界大力支持的结果，是县政协各参加单位和广大委员团结奋斗、共同努力的结果。在此，我代表县政协常委会，向大家表示衷心的感谢！

面对新形势、新任务、新使命，我们的工作还存在不少差距，主要是：政治协商的程序和内容有待完善；民主监督的有效形式有待改善；调研视察、建言献策的成果转化有待加强；委员参政议政的主动性有待提高等。对这些问题，我们必须高度重视，认真对待，并在今后的工作中切实加以改进。

大事记

2014 年大事记

一月

4 日上午 书法家、全国书法协会会员吴本清教授，来到崇义县城关小学进行《书法教学简易为要》专题书法讲座。

同日 县委十六届四次全体（扩大）会议召开。深入学习贯彻中共十八大、十八届二中、三中全会精神，以及中央经济工作会议、省委十三届八次全会、市委四届五次全会精神，动员组织全县党员干部群众解放思想，深化改革，奋力加速崇义振兴发展。

5 日 超细硬质合金棒材省级产品鉴定会顺利召开。

6 日 市委常委、纪委书记彭光华到崇义县走访慰问困难群众和困难企业，为他们送去亲切关怀、新春问候和良好祝愿。

9 日上午 县委副书记、县政府代县长许斌召集发改委、林业局、工信局、商务局、林投公司、林股公司等单位就林业产业发展升级工作进行专题调研座谈。

同日 省植树造林督导组到崇义县调研今冬明春植树造林工作情况。

14 日 崇义县被省农业厅列入江西省新型职业农民培训试点县。

16 日上午 崇义县召开离退休干部情况通报会，县委副书记、代县长许斌就全县经济社会发展工作向全县离退休老干部们作了通报，县委副书记、组织部长余业伟主持会议，县领导谢筠以及全县 40 多名离退休老干部出席会议。

20 日 耀升钨业公司被中国钨业协会当选为第六届理事会理事单位。

23 日 2011 － 2013 年度城市低保家庭廉租住房分配仪式在县房管局会议室举行，县政府副县长刘春香亲临现场并讲话。仪式上午 9 点开始，在监察、公证人员、群众代表的监督下，采取先依次抽取顺序号然后依序抽取房号方式，经过 1 个多小时的公开抽签，符合本次廉租房实物配租条件的 52 户城市低保家庭分到了房号，解决了住房问题。

24 － 25 日 国家体育总局政策法规司副司长刘岩率调研组一行到崇义县开展对口支援工作调研，并召开座谈会。省体育局副巡视员古芳远，市政府副市长胡聚文，市政府副秘书长彭江闽，市体育局局长袁华英，县委副书记、代县长许斌，县委副书记、副县长卫虹霞，县委副书记、组织部部长余业伟，县领导刘洪梅、李贱贵、谢筠先后陪同调研。

27 日上午 县委书记许志辉主持召开县委常委会会议。传达学习中央和省委党的群众路线教育实践活动第一批总结暨第二批部署会议精神，研究讨论县政府党组提交的有关议题和其他事项。讨论并原则同意县人大、政协“两会”有关请示。

本月 崇义县正式启动实施计划生育“单独两孩”政策。

二月

7 日 市委常委、纪委书记彭光华到崇义县走访调研部分工业企业。县委书记许志辉，县委副书记、代县长许斌，县领导杨忠万陪同走访。

8 日 崇义县 2014 年就业招聘洽谈大会在县人民广场举行。

同日 全县第三次全国经济普查工作会议召开。

16 － 19 日 创建全国生态文明（酒企）示范基地研讨会在崇义县举办。此次活动由中国诗酒文化协会主办，中国生态文明研究与促进会支持，江西君子谷野生水果世界有限公司承办。第十一届全国政协提案委副主任、中国煤炭工业协会会长王显政，第十一届全国政协提案委副主任、中国轻工业联合会会长步正发，第十一届全国政协提案委副主任、中共中央办公厅原副主任毛林坤出席会议并讲话；第十一届全国政协委员、北京市原副市长范伯元，第十一届全国政协委员、民航总局原副局长杨国庆，第十一届全国政协委员、公安部警卫局原局长董福元出席会议；全国政协委员、社科院文学所原联合党委书记副所长包明德，中国生态文明研究与促进会秘书长朱广庆在研讨会上作发言；全国政协委员、中国诗酒文化协会会长蒋秋霞主持会议；市政协原副主席雷汉生，县委书记许志辉在会上致辞；江西君子谷野生水果世界有限公司董事长庄席福作主旨发言。相关行业专家代表和嘉宾以及来自全国各地的30多家果酒企业负责人和媒体记者共计近百人出席了本次活动。

18日 崇义县召开创建"五好"基层关工委活动总结表彰会暨2014年关心下一代工作会议。

24日 县纪委十六届四次全会召开。

25日下午 县委召开全县党的群众路线教育实践活动动员部署会议，贯彻中央、省委党的群众路线教育实践活动第一批总结暨第二批部署会议、全市党的群众路线教育实践活动动员部署会议精神，对全县开展教育实践活动进行全面动员部署。省委第七督导组副组长、省审计厅原副巡视员黎明出席会议。市委常委、市纪委书记、市委党的群众路线教育实践活动领导小组副组长、市委第四督导组第一组长彭光华出席会议并讲话。县委书记许志辉主持会议并作动员讲话。市委第四督导组组长廖吉芬，县委副书记、代县长许斌等县四套班子领导、法检"两长"，老干部代表等出席会议。县委副书记许勇作具体部署。市委第四督导组成员参加会议。

26日上午 中国人民政治协商会议崇义县第九届委员会第四次会议开幕。

同日上午 省公安厅警务督察总队副总队长韩潮一行3人在市公安局党委委员、纪委书记李新军，市公安局警务督察支队副支队长、负责人范勇等陪同下莅临崇义县公安局检查指导工作。

27日 崇义县第十七届人民代表大会第五次会议开幕。

28日上午 政协崇义县第九届委员会第四次会议圆满完成各项议程胜利闭幕。

同日下午 崇义县第十七届人民代表大会第五次会议圆满完成了各项议程后胜利闭幕。

本月 县职业中专被省教育厅确定为江西省首批达标中等职业学校。

三月

1日 崇义县全面实现"4G乡乡通"，实现18个乡镇4G信号全覆盖， 11月底全县共开通4G基站约 77个，城区4G信号全覆盖，乡镇4G信号全覆盖，为崇义经济发展做好网络保障。

3日上午 崇义县举办2014年中小微型企业融资对接签约仪式，驻县12家金融机构主要负责人与耀升钨业、君子谷等33家中小微型企业代表签订融资对接协议，达成融资意向协议金额12.01亿元。

5日19时许 聂都乡发生一起人命案。经过4个昼夜的连续奋战，抓获犯罪嫌疑人吴某某，案件成功侦破。

5－6日 市委常委、市纪委书记彭光华到崇义县调研督导教育实践活动。县委书记许志辉，县委副书记许勇，县领导杨忠万、刘春香陪同调研。

6日上午 市委常委、市纪委书记彭光华在崇义县信访接待中心接待信访群众，县领导杨忠万、李贱贵、汤名东参加接访。

同日上午 崇义县召开妇女工作会议暨妇女民生项目资金发放仪式。会议回顾总结了崇义县2013年妇女工作，安排部署2014年妇女工作，并对2013年妇女工作中涌现出的先进集体和先进个人进行了表彰。县领导谢小云、谢筠出席会议。

7日上午 江西卫视《金牌调解》首席调解员胡剑云应邀为全县妇女举办"微笑女人·微笑家庭"专题讲座。

11－13日 县委常委带头开展了以"坚定理想信念、坚持群众路线、坚决改进作风"为主题的集体学习。县委书记许志辉，县委副书记、县长许斌，县委副书记、副县长钟斌，县委副书记许勇等在家的县委常委参加学习，市委第四督导组部分成员出席相关活动。

14日 县消协组织21个消协理事成员单位在县南门广场，隆重举办纪念"3·15"消费者权益日活动，现场销毁价值12万元的假冒伪劣商品。

19日 市委常委、市纪委书记彭光华到崇义县调研第二批党的群众路线教育实践活动。

同日 省渔业局副局长黄发平一行5人到崇义

县督查渔民上岸工作。

20 日 省科技厅罗莹副厅长一行莅临章源钨业考察指导工作

21 日 省环境监察局杜林副局长来崇义县开展两高”司法解释培训讲座。

21－23 日 “长飞矿业杯”2014年中国、美国、立陶宛、澳大利亚四国青年男篮巅峰争霸赛在崇义县竹乡体育馆隆重举行。

22 日 中国国家青年篮球队到县职业中专交流指导。

下旬 在赣州市中等职业学校技能竞赛中，崇义县职业中专以20人参赛，获奖11分，排名15的成绩告捷。

26 日 世界银行专家到崇义县调研绿色生态农业。

同日 投资3.5亿元的文英硅精深加工项目签订正式投资合同。

27 日 市委常委、市纪委书记彭光华率市纪委党员干部和铅厂镇、村党员干部一道在铅厂镇义安、西峰社区开展河道卫生清理。

30 日 崇义县开展缅怀革命先烈祭典活动。县委书记许志辉，县委副书记、副县长卫虹霞，县委副书记、副县长钟斌，县委副书记许勇，县人大主任郭兰，县政协主席陈金发等在家的县四套班子领导来到县革命烈士纪念塔参加祭典，深切缅怀为新中国的诞生和人民幸福生活而英勇献身的革命先烈。县委副书记、县长许斌主持祭典仪式。副县级以上离退休干部代表，乡（镇）主要领导，部分县直单位（企业）主要负责人，革命烈士后代代表，公安民警、武警、消防官兵代表，群众代表以及学生代表共计180余人参加了祭典。

30 日－4 月 1 日 省卫计委副主任程关华携省等级医院专家组一行到崇义，对县中医院进行二级甲等医院复审。 评审专家组通过现场调度、人员访谈、技术理论考核等方式全方位的检查评估后，一致同意县中医院顺利通过“二甲”复审。

31 日 省残疾人联合会党组书记、理事长陈卫华一行，到崇义县调研残疾人康复工作。县委书记许志辉，县领导谢小云陪同调研。

31 日－4 月 2 日 国家体育总局人事司司长高志丹一行到崇义县调研体育工作。县委副书记、副县长卫虹霞，县领导刘洪梅陪同出席相关活动。

31 日－4 月 3 日 国家林业局华东林业调查规划设计院对崇义县林地年度变更暨森林资源补充调查工作进行国家级核查验收。检查组就如何提高调查精度、改进调查方法进行了指导，并对崇义县认真、细致、扎实的林地变更调查工作表示了肯定。

四月

1 日 江西理工大学邱廷省副校长一行莅临章源钨业考察调研。

同日 赣州市中级人民法院、崇义县人民法院联合召开党的群众路线教育实践活动征求意见座谈会，邀请市、县人大代表、政协委员、律师代表、人民陪审员代表、司法监督员代表等11名人士，就两级法院整治“四风”、开展教育实践活动方面的问题征求意见建议。赣州市中级人民法院党组成员、副院长黄忠，崇义县人民法院院长李舒文出席座谈会。

2 日 县委书记许志辉走进中国赣州网演播厅，参加赣州市“党政领导干部网络听诉问政在线访谈”系列活动。中国赣州网对访谈进行了网络直播。

2－3 日 市委常委、市纪委书记彭光华到崇义县督导党的群众路线实践活动工作。

3 日下午 省森林公安局副局长李鸣华在市局陈智勇局长的陪同下到崇义县，深入省内重点木材加工企业走访调研。

同日下午 市委常委、纪委书记彭光华到崇义县矿管局开展党的群众路线教育实践活动调研。

4 日 江西省高级人民法院审监庭庭长黎章辉一行来到崇义县人民法院，就基层法院审监庭的职能定位进行座谈，赣州市中级人民法院审监庭庭长伍弟斐、崇义县人民法院院长李舒文及该院审监庭工作人员参加座谈。

10 日 崇义县公安局过埠派出所赣南树木园警务室正式挂牌成立，标志着崇义县恢复对赣南树木园的治安管辖权，将有效推动杰坝水域治安治理，促进全县经济发展。

11 日 中华全国总工会书记处原书记李永海在部长刘洪梅陪同下到职业中专调研工作。

14－17 日 崇义县环境保护局3人赴环境保护部（北京）参加固体废物管理处长培训班。

15 日 市政府副市长刘建平到崇义县过埠镇视察农村安全饮水工作。

16 日 市委常委、市纪委书记彭光华在铅厂镇讲授题为《坚持群众路线，加快振兴发展》的专题党课。

17－20 日 江西省稽查中心副主任李启皇同志一行到崇义县对在建中小河流治理项目开展专项稽查工作，检查组一行深入县城防洪工程章源段，县委副书记许勇、县政府副县长易龙陪同。

18 日下午 县委书记许志辉到挂点联系的铅厂镇讲党的群众路线教育实践活动专题党课。

21 日 美国世界设计公司董事长拉瑞先生一行到崇义县考察城市建设及旅游产业远景规划工作。县委书记许志辉，县委副书记、县长许斌，县领导李贱贵、谢小云、刘春香陪同考察或出席相关活动。

24 日 市国土资源局局长邓海鹰一行到崇义县就数字崇义空间信息基础数据平台建设等工作进行调研。

同日 中国有色金属工业协会副会长、中国钨业协会常务副会长、主席团主席丁学全，中国有色金属工业协会锡业分会秘书长、北京安泰科信息开发有限公司副总经理王中奎到耀升钨业公司调研。

24－26 日 环境保护部在崇义县组织召开“赣南地区钨冶炼行业固体废物污染防治暨《国家危险废物名录》修订工作讨论会”， 环保部污染防治司李蕾副司长、中国环境科学研究所所长王琪一行，江苏省、广东省、江西省、重庆市固体废物管理中心一行等参加了会议。

25 日上午 崇义县特殊教育学校举行揭牌仪式。

30 日上午 崇义县举行 2014 年全县银企融资对接签约仪式。

五月

2 日 《舌尖上的中国Ⅱ》第三集《时节》播出崇义县九层皮和上堡梯田美景，吸引了无数国人眼球。

3－14 日 杜丽、张娟娟、杨凌、蔡亚林、赵宏博、申雪、韩晓鹏、张虹、李坚柔、张会、杨文军等 11 位奥运冠军走进崇义，开展“坚守社会主义核心价值观——奥运冠军赣南行”活动。国家体育总局宣传司司长张海峰、人事司副巡视员李凤芹、人力资源开发中心主任金华省、射击射箭运动项目管理中心副主任杨战旗、冬季运动项目管理中心副主任兰立，市委副书记、市长冷新生，副市长胡聚文，县委书记许志辉，县委副书记、县长许斌，县委副书记、副县长卫虹霞，县领导刘洪梅、谢筠等出席有关活动。

6－7 日 “聚焦赣南苏区振兴发展两周年——全国网络媒体看赣州”大型采访活动走进崇义。市委常委、宣传部长杨文英，县委书记许志辉，县委副书记、县长许斌，县委副书记许勇，县领导刘洪梅、李贱贵等出席相关活动或陪同采访。

9 日 市检察院检察长胡火箭及省院侦监二处处长吴海丽到崇义县检查指导工作。

12 日 奥地利约翰教授、加拿大卢波特博士两位地质专家到耀升钨业公司茅坪矿井下考察钨业情况。

14－18 日 县环境保护局 1 人与县领导赴河北参加农村生态示范建设培训班。

16 日 市委常委、市政府副市长孙智宏到崇义县调研经济社会发展情况。县委书记许志辉，县委副书记许勇等陪同调研。

18 日 “2014 中国深呼吸小城榜 100 佳”在深圳发布，崇义县以“仙方山水 天上林田”为形象美誉榜上有名。

19－23 日 省政府教育工作督导评估组在组长朱爱民的带领下，对崇义县教育工作进行为期 4 天的督导评估。

21 日 县委制定出台《崇义县贯彻落实〈建立健全惩治和预防腐败体系 2013－2017 年工作规划〉实施方案》。

同日 市委常委、市纪委书记彭光华在义安村召开义安里统筹城乡发展示范区规划成果报告会，规划设计人员汇报了规划成果，并现场听取义安里群众提出的意见建议。

同日 耀升钨业公司被赣州市工商局、赣州市知名商标认定委员会认定：在使用在第 1、6 类“碳化钨、氧化钨、钨粉、钨”上的“金龙耀升”注册商标被认定为赣州市知名商标。

同日 耀升钨业公司被江西省工商局、江西省著名商标认定委员会认定：在使用在第 1 类“碳化钨、氧化钨”上的“金龙耀升”注册商标被认定为江西省著名商标。

同日 公司被江西省工商局、江西省著名商标认定委员会认定：在使用在第6类“钨粉、钨”上的“金龙耀升”注册商标被认定为江西省著名商标。

同日 省渔业局陈芙副局长一行2人到崇义县督导农村土地确权颁证工作。

22日上午 市委常委、市纪委书记彭光华在崇义县召开重点企业和重点工程工作座谈会。县委书记许志辉主持会议，县领导杨忠万、刘洪梅、李贱贵出席会议。

会议通报了崇义县重点企业和重点工程进展情况。章源、耀升、君子谷等企业负责人就企业发展现状及面临的困难问题作了汇报发言。

22－23日 省林业厅党组成员、副厅长詹春森率调研组一行到崇义县调研自然保护区管理等工作。市林业局局长黄明哲，县委副书记、县长许斌，县委副书记许勇，县领导李贱贵、易龙陪同调研或出席相关活动。

22－25日 赣州首部林业题材微电影剧组到崇义拍摄反映林业系统一线木材检查执法人员真实故事改编的微电影《执着》。

23日 赣州西部旅游联盟协作会在崇义县召开，崇义、上犹、大余三县签订《赣州西部旅游联盟框架协议》，标志着赣州西部旅游联盟正式成立。市委常委、市纪委书记彭光华，崇义县委书记许志辉，大余县委书记谭学忠，上犹县委书记赖晓岚出席会议并讲话。县委副书记、县长许斌主持会议。县委副书记许勇就会议筹备情况及《赣州西部旅游联盟框架协议》等相关文稿作了说明。

27日下午 全县党的群众路线教育实践活动领导小组第五次（扩大）会议召开。会议的主要任务是深入学习贯彻总书记习近平重要指示和中央、省市教育实践活动视频会议精神，小结前一阶段工作，部署下一阶段的工作。

市委第四督导组组长廖吉芬及督导组成员，县委书记许志辉，县委副书记、县长许斌，县委副书记、副县长卫虹霞，县委副书记、组织部部长余业伟，县委副书记许勇，县人大常委会主任郭兰，县政协主席陈金发等在家的县四套班子领导、法检“两长”出席会议。

同日 崇义县入选“2014中国深呼吸小城榜100佳”。

28日 国家体育总局在上堡中心小学举行捐资助学活动仪式，分别向上堡中心小学和麟潭中心小学各捐赠价值5万元体育器材和2万元图书资料。国家体育总局政法司副司长陈岩，国家体育总局政法司政法处调研员刘桂花、隋平，北京大学出版社办公室主任刘玖占以及市体育局党组书记杨中茂出席仪式，县领导卫虹霞、谢筠陪同。

同日 崇义县机构编委员会以崇编字〔2014〕7号文同意将崇义县防汛抗旱指挥部办公室升格为副科级事业单位。

同日 崇义县机构编制委员会以崇编字〔2014〕20号文同意在崇义县水利局内设机构水政水资源股（行政审批服务股）增挂崇义县水政监察大队牌子。

同日 崇义县机构编制委员会以崇编字〔2014〕8号文同意以乡镇为单位成立乡（镇）水利站，在乡镇农业服务中心增挂牌子，属股级全额拨款事业单位，核定22名水利员岗位编制。

同日 崇义县机构编制委员会以崇编字〔2014〕16号文同意设立崇义县抗旱服务队，与崇义县专业森林消防队合署办公，实行两块牌子一套人马，人员编制不增加（在崇义县专业森林消防队现有定编不定人编制30名中，明确5名为崇义县抗旱服务队编制。

30日－6月1日 中国科学院城市环境研究所所长朱永官一行到崇义县调研炭产业发展等工作。县委书记许志辉，县委副书记许勇，县政府副县长易龙等陪同调研或出席相关活动。

六月

3－4日 省人大常委会副主任魏小琴率省人大调研组一行到崇义县开展《江西省农田水利条例（草案修改征求意见稿二）》立法调研。省人大常委会法工委副主任韩军，省水利厅副厅长曾晓旦随同调研，市人大常委会主任陈晓春、副主任温会礼，县委书记许志辉，县委副书记、县长许斌，县人大常委会主任郭兰，县领导刘立伟、易龙陪同调研。

5日 县委常委会召开专题会议，在教育实践活动第一环节广泛听取意见的基础上，进一步查摆梳理县委常委会在执行中央“八项规定”和省委、市委相关文件，尤其是反对“四风”等方面存在的突出问题，研究讨论县委常委会班子对照检查材料。

市委常委、市纪委书记、市委第四督导组第一组长彭光华到会指导并讲话。省委第七督导组成员何新基，市委第四督导组组长廖吉芬、副组长黄新到会指导。县委书记许志辉主持会议并作小结讲话。县委常委、县人大常委会党组书记、县政协党组书记就县委常委会班子“四风”方面存在的问题及整改建议作发言，县政府副县长、县政协党组副书记参加会议。市委督导组成员和部分党员群众代表列席会议。

同日 省质监局群教活动督导组组长王志华一行5人到县质量技术监督局检查指导群教工作，督导组详细了解县质量技术监督局群教工作开展情况，并对群教工作给予了充分肯定。

6日 国家林业局依据《国家珍贵树种培育示范县管理办法（试行）》有关规定，确定广西壮族自治区崇左市为国家珍贵树种培育示范市（地级），山西省乡宁县等65个县（市、区、旗、场、局）为国家珍贵树种培育示范县，其中崇义县榜上有名，江西省仅3个县被列为国家珍贵树种培育示范县。

6－8日 “中华绿谷·美丽崇义”全国摄影大赛第三次采风活动在崇义县开展。

7日上午 全市矿管系统党的群众路线教育实践活动工作推进会在崇义县矿管局召开。

7－8日 水利部办公厅秘书处处长何猛一行到崇义崇义县指导水利工作，

8日 市委常委、市纪委书记彭光华到铅厂镇调研。县委书记许志辉陪同调研。

9日 崇义手机报并入江西手机报地方版，由大江网统一发行，新闻宣传工作与省委、省政府实现了同步同向、同频共振。

12日 省纪委副书记赵力平一行在崇义县召开座谈会，就党风廉政建设“两个责任”、查办案件、作风建设及“三转”工作情况进行调研。

同日 农业部发布了第二批中国重要农业文化遗产，崇义县客家梯田系统入选。

13日上午 市政协副主席欧阳世麟一行，在县政府副县长谢筠、县教育局副局长汤斌的陪同下，来到城关幼儿园进行学前教育工作专项调研。

17日 全市“我看振兴发展这两年”百姓宣讲报告会在崇义县举行。县领导刘洪梅、刘向民、黄义华及各乡（镇）单位170多人到场聆听宣讲。

18－19日 中国林业教育学会理事长、原中央纪委驻国家林业局纪检组组长杨继平一行在崇义县调研林业职工队伍专业素质等情况。省林业厅副巡视员毛赣华，县委书记许志辉，县委副书记、县长许斌，县委副书记许勇，县领导易龙陪同调研或出席相关活动。

19日 市政府副市长刘建平到崇义县调研指导工作。

同日 崇义县首家居民光伏发电项目正式并网运行。

同日 崇义县获评江西最具幸福感城市。

23－24日 省文联主席刘华一行在崇义县调研文化产业工作。

24日 县委常委班子召开教育实践活动专题民主生活会，会议深入学习贯彻习近平总书记系列重要讲话精神，按照“照镜子、正衣冠、洗洗澡、治治病”的总要求，以为民务实清廉为主题，以“反对‘四风’、服务群众”为重点，坚持严肃认真、实事求是、民主团结，开展批评和自我批评。

市委常委、纪委书记彭光华主持并讲话。省委第七督导组成员吴黎宏、市委第四督导组组长廖吉芬以及市委第四督导组全体成员，市纪委、市委组织部、市委“活动办”有关人员到会指导。许志辉、许斌、卫虹霞、余业伟、许勇、杨忠万、刘洪梅、李贱贵、谢小云、何琳、党生维等县委常委出席会议。县领导郭兰、陈金发以及5名党员群众代表列席会议。

同日 国家体育总局训练局副局长马雁玲一行来到麟潭中学调研体育教学工作。

26日 县政府批复（崇府办抄字〔2014〕73号）扬眉镇、文英乡为崇义县政策性水稻保险试点乡镇

27日 上午 中央电视台《豪门盛宴》“公益体彩，快乐操场”捐赠仪式在金坑中心小学举行。

27－30日 中央电视台、人民日报、新华社、求是杂志、光明日报、中国日报等中央和行业类媒体的10多名采编骨干人员到崇义县，开展革命传统教育活动和调研采访。中国记协国内部副巡视员王春晨，中国记协宣传联络部副主任张传亚，市委常委、宣传部部长杨文英，县委书记许志辉，县委副书记、县长许斌，县委副书记许勇，县领导刘洪

梅陪同或出席相关活动。

28日 市委、市政府下发《关于表彰赣州市第三届文明城市和第八届文明村镇、文明单位的决定》，崇义县荣获“赣州市第三届文明城市”称号。

本月 崇义县第二轮（2014年－2016年）小型农田水利重点县建设项目申报成功。

七月

1－2日 省林业厅副厅长罗勤一行到崇义县上堡乡水南村开展“连心”活动。县委书记许志辉，县政府县长许斌，县委常委、县政府常务副县长李贱贵，副县长易龙等陪同走访或出席相关活动。

2日 中科院“稀土与钨领域863项目”调研组莅临章源钨业考察指导工作。

3日 国家商务部外贸司副司长包玲率调研组一行在崇义县调研。省商务厅外贸处处长陈庆寿，市商务局党组书记胡竹林，县委副书记、县长许斌，县领导刘洪梅、王子康陪同调研。

7日 省苏区办副主任谢宝河一行到崇义县调研指导苏区振兴发展工作，县委书记许志辉，县委副书记、县长许斌，县委副书记、副县长卫虹霞，县委副书记、副县长钟斌，县领导刘洪梅、陆芳锋以及相关部门负责人陪同调研或出席相关活动。

8日晚 “行歌崇义”暨庆祝振兴发展两周年文艺晚会在人民广场举行。

10日上午 县委全面深化改革领导小组召开第一次会议。

10－11日 市委常委、纪委书记彭光华来到教育实践活动联系点铅厂镇，主持指导镇党政班子专题民主生活会。市委第四督导组组长廖吉芬、县委书记许志辉到会指导，许斌、钟斌、余业伟、杨忠万、刘洪梅、李贱贵、谢小云、何琳等县委常委班子成员列席观摩。

16日上午 县委常委班子召开专题民主生活会情况通报会。

省委第七督导组副组长陈玉麟、市委第四督导组组长廖吉芬莅会指导，县委书记许志辉出席并讲话，县委副书记、县长许斌主持会议。县委副书记、副县长卫虹霞、钟斌，县人大常委会主任郭兰，县政协主席陈金发等出席。县委副书记、组织部部长余业伟通报县委常委班子专题民主生活会情况。

同日 耀升钨业有限公司公司质量管理体系GB/T 19001：2008和公司环境管理体系GB/T 24001-2004（IS 014001：2004）通过审核换证。

16－17日 省政协常委、人资环委副主任揭赣元一行在崇义县开展“全省污水处理设施建设及运行情况”民主监督专题调研工作。市政协副主席杨文光，县委副书记、县长许斌，县委副书记、组织部长余业伟，县政协主席陈金发，县领导刘春香、陆芳锋陪同调研或出席相关活动。

19日 国家林业局速丰办副主任黄采艺一行3人在省林业厅、市林业局有关领导的陪同下深入崇义县督查指导2014年国家储备林划定工作，县委常委、县政府常务副县长李贱贵出席有关座谈会。

24日 铅厂镇义安村召开专题组织生活会和民主评议党员会议。省委第七督导组副组长陈玉麟、市委第四督导组组长廖吉芬到会指导，县委副书记、组织部长余业伟主持会议。

25日上午 赣南地质专家杨衍忠先进事迹巡回宣讲报告会在崇义县举行。

26－27日 中央部委挂职干部调研组到崇义县调研工业和环保工作。县委书记许志辉，县委副书记、县长许斌，县委副书记、副县长卫虹霞，县委副书记、副县长钟斌陪同调研或出席相关活动。

27日 经第48次县委常委会和县政府第36次常务会研究决定：在关田工业小区西侧划拨100亩土地，用于建设县本级粮食储备库。

29日 第二批全国大学生记者团“赣南苏区行活动”在崇义县开展。

30日 全省污水管网建设管理工作现场推进会在崇义县召开。

30日－8月3日 中央媒体聚焦赣南振兴发展深入崇义采访。

31日 省证监局局长滕必焱一行莅临章源钨业考察指导工作。

八月

1日 最高人民检察院组织全国检察教育培训讲师团到崇义县开展巡讲活动。

4－5日 市委常委、纪委书记彭光华一行到崇义县开展工业企业帮扶调研工作。县委书记许志辉，县委副书记、县长许斌，县委副书记、副县长钟斌，县领导杨忠万、刘洪梅、李贱贵、边建忠先后陪同调研。

6日上午 全县党的群众路线教育实践活动知识竞赛（决赛）在公务大楼举行，县委副书记、组织部长余业伟观看比赛并为获奖代表队颁奖。

6日上午 中航国际“蓝粉笔”乡村教师培训公益活动开班仪式在县教师进修学校举行。来自北京、深圳等地的教育专家在崇义县开展为期1天半的培训活动。

7日 市委副书记王少玄到崇义县调研城市社区建设、项目建设和企业发展等情况。县委书记许志辉，县委副书记、县长许斌，县委副书记、副县长卫虹霞、钟斌，县委副书记、组织部部长余业伟等陪同调研或出席相关活动。

8日上午 全县违法用地违法建设专项清理整治行动动员大会召开，县委副书记、县长许斌出席会议并讲话，县委副书记、副县长钟斌，杨忠万、刘洪梅、李贱贵、边建忠、党生维等在家的县四套班子领导及“法检”两长出席会议。县领导何琳主持会议。

同日上午 崇义县召开重点工程“百日攻坚战”动员会，动员全县上下，集中力量，主攻重点工程项目建设，迅速掀起项目建设高潮。

同日下午 由县委、县政府主办，县体育局承办的2014年崇义县 “全民健身日”活动暨全民运动会启动仪式在县奥林匹克运动场举行。

同日 崇义县第十五届老年人健身体育运动会开幕。

同日 耀升钨业有限公司APT（仲钨酸铵）正式在天津渤海商品交易所上线交易。

9日晚 中国乒乓球协会于2014年乒超联赛决赛期间在山东省枣庄市举行了“2014乒超有我就有爱慈善公益晚会”，为对口帮扶崇义县扬眉镇希望小学建设，改善扬眉镇现有学校教学环境，帮扶失学儿童及基础体育设施建设进行募捐活动。晚会通过拍卖知名球员球衣球拍和其他相关物品、义捐两种形式，共筹得善款66.93万元。

11日 市委常委、副市长彭业明到崇义县调研职业教育发展情况。县委书记许志辉，县委副书记、县长许斌，县领导刘洪梅、谢筠陪同调研。

12－13日 市人大常委会调研组一行在崇义县调研农村土地承包经营现状。县人大常委会副主任刘立伟、县政府副县长易龙陪同调研。

12－14日 国家水利部移民开发局大中型水库移民避险解困试点工作调研组一行在崇义县调研。

17日 崇义县将向鲁甸灾区捐款，县慈善会共收到社会各界人士捐赠的爱心款共计30.6512万元。

18日上午 县委常委会召开专题民主生活会“回头看”座谈会。县委书记许志辉主持会议并讲话。市委第四督导组副组长黄新到会指导。许斌、卫虹霞、钟斌、余业伟、杨忠万、刘洪梅、李贱贵、谢小云、何琳、边建忠等在家的县委常委出席会议，县人大主任郭兰、县政协主席陈金发以及部分党员群众代表、服务对象代表列席会议。

19日上午 县委召开常委会扩大会议，学习贯彻省委十三届九次全体会议和市委常委会扩大会议精神，回顾“若干意见”出台实施两周年所取得的成绩，总结上半年工作，部署下一步工作。

19－20日 监察部驻国家林业局监察局副局长周洪到崇义县调研基层林业党风和行风建设等工作。省监察厅驻林业厅副厅级监察专员郭国芸，县领导杨忠万、刘春香、易龙陪同调研。

19－21日 省农业厅渔业局副局长陈芙一行两人到崇义开展百名处长挂百县工作督查。

20日 县委召开中心组理论学习会，专题学习习近平总书记在中央政治局第16次集体学习时的讲话精神和省委十三届九次全会精神。县委书记许志辉主持会议并讲话。

20－21日 省委第七督导组组长、省人大常委会委员、内务司法委员会副主任赵锦成，市人大常委会主任陈晓春、副主任胡绍筭率领省、市人大代表专题调研组一行在崇义县专题调研“水上漂”移民上岸安置工作情况。

27日 日前，县委、县政府印发《关于表彰2012、2013年度全县工业经济发展工作突出贡献企业的决定》，对2012、2013年度全县工业经济发展工作中涌现的突出贡献企业予以表彰，并根据企业的贡献大小给予一次性资金奖励。

28日上午 省林业厅副巡视员、人事处长钟明到上堡乡水南村调研“连心”工作，县政府副县长刘春香等领导陪同调研。

29 日 市委常委、纪委书记彭光华到崇义县走访慰问新中国成立前参加革命工作的老战士、老干部、烈士遗属、伤残军人等人员。县领导黄华、杨忠万陪同走访。

同日 2014 年“赣南苏区·荣光”即开型福利彩票在崇义县人民广场发行。

同日 江西省高级人民法院党组成员、副院长夏克勤，审委会委员、审监庭庭长黎章辉，立案庭副庭长徐坚一行，到江西省崇义县人民法院就立案信访、诉讼服务中心建设和审判监督工作进行调研。崇义县委常委、政法委书记何琳、崇义法院党组书记院长李舒文等陪同调研。

本月 完成了城北大道的红绿灯电子警察监控设备的增设和横水镇牛角河、丰州乡古亭村、过埠镇过埠村杨梅塘、龙勾乡东山村等公路要道卡口固定监控测速设备的建设，建立了全县交通监控网络，基本实现全覆盖，有效提升交通肇事逃逸防范水平和查控能力。

本月 崇义县第一个不冠行政区划的字号名称“和君沣盈投资有限公司”由国家工商总局核准。

九月

2 日上午 赣州市陡水湖景区管理局驻崇义县办事处正式成立。

同日 市人大调研组一行到崇义县调研人大代表意见建议办理情况。

5 日下午 崇义县召开县委常委会推进教育实践活动整改工作专题会议，进一步明确整改要求和方向，落实整改措施。

5 日－10 月 28 日 举办“崇义县 2014 年全民运动会”，共有 34 个代表团、4865 名运动员参加了比赛，是崇义县运动史参赛人数最多、赛事规模最大、影响范围最广的一次综合性全民体育运动盛会。

10 － 11 日 北京生态岛科技有限责任公司总经理任立明会同澳大利亚 DASMA 公司客商一行 7 人在崇义县就煤矸石、钨尾矿、硅石矿等项目进行投资考察。县委书记许志辉，县委副书记、县长许斌，县委副书记、副县长钟斌，县领导刘洪梅、边建忠陪同考察或出席相关活动。

15 日下午 县委全面深化改革领导小组第二次全体会议召开。会议由县委书记、县委全面深化改革领导小组组长许志辉主持。

16 日 省政府副秘书长谢茂林、省林业厅厅长阎钢军一行到崇义县调研国有林场改革与发展等工作。省林业厅副巡视员毛赣华、市政府副市长刘建平，县委书记许志辉，县委副书记、县长许斌，县领导刘春香等陪同调研或出席相关活动。

17 日 省人大常委会委员、省人大环境与资源保护委员会副主任委员屠永发率省人大调研组，在崇义县开展《江西省矿产资源开采管理条例（修订草案）》立法调研。市人大常委会副主任谢赣健，县委书记许志辉，县委副书记、县长许斌，县人大常委会主任郭兰，县领导李贱贵、刘立伟陪同调研或出席相关活动。

同日 个体企业馨花园艺邹忠华先生为城关小学捐赠课桌椅 72 套。

同日 省人大常委会委员、省人大环境与资源保护委员会副主任委员屠永发率领由省人大环资委、环资监督处、省国土资源厅等相关部门负责人组成的省人大调研组，在崇义县开展《江西省矿产资源开采管理条例（修订草案）》立法调研。市人大常委会副主任谢赣健，县委书记许志辉，县委副书记、县长许斌，县人大常委会主任郭兰。

同日 由城关小学四十名学生组成的代表队，在全国啦啦操联赛南昌赛区中荣获小学丁组课间操花球示范动作组第一名和小学丁组课间操街舞示范动作组第一名的好成绩。

18 日 国家体育总局篮球管理中心社会发展部主任许闽峰到过埠中学调研，县委副书记卫虹霞一同调研。

同日下午 省厅科信总队副调研员聂晶、保密办副主任易文豪等一行 5 人在市局保密办副主任罗平祯同志等陪同下，莅临崇义局实地检查并指导公安信息网安全保密工作。

19 日 环保部华东督查中心一行莅临章源钨业考察指导工作

19 － 20 日 监察部驻国家林业局监察局副局长周洪一行到崇义县调研基层林业党风和行风建设等工作。

20 － 23 日 县环境保护局 2 人赴环境保护部

参加第十二期环境监察干部岗位培训班。

22日上午 市委宣讲团在崇义县举行《习近平总书记系列重要讲话读本》巡回宣讲报告会。县委书记许志辉，县委副书记、县长许斌，县人大常委会主任郭兰等在家的县四套班子领导，县人武部领导，县法检“两长”等在现场聆听了报告会。县领导刘洪梅主持报告会。

同日上午 国家体育总局装备中心主任李桦一行到龙勾中小学调研，县委副书记卫红霞陪同。

23日下午 县委书记许志辉主持召开县委常委会会议。会议专题研究了县委常委教育实践活动整改工作。

23－27日 国家林业局中国科学院国家野生动物疫病研究中心王承民教授一行到齐云山国家级自然保护区开展野生鸟类疫病监测工作和样品的采集。本次共采集237只野生鸟类的咽拭子和肛拭子样品共474份。通过调查再次证明齐云山国家级自然保护区内鸟类种类丰富，处在秋冬季节重要鸟类迁徙通道上，对于我国陆生野生动物疫源疫病监测具有重要意义。

24－26日 省科协党组书记、常务副主席龚绍林，省科协副主席梁纯平等一行到崇义县开展科普工作调研。市科协主席吴青，县委书记许志辉，县委副书记、县长许斌，县领导易龙陪同调研或出席相关活动。

25日 全国足协副主席林晓华、足球运动管理中心综合部副主任黄诗薇一行在县委副书记卫虹霞陪同下，到聂都中心小学视察学校体育工作。

25－26日 环保部华南环境科学研究所副所长于云江一行到崇义县调研。

27日 崇义县2014年全民运动会登山竞赛在阳岭国家森林公园举行，来自全县各地的1031名运动员参加了比赛。

28日上午 县委常委会开展与群众“整改面对面”活动，与群众代表互动交流，听取群众对整改工作的意见建议，并现场回应群众诉求。

29日上午 市委常委、纪委书记彭光华在崇义县走访慰问新中国成立前参加革命工作的老战士，以及烈士遗属、伤残军人。县委副书记、组织部部长黄华，县领导杨忠万陪同走访。

同日 市政协副主席李蔚深入崇义县走访慰问烈士之女、全国先进工作者、全国劳模。

同日上午 兴中将军子女一行到麟潭中学捐赠爱国主义教育书籍和体育器材。县委常委、人武部政委党生维出席了捐赠仪式。

30日上午 崇义县在革命烈士纪念塔举行了公祭烈士活动。

同日 崇义县在全县范围内开展迎国庆全民大扫除活动。

本月 上海知青、日本昭和大学退休教授王庆平夫妇一行，重访西峰小学，为西峰小学捐赠了电脑、电视、图书、文具等办公学习用品。

十月

1日下午 市政府副市长、市公安局局长胡满松到崇义县检查指导工作。县委书记许志辉，县委副书记、县长许斌，副县长、公安局长朱桂林等人陪同。

10日 省运管局肖伦发副局长一行到崇义县检查驾校二项国标（驾校资格条件和教练场条件）改造落实情况。

同日上午 2014年崇义县全民运动会开幕式在县奥林匹克运动场隆重举行。

11日 市人大常委会主任陈晓春在崇义县走访市人大代表，市人大常委会副秘书长、办公厅主任叶文波，市人大代表、县人大常委会主任郭兰陪同。

11－12日 省林业厅党组成员、省纪委驻林业厅纪检组长李晓浩一行到崇义县开展国有林场改革调研督导等工作，县政府副县长李贱贵陪同调研。

14日 国家体育总局社会体育指导中心主任冀运希一行到崇义县调研。市委常委、市政府副市长孙智宏；县委书记许志辉，县委副书记、县政府副县长卫虹霞，县领导刘洪梅、李贱贵陪同调研或出席相关活动。

14－15日 市人大常委会调研组到崇义县开展调研旅游产业发展情况。

15日 国家体育总局社会体育指导中心主任冀运希一行在县委副书记卫虹霞、县委宣传部部长刘洪梅等陪同下到铅厂中学调研学校体育教育教学情况。

15－16日 省发改委规划处处长董福长一行到崇义县调研国家重点生态功能区建设试点工作并

召开座谈会。

17日下午 全县党的群众路线教育实践活动总结大会召开。会议深入学习贯彻总书记习近平重要讲话精神，贯彻落实中央、省委、市委党的群众路线教育实践活动总结大会精神，对全县教育实践活动进行总结，对巩固和拓展教育实践活动成果、加强党的作风建设、落实从严治党要求进行部署。

总结大会结束后，参会人员对县四套班子和党员领导干部进行了民主评议。

17－19日 由省苏区办副主任、赣州市委常委、副市长张治峰、孙智宏，市长助理靖大伟带队的国家部委挂职干部考察组一行20多人，到崇义县考察生态环境保护和旅游产业发展情况。县委书记许志辉，县委副书记、副县长卫虹霞、钟斌，县领导李贱贵陪同考察。

19日上午 崇义县首批人才公寓公开摇号分配仪式在县公证处、县监察局和申请人代表的全程监督下举行首次公开摇号。

20日 省农检中心到崇义县开展农产品抽样检测。

21日 中宣部干部局干部处处长张宝库一行到崇义县实地调研县级和城乡基层宣传文化工作开展情况。

同日 省绿化委员会对崇义县创建省级森林城市工作进行评审验收，县政府副县长刘春香陪同。

同日下午 市委宣讲团副团长何勇带队在崇义县举行宋旌先进事迹巡回宣讲报告会。

21－23日 省政府对县级政府教育工作综合督导评估“回头看”督查工作组在组长曹绍游的带领下，到崇义县开展督查工作。

22－23日 国家体育总局训练局副局长叶秋利、吕铁杭率调研组一行在崇义县调研。县委书记许志辉，县委副书记、县长许斌，县委副书记、副县长卫虹霞，县领导谢筠陪同调研或出席相关活动。

23日起 2014年崇义县全民运动会羽毛球比赛在竹乡体育馆举行。

24日 县委书记许志辉主持召开县委中心组理论学习会，专题学习贯彻中共十八届四中全会精神。

本月 启动首届“十大身边的榜样”评选表彰活动。

本月 在2014年赣州市中小学校教师书法比赛中，职业中专青年教师刘朝禄创作的《游子吟》（软笔）荣获一等奖，张有健老师创作的《千字文》（硬笔）荣获三等奖。

十一月

5日 国家体育总局田径管理中心副主任王楠一行，在县委副书记、副县长卫红霞等陪同下到长龙耀升小学调研。

同日 五省（市）对口援助赣州检察机关签约仪式在赣州市检察院举行，确定江苏省无锡市检察院为崇义县院对口援助单位，下午，无锡市人民检察院政治部主任吴九盛到院调研对口援助工作。

6日 国家体育总局田径运动管理中心副主任王楠一行在崇义县调研。县委书记许志辉，县委副书记、县政府县长许斌，县委副书记、县政府副县长卫虹霞陪同调研或出席相关活动。

7日 县职业中专与广东奥马电器股份有限公司签订联合办学“奥马班”协议。

同日 崇义县召开全县村（社区）“两委”换届选举工作会议，对全县村（社区）党组织换届选举工作及全县第九届村（居）民委员会选举工作进行部署。

10日 中国检察官文联主席、高检院原党组副书记、常务副检察长张耕在省检察官文联主席曾页九，省检察院党组成员、政治部主任张勇玲，市检察院党组书记、检察长胡火箭，县政府县长许斌的陪同下，到崇义县调研指导检察文化建设工作。

11日 市委常委、组织部部长孙正森到崇义县调研村（社区）“两委”换届选举工作。市委组织部副部长杨有谷，县委副书记、县长许斌，县委副书记、组织部部长黄华陪同。

12日 市委改革办专职副主任潘金城率市委全面深化改革督导调研组到崇义县督导调研。

13日 崇义县召开领导干部为企业办实事解难题活动落实情况汇报会。市委常委、纪委书记彭光华，县委副书记、县长许斌，县领导杨忠万、边建忠、刘春香出席会议。

同日 市委常委、纪委书记彭光华到崇义县调研座谈党风廉政建设及反腐倡廉工作，县领导杨忠万陪同。

14日 省发改委到崇义县检查农业项目实施

情况。

16 日 由中国足球协会、北京胜利联盟联合援建崇义县奥林匹克足球场人造草，于 11 月 16 日完成施工并交付使用。

19 日 “中华绿谷·美丽崇义”全国摄影大赛第四次集中采风活动启动。

同日 “新华社”等媒体记者一行 20 余人，专程到崇义采访，体验非物质文化遗产——崇义县“三节龙”。

同日 中国茶文化研究院赣南茶文化示范基地花落崇义。

21 日 县政府无偿划拨横水镇珠岭北端及供销社仓库地块给县气象局，用于建设气象观测站。

24 — 25 日 市政协秘书长明心平一行到崇义县视察民生实事落实情况，县领导陈金发、黄名兰陪同。

25 日 中国奥委会“奥运健儿公益服务大行动”2014 年足球进校园活动在崇义第四中学举办。悉尼奥运会跳水奥运冠军李娜和自由式滑雪空中技巧世界冠军程爽携手走进校园，中国奥委会市场开发部副主任力航，中共崇义县委书记许志辉，活动合作方安踏、舒华公司代表及相关方面的人员出席了此次活动。

26 日 省煤矿安全监察局局长赵苏启一行来崇义县监督检查煤矿安全生产监管工作。市政府副市长刘建萍，市安监局局长龚建明，县委书记许志辉，县委副书记、县长许斌，县领导黄小波以及相关单位负责人陪同或出席相关活动。

27 日 崇义县 2014 年公共租赁住房公开摇号分配仪式在县人民广场隆重举行，县委常委、县政府副县长李贱贵、县人大常委会主任汤名东、县政协副主席吴忠浩出席。2014 年崇义县共推出房源 645 套，分别是城西阳光小区的二居室 350 套、一室户 131 套、塔下高胜排小区二居室 164 套。8 月起开展了申请受理工作，共受理申请家庭 710 户，经审核， 649 户家庭符合申租公租房条件。在监察部门、公证人员、群众代表的监督下，经过 1 个多小时的公开摇号，601 户中低收入家庭解决了住房问题。此次摇号是 2007 年建保障房以来申租家庭、房源、中签家庭最多的一次摇号。

27 — 28 日 2014 年崇义县中小学生运动会在奥林匹克运动场举行。县委副书记、副县长卫虹霞，县领导刘洪梅出席开幕式。

28 — 29 日 国家体育总局武术运动管理中心“全民健身”武术走基层活动走进崇义。国家体育总局武术管理中心副主任邵世伟，省体育局副局长李小平，市体育局副局长黄群，县委副书记、副县长卫虹霞，县领导谢筠出席相关活动。

28 日— 12 月 5 日 中国美协、中国书协等部分当代知名书画家齐聚崇义县参加“山水崇义·入诗入画”写生采风、交流展览活动。

本月底 农业部、国家发展和改革委员会、财政部、水利部、国家税务总局、国家工商行政管理总局、国家林业局、中国银行业监督管理委员会、中华全国供销合作总社等九部委联合公布了国家农民合作社示范社名单（农经发〔2014〕10 号），崇义县长兴竹产业专业合作社被认定为国家农民合作社示范社，全市仅 3 家林业专业合作社榜上有名。

十二月

2 — 3 日 市委常委、纪委书记彭光华到崇义县开展为企业办实事解难题活动，在君子谷野生水果世界企业听取了企业生产、发展情况及企业存在困难、问题解决落实情况，并分别到企业为新建刺葡萄种植基地拟在麟潭、横水境内租赁的林地、耕地的现场进行实地查看。县委副书记、县长许斌，县领导杨忠万、刘春香陪同。

4 日 崇义县在人民广场组织首个国家宪法日向宪法宣誓活动。

5 — 20 日 崇义县举行首届“十佳地方特色菜”暨“九层皮”制作技艺有奖评选投票活动。

10 日 县人民医院协助受托方完成现库存药品的转接工作，“医药分开，药房托管”改革试点工作正式开展，有力推动了全县公立医院改革进程。

11 日 国家体育总局体育彩票管理中心党委书记张弛一行在县委副书记卫红霞陪同下到思顺竹坝小学调研并捐赠体育用品。

同日上午 索尼（中国）有限公司支援建立“索尼梦想教室”捐赠仪式在铅厂中心小学举行。县委副书记、副县长钟斌，县领导谢筠，索尼（中国）公司对外事务部总经理吴克安、运营统筹部门经理孙海涛以及特邀代表陈敏出席捐赠仪式。

11 — 12 日 江西省重要农业文化遗产发掘与保护工作培训班，全省重要农业文化遗产工作座谈会在崇义县召开。省农业厅万国根副厅长参加了座谈会和培训班。

12 日 全国群众登山健身大会闭幕式暨“中国体彩杯”中国·阳岭登山邀请赛在风景秀丽的国家4A级景区阳岭国家森林公园拉开战幕。来自全国各地的105名登山运动员及崇义县近1000名登山爱好者参加了比赛。

13 日 省农业厅原总经济师、省委第七督导组副组长徐金星到崇义县督导党的群众路线教育实践活动整改落实情况。市委组织员办副主任杨经纬，县委副书记、组织部长黄华陪同。

14 日 江西理工大学科学技术服务站在检测中心挂牌成立。

16 日 市委常委、市纪委书记彭光华到崇义县调研指导村（社区）“两委”换届工作。县委书记许志辉，县委副书记、县长许斌，县委副书记、组织部长黄华，县领导杨忠万、刘向民陪同调研或出席相关活动。

同日 上堡梯田被农业部认定为江西6个“中国美丽田园”之一。

18 日 组织君子谷、齐云山、新世野、旗岭等绿色食品企业参加赣州全市农特产品展销会及3月15 — 20日北京全国农展会。

18 — 19 日 国家环保部总工程师万本太在崇义县考察调研生态文明建设工作，并就“全面加强环境保护工作，大力推进生态文明建设”做专题讲座。市政府副巡视员赖启华，市政府副秘书长廖振龙，市环保局党组书记、局长杨中茂以及县委书记许志辉，县委副书记、县长许斌，县委副书记、副县长钟斌等陪同。

22 日 崇义县举办2014年新录用工作人员初任培训班。

23 日 “畅游赣州西部绿海”——赣州西部旅游联盟大余、上犹、崇义（广州）旅游推介会在广州嘉逸国际酒店举行。

24 日 省军区司令员张晓明深入到县专业森林消防队，检查指导林业应急队伍建设工作。市委常委、赣州军分区司令员刘瑄，县委书记许志辉，县领导李贱贵、党生维、金仁贵陪同检查指导。

25 日上午 崇义县志愿者协会成立大会在耀升歌剧院隆重召开。大会结束后，全体参会人员参加了“25爱我”相伴成长——崇义县志愿者社会公益日活动现场签名仪式。

25 日 江西省警察协会主席彭焕恭一行到崇义县开展调研工作。

同日下午 县委召开中心组理论学习会，专题学习中共十八届四中全会精神。

25 — 26 日 国有林场改革省级评估验收组到崇义县开展国有林场改革省级评估验收工作。县委副书记、县长许斌，县委副书记、组织部部长黄华，副县长刘春香陪同调研或出席相关活动。省级评估验收组通过看资料、听汇报、查依据、开座谈会、现场调查、访问职工等方法对崇义县国有林场改革工作进行评估验收，并对崇义县国有林场改革工作取得的成绩给予了充分肯定，同时，对存在的不足及林场今后的发展思路提出了宝贵意见和建议。

30 日 省环保厅宣教中心杜林、省环境监察局祝志辉等专家到崇义县开展新环保法、“两高”司法解释专题培训，全县矿产加工企业和重点企业参加。

崇府办字〔2014〕21号《关于对2014年县政府工作报告主要任务进行分解的通知》要求“启动行政事业单位工伤保险”。经县政府常务会研究决定，全县机关和参公事业单位从2014年1月1日起参加工伤保险，全县行政区域内机关事业单位的全部职工从2014年1月1日起参加生育保险，保费均由县财政从参保单位公用经费中代扣代缴，启动并确保了机关事业单位人员全员参保，实现“全覆盖”。

31 日 农业部、国家发改委、财政部等九部委关于公布国家农民合作社示范社名单的通知（农经发〔2014〕10号），崇　义县长兴竹业专业合作社、崇义县亿诚果茶专业合作社被评为全国示范社。

地情

崇义概貌

【建置沿革】 崇义县建于明正德十二年（1517 年）冬。春秋战国时期崇义属楚国。秦始皇二十六年（公元前 221 年）创郡县制，崇义属九江郡南壄地。东汉建武元年（25 年）改九江郡为豫章郡，南壁县改为南野县，崇义属之。三国吴嘉禾五年（236 年）崇义属南野县和南安（亦作安南）县地。隶南部都尉。晋武帝太康元年（280 年），改南安县为南康县，崇义属南野县和南康县地。隋文帝开皇九年（589 年），改南康郡为虔州，崇义隶虔州。隋炀帝大业元年（605 年）改虔州复为南康郡，赣县复称南康县，崇义属南康县地。唐朝时崇义隶属南康郡。五代末期崇义属南康县、大庾县、上犹县地，隶昭信军。宋朝淳化元年（990 年）建南安军，崇义隶南安军。元朝至元十四年（1277 年），改南安军为南安路总管府，隶江西行省，元正二十五年（1365 年），改南安路为南安府，崇义隶南安府。明朝正德十二年（1517 年），都御史王守仁率兵镇压横水、桶冈的谢志山、蓝天凤农民起义后，奏呈皇上批复，析上犹县的崇义、上堡、雁湖三里，南康县的隆平、尚德二里，大庾县的义安里建县，择定在崇义里的横水设立县治，并以崇义里之名，名县为崇义县，隶南安府。清朝沿用明制，崇义隶南安府。

民国元年（1912 年），废府。3 年（1914 年），划江西为豫章、浔阳、庐陵、赣南四道，分领 81 县，崇义属赣南道。15 年（1926 年），废道，县直隶于省。21 年（1932 年），全省分为 13 个行政区，崇义属第 11 行政区。24 年（1935 年），全省缩改为 8 个行政区，崇义属第 4 行政区。

第二次国内革命战争时期，崇义是湘赣革命根据地的一部分。1931 年 3 月，成立崇义县革命委员会。1931 年 5 月，建立苏维埃政府，先后隶于江西省和湘赣省苏维埃政府。

1949 年 8 月 20 日，崇义解放。同时成立崇义县人民政府．隶赣州分区。1949 年 9 月，成立赣西南行政公署。次年 7 月，改为赣西南人民行政公署，崇义隶赣西南行政区。1951 年 6 月，撤销赣西南行政公署。成立赣州区专员公署，崇义隶赣州专区。1954 年 6 月，撤销赣州区专员公署，成立赣南行政公署，崇义隶赣南行政区。1964 年，改赣南行政公署为赣州地区专员公署。1968 年，改赣州地区专员公署为赣州专区革命委员会。1971 年 1 月，改名为赣州地区革命委员会。1978 年，赣州地区革命委员会改为赣州地区行政公署。崇义隶属赣州地区。1999 年 7 月 1 日，赣州撤地设市，崇义隶属赣州市。

【位置面积】 崇义县位于江西省西南边陲，地处北纬 25° 24′ — 25° 55′，东经 113° 55′ — 114° 38′。东与南康市接壤．南与大余县和广东省仁化县相交，西与湖南省汝城县、桂东县毗邻，北与上犹县交界。东西长约 73 千米，南北宽约 59 千米，总面积 2206．27 平方千米，约占全省总面积的 1．33%、赣州市总面积的 5．62%。崇义县人民政府驻横水镇，距赣州市人民政府驻地章贡区 76 千米，距江西省人民政府驻地南昌市 426 千米。

【地质地貌】 崇义县地势呈西南高，东北低。境内山脉纵横交错，群峰起伏连绵。西部诸广山脉齐云山海拔 2061．3 米，为江西第二、赣南第一高峰。北部石牙头海拔 1333．3 米，中部阳岭海拔 1259．5 米，东北部陡水水库水域海拔 170 米，东部牛轭潭海拔 140 米，为境内最低点。

全县按地质特征分为：

地 层 崇义县出露的地层较全，自震旦系至第四系大多可见及。

震旦—奥陶纪，为次深海至浅海环境。主要形成一套碎屑岩（变余不等粒岩屑石英杂砂岩、变余不等粒长石石英杂砂岩等）和黏土岩（绢云母板岩、炭质绢云母板岩），并有部分硅质岩和少量碳酸盐岩。

志留纪—早泥盆世：全县处于大陆环境，未接受沉积。

中—晚泥盆世：沉积了一套海陆交百相的碎屑岩（石英砂岩、长石石英砂岩、粉砂岩、石英砾岩等）、黏土岩（页岩）和碳酸盐岩（灰岩、粉砂质灰岩等）。

石炭纪—早三迭世：早石炭世早期。为一停积时期；晚期为潮坪—滨海沼泽环境．形成了含煤建造（梓山煤系）。晚石炭世至早二迭世为浅海环境，沉积了一套碳酸盐岩（石灰岩、白云岩）。晚二迭世早期地壳上升，变为滨海沼泽环境，又形成

r含煤建造（乐平煤系）。晚二迭世晚期至早j迭世。海水漫浸，复为浅海环境，沉积了硅质岩及一套碎屑－碳酸岩（钙质页岩、钙质砂岩、石灰岩等）。

中三迭世－第三纪：地壳上升，海水退出，全县又一次处于大陆环境，一般没有接受沉积，仅白垩纪局部地区沉积了山麓洪积扇形碎屑岩（砾岩、砂砾岩、砂岩），当时气候干热，岩石呈紫红色。

第四纪：古地理轮廓与现今基本一致，在山间盆地及河谷沉积了砂、砾石及亚砂土。

岩浆岩 县内岩浆活动频繁，自加里东晚期到燕山晚期均有活动，其中尤以燕山早期强烈。

加里东晚期（晚奥陶世－志留纪），主要形成混合交代型中酸性岩，代表性岩体为上堡中细粒角闪黑云母花岗岩基（同位素年龄值388百万年）。此外，尚有一些中－基性小岩瘤。

华力西期（泥盆－石炭纪）：仅有比较微弱的中性岩浆侵入活动，已发现的岩体有石圳石英闪长岩株。

印支期（早三迭－中三迭世）：该期形成的岩体为文英中粗粒斑状黑云母花岗岩基（同位素年龄值为199百万－214百万年）。

燕山早期（晚三迭－中侏罗世）：可分两个阶段，第一阶段形成的岩体有马子塘中细粒斑状黑云母花岗岩基，第二阶段为大规模的酸性岩浆侵入，本县主要矿产——钨锡的形成与其有十分密切的关系，该阶段第一次侵入的岩体主要有桶江潭（同位素年龄值为157百万年）、大营子、圆洞、车子堋、柯树岭、天门山、九龙等中细粒斑状二云母花岗岩株，第二次侵入的代表性岩体为赤水仙等。

燕山中期（晚侏罗－早白垩世）：第一次为中基性岩浆侵入。代表性岩体为关田细粒斑状花岗闪长岩（同位素年龄值为145百万年）；第二次为酸性岩浆侵入，主要岩体为宝山花岗岩株（同位素年龄值为132百万年），县内的钨、铜、铅、锌等矿化与该次岩浆活动有关。

燕山晚期（晚白垩世）：第一次为规模不大的间歇性火山暴发晤动。形成诸如南风烫、西山界、黄茅玄等火山角砾岩筒；第二次为岩浆侵入，主要岩体为铁木里细粒斑状黑云母花岗岩株（同位素年龄值为106百万年）。此外，尚有一些花岗斑岩等脉岩。

构造 崇义位于华南加里东运动褶皱系赣中南褶隆赣西南凹陷大湖山－芙蓉山隆断束的南西部。加里东运动，使震旦－奥陶系一套地槽型复理石建造强烈褶皱，奠定了基底构造的基本轮廓。晚古生代开始进入地台发展阶段，沉积了中泥盆统－下三迭统碎屑岩、碳酸盐岩及含煤建造。中新生代为大陆边缘活动发育时期，以断块及升降运动为主。由于经历了多期构造旋迴，褶皱和断裂都很发育，构成了一幅复杂的构造图案。

基底褶皱：形成紧密复式褶皱，轴向一般为近南北或北北西，局部由于后期构造干扰而呈北北东等方向。主要褶皱构造自西往东有西山界向斜、铁木里背斜、对耳石复式向斜、过埠复式背斜、罗洞向斜、杰坝向斜、锁口复式背斜、涌洞复式向斜、小罗坑复式背斜、东岭背复式向斜、西坑复式背斜、长龙复式背斜、南田复式向斜，石溪复式背斜、良田复式向斜，龙勾复式背斜、寺里复式向斜。

盖层褶皱：叠加于基底褶皱之上，形态平缓开阔，并具多级特点。总体走向为北北东，局部有较大扭曲。主要褶皱构造有思顺、茶滩、铅厂三个复式向斜。

断裂：按走向可划分为近南北向、北北西向、近东西 向、北北东－北东向、北东东向五个系统。

近南北向和北北西向断裂主要发育于基底区，为与基底褶皱同期形成的走向逆断层，部分表现为平移－逆断层性质，规模不大，延长一般在10千米以内。

近东西向断裂也多见于基底区，为与褶皱同期形成的一组倾向正断层，但以后又叠加有逆断层运动。延长数百米到10余千米不等。是县内贵金属矿产的主要导矿和容矿构造。

北北东－北东向断裂，是最为发育的一组，不但数量多、规模大且具多期活动的特点，性质主要表现为逆断层，是控制钨锡等金属矿产分布的主要构造。

北东东向断裂也较发育，延长一般数千米到20余千米，多期活动明显，性质复杂，主要为平移－逆断层运动。

全县按地貌特征分为：

中 山 主要分布在金坑、思顺、上堡、丰州、文英、乐洞、聂都、关田、横水、铅厂、长龙等乡镇的边缘山区，海拔高度1000米以上，相对高度大于500米，千米以上山峰232座。金坑、横水、铅厂、长龙等乡镇是石英岩；思顺、上堡、丰州、文英、乐洞、聂都、关田等乡镇均为花岗岩及花岗闪长岩；山坡陡峭，山顶多呈锯状、坑状，局部有石蛋地形堆积；植被覆盖良好，境内多为上犹河流发源地，林业、水利资源丰富。

低　山　主要分布在金坑、思顺、上堡、丰州、文英、聂都、关田、横水、铅厂、长龙、茶滩、过埠、杰坝、麟潭等乡镇邻近中山的前缘部分，海拔500～1000米，相对高度200～500米，是山区和丘陵的过渡地带。上堡、丰州、文英、聂都、关口等乡镇以花岗岩为主；金坑、思顺、横水、铅厂、长龙、茶滩、过埠、杰坝、麟潭等乡镇以石英砂岩、板岩、砂质板岩为主。植被繁茂，是本县主要林区。

高丘陵　主要分布在长龙、扬眉、龙勾、古亭、麟潭、过埠等乡镇的邻近低山部分，海拔300～500米，相对高度100～200米，但在海拔300米以下的面积较大。多数为变质岩，少数为花岗岩；丰州为白垩纪紫色砂砾岩；东部长龙镇长龙村以下，植被覆盖率较差，局部地段有较轻度水土流失，为农业区；其他乡镇植被覆盖好，有部分为人工砍伐后的残次林，为农业区。

河谷阶地　主要分布在古亭、麟潭、过埠、横水、茶滩、长龙、扬眉、龙勾等乡镇河流沿岸，相对高度大于30米。为近代河流冲击物堆积而成，是主要农业区和乡（镇）、村所在地。

境内地层发展较全，除缺失志留系、侏罗系及第三系外，均有存在，以下古生界广泛发育为浅变质的地槽型浅海泥沙质为主的类复理建造，震旦系出露不全—寒武系产生小型无绌腕足类及海绵骨针化石，奥陶系则富产笔石，泥盆系缺失下统，石炭系中上统为碳酸盐建造。二叠及三叠系均以成海相细碎沉积为主，白垩系仅上统，残蚀不全，个别出露。第四系缺失更新统，全新统以冲积沉积为主，发育于县内三大水系两岸。

水　系　崇义的江河属长江流域赣江水系，是章水干流重要的支流。河流以大江、小江、扬眉江为主，文英、上堡、思顺、金坑、聂都、义安、新溪等河次之。累计有大小河流83条，其中流域面积大于20平方千米的有30条，小于20平方千米而大于5平方千米的有53条，总长度980.9千米。平均河流密度每平方千米0.441千米。

大江发源于湖南省汝城县黄岭山，由丰州乡小沙入境，流经丰州、麟潭、过埠、杰坝、横水等乡镇，支流众多，有九岭江、文英河、上堡梅坑江、思顺河、金坑河等，注入上犹江陡水水库。县境内控制流域面积1181平方千米，主河长82.5千米。河段自然落差90米，平均比降0.1‰。

小江发源于聂都乡北部的大嶂山北麓沙溪洞，流经关田、横水2个乡镇，支流主要有稳下河，注入陡水水库。控制流域面积494平方千米，主河长67千米。河段自然落差440米，平均比降5.4‰。

扬眉江发源于长龙镇新溪村云山西麓，流经长龙、扬眉、龙勾3个乡镇，入南康市朱坊、镜坝与章江南源汇合。境内控制流域面积281平方千米，主河长57千米。河段自然落差450米，平均比降7.7‰。

聂都河发源于天华山北麓，沉井、白溪两条支流汇集于江口，流入大余县与章江南源汇合，境内控制流域面积170平方千米，主河长30千米。

义安河发源于云山南麓，流经石罗、义安、生龙口，入大余县与章江南源汇合，境内控制流域面积75平方下米，主河长18千米。

竹洞河发源于聂都乡竹洞坳，境内控制流域面积12平方千米，其水流入广东省仁化县境。属珠江流域浈江水系。

【气候特征】 2014年，气温偏高，降水偏少，日照偏多。春播期间未出现低温连阴雨天气，天气条件对早稻播种育秧有利；汛期降水偏少；出现了中等强度的伏秋旱。

气　温　2014年，年平均气温为19.8℃，与近30年平均气温相比偏高0.6℃，2月和12月平均气温与历年同期相比偏低1.5和0.9℃，其他月份平均气温均偏高0.1℃－1.8℃；其中4月平均气温超过历年同期最高值0.4℃，4月中旬、10月下旬、11月下旬平均气温超历年同期最高值2.1℃、0.5℃和1.9℃，均创历史同期新高；年极端最高气温39.1℃，出现在7月30日，与历年极端最高气温相比偏低1.0℃；年极端最低气温-2.4℃，出现在1月22日，与历年极端最低气温相比偏高5.6℃。

降　雨　2014年，年总降水量1469.2毫米，与近30年平均值相比偏少132.1毫米，其中1月、3－4月、6－7月、9月比历年同期偏少1－9成，5月、8月、11－12月比历年同期偏多1－5成，2月，与历年同期相接近，10月，降水量仅为0.0毫米，是历年同期降水最少的一年。

日　照　2014年，年总日照时数1575.0小时，与近30年平均值相比偏多247.6小时，1月、6－10月、12月比历年同期偏多14.9－93.9小时，2－

5月、11月比历年同期偏少4.7－40.4小时。

【自然灾害】 暴雨和强降水 全年暴雨1次，出现在6月12日，日雨量为61.8毫米；强降水2次，出现在5月22日19－20时和6月12日18时46分－19时45分，一小时最大分别为35.8毫米和58.3毫米；

区域自动站：5月2日，19－20时丰州一小时39.4毫米强降水，20－21时聂都一小时38.5毫米强降水；5月3日，铅厂、扬眉、长龙、龙勾、乐洞、聂都6个乡镇出现暴雨； 5月8日聂都出现50.3毫米的暴雨；5月12日关田、文英、聂都、长龙、上堡、乐洞6个乡镇出现暴雨，铅厂出现了134.5毫米的大暴雨，其中铅厂和文英6－7还分别出现了38.2毫米和35.7毫米的强降水天气；5月22日，铅厂出现了78.9毫米的暴雨，其中19－20时出现一小时52.7毫米的强降水；6月11日，关田出现了82.0毫米的暴雨，其中14－15时出现了一小时51.4毫米的强降水；6月12日，乐洞和过埠2个乡镇出现了暴雨，丰州、乐洞和过埠18－19时分别出现了一小时44.0毫米、62.7毫米和44.4毫米的强降水，长龙19－20时出现了一小时43.5毫米的强降水；6月15日，上堡出现了62.3毫米的暴雨，其中17－18时、18－19时分别出现了一小时30.1毫米和32.1毫米的强降水；6月17日，乐洞和关田出现了暴雨；7月12日，关田出现了53.2毫米的暴雨，其中15－16时一小时35.5毫米的强降水；7月20日，乐洞13－14时出现了一小时39.9毫米的强降水，关田18－19时出现了一小时39.4毫米的强降水，扬眉、长龙和龙勾分别出现了20－21时一小时33.5毫米、42.1毫米和42.6毫米的强降水；7月21日，扬眉和长龙出现了暴雨；8月6日，乐洞出现了60.4毫米的暴雨，其中18－19时出现了一小时31.3毫米的强降水；8月9日，丰州18－19时出现了一小时34.1毫米的强降水；9月5日，文英17－18时出现了一小时40.3毫米的强降水；9月17日，上堡出现了50.6毫米的暴雨，其中15－16时出现了一小时47.9毫米的强降水；10月13日，丰州、麟潭、杰坝、上堡、思顺、关田6个乡镇出现了暴雨，关田20－21时出现了一小时36.4毫米的强降水；10月14日，关田出现了77.4毫米的暴雨。

强冷空气 全年强冷空气3次，出现在2月9日48小时降温10.5℃，过程最低气温3.0℃，3月22日24小时降温8.7℃，过程最低气温4.2℃，12月7日24小时降温6.0℃，过程最低气温-0.7℃。受强冷空气影响，3月22－29日出现了“春分寒”时值脐橙开花时期，乍暖还寒，对脐橙的产量有一定影响。

伏 旱 自从3月28日－4月30日持续无透雨，降水量只有25.7毫米，尤其是3月28日－4月28日降水量仅有14.4毫米，出现了春干旱，造成农作物受害。总的受旱面积3666.7公顷（脐橙、蔬菜、早稻），其中早稻306.7公顷。5月1日县气象局抓住有利天气进行人工增雨作业，有效缓解了旱情。

高 温 8月12－22日持续高温天气，连续10天最高气温在35℃以上，无降水。对农作物生长带来不利，受旱面积达1.124千公顷（轻旱1.109千公顷、重旱0.015千公顷），水利工程蓄水量0.28亿立方米，比多年同期减少28%。

【人口】 全县年末户籍总人口21.4557万人，其中，农业人口17.8651万人，非农业人口3.5906万人。

表1 全县总人口及总户数

单位	总户数（户）	总人口（人）	总人口中	
			农业人口（人）	非农业人口（人）
全县总计	64376	214557	178651	35906
横水镇	17846	53591	24501	29090
扬眉镇	5070	17357	16345	1012
过埠镇	4215	15023	14405	618
铅厂镇	3654	11570	10521	1049
长龙镇	3648	11719	11173	546
关田镇	2916	9859	9450	409
龙勾乡	4385	15746	15403	343
杰坝乡	2286	7906	7706	200
金坑乡	2365	8429	8240	189
思顺乡	3827	13097	12798	299
麟潭乡	2294	7875	7532	343
上堡乡	3623	13239	12909	330
聂都乡	2672	9257	8819	438
文英乡	1893	7041	6813	228
乐洞乡	793	2925	2871	101
丰州乡	2889	9822	9111	711

【民族】 全县有汉族、畲族、回族、壮族、苗族、瑶族、维吾尔族、布依族、黎族、藏族、朝鲜族、侗族、白族、土家族、蒙古族等15个民族。汉族人口居多，其次畲族，畲族主要分布在3个少数民族村（长龙镇沈埠畲族村、聂都乡竹洞畲族村、乐洞乡高洞畲族村）和6个少数民族村民小组（龙勾乡合坪村青山面小组、扬眉镇小姑村蓝屋小组、横水镇塔下村大桥头小组、横水镇朱坑口村河下小组、新坑村坛尾小组、金坑乡竹坑村合头小组）。

【行政区划】 2014年，全县有10个乡6个镇、124个村、3个居民委员会。

表2 崇义县行政区划表

乡镇	所辖村民（居民）委员会
横水镇	横水、萝卜巷、中营、上营、密溪、左溪、塔下、水口、朱坑口、麻土、鱼梁、碧坑、茶滩、獭坑、官坑、新坑、大密、三坑、章源社区居委会、中山路社区居委会、阳岭社区居委会
长龙镇	长龙、小摆、大摆、南田、沈埠、拔萃、胡芦、茅坪、新溪
扬眉镇	南石、阳春、桥头、扬眉寺、华坪、坪田、华芦、白视、小姑、中坑口、阳星、大坪山
龙勾乡	龙勾、寺里、朱坊、庙前、牛轭、良田、九龙、合坪、大岸、石塘
铅厂镇	铅厂、关刀坪、稳下、石底河、西峰、石罗、义安
关田镇	关田、下关、田心、洞上、镜尾、沙溪、圆洞、大园
聂都乡	聂都、乌洞、沉井、小陈洞、龙西、夹州、莲塘、小岭、河口、白溪、竹洞
文英乡	文英、古选、半径、水头、上塔、古木、茅花
乐洞乡	乐洞、高畲、高洞、青木、陈洞、龙归
丰州乡	丰州、白石、九岭、欧家、小坑、李坑、古亭、桐梓、雁湖
过埠镇	过埠、河梅、长庆、泮江、铁木、黄背、下黄、果木、石路、长湾、长流、河口、高坌
金坑乡	金坑、红胜、坪洋、黄龙、竹坑、梅源、圆田
杰坝乡	黄沙、洋坑、中洞、石皮、长潭、黄金、麻石
思顺乡	思顺、新地、三江、长江、竹坝、桶江、山院、南洲、上寺、沿佑
麟潭乡	独石、两杰、左泉、石下、高车、鹅科、麟潭、华山
上堡乡	上堡、白水、玉庄、赤水、竹溪、南溏、正井、良和、暖水、甲子、均源、梅坑

党政机关

中共崇义县委员会

【概况】 2014年，县委常委会深入学习贯彻中共十八大、十八届三中、四中全会和习近平总书记系列重要讲话精神，认真落实省委“发展升级、小康提速、绿色崛起、实干兴赣”方针，紧紧围绕市委“发展为先、生态为重、创新为魂、民生为本”理念，团结带领全县广大干部群众，贯彻若干意见，加速振兴发展，各项工作取得显著成效。

【重要会议】 1月4日，县委十六届四次全体（扩大）会议召开。会议的主要任务是：深入学习贯彻中共十八大、十八届二中、三中全会精神，以及中央经济工作会议、省委十三届八次全会、市委四届五次全会精神，动员组织全县党员干部群众解放思想，深化改革，奋力加速崇义振兴发展。

县委书记许志辉主持会议并讲话。县委副书记、代县长许斌总结2013年经济工作，部署2014年经济工作。许勇、杨忠万、刘洪梅、李贱贵、谢小云、何琳在主席台就座。

会议书面传达了省委十三届八次全会和市委四届五次全会精神；听取了《中共崇义县委常委会2013年工作报告（讨论稿）》《崇义县2013年度执行党风廉政建设责任制情况报告》《中共崇义县委2013年度干部选拔任用工作情况报告》；县委副书记许勇就《中共崇义县委关于创新群众工作方法进一步加强和改进新形势下群众工作的决定（讨论稿）》起草情况作了说明；县领导李贱贵就《中共崇义县委贯彻落实〈中共中央关于全面深化改革若干重大问题的决定〉的若干实施意见（讨论稿）》起草情况作了说明。

经大会分组讨论后，全会表决通过了《中共崇义县委常委会2013年工作报告》《中共崇义县委贯彻落实〈中共中央关于全面深化改革若干重大问题的决定〉的若干实施意见》《中共崇义县委关于创新群众工作方法进一步加强和改进新形势下群众工作的决定》。

许志辉在讲话中指出，回顾过去，崇义的辉煌贵在解放思想；审视现在，崇义的差距困在解放思想；展望未来，崇义的振兴要靠解放思想。只有解放思想才能抓住新一轮改革机遇、才不会在振兴发展中掉队、才能攻坚克难，全县上下要深入贯彻中共十八届三中全会精神，破除老生常谈、坐而论道、利益藩篱等问题，迅速掀起新一轮思想大解放，以思想大解放推动崇义大发展。

许志辉强调，中共十八届三中全会吹响了全面深化改革的号角，苏区振兴发展全面深入，若干意见政策红利充分释放，崇义发展正迎来新一轮历史性机遇。围绕贯彻若干意见，全面加速崇义振兴发展。要牢牢抓住资源优势，围绕资源抓产业、抓招商、扶企业，走差异化发展之路。要抓住同城化机遇，提升城市品位、完善城市功能、改善城市形象、统筹城乡发展，进一步提升新型城镇化水平。要坚持民生为本，加大投入、注重公平、注重效率、着眼长远、关心底层，不断提高人民群众幸福指数。要以争创全国生态文明示范区为抓手，高度重视生态保护，铁心硬手抓治理，向生态要效益，大力保护发展绿色生态。

许志辉要求，要以党的群众路线教育实践活动为契机，把开展教育实践活动作为当前党建工作的重中之重，把转变作风作为加强党建工作的重要手段，把提高群众工作能力作为党建工作的重要内容，扎实推进思想建设、组织建设、作风建设、制度建设和反腐倡廉建设，有效化解精神懈怠的危险、能力不足的危险、脱离群众的危险、消极腐败的危险，不断增强各级党组织的创造力、凝聚力和战斗力。

许斌在会上总结了2013年全县经济社会发展情况，就做好2014年经济工作做出部署。许斌指出，2014年，全县经济社会发展呈现快速推进、质效提升的良好态势。2014年，科学研判形势，明确工作重点，抢抓机遇、乘势而上，奋力开创加速崇义振兴发展新局面。注重抓项目、扩投入，蓄足开放合作、振兴发展后劲；注重抓产业、促升级，加快创新驱动、结构调整步伐；注重抓统筹、夯基础，形成多极支撑、城乡秀美格局；注重抓生态、重治理，夯实富农固本、绿色崛起根基；注重抓改革、优环境，增强要素释放、市场配置动力；注重抓民生、增福祉，提升公共服务、和谐稳定水平。

会议还组织观看了各乡（镇）三项重点工作汇报片，并对各乡（镇）党委2013年工作及各乡（镇）党委书记进行了测评。

县委委员、候补委员出席会议。不是县委委员、候补委员的县人武部政委，县人大、县政府、县政协副县级以上领导，县政府党组成员，乡（镇）党政正职，县纪委委员，县人大办、各专工委主要负责人， 县政协办、各专委会主要负责人，县委各部门、县直驻县各单位、各人民团体主要负责人及部分基层党代表列席会议。

【重大决策】

践行群众路线 2月24日，县委下发《关于深入开展党的群众路线教育实践活动的意见》（崇发〔2014〕1号），结合崇义县实际，就深入开展党的群众路线教育实践活动提出意见，对于教育引导全县党员、干部树牢宗旨意识、贯彻群众路线、改进工作作风，凝聚振兴发展正能量，实现崇义与全国同步全面建成小康社会目标，具有十分重要的意义。文件要求在县及县以下各级机关及其直属单位和基层组织全体党员中开展，重点是县级领导机关、领导班子和领导干部。从2014年2月开始，9月基本完成。着力抓好“学习教育、听取意见”“查摆问题、开展批评”“ 整改落实、建章立制”三个环节，立足崇义实际，积极探索创新活动载体，进一步丰富活动内容，确保活动取得实效。要求各级党组织要把开展教育实践活动作为一项重要政治任务，切实抓紧、抓实、抓好。

社会管理综合治理工作 3月16日，县委、县政府下发《关于印发<崇义县社会管理综合治理奖惩办法>的通知》崇发〔2014〕2号，进一步贯彻落实中央、省、市关于加强社会管理综合治理的一系列决策部署，强化各乡（镇）、各部门单位加强和创新社会管理的责任，大力推动全县社会管理综合治理工作。适用“属地管理”“谁主管，谁负责”“实事求是、客观公正、奖惩结合”的原则，奖励种类分为授予“社会管理综合治理目标管理先进乡（镇）”“平安崇义建设先进乡（镇）”“平安崇义建设暨社会管理综合治理目标管理先进单位”称号，对综治责任人予以通报嘉奖和经济奖励，惩处种类分为限期整改、黄牌警告和“一票否决”。

纪委“三转” 4月29日，县委、县政府下发《关于推进全县纪检监察机关转职能转方式转作风工作的意见》（崇发〔2014〕3号），深入开展党风廉政建设和反腐败斗争，为崇义振兴发展提供有力保障。完善纪律检查双重领导体制、党风廉政建设责任制落实机制、反腐败协调机制和基层纪委工作机制，进一步明确纪检监察机关职能，清理规范纪检监察机关参与的议事协调机构，优化整合纪检监察

机关内设机构，发挥县纪工委监察分局作用，强化纪检监察机关监督责任，加大案件查办力度，并对加强纪检监察干部队伍建设提出要求。

宣传思想工作 5月5日，县委下发《关于加强新形势下意识形态和宣传思想工作的意见》（崇发〔2014〕4号），对贯彻落实全国、全省、全市宣传思想工作会议精神，特别是习近平总书记关于宣传思想工作的重要讲话精神，进一步加强崇义县新形势下意识形态和宣传思想工作提出要求。要充分认识意识形态工作的极端重要性和党对意识形态工作的新要求，始终坚持“两个巩固”，坚持党性原则不动摇，坚持把正确导向摆在首位，坚持围绕中心、服务大局，坚持“走转改”， 坚持改革创新。深入开展中国特色社会主义和中国梦宣传教育，始终坚持用科学理论武装头脑，不断培植共产党人的精神家园，构建社会主义核心价值体系。加强正面宣传和引导，营造建设美丽、文明、活力、法治崇义的浓厚氛围。加强网络阵地建设和管理，掌握舆论战场上的主动权。加强组织领导和队伍建设，牢牢掌握意识形态的领导权、管理权、话语权。

县委中心组理论学习 5月11日，县委下发《关于进一步健全县委中心组理论学习制度的意见》（崇发〔2014〕5号），贯彻落实中共十八大关于建设学习型、服务型、创新型马克思主义执政党的要求，进一步推进县委中心组理论学习制度化、规范化、常态化，带动并促进全县各级领导班子和领导干部大兴学习之风，增强理论功底和知识素养，提高工作能力。要求坚持理论和实践相结合，通过集体学、个人学、调查研究、专家授课、现场教学等方式，深入学习马克思列宁主义、毛泽东思想和中国特色社会主义理论体系、总书记习近平系列讲话精神、党的路线方针政策和国家法律法规和履行

岗位职责所必备的各种知识。

惩治和预防腐败 5月20日，县委下发《关于印发《崇义县贯彻落实〈建立健全惩治和预防腐败体系2013—2017年工作规划〉实施方案》的通知》（崇发〔2014〕6号），担负起全面领导党风廉政建设和反腐败工作的主体责任，将建立健全惩治和预防腐败体系这项重大政治任务贯穿到改革发展稳定各项工作之中。要求各级纪委要充分发挥党内监督专门机关的作用，承担监督责任，协助党委加强党风建设和组织协调反腐败工作，督促检查相关部门落实惩治和预防腐败工作任务。

全面深化改革 8月18日，县委下发《中共崇义县委贯彻落实＜中共中央关于全面深化改革若干重大问题的决定＞的意见》（崇发〔2014〕9号），贯彻落实省市文件精神，以全面深化改革加速推进崇义振兴发展。要求深刻认识全面深化改革的重大意义，明确全面深化改革的指导思想和目标任务，把握总体要求。从激发市场主体活力，建设服务型政府，促进城乡发展一体化，加快生态文明体制建设，深化文化体制改革，推动社会事业改革创新，强化民主政治制度建设，推进法治崇义建设，加快党的建设制度改革，加强党风廉政建设等方面提出了具体意见。

统筹城乡发展 9月25日，县委、县政府下发《关于印发＜关于过埠镇扩权强镇改革试点办法（试行）＞的通知》（崇发〔2014〕11号），加快推进过埠统筹城乡示范镇建设。通过下放"七所八站"机构、赋予部分县级行政管理权限、实施经济发展奖励扶持政策等措施，切实增强过埠对周边地区的带动辐射作用，通过若干年努力，把过埠建设成为辐射力强、配套齐全、生态优美、富有活力、宜居宜业的县域次中心城区，在全国百强中心镇中脱颖而出。

【全面深入学习贯彻总书记习近平系列重要讲话精神】 县委始终把学习贯彻总书记习近平系列重要讲话精神作为重要政治任务，高位推动、精心组织，推动学习贯彻不断向广度和深度拓展，切实用讲话精神武装头脑、指导实践、推动工作。县委中心组带头学习，重视基层党员干部培训，通过旅游报、手机报、电视台等县内媒体，利用公开栏、电子显示屏等形式，在机关、学校、医院、村（社区）等公共场所宣传，使讲话精神家喻户晓、深入人心。着力把总书记习近平系列重要讲话作为把握方向、加快发展、化解矛盾、克服困难的重要法宝，运用到经济、政治、文化、社会、生态和党的建设各个方面。围绕发展升级，主动适应新常态，全县经济保持较快增长；围绕深化改革，坚持正确方向，蹄疾步稳推进各项改革工作；围绕改善民生，坚持把增进民生福祉作为工作的出发点和落脚点，切实办好民生实事；围绕从严治党，持续改进干部作风，营造风清气正的政治生态。

【党的群众路线教育实践活动取得丰硕成果】 县委根据中央及省委、市委的统一部署，在省委第七督导组和市委第四督导组的精心指导下，按照"照镜子、正衣冠、洗洗澡、治治病"的总要求，紧扣为民务实清廉主题，聚焦"四风"，践行"三严三实"，立足实践创特色，严字当头求实效，教育实践活动成果丰硕。县委常委始终坚持带头学习、带头查摆问题、带头整改落实，为广大党员干部作出表率。始终坚持开门搞活动，把群众参与、群众监督和群众评判贯穿始终，充分调动广大群众参与活动的积极性。活动中向群众发送征求意见短信18万条，共收集各类问题、意见2.1232万条，经梳理为9876条，其中涉及"四风"方面7418条。聚焦"四风"问题和群众反映强烈的突出问题，认真制订实施"两计划一方案"，部署开展文山会海、环境污染、信访维稳、行业不正之风、损害群众利益、制约振兴发展等7个大项专项整治，以重点突破推动作风好转。干部受到了教育，作风得到了改善，组织肯定，群众认可，为崇义经济社会发展注入了强劲动力。

【振兴发展迈出坚实步伐】 县委主动适应经济发展新常态，深挖若干意见政策潜力，沉着应对经济下行压力，克服钨市场低迷困境，科学研判、把握大势，保持定力、积极应对，全县经济持续稳步发展，转方式调结构扎实推进。

加大投入扩总量 2014年，财政总收入跨越8亿、9亿两个台阶，达到9.6亿元，公共财政预算收入跨越5亿、6亿两个台阶，达到6.79亿元，均实现了四年翻番，财政总收入同比增长26.3%，公共财政预算收入同比增长38.9%，增幅分别列全市第2、3位。实现规模以上工业增加值27.04亿元，增长11.9%，新增5家规上企业，总数达到34家。实现内资进资12亿元，外资进资1399万美元，分别增长12.6%和5.3%。全年房地产业在2013年增长翻番的基础上实现税收1.8亿元，增长51%，极大地抵消了经济下行带来的压力。

加快转型优结构　章源碳化硅陶瓷复合材料、耀升硬质合金一期等重大钨产业项目竣工投产，章源钨业在A股市场募集6.1亿元用于技术创新及产业技改项目建设；分别投资1亿元左右的红木家具项目和现代杉木深加工项目正在办理落户手续，与中科院合作开发的活性炭新产品投产上市；君子谷成功举办“创建全国生态文明（酒企）示范基地研讨会”，实现税收500多万元，比往年增长一倍；引进国内知名私募基金和君集团在崇义县设立基金并注册公司，股权基金规模2亿元；与上犹、大余组建“赣州西部绿海”旅游联盟，成功举办广州旅游招商推介会，“天下第一闲”“中国生态第一县”两张名片正式推出。全年共接待游客146.4万人次，实现旅游综合收入8.8亿元，同比分别增长33.5%和27.2%，阳岭景区门票收入在2013年增长173%的基础上实现增长72.23%，突破200万元。

深化对接落项目　国家部委对口支援工作有序推进，在环保部的支持推动下，陡水湖列入全国水质较好湖泊生态环境保护总体规划；体育总局安排28个司局及直属事业单位对口帮扶崇义县16个乡镇，支持崇义创建全民健身服务体系试验县。成功争取国家主体功能区建设试点县、全国大中型水库移民避险解困试点县等一批国字号政策；成功入选江西省通用机场布局规划（2014－2030年），省道龙大线、赣丰线升为国道升级改造规划。全年争取各类资金首次突破10亿元，达到10.55亿元，同比增长14.9%。总投资2.5亿元的关刀坪220千伏输变电工程、投资10.5亿元的乐洞风力发电等一批能源项目有望2015年运行投产。省政府批复同意筹建崇义县省级工业园，结束了崇义县无省级工业园的历史。开展重点流域环境整治，依法取缔31家无证非法小矿产品加工作坊，关停21家小矿产加工厂；全县34个和谐秀美乡村建设点稳步推进，启动4个乡（镇）10个村（社区）农村环境连片整治试点，城乡环境更加整洁，被评为全省清洁工程先进县。“四城同创”活动扎实开展，顺利通过省级卫生城市复审，成功创评全市第三届文明城市，城市形象和品位进一步提升。

【全面深化改革稳步推进】　县委坚持把改革作为第一动力，出台贯彻落实全面深化改革的若干实施意见，抓住重点领域和关键环节，制定年度工作要点和任务分解方案，坚持“每月一改”工作机制，全面改革起步有力、开局良好。全面推进行政审批制度改革，承接国家审批权下放9项、省级下放11项、市级下放80项，市级委托实施7项，共计107项。精简县级行政审批事项81项，精简率达19.4%，审批事项平均办结时限缩短50%。推进工商登记制度改革、农村土地承包经营权确权登记颁证工作、农村土地流转、国有林场改革，激发市场活力。深化部门预算、医药卫生体制、公共文化服务体制、民主法制领域和纪律检查体制改革，整合组建新闻传媒中心，重点领域改革有序推进。

【百姓幸福感和安全感切实增强】　县委始终坚持把改善民生作为工作的出发点和落脚点，新增财力向民生倾斜，不断加大民生投入，全年民生支出10.37亿元，同比增长20.5%，占公共财政预算支出的64.8%，群众生产生活条件大为改善。

社会保障体系不断完善　巩固和扩大社会保障覆盖面，新增城镇就业2099人、转移农村劳动力2844人，发放养老金1.17亿元，为4784名规划区内失地农民办理养老保险，发放高龄长寿补助327万元，建设农村幸福院10个，低收入群体提标提补增长20%以上，人民群众得到更多实惠。深入推进农村危旧土坯房改造，新建、维修、拆除空房6987户，启动集中建房点24个，上级拨付补助资金4406万元，新建保障性住房505套，困难群众住房条件有效改观。

公共服务水平进一步提升　投入1650万元完成75所基层学校标准化建设，12所乡镇公办幼儿园、7个乡镇教师公租房等项目全面开工；阳岭示范幼儿园已开工建设、思源实验学校等项目已初步完成总体规划；顺利通过省政府教育督导评估，高

考质量综合评价位列全市第一。县人民医院新住院大楼主体工程完成，乡镇卫生院、村级卫生室改造新建工程稳步实施；在全省首创新农合大病保障机制，年补偿封顶线高达25万元；稳步推进重大疾病免费救治，全年补助治疗费用达605万元。全年乡村文艺演出64场次，放映电影1948场次，自办文化活动32场次，群众精神生活更加丰富多彩。县电影院建成使用，“五馆一中心”完成设计，即将进入建设招投标程序。全面完成农村安全饮水工程，有效解决2.412万名农村人口安全饮水问题。农村公路建设稳步实施，完成通自然村公路改造86.6千米，边远山村行路难问题得到有效解决。

社会大局持续和谐稳定 深入推进平安崇义建设，严格落实领导带头接访、包案制，逐步完善县、乡、村三级矛盾纠纷排查调处机制，主动化解一批社会矛盾纠纷、信访积案、涉法涉诉信访突出问题；整合部门力量，集中开展“七打七治”打非治违专项行动，不断加大排查、整治力度，全县各领域安全形势整体平稳。完善治安防控体系，全面推行风险评估、社区网格化管理试点，深入开展“利剑”行动，严厉打击各类刑事犯罪活动。公众安全感综合测评指数97.14%，列全省第11名，全市第2名，群众安全感和满意度进一步提升。

【党的建设科学化水平有效提升】 县委坚持党要管党、从严治党，牢固树立抓好党建是最大政绩的理念，把党建工作当作主业来抓，坚持抓班子带队伍、出思路定方向，抓基层打基础、强纪律转作风，党的建设科学化水平不断提升。

强化了舆论引导 通过《天在看》《脏崇义》等专题栏目加大舆论监督力度；深入推进“三贴近三下乡”宣讲、“十大身边的榜样”评选、“乡风文明大讲坛”等活动和成立崇义县志愿者协会，进一步弘扬了主旋律，凝聚了正能量。中央主要新闻单位和全国知名网络媒体到崇义采风采访12批次、70余人次，批次、规格和人数均创近年新高。

筑强了基层堡垒 全面落实基层党建工作责任制、党组织书记履职“双述双评”等制度；深入推进“三送”工作全覆盖常态化，大力开展“连心、强基、模范”三大工程；名誉村支书“情系家乡、共建家园”活动，得到省委强卫书记的专门批示和充分肯定；开展领导干部“4+1”联系帮扶活动，整顿软弱涣散村级党组织14个，完成规范化建设36个，健全村（居）民理事会390个；依法有序推进村（社区）“两委”换届选举工作，换届后具有双带能力的村（社区）书记比上届同比增长19.35%；完善党内激励关怀帮扶机制，建立党龄50周年以上老党员发放100元/月补助制度；健全不合格党员清退机制，处置不合格党员61名。

锤炼了干部队伍 树立重品德、重实绩、重基层、重公认的用人导向，注重安排干部到“三送”、征地拆迁、信访维稳等一线培养锻炼；建立健全人才激励机制，完成126套人才公寓的分配管理；推行“一户一票”群众直接评议干部办法，加大公开选拔干部工作力度。强化干部监督管理，健全和落实领导干部重大事项报告、经济责任审计和干部谈心谈话等制度，开展超职数配备干部，领导干部到企业兼职和亲属经商办企业等问题的专项整治，进一步规范了干部廉洁从政行为。

纯洁了党风政风 全面落实党风廉政建设党委主体责任和纪委监督责任，严格执行中央八项规定、坚决纠正“四风”，深入开展收送“红包”、“为官不为”等专项治理活动。查处违反八项规定精神和工作纪律的党员干部31人，向社会通报典型案件17起。清退“红包”43.56万元，清理“吃空饷”人员188人，清理纠正违规民生资金1034.17万元。全县纪检监察机关立案49件，结案47件，给予党纪政纪处分48人（其中科级干部6人），移送司法机关4人（其中科级干部2人）。及时调整县乡纪委书记分工，强化监督执纪和案件查办力量，扎实有效推进纪检监察机关“三转”，组织县四套班子领导和科级领导干部到赣州监狱、县廉政教育基地等地开展警示教育。

县委注重加强自身建设，在思想上、政治上、行动上同以总书记习近平为的党中央保持高度一致，不折不扣落实省委、市委的重大决策部署。加强对人大和政协工作的领导，积极支持人大及其常委会依法行使职权，开展视察调研和执法检查；大力推进协商民主，支持政协开展专题民主监督；加

强公检法系统建设，社会公平、司法公正的民主法治体系不断完善；加强党管武装工作，投入2100多万元新建人武部营院，列为省军区重点工程，已建成投入使用；贯彻党的民族宗教政策，充分发挥工会、共青团、妇联、侨联等群团组织的桥梁纽带作用，汇聚起了加速崇义振兴发展的强大正能量。

【领导名单】

书　记　许志辉

副书记　许　斌

　　　　卫虹霞（挂职）

　　　　钟　斌（挂职）

　　　　余业伟（8月免）

　　　　许　勇（6月免）

　　　　黄　华（8月任）

常　委　杨忠万

　　　　刘洪梅

　　　　李贱贵

　　　　谢小云（11月免）

　　　　邹泽军（3月免）

　　　　何　琳

　　　　边建忠（6月任）

　　　　党生维（3月任）

县委办公室工作

【概况】　2014年，县委办公室紧紧围绕县委中心工作，坚持从适应新形势和新任务的工作要求出发，按照“高质量参谋、高标准服务、高效率落实”的工作要求，突出政务、抓好事务、搞好服务，展现一流精神风貌、树立一流工作作风、争创一流工作业绩，较好地完成了各项工作任务，实现了办公室整体工作水平的新突破、新提高。办公室归口或下属正、副科级单位有：县委政策研究室、县机要局、县国家保密局、县委督查室。内设股室：综合一科、综合二科、秘书一科、秘书二科、信息科、文印科、机关文件管理科。

【政务工作】

文稿工作　坚持把文稿服务作为参谋服务的主要抓手和载体，按照重思想、创特色、求实效、接地气的要求，努力贴近全县发展大局，深刻领会领导意图，掌握基层一线实情，认真分析，综合提炼，特别是县委重要文件、重要会议讲话的起草，坚持集体研讨，广泛听取各方面的意见建议，力求使文稿成为领导和各方认可的精品力作。2014年，先后起草完成了县委主要领导在县委十六届四次全会，县人大、政协“两会”，县委常委扩大会议、全县党的群众路线教育实践活动系列会议讲话文稿等30余篇；印发《崇办通报》8期；编印《数字崇义》5期；完成各类汇报材料19篇；下发县委常委会会议纪要13期。

文件流转　秉承“科学、严谨、细致、快捷”原则，在公文流转的每一个环节中，都以高度负责的态度，严谨的工作作风，避免出现差错，提高公文处理质量。一是摸索科学流转方法，提高文件流转效率。建立了较完善的流转方法。对于非密级文件，采取多线同时传阅的方式，基本上解决了单线传阅带来的效率慢的问题。二是强化跟踪流转过程，防止文件积压拖延。针对公文跟踪流转不到位情况进行了整改，规定了流转时间，由县领导秘书负责提醒县领导传阅，实行“一般件不过夜、急办件即阅即转”，确保文件流转速度。三是落实文件流转责任，提供公文阅知保障。严格落实文件流转责任制，按照“谁经手谁负责”的原则，做好每一道环节文件流转跟踪，确保文件不丢失、不遗漏，应阅人员阅知到位。全年共办理机要局电传文400余件，办理公文管理科收文450余件，审核各类文件、方案等200多份。

【政研工作】　始终坚持从大局出发，紧紧围绕县委工作中心，切实加强对涉及全县经济社会发展重大问题的综合分析研究。完成《2013年县委常委会工作报告》《2014年县委常委会工作要点》等重要文稿。围绕上级党委、政府的政策要求和工作安排，完成《崇义决策参阅》8期、《决策视野》6期及一系列的领导署名文章及讲话稿10余篇。2014年，深入基层调查研究，围绕先后开展专题调研，形成《崇义有一个大大的“笋”》《建设法治崇义　共享公平正义》《一石激起千层浪》《关于创建全国生态文明建设先行示范区“崇义模式”之思考》《长河坝群众工作调研报告》等文章，受到了领导肯定，得到了县委主要领导批示。

【事务工作】

办会办事　严格执行会议审批制度，认真审

查会议议程，努力做到少开会、开短会，开好会。狠抓会前准备、会中服务、会后落实三个环节，重要会议和重大活动提前介入，做好预案，精心组织，周密安排，保证各项议程、各项活动顺利进行。2014年，组织参与各类大型会议活动20多次，顺利完成了“创建全国生态文明（酒企）示范基地研讨会”等重大会议会务工作。以“保证运转、促进工作”为目标，积极做好后勤保障事务工作。接待工作上水平，拟定了《崇义县党政机关国内公务接待管理暂行办法》，进一步规范党公务接待管理；坚持热情接待、从俭招待的原则，与接待科等有关部门配合，较好完成了上级领导、上级机关及兄弟县市等各类接待工作。据统计，全年审定接待方案119个，参与接待活动35个，圆满完成了“坚守社会主义核心价值观—奥运冠军崇义行”等重大活动。财务管理求严格坚持厉行节约，勤俭持家，杜绝浪费，严格遵守财经纪律，严把财务支出关。

中心工作 一是扎实有效推进路线教育活动。深入贯彻中共十八大、十八届三中全会和总书记习近平一系列重要讲话精神，坚持以解决“四风”突出问题为导向，扎实抓好每个环节，认真落实每个动作，做到“不走过场”，有序推进，务求实效。活动共收集意见建议169条，经归纳梳理为46条，其中“四风”方面30条，纳入专项整治10条，纳入制度建设9条，纳入具体问题整改27条；确定整改任务46项，专项整治5项，制度建设7项，具体问题27条，办结率为100％。二是真情为民做好“三送”工作。加大了走访力度，积极向联系户宣传中共十八大、十八届三中全会精神和总书记习近平一系列重要讲话精神，让农户了解和掌握政策；关切民生实事，大力推进农村公共基础设施项目建设，实施了岭背组西岭坝水毁桥建设、小屋组通组公路建设和自来水工程建设等3个项目，共争取项目资金16.6万元；情系困难群体，始终把困难群众作为平时关注、重点帮扶的对象，竭尽所能帮助解决实际困难。春节期间，筹集7000元资金，走访了困难群众；“七一”期间，筹集资金2800余元，走访和慰问了村老党员和困难党员。积极开展“金秋助学”活动，争取了助学资金1.6万余元，帮助该村贫困生解决部分经济困难，圆了大学梦。三是求真务实加强作风建设。在工作中，办公室全体干部继续发扬忘我工作的作风，坚持24小时工作制，发扬“5＋2”“白加黑”精神，确保做到随叫随到；继续发扬雷厉风行的作风，限时落实，做到文不过夜、事不隔天、会不超时；继续发扬一丝不苟的作风，坚持高标准、严要求，扎扎实实，力争各项工作做到“零差错”；继续发扬以身作则的作风，坚持以身作则树形象、以身示范做榜样，带头贯彻落实中央“八项规定”，改进工作作风；积极参与县委、县政府中心工作，按时保质保量做好了四城同创、征地拆迁等工作。特别是征地拆迁工作中，县委办充分发扬“5+2”和“白＋黑”精神，按照时间节点顺利完成了7户农户共7栋主体房、2间附属房和0.032公顷土地的征迁任务。

【信息工作】 为科学管理作保障，提供科学决策的基础和依据，按照准确、及时、全面的要求，紧贴县委工作大局，围绕热点、难点问题，充分保障信息服务到位。坚持每天为县领导提供省市县内最新资讯、最新动态，及时提供准确、全面、带有分析性的信息。及时处理应急信息。建立了完善的信息搜集、处理、报送制度。重要事项和紧急突发情况第一时间向主要领导报告，同时，要求各乡镇和县直部门坚持24小时值班和领导带班制度，重大紧急事件要第一时间上报。做好信息跟踪反馈。对上级和县委的信息批示要求，及时转送、督办与反馈。对于动态发生的紧急情况，要求信息工作人员随时跟进事态发展，相关部门单位采取了哪些处置措施，说明存在的问题，提出有针对性的意见和建议，发挥好信息参谋、助手的作用。2014年，共编发《今日崇义汇要》250期，《每日要情》、《崇义舆情专报》各365期，《信息专报》27期，《信息快报》120余条。上报要事信息60余条，上报舆情信息600余条，上报舆情反馈64条，上报常规信息100余条，发挥了信息主渠道作用。

【督查工作】 严督细导，督查工作重实效。

围绕县委重大决策、重要文件、重要工作和领导批示等，不断强化督查力度，创新督查工作方式方法，注重督查工作实效，做到督查事项“事事有回音、件件有落实”，有效地提高了执行力和落实力。重点做好了“两违”整治、黄龙病清除、办公用房清理和常委会议决事项落实情况等督查工作。2014年，共下发督办函51个，承办领导批示件32件，编印《督查专报》9期。

【领导名单】

主　任	黄上贵
副主任、信访局局长	罗昌福
副主任、政研室主任	高华龙
副主任、保密局局长	王真真
副主任	何曹森
	黄以亮

组织工作

【概况】 2014年，县委组织部以党的群众路线教育实践活动为契机，深入学习中共十八大、十八届三中和四中全会以及总书记习近平系列重要讲话精神，全面落实全国、全省、全市组织部长会议精神，始终保持政治定力，把握大局大势，锐意进取，改革创新，开创了组织工作新局面。2014年，《崇义县选聘百名机关干部回乡兼任“名誉村书记”推进“连心工程”》得到了省委强卫书记亲笔批示肯定，制作的远程教育课件《南方红豆杉栽培技术》获省二等奖，党员电教片《传统美食九层皮》《桑梓情深报春晖》分获市一、二等奖。

【教育实践活动有声有色】 作为党的群众路线教育实践活动的组织者和参与者，活动伊始，在部机关人员紧缺的情况下，抽调7名人员全程参与组织全县教育实践活动。认真贯彻“照镜子、正衣冠、洗洗澡、治治病”总要求，精心谋划、严密组织、强力推进教育实践活动，取得了阶段性成效，得到了省市督导组的充分肯定。

突出主题抓重点 牢牢抓住领导班子和领导干部这个“牛鼻子”，坚持“五个结合”抓统筹，“五个不让过”严把关，“六开门六必问六到位”促落实，聚焦“四风”问题出重拳。县委常委会带头开展集中学习15次，县领导带头到挂点乡镇、最偏远贫困村体验“一周村官”，全县领导干部带头开展“一周谈”活动。以整改“三个重点问题”为抓手，每位县委常委领衔解决分管领域的3个突出问题，128个活动单位着力破解了384个重点问题。

从严从实抓指导 从全县各部门、单位抽调精干力量，组建3个督察组和16个督导组，经常性深入到各活动单位，以高标准、严要求，面对面开展督察督导工作，对活动单位在教育实践活动三个环节中存在的问题，及时下发督促整改通知单，确保查缺补漏、彰优督后，既有效传导压力，又传送经验方法，真正做到严督实导敢碰硬，环环相扣抓指导，有效发挥了“上情下达、下情上达”的桥梁纽带作用。

直面问题抓整改 把解决群众反映强烈的突出问题作为检验教育实践活动的重要指标，以“钉钉子”的精神狠抓工作落实。实行整改落实“周通报”制度，推动节点难点问题整改。依托“连心、强基、模范”工程，着力解决联系服务群众“最后一公里”问题。通过开展“三送”工作、名誉村书记活动，“点对点”予以解决群众反映的具体问题。同时，组织31个活动单位召开了“整改面对面”新闻发布会，以整改实效取信于民。全县101项专项整治已全部办结、85项制度建设任务完成84项占比98.82%、2719个具体问题整改2717个占比99.9%，得到了省委深化整改落实督导组的充分肯定。

【领导干部素质明显提升】 紧贴崇义振兴发展实际，按照好干部的要求，全面推进领导班子和干部队伍建设。

紧扣发展选好干部 加大公开选拔干部力度，完成了上年从事业单位公选的9名乡镇副科级领导干部岗位安排，2014年，又公选了13名乡镇副科级领导干部，充实了乡镇领导班子；公开选拔卫生局副局长1名。加大干部人事制度改革力度，严格落实干部考察群众评议、德的测评和任前档案审查制度，扩大了干部工作的民主，全县干部选拔工作总体评价和新提拔任用干部满意度均为100%。

提升能力培养干部 组织开展了学习十八届三中、四中全会精神和新条例等学习活动。举办了2期基层党组织书记培训班，1期新录用乡镇公务员、大学生村干部和“三支一扶”人员培训班，培训基层党组织书记230人、新录人员52人。组织全县526名干部参加“崇义县干部在线学习城”在线学习，落实了科级干部学分制考核。抽调100多名优秀干部参与重点工程项目征地拆迁等工作，继续安排2740名干部参与“三送”直接联系服务群众工作，着力在急难险重和联系服务群众工作一线培养锻炼干部。

强化监督管理干部 建立了分片谈心谈话制度，由副部长对乡镇科级领导干部普遍谈心谈话1次以上。加大干部交流力度，共交流科级干部19人。开展了超职数配备干部、领导干部亲属经商办企业、“裸官”等问题的专项整治，规范了退（离）休干部在社会团体兼职和领导干部参加社会化培训的管理，严格了县管干部借用、报考县外单位及股级干部任免等工作程序，进一步规范了干部履职行为。高质量完成了公务员管理信息系统建设，并以全省第13名、全市第6名的成绩顺利通过省组部评审。

【人才队伍建设稳步推进】 大力实施“人才支撑”战略，不断加大人才资源开发利用力度。

加大力度引进人才，加大优秀青年人才引进储备，2014年，共招录乡镇公务员18名、大学生村干部12名、三支一扶人员23人、专业技术人员99人，其中研究生9人。

乡措并举培养人才 积极引导企业与高校、科研院所建立人才培养协作关系，拓宽人才培养渠道。如，章源钨业、耀升钨业分别与县职业中专联合开办了章源班、耀升班，实行订单式办学，为企业培训专业人才77人。加强青年人才培养工作，完善领导干部与新录人员结对帮带制度，对30名新录用的乡镇公务员、大学生村干部分别由乡镇党政班子成员结对帮带；实行乡镇年轻干部到县直机关跟班轮训制度，安排25名乡镇年轻干部县直机关跟班学习。

创优环境服务人才 完成126套人才公寓分配工作，开展中高级人才健康体检，积极指导做好“全市人才示范点”创建和“第二届突出贡献人才”评选工作，着力在全社会营造人才工作的良好氛围。

【基层党建工作卓有成效】 以“连心、强基、模范”三大工程推动基层服务型党组织建设。

加强服务型基层党组织建设 开展领导干部“4+1”联系帮扶软弱涣散基层党组织活动，整顿软弱涣散村（社区）党组织14个。新（改）建村级组织活动场所8个，完成规范化建设36个，完善落实了“三会一课”、村书记分类管理、先锋创绩和“四议两公开”、“三务”公开等制度。建立机关党建分片联系制度，将全县139个机关党组织划分为11个党建工作网络区，1个网络区设一名党建指导员，强化工作指导和交流，并打造了县委群工部、国税局、行管委等4个机关党建工作示范点。坚持并深化了非公企业党组织ISO 9001党建质量管理体系、“三会三卡”等工作机制。认真落实党代表任期制工作，成立了党代表联络工作委员会，安排193名县党代表联系了全县124个村和3个社区，开展了集中走访、结对帮扶、代表接待日等系列活动。在全省落实和完善党代表大会代表任期制工作座谈会上，崇义县作了经验交流发言。

加强基层党员干部队伍建设 选拔培养村级后备干部462名，依法有序推进村（社区）“两委”换届选举工作，选优配强村（社区）“两委”班子。举办新任村（社区）书记培训班，培训村书记127人。落实“双严双优”制度，新发展党员203名，稳妥处置不合格党员61名，党员质量和结构进一步优化。加强党员教育培训，全面推行了“远程教育终端+防洪预警广播”学用模式，整合建设“远程教育终端+防洪预警广播”平台135个，有效解决了农村党员群众集中学习难等问题。

扎实推进基层党建工作创新 继续从全县机关党员干部中选聘124人回到原籍村兼任名誉村书记，并完善了考核管理办法，评选“十佳名誉村书记”，充分发挥名誉村书记的积极性，帮助抓班子、出点子、找路子、调纠纷，受到基层和群众普遍好评。对50周年以上党龄老党员546人每人每月发放100元补助共计64.8万元。

【“三送”工作扎实开展】 全面落实干部直接联系群众“双向全覆盖”工作要求，扎实推进“三送”工作常态化、制度化、信息化。

实行分户到人，让干部把责任扛在肩上 落实机关干部挂点联系、乡镇干部分片联系、下派干部驻村联系“三联系”工作机制。建立健全了联系信息公示、请销假和常态化督查制度。安排全县干部与4.94万户群众结对联系，让干部知责促为，确保直接联系服务群众“双向全覆盖”，开辟了一条上情下达和下情上达的“高速通道”。

做好结合文章，让干部把工作抓在手上 围绕县委、县政府中心工作，从“五促进”工作任务入手，每月下发工作要点，组织干部主动融入基层、服务群众。2014年，全县“三送”干部为群众办好事实事5470件，送去慰问资金（物资）255.8万元，争取项目资金3674.61万元，实施项目281个，硬化村组道路77.93千米，新建、维修水渠39.35千米，化解矛盾纠纷2289件，解决信访件187件。

信息化服务，让干部把群众诉求放在心上 完善了“96333”信息与服务平台管理制度，开通群众工作网和微信、微博平台，对群众诉求实行集中受理、分级承办、限时反馈、全程纪实，确保群众诉求件件有回音、事事有落实。2014年，共办理群众诉求7000多件，群众满意率96.85%。

【部门自身建设不断加强】 带头深入开展教育实践活动，着力打造模范部门和过硬队伍。

增才气 组织深入学习中共十八大、十八届三中和四中全会和总书记习近平系列重要讲话精神，开展“学党史·铭党恩”体验式学习活动和学习焦裕禄、龚全珍、曾建等先进典型活动，引导组工干部坚定理想信念，忠于党的事业。推行全员学习，要求全体组工干部做到“五个一”，即每周参加一次集中学习、每半月撰写一篇以上组工信息、每月阅读一本好书、每季举办一场组工论坛、每半年撰写一篇以上调研报告，提高干部素质能力。2014年，组织干部共撰写心得体会和组工信息183篇，上报61篇，发表25篇，其中省级10篇、市级15篇。

树正气 按照简便、实在、管用的原则，建立健全了部机关学习、会议、财务、日常管理、目标考核、责任追究等工作制度26项，制作了规范化的《工作手册》，使各项工作有章可循、运转有序。围绕创建人文型机关，建立了组工干部伤病探望和谈心谈话制度，营造了见贤思齐、包容宽容、相互关爱、共同进步的和谐氛围。

接地气 积极参与县委、县政府征地拆迁工作，拆除主体房2栋、附属房5.5间、迁移坟墓3穴、征地2.411公顷。建立副部长分片联系基层制度，开展“组团式”调研，采取“1名副部长+2名部机关干部+若干名基层党务干部”的方式，组成3个调研组，深入30多个基层党组织进行蹲点调研，撰写调研文章9篇。以“深入一线转作风，服务基层促发展”为主题，全员参与教育实践活动和“三送”工作，共收集梳理干部群众意见建议159条，为驻点长龙镇大摆村安装太阳能路灯5盏，安装桥梁护栏50多米，新修河堤和加固水陂170多米，为“农家书屋”增添图书600套……共解决基层民生实事65件，推动了组工干部在联系服务党员干部群众中改进作风、汲取智慧、增强能力。

【领导名单】

县委副书记、组织部长	余业伟（8月免）
	黄　华（9月任）
副部长、人社局长	成　松
副部长、老干局长	张彩兰
副部长	黄平文
副部长、“三送”办主任	何招全
副部长、直属工委书记	陈欣欣

宣传工作

【概况】 中共崇义县委宣传部是县委主管宣传、意识形态方面工作的综合职能部门。内设办公室、干部科、宣传科、理论科、党教科、文教科。县精神文明建设指导委员会办公室、县委报道组、县文联、县社联均为正科级单位，挂靠县委宣传部管理。

2014年，中共崇义县委宣传部坚持紧贴党政中心工作，主动作为，唱响主旋律、发出好声音、传播正能量。努力开创“崇义故事”更加动人，“崇义声音”更加响亮，“崇义形象”更加靓丽的新局面。

【理论武装工作】

理论学习 制定出台《关于进一步健全县委中心组理论学习制度的意见》，紧密结合党的群众路线教育实践活动，建立县委中心组理论学习机制，发挥县委中心组引领作用，先学一步，学深一

层，压茬推进全县各级党组织理论学习。2014年，围绕习近平总书记在中央政治局第16次集体学会时的讲话精神、省委第十三届九次全会精神、党的十八届四中全会精神等专题开展集中学习，同时加大了对各级党委（组）中心组学习的督导。

理论宣讲 采取县、乡、村、组四级联动的方式，组织县领导宣讲团、县委宣讲团、骨干宣讲团、百姓宣讲团，深入乡（镇）、社区、机关、学校、企业，以灵活多样的形式，开展习近平总书记系列重要讲话精神宣讲活动，建立了理论宣讲全覆盖工作机制，理论宣讲实现基层党组织、基层党员、基层群众三个全覆盖目标。2014年，县四套班子领导深入挂点乡镇和单位开展宣讲200多次，县委宣讲团、骨干宣讲团和百姓宣讲团在机关和农村开展宣讲，受众达到8.1万人次。

学习型党组织建设 在学习型党组织建设中创新推行党员述学、群众评学、部门督学、组织考学的“四位一体”学习方式，充分保障“学习人员全覆盖、学习时间经常化、学习制度长远化”的学习型党组织工作机制运行，进一步丰富学习型党组织建设载体，全县党员呈现出主动学习受教育、创先争优促发展的良好态势。

【舆论新闻宣传】

内宣工作 推进宣传媒体改革。组建县新闻传媒中心，形成崇义旅游报、崇义手机报，崇义旅游一台、二台，崇义政府网、崇义旅游网，崇义发布、崇义旅游等“两报两台两网两发布”的全方位立体式大宣传平台。6月9日，崇义手机报并入江西手机报地方版，由大江网统一发行，新闻宣传工作与省委、省政府实现了同步同向、同频共振。内宣加强监督。《天在看》栏目采写了一系列有关项目落地难、城市脏乱差、干部慵懒散的新闻稿件，将社会矛盾和问题放到聚光灯下，进行曝光和跟踪报道，力促有关部门改进工作作风，提高工作效率。为期一个月的《脏崇义》专题报道，集中曝光了崇义大街小巷的脏乱情况，得到了广大市民的积极监督和参与，为推进“四城同创”活动起到了积极推动作用，顺利通过了省级卫生城、园林城市的复审和市级文明城的测评。围绕县委中心工作，有重点、有步骤地推出了党的群众路线教育实践活动、若干意见出台实施两周年、践行社会主义核心价值观、十八届三中（四中）全会精神解读、重点工程和重大项目建设等专题报道，营造了加速崇义振兴发展的良好氛围。截至12月底，《崇义旅游报》已刊发72期，《崇义手机报》共刊发258期。

外宣工作 加大主攻大报台力度。2014年，崇义县在《江西日报》《赣南日报》等党报党刊刊登旅游专版5个（《高山氧止，始于竹下》《大余上犹崇义共结西部旅游联盟》《好山好水好味道》等），同时，进一步加大中心工作宣传，在中央、省、市各级主流媒体，推出了一大批有深度、有影响的重点报道，在《江西日报》《赣南日报》刊发头版头条、版面头条《做活“绿水青山”大文章》《崇义的“味道”》《义安里的“新三变”》《依托资源优势 打造支柱产业》《乡土文化的守望者》等，充分展示振兴发展成果，反映了崇义县抢抓机遇，绿色崛起的良好发展态势。

对接主流媒体 为打响生态旅游品牌，借助新华社等主流媒体，策划承办“中华绿谷·美丽崇义”全国摄影大赛，并开展旅游宣传口号的征集活动，2014年，已开展4次集体采风创作活动，共收集参赛作品3000余张。2014年，中央主要新闻单位和全国知名网络媒体共刊发涉及崇义相关内容稿件80多篇（条），通过网站、论坛、微博、微信等媒体转发10.3万余次。

网络宣传工作 借势新兴媒体，开通运行崇义旅游网，实名注册“崇义发布”“崇义旅游”微博和“崇义旅游”微信公众号，做好县委主要领导通过网络问政听民意工作，发出崇义好声音，传播崇义正能量。在原有的网络舆情监控工作基础上，加强了与新华社江西分社的合作，整合新华社《舆情监测日报》，共编发《崇义舆情专报》344期。通过组织网评员跟帖、转帖，超量完成了清明节网络祭奠革命烈士、大力弘扬苏区干部好作风等重大网宣任务，制造了一系列网络舆论热点。

【群众性文化活动】

文化阵地建设 按照"一个产业，一支队伍，一笔经费，一个展厅，一方舞台，一套制度"的"六个一"模式，结合"六点合一"建设，继续打造特色文化新村。大力开展乡镇综合文化站建设，2014年，全县16个乡（镇）已有14个通过改建和新建的形式，完成了综合文化站建设并投入使用。全县124个行政村均已设立农家书屋，在农村危旧土坯房改造集中建房点都建有文化广场，方便群众开展文化健身活动。争取上级资金745万元用于维修保护上堡整训旧址，现已按照文物保护的要求予以保护。在阳岭景区设立了"艺竹轩"，即竹文化展厅，汇集从古至今以竹为材制作的竹工艺、生活、农耕等系列展品，打造崇义竹文化平台。

文化特色产业 利用传统文化技艺，采取"公司＋农户"的运作模式，把竹编藤编、竹根盆景、根雕艺术等本土的文化资源变成高附加值的商品。据统计，2014年，全县从事竹编藤编、奇石、根雕、盆景、灯彩、书画等文化产业的经营者有6000多人，年生产文化产品1万余件，产值超过8000万元。

文化活动 元旦期间举办了首届观赏石文化展，"五一"期间举办了首届竹文化展，启动"永远在路上"摄影采风大赛暨巡展活动，举办了首届青少年才艺大赛暨颁奖晚会，国庆期间举办的庆祝建国65周年"书画音乐会"和"行歌崇义暨庆祝振兴发展两周年文艺晚会"让广大群众饱食文化大餐。历时54天的2014年崇义县全民运动会是崇义县运动史参赛人数最多、赛事规模最大、影响范围最广的一次综合性全民体育运动盛会。在阳岭景区以竹乐器演奏的形式在各景点布点展演，以各种独特的文艺节目、茶艺、竹乐器展演等展现在游客面前，受到社会各界的高度评价。

文化交流 3月21日－3月24日，四国青年男篮巅峰争霸赛在崇义县举办，将篮球的快乐带给更多喜爱运动的人们，促进体育文化交流。11月20日，第十四届赣湘粤边崇义、汝城、仁化"三省三县"文艺会演在汝城大剧院拉开帷幕，崇义县文艺代表队在晚会上表演的竹乐《江西是个好地方》、歌伴舞《梦回浏阳》、广场舞《激情青春》展现了崇义县文艺繁荣，振兴发展的精神风貌。11月28日－12月5日，中国美协、中国书协等部分当代知名书画家齐聚崇义县参加"山水崇义·入诗入画"写生采风、交流展览活动。

文化下乡 2014年，已送戏下乡演出64余场，观演人数达数万人。7个农村电影放映队走遍全县各个行政村、林场以及各乡镇中小学开展农村放映电影工作，全年共完成放映公益电影1948场。

【精神文明创建】

寻找身边榜样 启动"十大身边的榜样"评选表彰活动，深入挖掘若干意见出台实施两周年以来，各行业、各领域涌现出来的典型模范人物，弘扬社会正气，汇聚发展力量。同时，崇义县积极向上级有关部门报送各类先进典型人物，章源钨业的夏莺获得赣州市第四届道德模范助人为乐提名奖，横水中心小学学生游玉秋被评为赣州市美德少年。

倡导乡风文明 开展"乡风文明大讲坛"活动，主要围绕群众关心的热点、焦点、难点问题开展主题宣讲活动，主要突出农村环境卫生管理、邻里相处之道、婆媳关系处理、留守儿童教育、产业发展规划、民俗文化传承等主题，11月25日，一场以"建设美丽乡村，村里的垃圾怎么办"为主题的乡风文明大讲坛活动在铅厂镇义安村举行，当地群众结合自身经历，现身说法，最终"村收集、镇清运、县处理"的农村垃圾处理模式得到了大家的积极支持和拥护。

力推志愿活动 组织成立了崇义县志愿者协会、志愿者专业服务队，开展了系列形式多样富有特色的志愿服务活动。网络公益激活志愿活动。崇义爱心网友组建"崇义资讯网公益群"，开展了关爱脑瘫儿童、资助贫困学生、慰问留守儿童、爱心捐书等一系列活动，截至2014年年底，群内有近300名网友志愿者。在铅厂镇义安里，活跃着一支农村公益队伍，他们也是通过网络——"义安里公益群"聚集在一起，开展志愿帮扶、清扫路障等公益活动，是崇义县第一支村级网络志愿者队伍。

大力宣传核心价值 利用县内宣传阵地，开展社会主义核心价值观专题宣传，重点打造“一个广场、一个学校、一个社区”，认真做好“图说我们的价值观”招贴画张贴工作，让社会主义核心价值观深入人心、家喻户晓。举办“阳明文化与崇义”专题讲座，将核心价值观搬上舞台，通过歌舞、小品、朗诵的形式呈现给广大观众，起到了良好的宣传教育效果。清明节期间和全国首个烈士纪念日期间在县革命烈士纪念塔，开展了两次烈士纪念活动，极大激发了干部群众的爱国主义热情。社会主义核心价值观进机关、进企业、进农村、进社区、进学校活动，引导社会各界广泛开展“我们的价值观”大讨论、知识竞赛、知识讲座和主题演讲。

【领导名单】

县委常委、宣传部长	刘洪梅
副部长、体育局局长	卢和瑄
副部长	邓玉金
副部长、文广局局长	张昌忠
副部长、县新闻中心主任	朱伦真

统战工作

【概况】 2014年，全县统战工作在县委、县政府的正确领导下，高举中国特色社会主义伟大旗帜，坚持以邓小平理论和“三个代表”重要思想为指导，深入学习贯彻中共十八大，以开展党的群众路线教育实践活动为抓手，紧紧围绕县委、县政府中心工作，充分调动和发挥统一战线的优势作用，各项工作顺利推进。

【非公有制经济工作】 在全县非公企业中开展了党的群众路线教育实践活动和理想信念教育实践活动，开展了“党员先锋岗”“党员责任区”等各项特色活动。加强非公企业党建工作，全县有3个党员的企业全部建立了党组织。在章源公司、耀升公司、长飞公司建立了非公企业党建示范点，“七一”在市非公党工委开展的评选表彰活动中，章源公司钨锡矿党支部、长飞公司党支部被评为“先进基层党组织”。着力为非公经济搭建参政议政平台，创办工商联商会会刊4期，与有关部门举办非公企业培训班4次。推荐3名企业董事长参加了北京大学总裁高级研修班，2名企业负责人参加江西财大MBA班。在会员企业中建立了3个非公经济发展环境省级监测点，5个市级监测点，连续6年组织企业执委到市人民医院进行健康体检并建立健康档案。

【党外代表人士工作】 县人大、政府、政协领导班子中均按要求配备了1－3名党外干部。县直单位党外干部的配备职位有县工商联主席、副主席、县人民医院院长、县红十字会常务副会长、县文联主席、县物价局副局长、县监察局副局长、县工信局副局长、县爱卫办主任、县档案局副局长等，县法院配备了1名党外副科级审判员、县检察院配备了2名副科级检察员。16个乡镇中，长龙镇、思顺乡、麟潭乡等3个乡镇各配备了1名党外副乡长。2014年，全县在职党外副科级干部人数33人，其中副处级5人、正科级7人、副科级21人。召开了1次党外干部座谈会，举办了1期党外干部培训班。2014年，提拔党外副科级干部4名。

健全了无党派代表人士队伍建设工作机制上邀请了部分党外代表人士参加政协组织的各界人士座谈会，组织党外代表人士深入基层开展3次调研活动，积极反映社情民意，形成了有分量的调研报告，为县委提供决策参考。建立了党外代表人士队伍资料库，建立了党员干部、统战干部与党外代表人士的联系交友制度。举办了1期党外代表人士培训班，外派党外代表人士参加上级学习培训6人。县工商联、民族宗教事务局分别对非公有制经济领域和民族宗教界的党外代表人士进行了3次对口培训。

着力做好党外代表人士政治安排 在政协委员中安排党外政协委员87名，占委员总数的64.4%，达到了不少于60%的要求；安排党外政协常委16名，占总数的66.7%，达到不少于65%的要求；在工商联组织中，90%以上是党外会员；在新一届无党派知识分子联谊会中，会员有56人。

【民族宗教工作】

积极争资争项惠及少数民族地区社会事业发展 完成项目申报9个，项目资金达436万元。沈埠民族小学新建教学生活综合用房项目已到位资金36万元；市果业局对口支援高洞畲族村倾力帮扶，落实帮扶资金达10万元；聂竹民族公路水毁公路争取县交通部门扶持资金26万元，砌挡土墙

7处，放置涵管1处，并硬化水毁路面，彻底解决了群众出行难问题。整理出版《竹洞畲族山歌集》共3000册；高洞畲族村“九狮拜象”筹备工作成立了筹备工作组、物色完演职人员、乐器的添置等工作。

倾力打造畲族特色村寨建设亮点 长龙镇沈埠畲族村“四特”示范点建设：完成20户特色民居改造；沈埠民族小学的教学楼主体完工，现已投入使用；乐洞乡高洞畲族特色村寨建设：22户畲族民居的装饰工作完成、8户农户完成了畲族特色民居改造。

云隐寺改扩建项目和县重点工程文昌塔建设顺利推进 云隐寺二期改扩建工程进展顺利，新建天王殿、鼓楼、僧房、斋堂主体工程基本完成。文昌宝塔主体外围装修已完成，正在进行塔内装修及塔台石材制作与铺设。东林寺海会舍利塔修建完成、天虹山古寺改扩建工程于6月顺利开工。

确保了宗教领域和谐稳定 认真贯彻落实党和国家民族宗教政策，在各场所开展安全、文明、规范、民主管理等工作，依法加强宗教场所财务收支管理；在全县宗教界组织开展“宗教慈善周”活动；认真做好了基督教老信访户彭良聪、王郁斋夫妇的劝解工作。

【中心工作】

“三送”工作 2014年，为长龙镇沈埠村争取项目资金44万元：即沈埠劣罗坑通组公路改造项目资金6万元、沈埠小学新建教学生活综合用房项目资金31万元、沈埠村环境整治工程资金7万元。为贫困大学生提供救助金2800元，为村级党建工作扶持1.5万元。

征地拆迁工作 全面完成征迁工作任务，完成已征地清表0.727公顷、新征地清表0.921公顷、拆除主体房2栋、附属房8间。

党的群众路线教育实践活动 以查找解决“四风”突出问题为导向，抓实抓好每个环节工作。共征求到意见建议59条，梳理归纳为29条，其中“四风”方面11条，其他意见18条，已全部整改落实到位。先后建立了《党外代表人士联系会议制度》《党员领导干部联系党外干部联席会议制度》《统战系统部门单位工作例会制度》《乡镇统战工作联席会议制度》《部长办公会议制度》等5项制度。

【领导名单】

政协副主席、统战部部长　刘小明

副部长　肖玉明（正科）

　　　　罗久健（正科、兼）

老干部工作

【概况】 县委老干部局是县委的职能部门，属一级局，归口县委组织部。主要职能：贯彻执行党中央、国务院关于老干部工作的方针、政策和上级老干部工作部门的有关规定，做好全县离退休干部的管理服务工作，离休干部“两项”待遇的落实，当好县委、县政府做好老干部工作的参谋。其内设机构：老干部活动中心、关心下一代工作委员会办公室。

2014年，全县离退休干部1761人，其中离休干部33人，比上年底减少2人。全县享受副县级以上离退休干部47人。

全县有乡（镇）老干办16个，配有兼职或专职老干办主任16人，县直也配有兼职老干部管理人员。全县离退休干部单列党支部41个，离退休党员干部564人。

2014年，崇义县老干部工作紧紧围绕全县工作大局，以邓小平理论、“三个代表”重要思想、科学发展观、中共十八大和十八届三中、四中全会精神为指导，认真贯彻省、市老干部会议精神，以“三项”重点工作为主抓手，较好地完成了各项工作任务。

【离退休干部“两项”待遇落实】

确保老干部政治待遇落实 一是召开了老干部情况通报会，1月12日，由县委副书记、组织部长余业伟主持，县长许斌通报情况。二是2014年春节期间县四套班子领导深入担任副县以上实职的老干部家中走访慰问。三是组织副县以上老干部每月集中传阅中央、省、市、县文件。四是“七一”前夕组织“老党员、老干部”60余人参观考察崇义县苏区振兴发展两周年变化。五是组织老干部集中学习和科普讲座4场。六是中华人民共和国成立65周年暨“重阳节”对73名离退休和副县以上老干部进行了走访慰问。七是耐心做好老干部信访工作。2014年，接待老干部来访30余人次，来信1件，老干部反映的问题件件有答复，事事有回音。八是抓好离退休党支部建设。协调解决活动场所，支部书记每月60元的交通通讯费补贴等工作。九是认真做好老干部、老党员先进事迹的宣传。老党员黄俊衍的先进事迹在《江西日报》刊登报道。

切实保障老干部生活待遇 一是按规定确保离退休干部离退休费和各项补贴按时足额发放。6月17日，省督查组到崇义县督查，对崇义县老干部待遇落实工作给予了充分肯定。二是做好易地居住离休干部服务管理工作。崇义县有易地居住老干部9人，县委老干部局经常电话联系，每逢重大节日及时送去或寄去慰问信和慰问金，并帮助解决医药费报销，与居住地老干部门联系解决日常活动等问题。三是做好特困离退休干部及无固定收入遗孀的帮扶解困工作，为利振源等26名生活困难的离退休干部及遗孀发放困难补助2.8万元。四是热心做好日常服务工作。对22名住院老干部进行了走访探望，为4名去世老干部送去花圈并慰问家属。

【活动阵地建设】

完善了老年活动中心 县财政拨款16万元兴建了老年塑胶门球场，县老干局与图书馆共同开办了一个环境舒适，图书资料内容新颖老干部阅览室，深受老干部欢迎。

老年大学工作有声有色 县财政将老年大学经费预算增加到5万元，拨款近8万元，改善办公条件和添置教学设备。大学开设了6个专业8个教学班，组建了艺术团，在校学员331人，教学成果在元旦、国庆节期间演出展示，使老同志老有所学，老有所乐。

【领导名单】

局　长　张彩兰（兼）
副局长　罗家材

关心下一代

【概况】 2014年，县关工委围绕中心，服务大局，开拓创新，尽责尽力，坚持以社会主义核心价值体系为引领，立足育人，以创建“五好”基层关工委为工作重点，在工作谋划上有新思路、工作作风有新变化、工作成效有新亮点，呈现出“五化”的新气象，被评为全省创建“五好”基层关工委优秀组织奖。

【关工组织社区化】 2014年，伴着国强民富，经济发展，生活改善的新形势，农村改造土坯房，建设新农村蓬勃兴起，农村社区普遍建立了文化活动中心，设有农民书屋，配备了文体活动器材。值此，县关工委乘势跟进，经请示中共崇义县委同意，由县委行文全县各级党组织在新农村社区建立关工小组，做到党组织建到哪里，关工小组就要同时建到哪里，由党小组长兼任组长。实行社区党小组、文化活动中心、关工小组共一个场所，同一个领导，共享资源，互相推动，相得益彰。县关工委依照县委文件精神，搭船过河，相应在农村社区建立基层关心下一代工作组织。到2014年年底，全县已建立基层关工组织299个、成员1888人，其中县关工委1个、成员23人，设有办公室，配备2名副科级专职干部；县直（驻县）单位关工委35个、成员263人；乡（镇）关工委16个、成员260人；乡（镇）中学、中心小学关工委28个、成员140人；农村村级关工小组120个、成员582人；新农村社区关工小组86个、成员536人，基本实现了关心下一代工作组织全覆盖，做到了有牌子、有工作制度、有活动场所、有必要的工作经费。

在抓好基层组织建设的同时，县关工委认真组织开展了创基层关工委“五好”活动，2014年，通过检查评选，由中共崇义县委于2014年2月18日下发《关于表彰“五好”基层关工委先进集体和先进工作者的通报》，1月22日又转发《崇义县关工委2014年工作意见》，强调要夯实基层，健全组织，继续深入开展创“五好”关工委活动，从而进一步健全了关工委的组织，形成了横向到边，纵向到底的组织网络。

【立德育人常态化】 老干部、老战士、老专家、老教师、老模范，他们经过党的多年培养教育，有着坚定的理想信念、崇高的道德风范、丰富的人生阅历，具有政治、经验、威望、时空、亲情优势和人格魅力，是做好关心下一代工作的重要力量。据此，县关工委利用“五老”优势，本着自愿，就地、就近、就亲的原则，通过同级党组织动员，颁发聘书，一聘五年的程序，在全县组织了908名“五老”分别建立了县“五老”关爱报告团1个、成员21人；乡（镇）关爱报告组16个、成员48人；

村（社区）“五老”关爱宣讲员 516 人，还有 323 名“五老”就地老少互相结对，分别担任未成年人的思想道德传承员、中小学生假期校外辅导员、失足青少年帮教员、留守儿童关爱员一群不占编制，不拿工资的特殊队伍，为下一代立德做人发挥了不可替代的作用。

为了提高“五老”关爱报告团成员的宣讲水平和激发他们的工作热情，县关工委每年还对他们坚持做到“五个一”：一是提供赠发一份《育人》和有关学习资料；二是组织一次学习研讨会；三是组织一次现场宣讲观摩教学活动；四是召开一次总结会；五是进行一次先进个人表彰活动。同时，还关心他们的疾苦，如遇生病住院，县关工委领导深入医院看望；对年高力不从心退离报告团（组）的成员，由县关工委颁发荣誉证书和适量慰劳金；对病故的“五老”报告团成员，派员前往吊唁和赠送花圈，这样进一步激发了县“五老”关爱报告团成员的能量。

【“主题”教育系列化】 崇义县关工委对未成年人进行社会主义核心价值体系教育，做到围绕中心，服务大局，结合实际，立足育人，开拓创新，走自己路。近几年来，县“五老”关爱报告团对开展“主题”教育的内容谋策了“忠、孝、礼、诚、和”五个字的“五年规划”，每年宣讲一个主题，2011 年重点宣讲了一个“忠”字，开展“忠于党、爱祖国、做‘三好’（在校做好学生、在家做好孩子、在社会做好公民）”为主题的宣讲教育；2012 年，宣讲了一个“孝”字，开展“讲品德、孝为先、感党恩”为主题的宣讲教育；2013 年，宣讲了一个“礼”字，开展“习礼义、圆梦想、见行动”为主题的宣讲教育；2014 年，宣讲一个“诚”字，开展“讲诚信、立善举、做好人”为主题的宣讲教育；明年，计划宣讲一个“和”字，开展“讲团结、和为贵、树新风”为主题宣讲教育，把中华民族传统美德的育人教育活动系列化、常态化，收到了明显效果。2014 年，崇义一中高三（16）班汤明铭同学，他听了县关爱报告团宣讲引导，从家出发去学校晚自习时，在楼梯拾到一只黑皮包，里面装有现金 2800 元，还有 4 张银行卡、加油卡、身份证等物，拾金不昧，传递正能量，立即同父亲两人查询找失主，将拾物交回了谭先生，受到感谢。思顺中学九（1）班刘丹同学来信说：“听了老同志的报告，如沐春风，受益匪浅，使我懂得要‘礼’让为先，做一个讲文明、懂规矩的人。”长龙中学三（2）班刘芊芊同学，在题为《心怀梦想，扬帆起航》来信中说：“听了县‘五老’报告团的宣讲，我就想做一个像梅花一样坚韧不拔，不屈不挠，奋勇当先，自强不息的人。”城关小学宋洁宇同学来信说：“听了老爷爷的宣讲报告，让我一生难忘，懂得了立德做人的道理，今后我一定要落实在行动上。”章源小学五（4）班李佳丽听了县“五老”关爱报告团讲课后，在一篇题为《诚信，永不凋零的心灵之花》写道：“诚信，以水滴石穿的坚毅渗入我心——诚信无价。”该校另一位同学在作文写道：“听了讲课让我知道了诚信可以照亮自己的人生之路，引导我们走上光明大道，我要用一生的时间恪守诚信。”通过诚信光荣，未成年人的诚信觉悟水平明显提高，全县有 16 位少年的作品在 2014 年“中华大家园”全国少儿艺术交流会演书画摄影比赛中获奖，其中小学组获奖 9 人，初中组获奖 6 人，高中组获奖 1 人，县关工委获得比赛活动优秀组织奖。

【关心下一代社会化】 青少年是祖国的未来和希望，全社会都有责任托起明天的朝阳。2014 年，县关工委发动县直（驻县）单位，为各自的农村“三送”点，互相认亲结对帮困解难，共捐资 823.8 万元，其中助学 620.1 万元（含赠送物资折金 112.1 万元），订赠书报费 22.5 万元，解难救助 153.1 万元，提供营养午餐费 28.1 万元。特别是一批靠改革开放后的致富私营业主，慷慨解囊，回报社会，热情关心下一代健康成长，用实际行动为青少年解难事，办实事和好事。长龙镇沈埠村民兰光标，情系故土，致富不忘本，捐资 360 万余元人民币，并发动募捐 200 余万元，共计投资 500 多万元新建兰氏宗祠，也是该村的社区文化活动中

心，内设有书屋阅览室、棋牌室、演艺厅和运动场，成为中华传统文化的传承阵地。崇义章源钨业股份有限公司，早在2001年率先在全市私企建立关工委组织，然后逐步发展壮大。至今已在全县规模以上的私营企业江西耀升钨业股份有限公司、江西君子谷野生水果世界有限公司、江西华森竹业有限公司、崇义腾飞矿业有限公司等五个私营业建立了关工委组织，共有成员35人。这些私营业主致富不忘共产党，真情回报后一代，关心青少年健康成长。2014年，全县私营企业共计扶贫助学捐资36.1万元，帮助112名贫困学生重返学园和圆梦上大学；帮困解难募捐10.8万元，为65名青少年排忧解难。其中耀升钨业有限公司关工委，在公司董事长的支持关心下，至今连续10年，每年捐资20万元在崇义一中建立助学基金200万元，每年取出基金利息进行助学奖励。章源钨业股份有限公司关工委，通过立德做人教育，青年员工的道德素质大大提高，如该公司一位25岁的夏莺女员工，千里迢迢为河南一位不知名的白血病患者无偿帮助配型，使患者转危为安，被评为全市道德楷模。这个公司关工委，在董事长的关心支持下，为培养青年员工设立了"章源钨业教育基金"200万元，每年送至中南大学培训提升知识。同时，该公司还大爱无涯，自成立关工委13年来累计捐资人民币逾4000万元助学解难，被评为全省"五好"基层关工委。

【党政重视制度化】 县关工委是全县进行关心下一代工作的组织者和实施者，起着组织、协调、沟通、督促、指导的"枢纽"作用，其责任重大而又艰巨，其中县关工委老干部又是起着重要的作用。他带领一班人，以身作则，勇于担当，善于担当，努力当好县委、县政府关心下一代工作的助手。县关工委的这些老干部，在职时曾经担任过县级领导工作，是一名指挥者，现在退职下来做关工委工作，是一名普通的工作者、协调员，在工作方法和工作作风上，都认真做到了转变观念，改变作风，换位思考，注意方法，当好配角，坚持主动到位不越位，积极参与不指责，协调沟通不包揽，努力帮助不添乱这"四项基本原则"，做到"四个转变"，即由领导者转变为被领导换位上来，由原来工作点头拍板转变为协调沟通换位上来，由过去在办公室坐等别人求已转变为走出去求人换位上来，由在职以劳取酬转变到作奉献上来；发扬了"四种精神"：孺子牛精神、公仆精神、敬业精神、奉献精神。他们尽责尽力，自有作为，退而不休，与同在职工作一样忙个不停，经常深入基层，走入学校调查研究，了解未成年人的所思、所为、所盼，努力当好县委、县政府关心下一代健康成长的参谋和助手。如6月县关工委通过调研呈报的《关于未成年人思想道德情况的调查报告》，县委余业伟副书记亲自批示："县关工委的这份调研报告很好，很富有指导性，请相关职能部门落实"。

县关工委的有为换得有位，有位得到了县委、县政府对关心下一代工作的重视支持，把关工委工作"四个纳入"：一是工作纳入党政的工作议程，每年以县委名誉召开全县关心下一代工作会议、县委行文调整充实县关工委组成人员、县委分管领导专门听取一次县关工委的工作情况汇报、县委转发县关工委的工作意见、县委表彰"五好"基层关工委先进集体和先进个人；二是工作人员纳入编制，为县关工委配备了两名副科级干部；三是工作经费纳入财政预算，县财政每年预算安排5万元为关工委开展工作活动经费保障；四是每年年终对关心下一代工作纳入县委综合考核，受到县级表彰的县直、乡（镇）基层关工委，县委、县政府在全县综合评比中增加2分。

崇义县关工委的工作基本实现了由单一的教育型、帮扶型转向学习型、服务型、创新型这"五型"转变；基本完善了加强领导的工作体系，基本完善基层组织网络体系，基本建立五好基层关工委的创建体系，基本建立关爱帮扶体系和基本建立宣传工作"五个体系"。

【领导名单】

主　任	黄俊衍
副主任	邹裕明
	李水源
	张继忠
	李小玲
副主任、秘书长	张荣登

党校

【概况】 2014年，县委党校高举中国特色社会主义伟大旗帜，以马克思列宁主义、毛泽东思想、邓小平理论、“三个代表”重要思想、科学发展观为指导，深入贯彻习近平系列重要讲话精神，认真贯彻落实中共十八大和十八届三中、四中全会精神，认真贯彻落实《中国共产党党校工作条例》和《2010－2020年干部教育培训改革纲要》精神，认真贯彻落实省委、市委有关会议精神，紧紧围绕县委、县政府的中心工作和重大决策部署，始终坚持“党校姓党”，以培训党员干部为己任，充分发挥“三个阵地”和“一个熔炉”的作用， 以开展党的群众路线教育实践活动为主线，认真抓好各项工作，取得了较好的成绩。

2014年，举办基层党组织书记群众路线教育实践活动专题培训班2期，培训乡镇党委书记14人、村（居）支书112人，事业单位支部书记86人；举办全县2014年新录用乡镇公务员、大学生村干部和“三支一扶”人员初任培训班1期，培训52人；举办全县2014年新任村（居）书记培训班，培训131人。与有关部门联合举办入党积极分子培训班1期，妇女干部培训班1期，共培训160人次。“流动党校”宣讲16场次，基层党员干部群众授众达960多人次。

【促进干部作风转变】 自开展群众路线教育实践活动以来，坚持将学习教育实践活动贯穿始终，不断把学习培训引向深入，广泛听取群众意见，深入客观查摆问题，全面充分谈心交心，严肃深刻对照检查，直面问题开展批评，认真制定整改方案和措施，切实抓好制度建设，坚持高标准、严要求，下大力气解决校领导班子和教职工存在的“四风”问题，取得了阶段性成果，有力推动了党校各个方面的工作。一是校班子勤政廉政意识进一步增强。班子成员通过参加活动，责任意识进一步增强，工作作风进一步改进，更加突出的发挥了带头作用，树立了良好的形象，凝聚力、战斗力明显增强。二是教职工精气神进一步提升。上班纪律更加严明，创先争优的积极性得到进一步激发，在年轻队伍中形成了你超我赶、相互协助的良好工作状态和氛围，精神面貌焕然一新。贯彻落实群众路线的长效机制和刚性约束初步形成。

【推动教学改革工作】 把教学质量作为立校之本，推进办班形式、培训方式和管理模式的改革创新，加强培训需求调研，不断提高培训质量和水平。

一是创新培训方式，主体班采取课堂教学与现场教学相结合的培训方式。课堂教学以理论知识、业务知识和党性锻炼为主，现场教学主要以学习扬眉镇小城镇建设和铅厂镇义安村乡村建设经验，充分利用教学资源，提高了培训效果。二是创新办班形式，改变过去以授课为主的单一形式，增加了唱红歌、做课间操环节，让学员身心得到调节，获得参训学员的一致好评。三是加强培训需求调研。通过调查问卷的形式了解培训对象的培训需求，加强课程设置的针对性、科学性和实效性。培训效果明显增强，学员满意度明显提高。四是保证授课质量。所有教学专题要进入课堂，必须通过集体备课、校内试讲、集体评课通过以后才能正式登上讲台，同时在授课结束后还要根据学员评课结果和建议进行完善，满意度不高的课不能继续上讲台，充分保证授课质量，树立党校良好形象。五是创新培训模式，以“流动党校”为载体，累计在全县各乡镇、各企事业单位开展政策理论宣讲16场次，培训基层党员960人次，受到了全县广大基层干部群众的热烈欢迎。“流动党校”，也因此获得了市委宣传部颁发的“基层理论宣讲先进集体”称号。

2014年，举办了基层党组织书记群众路线教育实践活动专题培训班2期，培训乡镇党委书记14人、村（居）支书112人，事业单位支部书记86人；举办全县2014年新录用公务员、大学生村干部和“三支一扶”人员初任培训班1期，培训52人；举办全县2014年新任村（居）书记培训班，培训131人。联合举办入党积极分子培训班1期，妇女干部培训班1期，共培训160人次。

【加强师资队伍建设】

着力年轻教师队伍培养 一是形成帮扶长效机制。建立“传、帮、带”帮扶机制。老教师结对帮助年轻教师，在教学方面，从教案准备到试讲再到正式上课，校领导全程把关指导。科研方面，从科研课题立项到论文写作再到课题结项，指导老师全程手把手地教。年轻教师通过这种帮扶办法，教学科研能力提升明显，成效比较好。建立“比学赶帮超”竞争机制。有力促进了年轻教师的成长。年轻教师比着学，指导老师比着教，教学比武看谁讲得好，课题立项和结项看谁质量高，论文获奖看谁获奖多，都是党校2014年乃至以后一段时间重点强化的方面。二是合理搭建活动平台。为了提高校内训练效果，提升年轻教师教学能力，以教研室为主，积极组织开展教学活动，搭建了集中备课、听课评课、新课试讲等活动平台，共组织集中备课5次，听课评课5次，新课试讲3次。县内宣讲工作分区负责，给年轻教师更多上课机会，更好的得到锻炼。注重日常积累，要求每个年轻教师每年要精读2本以上专业书籍和做2万字的学习笔记。整个年轻教师的培养进展比较顺利，教学经验能力有了比较明显的提高。

加强师资库建设 一是认真建好外聘教师队伍。筛选聘请了25名各行业专家、学者、经验丰富的基层领导干部充实师资库，建立完善了外聘教师信息库，二是积极对接上级党校业务指导。加强与上级党校和兄弟单位的联系，邀请市委党校教师来校上课3人次，提高了培训班的教学质量和学员满意度。

以贴近县情民生为重点，提升科研成果质量 把科研作为强校之基，强调县情县状调查研究，增强服务中心大局能力，充分发挥党校智囊作用。2014年，县委党校教师向省市委党校和《赣南日报》等媒体发送科研文章6篇，其中刘宝华撰写的2篇文章在江西省委党校网络干部学院论坛刊载，1篇理论文章《我们不做空想家》刊登在《赣州论坛》；范红英在市委党校举办的全市县级党校精品课比赛中，荣获“二等奖”。

【优化日常内部管理】 把制度作为治校之策，用制度管人、管事、管校，着力通过制度建设提升管理水平，营造风清气正、勤学笃思的良好环境。

完善内部制度 紧密结合教育实践活动，全年2次对制度进行了修订完善。6月，对小车使用管理制度、来客接待制度、教职工学习制度、考勤制度等进行了修订完善，加强了日常管理。9月，办公室对绩效考核制度、财务制度，教研室对教学教研奖惩制度分别进行完善，校委会审定后由办公室汇编印发，确保用制度管人管事。

严格兑现奖惩 成立了绩效考核小组，负责绩效考核评估及奖惩工作。对违反规章制度的行为，按章给予处罚，决不姑息。对科研教学工作取得成绩的，按章给予奖励，不打折扣。对未完成教学科研任务的教师实行“一票否决”，年终评定为不称职。学校管理走向了制度化、规范化，管理效能明显提升。

【提高后勤保障能力】 把服务作为兴校之

源，狠抓精细化管理，加强校园基础设施建设，为学员提供环境优美、安全舒适的学习环境和生活环境，以优质高效的服务树立良好的党校形象。一是实行精细化作业。落实责任追究制度，规范后勤服务队伍管理，实行精细化作业，提高饭菜质量，减少浪费现象，学员的就餐满意度明显提高。二是加强校园环境治理。加大投入，加强管理，为学员提供安全舒适的学习环境。投入资金5.5万元，对党校教学办公大楼和党校门楼，进行了基础设施装饰改造，装饰面积1010平方米，同时更换了音响设备，增添了不锈钢构宣传栏，使办学条件得到进一步改善，党校面貌焕然一新。

【领导名单】

县委副书记、组织部部长、党校校长	
	余业伟（8月免）
	黄　华（9月任）
常务副校长	田长文
副校长	刘宝华
	叶　明

党史工作

【概况】 2014年，县委党史办全面贯彻落实中共十八大、十八届四中全会精神，以开展党的群众路线教育实践活动为契机，大力开展作风建设，努力适应新形势、新任务的要求，积极进取，开拓创新，履行党史“存史、资政、育人”职能，服务全县经济社会发展，认真做好党史征编、研究和宣传教育工作，荣获“2013年赣州市党史编研工作先进单位”称号，县委党史办编辑出版的《苏区精神学习读本》以及林席常主任撰写的《论崇义、汝城的红色情缘》均荣获“江西省党史系统2012－2013年度优秀成果奖”， 被市委党史办评为“综合工作先进单位”。

【党史业务工作】

党史编研工作成果丰硕 一是编辑出版了《中国共产党崇义县历史大事记（1919－2013）》（上下卷）。县委党史办克服人员少，工作任务重的困难，自2013年起，对本县1919－2013年度的党史大事记进行了考证、增补、修订和编辑工作，编辑了《中国共产党崇义县历史大事记（1919－2013）》（上下卷），并反复进行了充实修改，前后六易其稿，11月，由中共党史出版社正式出版。这是崇义县第一部公开出版的党史大事记，该书全面、客观、翔实地记载了从1919年5月－2013年12月，全县各级党政组织在不同历史时期作出的重大决策，记录了全县发生的大事、要事，是崇义县又一部专题记述党的历史的权威史书，具有重要的存史资政和学习研究价值。二是启动《中共崇义县委执政实录》编纂工作。县委党史办创新党史工作载体，于1月20日向县委提交《关于启动编纂出版中共崇义县委执政纪要的请示》。经县委研究，决定从2013年起，由县委办公室和县委党史办按年度编纂出版大型纪实性年刊《中共崇义县委执政纪要》。3月14日，县委办公室下发《关于印发〈中共崇义县委执政纪要（2013）〉编纂方案的通知》（崇办函〔2014〕13号），正式启动《中共崇义县委执政纪要》编纂工作（根据有关领导和上级党史部门意见，更名为《中共崇义县委执政实录》）。经过几个月的征稿、编辑、修改，经县委办审阅后，《中共崇义县委执政实录（2013年）》于9月定稿，现已交出版社审稿，预计12月底明年元月初即可印刷出版。这是江西省第一部反映中共县级党委执政情况的大型纪实性年刊，在全省是个创新。三是编撰完成《中国共产党崇义历史（第一卷）（1919－1949）（初稿）》。根据省委党史研究室关于地方党史基本著作编撰工作的要求，按照“记述准确、生动精炼、广纳群言、存编信史”的原则，县委党史办采取走访、函调、座谈会、查阅资料等多种形式广泛收集资料，前后到汝城、上犹、宁都、瑞金等地查寻当年历史资料，认真整理编撰，已完成《中国共产党崇义历史（第一卷）（1919－1949）（初稿）》的编撰工作。四是编辑崇义第一部旅游文集《绿谷神韵》。为全面宣传崇义的绿色和红色旅游资源，以及独特的历史文化。7月初，经请示县分管领导同意，县委党史办启动了《绿谷神韵》的编辑工作。经过几个月广泛收集资料，终于完成了崇义第一部旅游文集《绿谷神韵（初稿）》的编辑工作。拟经进一步修改完善，交县委、县政府有关领导审阅后，于2015年正式出版，作为对外宣传崇义县生态旅游品牌的图书，以进一步提升崇义旅游知名度。五是编印《历届县委县人大县政府县政协领导名录》。3月，12名县人大代表提出《关于编印历届县委书记、副书记名录，直观崇义党史的建议》。县政府领导批示：拟请县委党史办办理。县委党史办接批示后，高度重视，立即研究落实。经过5个月的努力，终于于8月完成了编辑工作，编印了《历届县委县人大县政府县政协领导名录》，顺利完成了县领导批示的任务。

党史宣传工作扎实有效 一是组织了一次专题党课。4月，为三送挂点村横水镇碧坑村的党员上了一堂结合崇义苏区历史故事、振兴苏区发展为内容的专题党课—《弘扬苏区精神，践行群众路线》，让广大党员牢记崇义历史，弘扬苏区精神，传承红色基因。二是发放一批红色书籍。为宣传好崇义苏区历史，县委党史办向挂点村碧坑村全体党员、全县中小学发放《苏区精神学习读本》、《崇义苏区历史资料选集》（上下册）等书籍，为宣传和发扬革命传统提供有效的精神食粮。三是努力完成省、市党史刊物的发行任务。动员各乡镇、县直单位订阅《党史文苑》116份。

兴中将军百年诞辰纪念活动成功举办 10月1日，是崇义籍开国将军兴中诞辰100周年。经县委研究同意，崇义县举行了兴中将军百年诞辰纪念活动。9月底，兴中将军亲属一行11人回到崇义，县委党史办负责接待联络和活动安排。一是在兴中将军家乡麟潭乡左泉小学开展革命传统教育，邀请兴中将军子女亲自授课。二是在麟潭乡左泉村举行“兴中将军故居”揭牌仪式。三是在麟潭中学举行《兴中画册》等书籍和体育器材捐赠仪式。活动安排周密，服务周到，得到兴中将军子女及亲属的充分肯定和高度赞扬，他们专门从北京写来感谢信，感谢县委县政府领导的高度重视及县委党史办的热情接待。

革命遗址旧居保护利用得到加强 一是举办“红色崇义——崇义苏区革命历史展览”。11月初，市委组织部决定，将南昌起义部队上堡整训旧址、王尔琢烈士陵园等列为井冈山干部学院、市委党校的党史现场教学点。县委组织部安排，由县委党史办具体负责，在过埠镇长庆村蛇形岗黄氏宗祠布置“红色崇义——崇义苏区革命历史展览”，要求11月底之前完成。县委党史办克服人员少，资料少的困难，加班加点，全力投入《展览陈列大纲》的编写、修改和布展工作。终于在11月30日布展完毕。这一展馆的建立，有效地扩展了崇义县红色教育平台，为崇义县开展革命传统教育，提供了又一个良好的场所和基地。二是县委党史办积极配合县文广局、上堡乡争取国家革命文物维修资金700万元，对南昌起义部队上堡整训旧址进行修缮，资金已经下拨到县财政，2015年将正式修缮。

【全面完成县委政府安排的各项工作】

开展党的群众路线教育实践活动 按照县委党的群众路线教育实践活动的统一部署，在县委第八督导组的精心指导下，县委党史办党的群众路线教育实践活动紧紧围绕保持党的先进性和纯洁性，坚持为民务实清廉主题，认真贯彻“照镜子、正衣冠、洗洗澡、治治病”总要求，认真组织、统筹安排，全面完成规定性动作，结合党史实际开展自选动作，取得明显成效。通过开展党的群众路线教育实践活动，全办人员的宗旨意识明显增强，党性修养明显提升，思想和作风得到很大转变，思想端正，勇于创新，工作雷厉风行，办事效率和服务水平明显提高。

扎实开展“三送”工作 一是开展“三送”干部大走访活动。对“三送”点横水镇碧坑村进行了多次全面的走访，开展了“三送”干部助春耕，“三送”干部助防汛，“三送”干部助维稳，“三送”干部政策宣传进农户等进村入户大走访活动。二是着力为民办实事。实地了解解决群众反映如水利灌溉、公路建设、桥梁建设、黄龙病防治、防汛、矛盾纠纷调解等工作。积极协助村级争资争项，硬化好碧坑村玉坑口至田坑口，下碧坑至上碧坑，龟子背组总长为5.18千米通组公路；协助村级筹集资金60万元建好碧坑口至坳上通组大桥，解决了村民出行难的重大问题。三是认真做好柑橘类黄龙病的防治工作，逐组入户宣传好黄龙病的防治工作。

圆满完成征迁工作 按照《2014年重点工程重大项目征地拆迁工作实施方案》的要求，县委党史办负责包干责任户5户，其中征地清表3户，共计7.99亩；房屋征迁3户，共拆迁主体房763.23平方米，附属房121.29平方米。通过全体工作人员团结协作，不懈努力，在5月30日前圆满完成征迁任务，完成率100%。多次受到县委、县政府及征迁指挥部通报表扬。

【强化队伍建设】

加强干部学习培训，提高党史业务水平 11月8－10日，省委党史研究室在宜春市举办全省党史部门基本著作编撰培训班。由林席常主任带队，全体干部一起参加了培训班。通过培训学习，全办人员开阔了视野，更新了观念，业务水平明显提升，为编撰出高质量的党史正本奠定坚实的基础。县委党史办编辑出版的《苏区精神学习读本》被省委党史研究室评为“全省党史系统2012－2013年度优秀成果奖资政类三等奖”；县委党史办主任林席常撰写的《论崇义、汝城的红色情缘》被省委党史研究室评为“全省党史系统2012－2013年度优秀成果奖论文类三等奖”。

加强党史学术研究，参与党史学术交流 10月19－21日，由中共中央党史研究室宣传教育局、中共广东省委党史研究室、中共韶关市委、广东中共党史学会、广东中共党史人物研究会联合主办的“纪念仁化暴动87周年暨红军长征过境粤北80周年”学术研讨会，在广东省韶关市仁化县举办，县委党史办主任林席常积极撰写学术论文，其所写论文《南昌起义部队在赣粤湘边界的革命实践》被组委会选定参加研讨会交流，林席常同志应邀出席了会议。

建立健全党史工作网络，建立党史联络员队伍 加强了与各乡镇、县直各单位的联系，建立健全了全县的党史工作网络，逐步建立起一支政治强、业务精、肯奉献，覆盖全县各乡镇、县委各部门、县直各单位的党史联络员队伍。

【领导名单】

主　任　林席常
副主任　谭连平

机关党的工作

【概况】 中共崇义县机关工作委员会下设9个党委23个党总支，共265个支部、3582名党员。其中预备党员176名，占党员总数的5.15%；女党员616名，占党员总数的18.02%； 35岁及以下的党员675名，占党员总数的19.92%；大专以上学历的党员1687名，占党员总数的49.36%。外出流动党员17名。工委核定编制3名，实有党务干部3名。

【深入推进“连心、强基、模范”三大工程】

扎实推进“连心”工程 深化“三送”工作全覆盖常态化，县直机关党员干部结对联系群众，解决群众实际困难。2014年来，化解矛盾纠纷1875起，帮助困难群众4100万人次，帮群众办实事3106件，帮扶项目121个。

稳步推进“强基”工程 第一，完善党组织设置。新成立党总支部1个，党支部3个，调整了20个党支部班子成员共72人。第二，建立分片联系制度。建立直属工委组成人员分片联系基层制度。县直（驻县）9个党委、县直机关23个党总支、265个党支部共划分为11个党建工作网络区。每个班子成员各自履行职责，对所属网络区的党建工作如组织学习，开展活动，工作交流，开展调研，发展党员，推荐先进等进行指导。第三，打造示精品范点。将县群工部、县地税局、县行管委、横水个协等单位打造成为机关党建学习的样板。

有效推进“模范”工程 结合开展党的群众路线教育实践活动，开展了“立足岗位，争做龚全珍式好干部”活动和“学习弘扬焦裕禄精神、践行‘三严三实’要求”为主题的大讨论活动，把争做模范变成自觉行动。结合“七一”活动，评选了一批身边的先进典型。表彰了优秀共产党员45名，优秀党务工作者7名。

【党的思想建设】 结合深入开展党的群众路线教育实践活动，采取集中学、交流学习、自主学、实践学等方式，先后培训机关党员干部近2000人次。组织开展“向柯善梅同志学习”等主题活动。重点观看了《焦裕禄》《信仰之光》等专题教育片，利用晚上定期集中学习25次，围绕弘扬焦裕禄精神和苏区精神等专题开展集中讨论3次。同时，注重发挥红色教育基地和警示教育基地作用，组织党员干部前往思顺乡彭德怀旧居参观，到王尔琢烈士墓祭奠王尔琢烈士。每名机关党员干部撰写读书笔记2本、心得体会文章2篇以上，确保机关党员学用结合提素质。

【党的组织建设】

抓好党费收缴工作 建立党费收缴台账，实行专人收缴，专账管理，定期向各党支部公示收缴情况，实行阳光收缴。

严格党员发展 贯彻《中国共产党发展党员工作细则》，注重发展党员质量，2014年，共确定入党积极分子58名，新发展党员19名，36名预备党员转正。

建立关怀机制 建立50周年以上党龄老党员补助制度，对63名县直机关老党员发放补助金7.5万元。

【党的作风和廉政建设】 以聚焦“四风”为主题，开展作风教育。通过专题民主生活会、组织生活会、谈心交心、民主测评、发放征求意见表和公示栏公示等形式，认真查找“四风”方面的突出问题。通过专项整治、建立健全各项制度和具体问题整改，党员干部的思想作风明显改进，纪律明显增强，部门规章制度得到健全和完善。定期举办廉政党课、廉政知识考试、观看廉政警示教育片，开展廉政教育。2014年，已举办廉政党课3期，廉政知识考试2次，播放廉政警示教育片12部，机关党员干部有1400多人接受了廉政教育。同时，严查违纪党员和严惩不合格党员。2014年，查处违纪党员3人和不合格党员1人，分别给予严重警告处分3人，处置不合格党员1人。

【党内活动】

深入开展第二届名誉村书记“情系家乡、共建家园”活动 通过自愿报名、组织推荐、县委审核三道程序，从325名机关党员干部中遴选出124名干部回原籍村兼任“名誉村书记”，帮助抓班子、出点子、找路子、调纠纷，办实事。该做法在全省教育实践活动简报刊登，省委强卫书记专门批示给予肯定。县委书记许志辉先后多次作出重要批示，要求全县全力以赴创造条件，支持“名誉村书记”开展工作。

推行机关党员到社区（村）报到开展志愿服务活动 2014年，已有87个机关单位、学校、企业党组织的党员到全县3个社区、124个村报到登记，开展结对服务。参与党员人数达460人，调解矛盾纠纷28起，开展政策咨询、法律、医疗、科技等讲座10场次，为居民和群众办实事、办好事190多件，开展义务诊治430多人次，结成帮扶对子182个。

【领导名单】

县委组织部副部长、直属工委书记　陈欣欣

直属工委副书记　梁　平

台湾事务

【概况】　按照全国、全省对台工作会议的要求，以促进两岸关系和平发展为主线，努力扩大崇义与台湾的交流交往，积极组织参加了“赣台经贸合作研讨会”，开展了各种民间联谊、接待活动，推动了两岸同胞频繁互动。

【加强两岸经贸交流和人员交往】　一是全年接待探亲、旅游、考察的台胞8起、36人（次），通过接待返乡探亲和到县考察投资、参见旅游的台胞，不失时机地向其宣传介绍崇义县招商引资项目、优惠政策、优良投资环境和美好的投资前景。二是积极做好现有台资企业的巩固和发展工作，建立健全联系台资企业制度，实行办公室人员一对一联系服务台资企业制度，为他们排忧解难。三是积极做好对台交流交往工作，全年因私赴台人员23人（次），建立与崇义籍在台知名人士的经常联系制度。四是积极为台胞台属服务。对全县的台属进行走访，进一步健全台胞台属台账，互通台胞台属信息，春节对1名定居大陆台胞和8名市县重点台属进行了走访慰问，增进了感情，为台胞台属的进一步交流交往打下了扎实基础。

【加强涉台宣传教育】　一是加强与台商、在台知名人士、重要台属的联络交流，组织台胞台属台商召开多种形式座谈会，主动与他们沟通信息，向他们推介宣传崇义。二是坚持征订国台办《台湾工作通讯》《两岸关系》，省台办《江西对台工作》等机关刊物，免费发展到县级领导和乡镇，使全县各级领导及时学习领会中央和省市领导的重要涉台讲话精神，了解台湾重大政治经济军事动态，两岸关系的发展趋势和熟悉岛内风土人情等。

【领导名单】

主　任　钟连华

信访工作

【概况】　2014年，全县信访工作围绕建设“美丽、文明、活力、法治”新崇义的总体目标，以贯彻落实《信访条例》为主线，以大力宣传《国家信访局关于进一步规范信访事项受理办理程序引导来访人依法逐级走访的办法》为契机，不断完善工作措施，创新信访工作机制，积极化解人民内部矛盾，为推动崇义经济社会超常规、跨越式发展营造了良好的社会环境。

【机构设置】　县信访局行政编制6名，实际在职行政编制人员6名。领导职数：局长1名，副局长2名。罗昌福任局长，杨曜、黄上贵任副局长，林江、何水香任副主任科员。内设机构：办公室、办理群众来信接待群众来访股和书记县长手机信箱办公室，各配正股级职数1名，其中：书记县长手机信箱办公室事业编制3名，现在职1名。

【职能职责】　贯彻落实上级党委、政府关于信访工作的方针、政策和规定。处理人民群众向县委、县政府及其领导的来信，接待到县委、县政府上访的群众，受理书记县长手机信箱和网上信访群众反映的信访事项，宣传党和国家的有关方针、政策和法律、法规。承办党中央、国务院及其他中央机关，省委、省政府及其他省直机关，市委、市政府及其他市直机关，县委、县政府及其领导批示交办的信访事项。协调处理跨乡（镇）、跨部门的重大信访事项；协调处理群众赴京、赴省、赴市到县集体上访和异常、突发性信访事项。按照“属地管理、分级负责，谁主管、谁负责”的原则，向有关部门和单位转送、立案交办信访事项和督促检查来信来访问题处理情况。综合分析、研究信访信息，及时向县委、县政府领导和有关部门反映社情民意，并提出解决问题的意见和建议。指导全县各乡(镇)、县直各部门（单位）的信访业务工作，培训信访干部、总结推广信访工作先进经验。

【信访总量】 2014 年，县本级受理群众来信来访来电和网上信访共 767 件次，比上年同期减少 366 件次，同比下降 32.3%。

其中，来访 53 批 93 人次，比上年同期减少 73 批 209 人次，同比下降 57.94% 和 69.21%（其中集体访 1 批 19 人次，比上年同期减少 5 批 64 人次，同比下降 83.33% 和 77.11%）。

来信 135 件，比上年同期增加 21 件，同比上升 18.42%。

来电 1 件，与上年同期持平。

县长信箱 143 件，比上年同期减少 42 件，同比下降 22.7%。

（县委）书记信箱 141 件，比上年同期减少 113 件，同比下降 44.49%。

网上信访 254 件，比上年同期减少 23 件，同比下降 8.3%。

【越级上访】 2014 年，全县赴市以上越级上访共 342 批 387 人次，比上年同期增加 239 批 154 人次，同比上升 232.04% 和 66.09%。

其中赴市上访 73 批 112 人次，比上年同期减少 5 批 89 人次，同比下降 6.41% 和 44.28%。其中重复访 14 批 23 人次，比上年同期增加 6 批 15 人次，同比上升 75% 和 187.5%。集体访 1 批 5 人次，比上年同期减少 1 批 6 人次，同比下降 50% 和 54.55%。

赴省上访 15 批 20 人次，比上年同期增加 1 批 1 人次，同比上升 7.14% 和 5.26%（其中重复访 6 批 7 人次，集体访 1 批 5 人次）。

赴京上访 254 批 255 人次，比上年同期增加 243 批 242 人次，同比上升 22.09 倍和 18.61 倍（其中赴京非正常上访 2 批 2 人次，两批都是横水镇上营村征地拆迁户朱恩林。赴京正常重复访中 98% 都是过埠镇温荣娣和朱方妹母女俩的上访量，其中 5 月 16 人次，6 月，33 人次；8、9 月省通报全市赴京访 84 人次中，有 42 人次是崇义县温荣娣和朱方妹母女俩的上访量，占全市赴京访的 50%）。

【群众上访反映的主要问题】 一是山林权属及林地、林木经营权流转纠纷等问题；二是征地拆迁、安置补偿以及征地拆迁户建房难等问题；三是企业转制、职工安置等遗留问题；四是规划区内私人建房审批难的问题；五是“两参”人员、早期民办教师、乡村护林员、早期农村放映员等要求解决生活待遇和养老保险等问题；六反映城市管理和环境污染等问题。

【主要工作情况】

健全排查化解机制，注重信访源头治理 通过完善县、乡、村三级矛盾纠纷排查调处机制，按照“属地管理、分级负责”“谁主管、谁负责”的原则，充分发挥基层信访网络作用，村里每三天一排查，乡（镇）、县直单位每周一排查，县每半月一排查，重点时期每天一排查的基础上，在节假日和国家重大活动及敏感期间，全县各乡（镇）和县直各单位每日向县信访局零报告，同时县信访局每日向市汇报。县本级排查较为重大的信访问题，全部落实了县领导包案，大量矛盾纠纷发现在萌芽状态，处理在基层，做到小事不出村，大事不出乡（镇）。

领导带头接访，主动化解信访问题 从年初到年底，实行每天有一位县四套班子领导轮流到信访接待中心参与接访，亲自处理群众反映的信访事项。2014 年，县领导接访共受理 53 批 93 人次（其中集体访 1 批 19 人次）。各乡（镇）、县委各部门、县直各单位领导班子成员都参加了本部门的接访活动，确保每天有一位领导坐班接访。根据市联席会议《关于 2014 年 7 月 15 － 31 日全市领导干部视频接访抽查情况的通报》，县领导接访属贯彻落实较好的县（市），领导接访到岗率达 100%。受到上级肯定。

积极组织谋划，做好敏感时期的信访维稳工作 在全国“两会”、国庆节、十八届四中全会、北京 APEC 会议和省运会期间，保证了劝返工作的人力、物力、财力。崇义县派出了由一名副县领导带队的赴京劝返工作组，开展了富有成效的工作，成功劝返了 6 批 8 人次赴京上访人员，确保了各敏感期间的信访稳定工作，得到了省、市的充分肯定。按照市里要求，重要时期，全县各乡（镇）、各部门单位通过电话向县信访局进行零报告，将辖区内当天的有关情况上报，有事及时报告，无事报平安，县信访局汇总后上报市信访局和县有关领导、有关部门。全县各乡（镇）、各部单位实行 24 小时值班备勤，遇有情况及时报告。

加强政策法律宣传力度，维护良好的信访秩序 围绕《江西省信访局关于进一步规范信访事项受理程序引导来访人依法逐级走访的实施细则》的通知，通过制作宣传小手册和宣传栏等多种形式，将政策法律宣传到每个县直单位和每个乡（镇）、

每个村。信访局制作了140块大型喷绘宣传牌，发放到各个村张挂宣传，印制了2000多份信访工作宣传小册子，发放到全县各乡（镇）、各部门单位、各村（居）委会以及广大人民群众手中，大力宣传国务院《信访条例》等政策法律，确保党的方针政策深入基层、深入人心、做到家喻户晓、人人皆知。

完善信访督查制度，适时调度和通报　严格执行《崇义县信访督查工作方案》，对无正当理由不按规定时间内处理信访问题的，及时下达《建议书》督促整改，整改无明显成效的，报县联席会议办公室。县联席会议办公室组织县委信访督查员不定期对各乡镇、有关部门以及县级领导包案情况进行督查，分析信访形势，研究解决信访工作中存在的重大问题和突出问题，提出改进和加强信访工作的意见和措施。促进了大量信访问题的及时处理，对部分领导不重视、工作不到位、问题处理不及时的责任单位下发了督查通报。

【领导名单】

县委办副主任、信访局局长　罗昌福
副局长　杨　曜
　　　　黄上贵

崇义县人大常委会

【概况】　2014年是深入贯彻中共十八大精神的关键之年，是贯彻落实十八届三中全会精神、全面深化改革的开局之年。2014年，在中共崇义县委的正确领导下，在省、市人大常委会的指导下，县人大常委会全面贯彻落实中共十八大、十八届三中和四中全会总书记习近平系列重要讲话精神，深入开展党的群众路线教育实践活动，紧紧围绕全县工作大局，依法认真履职，奋发有为工作，各项工作都取得了新成效，为推进全县民主法治建设、促进经济社会健康发展做出了积极贡献。

【重要会议】　崇义县第十七届人民代表大会第五次会议　崇义县第十七届人民代表大会第五次会议，于2014年2月26日至28日在县城耀升国际饭店歌剧院举行，应到代表161名，实到代表156名，列席人员264名，特邀人员17名。2月26日，大会预备会议通过主席团、秘书长名单，通过大会议程和议案审查委员会名单。主席团第一次会议通过主席团常务主席为：许志辉、许斌、余业伟、许勇、郭兰、陈金发、余启良、刘立伟、汤名东、郭远君、刘向民、康仁宝。

会议议程：一、听取和审议县人民政府工作报告。二、审议关于崇义县2013年国民经济和社会发展计划执行情况与2014年国民经济和社会发展计划草案的报告（书面）；审查和批准2013年国民经济和社会发展计划执行情况的报告与2014年国民经济和社会发展计划。三、审议关于崇义县2013年财政预算执行情况和2014年预算草案的报告（书面）；审查和批准2013年预算执行情况的报告和2014年财政预算。四、听取和审议县人大常委会工作报告。五、听取和审议县人民法院工作报告。六、听取和审议县人民检察院工作报告。七、补选县人民政府县长，补选县第十七届人大常委会委员。八、传达省十二届人大三次会议精神和市四届人大五次会议精神（书面）。

本次会议收到代表10人以上联名提出的议案8件，经议案审查委员会审查，决定8件议案不列入大会议案，转为代表建议、批评和意见处理。大会共收到代表建议、批评和意见57件。

会议通过审议，批准了各项报告，作出了相应的决议。

会议选举许斌同志为县人民政府县长，陈欣欣同志为县十七届人大常委会委员。

崇义县第十七届人大常委会第十九次会议　崇义县第十七届人大常委会第九次会议，于2014年1月14日在县人大三楼会议室举行，县人大常委会主任郭兰主持。会议议程：一、审议县人大常委会2013年工作报告；二、审议关于接受李祥鑫等人辞去崇义县第十七届人民代表大会代表职务请求的决定（草案）；三、审议有关人事任免事项；四、其他。

崇义县第十七届人大常委会第二十次会议

崇义县第十七届人大常委会第二十次会议，于2014年1月23日在县人大三楼会议室举行，县人大常委会副主任余启良主持。会议议程：一、补选赣州市第四届人民代表大会代表；二、其他。

崇义县第十七届人大常委会第二十一次会议

崇义县第十七届人大常委会第二十一次会议，于2014年2月8日在县人大三楼会议室举行，县人大常委会主任郭兰主持。会议议程：一、听取和审议县人大常委会资格审查委员会关于许斌等人代表资格的审查报告；二、审议决定召开县十七届人民代表大会第五次会议的有关事项；三、其他。

崇义县第十七届人大常委会第二十二次会议

崇义县第十七届人大常委会第而二十二次会议，于2014年4月25日在县人大三楼会议室举行，县人大常委会主任郭兰主持。会议议程：一、听取和审议《关于提请审议将"中江国际·金象282号崇义县城镇化建设投资集合资金信托计划"还款缺口资金列入同期年度财政预算的议案》；二、听取和审议《关于提请审议崇义县2014年本级公共财政部门预算的议案》；三、其他。

崇义县第十七届人大常委会第二十三次会议

崇义县第十七届人大常委会第二十三次会议，于2014年6月30日在县人大三楼会议室举行，县人大常委会主任郭兰主持。会议议程：一、对县安监局进行工作评议；二、听取和审议县人民政府《关于落实县人大常委会对县政府教育工作审议意见的整改落实的情况报告》并进行满意度测评；三、听取和审议有关人事任免事项；四、其他。

崇义县第十七届人大常委会第二十四次会议

崇义县第十七届人大常委会第二十四次会议，于2014年8月29日在县人大三楼会议室举行，县人大常委会主任郭兰主持。会议议程：一、听取和审议县人民法院《关于民事诉讼工作情况的专项工作报告》；二、听取和审议县人民政府《关于扬眉江流域环境污染治理工作情况的报告》；三、听取和审议县人民政府《关于崇义县2014年上半年国民经济和社会发展计划执行情况的报告》；四、听取和审议县人民政府《崇义县2013年度本级公共财政预算执行和其他财政收支情况的审计工作报告》五、听取和审议县人民政府《关于2013年县本级财政决算和2014年上半年全县财政预算执行情况的报告》；六、听取和审议县人大常委会调查组《关于2013年县本级财政预算执行（决算）及其审计情况与2014年上半年县国民经济、社会发展和财政预算执行情况的调查报告》；七、审议有关人事任免事项；八、其他。

崇义县第十七届人大常委会第二十五次会议

崇义县第十七届人大常委会第二十五次会议，于2014年10月30日在县人大三楼会议室举行，县人大常委会主任郭兰主持。会议议程：一、对县卫生局进行工作评议；二、听取和审议县人民政府《关于县人大常委会对县政府教育工作整改落实情况审议意见的整改落实情况报告》，并进行满意度测评；三、听取和审议县安全生产监督管理局《关于县人大常委会对工作评议审议意见整改落实情况的报告》，并进行满意度测评；四、审议县人大常委会有关议事规则和工作办法；五、审议《关于接受谢小云辞去县人民政府副县长职务的请求》；六、其他。

崇义县第十七届人大常委会第二十六次会议

崇义县第十七届人大常委会第二十六次会议，于2014年12月30日在县人大三楼会议室举行，县人大常委会主任郭兰主持。会议议程：一、组织政府工作部门局长（主任）、法院副院长、检察院副检察长进行述职和测评；二、听取和审议县人民政府办公室《关于县十七届人大五次会议代表建议、批评和意见办理情况报告》； 三、听取和审议县人民政府《关于崇义县2013年度本级公共财政预算执行和其他财政收支审计查出问题整改落实情况的报告》，并进行满意度测评；四、听取和审议县人民法院《关于县人大常委会对县人民法院民事诉讼工作情况专项报告审议意见整改落实情况的报告》，并进行满意度测评；五、听取和审议县人大常委会调查组《关于我县贯彻实施〈中华人民共和国老年人权益保障法〉执法检查情况的报告》；六、听取和审议有关人事任免事项；七、其他。

【重要工作】 2014年，共组织召开人大常委会会议8次，主任会议12次，听取审议专项工作报告4项，开展工作评议2项，开展视察调研8次，听取和审议整改落实情况报告4项，开展执法检查1项。任免国家机关工作人员21人次（任17人、免4人）、接受辞职2人、撤职1人、任命人民陪审员29人，配合省、市人大开展检查2次，调研5次。

【工作监督】

围绕促进经济平稳较快增长，全面加强财政监督 听取和审议了2013年县本级财政预算执行（决算）及其审计情况与2014年上半年县国民经济、社会发展和财政预算执行情况的报告，督促审计部门抓好2014年“同级审”，全面了解预算执行中的真实情况和存在的问题，并督促整改。县政府有关部门以整改审计出的问题为切入点，进一步加强预算科学化、精细化管理，完善财政、审计监督，规范预算执行，公共财政保障能力得到有效提升。组织召开上半年经济运行分析暨新预算法座谈会，认真总结和分析了崇义县2014年上半年经济运行情况，指出存在的问题及原因，对完成全年任务提出意见建议，就学习宣传贯彻落实新预算法提出了要求。组织开展2015年部门预算调研，召开座谈会听取意见建议，为科学编制部门预算提供依据。

围绕全面深化改革加强调研，切实推进人大工作与时俱进 根据县委部署，常委会对《中共崇义县委全面深化改革领导小组2014年工作要点》中“完善人大工作机制”方面进行了领题调研，以问题为导向，就改进监督方式，规范监督程序，完善监督机制开展了调研。在多次征求常委会委员意见建议、充分借鉴兄弟县市经验的基础上，修改完善常委会有关议事规则及工作办法，为全面深化人大机制改革奠定了坚实基础。同时，为策应县委、县政府推动县林股公司“新三板”上市发展战略，常委会对此进行了深入调研，形成了质量较高的调研报告供县委决策参考。

致力推进生态文明建设 近年来，广大人民群众和人大代表非常关注扬眉江流域水质污染治理问题，常委会顺应群众关切，组成6个调研组深入有关单位和长龙镇、扬眉镇、龙勾乡及部分矿产品加工企业进行了实地调研，并组织部分县人大代表开展专题视察。县十七届人大常委会第24次会议听取和审议了县人民政府关于扬眉江流域水质污染治理工作情况报告，针对治理工作中存在的问题，形成了审议意见，转达县政府及相关部门研究处理。县政府及有关部门加大工作力度，开展了流域内水质污染专项整治活动，依法取缔非法矿产品加工作坊及采砂厂11家，对群众反映强烈的手续不齐、污水处理设施不完善的21家小型矿产品加工厂采取断电、停产措施，该流域的污染问题已取得阶段性整治成果。为推进农村垃圾处理工作，保护秀美乡村，常委会开展了农村环境连片整治专项督查，对连片整治重点乡（镇）集镇、主干道沿线进行了实地察看，进一步督促相关部门加快整治进度。

致力改善安全生产环境 常委会对县安监局进行了工作评议，听取和审议了全县安全生产工作情况报告。通过评议，县安监局强化了与各部门、乡镇的协调联动，形成工作合力；组织安全生产培训，提高全民安全意识；开展“七打七治”专项整治行动，强化重点行业安全生产监管；加强安监队伍建设，提高部门依法行政、规范执法的能力，整改工作取得扎实成效，为全县安全生产环境营造了良好的氛围。

致力关注民生事业发展 常委会对教育工作整改落实情况持续进行跟踪问效，分别在县十七届人大常委会第23次和25次会议上听取和审议了县政府关于全县教育工作专项报告的审议意见整改落实情况的报告，并进行了满意度测评。县政府及其职能部门对常委会审议意见高度重视，及时制定整改措施，尽最大努力解决教育工作所存的实际问题。加快了乡镇公办幼儿园建设进程；强化了对学前教育跟踪指导和服务，进一步规范了民办幼儿园的办学行为；加大对校园及其周边环境的专项整治活动，教育环境不断优化。对县卫生局进行了工作评议，常委会在深入基层广泛开展调研的基础上，听取和审议了县卫生局工作情况报告。针对评议中指出的“新农合‘报账难’、监督管理工作不到位、工作作风有待进一步改善”等问题，县卫生局高度重视，及时制定整改方案，边纠边改，加强监管，深入开展“医疗质量安全与控制费用年”和“创群众满意卫生院”等系列活动，全县卫生基础设施得到进一步完善，医疗服务质量水平明显提升，医德医风建设得到加强，新农合“报账难”问题得到较好解决，有力推动了崇义县卫生工作上新水平。

【法律监督】

全力开展执法检查 为全面了解《中华人民共和国老年人权益保障法》在崇义县贯彻实施情况，促进全县老年人事业发展，常委会组织执法检查组，深入部分乡镇（村）、县直单位、养老机构，采取实地察看、听取汇报、座谈访问、查阅资料等方式，对全县贯彻实施老年人权益保障法情况进行了执法检查，撰写执法检查报告，将审议意见转至县人民政府及有关部门研究办理。此外，积极配合省人大常委会开展《江西省农田水利条例总书记（草案修改征求意见稿二）》《江西省矿产资源开采管理条例（修改草案）》立法调研，配合市人大常委会对《中华人民共和国未成年人保护法》《中华人民共和国档案法》贯彻实施情况进行执法检查。

全面强化司法监督 听取和审议县人民法院民事诉讼工作情况专项报告，在充分肯定成绩的同时，客观指出了当前民事诉讼工作中还存在一些亟待解决的问题。县人民法院结合实际，狠抓整改落实，强化司法为民意识，优化司法环境，完善法官教育培训制度，大力加强执行工作，2014 年，执结各类案件 356 件，2014 年在全省法院群众满意度测评排名中，在全市排名第四。加强了对司法机关的监督，选择针对社会影响较大、群众较关心的个案，适时组织代表参与法院执行个案巡视和庭审旁听，让人大代表较全面了解司法机关执法办案的过程，有效促进了法院审判质量的提高和司法的公平公正。2014 年，共组织代表参与法院庭审旁听 6 次，执行个案巡视 3 次。

全心化解信访矛盾 常委会高度重视信访工作，制定了《崇义县人大常委会机关信访工作办法》，坚持主要领导联系信访工作制度，加强与“一府两院”信访工作部门衔接沟通。2014 年，共受理人民群众来信 34 件，接待来访 50 余人次，承办市人大转办信访件 2 件，督促“一府两院”有关部门及时妥善解决了一些涉及群众切身利益的重大问题，维护了社会稳定。如针对 2007 年罗某与张某合伙建房一案，当事人双方多次来访，常委会高度关注，从未间断对此案跟踪督办，时常听取县人民法院对案件的办理情况报告，组织部分代表参与执行巡视，并督促县法院加大执行力度，促进此案得到妥善处理。

【人事任免工作】 坚持党管干部与依法任免有机结合，2014 年，共任免国家机关工作人员 21 人次（任 17 人、免 4 人）、接受辞职 2 人、撤职 1 人、任命人民陪审员 29 人，提请的人事任免议案全部通过，为全县经济社会发展提供了人力支持和组织保障。11 月至 12 月，人大常委会 6 个调查组分别深入到各乡镇和法、检两院，通过听取工作汇报、组织干部职工民主测评和个别谈话的方式，对人大常委会任命干部工作情况进行调查了解，并在人大常委会上进行述职测评，同时将测评结果报送县委、县政府及有关部门。

【代表工作】 常委会认真落实代表法和党的十八大对代表工作的新要求，充分发挥代表作用，支持和保障代表依法履行职责。

加强培训，提高代表履职能力 常委会采取走出去、请进来的形式，强化代表培训，邀请了省、市专家学者进行授课，并组织代表到南康、赣县等地考察学习示范镇建设、土坯房改造示范点建设、现代农业示范园建设以及农牧产业发展等情况 ，通过学习交流，进一步解放了思想，开阔了视野，提高了能力。

夯实基础，搭建代表履职平台 常委会精心搭建活动平台，推进代表活动制度化、常态化，切实发挥代表作用。完善了常委会组成人员联系代表、走访代表工作机制，常委会组成人员深入基层倾听代表意见建议，自觉接受代表监督；坚持邀请代表参与常委会活动制度。通过手机短信、《崇义人大信息》等及时向代表通报常委会各项重要工作，确保代表知情知政权。

完善机制，督办代表意见建议 常委会在总结以往经验的基础上，创新代表意见建议办理工作方式，年初会同县政府召开代表建议交办会，将县十七届人大五次会议收到 57 件代表意见建议转交有关单位进行办理，并首次在县电视台进行了公示，接受群众和社会监督。6 月下旬组织 6 个督查组深入到各承办单位，进行“面对面”督办，督促政府和各承办单位加快办理进度。9 月份，开展代表意见建议办理不到位专项整治活动，常委会领导牵头对 7 件有代表性的意见建议进行重点督办，促进县政府及各有关部门加大工作力度，进一步改进办理方式，切实提高办理实效，如扬眉镇圩镇杆线迁移、对全县死亡人口准确及时销户、对县城老城区进行改造等意见建议都得到了较好解决。

【领导名单】

主　任　郭　兰
副主任　余启良
　　　　刘立伟
　　　　汤名东
　　　　郭远君
　　　　刘向民
　　　　康仁宝

【委室领导名单】

办公室主任　罗文波
选举任免联络工作委员会主任　徐能清

内务司法工作委员会主任　吴世清
内务司法工作委员会副主任　叶子卿（5月免）
财政经济工作委员会主任　戴朝阳
财政经济工作委员会副主任　吴昌亿
教育科技文化卫生工作委员会主任　邹金辰
农业和农村工作委员会主任　卢大华

崇义县人民政府

【概况】　2014年，在县委的正确领导下，在县人大、县政协的监督支持下，县政府按照县委十六届三次、四次全会的总体部署，科学应对严峻复杂的经济形势，凝心聚力，狠抓落实，在经济发展新常态下取得了来之不易的成绩。

产业升级提质提效，经济发展逆势向好　实现生产总值63亿元，同比增长9.1%；财政总收入9.6亿元，公共财政预算收入6.79亿元，分别增长26.3%和38.9%，增幅列全市第2位和第3位；固定资产投资33.4亿元，同比增长20.5%。

工业经济稳步提升　实现规模以上工业增加值27亿元，增长11.9%；利税总额11.4亿元，增长4.1%。18个重大工业项目完成投资7.5亿元，增长24.6%。章源碳化硅等项目竣工投产，丰宝源光伏玻璃等项目即将投产。新增规上企业5家、矿产品贸易企业10家，纳税500万元以上企业达19家。新泰昇炭业、君子谷公司获出口备案资格，耀升钨业、齐云山公司认定为高新技术企业。“财园信贷通”“小微信贷通”发放贷款1.43亿元。落实西部大开发税收减免政策，为企业减免税收5000多万元。开放型经济稳步发展，实际利用外资1399万美元，外贸进出口8638万美元。

农业产业特色做强　实现农业增加值9.42亿元，增长4.5%；支出惠农资金1.6亿元，增长43.1%。“财政惠农信贷通”发放贷款1900万元。绿色食品业发展迅速，新增刺葡萄13.333公顷、南酸枣333.333公顷、高山有机水稻260公顷、规模以上蔬菜基地37.333公顷。齐云山南酸枣食品、君子谷产业项目进展较快，新世野农业综合开发、旗岭绿色食品项目开工建设，粮食储备库建设稳步推进，评为全省粮食监督检查示范单位。县、乡、村三级联动，投入821万元打好柑橘黄龙病防控攻坚战。新增农民专业合作社23家、家庭农场11家，铅厂长兴竹产业、龙勾亿诚果茶合作社评为国家农民合作示范社。

现代服务业发展加快　实现第三产业增加值16.2亿元，增长7.3%；社会消费品零售总额11.8亿元，增长12.3%。旅游业发展提速，上堡梯田和“九层皮”美食亮相央视《舌尖上的中国》，与上犹、大余成立“赣州西部绿海”旅游联盟，成功举办广州旅游招商推介会，生态旅游品牌效应持续扩大。全年接待游客146.4万人次，实现综合收入8.8亿元，分别增长33.5%和27.2%，阳岭景区挤入全市景区门票收入6强。金融信贷较快增长，存款余额63.6亿元，贷款余额49.5亿元，分别增长15.4%和5.3%；金融业实现税收6433万元，增长84.2%。商贸物流快速发展，万村千乡市场工程、耀丰物流中心项目扎实推进。房地产业逆市增长，实现税收1.8亿元，增长51.5%。电子商务、通信、保险等服务业取得新成效。

政策项目落地见效，振兴发展后劲增强　“若干意见”政策效应持续释放，政策、资金、项目加速落地，实现从“输血健身”到“造血强身”的转变。

争资争项实现突破　争取各类资金突破10亿元，达到10.55亿元，增长14.9%，其中国家重点生态功能区转移支付6104万元，比2013年增加1184万元；全国第六批小农水重点县建设资金4800万元；国有林场改革补助资金4283万元。争取国家主体功能区试点县、全国大中型水库移民避险解困试点县、国家珍贵树种培育示范县等一批国字号政策，争取省政府批复筹建省级工业园。崇义客家梯田列为全国重要农业文化遗产，为全省仅有的两个之一。省道龙大线、赣丰线被列入国道升级改造规划。

部委支援取得实效　环境保护部和体育总局出台对口支援工作方案。争取各级环保资金1.09亿元，重金属污染治理项目稳步推进，陡水湖列入国家水质较好湖泊生态环境保护总体规划。体育总局安排28个司局和直属单位对口支援16个乡镇，支持创建全国基本公共体育服务体系示范县，安排到位各类项目资金1061万元，为乡村和中小学捐赠价值651万元的教学和体育设施器材，全民健身条件显著改善。

重大项目扎实推进 先后开展重点工程重大项目征地拆迁攻坚月、九大重点推进项目征地拆迁等活动，征收土地155.8公顷，拆迁房屋8.6万平方米，有效缓解项目用地难问题。37个重点项目完成投资15.3亿元，关刀坪220千伏输变电工程、中小河流防洪工程等相继开工；安置地基础设施建设、县人民医院住院大楼等项目快速推进。列入省市调度的乐洞风电、活性炭产业园等6个项目扎实推进，完成投资21.4亿元。关田工业园、过埠工业小区平台设施更加完善。

城市框架拓展成型 实施24个市政工程项目，完成投资2.98亿元。新增城区面积1.1平方千米。城市综合体、文昌塔等项目快速推进，5.5千米振兴大道全线贯通，阳明大道、齐云山大道等主干道路加快建设，阳岭新城“两纵五横”路网格局全面拉开，阳明社区公园、文化活动综合楼等项目扎实推进，污水管网修复、垃圾填埋场等工程顺利完工。深入开展“四城同创”活动，“两违”整治取得实效，顺利通过省级卫生城市复审，成功创建赣州市第三届文明城市。

乡镇发展统筹推进 过埠统筹城乡发展示范镇建设取得新成效，圩镇面积达1.5平方千米，圩镇面貌明显改善，被列为全国重点镇和全省百强镇。投入1.1亿元改善农村交通、农田水利等设施，硬化通自然村公路86.6千米，新建和改造农村电网69.4千米，解决2.412万人农村人口饮水安全问题。34个和谐秀美乡村建设点稳步推进，打造了铅厂义安里、横水石门子、杰坝七星湾等一批特色乡村。

美丽乡村更加宜居 开展生态环境治理年活动，初步形成各部门齐抓共管机制。在全市率先开展农村环境连片整治试点，农村垃圾下河现象得到有效遏制，评为全省农村清洁工程先进县。完成造林绿化2200公顷，废弃矿山复绿33.333公顷。空气质量优良率达100%，评为全国百佳深呼吸小城。完成年度节能减排任务。开展重点流域环境整治，依法取缔31家无证非法矿产品加工作坊及采砂场，停产整改21家小矿产品加工厂，建立5个绿色植物防控示范点，推广新型农药使用面积1.0666万公顷。

深化改革破题开篇，发展活力有效释放 全面推进行政审批制度改革，保留和承接下放审批事项337项，为市场有效“松绑”；精简县级审批事项81项，转办58项，行政审批精简率达19.4%，平均办结时限缩短50%。实施工商登记制度改革，推行“先照后证”，新增企业228户，注册资本增加6.5亿元，增长180%。积极发展总部经济，引进国内知名私募股权机构和君资本在崇义县设立基金管理公司，是全省最早的县级私募股权基金公司之一。开展县级公立医院医药分开试点。在过埠镇开展扩权强镇改革试点。完成11个国有林场改革。基本完成农村集体土地所有权确权登记工作。事业单位分类改革稳步推进。同时，行政体制、民主法治、公共服务等领域改革取得新成效。

民生保障投入加大，幸福指数大幅提升 完成民生支出10.37亿元，比2013年增加1.8亿元，增长20.5%，占财政总支出的64.8%。

民生福祉持续改善 城镇居民人均可支配收入1.9528万元，增长9.4%；农村居民人均可支配收入6845元，增长11.8%。完成省政府下达的40件、市政府下达的50件民生实事任务。完成危旧土坯房改造6987户，贫困群众移民搬迁2039人，新建保障性住房550套，为历年来最多。发放小额担保贷款7232万元，新增城镇就业2139人，转移农村劳动力2873人。发放高龄长寿补助320万元，建设农村幸福院10个，低收入群体提标提补增长20%以上，评为全省社会救助工作先进县。

社会治理持续推进 深入推进“三送”工作全覆盖常态化，大力开展“连心、强基、模范”三大工程，为群众解决一批实事难事。集中开展“七打七治”专项行动，安全生产形势整体平稳。优化信访调解机制，成立医患纠纷、劳资纠纷等行业调解中心，建成运行16个乡镇社会管理服务中心。投入500万元改建“天网”工程，开展社会治安整治等系列活动，公众安全感指数居全省第11位、全市第2位。

各项事业持续发展 科技创新能力增强，专利申请量和授权量分别增长157%和130%，列为全省知识产权富民强县示范县。顺利通过省政府教育督导评估，完成75所义务教育学校标准化改造，乡镇公办幼儿园建设稳步推进。完成14个乡镇综合文化站建设，数字影院建成使用。卫生服务体系更加完善，建立新农合大病保障机制，免费救治重大疾病患者450人。承办四国男篮巅峰争霸赛等5项国家级赛事，列为省级鼓励社会体育组织发展试点县。人口计生工作保持全省全市先进。征兵工作继续保持全市前列。

作风建设久久为功，政府效能明显改善 围绕为民务实清廉目标，狠抓自身建设，行政效能进一步提升。深入推进党的群众路线教育实践活动，集中开展6项专项整治，解决扬眉江和小江流域治理、解放路综合改造等群众关心关注的问题。完善县政府工作规则、机关事业单位差旅费管理办法等17项制度，自觉接受县人大、县政协监督，办理人大代表建议57件、政协委员提案125件，办结率100%，满意率98.6%，赣崇高速损毁公路修复等一批建议和提案得到落实。持续深入贯彻中央八项规定，大力整治"四风"，各类公文减少20.7%，"三公"经费下降10.9%，清理超标办公用房4663平方米。作风建设的正能量，凝聚了全县上下奋进思变、创新实干的新风正气，正转化为加速振兴发展的强大动力。

【重要会议】

县政府常务会议

县政府第31次常务会议 1月8日召开。会议讨论审议了崇义县2014年政府工作报告、崇义县2014年经济社会发展主要指标的请示、关于请求上划"小微信贷通"保证金的请示、关于要求上营第三、第四安置小区内给水安装工程邀标的请示、关于请求拨付崇义县"十一五"期间农村公路建设第二批市本级补助资金的请示、关于向县财政借款支付赣崇高速崇义段二次征地补偿款的请示。会议通报了近期大额资金使用情况。会议还研究部署了其他事项。

县政府第32次常务会议 3月10日召开。会议讨论审议了崇义县工业振兴企业成长倍增计划、崇义县2014年开放型经济工作要点、关于加强建筑安装业税收征管工作的意见、关于将麟潭乡林兵加油点列为重大火灾隐患单位的请示、关于增设县乡公路交通安保设施的请示、关于原"六〇九"团(铀矿开采）退役军人要求解决"公益性岗位"的请示、关于添置道路清扫车的请示、关于污水管道实施防水堵漏工程的请示、关于对县人民医院住院大楼工程暂停施工有关问题的请示、关于明确扬眉镇中心幼儿园建设主体的请示、关于下拨人事代理人员缴交养老保险单位部分资金的请示、关于无偿划拨扬眉、铅厂、麟潭等3个乡镇中心幼儿园和金坑中心小学建设用地的请示、关于赣州市长飞置业有限公司土地置换相关事宜的请示、关于审定3月份国有建设用地使用权出让方案及出让公告的请示、关于新建营业用房用地的请示、关于请求置换抵押土地的请示、关于请求审批2013年度绩效考核工资的请示、关于加快推进文英硅矿精深加工项目落户的请示、关于审定《崇义县横水镇上营机砖厂、鱼梁机砖厂整体征收工作方案》的请示、关于开展城镇地下管线普查工作有关事项的请示、加强县城规划区安置点建设和农（居）民建房管理办法、关于对崇义县关刀坪220千伏输变电工程站区土石方工程施工招标的请示、关于给予江长彬开除处分的请示、关于给予罗振贵开除处分的请示。会议还通报了近期大额资金使用情况。

县政府第33次常务会议 4月11日召开。会议讨论审议了崇义县2014年本级公共财政部门预算（草案）、崇义县财园信贷通工作实施方案、崇义县关于鼓励和支持物流货运产业发展的实施办法、关于加强外购矿产品（除稀土）原料管理的补充通知、关于加强税收征管推行综合治税的通知、关于原崇义县华森木业有限公司关停后遗留问题的处理意见、崇义县矿产品采掘业管理办法、关于明确"梦想家园"大门招标方式的请示、关于崇义县历史遗留污染场地治理修复的请示、2014年重点工程推进计划、关于要求免除原茅坪钨矿部分职工养老保险滞纳金的请示、关于实施崇义县扬眉镇南石村等2个村土地开发项目的请示、关于2014年招聘中小学、幼儿园教师的请示、关于加强崇义县综合应急救援队伍能力建设的请示、关于上报崇义县气象事业发展"十二五"规划项目建设的请示、关于设立崇义县化工产业集中区的请示、关于崇义县公安局横水派出所户籍室撤驻县政府行政服务中心的请示、关于要求编制崇义县关刀坪区域城乡统筹发展规划的请示、关于审定阳岭新城功能项目规划建筑设计公开招标方案的请示、关于对清泉水业有限公司回购有关事项的请示、关于要求搬迁至政务大楼办公有关事项的请示、关于崇义县高速出入口两侧绿化带景观提升的请示、崇义章源钨业股份有限公司天井窝钨矿、聂都梅树坪钨业有限责任公司2个矿区矿产资源开发整合实施方案、关于请求将20名公益性岗位人员经费列入县财政预算的请示、关于拨付50年以上党龄老党员补助资金的请示、关于增加县机关事务管理局综合食堂承包工资的请示、关于上调临时聘用人员工资的请示、关于解决新华煤炭公司居民用煤生产场所问题的请示。会议还通报了近期大额资金使用情况。

县政府第34次常务会议 5月16日召开。会议讨论审议了推进过埠镇示范镇建设实施方案、关于审定进一步精简县级行政审批事项的请示、崇义县基本实现气象现代化实施方案、崇义县生态环境治理年（2014）工作要点、关于组织开展崇义县辖区内流域水质污染整治活动的请示、崇义县农村土地经营权确权登记颁证工作方案、崇义县农业机械购置补贴工作方案、关于无偿划拨乐洞、龙勾等5个乡镇幼儿园建设用地和先行预拨征地拆迁费用的请示、崇义县2014年公开招聘中小学教师实施方案、关于崇义县粮食物流中心选址问题的请示、关于崇义县田径场改造项目建设工作的请示、关于解决2011年城西廉租房Ⅱ标段后续工程量突出项目人工价格调差的请示、关于塔下高胜排廉租房小区附属工程有关事项的请示、关于政府已征收林地有关事项的请示、关于审定江西君子谷野生水果世界有限公司租赁国有林场部分林地的请示、关于将官陂脑小区土地用于安置房建设的请示、关于审批阳岭新城路网工程施工及监理招标方案的请示、关于提高崇义县城乡困难群众保障标准的请示、关于对夕阳红老龄服务中心土地公开挂牌出让的请示、崇义县金石家具有限公司整体搬迁补偿的请示、关于2014年度市政基础设施维修计划的请示、关于解放路污水管网改造的请示、关于审定崇义县农村自来水工程规划报告的请示、关于审定机关事业单位临时聘用人员参加社会基本养老保险问题的请示。会议还通报了近期大额资金使用情况。

县政府第35次常务会议 6月20日召开。会议讨论审议了崇义县人才公寓管理和分配办法、崇义县城区2014年公共租赁住房申请和分配工作实施方案、2014年保障性安居工程建设方案、关于建设聂都乡公租房的请示、关于处理2011年城西廉租房Ⅱ标段前期主体工程有关遗留问题的请示、关于建设城西保障房小区——城西阳光小区服务设施有关事项的请示、关于解决崇义县2014－2015年保障住房建设用地的请示、关于聂都乡挂牌出让土地的请示、关于将崇义县机关和参照公务员法管理的事业单位工作人员纳入工伤保险范围的请示、关于审定崇义县上堡风力发电项目投资开发框架协议的请示、关于审定征收赣州货场补偿款的请示、关于2014年崇义县政策性水稻保险工作的请示、关于大力扶持电商企业田润农业有限公司用地的请示、关于齐云山大道以东、其余边与中翼置业地块相邻地块挂牌出让的请示、6月崇义县国有建设用地使用权出让方案和出让公告、关于加快提高崇义县新增建设用地供地率的请示、关于解决县人武部新营院建设经费等有关事项的请示、关于拨付2012－2013年工业企业奖励资金的请示、崇义县2013年争资争项奖励方案、关于提请审定崇义县2014年“财园信贷通”贷款企业及拟贷款金额的请示、关于提请审定崇义县2014年“财园信贷通”合作银行和补充合作银行的请示、关于提请审定崇义县2014年“小微信贷通”贷款企业及拟贷款金额的请示、关于新建职业中专游泳池的请示、关于无偿划拨过埠等5个乡镇公办幼儿园建设用地并先行预拨征迁费的请示、关于增加2014年度环卫清扫保洁经费的请示、关于审定赣崇高速崇义互通连接线工程变更（土建和机电部分）的请示、关于办理县城规划区内三宗国有土地使用权证所涉相关事项的请示、关于向县财政借款贰仟万元用于资金周转的请示、关于下拨2013年产业扶贫资金1000万元的请示、关于拨付办公楼改造维修及征管经费的请示、关于下拨2013年度7－12月森林植被恢复费的请示。会议讨论审议了有关矿产品贸易公司申请税收奖励的报告。会议通报了近期大额资金使用情况。会议还研究了有关人事任免事宜。

县政府第36次常务会议 7月21日召开。会议传达学习了江西省安全生产“党政同责、一岗双责”暂行规定；会议听取了崇义县应急管理工作情况汇报；会议讨论审议了崇义县2014年争资争项工作方案、关于编制崇义县国家主体功能区建设试点示范方案的请示、崇义县散装水泥和预拌混凝土推广应用实施方案、关于减免崇义章源钨业股份有限公司基础设施建设项目报建规费的请示、关于崇义林业股份有限公司拟挂牌新三板的请示、关于将崇义县机关和事业单位工作人员纳入生育保险范围的请示、关于审定崇义县林业投资有限公司、崇义林业股份有限公司与江西君子谷野生水果世界有限公司林地林木经营权租赁合同的请示、关于批准林业股份有限公司对所属林场危旧房进行处置的请示、关于划拨老宅基地建设杰坝护林站的请示、崇义县公共卫生与基层医疗卫生事业单位绩效工资实施办法、关于县人民医院住院大楼玻璃幕墙及钢结构工程施工公开招标的请示、关于崇义县人民医院住院大楼洁净工程等后续配套工程政府采购公开招标的请示、关于批准新建横水镇综合文化站的请示、关于拨付行政服务中心工作人员以奖代补专项考核经费的请示、关于县人民武装部拍卖地块因延迟交付涉及相关问题的请示、关于解决崇义县华昌矿业有限公司采矿用地历史遗留问题的请示、关于崇义县农村土地承包经营权确权登记成果项目实行邀标的请示、崇义县住房保障家庭2013年度审核实施方案、关于尽快解除与上海方面签订的阳岭投资开发合同的请示、崇义县综合福利院招商公告、关于审定7月份国有建设用地使用权出让方案及出让公告的请示、崇义县进一步支持供销合作事业发展的实施意见、关于崇义县粮食直属库选址问题的请示、关于划拨思顺乡山院小学建设用地的请示》、崇义县铅厂小樟坑钨业有限公司“6•14”坍塌事故调查报告、崇义章源钨业股份有限公司淘锡坑钨矿“5•22”冒顶事故调查报告；会议还通报了近期大额资金使用情况。

县政府第37次常务会议 8月11日召开。会议讨论审议了关于调整有色金属加工贸易项目选址的请示、关于在文英乡新建加油站的请示、关于崇义县煤检站职工安置方案的请示、关田供销社企业转制职工安置方案、关于对乡镇规划区进行地形

测量的请示、关于审定2014年8月份国有建设用地使用权出让方案的请示、关于办理崇义县35KV文英变电站土地使用证的请示、关于下达2014年公共租赁住房建设用地规划的请示、崇义县“水上漂”（含“双渡”）上岸就业创业扶持政策、关于审定和君集团投资崇义设立股权投资基金协议书的请示、关于污水管网防水堵漏工程采用委托施工的请示、关于审定铅厂镇坳下至下新屋公路硬化工程增加工程量的请示、关于铅厂镇关刀坪体育公园建设项目实行邀标的请示、关于拨给学校专职保安人员工作的请示、关于拨付茶滩温泉地热水工程项目费用的请示、关于过埠工业园三期工程增加工程量审核的请示、关于拨付过埠镇沿江路土石方、工业园三期土石方工程款的请示、关于审定崇义县横水镇西街组桐梓窝山体滑坡隐患应急治理工程有关事项的请示、崇义县公立医院医药分开改革实施方案、关于调整县政府领导工作分工的请示、关于申请税收奖励的请示；会议通报了近期大额资金使用情况；会议还研究了相关人事处分问题。

县政府第38次常务会议 8月21日上午召开。会议讨论审议了崇义县公共机构节能工作实施方案、关于聘用黄东等同志为中小学教师的请示、关于治理过埠至上堡旅游公路安全隐患的请示、崇义县县城规划区违法用地和违法建设清理整治工作细则、关于原七一九矿丰州矿区土地使用权划转中核赣州金瑞铀业有限公司的请示、关于江西显亮煤业有限公司要求办理左溪工区已征工业用地转让手续的请示、关于解决县万盛沥青混合料公司拌合站用地的请示、关于设立信访维稳应急专项经费的请示、关于批准春明大酒店、创业网城列为重大火灾隐患的请示、关于对所持南北联合林业产权交易股份有限公司股权进行挂牌转让的请示、关于崇义县人民医院住院大楼洁净工程等后续配套工程实行政府采购公开招标的请示；会议还通报了近期大额资金使用情况。

县政府第39次常务会议 9月18日召开。会议学习了地方行政单位国有资产处置管理暂行办法；会议讨论审议了、加快旅游产业发展的实施意见、关于推进崇义县乡村旅游发展的若干措施、2014年主要旅游项目安排、崇义县“财政惠农信贷通”融资试点实施方案、崇义县农村环境连片整治暨垃圾处理实施方案、崇义县创建全民健身服务体系试验县实施方案、关于将县行政服务中心体育

窗口设为综合窗口的请示、关于2013年冬季退役士兵安置工作方案的请示、关于对《关于原茅坪钨矿企业转制遗留问题处理方案的批复》更正的请示、关于要求调整崇义县应急机动大队、巡防大队经费的请示、关于县妇联幼儿园扩建工程建设用地的请示、关于调整县本级储备粮轮换方式的请示、关于要求挂牌出让丰州乡李坑（含炭）页岩矿的请示；会议还通报了近期大额资金使用情况。

县政府第40次常务会议 10月10日上午召开。会议讨论审议了崇义县人民政府工作规则、关于发挥党员干部带头示范作用全面深化殡葬改革的实施意见、铅厂镇“义安里”村域总体规划及村庄规划设计、崇义县城区商业网点规划、关于批准崇义县不动产统一登记职责整合工作部门联席会议制度的请示、关于解决矿产品贸易用地的请示、关于行政划拨土地建设气象观测站的请示、关于对过埠邮政所进行改造的请示、关于规范土地用地性质的请示、关于乐洞乡龙归石英岩矿采矿权公开挂牌相关事宜的请示、关于拍卖粮食系统部分闲置资产的请示、关于下拨2014年第八批县城规划区征地拆迁补偿款费用的请示、关于预拨“柑橘木虱消杀攻坚周”活动工作经费的请示、关于代缴耕地占用税的请示、关于江西省贵竹发展有限公司整体搬迁补偿的请示、关于解决齐云山和阳岭自然保护区公路改造工程缺口资金的请示、关于设立肇事肇祸等严重精神障碍患者有奖监护专项资金的请示、关于启动县法院审判法庭用房项目建设有关事项的请示、关于增加城市管理协管员的请示、关于处置团县委闲置车辆的请示、关于公开拍卖县职业中专校车的请示、关于购置宣传照明车的请示、关于购置现场勘察车的请示；会议还通报了近期重大资金使用情况。

县政府第41次常务会议 11月17日召开。会议讨论审议了扶持阳岭新城商贸服务业发展优惠政策、关于审定金埠项目区2014年度实施方案的请示、关于金埠项目区2014年度施工组织方式的请示、关于审定崇义县农村饮水安全集中供水工程管理规定的请示、关于审定县乡村公路养护管理办法的请示、关于审定10月国有建设用地使用权出让方案及出让公告的请示、关于审定11月国有建设用地使用权出让方案及出让公告（二）的请示、关于过埠镇西侧柯树坳地块公开出让的请示、关于公开拍卖原古亭镇人民政府办公场所的请示、关于关田镇农民街及农贸市场住户办理国有土地使用证的请示、关于新建塔下村为民服务中心的请示、关于公开出让上营村上寨线东边山脚下地块的请示、关于征地拆迁及安置点基础建设工程预结算编制审核有关事项的请示、关于市场化运作县城主干道载体广告特许经营权的请示、关于编制县城污水管网专项规划的请示、关于拨付崇义县污水管网防水堵漏工程资金的请示、关于新建扬眉垃圾压缩中转站的请示、关于递补徐丹为职业中专教师的请示、关于2011和2012年B职位选拔生及2013年B职位乡镇公务员岗位安置初步建议的请示、横水镇谷斌汽车维修中心“9•12”机械伤害事故调查报告、江西省齐云山食品有限公司办公楼建设工程“8•26”高处坠落事故调查报告、关于批准实施马尾松种质资源保护与选育良种基地建设项目的请示、关于审批阳岭森林防火监测楼排污工程审计结算价的请示、关于拨付阳岭森林防火监测楼设计费的请示、关于拨付关田工业园征地拆迁纠纷遗留未付资金的请示、关于拨付各责任单位2014年上半年招商引资工作经费的请示、关于请求下拨2014年市级贫困村整村推进资金的请示、关于增拨县公安局等单位业务经费的请示、关于购置警务用车的请示；会议研究有关税收奖励的申请；会议通报了近期大额资金使用情况；会议还研究了有关人事任免事项。

县政府第42次常务会议 12月18日召开。会议讨论审议了崇义县畜禽养殖规划（2014—2020）、关于县人民医院住院大楼建设工程有关事项的请示、关于国投公司将竞得土地使用权与官陂脑套房安置小区土地使用权进行置换的请示、关于明确土地利用总体规划修改调整技术服务单位的请示、关于免除土地价款滞纳金的请示、关于办理横水村为民服务中心土地使用证的请示、关于新建朱坑口村为民服务中心的请示、关于下拨2014年第九批县城规划区征地拆迁补偿费用的请示、关于拨付道路交通安全管理基础设施建设资金的请示、关于申报阳明湖国家湿地公园建设项目的请示、关于将崇义县阳岭景区管理处更名为崇义县景区管理局的请示、关于塔下中转站及服务区、解放路污水管网及路面改造减免规费的请示、关于红杉木业拟新上两条生态免漆板生产线的请示、关于将谢磊等3位赣南采茶戏定向培养生招入县文化馆工作的请示、关于关田镇下关原砒霜生产场地土壤修复项目可研和实施方案编制的请示、关于下拨2014年农村危旧土坯房改造第三批财政补助资金的请示、关于拨付崇义县农村公路建设第二批市本级补助资金的请示、东环城路工程款支付审批表；会议还研究了有关人事任免。

县长办公会议

县政府第7次县长办公会 1月6日召开。会议讨论审议了原茅坪钨矿企业转制遗留问题处理方案。

县政府第8次县长办公会 1月16日召开。会议讨论审议了赣崇高速公路项目使用沿线地方道路损坏补偿协议及公路修复等问题、关于关田工业园边坡工程建设有关事项的请示、关于启动关田工业园汛期应急工程措施的请示、崇义县2014年度社会抚养费征收管理工作的通告、关于请求解决2013年度全县计划生育利益导向资金的请示、崇义县2011－2013年城区低保家庭申请分配廉租住房规则、关于国家水土保持重点建设工程崇义县金埠项目区2013年度长江、长庆、梅源、杰坝等四条小流域施工组织方式的请示、关于2012年冬季退役士兵安置工作方案的请示、关于新建崇义县综合福利院以邀请招标方式落实设计单位的请示、关于对崇义县横水镇西街组桐梓窝西侧滑坡隐患实施治理有关事宜的请示、关于崇义县横水镇西街组桐梓窝西侧山体护坡隐患治理护面墙工程有关事项的请示、关于崇义县职业中专新校区部分建设项目增加工程造价的请示；会议研究了崇义县城市生活垃圾卫生填埋场（一期）工程款支付有关事项；会议通报了近期大额资金使用情况；会议还研究了有关人事议题。

县政府第9次县长办公会 3月25日召开。会议讨论审议了关于赣州市长飞置业有限公司土地置换相关事宜的请示、关于要求租赁横水镇鱼梁村下坝组排上已征地安置两个竹制品厂的请示、关于准予县农科所熊晓明等职工享受与全额事业单位退休人员同等津贴补贴待遇的请示、关于2014年全县政策性农村住房统一保险附加自然灾害公众责任险续保工作的请示、关于阳岭新城部分路网路基工程建设有关事项的请示、关于振兴大道（横水河至迎宾大道段）、文竹路路面工程公开招标的请示、关于要求尽快对崇义县思顺乡防洪工程投资进行核定的请示、关于将奥林匹克广场卫生纳入城市卫生管理的请示、关于进一步改善崇义县中小学办学条件的请示、关于体育馆场地设施维护更新采购事项的请示、关于崇义县人民医院住院大楼工程、附属挡土墙土石方工程及原整体搬迁项目招标代理费和造价咨询费结算的请示、关于启动阳岭景区旅游公交运行的请示、关于申请向中江国际信托股份有限公司融资1亿元有关事项的请示；会议通报了近期大额资金使用情况；会议还研究了有关人事议题。

县政府第10次县长办公会 6月30日召开。会议讨论审议了开展村级临时果技服务承包的实施方、关于下拨2012年度新增建设用地报批等项目测量经费的请示；会议研究了有关矿产品贸易公司申请税收奖励的请示；会议研究有关税收奖励的申请；会议还研究了有关人事议题。

县政府第12次县长办公会 10月30日召开。会议讨论审议了崇义县“救急难”工作试点实施方案、关于拨付地方政法机关基础设施建设债务补助的请示、关于拨付乡镇8—9月征收耕地占用税工作经费的请示、关于建议奖励文英乡协税护税工作经费的请示、关于先行垫付崇义县2014年大学生村干部一次性安置费和工作生活补贴的请示、关于购买新闻报道采播设备和媒资管理系统的请示、关于拨付崇义县志愿者协会启动经费的请示、关于拨给〈崇义化石〉出版经费的请示、关于奥林匹克足球场改造工程建设有关事项的请示；会议还通报了近期大额资金使用情况。

县政府第13次县长办公会 12月12日召开。会议讨论审议了崇义县国内公务接待工作餐标准及差旅费、会议费管理办法、关于解决崇义县人民医院住院大楼工程相关问题的请示、关于减免崇义县人民医院住院大楼工程报建规费的请示、关于对果园承包经营权进行公开流转（出租）的请示、崇义县城乡规划建设局强制执行申请书、关于下拨2014年第九批征地拆迁零星项目工程款的请示、关于下拨2014年重点工程和重大项目征地拆迁工作牵头单位工作经费的请示、关于核准扬眉农村公路综合服务站附属工程增加工程量及工程造价的请示、关于购置园林环卫保洁运输车辆的请示、关于减免2014年保障性住房建设所涉规费的请示、关于补足县配套村级转移支付补助的请示、关于拨付县国投公司工程进度款的请示、关于拨付县教育局工程进度款的请示、关于拨付赣州货场安置费的请示、关于预拨农村土地承包经营权确权登记颁证工作经费的请示、关于下拨县城防洪工程（中城河段）监理费的请示、关于拨付阳岭无线覆盖工程款的请示、关于拨给养老保险经费的请示、关于政务大楼供电设备工程维修有关事项的请示、过埠工业小区二期工程款支付审批的请示、中城河防洪综合改造二期工程BT2标段工程款支付审批的请示、关于拨付过埠工业园区建设资金的请示；会议研究了有关矿产品贸易公司申请税收奖励的请示；会议研究了有关物流公司申请税收奖励的请示；会议研究了关于预借企业运行资金的请示；会议还通报了近期大额资金使用情况。

【重要决策】 2014年，县政府重要决策有：崇义县小型农田水利工程管护体制机制改革方案（试行）、崇义县小型农田水利重点县建设资金整合方案、崇义县政府领导工作分工、崇义县2014年度国有建设用地供应计划、崇义县2014年度土地收储计划、崇义县农村土地承包经营权确权登记颁证工作实施方案、关于进一步支持供销合作事业发展的实施意见、崇义县春运工作应急预案、崇义县边远乡（镇）在编在岗公职人员工作岗位津贴实施方案、崇义县散装水泥和预拌混凝土管理办法（试行）、进一步精简县级行政审批事项的决定、全面推进预算绩效管理的实施办法、衔接、取消和调整一批行政审批项目、崇义县人民政府工作规则。

【领导名单】

县　长　许　斌

副县长　李贱贵

卫虹霞（挂职）

钟　斌（挂职）

谢小云（9月免）

边建忠（7月挂职）

谢　筠

王子康（7月到于都挂职）

刘春香

易　龙（12月免）

朱桂林（10月免）

黄小波（10月任）

钟　洁（11月任）

【重要文件选目】

关于印发崇义县小型农田水利工程管护体制机制改革方案（试行）的通知（崇府字〔2014〕29号）

关于印发《崇义县小型农田水利重点县建设资金整合方案》的通知（崇府字〔2014〕30号）

关于县政府领导工作分工的通知（崇府字〔2014〕31号）

关于印发崇义县2014年度国有建设用地供应计划的通知（崇府字〔2014〕32号）

关于印发崇义县2014年度土地收储计划的通知（崇府字〔2014〕33号）

关于印发崇义县农村土地承包经营权确权登记颁证工作实施方案的通知（崇府字〔2014〕55号）

关于进一步支持供销合作事业发展的实施意见（崇府字〔2014〕76号）

关于印发崇义县春运工作应急预案的通知（崇府发〔2014〕1号）

关于印发崇义县边远乡（镇）在编在岗公职人员工作岗位津贴实施方案的通知（崇府发〔2014〕2号）

关于印发《崇义县散装水泥和预拌混凝土管理办法（试行）》的通知（崇府发〔2014〕3号）

关于进一步精简县级行政审批事项的决定（崇府发〔2014〕4号）

关于全面推进预算绩效管理的实施办法（崇府发〔2014〕5号）

关于衔接、取消和调整一批行政审批项目的通知（崇府发〔2014〕6号）

关于印发《崇义县人民政府工作规则》的通知（崇府发〔2014〕号）

政府办公室工作

【概况】 2014年，县政府办公室在县委、县政府的正确领导和县人大、县政协的有力监督和大力支持下，紧紧围绕中心，全力服务大局，以深入开展党的群众路线教育实践活动为工作主线，结合“联基层、重调研、抓督查、正公文、改文风、转作风”主题活动，坚持报实情、办实事、务实效“三实作风”，力求做到参谋、督查、协调、服务“四到位”， 强化运转、统筹各方，为崇义加速振兴发展争创一等工作，确保了政府各项工作高效有序运转。

【整体形象有新变化】

强化学习，完善全员学习制度 制定每周例会集体学习计划，由办公室领导轮流主持，一位政务人员讲解一篇优秀经典文章、领导讲话原文或某一领域的专业知识，累计开展集中学习29次；开展自主学习，做到人人有记录、个个有体会，每人撰写读书笔记2万字以上；在“崇义党政干部在线学习城”进行网络学习，按要求完成规定学时，修满规定学分，取得了良好的学习效果。

强化管理，修订完善各项规章制度 建立完善《周例会学习制度》《正公文改文风工作制度》《加强督查工作制度》《联基层转作风工作制度》《强调研重参谋工作制度》《行政事务厉行节约规范管理工作制度》6项制度，对各项工作进行全面规范，做到务实管用、有章可循、有规可依。

狠抓教育实践活动，不断改进工作提升形象 开展文山会海、跟踪督查软弱、实干进取精神弱化、公务大楼停车场秩序混乱、党政机关办公用房超标、行政案件办理效率低和铺张浪费问题等7个专项整治，2014年均已完成，取得良好效果。2014年，以县政府或县政府办名义下发文件数量同比减少80件，下降5.8%；投入5万元解决公务大楼停车问题，规范了停车和行车秩序；调解各类纠纷60多起，其中山林纠纷28起，涉及面积2000余公顷。对群众反映的困难问题限时完成，做到件件有落实、事事有回音。如向供电部门争资48万元，改造横水镇大密村长潭安组电网，让村民告别了低电压的日子；通过争取社会捐助等筹集资金5万元修建水圳，解决了50余户村民8公顷农田的灌溉问题。

【业务素质有新突破】

搞好政务信息，当好参谋助手 提升信息服务能力。加大收集、上报典型性、经验性和调研性信息力度，共上报信息236条；提升信息公开透明度。全年共公开政府信息8871条，公开数量与质量居全市前列，有效地推进了政务公开，提高了政府工作的透明度。

搞好调查研究，提供决策依据 开展“调研攻坚月”活动，政务人员每人至少撰写1篇调研文章，周例会时集中讨论修改，撰写《加强农村垃圾处理的几点思考》等20余篇选题好、站位准的优秀文章。全年在《江西理论导报》《地方政府管理》等省级以上刊物发表调研文章6篇。编印《每日信息汇要》和《每日摘要》供县政府领导参考参阅，分别编发105期和124期。

【政务服务有新进步】

会议办理流程进一步规范，办会质量明显提高 把好收文关。乡镇、部门单位上报的请示、报告均由秘书科统收、统发、统管，对不合规范的请示件、不按程序的直送件、不守规矩的乱投件，一律退回原单位重新办理；把好流转关。文件流转一律由政务人员负责，严格做好公文流转登记，进行封闭管理与流转，杜绝文件不规范流转现象发生；把好发文关。严格遵守八项规定，大力精简公文数量，强化文件制发各环节的审核把关，尽量做到少发文、发短文。全年下文119件，2013年全年下文127件，同比下降6.3%。

公文办理进一步规范，办文效率明显提高 来文应管尽管，规范收文，实行公文“统收统管制”，无论上级通知、平级公函、下级请示，统一登记、及时送签、随时复查，做到急件急办，特件特办，密件专办。2014年，收文2817件 其中机要文件有265件，公文运转无一纰漏。

会务能细就细 进一步完善会议登记、审批、统筹制度，精细化会务组织，做到会前充分准备、会中积极服务、会后及时落实。承办各类会议无差错。

【工作效率有新提升】

不断强化专项督办 全年下发督办函90个，形成督查专报9期，累计跟踪、督办重要工作事项150余项，全部办结，确保了县委、县政府决策和领导批示的有效落实。完善督查制度，改进方式，提高督查效率。在通报材料中敢于“指名道姓”，正面直接地指出存在问题和不足，提出整改措施，限时整改，确保工作落实迅速不走样。如在《关于“柑橘木虱消杀攻坚周”督查情况的通报》中，直接点出工作不到位的乡镇，提高了督查的严肃性和有效性，确保了县委政府决策、领导批示的有效落实。

认真办理人大代表意见建议和政协委员提案 全年受理人大代表建议57件、政协委员提案125件，办结率、满意和基本满意率达100%。

【事务办理有新特色】

强化全员应急，积极应对突发事件 进一步完善应急预案，建立应急联动机制，对全县20个专项应急预案进行了修编完善。加强应急演练，提高应急处置能力，高效快速处置了扬眉镇“8•15伤人案件”。加强值班值守，取消固定电话呼叫转移，确保“1天24小时、1年365天”值班人员在岗在位、通讯畅通。

强化全员服务，积极做好协调沟通 加强公车管理，狠抓驾驶员的安全教育，坚持节假日公车统一入库管理，确保了县政府领导公务用车安全高效使用；接待工作精心谋划，厉行节约，严格按照八项规定要求，做到各项工作提前策划、提前落实，圆满完成了国家、省、市领导莅临崇义县视察、指导、调研等20余项重大接待工作。

【领导名单】

主　任	杜书福
副主任、驻昌办主任	黄宝林
副主任	刘红梅
应急办副主任	罗和平（3月免）
驻昌办副主任	杨雪飞

人力资源和社会保障

【概况】　2014年，崇义县人力资源和社会保障局深入贯彻中共十八大、十八届三中全会、十八届四中全会、省委十三届七次全会及县委十六届三次全会精神，贯彻总书记习近平系列重要讲话精神，紧紧围绕加速崇义振兴发展，坚持以“民生为本，人才优先”为工作主线，以保障和改善民生为根本目的，团结务实、克难攻坚、真抓实干，圆满完成了各项工作任务，人力资源社会保障事业取得新的进展。2014年，获得省社会保险民生工程目标绩效考核先进单位、全市就业创业服务工作先进单位和全市医疗工伤生育保险目标绩效考核先进单位等多项荣誉，小额担保贷款工作获得省就业工作领导小组贺信表彰。

【人事人才】

推进事业单位阳光招聘　坚持公开、平等、竞争、择优的原则，阳光操作，规范开展事业单位工作人员公开招聘工作。2014年，聘用人员153人，其中聘用中小学教师75人，聘用医疗卫生专业人员58人，接收安置2012年服务期满“三支一扶”大学生10人，政策性安置聘用赣南艺校定向培养生5人，退役士兵5人。为教育、卫生等部门选拔了一批优秀人才，增强了县直事业单位的战斗力和活力。

规范股级干部任免管理　严格股级干部任用程序，全面贯彻干部任用条例，坚持选拔任用干部

的原则、标准和程序，特别是注重了群众评议环节，群众评议满意率和基本满意率达到80%以上方可提拔重用。2014年，共完成政府机关事业单位98名股级干部的任免工作。

严格机关事业单位工作人员年度考核备案　加强全县机关事业单位工作人员年度考核，明确考核对象范围、考核内容、考核等次、考核步骤，并注重考核结果运用。严格按照规定比例和要求，按管理权限对全县3661名机关事业单位工作人员进行了年度考核备案。

完善专业技术人才管理　2014年，申报高级职称资格6人，通过5人；申报中级职称资格14人，通过12人；申报非国有初级资格14人，通过11人；大中专毕业生考核认定77人。

规范人事代理及档案管理服务　整理各类民生档案3000余份，为210名存档代理大中专毕业生推荐在县内企业及招考到行政事业单位工作，为1400名存档代理人员晋升好档案工资。

【工资福利】　根据《崇义县规范公务员津贴补贴工作实施方案》（崇府字〔2009〕4号）以及赣市府办字〔2014〕7号文件精神，2014年1月对全县全额拨款机关事业工作人员的津贴补贴按新标准进行了审批，审批审核机关事业单位工作人员2856人，月增津贴补贴175.0164万元，人均月增资613元；退（离）休人员2112人，月增津贴补贴100.6135万元，人均月增资476元。同时，参照机关公务员新津贴补贴标准为全县1839名教职工补发2013年1月－12月的补贴，共计1390.9448万元。

【创业就业】

强化人力资源就业服务　举办“春风行动”暨就业招聘大会，参与企业有109家，吸引了近万人现场参会，1893人报名求职，1365人达成

就业意向，587 人被现场录用。建立实名数据库对高校毕业生就业情况进行调研，开发见习岗位 120 余个，78 名高校毕业生报名参加。2014 年，全县城镇新增就业人数 2139 人，完成全年任务的 118.8%；零就业家庭安置率 100%。

加大就业创业培训力度 优化培训资源，落实配套资金，大力开展“订单”“定向”式培训，开展技能培训“进企、下乡”活动和企业职工在岗的职业技能提升培训，探索“培训 + 实训”模式，推进各类培训与实训有序接轨。开展就业创业培训活动：举办残疾人创业培训班 1 期，培训 30 人；大学生就业创业培训班 2 期，培训 60 人；“红杜鹃”家政服务员培训 3 期，培训 124 人。2014 年，家庭服务业从业人数 484 人，完成全年任务的 121%。

就业援助帮扶困难群体 以人力资源市场为载体，落实各项再就业优惠政策。组织“4050”人员共 210 人就业，并落实了“4050”灵活就业人员社保补贴审核发放工作。优化就业失业登记证办理流程，2014 年，共为 944 名下岗失业人员换发就业失业登记证。

大力促进创业带动就业 依托县创业指导中心，设立创业服务窗口，强化创业辅导服务。全面推进小额担保贷款工作，积极落实财政贴息政策，扩大担保基金规模。2014 年，共发放小额担保贷款 7231.5 万元，完成全年任务的 109.57%；回收贷款 5746 万元，贷款回收率达 100%。

【社会保障】 2014 年，全县城镇职工养老保险参保人数为 1.8136 万人，实际缴费人数为 1.5462 万人，基金征缴 8888 万元，离退休人数 5591 人，发放退休金 12126 万元；城乡居民养老保险参保人数为 9.6297 万人，基金征缴收入 925.5800 万元，基金支出 1291.5984 万元；城镇职工基本医疗保险参保 1.9721 万人，基金征缴收入 3897 万元，基金支出 3844 万元；城镇居民基本医疗保险参保 2.2151 万人，基金征缴收入 693 万元，基金支出 956 万元；失业保险参保人数扩面至 1.1350 万人，失业保险征缴金额达到 275.3 万元；工伤保险参保人数为 1.5168 万人，国有及国有控股关闭破产改制企业老工伤人员均纳入统筹，基金征缴收入 769 万元，基金支出 712 万元。2014 年，受理工伤认定 274 起，已认定工伤 269 起（其中：死亡 4 人），不予认定 2 人，不予受理 1 人，暂缓认定 2 人；生育保险参保人数为 9958 人，基金征缴收入 82 万元，基金支出 37 万元。发放城乡居民社会保险卡 7.0024 万张，回收问题卡 68 张。

【劳动监察】 劳动监察实现多网并进。建立联席会议制度，定期通报企业劳动用工情况，及时传达劳动纠纷动态，打击非法用工行为；建立欠薪预警机制，对进入市场的企业和法定代表，凡有过不良信用记录的严加限制，并将其不良记录录入企业信用系统。人社、工商、工会、公安等各部门，各司其职，实现齐抓共管的联动效应。2014 年，受理涉及民工工资拖欠案件 47 件，结案 47 件，依法追讨农民工工资 106.28 万元，涉及农民工人数 142 人；处理各类劳动人事争议案件 22 起，其中不予受理 6 起，立案审理 7 起（其中仲裁裁决 4 起，仲裁调解 1 起，未结案 2 起），案外调解 9 起，结案率 90.9%，直接为劳动者挽回经济损失达 105.4 万元。

【领导名单】

县委组织部副部长，党组书记、局长 成　松
党组成员、副局长 陈世忠
肖益华
郭　坚
党组成员、医疗保险局局长 甘东升
党组成员、劳动就业局局长 温李华
党组成员、农村养老保险局局长 王俊斌
党组成员、社会保险局局长
刘清华（6 月任）
党组成员、劳动监察大队队长 吴为远

机构编制

【概况】 2014 年，崇义县机构编制工作，坚持以科学发展观为指导，深入贯彻落实中共十八大精神，全面落实全省机构编制工作会议精神，紧紧围绕上级机构编制部门的工作部署和县委、县政府工作思路，强化机构编制管理，狠抓落实，努力工作，不断创新，顺利完成了当年的各项工作任务。

【行政审批制度改革工作】 对县直、驻县

有关部门实施的行政审批事项进行了全面梳理，决定保留县级行政审批项目 337 项（其中国务院直接下放实施项目 9 项、省级下放 11 项，市里下放 79 项，市级委托实施 7 项，新增 1 项，原有实施项目 230 项），精简行政审批项目 81 项（其中暂停 8 项、取消 48 项，下放基层实施 7 项、转变管理方式 18 项），精简率 19.35%，平均承诺时限为 7.96 个工作日，缩短 35.29%。转办的行政审批事项 58 项。通过清理调整，减少了一些审批环节，审批行为进一步规范，长效机制初步建立。10 月 23 日，崇义县代表赣州市顺利通过了“省贯彻落实国务院、省政府取消下放行政审批项目等情况督查”，经过督导检查崇义县没有出现扣分情况，得到了省、市里相关部门的充分肯定。

【全县事业单位分类工作】 根据中央、省、市关于事业单位分类工作的相关安排，严格把握政策标准，坚持政事分开、事企分开的原则，切实抓好行政类、生产经营类、公益类事业单位的划分；严格对照分类标准，科学准确划分事业单位类别；提前做好行政类和生产经营类事业单位改革的前期准备工作，推进公益类事业单位改革的各项工作开展，做好了全县 409 个事业单位的初步分类，完成了分类上报备案。

【机构和人员编制核查全面推行机构编制实名制管理工作】 开展全县机构和人员编制核查，深入推进机构编制实名制管理工作。按照省市编办的统一部署，精心组织，扎实工作，对全县党政群机关及事业单位开展了机构和人员编制核查工作，摸清核准了各级机关事业单位机构和人员编制底数，推进了机构编制实名制管理信息化建设。一是周密安排部署，确保核查顺利展开，将机构编制实名制信息核查作为重点工作列入议事日程，向全县党政群机关及事业单位等 475 个机构分别印发了机构编制实名制信息核查实施方案，通过下发文件、建立网络联系工作群等方式进行全面安排部署，确保机构编制实名制信息核查工作有条不紊地展开。二是明确核查指标，确保数据准确翔实。结合实际，明确每项实名制信息核查指标的具体填报要求。受查单位按照指标要求进行自查整改，并全部撰写核查报告，分析本单位机构编制实名制管理情况，查找问题、说明情况、提供依据，确保实名制信息准确翔实。三是规范程序环节，确保核查流程顺畅，将核查工作分为分准备、自查自纠、审核汇总、检查验收等四个阶段组织实施，每个阶段均明确了时间节点和核查内容、方法，并采取汇报、检查、节点督促等沟通协调措施，确保每个环节做到了程序正规、环节细化、要求明确、流程顺畅、方法科学。同时加强了核查工作审核工作力度，会同组织、财政、人社、审计、监察等部门，建立了核查工作协调机制，对全县 196 家机构进行了实地核查，各单位能按要求对核查信息在本单位进行公示 7 个工作日以上，公布了机构编制 12310、组织部门 12380、纪检监察 12388 举报电话，畅通了举报渠道，核查工作接受全社会的监督。

【机关事业单位超编专项整治工作】 在全县机构编制实名制管理的基础上，对各机关事业单位超编人员情况进行调查摸底。各机关事业单位开展自查自纠并把情况报县编办。各超编单位认真制定消化超编人员方案并进行公示。县编办对各机关事业单位开展自查自纠和消化超编情况进行核查，力争 2015 年全面完成全县机关事业单位消化超编人员任务，为此县编办采取以下主要措施进行消化：

严把人员入口 认真落实编制实名制管理及进人控编审核审批等制度杜绝新的超编发生。今后党政群机关凡超编或满编的，不允许申请上报增人计划及进人要求；事业单位副科级以上干部转任非领导职务的，原则上不再安排进入党政群机关，防止边消化边出现新的超编。

畅通人员出口 鼓励行政在职人员向有空编的参照公务员法管理事业单位流动；对党政群机关中的专业技术人才，根据所学专长和个人意向实行专业对口、归口分流的办法，调整到有空编的公益服务性事业单位任职；鼓励和支持善于经营、敢于创新的机关工作人员离岗创办、领班经济实体。

严格执行和完善退休制度 对到 2015 年前符合正常退休条件的干部职工，分别由组织、人社部门按程序审批退休，自然减员腾编；对符合提前退休条件的，经本人申请，经任免机关批准办理提前退休。

在超编的行政单位中可通过自然减员等方法，在 2015 年即可消化县本级行政编制超编数，完成全县超编消化任务。

【机构编制管理工作】 5 月，根据市编办〔2013〕30 号《关于崇义县事业机构调整的通知》和县委崇字〔2013〕44 号《关于同意崇义县赣南苏区振兴发展工作办公室等机构设置和升格的批复》等文件精神，经县编委会议研究，同意设立崇义县金融工作局，为县政府正科级全额拨款直属事业单位；同意设立崇义县赣南苏区振兴发展工作办公室，为县委、县政府正科级全额拨款直属事业单位；撤销崇义县齐云山省级自然保护区管理站，同意设立江西齐云山国家级自然保护区管理局，为归口县林业局管理的正科级全额拨款事业单位；同意将县林业局内设崇义县森林防火指挥部办公室改设为崇义县林业局下属副科级事业单位；同意将崇义县防汛抗旱指挥部办公室升格为副科级事业单位；同意撤销崇义县三电办公室；同意撤销崇义县电影公司副科级建制，降格为文化和广播电影电视局下属自收自支股级事业单位，人员编制保持不变。根据中共中央、国务院《关于加快水利改革发展的决定》（中发〔2011〕1号）和市委、市政府《关于加快赣州市水利改革发展的实施意见》（赣市发〔2011〕9号）以及水利部、中编办、财政部《关于进一步健全完善基层水利服务体系的指导意见》（水农〔2012〕254号）等文件精神，经县编委会议研究，同意以乡镇为单位成立乡（镇）水利站，在乡镇农业服务中心增挂牌子，属股级全额拨款事业单位。根据《关于设立崇义县林权管理服务中心的批复崇编字》〔2014〕9号文件精神，设立崇义县林权管理服务中心，为县林业局下属股级全额拨款事业单位。将临时机构林改办、林业产权交易中心和挂牌机构木竹放行办职能与工作进行整合，统一划归新林权管理服务中心承担；将县林业局下属股级全额拨款事业单位“崇义县林业勘测设计队”并入林权管理服务中心，对外保留林业勘测设计队牌子。根据市发改委《关于下达中西部地区特殊教育学校建设2011年中央预算内投资计划的通知》（赣市发改社会字〔2011〕621号）和《关于设立崇义县特殊教育学校的批复》等文件精神，经县编委会议研究，同意设立崇义县特殊教育学校，为县教育局下属股级全额拨款教育事业单位。根据省人民政府《关于加快发展学前教育的实施意见》（赣府发〔2011〕21号）和《关于增挂学前教育管理办公室牌子的批复》崇编字〔2014〕11号等文件精神，经县编委会议研究，同意在教育局基础教育股增挂学前教育管理办公室牌子。根据《关于调整县教育局部分下属事业单位的通知》崇编字〔2014〕12号文件精神，经县编委会议研究，同意在崇义县教育局教学研究室增挂室增挂崇义县青少年校外活动中心牌子；同意在崇义县中等专业学校招生委员会办公室增挂崇义县学生资助管理中心牌子。根据《国务院关于推进兽医管理体制改革的若干意见》（国府发〔2005〕15号）和《江西省人民政府关于推进畜牧兽医管理体制改革的实施意见》（赣府发〔2006〕15号）等文件精神，经县编委会议研究，同意将崇义县畜牧兽医站更名为畜牧兽医局，人员编制、机构性质保持不变；同意设立崇义县动物卫生监督所，为正股级事业单位，撤销崇义县畜牧兽医站增挂的崇义县动物卫生监督所牌子；同意整合崇义县农村社会事业发展站和崇义县科教与市场信息站，将崇义县农村社会事业发展站的职能全部划入崇义县科教与市场信息站，并在崇义县科教与市场信息站增挂崇义县农村社会事业发展站牌子。根据《江西省河道堤防安全管理条例》，经县编委会议研究，同意在崇义县水利工程管理站（水库管理站）增挂崇义县堤防管理站牌子。根据中央政法委政法〔2009〕18号《关于进一步加强法学会建设意见的通知》文件，经县编委会议研究，同意设立崇义县法学会，为中共崇义县委政法委下属正股级全额拨款事业单位。根据赣府厅发〔2013〕3号《关于进一步加强人工影响天气工作的实施意见》和赣编办发〔2013〕42号《关于规范市、县（市、区）人工影响天气机构编制等事项的意见》等文件精神，经县编委会议研究，同意设立崇义县人工影响天气办公室，为县气象局下属股级全额拨款事业单位。根据商务部商秩发〔2008〕503号《关于加强商务行政执法工作的意见》精神，经县编委会议研究，同意在县商务局商贸运行管理股增挂商务行政执法大队牌子。根据省委、省政府《关于加快江西省水利改革发展的实施意见》（赣发〔2011〕10号）第三十四条和省水利厅《关于加强水行政执法队伍建设的指导意见》（赣水政法字〔2012〕67号）的有关规定，同意在县水利局内设机构水政水资源股（行政审批服务股）增挂崇义县水政监察大队牌子。根据《江西省人民政府办公厅关于推进行政调解工作的实施意见》（赣府厅发〔2012〕61号 ）和《赣州市人民政府办公厅关于推进行政调解工作的实施意见》（赣市府办发〔2012〕41号 ）的文件精神，经县编委会议研究，同意设立崇义县行政调解指导中心，为县人民政府法制办公室股级内设机构。根据建设部101号《城市房地产权属档案管理办法》文件精神，经编委会议研究，同意增设房地产权属档案室，为县档案局股级内设机构。根据市编委〔2013〕41号《关于调整全市县级道路运输管理机构经费形式的通知》文件精神，经县编委会议研究，同意县公路运输管理所、县乡公路管理站转为全额拨款事业单位。根据环发〔2011〕97号《全国环境监察标准化建设标准》文件精神，为经县编委会议研究，同意崇义县环境监察大队转为全额拨款事业单位。7月，根据市编委〔2010〕67号）《关于县（市）地震机构工作机构设置的通知》文件精神，经县编委会议研究，同意设立崇义县防震减灾局，为县政府正科级全额拨款直属事业单位；根据县政府办《崇义县监察局有关工作移交协调会会议纪要》，同意在县编办设立崇义县行政审批制度改革股。11月，根据江西省国有林场改革试点工作领导小组办公室《关于崇义县国有林场改革实施方案的批复》（赣林场改办字〔2014〕93）文件精神，同意设立崇义县生态公益型林场，为县林业局下属股级全额拨款事业单位。

【事业单位登记管理工作】 深入贯彻落实《事业单位登记管理暂行条例》及其实施细则和市编办的有关文件要求，建立健全事业单位登记管理的各项规章制度，规范年检程序，严格按照事业单位网上登记系统的要求，实行网上登记管理，2月下旬起开展了事业单位年检工作，全面完成339个事业单位的年检，22个事业单位的法人、单位名称等变更。

【领导名单】

主　任　范美蓉（6月任）

副主任　范层枫

外事侨务

【概况】 2014年，县外事侨务工作认真贯彻落实党的外事侨务方针政策，围绕解决“四风”问题这一主线，扎实推进教育实践活动，取得较好成效。克服重重困难，凝心聚力抓落实、促发展，确保圆满完成各项目标任务。

【服务县域经济建设和社会发展亮点突出】

积极对外交流联络，“请进来”“走出去”有了新的发展　2014年，县外事侨务办不断加强“请进来”工作力度，邀请多批重点团组来崇义县考察访问。3月，“四国青年男子篮球巅峰争霸赛”在崇义县竹乡体育馆举行，其中来自美国、立陶宛、加拿大队青年70余人参加；4月，美国世界设计公司董事长拉瑞一行4人，对县城市建设及旅游产业远景规划进行考察；9月，澳大利亚DASMA公司客商Leesoon Ieong一行7人到崇义县对钨尾矿、煤矸石等资源情况进行考察，县领导许志辉、许斌、刘洪梅先后陪同考察。10月，县外事侨务办领导特邀参加了在南昌举行的“第十三届非洲国家驻外大使巡讲”活动，为崇义县与非洲国家缔结友好城市奠定基础。

进一步加强因公临时出国管理和经费管理，审批质量有了新的提高　严格执行县（处）级领导干部因公出国（境）出访计划申报制度，召开了2014年度外事工作领导小组会议，确定了崇义县领导干部因公出国（境）计划。与县财政局联合转发《江西省因公临时出国经费管理办法的通知》。严格执行省外侨办《关于进一步加强因公临时出国审批管理》的要求，大大压缩了一般性考察团组的比例，有效杜绝了公款出国境旅游等违规违法案件的发生，审批质量有了较大提高。2014年，审核办理因公出国（境）3批 5人次，接待外宾、华侨华人和港澳同胞15批110人次，是外宾来崇义县考察人次最多的一年，从而大大地提高了崇义县的知名度。

为服务经济发展、服务企业搭建平台　为进一步发挥全市侨资企业和侨商众多的优势，围绕市委、市政府提出的全面加快推进赣南苏区振兴发展的目标，推动侨资企业更好的发展，为赣州经济社会发展和构建和谐社会做出新的更大的贡献，根据市外侨办工作要求，推荐了江西君子谷野生水果世界有限公司等6户侨资、侨属民营企业、APEC旅行卡成员单位参加赣州市侨商投资企业协会，其中江西君子谷野生水果世界有限公司董事长庄席福出任常务副会长，11月，市侨商会还组织10余家侨资企业来崇义县君子谷野生水果世界有限公司开展联谊活动。在开展侨资企业服务年活动中，实行对全县重点侨资企业“定期走访、定点联系、定人服务”的三定服务，全方位摸清企业最需要解决的问题，及时对接相关部门协调解决，通过政企沟通、银企合作、法律咨询、管理提升、结对帮扶等多形式多渠道，帮助企业排忧解难，8 月初，当得知崇义耀丰实业投资有限公司资金周转困难时，县侨办领导主动为其担保 80 万元，以解燃眉之急，以优质服务赢得侨商侨企的认可，树立了外侨干部“为民务实清廉”的良好形象。

【扎实推进教育实践活动】 聚焦四风问题，坚持标本兼治，提升服务发展的质效能，开展教育实践活动突出“五个注重”：一是注重学习教育的“精和深”，不务虚、不偏科。制订每周例会集体学习计划，由办公室领导轮流主持，累计开展集中学习 16 次；开展自主学习，做到人人有记录、个个有体会，每人撰写读书笔记 2 万字以上。二是注重征求意见的“广和实”，不删改、不遮掩。联基层，每名党员干部联系 1 名农民、1 名侨眷属、1 个侨资或侨属民营企业，通过实地调查了解等方式听取意见建议，结合“三送”工作，深入联系对象蹲点调研，了解群众困难和诉求共征求意见建议 39 条，梳理汇总成 8 条。三是注重查摆问题的“准和透”，不跑偏、不散光。召开查摆问题专题会议，对班子“四风”问题“集体会诊”，梳理归纳出“四风”方面问题 9 种，其中形式主义方面 3 种、官僚主义方面 2 种、享乐主义方面 2 种、奢靡之风方面 2 种；严格落实谈心交心“四必谈”，做到谈深谈实谈透谈通；精心撰写对照检查材料，班子成员个人材料普遍修改 8 稿以上，多则 12 稿，做到与事接茬，见人见事见思想。四是注重开展批评的“真和辣”，不表扬、不含糊。分学习阶段和开展批评阶段召开了 2 次专题民主生活会，班子成员深入开展批评与自我批评，有出汗排毒的紧张严肃，也有加油鼓劲的宽松和谐，切实做到画得准、敢亮丑、辣味重，出汗红脸洗澡治病。五是注重整改落实的“量和质”，不漏项、不敷衍。重点解决了宗旨意识不强、群众观念淡漠、服务基层不主动、保持与归侨、侨眷属、侨资企业密切联系不够、铺张浪费问题等 5 个专项整治，年底前均已完成，取得良好效果。如深入商务局、工商局、进厂房，看资料，听汇报解决企业在发展中遇到的困难和问题。崇义耀丰实业投资有限公司资金周转困难时，县侨办领导主动为其担保 80 万元；每个月坚持到“三送”联系点 4 次，了解群众真实需求，帮助联系户傅联帮解决建房困难资金 2 万元。对群众反映的困难问题限时完成，做到件件有落实、事事有回音。

【打造“三送”示范点及特色村寨建设】

围绕“特色文化、红色历史、蓝色民俗、绿色生态”目标，积极探索秀美畲乡风情示范点建设。已完成了畲族特色居民改造 20 户，同时完成对村部、牌坊、民族墙、休闲广场的打造及周边环境卫生的整治。争取项目资金 1.5 万元，完成了村头片休闲广场体育设施的安装，预计年底竣工。新春佳节，为确保广大群众度过欢乐祥和的节日，对沈埠畲族村的困难户、低保户、五保户、孤寡老人、困难党员等 8 户困难群众进行了走访，并向他们送去新春祝福、慰问礼品和慰问金，发放慰问物资 7000 余元。7 月 1 日，开展庆“七一”送温暖活动，慰问了肖重汉、肖莲英、肖九祈等生活困难党员和老党员，为他们送上党和政府的温暖及慰问金、慰问品。9 月，对困难大学生进行了走访慰问，共为 5 名困难大学生发放 1500 元助学金，并积极为困难大学生争取助学贷款，圆了他们的大学梦。

【圆满完成征地拆迁任务】

为打造全国著名的旅游养生目的地为目标，以建设美丽、文明、活力、法治崇义为主线，2014 年，重点工程建设中分配县侨办征地拆迁任务 3 户，未征土地 0.12 公顷、已征土地 0.11 公顷未清表、6 间附属房。县侨办全体发扬“白 + 黑”“5+1”“雨 + 晴”工作精神，克服人员少、经费紧、无交通工具等困难，坚守群众的利益高于一切，时刻为群众着想，想方设法为群众解决实际问题，把“情”字融入事中，维护好群众的合法权益。经过几个月的风雨无阻、马不停蹄的奔波，保证了征地拆迁工作的圆满完成，按时地完成了县里分配给县侨办的征地拆迁工作任务。

【领导名单】
主　任　肖小勇
副主任　罗军华

民族宗教事务

【概况】　2014年，县民宗局深入开展党的群众路线教育实践活动，贯彻落实好中央民族宗教工作会议及有关会议精神，圆满完成了全年民族宗教工作的目标任务。

【民族工作】

“四特”建设工作扎实有效　一是已完成20户特色民居改造。截至3月，完成畲族牌坊、运动场、民族文化广场建设，打造了畲风明显的村级组织活动场所。二是沈埠民族小学的教学楼主体完工，装修完毕，现已投入使用。10月，新建教学生活综合用房项目已启动，已到位项目资金36万元，已拆除原有的生活危房，平整出建设用地，现已完成综合楼建设设计方案，正在做综合楼建设规划图纸，县领导非常重视，强调建设用房设计要确保民族特色，预计2015年4月底基本完工。三是能人作用示范作用发挥，蓝善华生猪养殖年出栏达2000头，带动脐橙园种植20公顷；王贤楷农业生态观光园打造初具规模，实现西湖龙井茶种植20公顷，发展农户茶园面积达13.333公顷。

乐洞乡高洞畲族特色村寨建设工作稳步推进。高洞田心特色民居打造基本到位。完成22户畲族民居的装饰工作，8户农户完成了畲族特色民居改造，群众饮用水工程的建设，休闲小广场的征地等事项。

注重特色民族文化的发展　致力于竹洞山歌的挖掘保护工作。6月，整理出版《竹洞畲族山歌集》共3000册，使竹洞山歌得到了有效地传承与保护、更广泛的宣传。

力促非遗“九狮拜象”繁荣发展。高洞畲族村“九狮拜象”的筹备工作已到位，成立了筹备工作组、物色完演职人员、乐器的添置等工作。在2014年国庆期间，高洞畲族村组织“九狮拜象”进行阶段性演练，热烈庆祝中华人民共和国成立65周年。

积极向上争取项目资金扶持　完成项目申报9个，项目资金达436万元。10月，沈埠民族小学新建教学生活综合用房项目已到位项目资金36万元；市果业局对口支援高洞畲族村倾力帮扶，落实帮扶资金达10万元；为恢复聂竹民族公路水毁公路的通车，争取县交通部门扶持资金26万元，砌挡土墙7处，放置涵管1处，并硬化水毁路面，彻底解决了群众出行难问题。

【宗教工作】

支持宗教场所建设　向县政府争取云隐寺周边绿化资金达20.03万元，种植了罗汉松、银杏、樟树、桂花、原始野鸭椿等景观树木，极大改善了云隐寺周边绿化环境。

云隐寺二期改扩建工程进展顺利，新建天王殿、鼓楼、僧房、斋堂主体工程基本完成，现正装修。

东林寺海会舍利塔修建完成，农历十月二十日举行了舍利塔落成法会，广邀社会各界人士共襄庆典。

天虹山古寺改扩建工程于6月顺利开工。

做好宗教领域安全稳定工作　4月，省民宗局党组成员、副局长王希贤到崇义县调研督查宗教活动场所安全工作。王希贤一行先后到崇义县东林禅寺、阳岭云隐寺等宗教活动场所进行实地察看，每到一处都详细了解各场所安全工作的做法、存在问题和意见建议。在听取了县民宗局和各场所负责人的详细汇报后，王希贤对崇义县认真贯彻落实党和国家民族宗教政策，在各场所开展安全、文明、规范、民主管理等工作，为宗教领域和谐稳定所做的努力给予充分肯定，同时希望各级相关部门要高度重视宗教活动场所安全管理工作，对于存在的安全隐患，务必及时彻底整改到位，切实保障信教群众的生命和财产安全，确保宗教领域安全稳定。

走访慰问少数民族及宗教界困难群众　在全县宗教界组织开展了“宗教慈善周”活动。县佛协、各个宗教场所及宗教界人士捐来米、油各等物资及慰问金共计0.48万元。2014年，县宗教界人士走访慰问敬老院、少数民族贫困学生等活动3次，累计发放慰问金及物资达0.89万元。依托“宗教慈善周”活动的成功开展，要真正让慈善工作成为崇义县宗教界的一项日常工作，还亟待县民宗办及时查找不足，归纳经验，建立健全相对固定的长效工作机制，形成开展宗教慈善事业的保障体系。同时，主动接受社会监督，加强财务收支的管理，所募善款、物品公开透明，全部用于扶贫、济困、助残、救灾、助学等公益慈善工作中，为崇义经济社会发展和社会和谐稳定做出积极贡献。

【学教活动】 认真学习了党章、中共十八大报告、总书记习近平系列重要讲话精神和相关专题材料。准确把握教育实践活动聚焦作风建设、集中解决“四风”问题的目标，干部自身建设得到了明显提高和加强。切实增强了搞好教育实践活动的政治责任感和使命感。切实增强了贯彻群众路线、改进工作作风的自觉性和坚定性，为牢固树立宗旨意识和群众观点打下了坚实思想基础，通过学习深一步，达到认识高一层、实践先一着、剖析解决实际问题好一筹的要求，全面完成各项目标任务。

【“三送”工作】 在2014年新春佳节即将来临之际，为确保广大群众度过欢乐祥和的节日，县民宗局“三送”工作队对所驻长龙镇沈埠畲族村的困难户、低保户、五保户、孤寡老人、困难党员等8户困难群众进行了走访，并向他们送去新春祝福、慰问礼品和慰问金，此次慰问活动共计发放慰问物资7000余元。7月1日，县民宗局“三送”工作队到沈埠畲族村开展庆“七一”送温暖活动，慰问了肖重汉、肖莲英、肖九祈等生活困难党员和老党员，为他们送上党和政府的温暖及慰问金、慰问品。

【征迁工作】 塔下村谢屋组征地拆迁完成了两户土地、房屋的征迁工作，征地0.386公顷，拆除主体房2栋，附属房3栋，完成工作目标达100%。

【文昌塔重点工程建设】 已完成宝塔主体外围装修，正在进行塔内装修及塔台石材制作与铺设。完成建塔筹资485万元。

【领导名单】

主　任　　李华平（1月免）

接待工作

【概况】 2014年，县接待办全面贯彻落实中共十八大、十八届三中全会和四中全会及总书记习近平系列重要讲话精神，紧紧围绕县委、县政府工作大局，积极奉献、开拓进取、争创先进，为全县社会和经济整体推进做出应有的贡献。随着阳岭新城的全面建设，《舌尖上的中国（上堡篇）》的播放，崇义县知名度也在逐步扩大，更多的人了解绿色崇义、生态崇义。县接待办将继续发挥接待“窗口”作用，认真履行好接待部门的职能作用。

【扎实推进制度化建设】 依照省、市精神，结合崇义县实际情况，制定《崇义县党政机关国内公务接待管理暂行办法（初稿）》。掌握标准，严控流程，两办下发接待方案，由接待办统一安排接待，不得随意更改接待地点或提高接待标准。严格执行财务制度，做好接待经费管理，严格审核报销单据，严格控制接待经费，杜绝不必要的浪费，做到不该用的费用坚决不用，能够节省的开支尽可能节省，不铺张浪费、超标准接待。

【转变工作作风】

扎实开展党的群众路线教育实践活动 围绕解决“四风”方面的突出问题，边学边改，自觉查找整改，以“三送”工作为基础，深入农村基层搞好调查研究，严格执行党的政治纪律、组织纪律、财务纪律、工作纪律和生活纪律等各项纪律，坚决克服组织涣散、纪律松弛问题，坚持对全体干部严格要求、严格驾驭、严格管理、严格监督，努力建设一支政治坚定、业务精良、作风过硬、清正廉洁的高素质公务员队伍。

健全反腐败机制，积极推进党风廉政建设 把党风廉政建设和反腐败工作纳入县接待办全年重点工作来抓，贯彻落实中央“八项规定”和省市县要求，严格落实党政机关厉行节约反对浪费各项规定，开展奢侈浪费专项整治，着力解决公款吃喝、公车私用、公款送礼、公款旅游等问题，坚决纠正损害群众利益的不正之风。

【领导名单】

政协副主席、接待办主任　黄名兰
接待服务中心主任　　　　陆雪锋

机关事务管理

【概况】 2014年，县机关事务管理局切实发挥管理、保障、服务职能，圆满完成了年度各项工作任务。

全方位做好机关后勤保障工作；多举措开展办公用房清退工作；严要求落实公务用车管理工作；高效率推进公共机构节能工作；争资金、勤走访，深入开展“三送”工作；转作风、提素质，切实加强自身建设。

【机关后勤保障工作】

保安、保洁工作 为确保机关安全、营造良好的办公环境，县机关事务管理局始终把保安、保洁工作放在突出位置、列入重要议事日程，明确工作职责，确保责任落实到位。制定了保安、保洁日常巡查制度，进一步增强了保安、保洁的责任感；建立了一套严密的治安防控体系，采取人防、物防、技防相结合的方式，加强保安巡逻，实行24小时值班制度；全力做好信访人员的疏导和劝解工作，严禁信访人员及闲杂人员进入办公大楼；加强车辆进出、停放管理，严禁乱停乱放，确保进出车辆行驶安全；实行分区包片的原则，每天坚持循环保洁，确保卫生干净、整洁；

综合食堂服务管理工作 一是切实抓好食品安全和卫生管理工作，结合实际抓好食堂经营管理，充分发挥食堂的后勤服务作用，进一步提高食品质量和食堂服务工作质量，以优质的服务，方便了广大干部职工的工作和生活；二是结合物价水平，适时调整食堂用餐价格，从2月1日起，机关食堂的中、晚餐价格由6元/人·餐上调至8元/人·餐；

公共场所设施设备修缮维护和购置管理工作 一方面，及时对公务大楼、政务大楼公共场所出现问题的设施设备进行修缮维护，确保设备的正常运行。另一方面，结合实际需要，及时购置更换了一批设施设备，针对政务大楼2台电梯故障频发这一问题，对该电梯进行了及时更换，于12月初安装到位，有效避免了安全事故的发生。

【办公用房清退工作】 按照省、市有关文件精神和《崇义县党政机关办公用房清理和整改实施方案》文件要求，全县各单位积极行动，坚持“两个到位”，确保清理整改工作顺利完成。一是整改落实到位。4月初，制定并下发《崇义县党政机关办公用房清理和整改实施方案》，严格按照文件要求对各乡（镇）、各部门单位办公用房进行了调剂、合并、腾退，做到办公用房合理分配，确保全县办公用房清理整改工作到位。同时，县委县政府主要领导以身作则，带头对照标准将办公室进行了调换，真正把办公用房清理工作不折不扣地落到实处；二是监督检查到位。自6月中旬开始，先后多次由县“两办”牵头组织相关人员对全县各乡（镇）、各部门单位办公用房清理整改情况进行了督查，对于存在的问题以县“两办”名义下发督查通报，点名指出存在的问题，并提出了具体的要求，通过督查有效遏制了部分人员等待观望的心理。经过清理整改，全县7名正处级领导办公用房平均使用面积19.66平方米，23名副处级（不含检察长）领导平均使用面积为17.85平方米，没有办公用房超标现象；县直183名正科级干部人均使用面积11.41平方米，201名副科级干部人均使用面积9.71平方米，1131名科级以下干部人均使用面积8.17平方米，全部整改到位；乡镇33名正科级干部人均使用面积10.39平方米，96名副科级干部人均使用面积6.18平方米，472名科级以下干部人均使用面积6.86平方米，全部整改到位。共清理腾退168间办公用房，4662.9平方米。

【公务用车治理工作】 根据中央、省、市党政机关公务用车配备使用管理办法的有关规定，先后制定和下发了公车管理相关制度。在实际工作中，严把“三关”，确保公车治理工作稳步推进。一是把好“车辆编制关”，在8月上旬对全县党政机关公务用车数量进行了全面调查摸底，准确掌握了全县公务用车的编制数和实有数；二是把好“车辆购置关”，在年初时根据省、市公车主管部门有关要求，全面暂停了公务用车的购置审批，除特种专业技术用车外，一律不得购置；三是严把“车辆配备关”，以党的群众路线教育实践活动为契机，于9中旬对全县党政机关超标配备公务用车情况进行了突击检查，未发现有超标配备使用公务用车现象。截至12月31日，全县（含驻县单位）共有司勤人员185人，公务用车395辆，其中一般公务用车236辆、特种专业技术用车12辆、一般执法执勤用车131辆、执法执勤特种专业技术用车16辆。

【公共机构节能工作】 全县各公共机构认真贯彻落实《公共机构节能条例》《江西省公共机构节能管理办法》等有关法律法规，充分发挥公共机构节能的示范带动作用，突出做好公共机构节电、节水、节油和节约办公耗材等节能工作，基本完成了年初制定的节能目标任务。一是强化了组织领导，落实了目标责任。县公共机构领导小组定期召开会议，制定并下发《崇义县公共机构节能工作实施方案》，从目标要求、节能措施、建立长效机制等方面对公共机构节能工作进行了规范管理。全县各公共机构也成立了相应的机构，落实了工作经费，指定了专人负责，制定了节能措施，有效确保了公共机构节能工作稳步推进。二是大力开展公共机构节能宣传活动，通过举办节能宣传周活动、发放节能宣传小画册等形式，营造浓厚的节能氛围，把节能工作引向深入，做到节能工作家喻户晓、人人皆知。三是定期开展督查工作，通过采取现场查看、听取汇报、查阅资料等方式，重点对各公共机构节能工作进展情况进行定期专项督查，及时指出其存在问题，通过督查既进一步宣传了公共机构节能知识，也有效提高了干部职工对公共机构节能工作的认识。

【“三送”工作】 一是依托公共基础项目库，进一步完善基础设施建设，先后向上争取19万元资金，用于实施了该村龙平片安全饮水工程和新建村部装修工程，有效解决了90余户群众饮水难问题和村干部长期以来无办公场所的问题；二是坚持走访帮扶农户，把“三送”工作与群众路线教育实践活动相结合，深入驻点村开展走访慰问工作，对于农户反映的问题，及时梳理，切实帮助他们解决实际困难。

【自身建设工作】 根据中央和省、市、县委的统一部署，县机关事务管理局从3月开始，围绕“为民务实清廉”这一主题，深入开展了第二批党的群众路线教育实践活动。在教育实践活动中，县机关事务管理局严格按照“照镜子、正衣冠、洗洗澡、治治病”的要求，突出抓好机关作风建设，着力解决“四风”方面存在的突出问题，进一步提高机关后勤管理和服务水平，强化后勤保障能力，确保县委县政府机关各项工作高效运转。在教育实践活动中，县机关事务管理局始终坚持立足学习提高，加强党性修养，着眼解决问题，坚持群众路线，贯彻边整边改，建立长效机制，认真完成了学习教育、听取意见，开展批评、查摆问题和整改落实、建章立制三个环节的各项教育任务。通过教育实践，较好地解决了领导班子和党员领导干部在“四风”方面存在的突出问题，使大家经受了一次严格的党性锻炼和洗礼，受到了一次党的宗旨意识的再教育，达到了思想上有明显提高、政治上有明显进步、修养上有明显加强、作风上有明显改变、工作上有明显改进的效果。

【领导名单】

局　长　梁　宏

副局长　洪疆卫

行政服务中心

【概况】 2014年，崇义县行政服务中心窗口累计办理审批服务事项38.6万件，行政事业性收费1937.32万元；公共资源交易中心全年进场交易项目109个，交易金额2.79亿元，增收节支2157万元。

【推进“两集中两到位两提高”工作】

拓展改革内涵 县委县政府提出了“两集中两到位两提高”改革要求，将改革的着力点放在“两提高（提高审批效率、提高审批质量）”上。研究制定《崇义县“两集中两到位两提高”改革工作制度（试行）》，实现“一个窗口对外、一个窗口服务”。

集中审批事项 围绕打造行政审批“大超市”、公共资源交易“大平台”目标，高标准建设群众服务中心，研究制定了一系列配套制度体系。全县46个部门进驻，335项（行政审批项目304项，公共服务事项31项），行政审批事项进驻率90.2%，群众日常需要办理的事项大部分可以在中心窗口“一站式”完成。

提高审批效率 对涉及两个以上部门审批的事项，实行并联审批，做到“一窗受理、抄告相关、同步审批、统一收费、限时办结”。针对工程建设项目审批时间长、贻误工期问题，制定了《建设项目提速办理工作制度》。按照“时间短、流程优、服务好”的要求，优化审批流程，减少审批层级，精简申报材料，压缩审批时限。平均审批时限由12个工作日缩短至6个工作日，一般事项办结时限压缩到1个工作日以下。

精简审批项目 按照“依法合理、应减尽减、分类研究、区别处理”的原则，对现有的行政审批项目进行了全面清理，编制了行政审批事项目录清单、权力清单，并向社会公开。县级保留行政审批项目 337 项（含承接国务院、省市下放审批事项 106 项），精简审批事项 81 项，精简率为 19.38%。

【规范公共资源交易】 高标准完善升级了硬件设施，规范了招标公告、招标文件、招标答疑、信息发布、开标程序、中标公示等工作，启用了江西省综合评标专家库，建立了县级专家抽取终端，在县发改委主管下，招投标工作做到了坚持原则不动摇，符合公开招标规模的，一律公开招标；做到了履行程序不走样，所有招标项目，一律严格按规定由县发改委和行业监管部门审批；做到了严守纪律不变通，对工作人员从严教育、从严要求、从严管理。工程建设项目和产权进入了平台交易。

【开展改进作风专项行动】 着眼于精确管理、标准管理、规范管理，扎实开展“改作风、强服务、促振兴”专项行动。

建立服务规范 制定《行政服务中心服务规范》，做到服务准备“三提前”、服务咨询“四告知”、服务受理“不推诿”。

严格工作纪律 制定《行政服务中心工作纪律》，明确 20 个禁止，提炼了“岗责分明、仪表端庄，服务热情、按章办事，首问负责、限时办结，创先争优、严守纪律”32 字职业道德规范。做到“四杜绝”“四不让”。

规范服务用语 制定《行政服务中心文明用语》，做到服务语言规范，表达清晰准确，语气亲切温和，实行了“四公开”“三个一”。

健全运行机制 规范了学习、会议、考勤、巡查、厉行节约等 20 多项日常管理制度；围绕“比党性、比学习、比工作、比作风、比奉献”，完善《行政服务中心窗口考核办法》；编印《督查月报》，加强与进驻单位的纵向联系。

【优化服务方式】 将群众需求作为“第一信号”，推出了一系列关注民生、贴近基层的“微服务”。

实行预约服务，实现服务群众“点对点” 针对群众急事、特事需双休日、节假日办理问题，在大厅设立了志愿者服务站、公布了预约电话，群众可以采取当面预约、电话预约等形式预约窗口工作人员双休节假日服务。

推行延时服务，实行服务群众“不下班” 对应当场或当天办结的服务事项，到下班时尚未办理完毕的，窗口工作人员主动提供延时服务，直至事项办理完毕。

提供上门服务，解决服务“最后一千米” 为因特殊原因无法到中心办理手续的群众和有需要的企业提供上门服务，延伸审批服务领域。

提供全程跟踪服务，倡导服务企业“心贴心” 建立健全窗口工作台账和投资者档案，实行一事一记，全面跟踪办件情况，为企业提供事前、事中、事后全程跟踪服务。据统计，2014 年，共受理导询业务 1580 余起，代办业务 40 起，延时服务 65 起，预约服务 138 起，开展跟踪服务 460 户次。

【“三送”工作】 组织机关全体干部职工与过埠镇铁木村群众面对面宣讲中共十八大、十八届三中和四中全会精神、土坯房改造等政策以及柑橘黄龙病防治技术等；积极开展“三大工程”工作，坚持办好事、实事，争取资金投入 51 万元硬化龙岗、水口、靴形组三个村民小组共计 1.7 千米通组公路，解决了部分村民出行和农资运输困难等问题。

【服务重点项目】 由主要领导挂帅，抽调业务骨干，坚持“5+2”、“白＋黑”，共完成征地 11.39 亩，拆除主体房 5 栋，附属房 6 间，迁坟 1 穴。

【领导名单】

主　任　王志发（6 月免）
　　　　刘清华（6 月任）
副主任　王小明
　　　　余　青

档案工作

【概况】 2014 年，县档案局以提升档案公共服务能力为重点，紧紧围绕全面深化改革、全面加快赣南苏区振兴发展、全面建设小康社会，扎实推进“三大工程”和“三大体系”建设，工作取得明显成效。

【档案新馆建设】 2014 年，县档案新馆建设选址县阳岭新城阳明主体公园内，与文化馆、图书馆、县博物馆、城展馆、旅游集散中心（五馆一中心）共建，县档案馆建设面积 3500 余平方米，其中对外服务用房面积 850 余平方米，库房面积 2000 余平方米。

【档案规范化管理】 根据《江西省档案规范化管理办法》，从上年开始，崇义县对档案规范化管理满5年的机关、企事业单位进行了复查，涉及复查单位72个，上年安排进行了30个，2014年，安排进行42个。工作中严格按照了《江西省档案工作规范化管理办法》、国家《归档文件管理规划》和8号令要求，做到认真、细心、耐心，不走过场，对工作存在的问题及时整改，符合要求的保留级别，不符合要求的实行整改待定，符合升级条件的实行申报。据统计，上年列入复查的30个部门单位，24个单位保留原级别，4个实行整改待定；2014年，列入复查的42个单位，39个保留原级别，3个整改待定。

【民国档案抢救】 2014年，完成民国档案抢救计466卷，至该年终共完成该档案抢救4093卷。

【档案接收与整理】 2014年，接收进馆档案新增125卷、2763件，其中文书档案25卷、1511件，“三重”档案300件，“三名”档案2件，企业改制档案600件，民生档案200件，特色档案150件。

【贯彻落实国家档案局9、10号令】 根据9号令工作要求，县档案局下发了《崇义县学习贯彻9号令工作方案》，并在调研基础上，编制了《崇义县档案馆接收档案范围细则（草案）》，根据细则要求，下发了《崇义县档案接收单位、应移交档案门类一览表（第一批）的通知》，共涉及部门单位177个。根据10号令工作要求，县档案局转发了市档案局《关于贯彻执行＜企业文件材料归档范围和档案保管期限规定＞的通知》，列入相关企业（第一批）19个，各相关企业结合实际，均精心编制了本企业各类文件材料归档范围和档案保管期限表。

同时，做好对省重点工业建设项目《江西耀升高性能、高精度硬质合金深层刀片、球齿与棒材深加工》的档案跟踪管理与指导服务，以及做好了土地确权登记和群众路线教育实践活动档案的整理归档服务工作。

【档案查询利用】 2014年，共接待查询利用档案2085人次，调阅卷数1.0163万卷次，同比上年分别增加390人次、180卷次，解决实际1980个，力促社会和谐稳定。开放档案3.2295万卷、4.5120万件，利用网站789件。同时严格按“八防”要求，做好了档案安全工作。

【档案法制宣传】 2014年，在《崇义旅游报》刊发档案法规及相关知识，以及利用手机短信群发方式进行档案法规和档案知识的宣传，同时充分利用档案网络平台开展了相关档案业务知识和法律法规的普及和宣传。2014年，报送65篇，刊发利用16篇，报送调研10篇，刊发利用1篇。

【珍贵档案参评】 2014年，在省档案局组织的江西省珍贵档案文献评选中，崇义县选送的《赣南行政专员公署密令》获江西省珍贵档案文献，获此殊荣之档案文献全省仅16件，赣州市仅此一件。

【档案信息化】 数字档案馆建设，已全面完成馆藏档案文件级目录数据库录入。因崇义县为“十二五”期间中央支持的县级档案馆建设项目县，至年底止仍未开工建设，按赣档发〔2014〕5号文规定，档案馆功能不全，面积不达国家要求，数字化项目建设请示，省档案局暂未批准执行。对档案门户网站、档案专网及馆藏档案资料查阅利用平台的建设已经完成。

【党的群众路线教育实践活动】 严格按照要求，认真开展了党的群众路线教育实践活动。通过上门走访、召开座谈会、发放征求意见函及自我查摆等方式，共征求“四风”方面存在问题23条，经梳理归类14条，民生方面意见建议6条。针对存在的问题，认真组织开好了民主生活会和组织生活会，以及开展了8个方面问题的专项整治，其是：开展了以文件落实文件问题专项整治；开展了只求“有”不求“优”问题专项整治；开展了因循守旧、按部就班问题专项整治；开展了工作底数不清、家底不明问题专项整治；开展了进村不入户问题专项整治；开展了服务意识、群众观念淡薄问题专项整治；开展了工作怕苦怕累、浑浑噩噩过日子问题专项整治；开展了超标准接待、赠送土特产、同城吃请、公车私用问题专项整治。

同时积极开展了“连心强基模范”三大工程建设活动，下大力气狠抓了驻点村软弱涣散支部整顿建设，特别是重点整治了村级财务管理混乱，村两委班子不团结、凝聚力和战斗力不强等问题。在此基础上，着力加强了民生服务项目建设：一是投资13.8万元，完成驻点村上洞组断头路建设；二是投资1.8万元，完成驻点村上洞组停车坪建设；三是投资3万元，完成驻点村上洞组饮用自来水建设；四是投资0.3万元，完成驻点村小学饮用自来水建设；五是投资2.5万元，完成驻点村张屋组公路桥梁建设；六是投资 6.5 万元，完成驻点村小陈洞组断头路建设。

【领导名单】

局　长　周　杰

副局长　肖叶扬

　　　　庄上荣

地方志工作

【概况】　2014 年，县地方志办公室认真学习贯彻中共十八届四中全会议精神，严格执行中央八项规定，狠抓“四风”整顿，促进机关效能建设。以“创精品年鉴”为目标，以《崇义年鉴》《崇义方言俗语汇编》编纂为重点，积极推进《崇义年鉴（2014）》的编修工作，积极开展方志研究。

【高效推进《崇义年鉴》的编纂】　以创造精品年鉴为目标，坚持时间服从质量，质量服从进度，统筹推进资料收集、整理、修改等各环节，细校细改，努力打造精品。明确任务，工作细化，保持工作的主动性，年鉴编纂工作进度和质量有了明显的提高。3 月，正式启动《崇义年鉴（2014）》编纂工作，4 月底，完成资料征集，5 月底，编纂初稿，8 月，完成总纂，10 月，进厂印刷，11 月，正式出版。该书采用分类编辑法，以篇目、分目、条目组成框架结构主体部分，在少数分目中，增加了子目层次。

【编纂《崇义方言俗语汇编》】　2014 年，县地方志办的创新特色工作就是编纂《崇义方言俗语汇编》编纂工作。为了秉承客家文化特色，保护崇义县非物质文化遗产，县地方志办与江西理工大学教授合作，历时 2 年的艰辛努力，于 6 月成书。经过多次反复修改，该书 10 月进厂，12 月出书。该书拟收录本县境内民间口头流传的俗话、谚语、歇后语、地方性成语、民谣、口头禅、惯用语等，并进行归类整理。分三大类九个章节记录，收集各类俗语 1200 多句。该书的出版充分得到县委、县政府的高度重视，并广泛受到社会各界的好评。

【完成“江西省方志文化丛书”部分撰稿】　按照省、市志办的要求，县地方志办充分利用挖掘各类老县志和其他地情资源，力求从多方面、多角度展示崇义的文化底蕴和深厚的历史文化内涵，重点参与了《江西古桥古渡》《江西书院》《江西古代名人》《江西名人墓》《江西古祠堂》《江西地方戏》等丛书的编撰，共提供条目 8 条，字数达到 2 万字。

【开发利用地方志资源】　为了拓宽地方志工作领域，广泛开展了多种形式的读志用志活动，热情推介地方志成果，实现地方志资源共享，不断提高读者群和公众查阅率、知晓率、利用率。在制定规划、开发资源、可持续发展、旅游开发等方面，为县委、县政府、各部门、各行业科学决策方面提供资料参考。并主动向《中国知识资源总库》寄送《崇义县志》《崇义年鉴》，向中国版协年鉴工委上海年鉴展示与研究中心上海通志馆赠送《崇义年鉴》，向清华大学、江西财大图书馆赠送了县志、年鉴。并与山东高密、甘肃会宁、河南睢县、甘肃正宁、广州等县市进行县志和年鉴交流。通过向上向外赠送县志、年鉴，不断地提高崇义县知名度。

【完成省市年鉴撰稿（崇义部分）的编写任务】《江西年鉴》和《赣州年鉴》每年出版一部，县地方志办按照规定提供概况和一些有代表性的专题条目。县地方志办主动与县直有关部门联系，及时收集资料，按时保质完成了《江西年鉴》《赣州年鉴》崇义部分的撰稿任务。

【坚持学习日制度】　坚持每周二的业务学习制度，学习《地方志工作条例》，学习业务及其

他新知识、新理念，有效促进了各项工作的正常开展。同时，坚持做到每次例行学习时都有专人专题作中心发言，达到了相互启发，取长补短，共同提高目的，不断提高修志编鉴的业务水平。

【领导名单】

主　任　黄　萌

副主任　黄流香

政协崇义县委员会

【概况】　2014年，在中共崇义县委的正确领导和县政府的大力支持下，政协常委会牢牢把握团结和民主两大主题，广泛动员和组织全体政协委员谋发展、建真言、惠民生，为推动全县经济平稳快速发展，促进社会和谐稳定作出应有努力。

【重要会议】　政协崇义县第九届委员会第四次会议，于2014年2月25日至28日在崇义县城举行。会议听取和审议了陈金发主席代表县政协九届常委会所作的工作报告；听取和审议了吴忠浩副主席代表县政协九届常委会所作的提案工作报告；听取和讨论了县委书记许志辉在开幕式上所作的重要讲话；与会委员列席了县十七届人大五次会议，听取和讨论了许斌代县长所作的《政府工作报告》，审议通过了县政协九届四次会议决议和县政协九届四次会议提案收集审查情况的报告。

会议期间，委员们认真履行政治协商、民主监督、参政议政职能，共提出提案126件，立案125件，11名委员就全县经济社会发展事项进行了大会发言。

参加县政协九届四次人员共222人，其中特邀指导会议人员：县委正、副书记、县委常委，县人大常委会正、副主任，党组成员，县政府正、副县长，党组成员，县人武部领导，县法院院长、县检察院检察长，曾经担任过正县级实职的离退休老同志，政协、人大机关副县级以上干部共37人，县政协第九届委员会全体委员137人，县委办、县人大办、政府办、县发改委、县财政局等24个单位的主要负责同志，县委统战部，县工商联副科以上干部，县政协未担任政协委员的副科以上干部，各乡镇党委统战委员或联系政协工作的领导48人列席会议。

【重点工作】

凝心尽力开展议政协商　在县政协九届四次会议上，对崇义县职业教育发展、对和谐秀美乡村建设、对绿色食品产业、对城南新区建设、对蔬菜产业发展、对农村饮用水安全、对持久开展四城同创、对农村圩镇建设管理、对发展非公有制企业、对柑橘黄龙病防治、对促进竹业发展等11个专题进行了大会发言，开展了专题协商。2014年，县政协分别形成《关于解决影响崇义中学发展关键问题的建议案》《关于在文英乡建立蔬菜生产加工供应基地的建议案》《关于崇义县农村生活垃圾治理情况调研报告》并报送县委、县政府及相关部门供决策参考。

主题突出积极调研视察　围绕县委、县政府中心工作，视察调研做到尽早谋划，广泛协商。选题在“准”字上下功夫，立足本县实际，聚焦人民群众关注的热点难点问题；调研在“深”字上作文章，筛选专业对口的委员参加，邀请相关部门领导参加，既下基层掌握第一手资料，又走出去学习先进经验；报告在“严”字上把好关，力争反映问题清晰，调查研究深入，对策切实管用。2014年，组织开展了农产品安全保障的调研，组织开展了民营林场生产经营的调研，组织开展了养老服务体系的调研。配合省政协在崇义县进行了污水处理设施建设及运行情况的调研，配合市政协在崇义县进行了壮大县域经济、非公经济发展、民生实事落实情况等专题调研或视察。

务实创新做好提案督办　县政协九届四次会议以来，共收到提案126件，立案125件，立案的提案已按规定全部办复。在提案办理工作中，解放思想，创新督办方法，加强提案办理协商，建立承办单位、提案者、政协专委会三方沟通协商机制。2014年，对九届一次会议以来的《关于加大财政资金支持商品蔬菜基地建设的建议》《关于崇义县新农合运行中存在的问题的建议》《关于建立农村垃圾处理长效机制的建议》《关于解决占道经营问题的建议》《关于解决因年龄造成落选村干部养老保险问题的建议》《关于加大刺葡萄产业财政支持力度的建议》《关于尽快维修省道赣丰线的建议》《关于阳岭景区开通公交车的建议》《关于机关事业单位干部职工纳入工伤保险范畴的建议》《关于南中路设立红绿灯的建议》等10件重要提案开展了提案办理落实“回头看”活动，有效推动了提案办理意见的落实，促进了民生事业发展。

扎实有效开展民主监督 2014年，把作风建设作为民主监督重点，组织委员参加了一些部门和单位的作风建设情况听证会和行业行风评议会，委员们在促进机关作风转变上建言献策。委员通过提案、社情民意，对社会的热点难点问题进行民主监督。组织委员积极参与党风廉政建设社会评价活动，到群众中听取意见，宣传引导，起到了积极作用。

积极主动参与中心工作 扎实做好“送政策、送温暖、送服务”工作，政协班子成员每人挂点了一个乡镇抓“三送”工作，为群众解决实际困难169件，办实事43件，争取相关部门“三送”扶助资金79.5万元，完成85户危旧土坯房改造，机关干部结对帮扶211户。组织政协委员和机关干部积极参与扶贫救助，2014年，累计向各级慈善救助机构捐款360余万元，扶持贫困家庭179户，救助贫困生216名。在征地拆迁和县重点工程建设中，政协班子成员积极参与，主动作为，把中心工作当作分内之事。在政协班子成员挂点的全县重点工程项目中，谢屋板块征地拆迁基本完成，平盘山板块征地拆迁顺利完成，文昌塔建设基本竣工，关田工业园基础设施建设稳步推进，阳岭示范幼儿园已动工兴建，振兴大道建成通车，万村千乡市场工程全面完工，较好地完成了县委、县政府安排的中心工作任务。

加强了机关制度建设 认真贯彻落实中央、省、市、县关于加强和改进作风的有关规定，进一步规范了委室和机关干部工作考核。加强了专委会建设，更多地赋予视察调研的主动权，从而增强了工作自觉性和主动性，提高了工作效率。机关科级干部实行了每日工作行程短信公示，编印《一周工作汇要》，每月总结和部署一次工作，提高了整体工作效率。

加强对委员的服务和管理 2014年，政协班子成员开展了两次走访委员活动，实现班子成员与委员“面对面”全覆盖，全面倾听委员的意见建议；并分批次邀请政协委员列席政协常委会、党组会、主席会，确保每位委员都参与了一次以上政协机关会议；年底对委员进行了工作量化考核，严格评比表彰，肯定了先进委员的成绩，指出了落后委员的不足，增强了政协组织的凝聚力和号召力。

提高了宣传报道质量 重视宣传工作，重点加强了对外宣传，2014年，机关干部和政协委员在《中国政协》《光华时报》《赣州政协》《崇义手机报》等新闻媒体投稿率和用稿率稳步提升，较好地宣传了崇义县发展成效和委员履职风采。

【领导名单】

主　席	陈金发
副主席、统战部长	刘小明
副主席	陆芳锋
	黄义华
副主席、工商联主席	吴忠浩
副主席、接待办主任	黄名兰

【政协办、各专委会领导名单】

办公室主任	林发良
提案委员会主任	钟运才
教文卫体委员会主任	徐　影
经济科技委员会主任	何爱凤
法制社团委员会主任	赖学斌
人口资源环境委员会主任	何赐明

纪检监察

【概况】 2014年，全县各级党组织和纪检监察机关认真贯彻中央和省、市、县委决策部署，扎实推进转职能、转方式、转作风。聚焦中心任务，突出主责主业，强化监督执纪问责，持续深入整治“四风”，重拳出击惩治腐败，全县党风廉政建设和反腐败工作取得明显成效。在全省党风廉政建设社会评价民意调查中，崇义县综合得分名列全市第三。

【“两个责任”得到有效落实】 县委始终将主体责任放在心上，扛在肩上，落实在行动上。县委常委会多次听取党风廉政建设和反腐败工作汇报，研究解决工作难题。县委主要领导率先垂范，认真履行第一责任人职责，重要工作亲自部署、重大问题亲自过问、重点环节亲自协调、重要案件亲自督办；县党政班子成员认真落实“一岗双责”，主动抓好分管领域的党风廉政建设。县党政班子领导、16个乡（镇）党委、128个部门单位自上而下，层层签订责任状，并通过约谈提醒、述责评议、检

查考核、“一案双查”等方式，传导压力，夯实责任。县纪委认真履行监督责任，加强组织协调，抓好责任分工、监督检查和问责问效。组织交通、环保等6个县政府部门负责人在县纪委全会上述责述廉并进行民主测评。对履行主体责任不到位的3个单位实行“一案双查”，单位主要领导受到诫勉谈话、通报批评。全县各级党组织落实主体责任意识明显增强，形成抓党风廉政建设的强大合力。县纪委认真履行监督责任，加强组织协调，抓好责任分工、监督检查和问责问效。组织交通、环保等6个县政府部门负责人在县纪委全会上述责述廉并进行民主测评。对履行主体责任不到位的3个单位实行“一案双查”，单位主要领导受到诫勉谈话、通报批评。全县各乡镇党委和政府组成部门向县委、县纪委书面报告了履行主体责任和主要负责同志履行“第一责任人”职责情况，落实主体责任意识明显增强，形成抓党风廉政建设的强大合力。

【作风建设持续深入推进】 始终把落实中央八项规定精神和省、市、县委要求，作为作风建设的突破口，组织开展经常性明察暗访和专项督查，持续查处顶风违纪行为，坚决纠正“四风”问题。结合党的群众路线教育实践活动，督促主责部门认真开展损害群众利益和影响发展环境突出问题专项治理，共纠正违规资金1034.17万元，查处典型案件13起。深入开展收送“红包”、公款吃喝、公款送礼、公车私用、“为官不为”等专项整治。2014年，全县共查处违反中央八项规定精神的党员干部31人，给予党纪政纪处分6人，向社会通报典型案件17起，连续两个阶段清退“红包”43.56万元，全县干部作风明显好转。

【惩治腐败保持高压态势】 全县纪检监察机关认真落实市纪委案件查办“五项制度”，严格依纪依法、安全文明办案。完善反腐败协调机制，加强线索管理，规范办案流程，整合办案力量，积极转变办案方式，实行快查快办。2014年，全县纪检监察机关共受理群众信访举报170件，立案49件，同比增长75%，涉及科级干部6人，其中部门单位“一把手”4人。结案47件，给予党纪政纪处分48人。移送司法机关4人。案件查处的数量和质量，都比往年有较大幅度提升。坚持抓早抓小、防微杜渐，认真开展反腐倡廉宣传教育。通报基层党员干部违纪违法典型案例，用身边事警示教育身边人，扎实开展第三届“廉政文化月”活动，改版升级纪检监察网站，传播廉政文化，弘扬清风正气。

【转职能转方式转作风成效显著】 2014年，县纪委监察局认真落实县委、县政府《关于推进全县纪检监察机关转职能转方式转作风工作的意见》，组织开展“三转”大讨论活动，及时调整县、乡纪委书记工作分工。全面清理县纪委监察局牵头或参与的议事协调机构，退出137个，保留16个。改革调整县纪委监察局机关内设机构，直接从事监督执纪的机构和人员分别占机构及编制数的70%、75%。健全纪工委监察分局对联系指导单位重点巡查、监督检查等4项制度，强化监督执纪职能。改进监督方式，加强对职能部门单位履职情况实施再监督、再检查，督促相关职能部门深化行政审批“两集中两到位两提高”改革，精简县级行政审批事项81项，精简率达19.4%，审批事项平均办结时限缩短50%。

【加强纪检监察机关自身建设】 切实加强自身建设，加强办案、监督等业务技能培训，选派21人次参加上级培训、跟班学习，分期分批安排乡镇纪检干部到县纪委跟班办案。对纪检监察干部从严要求、从严管理，健全完善了机关考勤考核、述职述廉、办案纪律等23项制度，强化日常管理和干部队伍建设。

【领导名单】

县委常委、纪委书记	杨忠万
纪委副书记、监察局局长	李祥鑫
纪委副书记	黄宇伟
	刘群芳
纪委常委、纠风办主任	黄瑞蛟
纪委常委、廉政办主任	肖华东
纪委常委、监察局副局长	黄　啸
监察局副局长	曹向阳

人民团体

总工会

【概况】 2014年，崇义县总工会机关内设6个职能部办，即办公室、组织宣传部、经济保障部、财务部、女工部、职工互助保险办公室。下属事业单位有：县职工学校，工人文化宫、职工服务中心。崇义县的工会工作，在县委和上级工会正确领导以及县政府的大力支持下，认真贯彻落实中共十八大、十八届三中和四中全会、总书记习近平系列重要讲话精神，中国工会十六大、省总工会十三大和县委十六届四中全会精神，以服务崇义经济社会发展为中心，贯彻落实市总工会“一六三”工作目标，以服务职工为根本，以改革创新为动力，深入开展了党的群众路线教育实践活动，狠抓了工会工作和县委、县政府安排的中心工作任务的落实，推动了各项工作提速提质提效，取得了一定的成绩。

8月，县总工会在赣州市总工会全市工会干部争当“工会行家、热情服务职工”知识竞赛中荣获三等奖。

8月18日，县总工会荣获县委、县政府2013年经济社会发展考评“综合工作先进奖”、“送政策、送温暖、送服务”工作先进奖、作风效能建设先进奖、社会综合治理和信访维稳工作先进奖。

【深入开展党的群众路线教育实践活动】 根据县委的统一部署和要求，县总工会从2月开始，深入开展了党的群众路线教育实践活动。在教育实践活动中认真按照学习教育、听取意见，查摆问题、开展批评，整改落实、建章立制三个环节进行。在整个教育实践活动中，始终坚持以马克思主义、毛泽东思想、邓小平理论、“三个代表”重要思想、科学发展观、中共十八大、十八届三中和四中全会精神为指导，认真学习贯彻总书记习近平系列重要讲话精神，坚持以“照镜子、正衣冠、洗洗澡、治治病”的总要求，以为民务实清廉为主题，对照理论、党章党纪、民心民生，先进先辈“四面镜子”，落实中央八项规定和《党政机关厉行节约反对浪费条例》等规定，突出作风建设，贯彻整风精神，反对形式主义、官僚主义、享乐主义和奢靡之风，着力解决群众反映强烈的突出问题。在教育实践活动中，主要做法是：一是坚持“四个一”，结合实际抓好教育实践活动。二是坚持“四个结合”，推动工会工作创新发展。三是紧扣中心，讲求实效，严格按照“三严三实”要求抓好教育实践活动。

通过党的群众路线教育实践活动，使全体党员特别是党员领导干部受到了一次深刻的党的群众路线教育，机关作风进一步转变，党群干群关系进一步密切，为民务实清廉形象进一步树立。

【组织建设】 2014年，县总工会在抓好规模以上企业建会的同时，重点抓了小型非公企业的工会组建工作，推动了企业普遍建立工会组织。到12月31日，全县已累计建立工会组织382家，会员1.8526万人，建会率达98.3%，职工入会率达98.6%，其中农民工会员5276人，农民工入会率达95%。县总工会狠抓了基层干部队伍建设，年内举办两期基层工会干部培训班，用以会代训的形式提高了基层工会干部的素质。同时，较好地完成了省、市工会对工会干部的调训任务。在全县职工 中开展了“学习焦裕禄，争当新时期工会好干部”系列活动，进一步提高了基层工会干部的能力和素质。

【维权维稳】 2014年，维权维稳工作：一是进一步健全完善了“双维”机制和企业重大情况、突发事件应急方案，凡出现企业重大情况和突发事件，坚持了书面向市总工会报告，并能积极配合有关部门妥善处理，把矛盾和纠纷解决在基层和萌芽状态。年内县总工会配合有关部门安全生产检查3次，安全生产责任事故调查6起。二是狠抓三方协商会议制度，建立和完善了劳动关系协商机制，在各系统、企业开展了创建和谐劳动关系与和谐企业活动，有效地促进了企业的和谐稳定。三是狠抓了以职工代表大会为基本形式的企业民主管理工作。在国有企业事业单位全面推行了厂务（政务、院务、校务）公开工作，公开率达到85%，继续推进

了平等协商签订集体合同制度、劳动合同制度、工资集体协商制度以及劳动法律监督制度，较好地维护了职工合法权益和经济利益。到12月31日，全县累计签订集体合同192家，签订率为82.1%，工资集体协商169家（其中2014年11家），建制率为66.5%。四是狠抓劳动安全卫生工作，在各企业开展了“安康杯”竞赛活动。

【职工帮扶和保障】 2014年，县总工会结合工会帮扶救助工作开展党的群众路线教育实践活动，继续大力推进困难职工帮扶工作，打响“春送岗位、夏送清凉、金秋助学、冬送温暖”帮扶品牌，扩大帮扶覆盖面，创新帮扶机制，提升帮扶实效，切实为职工办好事做实事，为职工排忧解难，不断增强了工会组织的凝聚力和吸引力。2014年，崇义县发放各类帮扶资金46.84万元。其中送温暖资金20.1万元，关爱女职工专项帮扶资金1万元，金秋助学4.8万元；医疗救助8.6万元，其他的日常临时救助12.34万元。县总工会与县人社局联合开展下岗职工、农民工培训2次，培训人数200人；2014年职工互助保障工作，全年任务36万元，完成保费40万元，达任务的111.1%，年内赔付理赔金18万元，比上年增长20%；加强了困难职工动态管理，已为1271名困难职工建立电子档案。

【劳模管理】 2014年，崇义县现有全国劳模2名，全国五一劳动奖章2名，省劳模15名，市劳模8名。新增市“五一劳动奖章”3人。县总工会着力实施“模范”工程，发挥先进典型效应作用，推动崇义县经济振兴发展。一是认真配合省、市总工会做好劳模和“五一劳动奖状（章）”的选树工作，在劳模的推荐培养上，从原来的苦干“黄牛”型，转变成知识型、专家型，注重了劳模先进的时代感、先进性。进一步加强了劳模的规范化管理和动态化管理工作。二是进一步加强了劳模精神的宣传工作，用劳模的先进事迹传播正能量，在全社会形成了尊重劳模、学习劳模、争当劳模的氛围，引导广大职工向劳模看齐，弘扬劳模精神，为推动崇义经济发展做贡献。三是在“五一”国际劳动节期间，县总工会召开了劳模代表座谈会。国庆节期间组织劳模赴安源、惠州等地疗养。四是建立健全各级劳模档案，对困难劳模进行走访慰问，及时发放了省级以上劳模“三金”。

【女职工工作】 2014年，县总工会狠抓了女职工委员会的规范化建设试点。年内在章源钨业股份有限公司女职工委员会开展规范化建设试点，积极开展以“爱岗敬业、巾帼建功”为主题的争先创优活动，围绕中心，服务大局，引导妇女，服务女职工和维护女职工合法权益，不断加强女职工组织的自身建设，努力推动了女职工组织的规范化建设。

【“三送”活动】 2014年，县总工会大力开展”三送“服务工作。“三送”工作队与“三送”联系点金坑乡竹坑村建立联系、服务群众制度，建立了联系户台账，经常深入农户家中了解情况，听取意见，做好事、办实事，并帮助群众解决实际困难。一是对竹坑村老屋组群众反映老屋组公路沿线两旁的水圳要给支持修建的意见建议，“三送”工作队积极向上争取部分资金，县总工会投资1.5万元，并采取发动群众投劳的办法，全面修复好了该水圳。二是在“六一”儿童节期间，“三送”工作队对竹坑小学留守儿童进行走访慰问，给全体学生发放了学习用品、书包、文具等慰问品。三是走访慰问竹坑村困难党员和特困群众共10户，发放慰问金1.6万元。年内，共为“三送”挂点村竹坑村做好事办实事11件，总计投入资金9.2523万元，向上级有关部门争取资金34万元，深受群众的广泛好评。此外，县总工会还积极组织开展城区“三送”工作。结合开展第二批群众路线教育实践活动，依托“民情家访、三送、群众贴心人、党员志愿服务、三进三解三促”等有效群众工作载体，深入到县服务大楼家属区、齐云山食品公司家属区、沿江路宝丰楼家属区住房等城区“三送”点，开展城区”三送“和“四城同创”活动。

【工会理论创新和工作创新】 2014年，县总工会深入开展调查研究，努力推动工会理论创新和工作创新。一是下发文件，认真组织开展“深化改革2014”调研月活动，坚持领导带头开展调研，使调研月活动取得显著成效。二是继续开展“中国梦，劳动美”主体活动，组织广大职工营造“工人先锋林”。在“五一”国际劳动节期间，举办全县职工书法美术摄影作品展，活跃了职工文化生活。三是突出抓好“职工之家”建设。年内，重点抓了章源钨业股份有限公司等有质量、有影响、有声誉的“职工之家”建设。树立了典型。四是统筹抓好工会信息、统计、督查、信访等各项工作。年内向各级报刊、媒体报送信息稿件28件，采用26件。五是紧扣“163”工作目标，突出抓好10项重点工作。六是强化工会经费收缴、资产管理审查和审计工作，进一步促进崇义县工会事业的健康发展。

【领导名单】

县人大副主任、县总工会主席　余启良

党组成员、副主席　陈荣裕

林水清

肖红英

职工学校校长　刘承俊（6月任）

共产主义青年团

【概况】 2014年，团县委深入贯彻中共十八大、十八届三中和四中全会及团十七大精神，紧紧围绕团市委工作部署和县委、县政府的中心工作，以开展党的群众路线为契机，大力加强团的自身建设，积极谋求新作为，推动事业新发展，为建设美丽、文明、活力、法治崇义做出了积极贡献。

【倾力打造青年志愿服务品牌】 2014年，团县委将志愿服务当做一项重中之重工作来抓，并列入年度三项重点工作。年初倡议、招募并组建了一支覆盖全县的青年志愿者队伍，成员有600多名，发放了统一服装、证件，对每个志愿者建立了个人档案，现已形成“1+16”体系，即县城范围内1支综合志愿者服务队伍+16支乡镇志愿者服务小分队，截至12月底开展志愿活动100多次。一是在为老助残、扶贫济困方面开展志愿活动。8月，在全县范围内开展的“人人献爱心·共圆大学梦”爱心助学“一元捐”志愿活动，共募集捐款7万余元，并存入县慈善会账户，专项用于爱心助学工作，资助贫困大学生9名，其中有一名优秀贫困大学生获得了爱心人士的长期结对帮扶，直到大学毕业；中秋节和重阳节期间，组织青年志愿者在敬老院开展“温馨中秋·悦动夕阳”为主题的志愿活动，为108名老人送去1万元物资和表演节目、打扫卫生、量血压、理发等志愿服务；10月17日是首个全国扶贫日，组织青年志愿者在南门口开展了“献爱心·见真情”——扶贫济困‘一元捐’志愿活动，共募集扶贫捐款2300余元，全部上缴省青基会账户；12月5日世界志愿者日，组织青年志愿者到铅厂义安小学开展了“大手拉小手·暖冬关爱”志愿活动，为该校的82名小学生送去了帽子、围巾、手套等保暖用品，让孩子们在冬日里能够更加温暖的学习、生活；12月30日，组织青年志愿者在长龙中心小学和拔萃小学开展了“关爱留守儿童·心手相牵助梦飞翔”志愿服务活动，为80余名留守儿童送去了课外书、文具盒、铅笔等学习用品等等。二是服务县委、县政府中心工作的需要开展志愿活动。在“五一”、国庆等节假日都安排了50多名志愿者在阳岭景区开展志愿服务，协助景区工作人员维持秩序，引导、劝导游客文明游览，并帮助打扫景区卫生，成为景区一道亮丽的风景线；香港苗圃行动在崇义县开展“助学长征2014赣南行”徒步筹款活动时，组织20多名青年志愿者陪同徒步提供服务；在全民运动会、全县志愿者协会成立大会、全国群众登山健身大会闭幕式暨“中国体彩杯”中国·阳岭登山邀请赛期间也多次组织100多名志愿者开展志愿服务活动。团县委力争将崇义县青年志愿者队伍打造成为全县共青团工作的一张名片，一个品牌。

【积极培育和践行社会主义核心价值观】

开展青少年理想信念教育活动 以重大节假日活动为结合点，深入开展“百万学子学国学·传统文化进校园”大型读书教育活动、纪念五四运动95周年暨千名团员入团仪式、“忆先烈，颂祖国”烈士纪念活动、“我与国旗合个影”活动、“红领巾心向党——崇义最美童声”少先队员歌唱比赛、“青年好声音——我为核心价值观代言”新媒体传播活动等一系列主题鲜明、形式多样的爱国主义教育活动和青少年精神文明创建活动，不断提高青少年思想道德素质。

组织各级团组织和广大少先队员开展生态保护活动 在3月12日植树节期间开展植树造林和小树认领活动、“小手牵大手”保护环境主题日活动、“保护母亲河·共建美好家园”生态环保活动等等，在迎接全省文明指数测评期间，也组织了50多名中学生团员协助维护道路交通，为美化崇义城乡、维护生态环境做出了积极贡献。

【大力开展适合青年的系列活动】 2014年，团县委以青年群众的需求和全县中心工作需要为出发点，密切与青年群众的联系，切实加强基层团组织建设，竭力为全县振兴发展积蓄和凝聚活力。

抓好党的群众路线教育实践活动 团县委党

的群众路线教育实践活动全面贯彻“照镜子、正衣冠、洗洗澡、治治病”的总要求，统一思想认识，精心组织安排，丰富方式方法，强化落实成效，扎实有序地推进各个环节工作，圆满完成了学习教育、听取意见，查摆问题、开展批评，整改落实、建章立制环节三个环节的各项工作，教育实践活动重点突出、特色鲜明，有了一批实实在在的思想成果、工作成果和制度成果，取得了自我净化、自我完善、自我革新、自我提高的效果。此外，还联合县委活动办、县委宣传部、县直属工委举办了党的群众路线教育实践活动知识竞赛，进一步检验、巩固了崇义县教育实践活动学习教育成果，增强了党员干部在实际工作中践行群众路线的自觉性和主动性。

加强基层团组织建设 2014 年，新增了 20 个基层团支部，进一步健全了基层团组织，扩大了共青团在青年中的影响力，并要求各乡镇团委用好用活省、市、县配套下拨的团组织建设经费，进一步夯实基层团组织基础，不断增强团组织的凝聚力和

活力。为各乡镇团委添置了新电脑，进一步充实了志愿者小分队人员及配套物质，活动开展日趋经常化，基层团干和团员青年开展及参与共青团活动的积极性有显著增强。在年底的村（居）两委换届工作中，村委会积极动员、争取，2014 年年底，全县各村已选出的村党支部委员会班子中 70% 以上已实现至少一名 35 岁以下的青年目标。

围绕青年迫切需求开展系列活动 在青年就业创业帮扶方面：联合县农信联社开展了 10 万元以下的小额担保贷款政策宣传活动；在团市委、市邮储银行举办的 2014 年“邮储银行杯”赣州青年涉农产业创业创富大赛中崇义县有 3 名创业青年进入了决赛，其中杰坝营兴农业创业青年赖弥新荣获二等奖；乐洞奔牛实业创业青年刘衍菁、阳明湖食品有限公司获优秀组织奖。在青年交友方面：联合县教育局、县妇联于 12 月 24 日晚举办了“缘来是你”单身青年联谊会，吸引了 400 多人报名参与，并当场成功牵手 2 对，深受单身青年们的欢迎，并与 12 月 25 日专门创建了一个 QQ 群，供已报名参加该活动的单身青年自由交流。在希望工程建设方面：针对农村基础教育图书短缺的情况，团县委积极与中国光华科技基金会、神华公益基金会及上级团委对接，为崇义县争取图书 3.3 万余册，价值 60 多万元，用于支持农村基层学校的文化建设。10 月，这批图书已全部发放至全县 16 个乡镇的贫困中小学，进一步丰富了农村青少年的课余生活。在聂都乡调研走访时，了解到竹洞小学没有图书阅览室，积极向上级团委争取到了“江西电力海萍希望书屋”，捐赠给该校价值 3.7 万余元的课外图书 1800 余册，配套的书橱 3 个、椅子 6 张，并每年免费提供图书 300 册。同时，积极争取上级资金支持，在铅厂镇义安小学打造了“七彩空间”留守儿童之家，具体内容涉及留守儿童亲情聊天室建设、文娱活动建设、图书阅览室建设等方面，并配备了电脑、电子琴、益智玩具、桌椅等设施。

【切实维护青少年合法权益】 2014 年，团县委结合自身工作和职能实际，积极开展法制宣传、未成年人保护和预防青少年犯罪工作，力争为建设法治崇义做出应有贡献。一是深入学习十八届四中全会和总书记习近平系列重要讲话精神，不断提高自身建设。将每周五下午定为集中学习日，组织全体人员学习十八届四中全会和总书记习近平系列重要讲话精神和各种业务知识，并定期组织测试和问答活动，不断提升机关干部综合素质。11 月 26 日，组织了 70 余名团干和团员代表参加了由省委组织部和团省委联合举办的党员教育大讲堂——“青春路上党旗扬”学习贯彻中共十八届四中全会精神辅导报告会。12 月中下旬，开展了“中国梦·振兴梦”团员青年学习十八届四中全会和总书记习近平系列重要讲话精神知识竞赛，并推报了在预赛中获得冠军的县纪委代表队参加赣州市的复赛，该代表队最终获得了总决赛的第二名。二是围绕“关爱明天·净化社会环境”主题，扎实开展未成年人保护工作。9 月，崇义县成立了未成年人保护委员会，以县政府的名义制定下发《关于成立崇义县未成年人保护委员会的通知》，并召开了崇义县未成年人保护工

作第一次联席会议；9月18日，联合县检察院、综治办、教育局、消防大队在崇义四中开展以“关爱明天·净化社会环境”为主题的2014年未成年人保护宣传周活动；12月，还开通了“12355”青少年服务维权热线，为青少年提供咨询、法律援助、扶贫济困、助学捐助、志愿报名和团务工作等服务。三是充分发挥预防青少年违法犯罪领导小组办公室的综合协调职能，大力推进预防青少年违法犯罪工作。积极开展“优秀青少年维权岗进学校、进社区”活动，认真贯彻落实未成年人保护法和预防未成年人犯罪法，引导青少年学法、懂法、守法，增强法律意识。以“青少年维权岗”为依托，配合公安、教育等部门开展了整治校园周边环境、引导青少年文明上网、青少年毒品预防教育等工作，尤其是调整聘用后的30余名法制副校长们都能自觉履行法律和政策赋予的职能，立足本职，积极维护青少年的合法权益，多次深入企业、学校、社区开展法律咨询和法律援助工作。

【领导名单】

书　记　叶子卿（6月任）

副书记　张　霞

妇女联合会

【概况】　2014年，县妇联深入贯彻落实中共十八大三中、四中全会和全国妇女十一大、省妇女十一大精神，结合开展党的群众路线教育实践活动，围绕县委、县政府工作大局，谋求工作新思路，创新工作新载体，团结引领全县广大妇女为建设“美丽、文明、活力、法治”崇义做出了积极贡献。

【开展党的群众路线教育实践活动】

丰富载体，开门互动，自选动作创特色　一是开展“姐妹面对面拉家常”主题活动，到妇女群众中了解妇情民意，听取意见建议；二是开展“践行群众路线　寻找最美家庭”活动，入村与妇女群众面对面开展宣讲群众路线活动；三是为妇女群众办好9件实事，即加大妇女儿童民生项目争资争项、推进妇女创业就业培训力度、开展“温暖援助农村贫困单亲母亲”、推进实施妇女儿童健康工程、推

进贫困儿童助学工程、开展巾帼志愿服务、推动建设儿童之家、加强妇联基层组织建设、开展“寻找最美家庭”活动。

贴心妇女、服务妇女，活动开展见成效　深入基层、开展慰问、帮扶、培训等实践活动，转变工作作风，真诚为民服务，在教育实践活动中既注重聚焦“四风”改进作风，解决妇女群众最关心、最直接、最现实的利益问题。

【促进社会和谐有新作为】

落实“若干意见”争资争项突破增长　争取全国、省、市妇联妇女儿童活动中心建设项目资金300万元，省、市贫困单亲母亲安居工程11.5万元、贫困妇女儿童维权救助项目1万元、“两癌”救助项目24万元、农村贫困妇女白血病救助项目资金1万元、妇女儿童之家项目资金6万元、儿童意外伤害干预项目资金5万元、儿童快乐家园建设项目资金10万元，工业园区企业女工培训项目资金4.5万元，各种项目资金共计363万元，是历年来最多的一年。

“送政策、送温暖、送服务”工作亮点纷呈　在三送工作点金坑乡红胜村打造“留守儿童亲情家园”，筹措资金35万元，硬化通组公路1.4公里，解决了沿路120多户群众出行难题；筹资1.6万元为红胜村村部改善办公设施；筹资1.2万元开展“七一”、金秋助学、春节等走访慰问活动。做好柑橘黄龙病、宣传、防控等各项工作，发放柑橘黄龙病宣传资料1000余份，砍除病树500百余株。

农村危旧土坯房改造工作主动作为　开展贫困单亲母亲土坯房改造调查工作，建立了全县贫困单亲母亲土坯房改造档案。帮助23户贫困单亲母亲解决建房资金11.5万元。从工作经费中安排2万元帮扶10户贫困妇女用于农村土坯房改造。

征地拆迁工作提前完成 抽调精干队伍，集中力量，取消双休，利用“5+ 2”“白 +黑”，征下2栋主体房（其中1栋砖混结构）、4间附属房，提前一个月完成县委下达的征迁工作任务，获得征地拆迁工作先进单位荣誉称号。

“四城同创”工作积极参与 联合县总工会、团县委举行“工青妇助推‘四城同创’，全民齐上阵建设‘美丽竹乡’”志愿服务活动启动仪式。定期组织巾帼志愿者开展文明礼仪知识宣讲、城市面貌大扫除等活动。

【促进妇女发展有新贡献】

拓宽领域、转变方式，妇女创业就业工作成效显著 开展以农村妇女小额担保贷款为重点的“创业手牵手、帮扶一加一”行动，2014年，全县发放妇女小额担保财政贴息贷款1228.5万元，获贷女性人数139人。分别举办“红杜鹃”家政服务培训班2期，“工业园区女电车工”培训班1期，共培训人数188人。在全县开办“振兴梦·创业美”农村妇女实用技术培训班7期，培训农村妇女共计600余人，发放《种养技术手册》《妇女小额担保贷款财政贴息政策问答》等农业科技宣传资料共2000余份。

关注民生、广筹资金，关爱农村特困妇女儿童工作创新创特 自筹资金共计16万元帮扶农村特困妇女儿童。向全社会发出倡议，为崇义县无偿捐献器官第一人乐洞乡乐洞村村民钟建平家庭募集爱心捐款11万元，帮助这个困难家庭渡过难关。

整合资源、强化措施，妇女儿童“两规划”工作稳步推进 及时调整充实妇女儿童工作委员会成员，开展“春蕾十元捐”活动，筹集资金2万元；认真实施贫困母亲“两癌”救助项目，为24名农村“两癌”患病妇女解决医疗费用24万元。邀请国家二级心理咨询师陈明兰老师为城关小学六年级的女生举办了一场女童自我保护知识讲座，发放《春蕾计划·护蕾行动》儿童手册200多册。

以人为本、强化职能，维权维稳工作有序开展 认真做好信访工作，共接待来信来访20人次，办结来信来访19件，办结率达95%。推荐1名优秀妇联干部任人民陪审员，为10名遭受权益侵害的贫困妇女发放1万元维权项目救助金。聘请江西卫视《金牌调解》首席调解员胡剑云作“微笑女人·微笑家庭”专题讲座。

【促进素质提升有新举措】

妇联特色活动彰显组织活力 “美丽眼睛看崇义”活动提高了崇义景点的知名度，加快崇义县旅游文化产业发展。“情牵留守孩·爱心温暖行”系列活动的开展受到留守儿童的热烈欢迎。“巾帼学雷锋”志愿服务系列活动，帮助他人，温暖自己。“最美家庭”评选活动引导妇女和家庭在参与中接受道德教育、提升文明程度。“下基层、访妇情、办实事”活动，推动解决一批妇女切身利益的实际问题，形成妇联系统上下一起办实事、求实效、抓落实的良好风气。

妇女儿童家园彰显组织温暖 建成妇女儿童之家60个，其中省级示范妇女儿童之家6个，市级示范妇女儿童之家2个，县级妇女儿童之家52个。开展特色活动，印发近万份《儿童意外事故预防急救知识》发放到学生家庭中，项目学校设计制作了《学生一日安全常规》《保护儿童 远离伤害》等宣传牌大大小小50多幅。

巾帼典型培树彰显组织风采 2014年，共13人、6个单位获得省市先进集体和先进个人。在全县范围内开展“三八红旗手（集体）”“巾帼建功标兵”“十佳敬老好儿女”“十佳城市美容师”“十佳绿色环保家庭”“十佳平安和谐家庭”评选表彰活动。

队伍建设彰显组织魅力 2014年，共选送了18名县、乡、村妇女干部，农村致富能手、女经纪人参加市级以上各类培训班。举办了全县乡、村妇女干部、农村优秀妇女能力建设培训班，共80名妇女干部、农村优秀妇女参加了培训。举办“和谐秀美乡村巾帼宣传骨干”培训班一期，乡村宣传骨干80人参加了培训班。对全县各乡镇村（居）“两委”配备女干部情况和优秀妇女进行了全面调查摸底。

【领导名单】

主　席　郭继莲

副主席　舒　莉

社会科学界联合会

【概况】 2014年，县社联在县委、县政府的正确领导下，在市社联和县委宣传部的具体指导下，深入学习贯彻中共十八大、十八届三中和四中全会精神及总书记习近平系列重要讲话精神，紧紧围绕县委、县政府的中心工作，创新思路，积极开展各项社科工作，较好地发挥了桥梁纽带、组织协调和宣传普及作用。

【机构队伍】 县社联核定编制1人，领导1人。

【社联主要活动】 10月29日，四川省社科院学术顾问、全国著名经济学家林凌一行到崇义县调研革命老区振兴发展工作，就崇义县生态优势、资源优势，挖掘发展潜力，进一步加快振兴发展步伐，提出了宝贵意见。召开两次理论研讨会。一是邀请江西理工大学、市天成市政规划设计有限公司组成的专家召开《崇义县县城城市设计》评审会。二是为提高党员领导干部理论水平，联合县委党校举办一期理论培训班，有效地提高了崇义县领导干部理论水平。5－12月，联合党校、科技、司法、文化、教育、林业、农业等部门深入基层，开展“三贴近、三下乡”活动。会同相关部门开展崇义县首届“十佳地方特色菜”暨“九层皮”制作技艺评选活动，普及宣传本土文化。

【领导名单】

副主席　汤昌禄（主持工作）

文学艺术界联合会

【概况】 2014年，崇义县文联以总书记习近平重要讲话和“中国梦”为指引，在市文联和崇义县委宣传部的坚强领导和具体指导下，植根乡土、力创新式、精造作品，取得一定成效。

【机构队伍】 县文联核定编制1人，领导1人。下属有作家协会会员18人，书法协会会员112人，摄影协会会员97人，美术协会会员35人，音乐协会会员23人。

【文联主要活动】 6月23－24日，省文联主席刘华一行在崇义县调研文化产业工作。举行“我看振兴发展这两年”征文大赛。国庆期间，在人民广场举办了庆祝建国65周年“书画音乐会”。11月28日－12月5日，中国美协、中国书协等部分当代知名书画家齐聚参加“山水崇义·入诗入画”写生采风、交流展览活动。创立《新崇义》杂志并在《崇义旅游报》开设文艺版。创作出版《崇义化石和地质遗迹》（雷汉生），长篇小说《王水勺精神病史调查手记》（杜书福）、《客乡暖水》（夏道明）、画册《崇义印象》（罗春晖）、《古今诗词咏崇义书画长卷》（廖青林等创作）等文艺精品。

【领导名单】

主　席　　钟新源

工商业联合会

【概况】 2014年，县工商联围绕县委、县政府中心工作，全面加强工商联自身建设，积极当好党和政府联系、管理非公经济的桥梁和助手，为促进崇义县非公企业“两个健康”做出了积极贡献。2014年，被评为全市工商联系统“综合先进单位”。

【加强思想政治教育】 一是在全县非公企业中开展了党的群众路线教育实践活动和理想信念教育实践活动。全县各企业纷纷按要求，以两个活动为载体，以促进企业发展为目标，开展“党员先锋岗”“党员责任区”等各项特色活动；二是把加强非公企业思想政治教育工作与“创先争优”等党建工作结合起来。大力推进党组织建设全覆盖，“七一”在市非公党工委开展的评选表彰活动中，章源公司钨锡矿党支部、长飞公司党支部被评为“先进基层党组织”；耀升公司党委书记张溯燕、章源公司冶炼厂党支部书记张燕桦被评为“优秀党务工

作者”；耀升公司党委副书记刘小平、章源公司安全环保部经理何光浪被评为“优秀共产党员”；耀升公司董事长郭华彬、长飞公司董事长钟行飞被评为“党建之友”。

【搭建参政议政平台】 一是紧扣非公经济发展热点，深入调查研究。10月中旬，省工商联副主席洪跃平一行到崇义县调研基层商会建设情况。实地走访了食品行业商会，美容美发化妆品行业商会。11月上旬，为了解掌握崇义县省委、省政府出台的《关于大力促进非公经济更好更快发展的意见》贯彻落实情况，市政协港澳台侨委、市工商联视察组到崇义县进行专题视察。组织全县有代表性的非公企业负责人及市工商联执委常委参加座谈，听取建议。二是组织会员中的人大代表、政协委员在“两会”撰写各类提案和议案。2014年，工商业界政协委员撰写提案18件，其中3件获“优秀提案”。

【促进非公企业发展】 一是搭建信息服务平台。通过商会会刊、网站等渠道，向企业传达中央、省市县有关会议精神和政策法规。二是搭建职能部门沟通、交流平台。聘请国税局、地税局、质监局、人事局等部门领导为工商联企业顾问，畅通企业与部门的联系沟通渠道。三是搭建教育培训平台。全年与有关部门举办非公企业培训班4次。并积极推荐会员企业参加各类培训班。推荐3名企业董事长参加了北京大学总裁高级研修班，2名企业负责人参加江西财大MBA班，20多名企业管理人员参加了赣州电大学习。四是搭建法律维权平台。加强与质检、劳动人事、工商等部门联系和沟通，协调帮助会员企业解决各类纠纷。五是搭建创优发展环境平台。在会员企业中建立了3个非公经济发展环境省级监测点，5个市级监测点。六是搭建健康服务平台。连续6年组织企业执委到市人民医院进行健康体检，并为企业家建立健康档案。

【搭建非公企业回报社会平台】 引导和服务全县非公企业做好光彩项目实施、促进社会就业和扶贫工作。为促进光彩事业发展，推荐非公企业负责人钟行飞、李英长、谢于胜为市光彩事业促进会第二届常务理事、理事。9月上旬，县工商联组织部分企业执委捐款捐物1万元，走访慰问崇义县无偿捐献器官第一人钟建平家属。章源公司、耀升公司将县委、县政府奖励的500多万元奖金捐献慈善会。

【做好县委、县政府中心工作】

积极做好县委重点工程项目建设　上半年，机关全体干部全力以赴开展征地拆迁工作。新征土地1.333公顷，征主房4栋，附属房7间，全面完成了县委下达的任务。

认真开展“三送”工作和慰问贫困群众活动　2014年，县工商业联合会“三送”挂点村在横水镇碧坑村，三送工作组按县委要求积极开展了各项工作。协助村委做好基础设施建设。新建了碧坑口至坳上通组跨河大桥，修建通组公路5、18千米，解决了90多户400多人行路难问题。改造了13户危旧土坯房。春节、“七一”期间，购买食品走访慰问了部分贫困群众和贫困党员，让困难群众从心底感受到党和政府的关心和温暖。

【领导名单】

政协副主席、工商联主席	吴忠浩
统战部副部长、工商联党组书记	罗久健
副主席	钟才红

科学技术协会

【概况】 2014年，崇义县科协深入学习贯彻党的十八大精神，认真履行“三服务一加强”工作职责，围绕振兴发展大局，主动融合，上下联动，积极进取，为推动崇义县科技进步，加速振兴发展做出了应有贡献。

【教育实践活动成效明显】 从2月开始，科协全体党员干部参加了党的群众路线教育实践活动。活动认真贯彻“照镜子、正衣冠、洗洗澡、治治病”总要求，围绕为民务实清廉为主要内容，聚焦“四风”突出问题，紧密联系工作实际，扎实完成了学习教育、听取意见，查摆问题、开展批评，整改落实、建章立制各个环节的工作，在解决“四风”突出问题，推动科协事业发展上取得了明显成效。活动期间完成了5项专项整治工作，11个具体问题作出了整改，建立和完善了6项工作制度。活动期间为群众办实事好事11件。如帮助白溪三送工作村建立了村卫生医疗室；举办了4期农村实用技术科技培训班；联系落实2户水产养殖专业户免费到波阳养殖基地跟班学习；第三季度在崇义县安装了4台电子科普画廊；12月，中国流动科技馆在崇义县开展巡展活动等。

【系列科普活动提质增效】 一是开展了送科技下乡活动，1月23日，组织老科技工作者到聂都乡逢圩日开展看病义诊、发放科普资料、写春联送春联等服务活动，受到聂都群众欢迎；二是举办了以农函大为主渠道的科技培训，9月2日，在横水镇举办了一期竹业科技培训班，86人参加了培训；三是举办了科普进社区报告会，9月5日，在县老干局会议室举办了一场“科学让生活更美好”的科普报告会，90多位市民参听了市科普大使作的科普报告；四是开展了科普日主题活动，9月26日，在乐洞乡举办了一期茶叶科技培训班，65名农民参加了培训学习；五是开展中国流动科技馆在崇义县巡展活动。从12月8日始，为期两个月在崇义县体育馆展出，以“体验科学”为主题，设置了声光体验、运动旋律、电磁探索、球幕电影、数字生活、安全生活、机器人表演7个展区，50余件互动展品与科学表演、科学实验、科普影视相结合，有效的弥补了崇义县科普资源短缺，科普阵地薄弱的现状，为更多公民参与科普，学习科技、体验科学搭建平台，为提高全民科学素养起到了积极作用。

【科普创建工作做实做优】 一是积极争取上级重视支持。9月24－26日，省科协党组书记常务副主席龚绍林、副主席梁纯平一行到崇义县章源钨业股份有限公司就人才引进工作、企业科技创新方面进行了调研。在君子谷野生水果世界和阳岭兰溪沟谷雨林青少年科普教育基地调研并考察了崇义万长山茶场，对调研点科普能力的提升提出了建设性意见，并就申报国家、省级科普教育基地和“基层科普行动计划”项目进行了有力指导。二是按照省科协“一站一栏一员” 建设要求，帮助县恒业畜牧示范基地，投资兴建了一座用不锈钢及有机玻璃材料制作的，长10米高2.5米的高标准永久性科普宣传栏，已成为当地农业科技便民服务的又一重要阵地。三是深入实施科普惠农兴村计划，发挥辐射带动引领作用，积极培育打造精品农技协和优秀科普示范基地。乐洞乡龙归高山茶产业协会、关田镇田源红豆杉科普示范基地分别获得了省科协命名的先进农技协和优秀科普示范基地。

【学协会工作取得新成效】 一是充分发挥老科技工作者的聪明才智，广泛开展群众性、基础性、社会性的科普活动。教育分会2014年分别在麟潭、文英等中小学校举办了8期远离垃圾食品科普知识讲座。医学分会在阳岭社区、思顺、聂都等乡镇举办了卫生义诊活动。二是乡镇科协、县涉农学会根据农时、产业发展需求，及时组织开展了四季科普活动，尤其是在防控柑橘黄龙病方面，采取举办科技培训班、印发科普宣传资料、到果园实地指导等多种形式广泛开展科技活动。三是青少年科技辅导员协会围绕“创新发展、科学体验、快乐成长”主题，在中小学开展心理卫生健康知识讲座等系列活动。这些活动的开展为提高公民的科技素质贡献了一分力量。

【中心工作扎实有序推进】 一是扎实开展了“三送”工作。春节前夕以及党的生日期间，在聂都乡白溪村走访慰问了困难群众和老党员；9月，帮助白溪三送工作村落实资金5万元，建立了村卫生医疗室；6月，捐赠科普书籍1000册充实村文化图书室。二是积极开展征地拆迁工作，支持县重大项目建设。采取“五＋一”、“白＋黑”的工作方式，在所联系的征迁农户中，完成新征地面积0.027公顷，拆除附属房2间190平方米，拆旧建新完成1栋，为建设县城城北大道贡献了一分力量。三是紧抓作风建设，稳步推进各项工作。在加强开展对干部作风整治活动的基础上，进一步建立起以制度建设统领科协工作的长效机制，从而杜绝了公款送礼、公款吃喝、奢侈浪费以及工作“庸懒散”的现象，在机关呈现了出干事创业的良好氛围，各项工作得以稳步有序推进。

【领导名单】

主　席　　戴晓剑（5月任）

副主席　　谢小平

残疾人联合会

【概况】 2014年，崇义县残疾人联合会以邓小平理论和“三个代表”重要思想为指导，认真学习贯彻落实中共中央国务院《关于促进残疾人事业发展的意见》，紧紧围绕县委、县人民政府的中心工作，认真贯彻落实科学发展观，切实履行“代表、服务、管理”职能，按照残疾人事业发展的新要求及《2014年全市残联系统定性定量工作任务》中的具体任务，紧紧围绕“改善残疾人生活状况”这个中心，抓住“发展残疾人事业，为构建和谐崇义做贡献”这个主题，认真实施重点工作和重点项目，稳步改善残疾人的生产生活状况，全面完成了年初确定的各项目标任务，为全县经济和社会发展做出了积极的贡献。

【第二代残疾人证核发和管理工作】 进一步规范残疾人证办证服务工作，加强办证人员对业务的学习，提高办证效率，提升服务质量；残疾评定流程公开化，方便残疾人办理残疾证。同时，建立了残疾人证档案室，明确专人管理，为全县各类残疾人提供查询、迁证、补证等服务。截至2014年底，全县累计核发第二代残疾人证3411本。

【康复服务】 2014年，残疾人康复目标任务数523人，2014年年底已完成523人，完成率100%。为370名残疾人完成康复需求调查与评估建档；为80位贫困精神病患者提供服药救助；为残疾人发放辅助器具40件；为肢体残疾人完成假肢装配5例；筛选出0－7周岁共25名脑瘫儿童到崇义县中山脑瘫儿童康复中心进行了康复治疗服务。

【教育与就业培训工作】 为2076名残疾人建立“民生工程”残疾人就业与培训工作资料档案，实施残疾人就业情况动态管理；为残疾人购买了公益性岗位99个，其中残疾人专职委员19个，农家书屋残疾人管理员80个；举办了为期10天的养蜂技术培训班，帮助残疾人发展养蜂业；加强与企业的沟通，为残疾人争取到了30个技术要求低、劳动强度小的用人岗位。崇义县就业局和崇义县残疾人联合会共同举办了为期10天共30名残疾人参加的创业培训班，为残疾人将来自主创业享受国家1万－10万元小额政府贴息贷款做好铺垫；积极落实残疾人帮困助学措施。对因各种原因未入学的各类适龄残疾儿童少年进行调查，登记和统计工作并建立和完善未入学残疾儿童动态调查档案；做好基层残疾人就业指导员培训工作。组织3名基层残疾人就业指导员参加远程培训，加快提升残疾人就业服务机构服务质量。

【扶贫解困工作】 继续抓好残疾人危房改造工作。崇义县2014年残疾人危房改造任务数为86户，实际改造138户。

实施“残疾人机动车燃油补贴”。为全县66名符合申请条件的残疾人发放燃油补贴，每人每年260元。

为全县564名低保对象重度残疾人发放护理补贴33.84万元。

【中央专项彩票公益金项目实施情况】 崇义县重度残疾人托养中心建设项目是集残疾人康复服务和托养服务为一体的综合设施，项目预计总投资486万元，建筑面积2000平方米，设计床位50张。项目建成后将为智力、精神和其他重度残疾人提供基本生活照料服务、生活技能训练、职业康复、职业培训与教育、工（农）疗、就业前训练等业务。在县委县政府的关怀和指导下，县残疾人联合会理事长带领几名主要工作人员到多处邻县实地进行考察，结合崇义县实际情况，拟购买崇义县妇幼保健院房产及土地所有权用于建设“崇义县重度残疾人托养中心”，现已获得县人民政府同意。但由于该项目建设涉及单位面广，年底前还正处在与相关部门沟通协商之中。

【塔下村征地拆迁攻坚战】 塔下村征地拆迁攻坚战工作启动以来，县残联全体党员干部积极响应县委、县政府号召，以斗志昂扬的精神面貌和高度的责任感和使命感，攻坚克难，历经一百多天的一线奋战，顺利完成了征迁任务。共拆除主体房4栋、附属房4间，新征地清表0.027公顷。

【“三送”工作】 2014年，根据县委“三送”安排，县残联“三送”驻村——龙勾乡良田村。2014年，县残疾人联合会为群众办好事实事61件，走访慰问困难群众和贫困残疾人 31户，调解民事纠纷 1起，有效疏导稳控2起准备上访事件，发放“三送”活动政策问答等政策法规读物200多册；争取资金硬化鸭公坡通组路2600米；协助良田村居民委员会筹集资金8万元完成村部扩建；帮助良田村居民委员会加大争资立项力度，稳步有序地推进“老年幸福公寓”项目建设；实施良田中段水渠维修；发展村级经济，扎实做好“三送”村脐橙黄龙病防控工作，引导村民考察脐橙转产项目，逐步做好脐橙转产，切实增加农民收入。

【宣传慰问工作】 为鼓励残疾人自强、自立、自信，让残疾人积极地融入社会群体之中，县残联理事长携全体干部职工陪同县分管领导利用“助残日期间”分别到崇义县特殊教育学校、崇义县脑瘫儿童康复中心、崇义县蓝天盲人按摩中心等地进行慰问活动，并为扶持这些组织机构而捐赠了1.5万元资金。组织闽南家电、民政局为他们捐赠了8台洗衣机等用品用具。

【领导名单】

理事长　钟德胜

个体私营经济协会

【概况】　2014年，崇义县个私协会以加强自身组织建设为切入点，以服务个私经济发展为中心，充分发挥协会职能作用，持续推进个私协会的组织建设、业务建设、规范化建设，在促进个私经济发展、维护社会稳定和参与社会管理方面做了大量卓有成效的工作，为建设美丽、文明、活力、法治的新崇义做出了积极贡献。截至2014年12月底，全县共有团体会员884户，个体会员达17227人，协会现为第五届理事会，有理事36名，其中有常务理事16名，协会下辖7个分会。协会设有烹饪厨师行业协会、工会联合会、法律服务中心、会员之家，依托协会成立党支部8个，党总支1个，现有党员114名。2009年至今，连续多年被评省、市个协评为"个协工作先进单位"荣誉称号。

【扶贫帮困关爱会员】　春节前夕，开展了会员访贫问苦活动，走访慰问特困会员12户，发放慰问金9600元。元月中旬，带着个协组织关怀，看望了患白血病会员朱展辉，并送上慰问金1500元；5月5日，协会到遭受暴风雨灾害的铅厂镇，看望1家受损严重的个体制砖厂，送上慰问金600元。

【服务大局主动作为】　协会组织多家个私企业到县工商局"三送"挂点两村帮扶献爱心，为新建村部送去一批物资总价值1.4万元。从协会经费中挤出资金3.01584万元，资助"三送"挂点石皮村土坯房改造集中安置点排水排污沟项目，并对两村特困群众发放防寒棉被12床。

【注重引导创先争优】　组织学习了总书记习近平系列重要讲话，协会2名干部参加了中个协组织的非公企业党建工作骨干弘扬井冈山精神红色主题教育活动；开展了党的群众路线教育实践活动，组织了会员党员到井冈山、瑞金、兴国、湖南等地接受革命传统教育，为社会公益事业献爱心捐资达5万多元。

【回馈社会绽放光彩】　10月18日，组织会员在县城阳明路举办2014年"光彩服务日"义务服务活动，现场设有免费理发、义诊、口腔检查、美容健康、法律维权、假冒劣商品展示、"12315"投诉受理台等义务服务点32个，为群众提供义务服务518人（次）。

【服务会员打造品牌】　协会把会员代办导办服务、法律服务、培训服务、银企服务作为品牌工作来抓。2014年，提供代办导办服务751件，为会员提供法律服务25件；协会同县民营管理局、工商联合举办的2014年崇义县民营企业管理人员培训班，培训学员160人，协会与县农村信用联社、县邮政银行、县村镇银行建立了银协企战略合作关系，组织开展各类融资推介会3场，参加会员500多名，协助会员融资一千多万元。

【宣传典型塑造形象】　大力宣传个私业主创业事迹，向省工商局、省个协报送两篇典型事迹材料：1. 中共崇义县个私协会横水分会党总支创新事例材料——《重实际求实效　抓活动激活力》；2. 江西省崇义县个体私营经济协会加强理事会建设工作做法——《创新发展　服务为先》。

【领导名单】

名誉会长　赖　兵（兼）
会　　长　刘仁平
副 会 长　黄先远
　　　　　吴少松
　　　　　黄建群
　　　　　李英长
　　　　　钟行飞
　　　　　钟期昇

消费者协会

【概况】　2014年，崇义县消费者协会在崇义县委、县政府的正确领导下，在市消协、县工商局的大力指导和各基层分会的共同努力下，在县消协理事单位及有关部门的大力支持下，紧紧围绕开展党的群众路线教育实践活动、服务赣南苏区振兴发展等方面强化消费者权益保护职能工作，不断完善12315投诉举报网络功能，加强新《中华人民共和国消费者权益保护法》宣传力度，创新消费维权新理念，构建了消费维权新机制，切实履行消协各项职能，全面提升服务水平，主要取得以下几个方面的进展：

【围绕年主题开展“3•15”纪念日活动情况】“3•15”消费者权益保护日期间，根据《2014年赣州市消协组织工作计划》要求，结合崇义县实际情况，联合质监、物价等职能部门和20余家消协理事单位，紧紧围绕“新消法、新权益、新责任”开展主题活动，成功举办了崇义县2014年“3•15”国际消费者权益日现场宣传咨询等系列活动。据统计，崇义县消协组织的2014年“3•15”系列宣传咨询活动，共设置中心会场1个，分会场7个，现场发放各类宣传资料近万余份，出动各类车辆6多台次，参加宣传的工作人员达140多人次，接待前来咨询的群众425人次，现场受理并调解消费投诉4起，为消费者挽回经济损失4500元，销毁假冒伪劣商品价值12万余元。

【受理消费者投诉工作情况】 2014年，崇义县消协认真贯彻落实群众路线教育活动文件精神，进一步完善消费投诉、举报处理机制，认真开展“12315”维权站点解决消费维权“最后一站路”工作规范，并完善了“一会两站”建设工作，截至年底全县已建立7个消协分会、123家“消费维权投诉举报站”。“一会两站”的建立，提高了广大经营者诚实守信经营、自律意识，降低投诉率，也提高了经营者诚实守信的信用度，在节约社会公共资源同时，有效减少了消费者维权成本。

2014年，崇义县各级消协组织共接待消费者来电来访咨询108人次，受理投诉72件，对消费者消费纠纷调解成功率达100%，为消费者挽回经济损失43.2万余元。在处理消费者投诉过程中，认真调查取证，努力使调解工作做到客观、公开、公平、公正，及时化解消费纠纷，维护社会稳定，构建了和谐的消费氛围。努力把消费者权益保护事业建成党和政府与人民群众密切联系的“民心工程”，人民满意的“服务窗口”。

消费维权“关口”前移，广泛开展12315消费维权进企业、进商场（超市）、进市场、进景区、进学校“五进”工作，推行“和解制”，使各类消费纠纷和解在企业，化解在基层，解决在源头，2014年，由企业内部受理和解的消费纠纷9件，其中电信3件、移动2件、超市4件。

2014年，对非职能范围内的消费者举报案件移送3件（其中涉及投诉转举报环境噪音1件、占道经营1件、桶装饮用水被污染1件）。

【适应新需求开展消费教育和宣传服务工作】

及时发布消费警示和消费提示 2014年，县消协发布了《谨慎购买换季打折服装》《农民兄弟该怎样进行农资维权》《地沟油的鉴别》等警示、提示12条。

关注老年人、未成年人消费问题 2014年，县消协深入调研，对当前部分中老年人盲目购买商品，误把保健品当作药品使用与公安部门联合在县二中、长龙中小学等地开展“小手牵大手，送法进校园”活动，以案说法，促进消费维权工作开展。

媒体宣传 县消协充分利用各种新闻媒体，宣传贯彻《中华人民共和国消费者权益保护法》和《江西省消费者权益保护条例》，向消费者传播消费知识提升维权理念。2014年，共在《中国消费者报》《赣南日报》及崇义县政府网等各级媒体上发表稿件近40篇。

【领导名单】

名誉会长　刘春香（兼）
会　　长　张建林
秘 书 长　李志娇

老年体育协会

【概况】 2014年是崇义县老年体协成立30周年，30年来走过了从建立、成长、发展的历程。认真执行“促进城市，发展农村，重在基层，面向全体”的老年体育工作方针，围绕“奔小康、要健康”主题，向着“积极老龄化”“健康老龄化”目标，做了大量工作，取得了“个人少受罪，家庭少拖累，减少医疗费，有利全社会”的效果，先后被全国、省、市、县评为先进单位和先进工作者。2014年，省老年体协为纪念省老年体协成立30周年，崇义县黄永发、朱才坪两位老干部获省优秀特殊贡献奖杯。回顾总结，六点体会：加强组织建设，促进城乡协调发展；开展丰富多彩活动，促进老年人心身健康；采取“三参与”“四结合”“五坚持”的工作方法；发挥“老有所为”作用，为崇义建设作奉献；坚持以人为本，关心重视老龄事业；争取领导重视，认真搞好老年体协工作。

【组织建设】 2014年，县老年体协设太极拳、门球、文艺、书画、诗词、科学、球类、钓鱼、棋牌、气排球、花鸟、宣传12个委员会，健身辅导总站和办公室。县直单位48个、16个乡（镇）和三个社区已全部建立，124个行政村，已建115个行政村的91.2%并建立35个“示范村”，而同步建立了老年体育科学分会和辅导站，指导老年人开展文体活动，全县参加各项文体活动的老年15698人占老年人的58.3%。

【开展活动】 县老年体育协会为响应中共十七大提出“广泛开展全民健身”的号召，实现“健康老龄化”的要求。2014年，举办老年人健身培训班四次314人，开展竞赛展示活动六次2028人次，科普讲座3次306人次。加强横向联系。如钓鱼、门球、气排球、太极拳等委员会，走出去，请进来，学他人之长，补自己之短。同时，组织中老年人健康旅游110 人。这些活动使老年人深深体会“老有所乐”的幸福。

【老有所为】 2014年，县老年体育协会组织开展老年人“献余热，立新功”活动。一是庆“七一”党的生日，举办老年人唱“红歌”大赛，有12支代表队210多老年人参加，歌颂党、歌颂祖国，表达老年人热爱党、忠于党，为建设美丽、文明、活力、法治崇义的信心和决心；二是在“老年节”期间老年体协带领“夕阳红”艺术团26人访问慰问全县横水、扬眉、关田、思顺、金坑和县幸福院310多位老年人，进行文艺表演和赠送纪念品，将县委、县政府的关怀温暖送给老年人，并祝老年人节日愉快，健康长寿；三是在全国“奥运冠军赣南行”活动中，县老年体协文艺，太极拳，气排球委员会118位老年人配合奥林匹克广场进行文体展示表演；四是10月10日全县举办“全民运动会”开幕式时，县老年体育协会200多位老年人进行铜管乐队和健身气功的展示表演，使老年体协的文体活动充满生机和活力。

【科普活动】 2014年，县老年体育协会围绕科普活动，普及健身知识。一是办班与普及推广相结合，2014年，先后举办健身气功、快乐舞步、健身操、广场舞、太极拳（扇）、木兰拳（扇）和赣南采茶舞等简便易学，动作稳健，节奏平稳的文体活动，进行普及推广。二是科普与科研相结合，今年发动老年人撰写科学养生，科学健身的心得体会文章46篇，选送的《老年健身文集第十二期》刊登40篇，印发350本，供科普员普及宣传和老年人自学。三是个人自学与集体讲座相结合。2014年，发动单位和老年人自订《康乐寿》350份、《老友》1800份、《老人与健康》280份。聘请县人民医院主任医师，宣讲防治知识，请县委党校领导宣讲若干意见与老年人权益保障法，利用黑板报普及科学知识12期，电视、广播媒体宣传18次的科普宣传活动，受到了干群的好评。

【领导名单】

顾　问　黄永发
　　　　黄俊衍
　　　　朱才坪
主　席　李水源
副主席　张继忠
　　　　张彩兰（兼）
　　　　肖玉莲
副秘书长　曾　仲
　　　　何爱梅

慈善事业

【概况】 崇义县慈善会于2006年8月经县人民政府批准成立，至今已经走过了九个年头。九年来，县慈善会在县委、县政府的正确领导和上级慈善机构的关心指导下，县慈善会秉承“扶孤、助残、安老、济困、助学”的宗旨，广泛开展形式多样的募捐、救助工作，共募集资金6523.44万元，结存利息24.27万元（其中2014年1266.03万元），发放6240.35万元（其中2014年1272.24万元），分别为：东林山隧道1010万元，公路建设823万元，关田田心小学883.66万元，文昌塔810万元，土坯房改造183．5万元，激情广场、第二届生态文化旅游节265万元，慈善助学247.89万元，四川赈灾280.94万元，鲁甸赈灾20.06万元，“7•3”洪灾46.79万元，送温暖31.66万元，大病救助与困难补助145.57万元，爱心午餐70.98万元，公路、学校、卫生院、敬老院、水利设施、新农村建设等1421.3万元，成为政府救助弱势群体，建设公益事业的有力补充，多次受到省、市慈善会的表彰，2009年荣获“中华慈善先进机构”奖。

这些成绩的取得，主要得益于县委县政府的正确领导和社会各界的大力支持，特别是崇义章源钨业股份有限公司、江西耀升钨业股份有限公司、崇义县高垒长飞矿业有限公司等企业及其董事长的仁爱之心和无私奉献，他们致富不忘回报社会，九年来一直倾情于慈善事业，关爱弱势群体，资助公益事业，乐善好施，慷慨解囊。崇义章源钨业股份有限公司董事长亲任县慈善会会长，江西耀升钨业股份有限公司董事长任副会长，企业和董事长的仁慈善爱和博大胸怀，推动慈善事业不断发展，引领民间慈善热情日益高涨。捐款中，仅企业及其法人代表捐款就达5869.61万元，占总数的89.98%，境外资金454.29万元，占6.96%，单位、干部职工及群众199.54万元，占3.06%。

2014年，崇义县慈善会深入贯彻落实党的十八届三中、四中全会精神，坚持“党委领导、政府推动、民间运作、各方协调”的工作方针，围绕“安老、扶贫、助学、济困”的慈善宗旨，以情系弱势群体，关爱特困家庭为主题，以资助公益事业建设，保障、改善民生为出发点，进一步解放思想，创新思路，积极筹集善款，加大救助力度，充分发挥了慈善在社会保障体系的重要补充作用。2014年，接受捐赠1266.03万元，发放1272.24万元。

【拓宽筹资渠道】 为进一步壮大慈善资金，提高救助能力，崇义县慈善会采取走企业、下单位、回访境外爱心人士，向社会宣传、推介慈善工作意义及县慈善会慈善资金运作情况、工作成效等方法，弘扬慈善氛围，激发慈善热情，吸引社会各界积极参与慈善，踊跃捐款捐物。

发挥团员先锋作用，开展“爱心一元捐”活动 “爱心一元捐”活动是动员全县团员每人为贫困学生捐一元钱，帮助其完成学业为主的助学活动。8－9月，县慈善会协同团县委开展了此项活动，共募专款7.29万元。这次活动募集善款虽然不多，但加强了慈善与团县委舶工作联系和沟通，在广大团员中，倡导慈善理念，弘扬慈善精神，争当先锋模范起到了积极作用。

以项目为推动，多方筹措慈善资金 县慈善会秉持“规范、透明、高效”理念，注重外地经验，立足本县实际，不断探索以弱势群体需求为导向的项目化管理模式，重点打造了“爱心午餐”“慈善助学”“慈善一日捐”“资助公益事业”等一系列慈善品牌项目，在全县树立了慈善新理念，理解、支持慈善已成为社会各界人士的自觉行动，捐赠活动取得良好效果。全年共募善款1266.03万元，其中慈善助学、爱心午餐、送温暖、大病救助和困难补助等143.35万元，四川鲁甸赈灾20.06万元，慈善一日捐12.39万元，资助公路、桥梁、学校、农田水利设施等公益事业建设1090.23万元。公益事业建设中境外资金337.93万元，2014年的境外资金引入是建会以来最多的一年。

因时制宜，搞好特定项目的募捐活动 8月，云南鲁甸地震期间，县慈善会开展了赈灾募捐活动。县委办、县政府办联合下发《关于组织开展向云南鲁甸地震灾区捐款活动的紧急通知》，县四套班子领导带头捐款，全县各单位、各部门争先恐后，在较短的时间里募集善款20.06万元，并以最快的速度把专款全额上缴市慈善会寄往灾区。7月，乐洞乡陈洞村村民钟建平；因在山地里干活意外摔成重伤抢救无效，死亡后其家属将他的肾脏、肝脏、眼角膜无偿捐献给中国红十字会，县慈善会协同县妇联为其家属组织募捐5万多元，不但帮助这个富有爱心的家庭度过了经济难关，更重要的是在全县起到了一次倡导慈善，鼓励奉献，弘扬大爱的宣传教育作用。

率先垂范，慈善会成员无私奉献 率先垂范，慈善会会长、副会长勇挑捐赠大梁，甘当捐赠大户，是县慈善会建会以来的一贯做法和成功经验，尤其是崇义章源钨业股份有限公司、江西耀升钨业股份有限公司，他们将关心支持慈善事业作为办公司、兴企业的动力，作为社会责任，作为生活方式，在公司效益不够理想的情况下，仍然慷慨解囊、无私奉献。自县慈善会成立以来，崇义章源钨业股份有限公司每年都将县委、县政府对该企业的纳税奖金全额捐助慈善事业。2014年，接受捐款1266.03万元中，崇义章源钨业股份有限公司捐款722.14万元，占总数的57.04%，江西耀升钨业股份公司捐款155万元，占总数的12.24%。在他们的带动下，捐款者尤其是境外捐款者越来越多。据统计，2014

年，境外捐款者达28人次，款项达337.93万元，其中用于学校建设30万元，环保55万元，体育66.93万元，老年公寓73万元，云隐寺建设63万元，自来水工程50万元。

【开展多项救助活动】 慈善救助是县慈善会的主要工作，年初召开多次会议研究制定救助计划。2014年，按照计划积极、稳妥、有序地实施了救助，共发放资金1272.24万元。

情暖万家活动温暖特困群体 春节、端午、中秋等传统节日期间，县慈善会都开展了“慈善情暖万家”活动，一是开展走访慰问活动，春节前，通过乡村申报，县慈善会审批确定100户特困家庭，与会领导分别走访并送给每户600元慰问金；二是组织义工为敬老院老人打扫卫生，进行心理疏导、精神慰藉；三是筹措资金购买节日物资分送边缘乡村低保户、特困户和五保老人，使他们进一步感受到党和政府及慈善事业的温暖。2014年，共发放慰问金8.3万元、物资400多件，折价4万多元。

慈善助学，圆了贫困学子升学梦 接受崇义章源钨业股份有限公司7.2万元、江西耀升钨业股份有限公司3万元、海泰置业6万元、华山竹业有限公司1万元、富百乐公司1.62万元、林投公司0.5万元，资助30名高考贫困入学大学生圆了大学梦，52名初、高中贫困学生补贴了生活学习费用，完成中学学业。

爱心午餐工程，促进山区儿童健康成长 根据崇义县乡村学校大部分中小学生居住分散，离校较远，需带饭上学，中餐营养不够的情况，上半年，仍在关田中心小学、古亭、丰州中小学实施爱心午餐工程，这一工程的实施，促进了边缘山区中小学生的身心健康和农村教育事业的发展。

慈善助医，帮助大病患者减轻压力 对因患重病导致经济困难并向县慈善会提出申请救助的患者或家属，一一进行登记，调查核实，并根据其病情、医疗费用和困难情况给予了救助，共发放救助金45.26万元，救助55人次。下半年起，在丰州、古亭、杰坝、龙勾等中小学开展了学生住院保险活动，为患病住院学生及其家长减轻了经济压力和心理负担。古亭小学学生钟海淼患病住院医治无效死亡后，保险公司赔偿1万多元。部分因病住院学生也得到了每天20元的营养补贴。

资助公益事业建设，促进社会和谐发展 随着慈善事业的发展，公益事业建设捐资面额越来越大。县慈善会工作人员自觉当好捐赠者与受助者的联络员、服务员，认真做好项目调查、资金拨付、跟踪问效工作、努力使捐赠者放心，受助者舒心。2014年，拨付公益事业建设款1145.99万元，其中学校建设268.25万元，公路桥梁建设203.3万元，环保建设40万元，饮水工程74万元，文昌塔330万元，其他230.44万元，有力地促进了县域经济和社会和谐发展。

【加强自身建设】 公信力是慈善组织的生命力，而加强自身建设是提高公信力的有效手段。为此，县慈善会特别注重自身建设工作，一是加强了政治理论和业务学习，提高工作人员综合素质。二是注重了慈善宣传，把宣传工作贯穿于慈善活动的全过程，充分运用各种宣传载体，弘扬慈善文化，宣传先进典型，及时公告捐款情况，让全县上下了解、支持慈善工作。同时，积极撰写稿件，总结工作经验。《崇义慈善助学支教活动又呈新亮点》等文章在《江西慈善》刊物上登载。三是进一步规范了工作程序，无论是接受捐赠还是实施救助都认真按照章程和资金管理办法办事。接受捐赠，坚持做到热情服务，报账号、开收据、转资金、寄资料、回信息，样样细致周到，2014年，接收了12家明星捐款，捐赠过程中，县慈善会工作人员的热情周到的服务赢得了捐赠者的好评，捐款明星李晓霞、郝帅等还特地发来了致谢信息；救助工作，坚持做到公开透明，阳光操作。凡来求助者或遇突发事件，慈善会领导都第一时间深入实地调查了解，并提出救助方案，经办公会讨论审核后给予救助。善款使用严依格照财务审批制度，专款专用，并自觉接受财政、审计和社会监督。年终，请审计部门对本年度的善款使用情况进行了审计，审计表明；贵单位财务收支表已经按照财务会计制度的规定编制，在所有重大方面公允反映了2014年的财务收支状况；四是改进了工作方法，充实了工作内容。2014年，多次组织义工开展送温暖活动，帮助弱势群体解决实际困难，充分利用义工组织拓展工作范畴，扩大慈善影响。

【领导名单】

崇义县慈善会第一届理事会

会　长　黄泽兰

副会长　郭耀升

　　　　刘仁花

秘书长　朱才坪

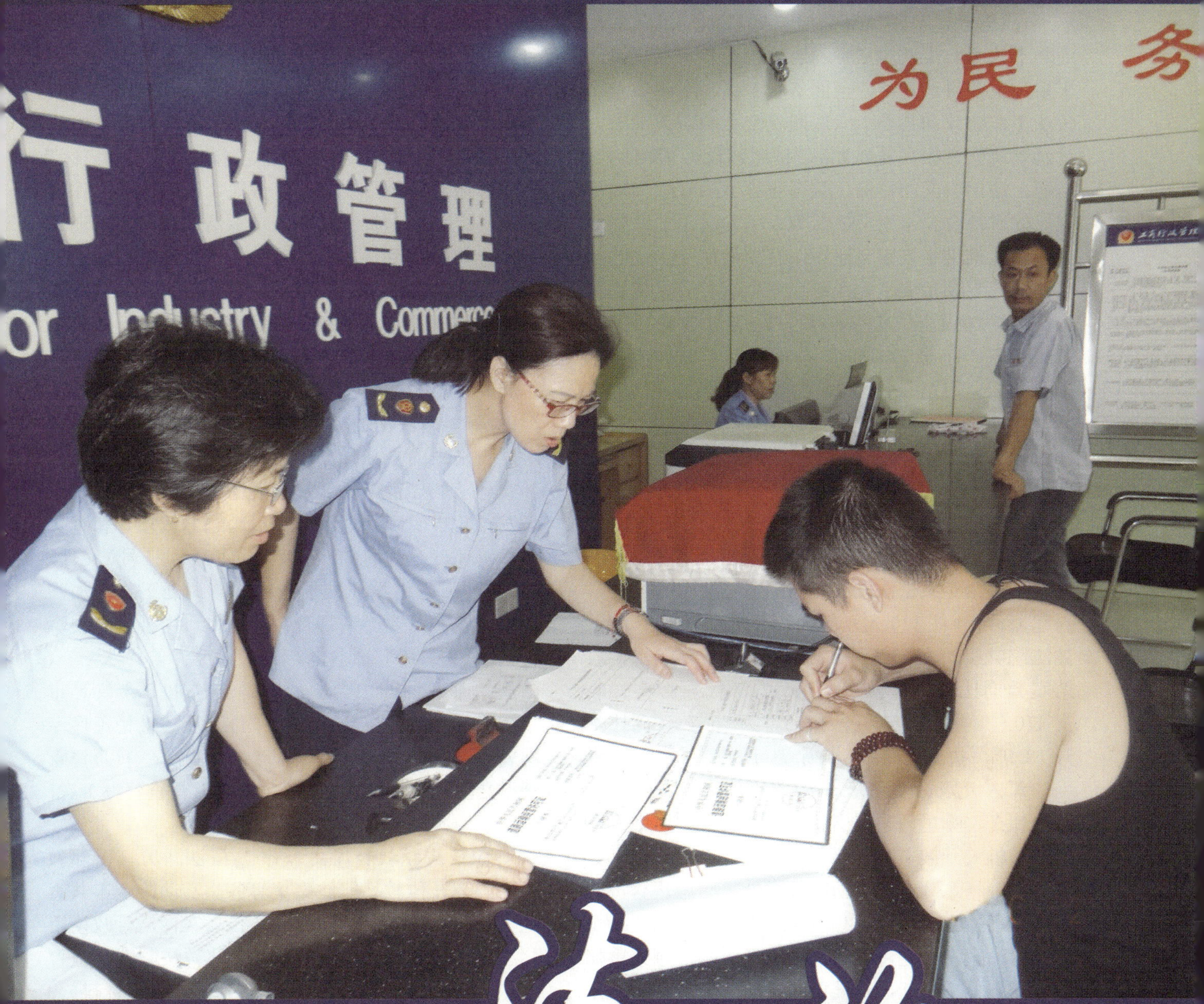

法 治

政法委及综治

【概况】 2014年，全县政法部门深入贯彻中共十八大、十八届三中和四中全会及总书记习近平系列重要讲话精神，全面落实中央、全省、全市政法工作会议和县委十六届四次全会的决策部署，紧紧围绕崇义振兴发展大局，按照建设美丽、活力、文明、法治崇义的目标，认真履行维护社会大局稳定、促进社会公平正义、保障人民安居乐业职责任务，深入推进平安崇义建设，有力确保了崇义的社会政治稳定和治安平稳，群众安全感和满意度进一步提升。2014年，全县公众安全感综合测评指数97.1405%，在全省100个县（市、区）中排名第十一名，全市第二名。

【全面深化平安崇义建设】

深入开展严打斗争 全县公安机关全年共立刑事案件889起，破刑事案件547起，同比分别上升66.17%和16.63%；查处治安案件1260起，同比上升30.97%，有力地打击和震慑了违法犯罪。检察机关全年共依法批准逮捕刑事犯罪45件79人，提起公诉63件110人，批捕、公诉准确率100%。县法院共受理各类案件1212件，结案942件，收结案数同比分别增长25.1%、17.5%；执行案件收案470件，执结356件，执结率为75.7%，同比上升13.9%，执结标的额980余万元。

深入开展治安整治 按照“什么问题突出就整治什么，哪里问题突出就整治哪里”的原则，全县政法机关开展了“打四黑除四害”“打黄赌·铲源头”等一系列专项行动，共查处生产销售有毒有害食品案2起，赌博案 2起，抓获犯罪嫌疑人11人。破获毒品案件2起，涉赌刑事案件4起，查处黄赌毒治安案件132起，查处黄赌毒违法人员261人，抓获涉赌、毒犯罪嫌疑人9人。为确保校园安全，在9月份开展了为期两个月的校园及周边治安秩序集中整治专项行动，确保了校园安全稳定。

完善治安防控体系 继续推进社会治安视频监控“天网”工程建设，投资160余万元，对县“天网”监控中心进行了改建；投资345万元，在城区新建了30个高清监控点，在11个乡镇新建了118个标清监控点，进一步扩大全县社会治安视频监控覆盖面。在全县各村（居）推行平安崇义十户联防试点工作，通过“十户联防”实现邻里乡亲互相帮助、互相支援的网状治安防范格局。加强了巡防大队、应急大队管理，提高了队员的生活待遇，调整充实了原籍维稳队伍。

积极推进平安创建 在开展“平安乡（镇）”“平安村（居）”“平安单位”等创建活动的同时，针对崇义县是全国重点林业县、全省矿产资源大县、全市主要边际县的实际情况，在全县开展了平安林区、平安矿区、平安边区创建工作。崇义县“三区”创建打造崇义大平安的特色做法，被市综治办作为全市社会管理创新经验在全市综治维稳干部培训班上进行书面交流。

【切实预防和化解各类矛盾】

切实加强社会稳定工作 加强了十八届四中全会期间的稳定工作。组织全县各乡镇、各单位集中开展了影响社会稳定矛盾纠纷、信访积案、涉法涉诉、可能越级上访突出问题的集中排查调处工作，对排查出来的119起突出矛盾纠纷，信访问题，全部实行了领导包案。加强了涉稳突出问题的处理。下发《关于明确处理涉稳突出问题分管领导和牵头单位责任分工的通知》（崇办函〔2014〕24号）文件，对13类矛盾纠纷开展了专项排查调处工作。加强突出问题、重要时期督查督办工作。由县政法委牵头组织相关部门分别在春节、“两会”、“八一”、国庆、十八届四中全会、省运会、APEC会议等重点维稳时期到各乡镇、重点单位开展了维稳工作专项督查。全年开展电话督查督办16次，书面督查督办2次，实地督查督办3次，会议督查督办1次，确保了敏感时期“零上访”的目标。

加强反邪教和国安工作 依法严厉打击邪教组织的公开传教、非法聚集等各类活动，全年共查处了2起邪教“主神教”非法传教案件，行政拘留4名外来传教人员。积极开展反邪教法制宣传教育工作，全县共发放《反邪教警示教育宣传资料》3万余份，建立法制教育基地1个。解决开展针对邪教“法轮功”制作传播反宣币活动的人民战争，全县共收缴反宣币492元。进一步加大了涉赣敏感网络舆情收集工作，国安办每天安排专人到“天涯社区”“海归论坛”等国内、境外论坛收集涉市、涉县网络舆情，及时上报到时国家安全局，全年共上报各类网络舆情600余条。

加强矛盾纠纷排查化解 高标准建设了医患

纠纷、劳资纠纷等行业调解中心。县政府下拨医调中心工作经费6万元。全年全县共排查各类矛盾纠纷498件，调处成功480件，成功率达96.38%。妥善处置了华山电站村民聚集事件，110千瓦线路征地拆迁、垃圾填埋场污染、华丰硅业污染等各类涉众矛盾纠纷。

加强了涉法涉诉工作 全年办理涉法涉诉信访案24件，争取省级特殊疑难涉法涉诉信访专项救助资金9万元，并向江西省高级人民法院报送2014年度涉诉信访司法救助案件4件，开展矛盾纠纷排查3次，息访率达到了100%，

【努力提升社会治理水平】

加强了基层组织建设 在横水镇章源居委会和丰州乡金竹园社区开展了社区网格化管理工作试点；高标准建设了医患纠纷、劳资纠纷等行业调解中心；实行矛盾纠纷调处“以奖带补”，由县政府下拨医调中心工作经费6万元。全年排查各类矛盾纠纷498件，调处成功480件，成功率达96.38%。

加强了特殊人群管理 制定实施《崇义县肇事肇祸等严重精神障碍患者救治救助监护实施办法》；加强刑释解戒人员“无缝对接”工作，未出现重新违法犯罪及脱管、漏管现象；建立流动人口服务管理工作站13个，登记率达96%，切实提高服务管理能力；深入实施“为了明天一预防青少年违法犯罪工程”，强化对青少年的教育、挽救、关爱和帮扶。

推进社会管理服务中心规范化建设 全县16个乡镇社会管理服务中心规范化建设全部到位，并规范运行。配备副科级综治专职副主任3名，配备村（居）综治室专职主任124名，享受村干部同等待遇，乡镇综治干部津贴全部发放到位，综治工作经费30万元列入财政预算，足额到位。

推进社区网格化管理 在横水镇章源居委会和丰州乡金竹园社区开展社区网格化管理工作试点。

强化特殊人群管理 在处理涉军人员涉稳问题方面，根据上级要求积极稳妥解决其生活待遇，确保此类人员思想稳定。在肇事肇祸等严重精神障碍患者救治救助监护方面，成立了救治救助监护工作领导小组，出台《崇义县肇事肇祸等严重精神障碍患者救治救助监护实施办法》，建立健全了联席会议制度。加强了救治救助监护工作，县政府下拨有奖监护专项资金30万元，全县各乡（镇）与所有肇事肇祸患者家属签订《有奖监护协议》，对于监护到位，患者全年未出现肇事肇祸行为的，给予监护人1000元的资金奖励。在刑释解教人员安置帮教方面，积极开展“无缝对接”工作，全县建立16个安置帮教工作站，1个安置帮教基地。全年共有刑释解教人员48人，帮教率和安置率均达100%，未出现重新违法犯罪及脱管、漏管现象。

强化流动人口服务管理 全县已建立流动人口服务管理工作站13个，登记率达96%，全部列入微机管理，建立健全各类重点人员资料台账，基本做到了底数清、情况明，不漏管、不失控。

强化重点青少年教育管理 深入实施“为了明天一预防青少年违法犯罪工程”，加强青少年法制和安全教育，建立法制副校长队伍，全县重新聘任法制副校长35名。强化了对不在学及无职业青少年、流浪乞讨青少年、服刑在教人员未成年子女、农村留守儿童，以及有严重不良行为和轻微违法犯罪行为青少年的教育、挽救、关爱、帮扶。

【深入开展依法治县】

建立健全组织机构 成立了“六五”普法依法治县工作领导小组，由县长担任组长，县委常委、政法委书记为常务副组长，县人大、政府、政协分管领导兼任副组长，县直各单位主要领导为成员单位，定期召开领导小组会议，听取工作汇报，研究部署工作。

认真制定普法规划 县委、县政府转发了《崇义县法制宣传教育工作领导小组关于在全县公民中开展法制宣传教育的第六个五年规划（2011－2015年）》（崇发〔2011〕11号），印发《崇义县“十二五”期间依法治县规划》（崇字〔2012〕3号），针对不同时期依法治县作出部署和安排。

不断完善保障机制 全县各部门、各单位按照“谁执法、谁普法”的原则面向社会开展本部门专业法律法规的宣传教育，并保障普法经费，形成党委领导、政府实施、人大监督、全社会共同参与的“大普法”格局。

【依法治县工作常态化】

抓住节点，扩大宣传规模 组织开展了“3•15”保护消费者权益活动、“6•26”禁毒宣传活动、“12•2”全国交通安全日宣传活动、“12•4”国家宪法日、“法律六进”巡回宣传等一系列活动。各部门、各单位也将法律法规纪念日、节庆日作为重点时期，

集中组织宣传部门、行业法律法规。

创新载体，营造宣传氛围 利用广告牌、电子屏、手机短信、政府网站、宣传条幅、橱窗等形式常年开展法治宣传，此外还在崇义电台、崇义手机报开辟法治栏目。2014年，崇义县在县城、乡镇显著位置悬挂法治宣传横幅300余条，发放法治宣传环保袋5万个，发送法治宣传短信50万条。

突出重点，提升工作成效 一是坚持县委中心组理论学习制度；二是组织开展法律知识考试；三是抓好青少年法治宣传教育和保护；四是落实中小学校法治副校长聘任制度，全县33个中小学校全部配备了法制副校长；五是部门普法形成常态化，做到“谁执法、谁普法，谁主管、谁普法”；六是加强村民的法治宣传教育。

【努力打造法治政府】

健全领导干部学法用法制度 坚持落实县委中心组、政府常务会议学法制度，领导干部法律知识学习和考试制度，领导干部任职前法律知识测试制度，录用国家公务员法律知识考试制度。

严格行政决策程序强化责任追究 落实《国务院关于加强市县政府依法行政的决定》、《江西省县级以上人民政府重大行政决策程序规定》，遵守重大行政决策法定程序，并按照“谁决策、谁负责”原则，实行重大决策终身责任追究制度和责任倒查机制。

【领导名单】

县委常委、政法委书记	何　琳
政法委副书记、维稳办主任	罗光亮
政法委副书记、综治办主任	刘　皑
县委610办主任	邱昌龙
县国安办主任	李奕枰

公　安

【概况】 2014年，崇义县公安局围绕“保增长、保民生、保稳定”大局，深入推进严打整治斗争，大力加强公安队伍正规化建设，认真履行公安职能，积极开展各项公安业务工作，有力确保了崇义的社会政治稳定和治安平稳，群众安全感和满意度进一步提升。

【“110”接处警】 “110”报警服务台坚持全心全意为人民服务的宗旨和“接警及时、处警迅速”的原则，热情接听、耐心解释、准确调警，充分发挥“110”报警服务台打击犯罪、服务人民群众的龙头作用。“110”报警服务台呼入电话8214个，其中违法犯罪类784起，行政（治安）类1873起，火警类51起、交通事故1397起、求助类1101起、其他类3008起。

【情报信息管理】 建立合成作战室，共新增数据量为75000余条，签收反馈四色预警2600条，并采购了一批SIS情报系统读卡器，1－12月，SIS系统采集总数3万余条；组建成立情报兴趣小组，拥有小组成员16人，并于7月开展了首次会商研判并取得良好成效，7－12月，已开展周研判18期，月研判4期。

【国内安全保卫】 以重点人管控为重点，围绕十八届四中全会安保、上海APEC会议等重要敏感时期，对重点对象、重点领域和阵地，落实责任民警，物建秘密力量，对新列管的3名重点人全部纳入工作视线严格管控；加强情报信息分析研判，强化敌对分子活动动向的掌握控制，每月对维稳信息收集采用情况进行通报，最大限度地发挥基层民警的信息源头作用。共上报维稳信息613条，其中支队采用363条，立专案2起。

【信访】 坚持采取领导定期接访、信访部门日常接访为主，预约接访、带案下访、定期回访相结合的办法，积极解决来信来访案事件问题，注重和努力解决群众反映的各种案事件问题，拓宽信访渠道，积极开展涉法涉诉、重信重访等信访疑难积案集中清理排查活动，以案结事了为基本准则，对重大复杂的信访积案，局主要领导带头包案，妥善处理了一批信访案件。共受理公安信访案件26起，停访息诉2起，全部信访终结，未发生因涉法信访造成重大影响的事件。

【治安管理】

强化民爆物品和危险剧毒物品整治 完善民爆物品管理制度，严格落实安全管理责任制和防范措施，规范涉危爆物品单位软硬件设施，对发现的安全隐患限期整改，共派出民警63人次对全县的7家涉枪、11家涉爆单位的35个作业点进行全面、细致的安全检查，对涉爆单位下发隐患整改通知书15份，整改隐患15处，查处2起违反民用爆炸物品储存管理案，排查涉爆从业人员91名，组织涉爆单位召开学习、培训会3场次，确保了涉爆场所无隐患，涉爆物品无流失，涉爆人员无漏管。深入开展治爆缉枪专项行动。共收缴气枪2支，鸟铳60支、猎枪5支、仿真枪33支，管制刀具75把，弩1支，子弹99发，炸药920公斤，雷管2400发、鱼爆75发，导火索2200余米，导爆管20根。

深入开展专项整治 开展了“打四黑除四害”、“夏秋无声风暴”“利剑”及“打黄赌·铲源头”秋冬等一系列专项行动，组织民警对涉黄涉赌、“黑作坊”、“黑工厂”易于藏身的仓库、出租房屋、废旧民房等部位进行全面彻底的排查，形成了打击违法犯罪的高压态势。共查处生产销售有毒有害食品案2起，抓获犯罪嫌疑人11人。严打“黄赌毒”社会丑恶现象，净化社会风气，消除治安隐患。共破获毒品案件2起，涉赌刑事案件4起，查处黄赌毒治安案件132起。共查处黄赌毒违法人员261人，抓获涉赌、毒犯罪嫌疑人9人。

扎实开展“三电”专项行动 在全县范围内集中开展打击盗窃破坏电力电信广播电视设施违法犯罪专项斗争。会同崇义县三电部门职工，深入全县16个乡镇，就“三电”重点通讯通信基站、电站、线路巡防等工作进行了督导检查。共出动警力35人次，车辆10辆次，检查废旧收购点11家，协助三电部门查处1起窃电案件。

深入开展公交安全保卫工作 进一步加强公交安全保卫工作，对公交、汽车站开展治安隐患拉网式大排查，全面提升公交车、客运站等重点单位、要害部位的安全防控水平。共检查公交企业、汽车站2家，投入警力8人次，排查汽车站周边商店、摊点90余家。

强行业治安管理工作 加大对特种行业的检查监管力度，针对旧货业，经常性地检查、督促、指导从业人员落实收购、寄售、验证登记制度和可疑情况报告制度，最大能力堵塞盗窃违法犯罪的销赃渠道；针对旅店业，不定期开展了大清查行动，提高旅馆业治安管控水平，强化源头信息采集和日常检查监督，强化阵地控制。共检查旅店182家次，旅馆业登记信息上传率达100%。

强化矿区治安整治 联合矿管局查处各类矿业违法案件15起，为淘锡坑、新安子、石公前等矿区处理纠纷12起，查处安全隐患61处。在环保部门的牵头下，对全县有证无照的非法矿产品加工点进行取缔，共取缔了扬眉江流域、小江流域、章水流域的31家矿产品非法加工点，有力地维护了矿区治安秩序。全县发生涉矿安全事故4起，死亡4人。

【刑事犯罪侦查】 坚持“命案必破”，积极开展社会治安突出问题严打整治“利剑”行动及“两抢一盗”“打四黑除四害”“打拐”“百日治安会战”等一系列专项斗争，严厉打击各类刑事犯罪活动，群众安全感和公安满意度大幅提升。全年共立刑事案件889起，破刑事案件547起；同比分别上升66.17%和16.63%，查处治安案件1260起，同比上升30.97%。由省综治办委托省统计局民调中心对全省100个县（市、区）公众对县级公安机关满意度测评，崇义全年公安满意度达94.6158%，列全省第十八名，全市第四名。

重拳出击，严厉打击各类刑事犯罪 以“打黑除恶”为切入点，以 “侦破命案”专项行动为突破口，始终保持对严重犯罪的高压态势，积极开展“夏季破案会战”“打盗抢保民安”“肃毒害创平安”等专项行动，进一步加大了对杀人、爆炸、伤害、抢劫、抢夺、强奸、绑架等严重暴力犯罪，入室盗窃、盗抢机动车辆等各类侵财型犯罪及吸、贩毒品犯罪的打击力度。

专项行动成效明显 一是实现命案必破目标对现行命案，发挥刑侦队伍反应快、特别能战斗的作风，迅速启动命案侦破工作机制，成立专案组，快侦快破。2014年，全县共发生3起命案（聂都乡“3•5”杀人案、扬眉钟佳仙杀人案、扬眉段绍金杀人案）均已告破，继续保持了2000年来31起命案全破的记录。3月9日，县公安局充分运用大侦查警务工作机制，通过缜密侦查，信息研判，技术分析，合成作战，专案攻坚，在市局业务部门的指导下，经过4个昼夜的连续奋战，抓获犯罪嫌疑人吴某某，成功破获聂都“3•5”故意杀人案。

【经济犯罪侦查】 县公安局积极参与整顿和规范市场经济秩序活动，2014年，共立各类经济犯罪案件16起，破案10起（其中破年前案件1起）；抓获犯罪嫌疑人15名，刑拘9名，取保候审10名，提请批准逮捕4名，移送起诉11名。其中受理13起领导、组织传销活动案，立13起，破8起，抓获犯罪嫌疑人13名（其中抓获网上逃犯9名）。6月，县公安局在市公安局的正确领导和大力支持下，克服时间跨度长，涉案人员众多，资金流向复杂，取证难度大等困难，成功侦破一起组织、领导传销活动案，抓获犯罪嫌疑人肖红英等13名犯罪嫌疑人，初步查明涉案人员达150人。

【深入开展“利剑”行动】 成立专项行动领导小组，因地制宜出台《“利剑”行动五个具体方案》《崇义县公安局“利剑”专项行动奖励追责办法》，明确了考核对象、考核内容、奖惩措施，分“打击战线”“追逃战线”“整治战线”“防控战线”四条战线按照“什么问题突出就整治什么，哪里问题突出就整治哪里”的原则，全面开展专项行动。截至12月25日，共破获各类刑事案件315起，其中侵财案件291起，涉毒案件9起，涉枪案件8起，涉恶案件7起，抓获犯罪嫌疑人94人；共抓获逃犯46名，归案率74.19%；共出动警力680人次、警车204余车次，清查各类治安复杂场所166余处，清查出租房屋604家，清查人员1102余人；查处治安案件119起，行政拘留违法人员83人；抓获吸毒人员43人。

【户政管理】 户政不断强化窗口单位的透明度，在政府网络和窗口单位的滚动屏幕处公开办事项目和工作流程及需携带的材料和凭证，充分履行告知，便于群众了解办理事项；针对新生户上户高峰，以及每年的中高考和节假日，积极做好应急预案，采取提前上班、推迟下班、放弃节假日、预约等方式，积极为群众和考生提供 “绿色通道”。2014年共受理上传二代证制证作息6959条，网络答复群众32人次、电话（答复）服务群众265人次、预约（上门）服务12人次，送证上门69 张。此外，充分发挥户口和居民身份证在维护社会治安的作用，为有关部门和群众提供人口信息查询1463 条次，为有效打击犯罪，服务社会起到积极的作用。扎实开展户口登记管理专项清理整顿，核实并删除重复户口74条。

【出入境及往来港澳台管理】 出入境大队始终坚持面见申请人制度，坚持受理经办人和大队领导双重把关，较好地开展了崇义县出入境人员的申请受理工作。截至11月20日，出入境大队共受理出入境申请4073人，其中申办护照1386人，申办往来港澳通行证2410人，申办往来台湾通行证277人。同时扎实做好双备库入库及清查工作，2014年，出入境大队根据各报备职能部门通报备案情况，协调崇义县组织部门，新增国家工作人员报备25人，撤销国家工作人员报备51人，核查国家工作人员备案57人；报备法定不准出境人员107人。

【执法办案】 充分利用民警集中轮训、专题培训等时机，开展执法示范单位培养、创建工作，现已创建三个执法示范单位。积极收集典型案例予以点评，供民警学习参考。在案件考评中，公布发现的问题，供民警办案警示，落实旁听座审制度，切实增强执法民警的程序意识、证据意识、诉讼意识，提高执法办案水平。认真落实执法资格等级考试制度，要求全体民警必须通过初级考试，中层领导以上的民警必须通过中级考试，积极引导民警报考高级考试，现有11位民警通过了高级考试。严格落实执法信息公开制度，已采购12台执法公开触摸屏查询台并已安装使用。

【监所管理】 以确保监所安全无事故为核心，强化安全意识，狠抓工作落实，认真排查涉及安全工作的各项隐患和漏洞，加强管理教育，确保监所安全文明，保质、保量完成各项工作任务，有力保障了刑事诉讼活动的顺利进行。2014年，看守所共收押277人，其中刑事犯罪嫌疑人、被告人、罪犯共177人，行政、司法拘留人员100人，月均关押量95人，现有在押人员104人。连续实现11年安全无事故，自2010起连续四年被公安部评为二级看守所。

【网络安全监察】 充分发挥网络技术手段和安全监督管理的两大优势，积极构筑虚拟社会治安防控体系。认真开展了“互联网违法信息巡查处置”和“互联网信息监控处置”，2014年，共上报删除违法信息56条，向省市报送情报共42条，其中省采3条，市采39条，向县局报送《公安信息快报》35条。办理行政案件3起，协助办理各类涉网违法犯罪案件2起，协助抓获外省非网上在逃人员4名。加强监督检查，维护重点单位信息网络安全，共检查重点单位和互联网联网单位25家次，发现和整改安全隐患8家次。网安大队先后5次会同有关部门在全县范围内开展“网吧”等互联网上网服务营业场所专项整治行动，共出动警力20人次，检查网吧45家次，配合文化部门查处接纳未成年人进入网吧15家次，网吧违反《互联网上网服务营业场所管理条例》的现象得到有效遏制

【应急机动大队】 每月开展不少于1次的应急处突演练，全面提升应急处突队伍对重点部位突发暴恐事件应对处置水平的能力，确保为快速、

有效处置各类突发性事件提供了有力保障。妥善处置了华山电站村民聚集事件，110千瓦线路征地拆迁、垃圾填埋场污染、华丰硅业污染等各类涉众矛盾纠纷。

【消防管理】 主动作为，积极向县委、县政府汇报，先后提请县委、县政府召开专题会议5次，研究综合应急救援队伍建设工作，全年共投入应急救援经费291.5万元，招聘合同制消防员5人，购置32米登高平台消防车和运兵车各一辆，应急救援器材装备126件（套），配备了3G单兵图传设备，已完成应急救援指挥平台和大接警系统建设。组织开展了抗洪拉动演练、夜间演练无预案拉动演练，与县政府组织开展了高速公路重大危险源综合性应急救援实战演练，全面提升了部队快速反应和应急处突能力。共接警35起（其中火灾23起），出动消防车65辆次，消防人员323人次，抢救被困人员3人，疏散人员7人， 抢救财产价值1075万元，圆满完成了灭火救援任务。

【交通安全管理】 以预防事故为契机，深入推进道路安全隐患排查，重点车辆（六类车）管控整治，城区道路交通秩序整治，完善道路交通管理设施建设等工作，全力预防重大道路交通事故。全县辖区共发生道路交通事故1021起、受伤492人、死亡18人、直接经济损失16.31万元，同比分别上升28.8%和下降5%、46.4%、17.8%，未发生一起死亡3人以上的重大交通事故，未发生因交通事故引发的群体性事件，全县交通安全形势总体平稳。

【政务信息工作】 进一步规范办文办会、文件流转、局长办公会议等政务工作流程，有效提高工作效率。公安志编纂工作已接近尾声。档案工作取得长足进步，2014年，为各派出所档案室添置了50组档案柜，3000个档案盒等硬件设施，文英派出所申报特级、麟潭派出所申报一级、7个派出所一级复查均待省厅验收达标。加强政务信息报送工作，已在市局门户网站发表信息179篇，市局外网发表26篇，省厅门户网站发表17篇，省厅外网发表28篇，崇义手机报刊登信息137条，在各级报刊互联网11篇，各级公安网26篇，赣州新闻联播播放3篇新闻。

【群众路线教育】 崇义县公安局严格按照省委、市委和县委的部署要求，从2月开展，到10月基本结束，共有15个基层党组织、副科级以上党员领导干部33人（其中两人因病不能参加），党员187人参加了活动。

【队伍建设】

抓好班子建设 强化队伍的组织领导。5月，对局领导分管工作及挂点派出所重新作出调整。

抓好教育培训，提升队伍的整体素质 积极组织民警分批次参加了警务实战技能大培训、警务实战技能大比武、万名新警大轮训等上级公安机关组织的各项培训活动。4月11日，组织开展接处警模拟实战演练，促使民警熟悉掌握接处警流程，规范接处警行为，增强了快速反应和实际处置能力。4－5月，分三批次对全局民警警务实战技能进行了培训，进一步提高了民警的综合素质，全面提升了公安队伍的综合实力，在省厅组织的民警警务技能大比武中均获得佳绩。

抓好常态管理，加强队伍规范化建设 在完善管理制度和工作流程的基础上，从细节入手，通过“五查”的形式来强化常态管理，规范干警的言行举止、勤务工作。截至12月，进行了“警容警车、警规警纪、内务卫生、上下班签到”督察60余次，督察单位29个，发督察通报7次，提督察整改建议8条。

绩效考评激励，提升队伍战斗力 充分发挥考评激励机制在队伍建设中目标导引和成效检验的“牵引力”“驱动力”作用，制定出台《崇义县公安局绩效考评方案》，明确目标，细化措施，强化结果运用，彻底打破“大锅饭”，使之成为公安队伍凝聚力、战斗力激发与增长的核心环节。

坚持以人为本，营造良好的警营氛围 坚持以人为本，“关心、关注、关爱、关照”全体民警。增强队伍的凝聚力和战斗力，进一步推动了队伍的健康发展。2014年，成立了县公安局摄影兴趣小组，组织了一次户外采风活动，营造了浓厚的警营文化氛围，切实提高了公安摄影爱好者的摄影技巧与水平。

【领导名单】

副县长、公安局党委书记、局长
朱桂林（10月免）
黄小波（10月任）
党委副书记、副局长　谢志红
党委委员、副局长、交管大队大　陈名生
党委委员、副局长　李卫东
党委委员、主任科员　李焕新
党委委员、副局长　李锦龙

党委委员、看守所所长　陆　乐
党委委员　刘平华
党委委员、矿业治安管理大队大队长　张　帆
党委委员、纪委书记　余世清
党委委员、长龙派出所所长　潘绍根
党委委员、丰州派出所所长　陈永昌
党委委员、横水派出所所长　赖海龙
（1月任党委委员）

检　察

【概况】　2014年，县人民检察院内设机构12个，即反贪污贿赂局、反渎职侵权局、侦查监督科、公诉科、监所检察科、民事行政检察科、控告申诉检察科、检察技术科、办公室、政工科、法警大队、案件管理中心。全院干警36人，具有本科以上学历的占92%，其中有3名干警为研究生学历。

是年，全院各项工作取得一定进步，在全市19个基层院中，目标管理考评列第七名、群众满意度测评列第三名，创多年来最好成绩。涌现了一批先进集体和个人，有2个部门、2名干警获得市级以上表彰，并先后被评为省级“园林化单位”、全省检察机关“文明接待室”，被市委市政府评为“文明单位”，被县委县政府评为“三送”、机关效能、综合治理等先进单位。

【反贪污贿赂】　坚持“老虎”“苍蝇”一起打，加大对群众身边“小官大贪”的查处力度，依法查办了涉及教育、旅游、交通工程建设等领域贪腐案件，全年立案侦查贪污贿赂案件7件7人，科级干部3人，大案比例100%，通过系统查、查系统，一举查处了教育系统4名中学校长腐败系列案。

【反渎职侵权检察】　突出查办党委政府关注、群众呼声高、涉及利益广的职务犯罪案件，共立案侦查渎职侵权案件2件2人，按市检察院指定管辖，依法查办的南康唐江派出所工作人员滥用职权、伙同社会人员共同收受贿赂违规为群众办理户口案，为国家挽回经济损失80万元。

【预防职务犯罪】　结合办案开展职务犯罪预防工作，以检察建议、警示教育、法制讲座和预防调研等方式创新行业预防、专项预防、同步预防，帮助有关单位建章立制，优化预防效果。如针对教育系统腐败案，提出了“强化预防、健全机制、完善监督”的检察建议，被县教育局采纳，全年开展专项预防调查3次，提出书面检察建议7件，提供行贿档案查询18次，撰写的《2013年预防职务犯罪工作报告》得到县主要领导批示。

【侦查监督】　共受理公安机关移送审查逮捕案件62件94人，经审查，批准逮捕48件76人，不捕14件18人。突出重点，依法从严从快打击团伙犯罪，批准逮捕张某聚众斗殴一案16人，肖某组织、领导传销一案4人，吴某盗伐林木一案9人。监督行政机关移送案件1件2人，监督公安机关撤案1件1人，纠正漏捕4件5人，建立“另案处理”和“在逃人员”信息数据库，跟踪督办“另案处理”案件5件17人。

【审查起诉】　共受理侦查机关（部门）移送审查起诉案件计101件177人（含上年度结转21件49人）。经审查，提起公诉69件117人，移送市检察院审查起诉4件13人，退回补充侦查5件5人，不起诉7件9人。切实加强对刑事审判活动监督，共纠正漏诉2件3人，提出刑事抗诉2件3人，改判1件1人。落实教育、感化、挽救方针，受理未成年人刑事案件4件4人，不捕2人，不诉1人。

【控告申诉检察】　共受理各类信访件34件（首次信访件33件，重复信访件1件），同比上升9.6%，其中举报类13件、控告类11件、申诉类10件，均及时分流备案。结合“群众满意千里行”活动到关田、扬眉、过埠等乡镇开展举报宣传活动11次，发放宣传资料1万余份。

【案件管理中心】　共受理案件130件，并及时录入检察机关统一业务运用系统做好分流处理。按要求配置了赃证物保管室，妥善保管涉案赃、证物，成立了律师阅卷室，接待律师阅卷34次，正式运行案件信息公开系统，按规定发布程序性信息36件，发布重要信息4件。积极开展案件质量评查工作，共评查自办案件40余件，提出改正意见15条。

【民事行政检察】　受理民事行政申诉案件1件、市检察院交办申诉案件1件，监督诉讼违法行为1件，执行监督1件，向城乡规划建设局发出督

促履行职责检察建议3份。协助市检察院办理的梁某申诉案，通过调查取证，以原审判决证据不足、认定事实不清、适用法律错误提请抗诉，获市中院采纳并改判，该案件被市检察院评为精品案件。

【监所检察】 加大执行监督和管教活动监督力度，准确掌握在押人员的各诉讼环节办案羁押期限，纠正超期羁押6次，建议对无羁押必要的在押人员变更强制措施3次，纠正社区矫正对象脱管现象1起，纳入社区矫正的55名对象无一人重新犯罪，向司法机关提出的书面检察建议和纠正违法通知书均得到采纳。

【检察技术】 主动做检察机关好统一应用业务软件的后台工作，添置了保密管理设备，完成涉密信息系统网络分级保护改造并通过省级测评。办理文件检验鉴定案件1件，文证审查案件4件，对14人进行同步录音录像68次，同录时长132小时，维护本院门户网站运行，保障了22次视频会议的召开。

【司法警察】 加强司法警察和办案区的管理，配备了备用药箱、信号屏蔽仪等设施，完善了“绿色通道”。严格执勤标准，细化工作要求，坚持看审分离制度，共执行传唤5人，拘传6人，协助扣押和查封证据5人次，押解6人次，看管5人次，协助市检察院调用警力8人次，保证了2003年法警大队成立至今，未发生一起安全事故，警务保障工作继续名列全市检察工作第一名。

【检察信息调研宣传】 修订《调研宣传信息年度奖惩办法》，成立信息宣传调研小组，召开了检察理论研讨会和信息宣传调研工作促进会，鼓励干警积极投稿，全年干警共发表国家级调研7篇，省、市级调研各1篇，国家级宣传稿件236篇，在参加市检察院举办的公文写作竞赛中，获得团体第7名。

【教育培训】 坚持廉洁从检，从严治检，与全体干警层层签订《党风廉政责任状》，严格落实责任。深入学习贯彻中共十八大、十八届三中和四中全会及总书记习近平系列重要讲话精神，践行主题教育实践活动，密切联系群众，狠抓检风检纪、公车使用管理、规范执法等方面的检务督查以及中央“八项规定”、“检察人员八小时外行为禁令”等规章制度的落实，全院干警执法观念、工作作风进一步好转，确保县院恢复重建1936年至今严重违法违纪“零纪录”。组织干警参加市级以上各类培训60人次，注重青年干警的培养，提请任命检察员1人、检委会委员3人、任命书记员3人。

【领导名单】

党组书记、检察长	刘红卫
党组副书记、副检察长	朱满媛
党组成员、副检察长	邱忠东
党组成员、纪检组长	钟久玉
党组成员、反贪局长	黄宇白
党组成员、政工科长	刘德平

法　院

【概况】 2014年，县人民法院认真贯彻落实中共十八大和十八届三中、四中全会以及总书记习近平系列重要讲话精神，围绕司法为民、公正司法工作主线，切实履行宪法和法律赋予的职责，各项工作取得新的进展，为加速崇义振兴发展做出了新的贡献。全年共受理各类案件1321件，结案1242件，收结案数同比分别增长25.1%、18.3%，案件数量为近三年新高。

审判执行工作 宽严相济惩治犯罪，维护社会和谐稳定。审结刑事案件71件，判处被告人121名。重点打击了全县较为多发的盗伐、滥伐林木案件，维护生态发展环境。审结行贿、受贿、渎职等案件7件9人，推动党风廉政建设和反腐败工作。利用电视台、互联网等媒体，全方位、多角度开展法制宣传工作，有力震慑了犯罪，有效教育了群众。妥处纠纷保障民生，优化经济发展环境。审结各类民商事案件673件。加大诉讼调解力度，提高调解质量，民商事案件调解、撤诉率为54.2%。健全案件繁简分流机制，适用小额诉讼程序快速处理案件32件，全部调解结案。有效化解行政争议，促进法治政府建设。坚持监督与支持并重，规范公权力行使，审结行政诉讼案件8件。着力维护行政执法公信力，审查并裁定准予执行非诉行政案件177件。通过发布行政审判白皮书、提出司法建议、举办行政知识讲座等方式，推动行政机关依法行政。提升执行工作实效，保障当事人实现权益。全年执结各类案件356件，执行标的额1053万元。

执结非诉行政执行案件 105 件，执结标的额 174 万元，保障了全县计划生育工作有力开展。完善执行联动机制，积极参与“点对点”网络执行查控系统建设，加大对抗拒执行、逃避执行行为的惩治力度，设立失信被执行人“黑名单”制度，通过门户网站、手机报等媒体公开曝光失信被执行人 123 名，限制出境 1 人，涉嫌犯罪移送公安机关侦查 1 人。

司法为民工作　围绕法治崇义建设，发挥司法导向作用。注重以案释法，畅通公民凭身份证旁听路径，全年接待旁听群众 5000 余名，组织青年法官送法下乡 4 次，开展法院开放日活动 3 次，邀请人大代表、政协委员、基层群众、未成年人等走进法院、走近法官，零距离感受法院工作。推行诉讼服务立体化，落实便民利民举措。全面完成诉讼服务中心建设，认真做好立案导诉、诉调对接、诉讼费缴纳、投诉监督等 25 项工作。制定人民法庭管理制度，从驻庭值班、庭审安全、卷宗管理等方面规范法庭管理。落实司法救助制度，共缓、减、免交诉讼费 5.6 万元，发放司法救助金 9 万元。全面推进司法公开，提高司法公信力。在全市法院率先开通新浪、腾讯、人民网官方微博，完善百度地图法院信息，充分利用诉讼服务中心、门户网站等载体公开司法审务信息 600 余条。出台裁判文书上网实施办法，按规定应当公开的裁判文书上网率为 100%。落实人民陪审员“倍增计划”，人民陪审员增至 29 人，全年参审案件 57 件，同比上升 32.5%。完善审判管理机制，规范司法职权运行。开展案件评查、裁判文书评查、庭审评查“三评查”活动，开展案件质量评查 1002 件，庭审评查 23 件，整改问题 21 个。坚持审判流程和干警业绩每月通报，推进收结案良性循环。认真落实诉访分离，完善院领导接访制度，共接待群众来访 84 人次，化解信访案件 5 件。加强涉诉信访工作信息化建设，开通与上级法院联网的远程视频接访系统。

队伍建设工作　法官队伍建设得到加强。坚持每月 15 日常态化学习，全面加强法官队伍的思想建设、党性教育和道德建设，坚定正确的政治方向。建立资深法官与青年干警“传帮带”的导师制度，全面提高干警的政治素质和业务能力。连续两届被评为市级文明单位，2014 年度全省公众安全感满意度测评中，位居全市法院前列。司法作风建设常抓不懈。认真开展党的群众路线教育实践活动，通过全体党员重温入党誓词、全体法官在国家宪法日进行宣誓等活动，让群众路线真正入脑入心。健全公务接待和公务用车管理制度，取消院领导相对固定的用车并分配给基层法庭使用，公务接待费用和公车运行费用与上年同比分别下降 16.5% 和 22.9%。党风廉政建设持续推进。严格落实党风廉政建设“两个责任”，坚持“三重一大”党组集体讨论，特别是本院审判法庭工程项目，与施工方签订廉政承诺书和廉政合同，确保实施重大工程项目的廉洁。集中开展对违规经商、超标办公用房、收受“红包”等问题的专项治理。编制法院廉能风险防控标准化作业规程，切实加强法院内部管理。建立廉政短信平台，每逢节日向干警发送短信，温馨提醒广大干警过节不失“节”，过年不忘“廉”，时刻保持清廉之心。

自觉接受监督　自觉接受人大及其常委会监督，确保依法正确履行职责。严格贯彻落实人大决议和决定，重大部署、重点工作、重要问题及时向人大及其常委会报告，专项工作、重点案件主动接受人大及其常委会监督。2014 年，就民事诉讼工作情况向县人大常委会作了专项报告，并对审议意见提出的问题进行了深入整改落实，得到了人大常委会委员的充分肯定。认真接受政协民主监督，及时听取对法院工作的意见建议。加强代表、委员联络工作，邀请代表、委员视察、座谈、旁听庭审、见证执行 63 人次，办理县人大转办信访案件 7 件。依法接受检察机关诉讼监督，共同维护司法公正和司法权威。通过公众开放日、信息平台、公布新闻发言人信息等多种形式，畅通民意沟通渠道，主动接受社会各界监督。

【建成诉讼服务中心】　9 月，崇义法院完成诉讼服务中心建设，并通过检查验收。在党的群众路线教育实践活动中，为积极回应人民群众对司法的新需求新期待，进一步完善“为民、便民、利民”的司法服务机制，使人民群众充分感受优质的诉讼服务，县人民法院把加强诉讼服务中心建设作为教育实践活动的重要载体。为推进诉讼服务中心标准化、规范化和科技化建设，制定下发《崇义县人民法院诉讼服务中心工作规则》。同时，积极探索涉诉信访改革路径，将诉讼服务中心建设与涉诉信访工作改革有机结合起来，把诉讼服务中心作为开展涉诉信访改革的重要平台，着力提升司法公信和法院良好形象。诉讼服务中心的建成，在司法为民、纠纷化解等方面发挥了重要作用，2014 年，县人民法院共接待群众来访 84 人次，同比下降 24.5%，化解信访案件 5 件。

【实施人民陪审员“倍增计划”】 3 月 17 日，崇义县人民法院提请任命的 29 名人民陪审员全部通过了县人大任命。至此，崇义县人民法院的人民陪审员由原有的 19 名增加至 29 名，圆满完成了人民陪审员倍增计划。此次县人民法院大幅度扩大人民陪审员队伍，是根据全国、全省人民陪审工作会议精神实施的。目的在于进一步扩大司法民主，强化司法监督，增强司法透明度，提升司法公信力。在选任人民陪审员过程中，县人民法院严格依照公开、公平、公正的原则，以品行良好、公道正派为选任基本标准，在确保提高普通群众、女性比例的前提下，经过严格推荐考察确定最终人选，完全符合相关法律、法规对人民陪审员的选任要求。任命后，崇义县人民法院安排人民陪审员进行了上岗前集中培训，切实提高人民陪审员的履职能力。

【开展“作风转变年活动”加强司法作风建设】 3－10 月，崇义县人民法院以“增强感情、改进作风、提高能力”为重点，开展“作风转变年”活动，取得明显成效，有力地推动了全院各项工作的科学发展。一是司法服务群众的观念明显增强。该院认真落实上级法院有关司法为民的制度措施，加强立案信访窗口建设，大力推广巡回法庭等便民利民品牌，积极开展“法律六进”工作，深入落实最高法院“涉诉信访”五项制度，加强司法救助。二是主动服务大局的意识进一步强化。积极应对经济建设过程中出现的新情况、新挑战，为地方经济发展提供强有力的司法保障。三是审判执行工作质效全面提高。均衡结案意识明显提高，收结案全面上升，审判质量和效率同比有了较大提高。四是审判执行管理更加规范。在完善相关制度基础上，又出台各类规定、办法等规章制度 10 余项，涵盖审执管理、司法警务、公务用车、经费管理、公务接待等各个方面。

【落实县人大常委会对民事诉讼工作情况专项报告的审议意见】 7 月，县人大常委会对县人民法院民事诉讼工作情况组织专题调查。8 月，县第十七届人大常委会第 24 次会议听取《崇义县人民法院民事诉讼工作情况专项报告》，并形成审议意见，指出当前县人民法院民事诉讼工作中存在的一些薄弱环节和突出问题。如司法为民意识不够强、执行工作力度不够大、部分法官业务水平不高、法律宣传不足、司法环境不够优化等。

为认真落实审议意见，县人民法院高度重视，多措并举，取得积极成效。关于司法为民意识不够强问题，加强基层人民法庭管理，制定《人民法庭管理制度》，三个人民法庭案件调解率均达到 50% 以上，有效促进基层社会和谐。完成诉讼服务中心建设，推进送达方式规范化管理，有效缓解了群众门难进、立案难、事难办的问题。关于执行工作力度不够大问题，积极推进执行联动。加强与金融、房产等部门的沟通协调，强化立案、审判、执行环节的衔接配合。规范执行行为，加大对失信被执行人的曝光和限制力度。扎实开展好各类专项执行活动，涉执行信访案件数量大幅减少。关于部分法官业务水平不高问题，完善法官教育培训制度，通过开展廉洁司法教育活动、司法作风转变年活动，着力在作风建设上下功夫。关于司法环境不够优化问

题，大力开展法治宣传，开通崇义法院新浪、腾讯、人民网官方微博，推进阳光司法建设。经县十七届人大常委会第26次会议审议，县人大常委会委员对整改落实情况满意率达100%。

【领导名单】

党组书记、院长	李舒文
党组副书记、副院长	黄起早
	廖宇振
党组成员	谢亨洪
党组成员、政工科科长、办公室主任	谢章鸿
党组成员、执行局	高　军

司法行政

【概况】　2014年，全县司法行政机关坚持以邓小平理论、“三个代表”重要思想和科学发展观为指导，深入学习贯彻落实中共十八大、十八届三中四中全会及总书记习近平的系列讲话精神，按照“政治建局、业务兴局、管理强局”的工作思路，以“三项重点”工作为着力点，坚持服务社会经济发展与服务保障民生并重，创新社会管理与维护社会和谐稳定并举，强化基层基础建设与加强司法行政队伍建设并行，为建设美丽、文明、活力、法治崇义，做出了积极的贡献。

【机构及人员编制】　县司法局内设股室有6个：办公室、法制宣传股（县法制宣传教育工作领导小组办公室）、公证律师工作股、基层工作股、法律援助工作管理股（县法律援助中心）、社区矫正股（县社区矫正工作领导小组办公室）。下属6个副科级司法所：横水司法所、扬眉司法所、过埠司法所、关田司法所、丰洲司法所、麟潭司法所；10个基层股级单位：龙勾司法所、长龙司法所、铅厂司法所、杰坝司法所、金坑司法所、思顺司法所、上堡司法所、聂都司法所、文英司法所、乐洞司法所；4个局属单位：县公证处、江崇律师事务所、兴义律师事务所、横水法律服务所；1个鉴定机构：崇义县正义法医学鉴定所。人员编制37名。领导职数：局长1名，党组书记1名，副局长2名；股级职数18名。

【工作开展情况】

法制宣传工作　全年共组织开展法制培训、讲座3场次；“送法下乡”活动25场次；开展各类宣传咨询活动24次，解答法律咨询200余人次；分发法律知识读本9000余册，各类宣传散页5000余份，发放环保宣传袋4万个，展出法律知识展板16余块。

人民调解工作　2014年，全县各级调解组织共调解各类民间纠纷670件，涉及当事人2059人，调解成功数为629件，调解成功率达94%。共防止群体性上访7件40人，防止民间纠纷转化为刑事案3件16人，无一件因纠纷调解不及时引发的越级上访、群体性事件。

社区矫正工作　2014年，新接收矫正人员30人，解除矫正21人，现在册55名，监管率均达到了100%，未出现脱管、漏管和重新违法犯罪现象。截至2014年底为止全县累计接收矫正对象142人。

安置帮教工作　全县在册刑释解戒人员172人；从监狱接回刑释解戒人员50人，接送率达100%；发放生活补助费4.9万元、接送费1.5万元；未出现脱管、漏管和重新违法犯罪现象。

法律援助工作　全年共受理各类法律援助案件191件（其中民事185件，刑事6件），挽回经济损失28万元；接受来人来电法律咨询1072人次。

律师工作　2014年，全县律师所共担任常年法律顾问27家，办理刑事辩护代理33件，代理民事诉讼、经济案件等共148件，代理行政诉讼5件，办理非诉讼法律事务64件，代写法律文书65件；

公证、司法鉴定工作　受理国内公证事项284件，涉外公证事项45件，涉台、涉澳9件，为县重点工程的征地拆迁工作，现场办理证据保全公证22件，为困难群体减免公证费5000元；全年共办理司法鉴定81例，采信率达100%。

【践行党的群众路线教育实践活动】　将党的群众路线教育实践活动作为当前一项重要的政治任务来抓，主要领导亲自调度部署，召开全局动员大会，将全体党员干部的思想统一到县委、县政府的决策部署上来，统一到广大群众的需求和意愿上来，努力提高人民群众对司法行政工作的满意度；组织全局党员干部认真学习《论群众路线—重要论述摘编》等相关必读篇目，集体观看《焦裕禄》等系列专题片，通过记录笔记、撰写心得体会等方式，聚焦“四风”问题，认真进行自我反思，做到立行立改，边学边改。同时，通过发放问卷、走访调查、蹲点服务等方式，重点向基层所干部、执法服务对象及驻点村民广泛征集意见建议，对征集到的意见建议县司法局召开党组会议专门研究，逐条梳理汇总，制定整改措施，做到活动与工作两不误、两促进，推动崇义县司法行政工作再上新台阶。

通过教育实践活动，县司法局广大党员干部从思想到行动都有了显著地变化，群众意识、纪律观念明显增强、干事创业的劲头更足。根据县委督导组组织的群众测评，单位满意度为98%以上，群众路线教育实践活动成效明显。

【推动司法行政队伍建设和反腐倡廉建设】 为切实加强全县司法行政系统的作风建设工作，推进公正廉洁执法和诚信法律服务。根据市、县工作要求，结合路线教育实践活动大力开展了“四风问题”的查摆、国家工作人员防止利益冲突专项治理、“红包”专项治理、“领导干部亲属经商办企业问题”专项清理等活动。以公正廉洁执法为重点，坚持抓党建、抓班子、抓党风、带政风、促行风，进一步转变工作作风的工作思路，以建设廉政型、效率型、服务型和责任型机关，建设依法、诚信、高效法律服务单位为目标，以人民群众满意为评价标准，落实学风、思想作风、工作作风、领导作风和生活作风等制度建设。不断推进中央“八项规定”、总书记习近平关于厉行勤俭节约反对铺张浪费重要批示精神和省委“十项规定”、市委“实施意见”的宣传学习和贯彻落实，提升司法行政队伍形象。

【着力推进“法治崇义”建设】 按照“六五”普法规划的总体要求，创新工作理念，以新角度、新渠道采取扎实有效的措施，把“法治崇义”建设作为“六五”普法法制宣传教育和依法治理工作的切入点和着力点，推进普法工作创新发展。

深入健全社会普法教育机制 制定下发年度普法依法治理工作要点，分解普法教育年度目标，落实成员单位工作任务；细化普法考核细则，加大对乡镇、部门普法目标考核力度。

深入实施“法律六进”活动 开展送法进村（居）、送进学校、进企业，“巡回送法下乡”等法制宣传活动。加强领导干部网上法律知识学习和考试工作，有针对性推进领导干部、青少年、企业经营者、信访群体等重点群体的学法用法，进一步提高全民法律意识、法律素质和法律信仰。

积极开展主题法制宣传活动 充分依托“3•8”妇女节、“3•15”消费者权益保护日以及全国首个“12•4”宪法日（法制宣传日）等节日，由县法宣办联合县妇联、药品食品监督、安监、卫生、工商、税务、公、检、法、司等部门联合组织开展了声势浩大的法律宣传活动，深受群众欢迎。

进一步深化“民主法治示范村”创建活动 2014年，为进一步深化“民主法治示范村”创建工作。县司法局继续加强指导督促力度，使全县“民主法治示范村”创建工作进一步深入开展。

【维护社会稳定】

强化司法所建设，充分发挥职能作用 为推动全县司法所建设，充分发挥司法所在创建“法治崇义”中的重要作用。2014年以来，县司法局着眼于司法所发展的实际需要，坚持“资金倾斜一线，装备倾斜基层”的工作思路，不断加强基层司法所基础设施建设，全年累计投入基层司法所15余万元，用于采购、更新办公桌椅、电脑、空调等办公设备，改善司法所的基础条件和办公设施。司法所的工作效率得到了有效提升。

扎实开展人民调解工作，着力推进社会矛盾化解 2014年，县司法局扎实开展“保稳定、促和谐、惠民生矛盾纠纷排查化解年”活动，进一步巩固矛盾纠纷化解工作成效。一是认真贯彻落实人民调解法、省司法厅与省高级人民法院联合出台的《关于进一步加强人民调解与诉讼工作相衔接的指导意见》，各司法所对普通民事案件建立诉前引导调解、诉中委托调解工作机制，在党委、政府的统一领导下，打好化解社会矛盾的攻坚战。二是巩固和完善了现有调解组织网络，重点推进企事业单位、区域性、行业性和专业市场等调解组织的建设，拓展和完善。11月，县司法局联合县卫生局成立了医疗纠纷人民调解委员会，专门受理调解县境内医患纠纷。三是积极参与推进全县诉讼与非诉讼调解相衔接的矛盾纠纷解决机制，以化解矛盾纠纷为主线，以构筑人民调解为主体的“大民调”体系建设为重点，进一步健全完善人民调解工作机制；四是规范了人民调解员调解纠纷误工补贴制度，11月，县司法局联合县综治办下发《崇义县人民调解员调解纠纷误工补贴试行办法》对补贴范围、卷宗要求、补贴兑现方式、补贴标准进行了规范，办法的出台有效地促进了崇义县的纠纷调解力度。

强化教育监管，全力做好社区矫正工作 一是着力提升社区矫正监管水平，建立健全制度。严格执行《社会矫正实施办法》，注重创新和特色，进一步完善社区矫正判前调查、案后评估和案后监管三大工作制度，从组织管理、衔接工作、监督管理、教育矫正、考核奖惩等方面对社区矫正工作进行了规范。二是强化管理，实现管控信息化。借助社区矫正信息管理系统，做到对社区矫正人员的社会行为和异常表现及时掌握处理，在重要敏感时期通过定位手机群发短信的方式教育提醒社区矫正人员，约束自身言行，遵纪守法，起到了良好的效果。三是落实教育措施。广泛、深入开展正面教育和心理教育，使矫正人员放下包袱，安心改造。如组织社区矫正对象参加公益劳动、举行政策法律法规培训等，有效提升了工作效果。

强化措施落实，扎实做好安置帮教工作 按照“帮教社会化、就业市场化、管理信息化、工作职责化”的要求，切实加强刑释解戒人员的安置帮教工作。一是建立好安帮网络和教育网络，大力开展“一对一”结对帮扶活动。9月，县司法局拟定下发了《关于开展科级领导干部与刑释解戒人员结对帮扶活动的工作方案》，采取社会帮教和家庭帮教相结合，将每个帮教对象落实到具体责任人，解决他们的一些实际问题，同时又从思想上给予正确引导。二是定期走访、排查，做到底数清、情况明。组织各司法所对全县安置帮教对象进行集中走访排查，对重点帮教对象实行专人帮教，强化日常管控，随时掌握其活动情况，制定应急预案，严防发生违法犯罪案件。三是大力推广远程会见帮教平台。继续推行县司法局上年安装的远程帮教视频会见系统，拉近服刑人员和家属亲人之间的距离，尽可能为服刑人员搭建帮教新平台。2014年，共受理在监服刑人员家属的会见申请42人次，受到了广大人民群众的一致好评。

【法律服务工作取得新成效】 2014年，县司法局着力整合法律援助、律师、公证资源，主动介入经济建设，社会维稳和改善民生等热点难点工作，引导公民依法维护合法权益，促进社会矛盾化解，维护全县社会和谐稳定局面。

法律援助工作不断加强 本着“服务民生、维护正义”的原则，进一步加强法律援助工作。一是继续深化“法律援助优质服务”主题活动。建立法律援助困难标准的动态调整机制，拓展援助范围，扩大受援覆盖面，降低法律援助的门槛，为广大困难群众和社会弱势群体提供优质高效的法律服务，把受援范围由低保人群向低收入人群扩展，确实做到应援尽援。二是整合援助力量，完善服务网络。为了使法律援助工作深入乡镇、村（居），为群众解答法律咨询，提供法律援助，依托“半小时法律服务圈”在全县16个乡(镇)设立了法律援助工作站，从而形成了以县法律援助中心为枢纽、以乡（镇）、村（居）委会为工作站（点）的法律援助网络，实现了即时援助、就近援助。三是深化窗口建设，完善便民设施。根据省、市司法厅（局）法律援助便民服务窗口建设的要求。结合崇义县的实际，县司法局拟在院内自行车棚地块新建两间法律援助中心服务窗口用房，计划建筑面积113.57平方米，预算造价15.502388万元，现正处申报审批阶段。窗口的建立将大大提高法律援助的便民服务水平。

法律服务工作稳步推进 一是律师工作围绕

服务崇义县经济社会发展大局，在做好案件代理工作的同时，积极建立法律顾问制度制担当好法律顾问角色，为单位、部门的重大决策、行政行为、合同行为及其他法律事务提供法律服务。同时，积极组织辖区律师参与全县涉法涉诉日常信访接待；二是公证工作加大服务力度，积极与各企事业单位加强联系，结成法律服务对子，公证员定期轮流下基层为企业、群众办实事，服务上门，及时办理各类公证，节省了群众办理公证的时间。同时，还对涉及零就业家庭以及持有城市低保证的家庭，公证费给予了一定额度的减免。三是司法鉴定采信率进一步提升，全年采信率达100%。

【提升公众满意度】 为进一步提高人民群众对司法行政工作的满意度，切实改变崇义县司法行政工作在全省政法系统公众满意度测评中的排位落后现象，本着突出重点、注重实效、责任到人的原则采取多项措施，着力提升公众满意度。一是加强网络媒体宣传，扩大司法行政影响力。出资7万余元用于发送手机公益短信，制作“司法为民促和谐、服务发展保稳定”专题宣传片在县电视台滚动播出。同时还充分利用报刊、墙报等多渠道、多形式在全社会广泛宣传司法行政机关的便民利民新举措、工作成效、帮扶助困新亮点，切实提高司法行政工作在人民群众中的公信力、满意度；二是开展“身边的榜样”事迹宣传、展示司法行政新形象。做好“全国模范调解能手”聂都司法所所长邓同福同志先进事迹的宣传活动，用身边的榜样激励干部职工，让更多的群众了解司法行政干部的风采。三是积极开展“走千户、访万民”大走访活动。活动采取由科级领导干部带队，全员参与分片入户走访的办法，重点走访乡村、企业、“两代表一委员”、困难弱势群体、管理和服务对象等。重点宣传政策、法律以及司法行政机关的职能等。同时还广泛征求基层群众、服务对象和社会各界对司法行政机关各项工作的意见和建议，针对性地开展各种工作，提高工作影响力。四是开展“优质服务”活动。坚持密切联系群众，切实做到“身入”群众、“心入”群众。接待群众做到“三个一”，即一张笑脸、一条椅子、一杯热茶，确实解决“门难进、脸难看、事难办”的突出问题。扎实推进民主评议司法行政工作，增强责任意识、大局意识、服务意识。进一步增强工作主动性，坚持求真务实、开拓创新的工作作风，做到重实际、办实事、求实效，为群众提供优质服务，以良好的精神风貌和一流的工作业绩赢得人民群众的满意和信赖。

【服务中心工作任务】

“三送”工作 2014年，县司法局驻龙勾乡合坪村，是年，向村民发放各类宣传资料3000余份，自筹资金4万余元为驻点村合坪小学解决教学电脑10台、修复水渠110米、修复水毁路段50米、化解矛盾纠纷20余起，协助村民砍伐患黄龙病脐橙1.9万余株。

征地拆迁工作 按照县委、县政府的安排部署，在2014年的征地拆迁工作中县司法局承担了横水镇上营村湾背组，4户征迁户2栋主体房2栋附属房以及0.41公顷土地征收的征迁任务。县司法局专门抽调了6名工作人员成立了征地拆迁工作小组，采取“白＋黑”“5+2”的形式，深入征迁对象家中做好征迁政策宣传、思想引导工作。在全体参战人员的顽强拼搏，不懈努力下按时完成征迁任务。

【领导名单】

局长、党组副书记　刘乔夫
党组书记　李声东
党组成员、副局长　庄席斌
党组成员、副局长　钟　霞

交通管理

【概况】 2014年，县交管大队以科学发展观为指导，深入贯彻中共十八大和十八届四中全会精神，围绕服务赣南苏区振兴发展，以“抓队伍、树形象、防事故、保安全、强服务、促和谐”总体思路，以党的群众路线教育实践活动为主线，扎实推进各项交通安全管理工作，有效提升了群众满意度和交警队伍形象，群众对交通违法处理、车辆驾驶人管理、交通事故处理等窗口岗位的工作满意率大幅上升。大队事故处理和车辆驾驶人管理工作被授予市先进单位荣誉称号；同时杜绝了一次死亡3人以上的重特大道路交通事故的发生，实现了交通事故死亡人数大幅下降的管理目标，确保了全县道路交通安全、畅通，为建设美丽、文明、活力、法治崇义创造了良好的道路交通环境，大队先后被授予县公安工作、社会治安综合治理和信访维稳工作先进单位。

【车辆管理】 全年共办理车驾管业务2.4779万笔。其中驾驶证初次申领1330人，车辆上户3522辆(含小型汽车839辆)。检验车辆1.315万辆、补换证6777本。机动车“两率”和老旧车、黄标车淘汰工作在全市名列前茅。全县机动车总量达到4.6696万辆，驾驶员总量达到5.5171万人。一是规范车驾管业务办理。车辆管理所按要求设置了疑难问题处理窗口和车辆查验远程视频监控系统，防止办理业务相互推诿、不作为、乱作为和不廉洁等问题。二是积极落实便民措施。推动落实机动车检验18项新政，方便群众办理机动车检测业务，自9月1日新政实施以来，大队共核发免检合格标志456份。拓宽了办公服务场所，完善了便民设施建设，在车辆管理和违法处理业务大厅设置了大型

LED 显示屏，公开业务办理规定标准，及时告知群众业务办理流程；整修车辆管理所门口坪院，将篮球场改造成停车场，并规范设置院内提示牌，方便群众办理业务。

【城区交通管理】 以“四城同创”工作为抓手，一是突出城区迎宾大道、阳岭大道、章源大道等主干道、各路口为重点，采取大队领导挂点包科室、包路段的方式，以高峰站岗、平峰巡逻的管控模式，开展以机动车乱停、乱放、乱靠和行人、非机动车不遵守交通信号、乱穿马路等城市文明交通“顽疾”为重点的道路交通秩序专项整治行动，查处各类交通违法行为，促进城区道路秩序规范有序。二是完善道路交通基础设施建设，联合相关部门对城区主道交通标志、标线、护栏进行了维修、更新；根据交通流量等实际调整了部分路口红绿灯的时间设置；完成了迎宾大道与绕城公路红绿灯电子警察监控设备的建设，进一步规范了行车秩序，同时，在横水牛角河、丰州古亭村、过埠杨梅塘、龙勾东山村等公路要道建设了固定监控测速设备，基本实现全县交通监控网络全覆盖，有效提升了交通肇事逃逸防范水平和查控能力。

【交通秩序管理和交通事故处理】 大队坚持疏堵保畅和事故预防为第一要务，积极落实道路安全隐患排查，重点车辆（六类车）管控整治，城区道路交通秩序整治，完善道路交通管理设施建设等事故预防工作措施，先后部署开展“涉牌涉证”“打四非、查四违”“七打七治”“利剑行动”“校车、货车、危化品车、两（三）轮摩托车、农村面包车专项整治”“酒后驾驶专项整治”“三超一疲劳”等专项整治行动，以及“ 春运”、“两会”、“五一”、清明、端午、国庆、高考、中考和十八届四中全会等重大节假日和活动期间道路交通安全集中整治行动，严查各类严重交通违法行为，净化道路交通环境，全力预防道路交通事故，取得成效明显。2014 年，全县共发生道路交通事故 919 起、死亡 20 人、受伤 379 人、直接经济损失 17. 172 万元，道路交通事故四项指数全面下降，特别是交通事故死亡人数与上年同期（39 人）相比下降了 49%，未发生一起死亡 3 人以上的重大交通事故，未发生大面积、大规模堵车、未发生因交通事故引发的群体性事件，崇义县交通安全形势平稳、道路交通安全、畅通。全年累计查处各类交通违法行为 25000 余起，教育交通违法驾驶员 6000 余人。

【交通安全宣传教育】 以交通文明行动计划、群众路线教育实践、“三送”工作和“五进”为平台，面向社会各界积极开展多种形式的道路交通安全宣传教育，营造了浓厚的交通安全宣传氛围。大队累计开展各类交通安全宣传 60 余场次，完成各类宣传报道任务 520 余篇（其中省级媒体 120 篇），未发生被上级公安机关和市维稳办、支队督办的舆情事件，较好的完成宣传报道任务。同时，特邀媒体记者，开展系列交通安全宣传活动，印发了各类宣传单 1 万余份，悬挂宣传横幅 50 条，播映交通安全整治电视新闻 16 次。11 月，在赣州市交警支队和赣州广播电视台联合举行的赣州市首届服务交通公益人物评选活动中，由大队选报的文明交通公益人物黎明荣获赣州市首届服务交通公益人物“优秀交通安全宣传代言人”称号。一是推动交通安全宣传教育工作制度化。积极协调有关部门落实乡镇落实交通安全宣传教育工作主导责任，建立镇、村两级交通安全教育长效机制的示范点。二是加强对中小学生的交通安全宣传教育。推进幼儿园、中小学交通安全教育正规化、系统化建设，督促幼儿园、中小学利用宣教基地开展交通安全主题教育实践活动。其间，大队组织民警进辖区学校上交通安全宣传教育课 50 节。三是强化重点驾驶人交通安全教育。落实重点运输企业驾驶人定期学习教育制度和记满分驾驶人教育制度。对有违法记录的驾驶人，在驾驶证年审时统一组织了交通安全警示教育。四是创新交通安全宣传教育工作机制。积极组织开展“警营开放日”活动，广泛听取交通参与者的意见和建议，认真接受评议和监督。积极协调本地广播、电视、报刊、网站等媒体建立交通违法曝光台，集中曝光机动车乱停、乱放、乱靠和行人、非机动车不遵守交通信号、乱穿马路等不文明交通行为。开展以文明交通行动计划“关爱生命、文明出行”为主题的交通安全集中宣传活动和交通违法行为劝导实践活动，营造共创文明和谐交通环境的良好氛围。

【领导名单】

公安局党委委员、副局长、交管大队长 陈名生
交管大队教导员 何昭鸿
副大队长 郭红忠
刘永文
副教导员 唐卫东
胡声龙

森林公安

【概况】 崇义县林业公安是1981年恢复组建，林业公安派出所招警7人，设立丰州林业派出所，1982年更名为古亭林业派出所，增编至13人，于1985年在崇义县公安局设立林业治安科，下设古亭和过埠两个林业派出所，1988年5月成立县公安局林业分局，同年底增所扩编，设立横水、长龙、龙峰、聂都、古亭、过埠6个林业派出所，局机关设立秘书股、刑侦治安股，增编至45人。1998年11月，崇义县公安局林业分局更名为崇义县公安局森林分局。2006年11，崇义县公安局森林分局更名为崇义县森林公安局，2013年12月12日，崇义县森林公安局升格为正科级单位。现有在编民警37人，内设办公室、法制科、政工监督室（增挂警务督察队牌子）、刑侦治安大队，下设横水、长龙、过埠、古亭、聂都5个副科级派出所，肩负着全县打击毁林违法犯罪，保护森林资源，维护林区社会治安秩序的艰巨任

【维护林区秩序的稳定】 积极开展“利剑行动”“三乱一非”等专项整治行动，有效打击了各类涉林违法犯罪行为。2014年，共接处警199起，同比上升了8.15%，受理各类涉林案件144起，同比上升了28.6%；其中立刑案51起，侦破37起；查处治安案件2起；处理林业行政案件91起。共处理违法人员293人（次），同比上升34.4%。其中刑事拘留27人，逮捕20人，取保候审53人，监视居住2人，移送起诉12起33人，判刑16起34人；治安拘留3人；林业行政处罚121人。坚持重点打击涉林团伙犯罪，摧毁了6个犯罪团伙，侦破了多起茶滩等热点地区的乱砍滥伐林木案件，针对群众反映强烈的“明桥窝”山场重大盗伐林木案，快速出击，及时查处，涉案人数达20多人，13人被判刑；侦破了余宏林等人系列盗伐林木案及天台山“石门子”山场非法采伐国家重点保护植物案；严查非法占用林地及失火违法行为的，共查处林地案件8起，其中扬眉华坪村“白石坳”山场非法占用农用地案，已移送审查起诉，查处火灾案件14起。案件的快速查处，在当地引起了很大反响，起到了很好的震慑作用。

【加强队伍的正规化建设】

有为争有位实绩赢支持 县森林公安以有为争有位，得到了县委政府及主管局的关心支持，赢来了可喜局面。2014年，县森林公安局被升格为正科级单位，配备了1名副科级所长和1名副科级教导员。

开展教育培训提升素质 积极组织民警分批次参加了警务实战技能培训、岗位技能培训等各项培训活动，民警综合素质有力增强，综合实力明显提升。取得了全市森林公安机关手枪分解结合及实弹射击比赛团体和个人第一名的好成绩。

狠抓队伍纪律作风建设 积极发挥警务督察作用，开展严督实察，设立了3名专职督察员，完善了各种制度，从严执法执纪，实现以督促稳，推进了队伍纪律约束和作风转变，2014年，县森林公安局队伍稳定，没有发生民警违法违纪事件。

认真落实从优待警政策 坚持执行民警定期体检、民警及家属生病住院安排局领导慰问、子女升学奖励，基层民警到县城办事提供食宿、为民警办理各类保险等一系列从优待警措施，通过关爱民警的健康、关照民警的生活，切实为民警排忧解难，增强了队伍的凝聚力。

创新考评方式奖优罚劣 充分发挥考评激励机制在队伍建设中目标导引和成效检验的“牵引力”“驱动力”作用，制定出台《绩效考评方案》《宣传工作考核办法》《办案经费补助办法》，明确目标，细化措施，强化结果运用，使之成为森林公安队伍凝聚力、战斗力激发与增长的核心环节，积极营造了浓厚的干事创业氛围，推动了森林公安工作的顺利开展。同时，大力加强了宣传力度，县电视台专题制作了2期县森林公安局查处森林刑事案件的电视节目，播报的新闻节目也被省、市电视台转载，全年有9篇新闻报道登载在赣南日报、信息日报等主流媒体，进一步扩大了崇义县森林公安工作的影响力，更加肯定森林公安队伍建设，警民关系也变得更加密切、更加和谐。

【密切警民关系】

路线教育活动真查实改 2－10月，在全局范围内开展了以“为民务实清廉”为主题的群众路线教育实践活动。活动中，共自查、整改“四风”问题67条，达到了党员干部受教育、队伍建设上台阶、履行职能见成效、森林公安工作有突破的良好成效。

主动作为积极服务群众 推进“警务工作下沉、服务工作前移”的工作模式。要求局领导每月不少于4次深入到林区，派出所民警每周不少于4天深入到辖区开展警务工作，刑侦治安队率先向林区张贴警民联系牌300余份，便民联系卡3000余张到群众手中，公布联系电话，变被动为主动，解决广大林农在生产和生活中的实际问题。

推进“连心、强基、模范”工程 以三送工作为平台，共办民生实事12件，解决信访案件6件。花费6000元为挂点村购置了办公电脑、数码相机、电脑桌等办公用品；帮助解决了桥头村长潭面组喝水难的问题，使全组41户喝上了干净的山泉水；县局制定《党员干部结对帮扶实施方案》，确定了“一对一”帮扶对象，坚持每年资助1500元，为帮扶对象提供生活用品、学习用品、学费等开支。

【提升执法质量】

坚持业务培训夯实基础 将常用法律法规、调查取证、常见执法突出问题和办案场所使用管理、网上办案系统应用等作为教育培训的重要内容，分别组织开展了5次实战模拟训练和培训，切实提高民警的依法履职能力和执法素养。

提高执法场所运用能力和管理水平 为落实公安部规范使用办案区“四个一律”规定，针对办案区应用、管理，结合县森林公安局实际情况，县森林公安局在全市率先出台制定《办案中心管理使用规定》，建立《办案场所使用情况登记》《人身安全检查登记》等台账。除此之外，法制部门将执行“四个一律”情况作为监督检查的重要项目，查办案中心（区）使用登记情况、安全检查笔录、讯问视频监控等，督促办案单位规范使用办案场所，现大部分办案民警掌握“四个一律”的工作要求并严格执行。建立完善公检法协商机制。协调、配合检法机关，不定期听取检、法部门意见，研究解决执法问题，指导、监督执法办案，对涉林案件提请逮捕、起诉中存在证据问题，专门请检察院侦监科、公诉科、法院刑事庭主管业务的同志进行讲座交流，提升办案质量，并与检法机关建立重大案件研讨、协商机制，保证刑事诉讼顺利进行。对刑事案件撤案、不诉另案处理人员报检察院侦监科备案，主动接受监督。

全面推进执法办案信息系统的应用 2014年，县森林公安局深入推进《江西省森林公安案事件管理系统》的应用，严格实行“网上办案”单轨制，建立了不上网的案件一律不审批的制约机制。经过一年的努力，县森林公安局公安行政、刑事案件实现百分之百网上录入、网上办理、网上审批，下一步将所有案件证据材料实现百分之百上传、录入，实现真正意义的网上办案。

【夯实基层基础】

抓好派出所办公用房建设 加强了与县委政府、发改委、财政等部门的沟通联系，认真做好了过埠派出所办公业务用房项目资金、建设工程规划、用地等工作，现主体工程已全部完工，后期配套设施和内部装修工作正在加紧完成。

加大装备保障能力建设 为每个派出所配备新电脑、便携式打印机、装订机、碎纸机等办公用品，全局电脑拥有率达到了100%。基础设施得到极大改善，警务保障能力不断增强。

规范执法办案场所建设 狠抓了执法办案中心建设，改建了机关、聂都、过埠、古亭派出所的执法办案中心，添置了视频监控设备，既保障办案安全，又促进规范执法。

抓好情报信息建设 设立了特别业务费，广建特情耳目，牢牢把握林区动态，做到耳聪目明，及时发现违法犯罪，及时查处。

【领导名单】

局长、督察长　廖方林
副政委　蒋钰琳

军事机构

人民武装部

【概况】 2014年，在军分区党委和崇义县委的坚强领导下，部党委以贯彻落实中共十八大精神为主线，以省军区和军分区党委全会精神为指导，以党的群众路线教育实践活动为牵引，着眼有效履行使命任务，注重研究解决现实问题，按照“固强补弱、攻艰破难、夯实基础、确保安全、创新发展”的思路，改进作风，务求实效，各项工作有序推进。

【思想教育】 坚持把思想政治建设摆在首位，着力提升政治工作服务保证功能。

扎实开展党的群众路线教育实践活动改作风 根据统一部署，从2月下旬开始，人武部利用10个月的时间，围绕保持党的先进性和纯洁性，紧盯“向思想境界转化、向能力素质转化、向工作落实转化”目标，扎实开展了第二批党的群众路线教育实践活动。活动中，坚持规定动作不走样，自选动作创特色，先后组织党员干部和专武干部到县革命烈士纪念塔、王尔琢烈士陵园缅怀革命先烈、重温入党誓词、开展传统教育，学习井冈山人武部、宋旌同志先进事迹，增强了教育实践活动的现实感召力。突出纠“四风”改作风，着力解决干部职工和基层反应强烈的突出问题，为官兵和基层办了一些实事，协调县财政落实了每月100元的专武津贴，统一落实了专武干部和基干民兵服装，给156名民兵情报信息员配发了手机和落实了50元信息费，为3名部聘用职工交纳医疗保险1.0034万元，党生维政委与思顺乡思顺中学贫困生游雨婷的结对助学帮扶，金仁贵部长和曾祥标副部长分别建立了自己的联系点。至年末，收集的7类25条意见建议，有明确诉求的15条已全部办结，5条关于机关作风建设方面的意见也进行了及时纠治，对5条需政策解决的意见建议也作了回复。

扎实开展机关学习教育统思想 年初，按照军分区政治工作指示，制定了年度教育计划，做到“季有重大主题教育、月有经常性教育”，在开展的“牢记强军目标、献身强军实践”“四地四队”“五战”及学习贯彻全军和军区政工会议精神等主题教育活动，基本做到了“七有”，即课前有考勤、听课有笔记、学习有剪贴、课中有提问、小组有讨论、理论有考核、课后有讲评，切实通过学习使大家把理论内化于心、外化于行。在抓好理论学习的同时，2014年部机关先后还开展“人生观”“战斗精神”“苦乐观”“婚恋观”“安全保密”等教育，坚持用大道理管住小道理，帮助大家廓清思想迷雾、澄清模糊认识，较好地保证了大家思想道德纯洁、精神状态振奋。

抓班子带队伍，增强干事创业能力 一是从严抓班子。针对班子调整，特别是针对2014年军事斗争准备要求高、新营院建设任务重、征兵工作要求高的实际，坚持以创建“学习型、创新型、服务型”党委班子为抓手，大力倡导“靠学习提升素质、靠事业凝聚力量、靠民主集中制保证顺畅”的良好风气，加强各项制度建设，严格办事程序，大事讲原则小事讲风格，不搞无原则的一团和气，关心班子成员学习思想生活，形成了“各司其职、团结心齐、和谐顺畅、主动干事”的良好氛围。二是从严管队伍。围绕思想作风、精神状态、遵规守纪、工作成效、作风养成”等五个方面”加强干部职工队伍教育管理，开展经常性的交心谈心、进行手把手的帮带，注重思想上的引领，组织上的约束，工作上的指导，生活上的关怀。2014年，7名干部思想稳定，吃苦精神比较强，精神面貌比较好，有立足边远贫困山区干事创业的事业心，有改变单位建设相对落后面貌的责任感。9名职工都有一定吃苦精神，安心本职，各尽其职。一是举旗铸魂，有力地抓好思想政治建设。把学习贯彻全军和军区政治工作会议精神作为首要政治任务，大力加强思想政治建设，确保部队纯洁巩固。二是确立目标，高标准推动各项工作落实。以新营院落成为新的起点，做好样子，树好形象，高标准推进各项工作落实，力争跨入军分区先进行列。三是突出中心，不断提高履行使命能力。围绕强军目标，突出抓好力量建设，形成“建、训、管、用”和“人装合一、训战一致”的力量体系。献身强军实践，深入开展“五战”课题研究，形成理论和实战成果，切实提高民兵队伍打赢“五战”能力。服务国防建设，持续抓好全民国防动员，积极营造良好社会氛围，高标准抓好兵役登记和征兵工作，为部队输送优质兵员。四是从严管理，确保部机关安全稳定。坚持“两个经常”，突出“十个方面”安全重点，注重安全教育、严守安全制度，切实打好安全稳定的主动仗。五是带好队伍，充分挖掘干事创业潜力。大举团结之风凝聚班子，大兴学习之风增强素质，大兴务实之风干事创业，大兴有为之风强化担当，不断提升干部职工和专武干部队伍精气神，形成推动人武部全面建设合力。

【军事训练】 把深入开展“五战”训练研究作为贯彻“能打仗、打胜仗”强军目标的具体抓手。

突出民兵整组重点 2月中旬开始，围绕解决民兵整组“年年搞还是老一套”、基层组织“虚拟化”和民兵装备器材不全三个方面问题，由3名部领导带队对整组工作进行调研指导，指出了突出问题，进行了情况通报，明确了落实要求。5月中旬，组织了全县850名基干民兵集中点验大会，军分区陈庆阳政委到会进行了具体指导，并给予了充分肯定。

落实“训严训实”要求 春节前，分别组织了战备分队紧急拉动演练和机关应急方案处置演练，较好地强化了战备观念。全年，先后组织了13个专业233人次的应急连干部、情报信息员、抗洪抢险、通信、炊事员、驾驶员等骨干的跨区联训，本级组织了一次抗洪抢险分队、炊事员训练和两次专武干部集训，进一步增强了训练的针对性。

搞好“五战”研究 根据战时所担负的任务，围绕“五战”问题，突出保证一线战役军团战力发挥的支援保障战，主要对“信息化条件下支援保障行动中的民兵伴动战”和“人武部科技信息支前行动战”两个课题进行了研究，形成了初步的理论研究成果。

抓实作战平台建设 2014年，先后投入10万余元，完善了作战值班视频系统、综合信息网和民兵情报信息平台“三网四系统一平台”建设，除网络学习室因营院面临搬迁未建外，其余“三网四系统”和信息平台均建立且运行良好。

开展练将练官活动 较好地落实了周三上午集中学习训练，周四下午3千米跑训练考核，每天课间30分钟体能训练，干部职工技能体能均有了较大幅度提高。年度共消耗7.62毫米手枪140发、步机弹1500发，体能训练考核合格率达96.5%，实弹射击优秀率达85.4%.

围绕解决领导意识谈、基础设施差、干部队伍缺、党团组织弱、地位边缘化等现实问题，部党委从搞好上下协调入手，争取各级领导对武装工作的支持，取得了较好效果。2014年，人武部与县委组织部共考察安排了15名干部充实到专武干部队伍中，进一步增强了队伍活力。各乡（镇）也相应地补充了部分装备和装具，战备水平有了较大提高。11月，横水镇武装部按照“四个基本”要求进行了规范建设，县人武部初定于元月组织全县16个乡（镇）和11个行业系统武装部进行观摩推进。结合村（居）两委换届选举，部领导先后两次与县委组织部进行沟通协调，县委副书记、组织部长黄华就贯彻落实军分区相关要求到人武部进行了交流。从掌握的选举结果看，有8个乡（镇）还没有换届完，8个换届完的乡（镇）64名民兵营连长进两委的有61人，占95.3%，党员58人，占90.6%，村支书兼任的有7人，占10.9%，村主任兼任的有10人，占15.6%，退伍军人5人，占7.8%。

【征兵工作】 2014年，积极浓厚征兵氛围，抓住元旦、春节、“五一”节等重要时节，组织乡、村两级干部走村入户摸底，上门登记，掌握兵员底数，适时开展征兵“宣传周、宣传月”活动。全县网上报名应征人数与征兵任务数比率达到了15 ：1，高标准完成了年度征兵任务。

【后勤工作】 2014年，把抓好新营院建设、征兵工作、基层建设等重难点问题作为带班子、履职责的重要任务，不等不靠用力推进。新营院建设虽然是交钥匙工程，但部党委始终坚持把新营院建设作为上级首长赋予的大事要事，作为影响制约全面建设的瓶颈问题、难点问题，一刻也不放松地积极思考对策办法，与地方党委政府积极协调、推进解决。在新营院建设中，先后3次对设计方案进行了20余处调整，指出施工过程中违规操作及质量不达标问题17处，督促国投公司和责成施工单位及时整改，确保了工程质量和进程。截至年末，工程已进入收尾验收阶段，预期2015年元月能够实施整体搬迁。

【安全工作】 2014年，把安全稳定作为重要的保底工程常抓不懈。

注重意识强化 全年认真落实了以《安全工作条例》《保密工作条例》《预防犯罪工作条例》和上级安全管理工作指示精神及事故通报为主要内容的安全教育，提高了抓安全管理的自觉性。

注重秩序规范 2月，开展以“学法规、明职责、严纪律、正秩序”为主要内容的“条令学习月”活动。3月，结合军分区正规化管理试点，在部机关扎实开展了安全管理规范化整治活动，对作战值班室、保密室、财务室等重点部位，办公室、营门值班室、食堂等日常工作生活场所重新进行规范，修订完善《人武部日常管理规定》，为安全管理提供了根本遵循。

注重制度落实 严格落实值班员每晚营院巡查、周安全检查、月安全形势分析等制度，每季度组织一次安全隐患排查整治，对值班室、财务室、保密室等重点部位实施全时段安全管理，及时消除各种不安全因素。

【领导名单】

县委常委、人武部长	邹泽军（3月免）
	金仁贵（3月任）
政治委员	党生维
副部长	曾祥标

武警中队

【概况】 中国人民武装警察部队崇义县中队，于1983年4月组建，隶属武警赣州市支队，主要担负崇义县看守所外围武装警戒以及上级赋予的其他临时性勤务。2014年，中队严格贯彻落实中共十八大、十八届三中和四中全会精神及总书记习近平关于加强武警部队建设的一系列重要指示，以新《军队基层建设纲要》为依据，围绕努力建设一支听党指挥、能打胜仗、作风优良的现代化武装警察部队的目标，按照“夯实安全基础，营造和谐警营，争创先进中队”的工作目标和“坚持全面打基础、全力抓落实、全程保安全，推进部队建设安全稳定快速发展”的整体工作思路，在务真求实中推动中队全面建设又好又快发展。

【政治工作】 中队党支部一班人高度团结，充分发挥党支部战斗堡垒和领头羊的作用，坚持用党的创新理论武装官兵，坚持围绕实现“三个确保”的目标，不断打牢官兵的思想基础。突出抓好三级党委扩大会议精神和“坚定信念，筑牢军魂，永远做党和人民的忠诚卫士”主题教育，进一步增强官兵的责任意识和使命意识，围绕中心工作，结合中队实际，适时开展时事政策教育，日常生活中，抓好官兵的经常性思想教育，将尊干爱兵、艰苦奋斗、爱国奉献、拥政爱民的优良传统深入兵心，严抓法纪教育，树牢法纪观念，增强依法治警和依法办事的意识和能力。

【执勤工作】 中队党支部对执勤工作高度重视，把执勤和处突摆在各项工作的中心位置，狠抓执勤安全，严格执行各项《执勤规定》和《正规化执勤标准》，狠抓执勤制度落实，进一步正规执勤秩序，并狠抓勤务训练，增强自我防护能力和应急处突能力，确保中心万无一失，圆满完成年度执

勤任务。积极加强与目标单位联系联防，主动交流情况，共同研究制定措施，尽可能地争取目标单位对执勤工作的投入，改善执勤环境，完善执勤设施，把中队执勤设施建设成为一流水平，确保执勤的绝对安全。同时中队精心组织好各项临时勤务，不断提高完成任务的能力。

【军事工作】 坚持狠抓军事训练，严格按照《军事训练新大纲》和《军事训练若干规定》等规章制度，按纲施训、科学组训，抓好了人员、内容、时间、质量的四落实，突出以干部为重点、战士为主体，严格干部跟班作业制度，采取以老带新，以新促老的方法，不断提高训练质量。贴近实际建立了一支素质过硬的应急班队伍，平时注重加强应急班处置突发事件能力和反恐能力的训练，真正做到齐装满员，训练有素，确保一声令下，部队能够拉得出，打得响。

【后勤工作】 中队党支部以全年整体工作思路为主线，坚持以习主席对武警部队建设一系列指示为指导，加强基层后勤工作的规范建设，不断提高后勤保障能力和官兵生活质量，在后勤管理中，严格按照《军队基层建设纲要》抓落实，使管理工作有法可依、有章可循；坚持以保中心、保生活为重点，修订完善执勤处突保障预案，重视抓好应急保障力量体系建设，积极推进后勤规范化管理，加大后勤业务骨干培训和经费物资管理力度，后勤保障能力不断增强。

【组织建设】 坚持抓好中队的组织建设，不断提高各级组在中队建设中的地位和作用，促进制度工作创新发展。中队党支部的加强自身建设，重点突出支部解决自身问题的能力，抓好党员，特别是干部党员的管理使用，不断提高干部的事业心和责任感；抓好各项组织制度的落实，确保组织生活有质量，能真正解决重点建设中发生发现的各项问题。

【管理工作】 坚持狠抓从严治警，严格中队管理，不断提高中队管理水平，坚决杜绝事故案件的发生。以安全发展的理念教育整顿官兵，不断强化官兵安全意识，牢固树立安全决定中队发展的观念。

【警民共建】 中队官兵视驻地人民为父母、把驻地当故乡。同多家友邻单位结成了共建单位，利用业余时间为共建单位工作人员进行军训，积极开展共建活动，受到了共建单位的一致肯定。每年积极为驻地学生开展国防教育，增强了广大学生的爱国热情，深受学校师生好评。

【领导名单】

中队长　江　波

指导员　应　涛

消防大队

【概况】 2014年，崇义县公安消防大队以中共十八届三中、四中全会和总书记习近平重要讲话精神为指导，紧紧围绕支队年初制订的工作思路，大队一班人团结一心、与时俱进、开拓创新，全力推进年度工作目标任务落实，消防工作和部队建设取得了显著成绩，圆满完成了以防火、灭火和抢险救援为中心的各项工作任务，确保了“两个稳定”。

【组织建设】

强化建设，班子核心领率能力明显提升 大队始终把班子建设作为首要工作来抓，切实维护班子团结，提高班子谋发展、促发展的领率能力。大队党委一班人围绕基层党委“五好”标准，积极贯彻全国、全省公安现役部队党建工作会议精神，规范落实了党组织各项组织制度、生活制度、学习制度、议事程序等，并通过党委中心组学习、党课教育、开展主题党日活动、重温入党誓词等途径，进一步加强了班子自身建设和党员队伍建设，增强了班子的凝聚力、战斗力，党委的领导核心作用和谋事干事能力得到了有力凸显。在团结和谐班子的带领下，

大队喜事连连：1月，大（中）队被总队评为2013年度“三争优”活动先进（中）大队，实现历史突破；王小雷被总队评为全省“优秀共产党员”，刘知远同志被总队评为全省“优秀党务工作者”；在全市消防部队打造现代化消防铁军比武竞赛中取得团体总分第6名，为大队近十年最好成绩；在全市消防部队政治干部岗位练兵竞赛中获得团体总分第5名；在全市率先完成登高平台车及运兵车购置任务。

正确引导，思想政治教育扎实有效 大队以中共十八届三中、四中全会精神和总书记习近平关于军队建设系列重要讲话为指引，全面部署开展了“牢记强军目标、献身强军实践”主题教育活动，紧紧围绕习总书记提出的强军目标，以多种形式积极开展了“为何从警、如何做警、为谁用警”大讨论、演讲比赛、主题征文等活动，大力弘扬我党我军及公安消防部队光荣传统和优良作风，同时，抓经常性思想工作不放松，切实打牢官兵忠诚履职、一心为民的思想基础，为部队稳定提供了有力支撑。

大力整治，干部队伍作风明显好转 结合中央“八项规定”、总队党委、支队党委等关于改进工作作风的若干规定，深入开展集中整治消防执法腐败问题工作、清房清车清人“回头看”工作及“讲党性、守党规、严党纪”反腐倡廉教育活动，通过活动的开展和突出问题的整治，夯实了广大党员干部廉洁从警思想基础，重点抓了干部作风建设及党风廉政建设，加强了对干部工作考勤和八小时外管理，落实了对监督执法工作的定期回访，切实解决了以往干部队伍存在中的“四风”问题及执法过程中存在的不作为乱作为问题，打造了一支业务过硬、作风优良、清正廉洁的干部队伍，全年未发生不廉洁案件。

文化塑警，部队整体形象大幅提升 大队党委高度重视警营特色文化队伍建设，结合驻地实际，充分发挥警营文化建设凝聚兵心、鼓舞士气、活跃警营的作用。1月，通过努力，大队在举办的全市特色文化队伍评比竞赛活动中荣获第四名。在典型培树工作中，大队通过媒体大力宣扬在“10·26”沿江路居民楼火灾中勇救被困老人，被网友称为崇义“浓烟哥”的黄小章先进事迹，事迹经各大媒体报道后在当地被热议，受到领导和群众的交口称赞，通过培树典型大大激发了全体官兵扎根警营、服务人民的热情，同时树立了崇义消防的良好形象。

【部队管理】

规范养成，部队管理正规有序 大队深入贯彻落实瑞金正规化试点现场会精神，并在10月底由大队主官带领中队干部和班长骨干分批次到瑞金大队参观学习正规化管理，查找自身不足，同时，将瑞金的做法与崇义消防大队的实际情况相结合，重新规范了营区设施，统一了各类标识标牌，整合完善了基础工作台账资料。同时，狠抓了一日生活秩序的正规化、执勤灭火勤务的规范化和部队各项管理制度的落实，对人、物、事实行定岗、定位、定责管理。2014年，大队先后投入经费10多万元对营院进行重新规划设置、购置完善了各类库室场所的配套设施、添置了常规训练安全防护设施。同时，大队抓部队安全这条主线不放松，开展了“安全管理教育年”、条令条例学习月、安全教育整顿月和以“融洽官兵关系，构建和谐警营”为主题的“四查看四整治”等活动，重点抓好了“人、车、酒、赌”四个重点环节和部队执勤灭火救援“三个三”规定的贯彻执行。全年，大队未发生安全责任事故及警民纠纷等案件。截至2014年年底，部队正规有序、安全稳定，队伍风清气正，官兵关系和谐融洽，干事创业氛围浓厚。

实战练兵，部队核心战斗力显著提升 大队始终坚持“练为战”的指导思想，积极开展全员岗位大练兵工作，不断完善练兵奖惩机制，大力营造大练兵氛围，通过努力，在10月份全市消防部队打造现代化消防铁军比武竞赛中取得团体总分第6名的近十年来最好成绩。结合内攻和紧急避险专项训练活动，加强了“六熟悉”和实地演练工作，狠抓了整建制中队实战化训练，进一步修订和完善了单位灭火作战计划，规范了灭火救援实战流程，做到每周有演练，演练有讲评，通过演练有效提升优化了中队官兵的协同作战能力，官兵的灭火救援作战素养得到了显著提升。2014年，大队共开展实地演练95次，其中人员密集场所56次，工业建筑6次，居民住宅16次，国家机关12次，抗洪演练5次。9月29日，在县职业中专组织开展了由教育、安监、公安、消防、交警、医疗、供水、供电等多部门联合参与的人员密集场所灭火疏散联合演练，全面提升了部队快速反应和应急处突能力，提升了与其他应急力量的联动配合能力。同时，积极开展器材革新工作，针对崇义马蜂窝较多的地区特点，中队长刘伟研发了便于收整安全绳的“卷绳器”，中队战士程威研发制作了摘除马蜂窝的“套蜂杆”，在日常训练和灭火救援中发挥了很好的作用。

截至11月25日，大队共接警出动39起（其中火灾30起），出动消防车70辆次，出动人员353人次，抢救被困人员3人，疏散人员7人，抢救财产价值1075万元，圆满完成了灭火救援任务。

高位推动，综合应急救援队伍建设成效显著　大队主动作为，积极向县委、县政府请示汇报，先后提请县委、县政府召开专题会议5次，研究综合应急救援队伍建设工作。经争取，全年落实应急救援经费301.12万元：拨付经费245万元购置32米登高平台消防车和运兵车各一辆；拨付经费26万元购置应急救援器材装备126件（套）；配备了3G单兵图传设备，已完成应急救援指挥平台和大接警系统建设；招聘了合同制消防员5人，落实了队伍建设保障经费；争取经费20余万元对市政消火栓进行了新增和维修。

【后勤保障】

主动作为，经费保障取得新突破　2014年，大队乘势而为，迎难而上，多次就经费保障、应急救援等工作积极主动地向县委、县政府主要领导作专题汇报，取得了县委政府领导的大力支持，在县财政十分困难的情况下，确保了各项保障经费的落实，全年大队共争取地方经费达448.63万元：安排大队预算经费136万元并已逐月拨付到位，已达到《江西省地方消防经费管理实施办法》规定的两年补差70%要求；争取到大队罚没款全额返还，2014年已返还罚没款11.51万元；32米登高平台消防车和运兵车购置经费245万元，126件（套）应急救援器材装备购置经费26万元，都已按要求转入支队账户；争取到20余万元专项经费用于新增市政消火栓40个，维修更换23个已损坏的消火栓；5名合同制队员落实了2.8万元/人·年的保障经费，伙食费按18元/人·天拨付，解决了年度办公经费5万元。

严格管理，财务机制运行规范　大队严格银行账户开立、变更审批，对银行账户、资金存储、现金管理情况进行了自查自纠，及时撤销了项目已验收、账户久未使用的大队营房建设地方账户1个；从严控制了现金支付，全面使用公务卡进行支付结算，进一步规避了财经风险的发生；严格执行预算外资金“收支两条线”；严格执行“三公”经费预算“零增长”，严格控制、压缩了行政消耗开支。

【消防监督】

夯实基础，执法规范化水平明显提升　在2013年抓执法规范建设取得成效的基础上，大队结合执法质量专项检查及执法“回头看”活动，从五个方面进一步抓好了执法规范化建设：一是从规范监督执法基础台账、业务档案、文书制作等方面入手，进一步规范各类监督工作软件资料，成效明显；二是从规范监督执法程序入手，进一步规范了监督业务办理流程、重大执法事项集体讨论、重大火灾隐患单位判定确立、消防安全重点单位调整确定等程序；三是强化了消防监督业务系统的使用，做到监督执法工作全部网上流转，杜绝体外循环；四是完善监督执法硬件，购置了1台执法记录仪和采集工作站，购置了2台移动执法终端，采购了火灾调查装备；五是强化了监督干部业务学习，提高监督干部学业务、钻业务的自觉性，进而提升大队执法水平和工作质量。在支队前三季度的执法质量考评中，大队综合成绩均排名全市前六（一次第六、两次第五）。

重拳出击，火灾隐患排查整治力度空前　2014年，大队结合辖区实际，相继部署开展了“清

剿火患”战役、“合用场所、棚户区专项整治”、“古城镇、古村落及文物古建筑消防安全专项整治”、“重大火灾隐患集中整治”、养老服务机构消防安全专项整治、高温季节全县校园及周边消防安全专项整治、石油化工企业消防安全专项整治、卫生系统消防安全专项整治、文化场所消防安全专项整治和“九九消防平安行动”等一系列专项整治活动，做到各项整治工作有方案、有部署、有检查、有成效。年初，针对辖区情况大队开展了非法加油点整治工作，共取缔设在民房内的加油点4处。暑假期间，结合辖区实际开展了幼儿园专项整治工作，共处罚6家，并督促5家增设了室外疏散楼梯。经政府研究，确立了崇义县创业网城、春明大酒店为“重大火灾隐患单位”，在9月30日之前均已销案，其中崇义县创业网城已整体搬迁，对春明大酒店实施了临时查封。截至2014年年底，大队共检查各类场所819余家，发现火灾隐患899处，下发责令整改通知书679份，临时查封15家，责令“三停”3家，实施罚款处罚32起，处罚金额12.03万元，通过一系列整治活动有效地预防了重特大火灾事故的发生，确保了辖区火灾形势平稳。在上半年开展的第二次“清剿火患”战役综合考评中，大队在全市排名第二，大队长王小雷被省公安厅表彰为“清剿火患”战役“成绩突出个人”。

广泛发动，消防工作社会化进程明显加快 2014年，大队结合各类排查整治活动进一步推动乡（镇）、村、社区落实 “网格化”管理，确保机构逐级建立、责任逐级落实。结合社会单位“户籍化”管理工作，督促了社会单位落实“三项申报备案”制度。同时，推动消防工作政府领导，强化行业系统单位联动，多次召开联席会议，研究解决涉及消防的重大问题，组织开展联合大检查。上半年，大队就县城市政消火栓严重滞后的现状专题报政府，政府领导高度重视并及时组织供水、规划、城管、消防等部门研究制定整改方案，最终批准由财政安排专项经费20余万元在县城新增40个消火栓，并对原有的已损坏的23个市政消火栓进行更换。

深入宣传，全民消防安全意识明显增强 大队以《全民消防宣传纲要》的贯彻执行入手，充分运用崇义手机报、崇义消防手机报、手机短信、电视、微博、发放宣传单、开放消防站等方式，大力加强社会面防火灭火知识和自救逃生技能的宣传，全力营造浓厚消防宣传氛围。大队制作了2块大型消防宣传广告，在坚强量贩超市、县汽车站的外墙醒目位置悬挂，并印发了2万余份宣传挂图、宣传册。此外，大队还经常深入辖区单位开展实地消防培训授课20余次，培训人员2000余人，如：大队联合横水派出所深入县城鸿福苑等小区，开展消防进社区活动；大队联合团县委及“青春三下乡助力振兴发展”志愿者组成“学雷锋志愿者服务小队”到铅厂义安小学为师生了普及消防安全知识，组织开展疏散逃生演练；开展好中小学校“开学第一课”的消防教育；为夕阳红敬老院、铅厂敬老院老人送去消防知识；“八一”建军节当天，联合铭豪置业在县城中心广场开展了消防宣传主题活动等等。在“119”宣传日期间，大队开展了一系列宣传教育活动：在崇义电视台播放《消防安全知识二十条》《消防宣传公益短片》，利用崇义手机报、崇义消防手机报、手机短信、微博、微信发送消防安全常识1万余条次；组织消防志愿者在人民广场、超市和社区等场所发放消防安全知识宣传资料2000余份；深入职业中专、红杉木业、一号公馆KTV、关田敬老院进行消防宣传培训；开放消防站，组织耀升国际饭店、才智幼儿园和一米阳光图书馆等单位人员来队参观学习；大队组织耀升国际饭店、崇义大酒店、七号公馆、坚强量贩、职业中专、红杉木业、夕阳红敬老院、关田敬老院开展“生命通道体验活动”。此外，大队还组织9人参加全省建构筑物消防员培训及一站多点培训。同时，大队加强了对派出所的指导，并于2月组织了一次公安派出所专兼职民警消防培训。

【领导名单】

大队长　王小雷

教导员　王忠源（7月免）

　　　　汪　华（7月任）

人民防空

【概况】 2014年，崇义县人防工作在县委、县政府及县人武部的正确领导下，在市人防办的精心指导下，周密组织，突出重点，强化措施，狠抓落实，较好地完成了年度人防工作任务。

【加强了城市防空防灾能力】 人防工程建设有新的突破。崇义县第一个人防工程——天俊华庭防空地下室竣工完成，通过省人防办竣工验收，实现了崇义县人防工程建设“零”突破；财富新天地防空地下室完成主体工程。同时，加强了易地建设费征收工作，全年办理行政审批许可事项312件。基本完成了人防专项规划编制工作。委托江西省人防设计院编制，已基本完成初稿，通过了专家评审，正在进行修改完善。对县城9台防空警报器进行升级维修。9月18日，进行了防空警报试鸣活动，组织了县城中小学校开展防空防灾演练活动。

【加大了宣传教育工作力度】 积极开展了人防宣传进学校活动。一是加强了领导。确立了试点学校，县人防办、县教育局联合成立人防宣传教育进学校试点工作领导小组，领导小组下设办公室，办公室设在县人防办。人防宣传教育试点进学校工作指定一名副校长专门负责，选派骨干教师任教，日常教育工作由学校政教处具体负责。二是制定了工作方案。县人防办与县教育局联合印发了《崇义县人民防空宣传教育进学校试点工作方案》到全县各中小学，确定了试点学校、教学内容、对象、形式、安排等。三是设立崇义县人防宣传进学校宣传教育室。在崇义三中设立宣传教育室，作为全县人防宣传教育进学校的宣传教育室，有挂图、模型、实物、资料等，为师生接受人防教育提供了一个场所。全年共组织了9批次1600多人次学生参观学习。四是开展系列活动。2014年，主要开展了以下活动：组织学生观看了防空防灾知识宣传片，在试点学校设立了防空防灾知识宣传专栏，组织了防空防灾疏散演练，聘请了38名人防宣传员，开展“小手牵大手”人防知识进家庭活动。在县城初中学校和部分乡（镇）中小学积极开展防空防灾知识教育，发放《人防空防灾知识》读本2000多册。县人防办印发《中小学生防空防灾知识必知》和《崇义县人防知识进家庭宣传资料》1万多份，发放到全县各中小学和县城居民家中。五是加强了宣传。通过多种形式加强人防知识宣传，在崇义三中安装了1台多媒体多功能防空防灾警报报知系统，设立固定的人防宣传教育标牌，悬挂人防宣传标语，利用崇义教育网和校园网络平台向全校师生宣传，扩大宣传覆盖面。崇义县人防宣传进学校方案被市人防办向全市各县（市、区）转发，经验做法在全市推广。在重要时间节点开展了宣传活动。积极开展“3•1”国际民防日”和“5•12”防灾减灾日宣传活动，发放《江西省城市市民应急手册》1000多册，为市民宣传防灾减灾有关知识，提高市民的防灾减灾意识和自救互救的应急避险能力。“9•18”防空警报试鸣前，组织干部深入街道、社区分发宣传材料，让市民了解更多的防空防灾知识。利用县有线电视台、手机报、政府门户网站等媒体，将防空警报试鸣相关信息提前告知市民，加强了相关知识的宣传。加大了信息、调研文章报送力度。在《中国人民防空》发表文章（图片）4篇（幅），在国家、省人防信息网分别发表文章（信息）26篇、55篇，在《江西人民防空》用稿2篇，用稿数列全省前列，李鸿金被《中国人民防空》杂志社评为优秀作者。

【全面落实机关规范化管理】 对行政许可项目进一步进行了梳理，优化审批流程，缩短办事时间，提高服务水平。建立了办事对外公开制度，公开人防工作办事程序，明确人防行政许可办理手续的受理、完成时限，对社会进行承诺。在开展党的群众路线教育实践活动中，进一步优化服务水平，提高办事效率，进一步梳理行政许可办理流程，缩

短办理时限。通过梳理，3月对6项行政许可项目，共缩短14天办理时限，缩减了25%，从3月开始执行，方便了群众办事。6月，再次缩短了3天审批时间，缩减了33%。所有审批事项按要求授权到位，做到行政审批实现"窗口"一次性办理，群众办事不再"两头跑"。县人防办窗口9个月评为红旗窗口，被评为全县行政审批工作先进单位。抓好业务技能学习。结合开展"每季一书、每月一课"活动，组织了人防行政执法、人防工程建设、人防通信警报、人防财务等业务知识的培训和学习，提高了干部的业务技能、工作能力和综合素质。进一步完善各项制度。建立健全了财务、上班纪律、学习、公务接待等14项制度，围绕优化发展环境的便民措施、服务标准、工作效率、工作作风，加强廉政勤政建设，健全监督举报机制等，向社会进行公开承诺。严格落实党风廉政建设责任制。认真贯彻落实"八项规定"，严肃上班纪律，开展了办公用房清理、干部"吃空饷"等自查，开展了个人、科室和单位廉政风险点排查和风险评估，对干部进行党性党纪和勤政廉洁教育。

【中心工作取得了明显成效】 党的群众路线教育实践活动得到县委督导组的充分肯定和县委活动办的通报表扬。一是动真格查找问题。教育实践活动开展以来，办领导班子成员主动深入基层，广泛听取意见，通过交流谈话、座谈会、接访、个别访谈、上门走访等渠道收集意见建议，共收集意见建议106条，梳理后共计40条，其中"四风"方面问题共计37条，民生诉求及其他方面共计3条；同时班子专门召开了班子会议，逐条对照检查，认真找出"四风"问题的具体表现和典型事例。二是注重落实抓整改。通过积极整改，至9月底，县人防办收集到的意见建议全部整改到位。其中积极推进人防宣传进学校活动、规范行政审批等工作成为县人防办的特色。"送政策、送温暖、送服务"工作取得明显成效。向上争取资金6万多元和篮球场器材、乒乓球桌等设施，单位自筹资金1万元，为村小学硬化了操场，砌起了围墙和绿化带，建成了篮球场和升旗台，对校园进行了绿化，为学生和村民提供了一个活动和锻炼场所。实施了4个项目，较好地改善了基础设施。

【领导名单】
主　任　钟林生
副主任　李鸿金
　　　　王国凡（7月免）

经济综合管理

发展和改革

【概况】 2014年，县发改委充分发挥综合经济部门职能作用，深入贯彻落实若干意见，主动适应发展新常态，齐心协力，统筹推进，狠抓落实，圆满完成各项工作目标任务。

【各项经济指标稳中向好】

经济社会发展计划主要指标 《崇义县2014年国民经济和社会发展计划》经县第十七届人民代表大会第五次会议审议通过，主要计划指标有：生产总值63亿元，财政总收入8.82亿元，公共财政预算收入5.51亿元，工业主营业务收入（规上）100亿元，工业增加值（规上）30.5亿元，固定资产投资（500万以上）33.93亿元，社会消费品零售总额11.92亿元，实际利用外资1400万美元，出口总额9200万美元，城镇居民人均可支配收入1.618万元，农民人均纯收入6670元，城镇常住人口8.5万人。

主要计划指标完成情况 实现生产总值63亿元，按可比价计算，增长9.1%；其中，第一产业增加值9.42亿元，增长4.5%；第二产业增加值37.34亿元，增长10.9%；第三产业增加值16.24亿元，增长7.3%；三次产业结构比调整为14.9∶59.3∶25.8，非农产业比重提升至85.1%。完成财政总收入9.6亿元，增长26.3%，增速全市排名第二，其中公共财政预算收入6.79亿元，增长38.9%，增速全市排名第3，提前完成“十二五”规划任务目标；城镇居民人均可支配收入19528元，增长9.4%；农村居民人均可支配收入6845元，增长11.79%，总量全市排名第7。完成固定资产投资33.41亿元，增长20.5%；社会消费品零售总额11.76亿元，增长12.3%；出口总额8305万美元，增长-5.2%；实际利用外资1399万美元，增长5.27%。

【振兴发展迈出坚实步伐】

深度挖掘国家政策信息 为适应振兴发展新形势，结合崇义实际，先后编印《赣闽粤原中央苏区振兴发展规划》解读、若干意见再梳理等政策参阅材料，其中梳理出《赣闽粤原中央苏区振兴发展规划》明显体现崇义的内容7处，为下一步推进苏区振兴发展提供了政策支撑。

有序推进对口支援工作 加强与环境保护部和体育总局的对接汇报，成功争取了一批政策、项目和资金。环境保护部出台2014年对口支援工作方案，明确10项具体帮扶举措；各级环保部门安排到位资金4760万元支持崇义重金属污染综合防治等项目建设；陡水湖成功被列入全国水质较好湖泊生态环境保护总体规划，治理方案获省环保厅、财政厅审核通过；引导环保企业公益捐款、捐物共计60万元；指导编制了生态文明建设示范区创建方案。体育总局安排28个司局及直属事业单位对口帮扶全县16个乡镇；支持崇义创建全国基本公共体育服务体系示范县；安排到位各类项目资金1061万元支持崇义体育设施建设；为全县基层、中小学捐赠651万元的教学、体育设施器材。

牵头推进央企对接项目 耀升钨业高性能硬质合金生产及深加工一期项目建成投产，重金属污染治理项目柯树岭废渣综合治理工程即将开工，上堡风电项目即将完成测风和风资源评价工作。

【争资争项工作成效显著】

争取资金方面 协助全县争取各类资金首次突破10亿元，达到10.55亿元，增长14.9%，其中发改口径争取的各类资金主要有中央苏区产业扶贫资金1000万元、中央苏区补助3492万元、农村电网改造升级工程2200万元、农村危房改造1069万元、政法基础设施建设工程500万元、产业转型升级项目耀升钨业棒材中央补助3780万元、保障性安居工程配套基础设施建设工程1070万元等。

争取政策和项目布局方面 成功争取国家主体功能区建设试点县、全国大中型水库移民避险解困试点县等一批国字号政策。崇义通用机场成功列入全国规划布局；上堡梯田旅游公路被列入全国新

一轮旅游公路规划；关刀坪220千伏、乐洞110千伏输变电项目批复立项由省电力公司投资建设。

【督导项目建设力度加大】

加强督促了省市重点工程项目建设 衔接6个超亿元项目列入省市重大项目调度，全年完成总投资19.98亿元，其中省重点新硅源硅石矿精深加工项目即将开工；市重点章源碳化硅复合材料、耀升钨业硬质合金项目竣工试产，乐洞风电、活性炭产业园、阳岭新城基础设施等项目进展较快。

有效推进了全县重点工程项目建设 研究制定了2014年全县重点工程推进计划，安排工程项目37个，年内计划投资约22.2亿元；推动开展重点工程"百日攻坚战"活动，严格实行县领导挂点、每周通报、销号等督促制度，全年完成投资15.3亿元。

谋划引进了总部经济项目 研究拟定股权投资基金产业发展扶持政策，成功引进了和君基金在崇义县注册江西和君、和君沣盈、江西和信融资、江西和思等4个公司，是全省首家在县级设立的股权投资基金公司，股权基金规模2亿元。

【推进业务工作务实高效】

参谋助手能力进一步增强 研究提出了2014年主要经济指标计划草案，定期拟写了计划执行情况报告，并提交县人大审议。开展了全县"十二五"规划实施中期评估，启动了县"十三五"规划编制前期工作。聚焦国内外经济下行态势，按季加强经济运行监测、分析和调度，编印《发改内报》13期，在争资争项、重点工程、经济运行、对口支援等方面为县委、县政府决策提供参考。

项目审批和招标核准制度严格落实 实行"当即受理、当即办理"工作制度，全年共简化程序审批项目270个，其中项目立项、备案、可研、初步设计审批40个，项目招标审批230个，项目审批时限由2－10个工作日压缩至1－5个工作日。

工程招投标程序进一步规范 规范办事程序和行为，将权利关进制度的"笼子"。修订完善《城区建设项目审批提速办理工作制度》《工程建设项目招标代理服务集中招标采购实施方案》《政府投资项目并联审批实施方案》等规章制度。

【党风廉政建设扎实推进】

群教活动深入开展 把深入开展党的群众路线教育实践活动作为2014年首要政治任务，全委共收集意见建议249条，梳理汇总138条，其中"四风"方面127条，纳入专项整治79条，纳入制度建设48条，纳入具体问题整改11条。确定重点整改任务23项，其中专项整治7项，制度建设5项，具体问题11项，办结率100%。

作风建设持续加强 以群众路线教育实践活动为契机，切实加强干部作风建设，坚决贯彻落实中央"八项规定""六项禁令"和省市县等有关规定。认真落实党风廉政建设责任制，切实加强廉政教育，层层签订责任状，筑牢干部廉洁从政思想防线。加强作风纪律日常督查，确保问题早发现、早督促、早解决。全年县发改委未发生一起干部职工违法违纪案件。

机关制度健全完善 强化日常管理和干部队伍建设，健全完善《一次性告知制度》《首问责任制度》《行政审批时限倒逼制度》和网络行政办公系统及考勤打卡等机关制度规定，并严格执行，增强了干部职工的服务意识、纪律意识、责任意识，自觉做到讲规矩、守纪律，按要求办事、按程序办事、依制度办事，进一步提高了干部职工的工作效率。

【领导名单】

发展和改革委员会、公共资源交易市场管理委员会办公室主任　汤新敏

苏区振兴发展工作办公室主任　谭宽明

发展和改革委员会、公共资源交易市场管理委员会办公室副主任　谭宽明

苏区振兴发展工作办公室副主任　邹攸鹏　罗太海

统　计

【概况】 2014年，崇义县统计局坚持以提高统计服务水平为中心，以提高数据质量为主线，扎实进行第三次全国经济普查，全面开展企业一套表统计改革工作，加大统计执法力度，狠抓队伍建设，定期发布全县性国民经济和社会发展的统计信息，向县委、县政府和有关部门提供统计信息和咨询建议，向社会公众提供统计信息服务。

【圆满完成了崇义县第三次全国经济普查工

作】 一是按照国家普查方案的要求，于1月1日展开全面登记。在普查登记过程中，选调了 126 名普查员和指导员，圆满完成了全县范围内的法人单位、产业活动单位、个体经营户入户调查、登记、电子信息定位等工作。二是根据市经普办分阶段反馈查缺补漏及错误清单，开展查缺补漏及错误信息修改工作。三是对全县范围内的1763 家单位、7621 家个体经营户进行“地毯式”核查，对企业及个体经营户详细名称、组织机构代码、行业、从业人员数和营业收入进行了登记核实。四是开展普查数据的审核上报、数据汇总和数据评估工作。

【加强领导、精心组织，确保源头数据质量】 县统计局把数据质量控制管理贯穿于“企业一套表”工作的全过程，建立统计数据质量管理责任制，明确统计数据质量管理责任领导、责任人及其职责分工；精心组织好统计系统业务培训和企业统计人员的培训；密切关注企业生产经营状况，防止企业直报数据出现大起大落，做好月度、季度、年度数据的衔接，完成了网络升级改造工作，确保了全县“三上”企业网上直报率达 100%。

【加强统计监测分析，不断提高统计服务水平】

加强统计监测 密切跟踪宏观调控中经济运行的走势和经济社会发展中出现的新情况、新变化，加强监测预警，定期召开经济形势分析会，全面分析经济运行的特点及存在问题，研析预测下一阶段主要指标走势，全面、客观、准确地把握经济运行趋势，及时提供监测分析报告。

优化统计服务 严格执行《江西省统计工作管理条例》，及时编印《崇义经济动态》《崇义县国民经济统计提要》《崇义统计分析》《崇义统计年鉴》等统计服务产品，为各级领导及有关部门提供各类统计信息 240 多条。加强部门信息共享，积极推进综合统计与部门之间互通有无，及时提供部门统计资料，规范部门数据发布，为政府科学决策管理提供依据。

【积极落实目标责任，统计调查任务全面完成】

全面完成 2014 年各项统计报表工作 县统计局通过加强对各专业基层统计报表报送制度的监管，对统计报表报送制度进一步规范化管理，各专业的定报数据质量明显改善，各种统计报表都按照上报要求按时上报，没有发生漏报、迟报和不报现象。按时完成了 2013 年度城乡住户一体化调查、批发零售贸易餐饮业、服务业、工业、建筑业、固定资产投资、劳动工资、文化产业等专业的统计年报和 2014 年定报工作。

做好基本单位名录库更新维护 通过“名录库”专业人员加强与各专业的沟通联系，对于新开业和符合条件的企业及时摸底排查，做到成熟一个上报一个；把好调查单位入库关，坚决杜绝将虚假不实单位或不符合标准的单位纳入调查单位库；加强调查单位资料的审核，归档工作；做好“四下”升“四上”摸底排查工作，全县共新增“四上”单位 7 个。

认真做好专项调查和固定资产投资统计改革试点工作 根据省、市统计局的统一安排，县统计局完成了城乡住户一体化调查、劳动力抽样调查和人口变动调查、耕地流转情况调查工作和限额以下贸易、规模以下工业抽样调查，各项统计调查任务都按时全面完成；5 月，国家统计局启动了固定资产投资统计制度方法改革试点工作，根据国家省市的统一部署，5 月下旬召开全县规上工业企业、资质建筑业、房地产开发企业、限上批零住餐企业、重点服务业等企业的联网直报统计人员和涉及固定资产投资统计改革试点工作的相关部门（单位）的动员培训会，培训统计人员 60 余人。2014 年，已顺利完成四个季度非金融资产投资报表的上报和审核验收工作。

企业申报工作成效显著 2014 年，在县统计局、工信局、民营企业局、商务局和有关企业的共同努力下，共申报了 14 家“四上”企业，7 家通过了国家统计局的审批，其中工业 2 家、贸易业 3家、房地产业 2家，并纳入国家“四上”企业名录。

【加强统计法制建设】 严格执行《江西省

统计工作管理条例》，不断完善部门统计工作的沟通协商，推动政府统计和部门统计协调运行；各部门对照考核目标高度重视。报送统计部门的数据与上级部门的数据保持一致，注重各部门数据的衔接和统一。加强部门信息共享，积极推进综合统计与部门之间互通有无，及时提供部门统计资料，规范部门数据发布。

【领导名单】

局　长　　杨卫星

副局长　　胡省春

　　　　　李海良

农调队长　张道树

物　价

【概况】　2014年，全县物价工作深入贯彻落实中共十八大、十八届三中、四中全会精神，围绕县委、县人民政府提出的加快发展升级，加速振兴发展目标，以保持价格总水平基本稳定为主线，强化价格监管，积极稳妥推进资源性产品价格改革，注重抓好价格服务，着力解决涉及民生的价格和收费方面的突出问题，努力保持价格总水平的基本稳定。

【确保价格总水平基本稳定】　完善价格监测预警机制。坚持价格监测“一日一监测、一周一分析”的工作制度，重点对粮油、肉类、液化气、农资、建材、特色农产品等421种商品进行价格监测。强化市场价格和收费秩序监管。重点加强了价格行政执法，依法严肃查处各种违法行为，维护群众合法权益和公平、公正的市场竞争秩序。着力推进平价商店建设，努力平抑“菜篮子”价格。

【价格监督检查】　有效承接省、市下放的价格审批权，努力疏导价格矛盾，积极稳妥推进价格改革。认真开展全县收费情况年度审验，并换发新版收费许可证。依法开展价格监督检查，规范市场价费秩序。

【规范价格认证和成本调查】　巩固价格鉴定和价格成本监审成果，认真开展价格认证工作，调解价格矛盾，处理价格纠纷。继续巩固涉案财物价格鉴定，涉税财物价格认定，国有资产拍卖和银行贷款抵押物价格评估，政府定价前成本预审和可行性论证。据统计：全年受理价格认证数量23起，认证总金额62.06万元。

【中心工作】　县物价局党员干部深入上堡乡上堡村推进“三送”工作，帮助群众办实事。组织干部职工积极开展征地拆迁工作，及时完成了县委、县政府交办的征地拆迁工作任务。

【价格监督检查情况】　价格诚信建设是社会信用体系建设的重要组成部分，是贯彻落实中共十八届三中全会精神、规范市场经济秩序、优化经济发展环境的重要措施，群众对一些经营者虚构原价、低标高结、价格歧视、价格欺诈等不诚信的价格行为，物价部门必当采取有效措施，全面推进崇义县价格诚信建设。

表3　价格公共服务情况和价格诚信建设

“七进”情况（次数）	监督服务站（个数）	聘请监督员（人数）	设立公告栏			价格单位（A）个数
			县城	乡镇	村	
12	3	3	3	16		

12358价格举报电话受理案件12件，办结案件数12件。

【价格认证服务情况和价格监测情况】　价格认证是价格工作的重要组成部分，是在我国社会主义市场经济体制下发展起来的新事物，是价格主管部门从事公共服务的重要窗口。其主要职责是行使价格裁定职能，以调解价格矛盾、处理价格纠纷为重心，对司法领域做好价格鉴定，对经济领域做好价格认证。

表4　价格认证服务和价格监测情况

项　目	件　数	标的物金额（万元）
（一）涉案物品价格鉴证	23	62.06
其中：1. 刑事案件	22	49.78
2. 民事案件	1	12.28
3. 经济案件	0	0
4. 其他案件	0	0

【部分价格或（收费）水平】　2014年，县物价局努力提高检查执法人员的政治素质和业务水

平以及实际操作能力，进一步健全价格执法监督体系，形成齐抓共管良好格局。发挥各方面监督力量，形成社会、舆论以及内部的共同监督网络，增强各种价格和收费的透明度，保持价格总水平基本稳定。

表 5 部分价格或收费标准

项　目	3月底	6月底	9月底	12月底
城镇居民生活用电（每千瓦时）	0.60	0.60	0.60	0.60
居民生活用水（元/吨）	1.55	1.55	1.55	1.55
液化气(元/公斤，不含送气费)	8.27	8.27	8.27	7.58
晚籼稻收购价（元/50公斤）	137.5	136	136	136
标一早米市场零售价（元/公斤）	4.20	4.20	4.20	4.20
标一晚米市场零售价（元/公斤）	5.20	5.20	5.20	5.20
鲜猪肉零售价（元/公斤，统装一刀下）	22	22	22	22
草鱼活1000克左右一条(元/千克)	15	15	15	15

【2014年度汽、柴油调价情况】 根据《石油价格管理办法（试行）》规定，国内汽柴油价格根据国际市场原油价格变化每10个工作日调整一次，调价生效时间为调价发布日24时，当调价幅度低于每吨50元时，不作调整，纳入下次调价时累加或冲抵。

表 6 2014 年度汽柴油调价情况

日期＼项目	90#汽	93#汽	97#汽	0#柴油
3月27日	7.00元	7.53元	8.09元	7.20元
6月21日	7.25元	7.80元	8.38元	7.48元
9月29日	6.68元	7.18元	7.71元	6.84元
12月12日	6.01元	6.46元	6.94元	5.88元

【领导名单】

局　长　罗宗夫（6月任）

副局长　叶贤俊（正科）

所　长　何昌华

工商行政管理

【概况】 2014年，崇义县工商局对照年初工作目标任务，认真贯彻落实中共十八届三、四中全会精神，以服务苏区振兴发展为主线，以开展党的群众路线教育实践活动为契机，以工商登记体制改为突破口，转变作风、优化服务、求真务实、开拓创新，不断提升队伍素质，规范市场秩序，服务个私企业发展，保障民生消费权益，为推进建设“美丽、文明、法治、活力”崇义做出了积极的贡献。

【市场监督管理】 2014年，崇义县工商局累计发放流通环节食品许可证1985份，建立监管网格37个，食品安全示范店17户；加强了对固定有形市场内食品小作坊和摊贩的备案登记与管理，开展了节日食品、儿童食品、烤鱼片、明胶等专项检查，共出动执法人员1133人次，检查食品经营户3.97万户次，查获不符合食品安全标准食品1000余千克，立案查处食品违法案件12起，案值4.6万元。协同有关部门深入开展扫黄打非、清理无证无照加工企业、规范中介市场、校园周边环境专项整治。以保护涉农、食品、药品、驰名商标等为重点，严厉打击了商标侵权行为。加强了活禽市场交易的监管，严查市场猪肉、牛肉是否具有动物检疫合格证明和肉制品品质检验合格证明，严禁未经检疫检验牛肉产品进入市场销售；加大了对网吧的专项整治，对全县11家网吧和文化娱乐场所进行了集中清理。

【公平交易执法】 2014年，崇义县工商局以规范市场经营秩序、提升民众消费为重点，打击制售假冒伪劣商品和扰乱市场经营秩序违法行为。累计检查农资经营户190户，抽检化肥98个批次，送检98个样，其中60个批次已出检测结果，不合格批次4个，立案查处农资案件4起，涉案金额3.1万元；严厉查处建材、传销、商业贿赂等领域的违法经营行为，检查钢材经营户38户（次），抽检钢材7个品种，40个批次；落实涉安涉稳监管，据对全县成品油进行了专项检查和抽检工作，检查成品油经营企业3家，抽检5个样，不合格样1个，立案查处案件1件，涉案金额12万元；对全县液化气进行了专项检查，检查液化气经营企业4家（销售门点8家），1家气站证照过期，立案查处2起违法经营液化气案，涉案金额44.4万元。实行了一支队伍办案，将横水分局的执法队伍合并到公平交易局，由公平交易局负责城区的执法办案和全县大案、要案的执法。

【商标广告监督管理】 2014年，崇义县工商局深入开展新商标法和商标战略的宣传，营造重视商标、运用商标、保护商标的良好氛围，引导申请注册商标15个，推荐申报省著名商标2个，市知名商标2个。据统计，全县共有注册商标286件，其中涉农商标72件，省著名商标15件，市知名商标14件。打击制售假冒伪劣商品和商标侵权行为，立案查处商标侵权案件2件，涉案金额0.78万元。认真履行户外广告监管职能，共监测各类广告523条，其中电视广告103条，手机短信广告180条，户外广告80条，网络信息广告160条，登记备案广告57份，发出行政规劝书3份，立案查处广告违法案件9起，其中立案查处医疗违法广告4起。共备案格式合同15份，其中银行业5份、电信业7份、供水业1份、供气业1份、供电业1份，其中对1户利用格式合同侵害消费者权益的违法行为进行立案查处，涉案金额10.1万元。

【市场主体登记管理】 2014年，全县新增个体工商户857户，从业人员2089人，注册资金1.17529亿元，分别同比增长3.38%、0.71%、4.82%；全县新设立企业204户，新增注册资本5.99905亿元，分别同比增加11.48%、80.06%；新设立农民专业合作社24户，同比增长9.09%。

【个体私营经济】 2014年，崇义县工商局按照“非禁即入、非限即许”的原则，最大限度降低市场准入门槛，为市场主体发展营造亲商、安商、富商、助商的良好成长环境。向广大群众宣传《注册资本登记制度改革方案》，加快行政许可和非行政许可审批效率，印发《崇义县工商局关于推行一个窗口审批的实施方案》，通过归并职能、再造流程、充分授权，在原有企业登记注册工作的基础上，把广告审查登记业务、动产抵押登记业务全部授权窗口办理，真正做到登记业务一个窗口审批，有效地提高了群众办事效率。简化审批程序，将农民专业合作社审批权限下放到各工商分局，激发广大农民抱团创业的热情，提高农产品市场竞争力和农民抵御市场风险的能力。据统计，全年帮助小微企业通过银企对接、股权出质、动产抵押等方式协助融资达4.494亿万元，其中办理股权出质登记4户次，帮助企业融资担保1.9356亿元；办理动产抵押登记28件，协助企业解决融资2.4269亿元，组织开展银企对接会3场次，达成融资需求意向1315万元 。积极发挥个私协会的桥梁纽带作用，团结个协会员，为经济建设服务，为社会和谐做贡献。先后慰问困难会员14户，发放慰问金1.17万元，棉被12条，为会员提供代办导办服务751件。

【消费维权】 2014年，“12315”平台共接到消费者申诉举报单30件，办结30件；受理消费者投诉42件，调解42件；受理消费者咨询108件，为消费者挽回经济损失13.2万元。3月15日，联合质监、卫生、烟草等部门开展了以“新消法，新权益，新责任“为主题的“3•15”国际消费者权益日宣传活动，现场发放各类宣传资料近万份，出动各类车辆14台次，接待前来咨询的群425人次，现场受理并调解消费投诉4起，为消费者挽回经济损失0.45元，销毁假冒伪劣商品价值12万元。

【队伍与效能建设】 2014年，崇义县工商局将群众路线教育活动作为一项重要的政治任务，及时组建教育实践活动领导小组，先后召开了8次领导小组办公室会议，开展教育督导6次，征求意见51条，整改落实32条，召开专题培训会5场次，收看教育片300余人次，调整清理机关办公用房122.6平方米；文件比上年同期减少了60.3%；同时将工商行政审批权限最大限度地下放到基层工商分局，工商基层审批项由原来的3项增加为现在的9项，办结事项由原来的平均15.6日压缩至1.6日；修改完善制度6个、新建制度3个；没有以县局名义召开过一次全体干部职工会议，没有举行年度表彰会议。推进廉能风险防控工作，对执法、登记、财务等岗位推行了风险防范管理，有效规范了涉权、涉钱工作人员的行政行为，确保权力在阳光下运行。加强了执法人员业务知识的培训，先后组织多名公务员参加由工商总局举行的合同经纪人与拍卖监管、网络商品教育监管、企业注册监管法制培训，考试均取得较好成绩。

【领导名单】

党组书记、局长　赖　兵（3月任）
党组成员、副局长　吕小华
何子萌

安全生产监督管理

【概况】　2014，在县委、县政府的正确领导下和市安监部门的关心指导下，县安监局认真贯彻落实中共十八大和十八届三中、四中全会精神，习近平总书记系列重要讲话精神和省、市关于加强安全生产工作的决策部署，紧紧围绕全县经济社会发展大局，大力实施安全发展战略，进一步强化“红线”意识，筑牢“底线”思维，紧紧抓住依法治安这条主线，以事故预防尤其是较大以上事故预防为主攻方向，扎实开展了隐患排查治理、安全生产大检查、“打非治违”专项整治行动等重点工作，确保了全县安全生产持续稳定好转的平稳态势。2014年，市安委会下达全县控制死亡7人以下（其中工矿商贸4人，生产经营性道路交通3人），同时要求杜绝3人以上死亡的较大事故。2014年，崇义县实际发生死亡事故5起，死亡5人，其中工矿商贸企业发生3起死亡事故，死亡3人，经营性道路交通事故2起，死亡2人。事故死亡人数占年度控制指标的75%，与上年相比少死亡1人，下降16%。全县未发生校园事故和一次死亡3人以上的较大事故；水上交通、特种设备、消防及森林防火等领域均保持稳定的安全形势。

【安全生产责任制】

严格落实党委、政府领导责任　坚持把安全发展作为重要内容纳入经济社会发展的总体布局，推行安全生产“党政同责”制度和“一岗双责”制度。年初，县政府与16个乡镇签订安全生产工作目标责任书，各有关职能部门与生产经营企业签订安全生产责任书，将安全生产责任目标层层分解落实，年终，将安全生产工作作为各乡（镇）、各部门政绩考核重要内容，实行量化考核和“一票否决”，严格奖惩，形成“横向到边，纵向到底”的安全生产责任体系，做到责任到人，任务明确，形成安全生产一级抓一级、层层抓落实、齐抓共管的良好格局。

严格落实政府有关职能部门监管责任　政府各有关职能部门按照“谁主管谁负责”“谁审批谁负责”的原则，指导和督促检查企业认真开展隐患排查整改，加强了对重大危险源的监控。监管部门之间，通过安委会联席会议制度等方式，密切配合，共同履行好监管责任，进一步完善了部门监管和综合监管相结合的监管体制。

严格落实企业主体责任　各生产经营单位主要负责人切实履行第一责任人的责任，全面加强企业安全管理，保证安全资金投入，健全规章制度，加强安全教育培训，完善安全生产条件，提高企业技术水平，夯实安全生产基础，提高安全生产管理水平。

【安全生产隐患排查治理】　进一步加大监管力度，把安全生产大检查与“打非治违”、企业达标创建、日常监管等有机结合起来，对检查发现的隐患和问题，立即整改；一时难以整改的，落实整改措施、责任、资金、时限和预案五到位，切实做到全面自查，不留盲点；深入督查，不留死角；

整改落实，不留后患，有效防范和坚决遏制较大以上事故，全力促进全县安全生产形势持续稳定好转。如在全县范围内开展了安全执法检查，共检查矿山企业 75 次，下达整改指令 25 份，责令停产整顿企业 3 座，对 6 座非煤矿山企业进行了经济处罚，道路交通领域累计出动执法人员 316 人次，执法车辆 78 车次，检查嫌疑车辆 297 车次，查处非法客运经营车辆 7 辆，查处无证无照从事道路货运经营车辆 11 辆，查处超限超载运输车辆 18 辆，货车驾驶员未取得从业资格证的 11 名。水上交通领域联合基层执法人员 135 人次，清理范围对库区三个乡镇横水、过埠、杰坝等乡镇；虎爪—七星望月—树木园、石门子—大江、水口—虎爪，水口—过埠等 4 段航道进行了清理栏江网 41 道，设置航标 50 对；监督校车整治，2014 年，全县完成符合国家标准的校车牌发放 31 辆，打击查获拖拉机非法载客 3 次 11 人，无牌行驶 6 次，无证驾驶 6 人次；对建筑施工领域下达了停工停建及隐患整改指令 6 份，消防、特种设备开展了专项整治。

【安全生产宣传教育培训】　一是在认真总结历年“安全生产月”活动方法基础上，创新工作方法，丰富活动内容。围绕“强化安全基础，推动安全发展”这一主题，开展“打非治违”和安全生产隐患排查治理集中行动、企业集中教育培训、安全生产事故应急救援演练、安全生产有奖知识竞赛和悬挂横幅，出一期安全生产专栏等五项重点活动，进一步提升了全民安全生产理念，推进了社会安全文化建设。二是在抓好安全宣传的同时也狠抓了安全教育培训工作。2014 年，对全县 32 家高危企业进行了安全培训，共培训从业人员 6000 名、班组长 110　人、特种作业人员 900 人，通过培训，全县高危企业从业人员进一步增强了安全意识，提升了防范事故的能力；举办了一期全县乡（镇）安全生产专题培训班，对 16 个乡（镇）分管安全的领导和安监员履行执法检查，业务知识和新安全生产法进行了专题培训，县法制办对参培人员发放了安全生产监管员证。

【高危企业安全标准化创建】　煤矿、非煤矿山、危化品、烟花爆竹行业是崇义县安全监管的重中之重，按照国家安全监管部门的要求，县安监局强力推进安全标准化建设工作，着力在安全投入、系统改善、班组建设、从业人员教育培训等方面下功夫，高危企业安全保障能力不断提高，事故得到了有效遏制。截至 2013 年年底已有 43 家高危企业通过达标验收，实现了 81% 企业安标化达标。

【领导名单】

局　长	李上优（5 月免）
副局长	甘业河（6 — 12 月主持工作）
	龚少华
安委办副主任	田允奎

质量技术监督

【概况】　2014 年，崇义县质量技术监督局以贯彻落实中共十八大精神为契机，以“维护经济秩序、服务经济发展”的质监要义为抓手，认真履行综合管理、行政执法、三大安全管理职能。抢抓机遇，真抓实干，为努力建设和谐秀美崇义做出了积极贡献。

【质量兴县和名牌战略实施】　2014 年，积极做好质量管理工作。一是完成区域内所有企业建档工作。二是积极帮扶企业参加质量奖评选工作。2013 年，组织推荐耀升工贸股份有限公司参与“赣州市市长质量奖”评选工作，并于 2014 年荣获“2013 年度赣州市市长质量奖”；组织帮扶章源钨业股份有限公司参与“2014 年度赣州市市长质量奖”和“江西省井冈山质量奖”评选工作，截至 2014 年年底，这项工作仍在进行中。三是继续帮扶崇义县具有良好发展前景的竹木生产加工企业，如红杉木业公司等，质量稳步提升，达到争创江西名牌产品的条件，同时新增江西名牌产品初选公示 1 家，即江西馨阳岭实业有限公司。

【标准化工作】　加强对企业标准化工作的服务和管理。上半年启动了“崇义刺葡萄”地理标志产品保护申报工作，将对该产业树立品牌、开拓市场起到积极效果。积极帮扶齐云山公司做好南酸枣丰产栽培标准化示范区的申报工作，并获准省级农业标准化示范区建设项目立项。同时，组织机构代码证的新办、年检、换证工作顺利开展。年初在县有限电视台发布公告，并在办理时及时发放告知书，告知有关年检、换证相关事宜。全年新办证 246 家，换证 405 家，年检 301 家，代码资料及时进行扫描，未出现迟、缺现象。条码抽样4家，续展6家，2014年条码抽样、续展工作已全部完成。

【食品安全监管】 围绕食品安全监管，县质量技术监督局加大了对高风险行业、高风险产品、高风险企业的监管力度，助推食品生产加工企业良性发展。完成了区域内的食品企业巡查、检查工作，发现食品质量安全违法违规案件3起，并按相关法律法规进行立案调查处理。同时做好辖区内食品企业生产许可证登记工作，全年共新办证2家，换证4家，年审10家，取缔违规企业生产许可证3家。

【特种设备安全监察】 围绕“以人为本、安全第一、预防为主”的方针，扎实有效地开展特种设备安全监察工作：一是在重要时期开展重点特种设备安全监察，元旦、春节、两会、“五一”及“十一”期间均开展特种设备安全大检查，排除安全隐患。二是积极开展特种设备安全法的宣传工作，安全股工作人员下到企业讲解并发放特种设备安全法，共计发放120余本。同时，在企业开展了特种设备安全责任保险宣传工作，其中章源、耀升主要特种设备均已参保。三是开展了液化石油气质量安全专项整治行动，保障市民的用气安全。四是开展了安全生产月活动，强化企业红线意识，促进企业安全生产。

【稽查与计量检测】 围绕地方经济发展，提高产品质量水平，以保障人身健康、财产安全为己任，认真落实行政处罚法和《江西省规范行政处罚权的规定》，进一步更新规范行政执法程序和手段。在全面实施说理式执法的基础上，推行案审分离、公开审案，办理行政处罚案件具体化、规范化。全年共出动执法人员83人次，办理行政处罚案件7起，监督抽查产（商）品样品7批次为不合格样品，

主要问题是烧结砖产品尺寸规格不达标，均已下发责令整改通知书。计量基础进一步夯实。以服务民生计量为前提，规范管理手段和技术，如期开展强检计量器具的周期检定和检测。截至2014年底，完成周期内强检计量器具295台（件）。

【“三送”工作】 根据县委县政府统一安排，县质量技术监督局“三送”工作点为扬眉镇阳星村，派驻一名驻村干部。2014年，县质量技术监督局“三送”工作落实到位。一是完成了驻村点所有群众信息的网上录入工作。二是帮助驻点村开展党的群众路线教育实践活动。比如，为驻点村制作党的群众路线教育实践活动宣传栏1块和宣传标语3副，并在驻点村每户发放《请群众参与 让群众监督—致全县广大人民群众的一封信》，共计发放340份，为群教活动打下坚实的群众基础。三是按照县三送办要求，如期做好各项“三送”工作，做到人员落实，帮扶对象落实，按时上报各项材料。比如，9月2日，在驻点村开展金秋助学活动，为两名大学新生捐款共1200元；10月13日，在驻点村开展秋季防火宣传，在上山路口和主要公路悬挂3条宣传标语；11月14日，到驻点村联系户家中走访宣传，共发放宣传资料300份，向群众宣传党风廉政建设社会评价工作相关内容和崇义县反腐倡廉工作成效。

【党的群众路线教育实践活动】 在省、市局和县委活动办的统一安排部署下，县质量技术监督局于3月开始开展了党的群众路线教育实践活动，在10月底基本结束工作。活动共涉及全局干部职工共16人，活动开展以来，局党组深入贯彻落实中共十八大、十八届三中全会和习近平总书记一系列重要讲话精神，以查找解决“四风”突出问题为导向，抓实抓好每个环节。一是积极动员部署。第一时间成立了领导小组及其办公室，召开动员部署大会。二是认真开展学习教育，广泛征求意见建议。按照市县质量技术监督局要求，每周开展集中学习讨论，同时干部职工还积极开展自主学习，并撰写学习笔记1万字以上和心得体会2篇以上。多渠道征求意见建议，共召开座谈会2次，到企业和服务对象走访调研25次，发放及回收征求意见表56份，共征集到意见建议30条，其中有关“四风”方面的建议24条。三是认真查摆问题，开展批评。在广泛征求意见建议的基础上，领导班子及成员亲自撰写了对照检查材料，查摆自身存在的“四风”

方面突出问题，并召开了专题民主生活会和专题组织生活会，开展批评与自我批评。四是狠抓整改落实，建章立制。按照整改责任、整改措施、整改时限“三落实”要求，县质量技术监督局召开专题会议，研究制定班子整改方案、专项整治方案和制度建设计划，明确了5项专项整治，9项制度建设计划。领导班子成员也列出了个人问题清单，明确了整改措施。建立了专项整治、制度建设、具体问题整改三大类整改台账，实行销号整改。结合单位实际，对已有的制度逐项梳理、逐条对标、逐句完善，及时废止明显不适应现实需要、已被新规定涵盖或替代的制度规定，修改完善不适应新形势新要求的制度规定，针对作风上的顽症痼疾，及时建立新制度。通过组织进行群众测评，群众对县质量技术监督局具体问题整改落实情况满意度为100%，对县质量技术监督局开展教育实践活动总体评价为“好”的占96.7%。

【领导名单】

党组副书记、局长　　钟　昱

党组书记　　陈　宏

党组成员、纪检组长、副局长　　刘淑英

党组成员、副局长　　肖祖明

审　计

【概况】　2014年，县审计局围绕全县工作大局，认真贯彻落实中共十八大和十八届三中、四中全会精神和全市审计工作会议精神，切实履行审计职责，提高审计监督成效，狠抓各项中心工作，取得了较好的工作成绩。被市委、市政府评为第八届（2012－2013年度）文明单位，被县委、县政府评为经济社会发展综合工作先进单位、党的建设工作先进单位、农业农村工作暨农村危旧土坯房改造工作先进单位、社会综合治理和维稳工作先进单位、计划生育工作先进单位，政府性债务审计工作被市局评为先进集体。

2014年，县审计局人员编制23名，其中行政编13名，事业编9名，工勤编1名，在编20名，领导职数3名。设有7个职能股（室、中心）：办公室、经济责任审计股、财政金融审计股、农林水审计股、基建审计股、工业交通审计股和崇义县基建审计中心。

【审计工作成果】　2014年度，县审计局报经县政府批准，开展了35个部门单位和乡镇预算执行情况及税收征收管理审计、2个国有企业审计；完成了923个基建项目预结算审计，送审金额94363万元，审计核减5556万元，审计核减率5.88%，查出各类违规资金1104万元，督促补缴预算收入1198.42万元；开展领导干部经济责任审计单位26个，完成经济责任审计27人次；配合纪检监察部门完成审计调查2件，发出审计决定书34份，责令资金归位和管理使用整改3项34.94万元，依法作出行政处罚68项35.45万元，提出审计意见建议12条，已全部得到较好的执行落实。

【专项审计】　3月，市审计局统一调度组织，抽调5名审计干部赴上犹县进行2013年农村危旧土坯房改造资金审计、住宅专项维修资金审计；8月，抽调8名审计干部赴吉安市进行了为期3个月的土地出让金专项审计、耕地保护专项审计；12月，组织6名审计干部进行崇义县2013年城镇保障性安居工程专项审计。抽调的审计组均按时保质完成了各项工作任务。

【经济责任审计】　2014年，为了加强对领导干部经济责任审计工作的领导，研究解决经济责任审计工作中出现的问题，进一步规范经济责任审计工作，根据中共中央办公厅、国务院办公厅印发的《党政主要领导和国有企业领导人员经济责任审计规定》（中办发〔2010〕32号）和干部管理监督的有关规定，结合崇义县实际，牵头制定并报县委、县政府批准，出台《崇义县经济责任审计联席会议制度》。全年开展领导干部经济责任审计单位26个，审计经济责任人员27人。通过开展经济责任审计，在推进领导干部经济责任落实，促进党风廉政建设等方面发挥了重要作用。

【企业审计】　8月，对江西章江源旅游发展有限公司进行财务收支情况（2013年11月－2014年6月）专项审计；11月，对崇义县林业投资有限责任公司进行财务收支情况（2013年度）专项审计。

【固定资产投资审计】　2014年，已完成建设工程审计项目923项，送审投资金额94363万元，审计核减5556万元，审计核减率5.88%，既确保了建设资金的安全有效，又大大节约了财政资金，充分发挥了财政资金的最大效益。

【中心工作】 结合党的群众路线教育实践活动，针对“三送”挂点村存在的实际问题，践行“三严三实”，真心实意为民办事。通过争资立项和其他措施，协助上堡乡良和村新开葛布岭通组公路800余米及硬化1500余米；解决了村小学生一年的“爱心午餐”；改善了村小的生活设施；自来水入户得到了解决。农户之间的土地纠纷等积案也得到了合理处理。

【领导名单】

局　长　黄志军

副局长　甘开林

国土资源管理

【概况】 崇义县国土资源局为县人民政府工作部门，内设办公室（人事教育股、财务室）、政策法规股（行政审批服务股）、规划和耕地保护股、地籍管理股、测绘管理股、土地利用管理股6个职能股（室），垂直管理4个国土资源分局（城区、关田、过埠、扬眉）及16个基层国土资源所，下属崇义县土地开发中心、崇义县土地执法大队、崇义县土地储备中心、崇义县土地市场交易管理所及崇义县地产公司5个事业单位。全县国土资源系统干部职工82人。

2014年，是深入学习中共十八大精神和十八届三中全会的关键之年，是全面深化改革的关键之年，是贯彻好党的群众路线实践教育活动的重要一年。崇义县国土资源局在县委、县政府的正确领导和市局的大力支持下，坚持以中共十八大、十八届三中十八届四中全会精神为指导，利用开展党的群众路线教育实践活动为契机，紧扣“保护资源、保障发展、维护权益”这一主题，为加速崇义振兴发展，提供强有力的资源保障和优质服务。从以下六个方面重点抓好国土资源工作。以保护资源为基本点，坚守耕地红线，将生态文明建设的理念贯穿国土资源管理全过程。以服务发展为中心点，保障用地需求，促进全县经济平稳快速发展。以执法监管为突破点，严格依法行政，维护国土资源管理良好秩序。以夯实基础为支撑点，注重长远发展，促进国土资源事业可持续发展。以维护权益为立足点，坚持以人为本，全力做好国土资源保障和服务民生工作。以勤政廉政为着力点，营造风清气正的良好工作环境，树立国土资源干部队伍良好形象。

【全面落实耕地保护目标责任制】

落实耕地保护共同责任 建立共同责任机制，落实政府主要领导耕地保护责任，县政府与各乡镇签订耕地保护责任状，将耕地和基本农田保护纳入对乡（镇）政府目标考评的内容，进一步落实县、乡、村三级监管网络，同时按照省政府永久性基本农田划定工作安排，基本完成全县永久基本农田划定工作。

积极推进城乡建设用地增减挂钩工作，全面落实建设项目占用耕地的“占补平衡”制度 完成2010年金坑乡等12个乡镇城乡建设用地增减挂钩试点项目，复垦面积24.483公顷，其中新增耕地面积19.658公顷，建新区可使用面积24.483公顷，其中占用耕地面积18.394公顷。测量完成2011年横水镇等13个乡镇增减挂项目48个拆旧点，复垦面积17.783公顷，其中新增耕地面积14.659公顷，其他农用地面积3.124公顷。

充分利用土地开发项目实现占补平衡 竣工验收了崇义县关田镇沙溪村等2个村土地开发项目新增耕地9.457公顷，崇义县丰州乡欧家村土地开发项目新增耕地26.787公顷。完成了崇义县铅厂镇铅厂村等2个村土地开发、崇义县铅厂镇石底河村土地开发、崇义县铅厂镇铅厂村土地开发3个4公顷以下小面积土地开发项目，总建设规模

10.335 公顷，新增耕地 8.651 公顷。

通过以上几点，圆满完成全县 10633.333 公顷的耕地保有量和 9426.667 公顷的基本农田保护任务。

【竭力保障经济社会发展用地需求】 围绕城市发展需求，把保用地、促发展作为中心工作，坚持“严控增量、盘活存量、集约节约、高效利用”的工作思路和“保重点、攻难点、提效率”的服务理念，不断增强对经济社会发展大局的敏锐性、前瞻性和预见性，不断增强保障服务的主动性、及时性和有效性。

积极做规划、争指标、报项目，确保县民生工程、重点工程的落地 2014 年，共向上报批了 8 个批次用地，面积 69.489 公顷。其中，报省政府转征收 6 个批次，面积 50.696 公顷，报市政府转用 2 个批次，面积 18.793 公顷（含 2014 年度土坯房改造新增建设用地 15.814 公顷）且全部先补后占，确保耕地总量动态平衡。

全力以赴，扎实推进重点项目征地工作 积极参与做好阳岭新城、华昌锡业、齐云山路网、文竹路等项目征地工作，2014 年，共征收土地约 168.555 公顷，拆迁主体房 8.608718 万平方米，附属房 2.810977 万平方米，迁移坟墓 419 穴，这大力破解了项目落地难题。

规范土地市场交易 全年通过《江西省土地使用权和矿业权统一网上交易》公开出让土地 12 宗，面积 14.515 公顷。其中商住用地 3 宗，面积为 2.246 公顷；住宅用地 4 宗，面积 8.185 公顷；工业用地 2 宗，面积为 1.76 公顷。全年共收取成交价款 1.24577 亿元，交易服务费 74.352 万元。四是积极供应土地，确保供地率考核达标。通过积极供应土地，崇义县 2011 － 2013 年网上报备供地率达到省政府的考核标准。开展闲置土地和低效用地清理处置工作，收回闲置土地 4 宗，面积 11.685 公顷；根据规划用途调整，置换土地 1 宗，面积 0.977 公顷；督促开工 9 宗、面积 57.781 公顷。确保了土地高效利用，节约集约用地。科学编制《崇义县 2014 年度国有土地收储和供应计划》。做到了确保保障性住房、棚户区改造和中低价位中小套型商品住房用地面积之和占住房用地供应总量的 70% 以上及 2014 年度住房用地供应规模不低于全县住房用地过去 5 年（2009 － 2013）的平均供应量。

【有效遏制违法违规用地行为】

重视土地动态巡查工作 坚持围绕“预防为主，预防和查处相结合”的工作思路，坚持有法必依，违法必究，加大巡查力度。建立健全了县、乡（镇）、村、组四级巡查信息网络机制。全县 16 个乡（镇），共聘请了 121 位责任心强、敢于碰硬的村级土地执法监察信息员，制定了执法监察信息员管理制度，充分发挥他们的积极性和主动性，畅通举报渠道，拓宽案源途径。结合卫星遥感等高科技手段，形成天上看、地下查、群众举报三位一体的土地动态巡查网络。2014 年，共开展土地执法动态巡查，共出动巡查车次 258 次，人员 614 人次，下发《责令停止国土资源违法行为通知书》56 份，通过巡查发现全县违法用地现象比较多的是农民建房用地，该类违法用地通过及时的发现、及时地处理，基本上控制在萌芽状态。

对违法违规行为继续保持高压态势 加大对土地违法案件的查处力度，有效打击了违法占地行为，始终保持土地执法监察的高压态势。特别是对顶风违法、影响恶劣的，敢于碰硬，坚决依法查处，对典型土地违法案件公开曝光，真正做到处理一起，教育一片，震慑一方的执法效果。全年发现土地违法违规案件 33 起，立案查处 13 起，拆除违法建筑 11 栋。

卫片执法尽责尽职，确保“零约谈、零问责” 2014 年，国土资源部下发疑似违法用地图斑 14 个，面积 4.543 公顷（其中耕地 2.287 公顷）。9 月 18 日，省国土资源厅卫片执法监察督察组对崇义县 14 个疑似违法用地图斑进行了核查，判定合法图斑 14 个，面积 4.543 公顷（其中耕地 2.287 公顷），违法图斑 1 个，面积 0.219 公顷（其中耕地 0.00067 公顷），崇义县 2013 年度变更调查数据新增建设用地占用耕地面积 16.519 公顷，核算出全县违法用地占用耕地面积占新增建设用地耕地面积比例为 0%。

建立健全了执法监察长效机制 制定《崇义县办理国土资源违法案件程序规定》《崇义县国土资源违法案件管辖办法》《崇义县国土资源违法行为举报管理办法》《崇义县国土资源行政许可事项联审中执法监察查验办法》《崇义县国土资源执法监察报告制度》《崇义县国土资源执法监察动态巡查责任制》《崇义县国土资源执法监察快速反应制度》《崇义县国土资源执法监察信息员制度》等

制度。

【夯实基础，着力增强发展后劲】

土地登记发证工作规范有序 完成土地登记发证1190宗（其中国有土地使用证980宗、集体土地使用权证210宗），土地登记面积256.4万平方米；办理土地抵押登记29宗，抵押面积49.9万平方米，抵押金额5.31亿元。

农村集体土地所有权确权登记发证工作进展顺利 全面完成农村集体土地所有权确权登记1914.72平方千米，宗地总数7858宗，已建立全县所有权地籍调查数据库及地籍管理信息系统。土地证书已打印发放完毕。完成地籍调查2461.51公顷，占应调查面积3021公顷的81.48%。其中农村集体建设用地完成235.62公顷，占应调查面积271.81公顷的86.69%；农村宅基地完成2225.89公顷，占应调查面积2748.8公顷的80.98%。

积极开展第一次全国地理国情普查工作 成立了以分管领导为组长、相关单位人员为成员的工作领导小组，确定地理国情普查作业单位，完成内业解译、图情要素、外业一检、外业二检等工作，现正进行内业编辑、遥感解译影像、数据建库、接边等工作。

大力推进国土资源管理"一张图"建设 全局已实现全面无纸化办公系统，实现管理四级联网；一张图基础数据平台已基本建设完毕，包括遥感影像、航片影像、地籍数据库、电子沙盘、大屏幕投影系统、服务器等；地籍发证管理信息系统进入试运行以来，运行情况良好，现已正式投入运行，基本达到预期目标。已完成了"智慧崇义"管理平台的硬件架设工作，软件系统正在进一步完善当中。

【切实维护群众合法权益】

大力支持危旧土坯房改造 农民建房规范有序，严格执行"一户一宅"制度，切实做好建设用地报批工作，对不符合条件坚决不批，2014年，共受理行政许可审批事项1197宗，其中划拨土地64宗，面积89.417公顷，协议出让土地67宗，面积3.427公顷，农民建房2979宗，面积31.574公顷（含农村危旧土坯房改造2063宗，面积13.017公顷）。为改善村民居住环境作出了积极贡献。

妥善补偿安置，有效维护被征地拆迁农民的合法权益 严格依照法定标准对被征地农民进行征地补偿，确保补偿标准到位。妥善安置失地农民，对失地农民实行社会基本养老保险等八项政策，较好地解决了失地农民的后顾之忧。

切实做好信访维稳工作 接待和受理各类土地来信来访案件16件次，其中市局交办8件、县信访局转办5件、县政府转办2件，本单位1件，都已处理答复，办结率100%。在调查、处理、答复这些信访件中，基本做到依法合理妥善处理，做到件件有着落，事事有回音，认真负责对待每一个信访案件，使信访群众感到满意，没有造成重复上访和集体上访的问题，确保了全县的经济发展和社会稳定。

问政于民、问需于民、问计于民，深化"三送"工作 认真做好危旧土坯房改造相关工作，确保民生工程优先落地建设，大力推进赣南苏区振兴发展，对农村危旧土坯房审批开通绿色通道。系统领导干部深入"三送"挂点的横水镇左溪村、鱼梁村，"三送"干部与村民同吃同住，视群众为亲人，真心实意为群众排忧解难。为左溪村争资争项30余万元；为"五保户""老党员"送去4000多元困难补助款；拿出6000多元资金慰问困难党员，为左溪村、鱼梁村村小的学生们送去价值近6000元的书包、篮球等学习体育用品。实实在在的工作成效得到群众的一致好评。

【全面提升干部队伍的综合素质和工作能力】

规范学习制度，强化理论学习 结合国土工作的热点和难点，有针对性地开展教育培训，达到面上培训到全体人员，线上培训到中层干部，点上培训到业务骨干，努力打造一支能干事、会干事、干成事的人才队伍。先后组织了6期业务知识培训，另外，聘请南芳律师事务所范卫权律师进行了以国土执法新理念为主题的法律知识讲座。

严格机关管理，抓好机关行风效能建设 加强外网管理，推行上班签到、完善请销假制度，从根本上改变了"人难找、事难办"现象。进一步加大内部明察暗访力度，健全奖惩制度，严肃处理有损国土形象的人和事，加强廉政文化建设。同时，加强协调，简化办事程序，理清科室职能。按照行政审批职能整合和集中改革工作的要求，以提高办事效率为目标，进一步完善了局系统内部审批制度；根据工作需要，及时召开了业务科室工作协调会，确定方案，切实解决了群众反映办事程序复杂、手续繁琐、时间长、效率不高问题。

不断充实干部队伍，优化干部格局 实行人才支撑战略，新进3名退伍军人至执法大队，从外地新调入1名业务骨干。同时局为民服务中心顺利完工，对关田分局、杰坝国土所进行了修葺，各股室及基层所人员均配备办公电脑，为做好新形势下的国土资源工作提供组织保障。

狠抓党风廉政建设　以落实党风廉政建设责任制为抓手，打造清正廉洁国土资源部门。2014年，坚持把党风廉政建设和反腐败工作贯穿于全局各项工作。对年度廉政建设和反腐败目标责任层层分解，责任落实到人。形成主要领导亲自抓，分管领导具体抓，层层抓落实的党风廉政建设工作格局。认真落实领导干部述职述廉制度、重大事项报告制度 和“三谈两述”制度。深入开展以“治庸、治懒、治散”为重点的主题实践活动，切实查找和纠正了“庸、懒、散”和“不作为、乱作为、慢作为”等影响机关形象和工作效率的问题。党风廉政建设教育做到了警钟长鸣，党员干部的廉洁自律意识不断增强，进一步树立了国土部门的勤政廉政形象。

深入开展党的群众路线教育实践活动　按照上级有关部署，从3月起举全局之力开展党的群众路线教育实践活动。按照习总书记“照镜子、正衣冠、洗洗澡、治治病”的要求，以“为民、务实、清廉”为主题，在省厅第七督导组及市局活动办的指导下，认真做好学习教育、听取环节，查摆问题、开展批评环节及整改落实、建章立制三个环节。着力解决了全体党员干部在思想作风以及工作作风方面存在的突出问题，不断提高工作水平和工作效率，为加快全县国土事业发展提供了有力的思想保证、组织保证和精神力量。

【领导名单】

党组书记、局长	赖庆荣（9月免）
	曹梦飞（12月任）
党组副书记、副局长	唐彦鹏
党组成员、副局长	吴定海
党组成员、纪检组长	朱诗前
党组成员	郭其慧
党组成员、城区分局局长	郭祥煌

矿产资源管理

【概况】　2014年，崇义县矿产资源管理局全面贯彻落实十八大精神，紧紧围绕赣南苏区振兴发展这条主线，以“保护资源、保障发展、维护权益”为总线，坚持“放大资源优势，调整产业结构，壮大钨产业规模，培育非金属产业”的矿业经济发展思路，主动作为，争先创优，积极服务，以矿业经济的平稳增长保障崇义加速振兴发展。全县有62个持证矿山，其中有28个矿山因停产、整改未发生销售收入，有9个砖厂因土坯房改造等原因未征收矿产资源补偿费。实际缴费矿山数25个，全年累计征收矿产资源补偿费1200.71万元。2014年，全县实现矿业总产值90.81亿元，同比增长13%，实现主营业务收入87.31亿元，同比增长17.59%，上缴税收2.2亿元，同比减少14.65%，实现利润4.41亿元，同比减少6.27%。

【矿产资源管理工作】

推进资源整合工作　3月，崇义县先后实施了崇义章源钨业股份有限公司天井窝钨矿、崇义县聂都梅树坪钨业有限责任公司2个矿区矿产资源开发整合工作，其中崇义县梅树坪钨矿与大余县满埠钨矿区的矿产资源开发整合工作，开创了赣州市在跨两县域之间实施矿山资源开发整合的先例。

地热资源勘查上再突破　2013年2月，邀请江西省勘察设计研究院专家到茶滩石明子地热资源开发利用项目现场进行勘查论证后实施了第三个钻孔钻探，该钻孔深度450.64米，井口直径0.33米，井底直径0.108米，井底水温在80℃，井口水温达60℃，日出水量1500吨以上。下一步将进行招商引资工作，有效开发利用该地热资源。

大力开展地质灾害防治工作 全县共有地质灾害（隐患）点595处（列入重点隐患点25处），威胁1070户4886人，潜在经济损失5478万元。2014年新增隐患点37个（不达标点），因搬迁核减隐患点108个，搬迁人数共计838人。全年发布地质灾害气象预警预报18次，组织地质灾害隐患点联合和专项排查共6次，发放明白卡共1352份，举办全县地灾防灾知识宣传培训班一期，培训人员101人，重点乡镇集市地灾防灾知识宣传12次，发放宣传单8000余份、书籍400余本，咨询人员达6000余人。12月30日，现有矿山环境恢复治理项目2个，其中待省厅验收项目1个，完成施工项目1个；地灾治理项目1个，现已完成工勘、设计方案。

【服务崇义振兴发展工作】

加大对两大龙头企业的服务及扶持力度 崇义县的钨矿资源主要集中在章源钨业、耀升钨业2家龙头企业，本着为企业做好服务的宗旨，积极争取为两大企业“争资争项”、增加钨精矿开采配额指标；积极解决采矿证规定生产规模与实际生产规模不相符扩大生产规模难、扩大矿区范围难、按期完成采矿权价款处置难度大等难题，全力做好各项服务，推动耀升钨业尽快上市，促进两大企业不断发展壮大，带动全县县域经济发展。

努力扩大矿产品贸易 2014年，全县新增10家矿产品加工经营企业，在县经贸委备案的矿产品加工经营企业共有18家，实现矿产品贸易的有10家，累计外购矿产品3320.7吨，其中钨粗矿3122.6吨、钼21.688吨、铜1176.3吨。

维护矿业开发秩序平稳 根据全县非法矿业活动的规律和特点，划分巡查重点区域和一般区域，对重点区域保持每周一次的巡查，对一般区域保持一月2次的巡查，及时发现和制止违法矿业活动的信息，为开展打击提供准确的信息。同时，加大对国土资源部免费举报电话“12336”宣传力度，充分发挥各乡（镇）政府、村组作用，进一步健全县、乡、村三级监管网络。在重点矿区、热点矿区聘请矿业秩序维护社会信息员，形成快速反应的信息平台。

全面对接《若干意见》的项目资金和各项优惠政策 全力申报全国第二批矿产资源综合利用示范基地。省国土资源厅、市政府已原则同意以崇义县为主体，章源钨业和耀升钨业为建设单位，向国土资源部申报全国第二批矿产资源综合利用示范基地。已经成立了专门的协调机构，委托资质单位负责编制申报材料及示范基地建设总体规划。

【扎实开展党的群众路线教育实践活动】 一是密切联系群众，在挂点帮扶的过埠镇黄背村扎实开展“送政策、送温暖、送服务”工作，调解了一批矛盾纠纷、办了一些好事，脚踏实地为民办实事；二是在党的群众路线教育实践活动中认真践行“三严三实”，全面开展“五大行动”， 以“服务争一流，满意在矿管”为目标，开展了便民服务大行动，在事前、事中、事后全程服务矿山企业；三是扎实开展“四风”问题整改活动，局班子及全体成员认真查摆、深刻剖析，并认真整改查摆出来的“四风”问题，全局效能有明显提升，作风有明显改善。

【领导名单】

党组书记、局长	周厚林
党组副书记、副局长	吴兴瑞（5月任）
党组成员、工会主席	周献兰
党组成员、执法监察大队长	谢小玲
党组成员、纪检组长	刘　胜

农林水利

农村工作

【概况】 2014年，全县农村工作以全面深化农村改革，加快发展现代农业，建设和谐秀美乡村，统筹城乡一体化发展，激发农业农村经济社会发展潜力和活力为目标，赋予了农民更多的财产权利，扩大了农业产业规模，提升了农业品牌，改善了农民住房条件，美化了农村生活、生产环境，促进了农业农村现代化进展，农民收入得到了有效提高，农村环境更加和谐稳定，崇义县荣获2014年度全省农村清洁工程先进县称号。

【推进产业集群发展】

培植壮大优势特色产业 充分利用丰富的刺葡萄、南酸枣等农业资源和富硒资源优势，出台《关于进一步加快现代农业发展的实施意见》，按照“统筹安排，捆绑使用”的思路，每年安排农业产业专项扶持资金2000万元，大力发展刺葡萄、南酸枣、竹业等农业主导产业，鼓励发展红豆杉苗木、蔬菜、脐橙、油茶、茶叶等农业特色产业，优势特色产业规模和市场竞争力不断壮大。2014年，规模蔬菜达到133.333公顷，刺葡萄66.667公顷，南酸枣1.467万公顷，可年产南酸枣鲜果1万吨以上。

扶持发展新型农业经营主体 积极发展家庭农场、专业大户、农民合作社，开展多种形式的规模经营。鼓励引导懂技术、会经营的农户和返乡农民工、农村经纪人等流转土地、扩大生产规模，培育成为种养大户和家庭农场主。完善家庭农场认定标准和登记管理办法，开展示范农场和合作社的创建活动。全县有各类农民专业合作社178家，其中2014年新增13家。家庭农场256个，其中在县工商注册登记的家庭农场有14家，2014年，新增7家，家庭农场年销售额1577万元。

培育壮大农业龙头企业 坚持扶大助强、招大引强，加大政策支持，引进优势企业和先进技术，扶持培育一批引领行业发展的领军企业。鼓励发展混合所有制农业龙头企业，建立龙头企业与农户、农民合作社的紧密型复合联结机制，实施“企业+基地+农户”的模式，构建利益链接机制。全县农业龙头企业11个，其中省级4个、市级7个。

抓好农村土地确权登记 严格执行“属地管理、分级负责”准则以及“县指导、乡主导、村主体、组实施”的工作方式，认真抓好农村土地承包经营权确权登记颁证工作。2014年，已全面完成全县16个乡镇4.4万农户、9000公顷耕地调查摸底工作，已进入航拍实测阶段，已完成420平方公里航摄及DOM（数字正射影像图）。下一步尽早完成航拍实测，制作好基础工作底图，安排专人进行外业调查指界绘图，在DOM上实地逐一标注承包地块。

【抓好农村危旧土坯房改造】 2012年以来，共完成危旧土坯房改造1.0950万户，危房改造任务100%完成。2014年，完成农村危旧土坯房改造6987户（其中新建、修缮加固3675户，拆除空心房3312户）。

注重建设品位 结合和谐秀美乡村建设，按照城乡一体化的要求，集中力量，统筹规划，示范引领，新启动24个集中建房点，高标准打造了过埠“梦想家园”，横水“石门子”、鹿坑，长龙暗石下，丰州“金竹园”等一批集生态、文化、产业于一体的精品建房点。

鼓励套房安置 以“集约土地、集聚产业、集中居住、集合发展”为目标，大力开展套房安置，如过埠“梦想家园”、丰州“金竹园”、关田关福家苑、长龙老街等集中建房点采取套房安置，村民住进了现代型居住小区。铅厂感恩苑套房安置分散五保、低保户等特殊群体，彻底改善了他们的住房条件，

加强有价值土坯房的保护 坚持“护其貌、显其颜、铸其魂、扬其韵”的思路，开展了“十村百栋”有价值土坯房调查保护工作，努力抢救和保护具有传统风貌的古村落，加强对有价值土坯房特别是标志性建筑、氏族文化底蕴丰厚祠堂及其周围环境的保护。

【促进城乡一体化进程】 过埠镇纳入了全国重点镇、省级百强示范镇和市级示范镇建设范围。

自启动建设以来，共投入达 1 亿元。

加强组织保障、坚持科学谋划、系统规划 专门成立由县长任组长的统筹城乡发展示范镇建设工作领导小组，制定出台《关于推进过埠示范镇建设的实施方案》，并根据过埠的实际，邀请专业的规划设计人员对示范镇建设进行了城镇规划设计和定位。探索扩权强镇，下放财政所、司法所、国土分局等 7 个站所归口乡镇管理，加强驻镇单位双重管理。同时，赋予人事调配权、规划许可权、土地管理权等部分县级行政管理权限，并实施经济发展奖励扶持政策。

加快推进产业发展步伐，夯实示范镇经济基础 按照“产业特色突出、集中规模适度、示范效应明显、群众稳步增收”的发展原则，实现三次产业互动共融发展的新局面。重点打造了以果木、长庆大棚蔬菜基地为主的农业支柱产业以及精深加工活性炭为主导产品的活性炭循环经济产业园。在果木、长庆建设了 20 公顷大棚蔬菜基地，活性炭产业园区面积增扩至 66.667 公顷。同时，充分利用过埠得天独厚的天然优势，打造休闲度假旅游产业，努力构建以休闲度假旅游为主，集观光旅游、文化旅游、休闲养生为一体，一三产业互动的大旅游格局。

全力推进基础设施建设，改善示范镇发展条件 按照统一规划、适度超前、统筹兼顾、分步实施的要求，加快完善道路、供水、供电、供气、排水、防洪、垃圾处理、污水处理、公共交通等基础设施，提高示范镇综合承载力。滨江大道、沿湖河堤、护坡和水渠已完成，圩镇自来水工程已经正式通水。加强引农入镇，重点打造了“梦想家园”安置社区。一期108套已全部交付使用，二期96套已竣工分房，三期 108 套以及公租房 168 套已完成主体封顶。

【改善农村人居环境】

城乡一体，以无害化实现终端处理 以国家环保部对口支援为契机，大力实施了以生活垃圾、生活污水、农业面源污染防治为重点的农村环境连片整治。将全县 16 个乡镇分为三批次逐步推进，实现了整治范围和硬件建设城乡全覆盖。探索推行了“县集中处理、乡镇集中处理、农户分散处理”三种模式，县城周边7个乡镇新建垃圾压缩中转站，实行“户分类减量、乡（镇）收集压缩、县环卫所转运填埋”的县集中处理模式。其他 9 个乡镇新建新型自燃式垃圾焚烧炉，实行由“农户分类减量、乡（镇）收集转运焚烧”的乡镇集中处理模式。偏远自然村和居住分散的农户，鼓励自行分类处理。

购买服务，以职业化保障常态治理 通过市场询价、公开招标等方式，组织专业化保洁公司参标，由保洁公司来承揽整个乡（镇）圩镇、道路、村庄保洁任务，使保洁工作走上了一条职业化、专业化、常态化之路。

管干分开，以精细化创建长效机制 建立了“三级机构”专门管事，县级成立环境办，乡镇成立环卫所，村组成立卫生监督理事会，政府的主要责任在于监管，确保了环境整治工作有人管，有人督。“干”的责任主体是保洁公司和农户，明确保洁公司和农户的职责。县财政每年预算日常运行费用 1000 万元，根据乡（镇）工作量和运行效果，县财政按月拨付运行费用的 60%，按年度考核兑付奖励，奖励最高为全年运行费用的 20%。

【领导名单】

部　长　李秀松

副部长　罗扬龙

　　　　谢　浪

农业工作

【概况】 2014 年，崇义县农业和粮食局根据中央和省农业工作会议精神，按照省市业务部门的要求和县委、县政府的安排，重点围绕深化改革，保障粮食生产安全和农产品质量安全，做好绿色食品产业发展、促进农业新型主体发展、休闲农业和新型职业农民培训等扎实工作，各项工作取得较好的成效。

【国家强农惠农政策】

种植业 粮食直补：早、中、晚稻各为 177 元 / 公顷。良种补贴：早、中、晚稻各 225 元 / 公顷，棉花 225 元 / 公顷，油菜 150 元 / 公顷，小麦 150 元 / 公顷、玉米 150 元 / 公顷。农资综合补贴：1008 元 / 公顷。

补助方式：按照上年核实的实际种植面积，将补贴资金由财政局通过“一卡通”发放到受益农民。

养殖业　生猪标准化规模养殖场建设项目：崇义县杰坝乡福云猪场通过了验收。重大动物疫病强制免疫用疫苗免费；高致病性禽流感、口蹄疫、猪瘟和高致病性猪蓝耳病四种重大动物疫病强制免疫所需的疫苗，费用由各级政府承担，养殖户不承担相应疫苗费用。能繁母猪保险理赔：2014 年，全县投保能繁母猪 9797 头，协助县人财保险公司理赔了因各种原因死亡的能繁母猪 273 头，理赔金额 27.3 万元。病死猪无害化处理补助：发放了 2013 年上报的 260 头病死猪无害化处理补助款 1.82 万元。2014 年，核实上报了病死猪无害化处理 935 头。强制免疫应激死亡补助：因强制免疫应激死亡猪 79 头，鸡 6 羽，补给养殖户补助费 3.43 万元。

渔业柴油补贴　补贴对象：即持证（三证）渔业生产者，包括依法从事内陆捕捞及水产养殖并使用机动渔船的渔民和渔业企业。辅助渔船不得作为补助对象。补助标准：油价补贴以机动渔船用油量为依据，机动渔船用油量则根据渔船主机功率和年平均作业时间来测算。补贴资金的申请和发放：每年年终，县级农业主管部门组织符合申请条件的渔业生产者填报补助申请表，对补助申请表进行初核、汇总，并对渔业生产者的补助申请资格进行公示，进行补助用油量测算。经市、省逐级审核上报，国家进行审核核定。中央财政补助资金下达后，通过"一卡通"的方式直接将补贴资金发放到渔民和渔业企业手中。

沼气池建设补助　2010 年，第一批农村户用沼气补助政策：建一座 8 立方米沼气池中央补助 1200 元建池款。其中，省能源站统一采购建池物资 400 元，建池技工工资 560 元，节余的 240 元通过"一卡通"统一发放到建池户。

2013 年，养殖小区和联户沼气补助政策：养猪场建设 120 立方米沼气池，联户 20 户养猪场周边农户用气，给予养猪场建池户主补助 6 万元。建池户主自筹 3.1 万元。

【农业技术推广体系改革与建设】　继 2012 年来，第三年实施国家农业技术推广体系改革与建设项目，项目国拨资金 93.59 万元，按照项目要求：

成立领导小组，制定项目实施方案　制定《崇义县 2014 年基层农技推广体系改革与建设补助项目实施方案》，成立了以县人民政府副县长刘春香为组长的崇义县 2014 年基层农技推广体系改革与建设补助项目领导小组。

精心遴选了 93 名技术人员作为农技指导员，944 户农业科技示范户，发挥示范带动作用　定做《农技指导员手册》95 册、胸牌 95 块、《科技示范户手册》950 册、"全国农技推广农业科技示范户"门牌 950 块。每户示范户发放硫酸钾（45%）复合肥一包，吡蚜酮 10 包。

加强农业科技示范基地建设　建立"崇义县文乐果蔬专业合作社"农业科技示范基地，使它们成为新品种、新技术试验示范基地、农技人员、农业科技示范户和新型职业农民的实训基地。

加强基层农技推广人员的培训　组织 31 名基层农技推广人员到江西农业工程职业学院分期分批培训。

强化信息报送和宣传工作　把 129 名农技推广人员的工作情况和基本信息报送到全国基层农业技术推广体系管理信息系统；有 3 篇报道发表在江西农业信息网，3 篇报道发表在赣州三农网上；创

建了崇义县农业科技网络书屋。

【农业技术培训服务】

新型职业农民培训 认定“崇义县职业中等专业学校”和“江西省农业广播学校崇义县分校”为新型职业农民培训机构、组建了20人的师资队伍和遴选培训教材12本和实训基地10个。培训新型职业农民300人，其中崇义县职业中等专业学校培训 250人生产经营型、江西省农业广播学校崇义县分校培训50人社会服务型农民。

农业送科技下乡服务 组织农业专家和农技人员95人，开展农民培训和举办讲座46期，培训农民2600人，接受咨询服务的农民达1500余人。发放技术资料、光盘等2万份，赠送种子（苗）1.2万元、肥料等农资16.2万元，展示新型农机40台。

【农业行政执法】 2014年，共检查农业投入品经营户150余户。对34家有违法行为经营户作出了行政处罚，包括1起不合格肥料案件、34起不合格农药案件。共计罚款6万余元，结案率100%。对100余家进行了警告、教育。开展了国家禁用农药“甲胺磷”等产品的专项检查，全县没有发现经营、生产国家禁用农药的行为。

【农产品质量安全】 为让县城居民吃上放心蔬菜和肉食品，对全县4个规模蔬菜生产基地和县城南、北农贸市场以及耀升国际饭店等大型活动接待的蔬菜和水果进行质量监管，共抽检蔬菜58批次434个样品，合格率为95.3%；水果15批次57个样品，合格率为96.5%。另外配合省、市农检中心抽检农产品样品92个。其中，赣南脐橙采摘上市季节，农检站工作人员深入果园基地抽取了20个脐橙样品送市农检中心检测，并留样17个进行农残速测，速测结果合格率为94.1%，确保脐橙上市前的质量安全。配合省农产品质量安全管理局对崇义县进行了两次的果蔬茶的抽样检测工作，合格率100%。对全县的生猪生产企业进行定期监测，对县定点屠宰场每天按日屠宰量的10%进行“瘦肉精”检测，全年检测共计2600余份样本，合格率达到100%。

【农业面源污染治理】 县政府办公室印发《崇义县农业面源污染专项整治工作方案》（崇府办字〔2014〕59号），开展了以测土配方施肥、精准施药及减量控害技术、种植有机绿肥、整治生猪规模养殖污染、沼气建设和秸秆利用为重点的技术推广。全县推广配方肥2560吨、测土施肥面积2.04万公顷；推广精准施药933.333公顷，减少农药用量4.2吨；种植冬种绿肥1906.667公顷；对松山牧业排污设施进行了专项整治，对全县38家500头以上规模养猪场开展了以沼气池建设为重点的排污设施达标治理，对新建猪场全部实行了环保评估；改建生猪标准化规模养殖场6个、水产健康养殖示范场1个；新建沼气池412座、3296立方米，全县农村户用沼气池保有量达1.3万户，10.4万立方米。农村沼气服务体系基本构成，建成了3个县乡沼气服务站， 5 个乡村沼气服务网点，各类沼气工程年产沼气量达702万多立方米，惠及人口近8万多人，开展猪沼果（菜、稻、鱼）等生态循环模式1333.333公顷。

【绿色食品产业发展】 依托刺葡萄种质资源优势，君子谷公司新增刺葡萄种植面积13.333公顷；将崇义君子谷现代农业科技示范园列入省产业集群规划，争取世行贷款600万元、农发基金30万美金支持公司产业园区建设；兑现刺葡萄产业政策补助30万元；协助指导公司开展市农业龙头企业认定和无公害农产品认证。支持江西新世野建设有机水稻基地20公顷，绿色水稻基地266.667公顷。引导鼓励文乐蔬菜合作社发展规模商品蔬菜37.333公顷。

【现代农业示范园建设】 确定以君子谷+上堡乡+麟潭乡+过埠镇作为崇义县现代农业示范园区来打造，其中君子谷作为园区的核心区打造；明确了油茶、刺葡萄、茶叶为主导产业。

由县分管领导带队，组织农粮局、农工部、相关乡镇主要领导到赣县参观学习；

君子谷核心园区，积极开展刺葡萄产业基地

扩建，刺葡萄酒生产线和刺葡萄附产品等生产加工基地建设；

示范园积极开展上堡梯田世界农业文化遗产、国家AAAA风景区、上堡梯田循环公路建设，以及过埠、君子谷、麟潭、上堡线水上风光、野生水果公园、梯田景观等休闲旅游农业示范点建设。

【农村经营管理】

农村土地经营权确权登记颁证 通过调查摸底汇总，2014年，全县承包面积6946.356公顷，比2006年承包面积7711.179公顷，减少面积764.823公顷；农户数3.9232万户，比2006年农户数3.9550万户，减少318户；共有人总数18.6601万人，比2006年共有人总数14.6546万人，增加4.0055万人。

农村土地流转 2014年，全县已流转土地面积2670.267公顷，其中转包33.333公顷，互换33.333公顷，出租200公顷，转让66.667公顷，入股8.6.667公顷，其他形式的流转面积1530.267公顷。

新型经营主体发展 2014年年底，全县农民合作社数量达185家，比上年新增23家。其中，崇义县长兴竹业产业专业合作社、崇义县亿诚果茶专业合作社被评为国家农民合作社示范社，12家合作社被评为省级示范社，有13家合作社被评为市级示范社。全县合作社出资总额逾4.8亿元，社均股本金0.8万元；全县5个农民专业合作社产品通过了农产品质量认证的有4个，合作社拥有自己的注册商标。社员人均纯收入4600元。合作社辐射领域不断拓宽，其中种植业102家，占55.14%；畜牧业合作社26家，占14.05%；林业合作社44家，占23.78%；渔业合作社5家，占2.7%；农业服务业合作社，占4.32%。同时，在服务功能上更加健全，合作社实现统一农业品投入比率达85%，统一销售比率达90%。全县符合家庭农场注册条件有260家，县经工商注册登记的家庭农场有18家，其中2013年注册登记7家，2014年注册登记11家。

农民负担监督管理 县减负办印发《关于开展农民负担专项治理和检查的通知》（崇农负办〔2014〕1号），全县16个乡镇124个行政村按照通知要求，全部进行了自查自纠。为提高自查效果，县农民负担专项检查治理领导小组建立健全了责任机制，各部门对分管的涉农收费项目以乡包点，任务到乡、责任到人，形成一级抓一级、层层抓落实的网络责任制。采取逐项排查法进行排查，发现的问题实行销号整改，坚持边排查边整改，注重结果从全县涉农乱收费检查情况分析，所有收费都能按国家规定项目标准执行，做到规范管理、规范服务、规范收费，坚持各项收费公开透明的原则，总体来看涉农收费秩序，农民不必要的经济负担有了明显减轻。

农村财务管理 按照县政府办《关于认真做好全县村（居）党组织和第九届村（居）民委员会选举工作的通知》和《关于做好崇义县第八届村（居）干部任期和离任经济责任专项审计工作的通知》（崇府办字〔2014〕71号）要求，对全县125个村委会，6个居委会开展了村干部任期和离任经济责任进行专项审计工作。此次审计共完成审计任务131个，其中125村委会，6个居委会。审计金额29867.68万元，其中收入15600.14万元，支出14267.54万元，查出违纪情况0件，移交司法机关0件，提交审计报告125件，审计意见书及审计决定62件。

【粮食生产】 全县粮食作物占农作物总面积69.3%。粮食作物播种面积7384.447公顷、单产402千克、总产量44497吨，分别比上年下降2.2%、增长0.5%、下降2.2%；稻谷播面占粮食总面积91.9%，稻谷播种面积6837.6公顷、单产418千克、总产量42921吨，分别下降2.5%、下降0.9%、下降0.2%。其中：早稻播种面积98.333公顷、单产391千克、总产577吨，分别较上年下降2.3%、增加1%、下降2.2%；中稻及一季晚稻播种面积6552.667公顷、平均每公顷产6330千克、总产41444吨，分别较上年下降 1.3%、增加1%、下降0.4%；双季晚稻播种面积136公顷、平均每公顷产5565千克、总产量757吨，分别较上年下降2.2%、下降1.3%、下降2.3%。

【蔬菜生产】 全县全年蔬菜播种面积1934.667公顷、单产1410千克、总产量4.0875万吨，播种面积较比上年减少22.2%，单产增加3.6%，总产量减少6.6%。

【测土配方施肥】 2014年，是中央财政继2008年来第7年在崇义县投资实施测土配方施肥补贴项目，项目累计投资235万元，其中2014年中央补助项目资金20万元，主要用于完善土肥化验室，补充仪器设备、田间试验、建立施肥指标体系、发放测土配方施肥建议卡、耕地地力评价、土壤肥力定点监测、建立专家咨询系统。2014 年添置化验设备 1 台；采集化验土样 300 个，实施中稻“3414”田间试验 5 个，“肥效校正”田间试验 10 个，推广江西省农业厅土肥站认定的“玉露牌”配方肥 678 吨。

【高产创建】 2014 年，崇义县继续承担了“江西省 2014 年粮棉油高产创建项目” 2 个万亩示范片的实施工作。关田镇示范片建设总面积 702.2 公顷，涵盖关田镇、丰州乡 2 个乡镇 8 个行政村，涉及 3459 户农户；金坑乡示范片建设总面积 735.867 公顷，涵盖金坑乡、过埠镇 2 个乡镇 13 个行政村，涉及 1799 户农户；项目区主要推广泰优 99、深两优 5814、内 2 优 111、Ⅱ优 3301、Y 两优 5867 等 5 个杂交水稻组合，项目区良种应用率达到 100%；主要推广“测土配方施肥技术”“多用一斤种、增收百斤粮技术”“水稻精确定量栽培技术”“水稻病虫统防统治技术”等水稻高产栽培集成技术。关田示范片和金坑示范片于 9 月 18 日经市级专家组现场实际测产验收通过。经测产关田示范片平均每公顷产达 1.062 千克，比上年增产 76.5 千克 / 公顷；金坑示范片平均每公顷产量达 715.3 千克，比上年增产 186 千克 / 公顷。在全县其它非项目乡镇建立了中稻高产示范坂 14 个。2 个万亩示范片经市级专家田间测产验收，平均每公顷产量达 1.0543 千克 / 公顷，项目区比上年增产 460.5 千克 / 公顷，增幅达 4.6%；带动全县中稻均衡增产 423 千克 / 公顷，全县水稻产量较上年增加 305.7 万千克，以当前国家保护价 2.62 元 / 千克计算，项目带动县水稻增加产值 800.93 万元，项目实施效果明显。

【现代种业】 根据《江西省 2014 年现代农业水稻新品种展示项目实施方案》要求，2014 年，在关田镜尾村开展了现代农业水稻新品种展示工作。

通过品种展示和主导品种推介，全县良种覆盖率稳定在 96% 以上，品种更换率达 20% 以上，主导品种推广面积达 80% 以上，良种科技贡献率提高 2% 以上，实现水稻单产、总产、米质、效益明显提高。

据调查统计，2014 年全县早稻销售品种有 2 个：优 I1501、五优 156，销售数量为 210 千克，中稻品种有 51 个，销售数量 25610 千克，主要主导品种有：深两优 5814，特优 627，泰优 99，天优 3301，Y 两优 5813，Y 两优 5867，荣优华占，天优 998，中浙优 1 号，Y 两优 1 号，每公顷产量均达到 7500 － 9000 千克左右。

【粮食生产技术推广】 推广应用水稻抛秧技术 5266.667 公顷，其中无盘抛秧 2133.333 公顷。推广应用水稻免、少耕栽培技术 2000 公顷，其中：免耕抛秧 133.333 公顷、少耕抛秧 866.667 公顷、少耕插秧 1000 公顷。推广应用塑盘育秧技术 4400 公顷、旱床育秧技术 66.667 公顷、壮秧剂育秧 1733.333 公顷、旱育保姆育秧 66.667 公顷、育秧专用肥 333.333 公顷。推广应用水稻机插秧 1666.667 公顷。推广机收 5000 公顷。推广中稻超级稻配套栽培技术 3733.333 公顷。引进示范电动六旋翼农用施药机水稻作业演示，示范面积 8.4 公顷。

【病虫发生与防控】

水稻病虫 水稻病虫害发生：2014 年全县病虫发生趋势中发偏重。早稻病虫发生特点是穗期重于苗期，虫害重于病害。其中，螟虫以二化螟为害为主，一代重于二代。稻瘟病为害比上年轻、纹枯病的为害与上年相似。中稻总的发生特点是虫害重于病害，穗期重于苗期。叶稻瘟和穗颈瘟发生时间与上年相似，穗颈发生比上年略轻。纹枯病为害程度重于上年；南方水稻黑条矮缩病为害比上年轻；稻飞虱（以褐飞虱为主）在中稻穗期发生比上年略轻，在部分失防田出现了黑蔸和穿顶死稿现象；稻曲病发生比上年轻。晚稻病虫穗期重于苗期，其中稻飞虱发生略重于上年；稻瘟病、纹枯病、稻曲病发生与上年相似，南方水稻黑条矮缩病、稻纵卷叶螟、螟虫与上年相似。病虫发生为害区域以县城为中心：早、晚稻均以东北部为主害区；中稻病虫害以西南部、北部重于东南部。

水稻病虫防治情况：全县水稻病虫种植面积 7492.533 公顷，发生面积 1.2866 万公顷次，防治面积 2.0526 万公顷次，通过防治从病虫口中挽回损失 5841.08 吨，因病虫为害仍损失 471.75 吨。

柑橘病虫 全年病虫发生面积 1.4406 万公顷次，防治面积 1715.467 公顷次，通过防治挽回损失 840.8 吨，因病虫危害损失 53.34 吨。其中，粉虱类、潜叶蛾、黄龙病略重于上年，叶螨、疮痂病、炭疽病、溃疡病、锈螨、蚧类、卷叶蛾等病虫发生和为害程度相似于上年。

蔬菜病虫 全年病虫发生面积 1486.667 公顷次，防治面积 1746.667 公顷次，通过防治挽回损失 153.6 吨，因病虫为害仍损失 10.3 吨。其中白菜霜霉病、白菜软腐病、疫病、枯萎病相似于上年，红蜘蛛、夜蛾、蚜虫、菜青虫、小菜蛾等病虫均轻于上年。

【畜牧业生产】

畜禽饲养量 猪饲养量为 15.11 万头，其中存栏 5.47 万头，出栏 9.64 万头，同比分别增长 -1.8% 和 1.8%；牛饲养量为 3.77 万头，其中存栏 2.83 万头，出栏 0.94 万头，同比分别增长 -4.8% 和 1.5%；羊饲养量为 1.30 万头，其中存栏 0.46 万头，出栏 0.84 万头，同比分别下降 1.3% 和 2.3%；家禽饲养量为 151.87 万羽，其中存笼 76.42 万羽，出笼 75.45 万羽，同比分别下降 2.6% 和 2.6%；兔饲养量为 2.81 万只，其中存笼 1.21 万只，出笼 1.60 万只，同比分别下降 3.6% 和 3.4%；肉类总产量为 1.0485 万吨，其中猪肉 8101 吨，牛肉 1066 吨，羊肉 131 吨，兔肉 28 吨，禽肉 1159 吨。

畜禽规模化养殖 生猪：规模猪场 38 个。按年出栏数量划分为：500 － 999 头的猪场 26 个，1000 － 2999 头的猪场 8 个，3000 头以上的猪场 4 个，规模出栏量约 5.36 万头，占全县生猪出栏总量的 73.8%。羊：新增年出栏 300 头以上的规模羊场 1 个。家禽：年出笼 2000 － 10000 羽的鸡场 4 个，饲养量约 1.5 万羽；存笼 9000 羽的专业蛋鸡场 1 个，年产鸡蛋 72 吨。

【动物疫病防控】

认真部署防重工作 3 月 20 日和 9 月 18 日，分别召开了全县重大动物疫病“春防”和“秋防”工作会议，下发了相关文件，年初与各乡（镇）签订了动物疫病防控责任状。崇义县防重办工作人员继续实行挂点制度，具体指导挂点乡（镇）动物防疫相关工作。

严格落实了防重各项措施 制定强制免疫各项制度，除“春、秋”两防对畜禽进行强制免疫外，还实行每月末周补免制度。实施高致病性禽流感、牲畜蹄口疫、猪瘟和高致病性猪蓝耳病四种疫病强制免疫，共免疫：猪 10.89 万头，牛 5.81 万头，羊 0.89 万头，禽 150.80 万羽，确保各项免疫密度常年保持在 98% 以上。

补充购置了应急储备物资 2014 年，采购了“瘦肉精”检测试 3.6 万元，防护服等防控物资 1.6 万元。

开展了兽医实验室检测 在动物疫病“春、秋”两防结束后均开展了一次免疫抗体水平监测，全县共采集家禽血样 520 份，家畜血样 206 份，经实验室检测，免疫动物的抗体合格率均在 80% 以上，达到了市年初工作要求。

【动物卫生监】

动物及动物产品检疫 继续实行官方兽医检疫制度，乡级由乡（镇）官方兽医负责本区域内的动物及动物产品检疫，县级派驻了 2 名官方兽医专门负责县定点屠宰场的动物产品检疫。完成动物产地检疫 61662 头和动物产品检疫 2.8632 万头，共检出病害猪 2 头和病害猪肉产品 57 吨，全部进行销毁和无害化处理，病害处理率达到 100%，确保了没有病死畜禽产品上市，保障了人体健康。

“瘦肉精”等违禁药物检测 派驻官方兽医对县生猪定点屠宰场每天按日屠宰量的 10% 进行抽检，并采取了定期和不定期抽检相结合的方式，对规模猪场进行了四次以上的抽检，确保崇义县生猪在养殖环节安全卫生，从生产源头抓起，有效地杜绝肉食品安全隐患。采取现场采样当场检测的方式进行抽检工作，并严格按照行政执法程序填写执法文书。2014 年，检测尿样 2600 余份，没有检出盐酸克伦特罗、莱克多巴胺和沙丁胺呈阳性的样品。

动物卫生监督执法 崇义县动物卫生监督执法人员不定期的到各乡（镇）进行动物卫生监督检查，出车 78 车次，查处 1 起违反畜牧法规案件，有效地保护养殖户的利益，尽力为养殖业生产创造安全的环境。

行政许可审批 2014 年，全县有 3 家规模猪场通过审批，并办理动物防疫条件合格证，另有

2家规模猪场通过了规模猪场大型沼气排污建设验收。

兽药、饲料监管 2014年，崇义县主要监管对象有兽药经营店4家，饲料经营店37家，生猪规模养殖场38家。一是兽药监管，与兽药经营者签订《兽药经营行业诚信自律倡议书》，与生猪规模养殖场签订《规范使用兽药承诺书》并发放《兽药停药期规定》；二是饲料监管，8月对县城区9家饲料经营店开展了饲料抽检送检工作，共送检样品16份。

【畜牧兽医技术服务】

组织养殖技术培训 4月和10月，局畜牧兽医站组织举办了七期生猪饲养管理培训班，培训内容包括饲养技术、疾病防治和药物保健等几个方面。

进场入户作养殖技术指导 崇义县畜牧兽医站实行技术挂点制度，每人负责挂点3－4个乡（镇），平均每个乡（镇）3－5个规模养殖场，每个养殖场至少2次技术指导服务。

【渔业生产状况】

养殖面积 2014年，全县养殖面积2463.333公顷，与上年基本持平网箱养殖3000箱。

投放苗种 2014年，全县共投放各类优质鱼种3000万尾。

从事渔业人口 2014年，全县渔业户2386户，渔业专业人口9633余人，从业人员4230余人（其中养殖专业劳动力3870余人，捕捞专业劳动力360余人）。

渔业机械 机动船102艘，663千瓦。

水产品总量 全县水产品总量达1.2171万吨，其中特种水产1846吨，养殖1.1311万吨，捕捞860吨，水产品主要品种以鳙、鲤、草、鲫、鳊、鲢、美国斑点叉尾鮰、鳜鱼、鲶鱼、黄颡鱼、团头鲂、鳊鱼、鰕虎鱼、泥鳅、黄鳝、青虾、贝类等。

水产品总价值1.4305亿元，其中养殖1.3531亿元，捕捞774万元。

【水产新技术推广】 推行健康养殖示范场建设，实行规范管理；大力推广草鱼免疫注射及规范用药行为，主推使用食盐、生石灰、二氧化氯、漂白粉、氟苯尼考、硫酸铜、硫酸亚铁等高效低毒杀虫剂防治鱼病，做到防控结合；做好池塘低改；建立高产塘，推广猪一沼一鱼等立体养殖模式。

【渔政管理】 一是加大宣传力度；二是坚持凭证生产，全县发放水面滩涂养殖使用证持证率达到100%；三是坚持依法治鱼，遵循“以人为本，教育为主，依法兴渔”开展文明执法，严厉打击“电、毒、炸”等严重违法行为，2014年，共查处4起电鱼案件；四是强化安全生产，与养殖户签订《渔业安全生产责任状》。

【党的群众路线教育实践活动】 群众路线教育活动，共收集意见建议516条，经梳理为36条，其中反映“四风”方面问题的20条；有20条意见建议纳入专项整治；4条意见建议纳入制度建设；12条意见建议作为具体问题整改。针对这些意见建议，局党组以科技下乡、农资打假和农产品质量安全专项整治月、“三送”工作为载体，针对班子“四风”的20条意见，开展了学业务提素质、改作风提效能、下基层办实事和干部队伍建设五个专项整治；12条具体问题，开展了12个专项问题整改；其他4条意见建议和20条涉及的问题，建立完善了机关工作制度、专题调研制度、财务管理制度、考勤制度、车辆管理制度、学习制度等10项制度加以整改落实。局党组印发党员廉政建设和反腐败工作方案、成立领导小组、下发了党员廉政建设责任书。通过抓学习宣传、提升素质，抓制度建设、规范运作，抓作风建设、提升形象，抓调查研究、广纳民意，抓民生实事、惠及民生，抓党风建设、廉洁从政，农粮局工作作风、部门形象、办事效率、群众观念、廉洁自律、办事能力等各方面得到了大大提升。加强项目管理，建立健全项目法人制、招标投标制、财务管理等各项制度，对2011年以来农业项目实施情况，开展了自查、整改、落实。

【“三送”工作】 局“三送”联系点为丰州乡古亭村和欧家村。2014年，局支持古亭村3万元并筹措资金，新建桥2座，硬化公路200米，走访困难户11户5500元；支持欧家村1万元，建桥1座，硬化公路200米，走访地质灾害户1户，600元。此外在“三送”点，发放油菜种子10公顷，红花草13.333公顷，4200元，合计5550元。

【领导名单】

党组书记、局长	张溯文
党组副书记	谢小林
副局长、党组成员	郭庭忠
	吴祖权

林业工作

【概况】 2014年，全县林业系统以贯彻落实中共十八大三中全会精神为指引，围绕县委十六届三次、四次全会精神，结合工作实际，主动作为，积极探索深化林业改革举措，立足转变发展方式，加快林业产业发展升级，切实加强森林资源保护，提升森林经营水平，壮大发展林业经济，狠抓各项林业政策落实，全面提升生态林业、民生林业发展水平。先后被列为“国家珍贵树种培育示范县”、“省级推进集体林地流转试点县”，长兴竹产业专业合作社被认定为国家级示范社。

全县设有16个乡（镇）林业工作管理站、2个省级自然保护区管理站、1个专业森林消防队、5个省批木材检查站、7个县批护林站、1个国家级自然保护区管理局、5个森林公安派出所和2个正科级国有林业企业（林投公司、林股公司）。林业系统现有干部职工917人，其中行政事业编制380名，实有在编在岗职工295人。

【林业经济稳步增长】 2014年，全县实现林业总产值23.8亿元，比上年同期增长16%；征收育林基金1000万元；实现林业税收3640万元，比上年同期增长10%。争取国家、省、市森林抚育、竹类特色产业项目、造林补贴、油茶低改、苗木补助等林业项目15个，争取无偿资金1.12亿元；新增林权抵押贷款1.26亿元，林权抵押面积4333公顷。截至2014年12月，全县累计办理林权抵押登记林木面积4.6066万公顷，林权抵押贷款达8.53亿元，贷款余额3.85亿元，发放林权抵押贷款贴息资金2202.4万元，全县林权抵押贷款总额、余额及发放贴息资金均居全省之首。

【造林任务超额完成】 2014年，全县共完成造林更新面积2186公顷，投入资金2380万元，占全省下达任务的126.2%；完成造林抚育面积8733公顷，竹林抚育17533公顷，油茶抚育6066公顷，南酸枣抚育1400 公顷；完成毛竹林低改任务2177 公顷，建设笋材两用基地53公顷；义务植树1.2万株；完成高速公路口县城出入口三角荒坪、高速公路收费站旁荒坪、迎宾大道与赣丰线交汇三角草坪等地的造林绿化工作，栽植枫香1540余株、花草1.4万盆。

【生态林业不断加强】

加大森林资源保护力度 2014年，全县共查处各类林业行政案件263起，处罚违法人员295人，没收木材208.6立方米，罚没款共计216.4万元；摸排林权纠纷案件182起，调处175起，调处率达96%；森林防火和病虫害得到了有效防控，未发生一起特重大森林火灾及大面积的病虫害。全县森林城市建设的主要指标均达到省级森林城市建设标准，并顺利通过了省绿化委的检查验收。

国有林场改革全面完成 7月，重新制定《崇义县国有林场改革实施方案》，组建了2个公益型林场和1个商品型林场负责管理国有林场35400公顷森林经营面积，生态公益型林场，核定财政全额拨款事业编制35名，负责县国有林场生态公益林的建设、保护和管理，改善生态环境，促进经济和社会可持续发展。全县国有林场改革工作于12月顺利通过了省级评估验收。

【民生林业不断壮大】

大力发展南酸枣产业 2014年，成功选育了果用南酸枣3个新品种，并获得国家林业局的认定，进一步提升南酸枣培育水平。同时，高标准新造果用南酸枣林333公顷，并积极探索果用南酸枣林下经济致富门路，新增林下套种耐荫园林绿化苗木、套种中药材200公顷，发展林下土鸡、土鸭等养殖33公顷，林下经济产值近千万元。

大力发展花卉苗木产业 以列入国家珍贵树种培育示范县为契机，在部分乡镇和10个国有林场新建规划建设666公顷乡土珍稀花卉苗木基地，新增苗木培育面积304公顷；新组建崇义县众联苗木合作社，合作社已有专业大户25家，带动农户120余户，主要品种有红豆杉、楠木、罗汉松、紫薇、

圆齿野鸦椿等 30 余种。

完善林权管理服务中心标准化建设 林权管理服务中心设立林权登记管理服务区、森林资源资产流转管理服务区、林业社会综合服务区等 3 个功能服务区，建立健全的内部管理制度，规范了各部门的工作流程，方便林农办事。

壮大发展林业专业合作社组织 积极引导和鼓励发展股份合作民营林场、林业专业合作社、经营大户等新型林业经营主体，并通过大力推进林权流转、资产评估、抵押贷款及加大林业项目政策扶持力度等相关措施。截至 12 月，全县林业专业合作组织 194 家，参与农户达 3.1 万户。

【领导名单】

党委书记、局长　　罗福生
副局长、齐云山国家级自然保护区管理局局长　　吴明平
副局长、武装部部长　　廖继洪
（6 月任副局长、11 月兼任武装部部长）
森林公安局局长　　廖方林
竹业局局长　　刘洪生
林政稽查大队大队长　　王建皓
（11 月免武装部副部长）
山纠办主任　　罗会潭
副局长　　黄敦元（挂职）
防火办主任　　吴为通（2 月任）
齐云山国家级自然保护区管理局副局长　　刘洪建（6 月任）
黄世贵（6 月任）

果　茶

【概况】 全县脐橙面积 4817.533 公顷，脐橙产量 7.6 万吨，产值 3.3 亿元。茶叶面积 2866.667 公顷，茶叶产量 1680 吨，产值 1.8 亿元。2014 年度，在市科学发展观单项考评中获同类县第三名。2014 年，江西天骏农业开发有限公司被中国茶叶流通协会评为“全国百强企业”、江西馨阳岭实业有限公司生产的“馨阳岭”牌茶叶获江西省名牌产品称号。

【果品销售企业】 有分级生产线企业 50 家（含未注册企业），分级生产线 64 条，全县每小时分级能力达 383 吨，库容量 7.065 万吨。每小时分级能力达 10 吨以主的企业有 11 家：崇义县龙润果业有限公司、崇义县宝龙果业有限公司、崇义县庆美脐橙加工厂、崇义县宏泰果业有限公司、崇义县亿诚农业发展有限公司、崇义县崇峰食品有限公司、崇义县天润农业发展有限公司、崇义县博源果业、崇义县富盛果业公司、崇义县徐坑脐橙专业合作社、崇义县永顺脐橙专业合作社。脐橙专业合作社 75 家。

【争资争项】 争取 2014 年中央财政支持现代农业生产发展资金柑橘项目，项目资金 175 万元。争取上级黄龙病防控各类资金 470 万元。2014 年，争取到位资金总额 685 万元。

【现代农业（柑橘）项目建设】 完成了 2012 — 2013 年度中央财政支持现代农业柑橘项目滴灌实施安装扫尾工作。上半年，在铅厂镇石底河村、稳下村连片安装 133.333 公顷；义安、石罗村连片安装 133.333 公顷，并通过省级验收。抓好 2014 年柑橘项目实施，完成柑橘标准化生态示范园建设滴灌安装面积 106.667 公顷；安装吞吐量 15 吨以上的商品化处理生产线一条，已正式投入生产；完成新建贮藏能力 5000 吨的柑橘贮藏保鲜库，已全部投入使用。

【集成新技术推广应用】 建立 266.667 公顷柑橘标准化生态示范园，其中长龙镇：南田、沈埠、大摆、小摆等连片 66.667 公顷；扬眉镇：桥头、南石、扬眉寺连片 66.667 公顷，小姑、白枧、阳星连片 133.333 公顷。推广应用滴灌面积 133.333 公顷，通过节水灌溉技术，提高果园节水节肥和减灾防灾能力，提高果品品质；完善柑橘防控体系建

设，推广应用杀虫灯 280 盏、2 台射程在 50 米以上的新型喷药机械灭虫。项目区柑橘疫病进行群防群治和综合防控。

【柑橘黄龙病普查、病树砍除】 全县柑橘总面积 4817.533 公顷，普查面积 4817.533 公顷，普查率 100%，总株数 357.2058 万株，普查出病树 104.1612 万株（含失管 25.467 公顷 1.95 万株），砍除病树 105.2624 万株，砍除率 100%。

【专项整治】 一是开展木虱消杀专项整治。在冬季清园、柑橘春梢、夏梢、秋梢期开展了 4 次全县范围内的集中消杀木虱专项行动，9 月 20－26 日集中全县力量开展柑橘木虱消杀“攻坚周”活动，对全县果园进行集中喷药消杀木虱。并对 53.585 公顷失管半失管果园进行集中清理，已恢复管理面积 28.118 公顷，全面砍除面积 25.467 公顷，砍除株数 1.95 万株。二是针对水田柑橘果园黄龙病危害严重，山地果园发病轻的特点，重点实施“弃田保山”战略。对全县感病严重的水田果园进行彻底清除。三是开展大田苗木专项取缔行动。开展春季和秋冬季苗木市场巡查和整治，没收并销毁市面大田柑橘苗木。为保证优质安全柑橘苗木供应，进一步加强了对文英脐橙苗繁育场建设的监管，强化技术指导，督促苗木管理，并对周边柑橘园开展经常性的普查工作，防控好木虱，发现病树及时清除，确保良繁场苗木质量。

【技术培训】 一是建立全县果农、乡、村果技员手机号码信息库。通过手机发送管理技术信息至全县果农、果技员。全年发送以黄龙病防控技术为主要内容的技术短信 3 万余条。二是通过县培训到乡、乡培训到村、到户的方式，在全县范围内展开了全方位、高密度的技术培训。县举办 8 期以黄龙病防控为内容的技术培训班，乡镇开展了 252 期以培训果农为对象的技术培训，培训达 1 万余人次。9 月，五个果业大乡分管领导和果技员赴重庆中柑所接受全国权威专家的培训。12 月 9 日，县组织各乡（镇）分管领导、果茶员、种植大户计 120 人到龙勾乡开展柑橘黄龙病防控现场观摩培训。12 月 23 日，组织果业合作社、果品销售企业集中开展以黄龙病防控技术为主要内容的技术培训。县、乡、村三级密集配合积极对果农开展技术培训。通过各种形式的技术培训，使广大果农及从业人员进一步掌握了黄龙病防控知识，明确了防控工作要求。

【黄龙病防控长效机制】 组建小区域理事会，推行柑橘黄龙病防控小区域统防统治，效果十分明显。各村根据各自的情况，以山头、窝、坑、涧、地段等相对集中连片的果园为单元，共组建理事会 80 余个，制定村规民约进行小片管理，加强果农相互监督，实行“户户有人管、园园有人包”的责任机制。通过建立小区域防控理事会，果农的防控意识进一步加强，自我管理水平进一步提高。如龙勾乡龙勾村梅子坪、刘屋岗、横水镇左溪村牛婆坑、铅厂镇关刀坪村狐狸杰、蓑衣坑等小流域果园，取得了良好的防控效果。

【果品营销体系建设】 加快赣南脐橙质量追溯体系建设，抓好宏泰、田润、徐坑、亿诚等 4 家企业赣南脐橙果品质量追溯体系示范建设。开展“制止早采、杜绝染色、促进销售”为主题的专项行动，落实属地管理责任制，杜绝果农脐橙果品早采、染色行为，维护赣南脐橙品牌形象。统一使用赣南脐橙专用标识，全县加工企业果品销售均推广使用“赣南脐橙”地理标志证明商标。在各级共同努力下，2014 年，崇义县没有出现使用“甜蜜素”和发生染色橙等安全事件。

【果品市场销售】 组织企业参加 2014（海南）国际亚热带冬季农产品交易会，在海口、三亚等水果批发集散地开展赣南脐橙免费品尝推介宣传活动。积极开展网上脐橙销售，2014 年开设脐橙销售的网店 60 家，销售脐橙近 5000 吨。

【茶叶企业】 茶叶公司、茶厂（场）15 家：江西上堡茶叶有限公司（注册资金 1600 万元）、崇义县赤水仙茶业有限公司（注册资金 500 万元）、江西天骏农业开发有限公司（注册资金 500 万元）、江西馨阳岭实业有限公司（注册资金 200 万元）、崇义县乐洞龙归茶场（注册资金180万元）、江西崇义阳岭云雾茶场、江西阳岭云华茶业有限公司、崇义县龙珠茶场、崇义县章源茶场、崇义县长飞大自然茶场、江西省崇义县茗圣生态茶场、崇义县骑云峰茶叶有限公司、崇义县钟氏福茗茶业有限公司、崇义县岭头茶场，其中，赤水仙、阳岭云华、长飞大自然等企业基地通过了有机认证。茶叶专业合作社10家。

表7　崇义县茶业产业集群主要企业名录

序号	企业名称	企业类别	注册资本（万元）	种（养）基地面积产品产量规模	加工能力及主要产品	销售产品及年销售规模或收入	地址	企业负责人		职工总数（人）
1	崇义赤水仙茶业有限责任公司	有限责任公司	500	80公顷、48吨	68吨、茶叶	2160万元	崇义县上堡乡赤水村	钟民	13507074566	36
2	江西天峻农业开发有限公司	有限责任公司	500	66.667公顷、40吨	50吨、茶叶	720万元	丰州乡村古亭街	周建喜	18650616668	42
3	江西馨阳岭实业有限公司	有限责任公司	200	112公顷、58吨	65吨、茶叶	3250万元	崇义县阳岭森林公园内	郭显桃	13870138883	120
4	崇义龙归茶场	个人独资企业	180	45.333公顷、30吨	50吨、茶叶	610万元	崇义县乐洞乡乐洞村	何赐华	13807072378	23

【现代农业（茶叶）项目建设】　全面完成2013－2014年度省级财政支持现代农业生产发展（茶叶）项目标准化生态茶园建设，省财政支持40万元。项目按照“茶成园、树成行、管成网、路相通、沟相连”的标准实施，在上堡乡赤水、丰州乡古亭、乐洞乡龙归等村，总计面积66.667公顷，生态建设示范成效显著。茶叶产业标准化、生态化建设，使崇义县第一个千亩标准化绿色、生态示范茶园——万长山茶叶基地已经成为生态绿色旅游的重要载体，万长山茶叶基地已成为“中国茶文化研究院赣南茶文化研究示范基地”。馨阳岭茶文化村集“采茶——制茶——品茶”一条龙茶文化体验景点也正在加紧建设中。

【茶叶产业重大项目建设】　在进一步完善万长山茶旅结合样板基地、天骏红茶研发基地建设的同时，建立了馨阳岭茶文化村基地建设，深入推进全县茶产业集群重大项目建设。

表8　崇义县茶叶产业集群重大项目目录

序号	项目名称	建设内容	开工时间	竣工时间	投资总额（亿元）	实际进资额（亿元）	项目投资方
1	万长山茶旅结合样板基地建设	133.333公顷标准化生态茶园建设、标准化厂房建设、游客接待中心建设、道路建设、小型水电站建设以一系列的配套工程。	2011.3	2016.12	0.6	0.3	江西上堡茶叶有限公司
2	馨阳岭茶文化村建设	游客体验采茶基地、体验制茶中心、茶文化展示大楼、道路建设和一系列配套工程。	2014.1	2016.12	0.18	0.8	江西馨阳岭实业有限公司
3	天骏红茶研发基地建设	66.667公顷多品种生态园建设、标准化红茶研发加工厂房、红茶产品展示中心以及附属设施。	2010.5	2013.10	0.07	0.05	江西天骏农业开发有限公司

【省茶叶志编纂】 根据省经作局《江西省志·茶叶志》编纂要求，组织力量收集崇义县茶叶资料。

【茶叶品牌整合】 组织人力、物力、财力收集相关历史资料，继续完成"崇义高山茶"地理标志证明商标申报工作，推进全县茶叶品牌整合，提高崇义高山茶产业市场竞争力。

【电子商务】 充分利用现代科技，以信息网络技术为手段，开展茶叶、果品商务活动，大力发展电子商务企业，江西天骏农业开发有限公司成为崇义第一家茶叶电商企业，脐橙（果品）电商企业有崇义田润农业有限公司、崇义亿诚果茶专业合作社、崇义昌平脐橙包装厂等。

【单位领导】

局　长　刘德浪

副局长　陈祥春

　　　　余泽赣（6月任）

水　利

【概况】 2014年，县水利局全面贯彻中共十八届三中、四中全会精神，紧紧抓住水利改革发展这条主线，进一步加大争资争项力度，着力抓好民生水利建设，继续加快小型农田水利、农村安全饮水、中小河流治理、水土保持综合治理四大工程建设，强化防汛度汛安全、水利建设管理、水资源管理、水行政执法等各项水利工作措施落实，水利工程项目建设稳步推进，水利基础设施建设水平进一步夯实。

【小农水工作】 2014年冬春，完成了上堡、思顺、丰州、文英、乐洞等5个乡镇小型农田水利重点县项目建设，完成改造水陂105处、改造渠道159.68千米、改善灌区面积2148.774公顷建设任务，完成投入2150.92万元。崇义县经过3年第一轮小型农田水利建设，争取上级资金累计投入3900多万元，完成改造全县16个乡镇灌溉设施规划内容，3年建设项目已顺利通过省级验收。

10月中旬，成功申报第二轮（2014－2016年）小型农田水利重点县建设项目，拟继续通过3年的项目实施，改造面积6967.015公顷（其中农田4860.234公顷、果园2116.772公顷），计划每年向上争取补助资金1600万元。

10月，完成《全县山塘整治规划》和《南方节水减排规划》，将全县110座1万立方米以上5万立方米以下、23座5万立方米以上10万立方米以下以及326座500方以上1万立方米以下山塘纳入整体规划，规划总投资约1500万元。

【农饮水工作】 2014年，已完成文英乡千吨万人、丰州乡丰州村、上堡乡良和村、麟潭乡华山村、杰坝乡黄沙村、横水镇新坑村、过埠镇果木村、金坑乡元田村、铅厂镇铅厂村9座集中供水工程，完成投入974.54万元，占总投入的100%，项目可解决2.412万人饮水不安全问题。崇义县在全市已率先完成农村安全饮水工程。

【中小河流治理工作】 县城防洪工程 北门段、章源工业园段、中城河段）3个项目工程设计概算总计7588.16万元，工程包括河道整治疏浚、防护岸堤等11.1千米，其中北门段河堤3.52千米、章源工业区园段河堤3.60千米、中城河段河堤3.91千米，3个项目累计完成总投资的95%，2014年底基本完工。

思顺乡防洪工程项目 1月24日，江省水利厅以赣水建管字〔2014〕26号文下达《崇义县思顺乡防洪工程中小河流治理项目初步设计进行了批复》，工程设计概算投资为2704.32万元。该项目主要建设内容是治理河道5.85千米。其中河道疏浚0.56千米，新建档墙4.09千米，护岸1.2千米。工程于12月26日开工建设。

聂都乡防洪工程项目 2014年，聂都乡防洪工程已列入江西省五河治理防洪工程的项目，赣州市水利局于12月23日以"赣市水利建管字〔2014〕63号"文对《江西省五河治理防洪工程崇义县聂都乡防洪工程实施方案》进行了批复。该项目建设内容有：新建土堤长1.418千米，新建砼档墙0.308千米，新建砼挡墙护岸固脚1.338千米。

【水保小流域综合治理工作】 精心组织开展金埠项目区长江、长庆、梅源、杰坝4条小流域水土流失综合治理工程建设，工程项目综合治理水土流失面积1100公顷，其中：营造水保林261公顷，开发经果林44公顷，种草31公顷，封禁治理764公顷，兴建塘坝5座，修筑谷坊4座，蓄水池17口，沉沙池33口，排灌沟渠10.2千米，田间道路9.3

千米。项目建设总投资为429万元，完成投入429万元，占总投入的100%。

【病险山塘治理工程】 编制完成2014年山塘治理方案，投入项目资金260万元，整治改造龙勾乡龙勾村、寺里村、东山村、牛轭村、良田村5个村19座山塘，截至2014年年底，19座山塘已完成主体工程建设。工程项目能极大改善山塘坝体渗漏、工程老化、功能缺乏旧状，可新增供水能力9.13万立方米，160公顷耕地灌溉保证率达到90%。

【农村水电增效扩容工作】 长河坝、泮江、对耳石、古选4个水电站于2013年列入水电增效扩容改造项目，4个项目总投资753万元，改造后装机容量由原装的1240千瓦增加到2205千瓦，年发电量由原装516万千瓦时增加到843.5万千瓦时，增效扩容新增装机1000千瓦、新增年发电量320万千瓦时。截至2014年年底，长河坝、古选电站已完成全部改造，泮江电站已完成改造的80%，对耳石电站已完成改造70%。

【水资源管理】

狠抓水资源论证工作，严格取水许可制度，加强取水许可监督 把贯彻落实最严格水资源管理制度的"三条红线"(建立水资源开发利用控制红线，实行用水总量控制；建立用水效率控制红线，遏制用水浪费；建立水功能区限制纳污红线，控制入河排污总量）和水污染防治工作的关口前移，积极开展水资源论证工作。4月2日，下垄钨业有限公司在崇义县扬眉镇大坪矿区取水工程建设项目水资源论证报告获省水利厅批复。崇义县2014年又有36户取水户进行了水资源论证，其中31座已建水电站、1个纯净水厂、4个矿山。论证范围不断扩大，已由水电站的建设项目扩展到矿山冶金项目，论证质量不断提高。

严格取水许可管理 出台了《关于做好全县换发取水许可证有关事项的通知》（崇水利字〔2013〕46号），要求取水许可要和"三条红线"挂钩，对未进行水资源论证，用水不符合国家产业政策，单位用水超过行业用水定额标准，取用水超过总量控制指标的项目，一律不予审批。随着最严格水资源管理制度的实施，水资源论证作为项目审批的前置条件已得到大多政府部门认可，通过水资源论证进一步推进了全县取水许可和水资源有偿使用制度的落实。

加快提升水资源监控能力 完善水资源水质水量监测。县水利局2014年与赣州市水文局继续签订了《崇义县重要水功能区水资源质量监测委托协议》，投入监测费6万元。对饮用水水源地、县（市、区）行政区界河流交接断面、重要入河排污口为重点的水质水量动态监测，强化地表水水功能区、主要水库、地下水等水域的水质监测站点布局，逐步扩大监测范围。

【水行政执法】 落实水事巡查制度，规范执法行为。建立了案件审批、评议考核、错案追究、执法巡查等制度，主要制度上墙公布，并设立"0797-3812723"举报电话，做到执法依据、执法权限，执法程序、收费标准"四公开"。法律文书书写规范，材料齐全，适用法律正确，执法案卷、监督检查记录、证据材料、执法文书及时立卷归档。执法人员严格执法，热情服务，严格按照法律程序办事。落实水事巡查制度，做到巡查有记录、违反水事法规行为有查处，截至2014年底执法巡查就达48次，下达责令改正通知书12份，查处2宗无证河道淘金案。

【防汛抗旱工作】 加强在建工程管理，完善各类预案，储好各类物资器材，健全抢险队伍。把以行政首长负责制为核心的各类防汛责任制的健全落实作为汛前准备工作的重点，切实抓紧抓好水库、水电站、山塘、重点低洼地段、地质灾害点等重要部位的防汛排查和责任落实，抓好在建水利工程等防汛责任措施，继续保持全市先进行列。

抓好防汛保安非工程措施建设。完成投入80万元新建17座小型水库水雨情自动监测站，使水库水雨情自动监测站数达到58座，从而解决水雨情监测盲区盲点问题，使预警信息覆盖面更广，防汛减灾能力得到进一步增强。

【"三送"和"征地拆迁攻坚战"重点工作】 在"三送"工作中，全局干部走访农户356户（其中重点户36户），帮助长龙镇长龙村村组修建水渠1条、投入41万余元浇筑1条通组路和浆砌防洪堤80多米，协助新建一座交通桥。为使"三送"工作全覆盖常态化开展，不断推进为每家农户提供致富信息、帮扶助困（残）家庭活动、打造集中建房点文化休闲场所、加快农村土坯房建设等实事。

在"征地拆迁攻坚战"中，坚持重点工程项目建设与赣南苏区发展振兴相结合，着力攻坚克难，强力推进征地拆迁任务。县水利局共完成新征地0.48公顷，拆除房屋3户，总面积300多平方米。征地拆迁任务在7月10日前全面完成任务。

【领导名单】

党组书记、局长	陈海波
党组副书记、水保局局长	陈丽明（7月任）
党组成员、副局长	吴庆春
党组成员、水保局长	王祥雯（7月免）
党组成员、副局长	钟骏远
	钟芳明
水保局副局长	金玉琳（7月任）
防汛抗旱指挥部办公室主任	罗　春

农业机械

【概况】　崇义县农业机械管理局为县农业和粮食局管理、参照公务员法管理的正科级事业单位。单位设办公室、农机管理股、农机技术推广培训股、农机监理股4个股室及农机安全监督管理大队，核定编制14人，实有在编人员12人。2014年，崇义县农机化工作以深入开展党的群众路线教育实践活动为契机，以“三送”工作为纽带，以提高农业综合生产水平，促进农业增效、农民增收为重点，以农机安全为目标，因地制宜，注重特色，勤政务实，扎实工作，着力推动全县农机化事业稳定、健康发展。到2014年年末，崇义县农机冲动力达到6.95万千瓦，新增农机具639台，新增农机固定资产496万元，农机经营总收入1.306亿元，农机化综合水平达到60%。

【农机化水平持续提高】　到2014年年末，全县农业机械总动力达到6.95万千瓦，比2013年增长12%。全县机插面积达到550公顷，比2013年增加4.5%；机耕面积达到6440公顷，比2013年增加5.1%；机收面积达到6130公顷，比2013年增加5.2%。农机耕种收综合机械化水平增长4.9%，达到60%。

【农机购置补贴拉动效应明显】　2014年，崇义县累计完成农机购置补贴国家资金134.66万元，完成任务的92.7%；补贴各类农机具639台套，受益户数为612户；新增农机固定资产投资达496万元（其中农民投入360余万元）。

【农机化新技术推广培训效果好】　2014年，全年推广应用耕整机163台，微耕机219台，旋耕机17台，起垄机1台，田园管理机1台，手扶拖拉机15台，大中型拖拉机2台，茶叶加工机械1台套，联合收割机26台，脱粒机62台，水果分级机3台，果蔬烘干机2台套，果蔬清洗机2台套，水果打蜡机1台套，微灌设备（滴灌）123户，安装面积为82.867公顷。举办机耕作业、水稻育秧、水稻机插、水稻机收等演示会6次；举办农机实用技术培训班4期，培训农机操作人员330人。

【农机大户经营效益好】　2014年改造二级农机维修服务中心一个，争取上级扶持资金15万元。2014年，全县农机化作业总收入达1.306亿元，新发展固定资产在100万元以上的农机专业合作社1个，农机固定资产20万元以上专业大户6户，农机跨区作业面积达到2080公顷，农机社会化服务收入与全年农民总收入占比不断攀升。

【农机安全稳定健康发展】　2014年，农机安全生产继续保持了安全平稳发展态势，全年无较大或重特大事故发生。享受国家购置补贴的联合收割机26台、大中型农田拖拉机2台全部完成注册登记；积极开展了拖拉机（变型）的年度检审工作，共年检拖拉机（变型）906台，完成101%。统保交强险完成129.8万元，完成了101%。积极开展了农机安全月、“平安农机”示范乡（镇）、示范村、示范户等创建活动，新创建“平安农机”示范乡1个、示范村1个、示范户30户，完成任务100%。积极开展了农机安全生产专项治理，对168个单位进行了安全隐患排查，排查一般事故125起，整改到位125起，整改率达到100%。

【领导名单】

局　长	兰晓明
副局长	吴荣文
	罗司明

工业·企业

工业与信息化

【概述】 2014年，县工信局围绕县委十六届三次、四次会议确定的发展思路和目标任务，结合工业和信息化工作实际，以经济运行、争资争项、服务企业为三项重点工作，加强指导、协调、服务，积极推进各项工作落实，工业经济总体呈现平稳运行态势，信息化建设取得新的成效。1月7日，章源钨业超细硬质合金棒材顺利通过专家鉴定，被评为省级新产品；4月，省政府批准筹建省级江西崇义工业园区；5月，章源钨业被省工信委授予“江西省信息化与工业化深度融合示范企业”；同月，君子谷公司开发的刺葡萄酒产品获第六届亚洲葡萄酒质量金奖；6月，章源钨业“超细晶硬质合金棒材”被认定为2013年度“江西省优秀新产品”一等奖。

【确保工业经济平稳运行】

加强企业挂点帮扶 7月15日，以崇工信字〔2014〕63号《关于2014年挂点联系服务重点企业、重点项目的通知》明确县工信局领导、干部挂点联系服务重点企业、重点项目，解决实际问题，促进企业发展。配合市县做好各种调研工作，如7月25日国家部委挂职干部调研工作。并按市委办公厅、市政府办公厅关于印发《组织领导干部为企业办实事解难题活动方案》（赣市办发电〔2014〕45号）的通知要求做好相关工作。8月4－5日，陪同市委常委、纪委书记彭光华一行做好市重点联系企业章源钨业、耀升钨业、君子谷公司调研工作，并制定崇义县的领导干部帮扶方案，调动全县力量共同为企业搞好服务，促进工业经济快速健康发展。

推动银企融资对接 针对企业融资的实际困难，坚持以创新融资模式为突破口，优化融资平台、深化银企合作，取得了融资工作的重大突破。分别于3月3日、4月30日，由县人民银行、工信局牵头组织开展了两场政银企融资对接签约仪式，签约企业共51户，签约金额合计23.6亿元，跟踪督促好仪式上签订的融资贷款协议履约落实情况，共发放贷款21亿余元；工信局牵头组织实施的“财园信贷通”工作，已为全县企业发放贷款1.01亿元。

不断优化发展环境 破解征地拆迁问题，在抓好重点工程和重大项目征地拆迁攻坚月活动扫尾工作的同时，集中一百天时间，一鼓作气打好重点工程“百日攻坚战”，对重点企业重点项目，实行县领导挂帅和责任部门协调推进机制，破解项目建设难题，掀起项目建设新高潮。崇义县安排资金520.44万元，于8月18日对章源、耀升等11家2012、2013年度突出贡献企业进行了表彰奖励，极大地鼓舞和坚定了企业发展的信心，并将继续发挥工业专项扶持资金导向作用，在固定资产投资、科技创新、税收贡献、企业入规等方面给予扶持奖励，引导企业做大做强。

继2011年规上工业企业主营业务收入突破50亿大关之后，3年来崇义县经济总量不断增长，2014年，实现主营业务收入100.53亿元，首次突破百亿大关，是全市10个百亿县之一，工业经济总量跃上了一个新台阶。全县规上企业实现工业增加值27.04亿元，同比增长11.90%，增速列全市第十位。实现利税总额11.39亿元，同比增长4.06%。与此同时崇义县矿业龙头企业章源公司、耀升公司贡献突出，支撑作用明显。2014年度，两家企业共实现工业增加值17.44亿元，占全县规上企业总量的64.05%；实现主营业务收入63.02亿元，占总量的62.69%；实现利税总额8.99亿元，占总量的78.86%；上缴税金1.80亿元，占总量的64.34%。

【推进成长型企业入规】 选择了9家成长型企业进行入规培育，落实挂点联系帮扶部门和责任人员，指导和帮助企业完善入规基础性工作，按照时间节点做好入规相关工作。钨业企业快速成长，企业入规成效明显。利用崇义县钨业人脉及政策优势，全年催生了5家较大的钨业企业，主要从事钨精矿的加工贸易，其中纳税超1000万元的有崇义县兴珍工贸有限公司、崇义源盛工贸有限公司、赣州戎丰工贸有限公司3家企业，为崇义县的工业经济发展提供了鲜活的动力。新增崇义县兴珍工贸有限公司、赣州戎丰工贸有限公司、崇义县清泉水业有限公司、崇义县圣鑫矿产品经营有限公司、崇义县尾矿综合回收公司等5家规模以上工业企业，全县规上企业数量首次突破30家，达到34家。

【确保工业建设稳步推进】 全县重点推进了18个工业投资项目建设，其中新开工项目5个，续建项目13个。全年累计完成投资7.5亿元，同比增长24.6%。总投资500万元以上的工业项目（含续建项目）7个竣工投产，分别为崇义章源控股有限公司碳化硅项目、江西君子谷野生水果世界有限公司生态饮料项目、崇义牛角窝铅锌矿技改项目、崇义县丰宝源光伏玻璃材料有限公司硅微粉项目、崇义县丰达矿业有限公司瓷土矿项目、崇义县丰宏矿业有限公司矿产品加工项目、过埠工业园三期建设项目。其中，崇义章源投资控股有限公司碳纤维增强碳化硅（C/SiC）陶瓷基复合材料构件产业化项目，项目于5月27日开始试生产，并进行产品性能检测等相关工作；江西耀升钨业股份有限公司高性能、高精度硬质合金涂层刀片、球齿与棒材深加工项目，一期工程已于2013年竣工生产，正逐步发挥产能。江西齐云山食品有限公司年产3.5万吨南酸枣糕项目、崇义章源钨业股份有限公司钨制品技术改造项目、乐洞风电、旗岭绿色食品、新世野梯田米等项目顺利推进。广东东源鸿安矿业有限公司新硅源硅石矿精深加工项目已完成加工项目用地征地拆迁工作，正在加紧推进相关工作。

4月，省政府赣府字〔2014〕27号《关于同意筹建江西南昌桑海经济开发区等10个省级工业园区的批复》明确同意崇义县筹建江西崇义工业园区，纳入省级工业园区序列管理。成立并发挥崇义县工业园区筹建办职能作用，做好崇义县省级工业园区规划、环评等筹建工作，重点抓好关田工业小区、过埠工业小区基础设施建设，依托园区开展招商引资，为崇义县工业发展打造良好平台。

【争取资金项目政策支持】 组织做好产业振兴和技术改造专项等项目资金申报工作。全年已争资的主要项目资金有耀升钨业硬质合金项目市政府技改专项资金60万元、章源钨业“增产增效”资金26.93万元、章源钨业新产品2万元、万年青公司省级散装水泥专项资金25万元、章源钨业和耀升钨业市“稀土钨深加工”奖励资金123.7万元（章源钨业116.54万元，耀升钨业7.16万元）。与发改等部门共同争取耀升钨业硬质合金项目国家产业振兴资金3780万元，合计争取市以上资金4017.63万元。章源钨业、耀升钨业已申报市技改专项支持，各有望获得200万元资金。

【招商项目服务有序跟进】 结合资源优势和产业结构，不断拓宽招商思路，对意向性强的项目加大项目跟踪力度。全年有自动化新型墙体材料烧结煤矸石页岩多孔砖、光伏电站、煤矸石开采、机制砂生产线、干混砂浆等项目。其中自动化新型墙体材料烧结煤矸石页岩多孔砖建设项目，由福建客商陈松明拟投资3000万元新建年产5000万块煤矸石页岩烧结多孔砖生产线，该项目拟选址在横水镇朱坑口村洋吧，设计生产线1条，需用地2公顷左右，该企业的兴办不仅可填补崇义县无新型墙体材料企业的空白，而且可实现年销售收入3650万元，税收228.27万元。该项目完成了相关论证，正在积极推进中。

【推广新型墙材】 一是严格按照收费标准，做好新型墙材征收、返退、市场管理等工作。二是重点宣传《崇义县散装水泥和预拌混凝土管理办法（试行）》《崇义县散装水泥和预拌混凝土推广应用实施方案》，在县城规划区内及部分乡镇重大项目推广应用新型墙材和预拌混凝土，全年使用散装水泥4.4005万吨，销售预拌混凝土13.5373万立方米，回收利用废弃物30.8995万吨。三是深入企业搞好企业服务，督促企业做好安全生产和质量保证。局内部成立新型墙体材料和预拌混凝土执法大队，切实加强崇义县新型墙体材料、散装水泥和预拌混凝土的行政执法工作。四是全力协助崇义县祥和万年青公司承办全省设区市（省直管县）散预办主任工作会议。7月31日，会议顺利召开，省散预办刘文斌主任到会并讲话。

【推进电子政务与信息化建设】

加强政府网站内容保障 突出政府门户网站在线办事、公众参与功能的实现，不断完善了政府门户网站功能。制作并完善《崇义县党的群众路线教育实践活动专栏》专题栏目。

加强网络平台建设 对政府网站服务器进行了硬件维护，增加了硬盘，扩大了存储能力。运行维护金保工程业务专网（县人事局）、统计信息内网（县统计局）、档案专网（县档案局），优化档

案局政务网，开通信访局政务内网、统计局政务外网。协助加强文化资源共享工程、“金财”工程、“金保”工程、农村党员现代远程教育工程建设。

促进两化深度融合 积极引导章源钨业、耀升钨业等工业企业加强信息网络平台建设，促进企业电子商务、市场营销全面发展。以章源钨业钨产业信息化提升工程，以及2014年物联网发展专项资金项目为重点，帮助策划、申报信息化建设项目，努力提升企业综合管理水平，不断推进工业和信息化的深度融合。

做好信息化技术服务 做好网上行政办公系统、政府信息公开、工程建设领域项目信息公开和信用信息公开平台、视频网络服务的运行维护和技术服务。以网络防毒杀毒工作为重点，做好了网络信息安全技术服务。

【领导名单】

党委书记、局长	曾宪瑞
党委委员、副局长	王受传（正科）
	王家华
副局长	黄小罗
党委委员、副局长、信息中心主任	陈文烈

民营企业管理

【概况】 崇义县民营企业管理局、崇义县手工业合作联社、崇义县工业小区建设办公室三块牌子，一套人马，合署办公。根据县政府办《崇义县民营企业管理局（手工业合作联社、工业小区建设办公室）职能配置、内设机构和人员编制规定》（崇府办发〔2010〕72号）规定，崇义县民营企业管理局为县工业和信息化局管理的正科级事业单位。负责全县中小企业（乡镇企业）、民营经济、手工业管理、工业小区管理和服务工作，内设办公室、经济发展股、企业发展服务股、创业服务股、融资担保股、合作指导股。下属一个民营企业服务中心，正股级事业单位。

【实施成长工程】 当年新进规模企业6家，即：崇义县思顺乡工业硅有限公司、崇义县兴珍工贸有限公司、赣州戎丰工贸有限公司、清泉水业有限公司、崇义圣鑫矿产品经营有限公司和崇义县尾矿综回收有限公司。

【加强创业培训辅导体】 以省民营企业培训中心、赣州创业大学为基础，建立“多层次、多功能、多形式”的创业培训辅导体系，为企业提供一个有氛围、有交流、理论与实践相结合的学习平台。7月7－9日，由县民营企业局牵头，会同相关部门举办了一期赣州创业大学2014年崇义创业培训班讲座暨崇义县民营企业、工商户高管人员培训讲座。来自本县民营企业的中高层管理人员、个体工商户代表等共200余人参加了这次为期3天的培训。按市局要求，选送了四名企业管理人员参加赣州市“融资策划与资本运作改变中小企业命运”专题讲座。本期培训班培训的主要内容为创业意识、创业准备、创业能力、企业发展等四部分内容。专家利用生动的语言、形象的比喻和大量丰富的实例，将复杂枯燥的理论知识讲解的形象生动、妙趣横生，学员一致认为受益匪浅。培训班受到了创业大学和学员的高度评价。

【帮助企业解决融资难题】 2014年度“小微信贷通”放贷3930万元；“财园信贷通”放贷8100万元。3月3日，县民营企业局牵头会同有关部门举办了2014年中小微型企业融资对接签约仪式，驻县12家金融机构主要负责人与崇义县33家中小微型企业代表签订融资对接协议，达成融资意向协议金额12.01亿元。支持县担保公司大力开展担保业务，2014年累计为49户中小企业提供了3060万元担保贷款，在保余额4405万元。

【工业园区建设】

成立省级工业园区 4月2日，省人民政府下发赣府字〔2014〕27号文件《江西省人民政府关于同意筹建江西南昌桑海经济开发区等10个省级工业园区的批复》，同意崇义县成立省级工业园区。

关田工业小区配套设施建设情况 关田工业

园位于关田镇田心村，涉及范围为东至杨梅坑，南至原东方红水渠，西至坳头料厂，北至高速公路。规划总面积约200公顷。

园区土地平整工作已完成一期总工程量的98.42%，面积约80公顷。国家粮食储库建设工程已完成初设、选址并立项。涉及高速边坡护坡工程正加快施工建设：Ⅰ号护坡已竣工验收，Ⅱ号、Ⅲ号护坡已完工即将验收，Ⅳ号护坡完成工程量的73%，Ⅴ号护坡正组织基础建设。园区道路工程已重新完善规划设计和编制预算，计划于11月初组织公开招投标工作，园区赣丰线改道便道土方平整工程基本完成，全线已基本贯通。园区下穿厦蓉高速竖井工程项目正在组织基础开挖，已完成8个孔桩基础开挖，总工程量的18%。

过埠工业小区配套设施建设情况　过埠工业小区在一期、二期建设的基础上，开始了工业园三期工程。三期工程总投资6000万元，计划挖山填湖填方量达133万立方米，实际增扩面积17.333公顷，三期完工后，园区面积达86.667公顷。

工业园区400米长的水渠已修筑完成，完成了1000米的河堤护坡基础部分，修筑了一条沿加油站直通工业园区的宽12米长460米的道路。滨江大道已完成路基填方工程，填方量达11万方，下一步将进行道路硬化建设，2014年底已完成立项审批及图审工作，正在进行招投标。

园区招商引资情况　创新招商理念，突出招大引强。有针对性地对绿色产业，节能产业，建材产业等方向招商，推动产业集聚。现初步接洽客商11户，有意向入园的企业有3户，相关事宜正在进一步商洽之中。

【领导名单】

局　长　刘章伟

副局长　何祥勇

　　　　谢功臣

供　电

【概况】　崇义县供电有限责任公司始建于1970年2月，1999年5月改制为江西省电力公司

控股的县级供电企业，公司现有员工319人（其中：在岗正式工189人，人事代理4人，内退职工3人，农电工112人，集体企业聘用职工11人）；下设有7个职能部室、2个实施机构、10个营业班站，取得各类专业技术职称人员128人，取得职业技能等级人员174人，大专及以上学历159人。

崇义县县内有110千伏变电站3座，主变4台，总容量10.3万千伏安。网内有35千伏变电站10座，主变17台，总容量8.98万千伏安，35千伏变电站全部实现双电源供电。县电网最高负荷6.9万千瓦，平均负荷4.3万千瓦。网内有35千伏输电线路233千米，10千伏配电线路1090千米。现有联网小水电站83座，总容量为74.4兆瓦。

2014年，公司完成供电量3.9亿千瓦时，完成售电量为3.59亿千瓦时，综合线损8.42%，电费回收率100%，实现利税总额1683万元。

【安全局面平稳有序】　严格落实到岗到位制度，全面实行外协队伍安全管带与“五大员”制度，狠抓现场违章；完善SPMIS管理，公司SPMIS合格率实现100%；强化应急管理，加强停电计划管控，实现电网运行“月有计划、周有安排、日有管控”，对“四无”作业采取零容忍态度；开展“涉众”安全排查工作，积极组织力量进行消缺，消缺率达100%。加强电网运行管控，制定特殊运行方案，强化应急预警机制，确保电网平稳运行；成立配网抢修班，强化配网作业调度许可制度执行，提高故障处理与抢修响应；公司全年安全生产局面平稳有序，圆满完成春节、全国“两会”、高中考、迎峰度夏及县重要商务活动等保电任务。扎实开展“安全管理提升”活动，及时修编各级各类人员安全生产责任制，完善安全责任体系，履行领导到岗到位制度，安全局面可控再控，截至12月31日，公司

连续安全运行5698天。

【电力供应保障有力】 坚持“多运维、少抢修”理念，按照专业化管理要求，组建4个片区运维配网班，开展配网集中运维；完成10千伏线路通道砍青扫障工作，着重开展了配网综合治理，实施智能开关覆盖工程；积极开展涉众安全隐患整治，与县安监局联合，加大专线、专变用户隐患整治力度；1－12月，故障跳闸104次，同比下降183次；重点开展“防烧变”工作，利用配变采集器按月监控配变负荷变化情况，及时新增、调整52台配变，解决了过载、重载问题，未出现配变因负荷问题烧损情况。圆满完成县旅游形象大使选拔、崇义县庆祝建国65周年书画音乐会等重要时段保电任务，全县电网运行平稳、供电有序。

【电网建设发展提速】 全面落实省、市公司支持赣南等原中央苏区振兴发展实施意见，完成“2014－2020年”崇义县配电网滚动规划编制，并通过了省市公司规划审查，为满足崇义县电力负荷发展需求提供了基础。结合电网实际，开展了以“问题为导向”的项目储备工作，进行可研方案论证，完成2015－2016年储备项目基础资料。严格执行公司年度综合计划，加强计划执行的跟踪分析，及时召开分析会，确保综合计划可控再控。实行工程质量“三级质量检验”制度，落实现场安全管理规定和标准化作业，2013年农网改造升级工程任务顺利完成，并通过省市公司项目验收审计；220千伏关刀坪变电站“三通一平”工作于10月15日通过了省公司初步验收；2014年农网改造升级工程完成施工总进度的72%，电网建设项目进展顺利。

【低电压治理成效显著】 坚持服务民生，推进低电压治理和土坯房改造配套供电工程建设，新建改造配电台区97个，10千伏线路33.417千米，低压线路178.524千米，改造户表4791户，基本完成低电压治理任务，农村电网电压合格率提高至98.13%，农村户均停电时间降低至19.97小时。

【企业管理得到加强】 全面建设和推进“三集五大”体系，着力构建“五位一体”协同机制。加大基础建设力度，实现了35kV及以上变电站自建光缆通光率100%，生产、营销等业务应用系统实现全覆盖。建立以品德、学历、能力为核心的人才评价机制，每月开展分类分层培训，做到“因岗施教”。率先在全市推行以关键指标、重点工作为核心的绩效考核制度，建立了基于考核权与分配权相统一的全员绩效考核机制，绩效管理实现了全覆盖。开展乡镇供电所管理问题排查治理“回头看”，印发《供电所工作指南》，供电所管理和服务水平明显提升。

【营销服务水平持续提升】 推行客户经理制，建立客户资产抢修办法，不断提升客户服务水平；强化营业窗口管理，加大考核力度，狠抓供电所及营业窗口日常管理突出问题专项整治；践行服务“十项承诺”，强调乡镇供电所供电服务“十条禁令”，严格执行《供电服务事件调查处理办法》，实现零责任投诉目标；加强业扩管理，开辟绿色通道，实现供电公司与客户双赢；积极服务好阳岭新城、集中安置点建设等县重点工程项目，获得县委县政府高度评价。坚持服务民生，持续开展低压摸排，现有低电压1958户，运用各方资金，提前实施源坑、走马洞、大密、廖井等5处新增低电压治理工作。

【“三个建设”取得新成绩】 深入开展党的群众路线教育实践活动，明确了32项必学内容，公司党委完成了5次中心组集中学习，支部开展了3次集中学习，学习教育、听取意见环节工作取得明显成效。切实解决“四风”和供电服务突出问题，自选开展了5+3活动，被国网公司政工系统、省公司路线教育活动办刊发报道。在运维检修党支部开展了党支部“公推直选”试点工作，取得圆满成功。响应群众服务需求，铸造优质服务品牌，常态化开展“七进活动”，共开展各类活动569人次。

【领导名单】

经　理	魏华东
书　记	黄声栋
副经理	邹善洪
	刘其山
	华伦诚
纪委书记兼工会主席	周晓敏

章源钨业

【概况】 崇义章源钨业股份有限公司位于“世界钨都”——江西赣州的崇义县，始创于

2000年，历经十余载的艰辛创业，从一家以采选钨矿为主的小企业迅速发展成为集钨的采选、冶炼、制粉、钨材与硬质合金生产和深加工、贸易为一体的集团企业。于2010年3月31日在深交所成功挂牌上市，是江西省钨行业唯一的上市企业（股票简称：章源钨业，股票代码：002378）。

2014年，荣获2013年度全省开放型经济先进企业 、江西省首批两化融合示范企业、2013－2014年度宣传工作先进单位、江西民营制造业100强第26位、江西民营企业100强第38位、江西省第十四届运动会合作伙伴、江西省知识产权优势企业、江西财经大学EMBA教学实践基地、高新技术企业等荣誉称号。

截至12月31日，公司总资产为31.65亿元，2014年，实现销售收入为20.39亿元，首破20亿大关。

【安全环保】 公司通过实行安全生产主体责任制，认真开展安全教育培训，不断完善应急预案，开展针对性应急演练，加强安全检查，落实隐患整改，有效扼制了重伤以上事故的发生；未发生重大环境污染及群众上访事件。其中：石雷钨矿通过了公司安标化内审和安监部门对六大系统建设的验收，2014年又被列为全国绿色矿山建设试点单位；新安子矿尾砂干排项目成功投入运行，效果良好。新安装的总铅、PH值、超声波流量计和数据采集仪，现已运行半年，各项指标均符合要求；淘锡坑精选厂全面启用微波烘干设备，取代了燃煤窑炉，有效改善了厂内外的环境，实现了节能减排。

【科技创新】 一是公司申请专利19项，授权专利6项，创下了历史新高。二是自主研发项目取得优异成绩，其中锅炉废气双碱除硫研发项目，针对冶炼厂锅炉产生的废气，对其进行了除硫研究，截至2014年年底，研究成果已被应用在生产线上，除硫效果良好。针对现有的湿法冶炼废水量大、废水难处理等问题，展开的火法路线研究，取得了阶段性成果。三是科研人员素质不断提高，已考取博士学位及正在备考的人数不断增加。同时，3人通过专利管理工程师评审。

【企业管理】 一是推行全面预算管理，倒逼管理升级。为今后有效地防止有权就任性行为的发生奠定了基础。二是规范电子审批流程，避免手工审批漏洞。2014年，完成了矿山财务付款、报账电子审批流程设计与实施，加强了公司报账管理，规范财务报账行为，极大促进了公司票据流、物流、资金流的高效运行，提高了审批效率。三是完成定岗定编项目的重塑再造，形成《组织诊断报告》《组织梳理报告》《定岗定编建议编制报告》《双通道制度》等重要成果性报告，并制定完善各岗位的岗位说明书，解决了公司人力资源管理累积多年的诸多问题。四是生产现场推行了6S管理，使生产系统各部门的工作环境更加整洁、有序。五是对公司质量、环境、职业健康安全、能源、知识产权等五大管理体系进行整合。在公司“质量、环境、职业健康安全”三合一管理体系的基础上，增加能源、知识产权管理内容，形成公司的“质量、环境、职业健康安全、能源、知识产权”一体化管理体系。

【党群工作】 对外，积极争取并配合政府解决企业发展用地等问题，妥善处理了与矿山周边村民的关系。对内，公司党委和各支部积极督查社会治安综合治理和公司安全生产工作，及时排查化解内部矛盾纠纷和疏导职工情绪，着重解决了职工遗属的生活困难补助、工伤事故、矛盾纠纷等问题，使得劳资关系更加亲善，员工队伍更加团结，企业氛围更趋和谐。

【社会责任】 2014年，公司全年累计对外

捐赠达 668 万元，荣获赣州慈善突出贡献奖，同时被授予江西省第十四届运动会合作伙伴称号。

【未来发展规划】

紧紧围绕建设世界一流钨企业的可持续发展道路不动摇，继续按照“保安全、优环保、稳产量、提质量、控成本、拓市场、推创新、强管理”的指导思路，在经济发展新常态下，稳增长，调结构，为加快公司产业转型升级实现可持续发展努力奋斗。

【领导名单】

董事长	黄泽兰
总经理	黄世春
常务副总经理	赵立夫
党委书记、监事会主席	张宗伟
董事会秘书、副总经理	刘　佶
副总经理	范迪曜
	黄　文
	石雨生
	赖昌洪
	黄泽辉
	严永海

耀升钨业

【概况】　江西耀升钨业股份有限公司是一家以采矿、选矿、加工、冶炼、制粉、硬质合金生产、贸易等矿业生产、加工、销售为一体的矿业企业，公司已形成了钨矿生产、加工、销售一条龙完整产业链，兼营酒店、药业、水电等三产业。现有 2 个直属矿山，3 个全资矿业公司（含矿山），4 个钨制品加工厂，2 家四星级酒店，1 家药业公司，1 座水电站，从业人员 3000 多人。公司注册资本 2.6853 亿元，总资产 19.8 亿元，累计上缴税收逾 10 亿元，累计为公益事业捐款捐物逾 8000 万元。

公司生产的“金龙耀升”牌钨制品获江西省名牌产品，“金龙耀升”牌钨粉、钨和碳化钨、氧化钨获江西省著名商标；公司自主攻关研发的系列新产品已获江西省科技成果五项、江西省重点新产品 3 项，获实用新型专利 26 项。

近年来，公司先后荣获“首届全国矿产资源合理开发利用先进矿山企业”“江西省优秀企业”“江西工业优强企业”“江西省五一劳动奖状”“江西省杰出矿业企业”“江西省和谐劳动关系企业”“第二批国家级绿色矿山试点单位”“江西省节能减排科技创新示范企业”“江西省民营科技企业”“江西省第一批省级循环经济试点企业”等荣誉。

2014 年，公司被评定为国家高新技术企业、全国有色金属行业先进集体单位、全省模范职工之家，江西省 100 强企业排序第 15 位、赣州市 50 强企业排序第 4 位。获赣州市市长质量奖等称号。公司已通过 ISO 9001 ：2008 质量管理体系认证，通过 ISO 14001 ：2004 环境管理体系认证。

【生产经营】　全年完成主营收入 9.47 亿元，实现工业总产值 8.16 亿元，实现税收 7250 万元；完成三产营业收入 2085 万元。

竭尽全力抓生产　一是克服困难，精心组织，把全年生产目标任务逐级按月按季分解，任务到组，责任到人，层层抓实，确保了生产任务的完成；二是重抓生产规划，强化现场管理，淘汰落后工艺，加强设备维修，提高机械化程度，适时调整作业时间、班次、人员，提高了工作效率；三是制定奖勤罚懒等措施，提高了办事效率、协作能力和工作积极性；四是想职工之想，急职工之急，解职工之忧，关爱职工，稳定了队伍，提高了工作热情。

瞄准市场抓营销　8 月，公司仲钨酸铵在天津渤海商品交易所上线交易，创新了产品销售渠道，扩大了产品市场，优化了产能，提升了公司的知名度。加强国际贸易，出口美国、德国等国家贸易额达 860 多万美元。加强客户管理，提升服务水平，努力为客户解决困难、满足客户需求。

拓展思路抓三产　面对中央“八项规定”的实施和激烈的市场竞争形势，三产业主动找出路、转观念、拓市场、调结构、抓内控，加快转型升级步伐。耀升国际饭店拓展会议旅游接待、婚嫁升学大众消费业务，改造原 KTV 功能，金龙大药房积极追收客商历史债款，采取会员打折促销、筹建金龙大药房连锁公司等措施，扩大了市场份额，提高了市场占有率。西湖电站利用水库调节功能，合理调度，发挥了发电、防洪、抗旱的作用。

【安全生产】

强培训　出资 600 多万元，组织职工“三级”安全教育和特殊工种等安全培训 4650 人次，开展了常态化班前安全会议和各种安全知识竞赛，强化了安全意识；严检查，生产经营单位坚持每星期或每月严格组织各种安全检查 432 次，查处整改安全隐患 516 起，提高了安全系数，工伤事故起数比上年下降 23%。

控“三违” 坚持矿级领导带班下井制度，严查重罚违章指挥、违规作业和违反劳动纪律人员，对 “三违”人员开出罚款单 326 张，对发生较重大的安全事故、偷盗案件的有关责任人，从严从重处罚并在公司内通报，警示教育了职工。

重演练 组织采场空硐、重大危险源、突发火灾等事故应急演练 18 次，提高了应对突发事件的处置能力。

抓保卫 采取改变保卫管理体制，增设警务区、门卫岗亭，规范检查重要关口出入手续，蹲点、巡逻重点场所部位，炸、封、堵废窿，发挥摄像头监控作用，协助公安部门打击偷盗违法案件等措施，保卫工作得到了有效加强。

夯基础 投资 1200 万元完成五大矿山“六大避险系统”和有关厂“三同时”安全设施的评审验收工作，提升了安全保障能力，完成了威恒矿业、锡坑矿新炸药库验收和厂矿安全证照换证年审工作，加强了基建、危化品、车辆、防汛、防雷的安全工作。

【环境保护】 公司把环保工作列入重要议事日程来抓，实行环保“一把手”目标责任制，做到了环保工作常态化，“三废”基本达标排放。认真贯彻落实新的环境保护法和崇义县实施环保年工作，完成了硬质合金厂等 4 个厂的 3 个项目的环评审批、钨制品厂重金属废水处理争资项目的验收、ISO 14001 环境管理体系换证等工作，较好地完成了国家华东督查组及省市县单位对公司环保的督查、抽检、视察工作。加强了对废水排放的日常监测管理，建立了环保自行监测系统，改造了威恒矿业环保池，提升了环保水平。

【资源利用】

抓勘查 投入 1250 多万元推进矿山资源勘查工作，完成钻探工程 1.9526 万米、钻孔 45 个，探明了部分矿脉、储量、分布等情况。

抓平衡 各矿山按照五年规划，开拓与产量同抓、贫富与难易兼采，开拓、采准、备采、存窿“三级矿量”基本达到了平衡，推进了矿山持续发展。

抓利用 各厂矿通过技术改造、加强资源管理等措施，节约集约利用资源，提高开采回采率、选矿回收率和综合利用率。

抓保护 加强资源保护，做好生产台账统计工作，准确掌握矿山生产、储量、接替、三率等情况，为公司资源决策提供了依据；完成有关证照换证年审工作，保证了矿山、探矿点证照的有效性。

【技术创新】 各单位十分重视技改创新工作，通过技改创新，提升了产能和质量、节约了成本、降低了劳动强度、提高了工作效率。多金属精选厂应用新技术正常投产，粉末厂技改了 4 台还原炉，恒昌矿业采取采空区废石充填系统，茅坪井下扩邦安装猴车、推行电耙，硬质合金厂引进台湾合金棒材技术，公司整合了硬质合金厂、威恒矿业、恒昌矿业高压供电系统，对粉末厂（APT 厂）食堂推行了自助餐刷卡模式，等等。

【制度建设】

规范制度有新突破 建立了机关新的薪酬体系、考勤考核和工资发放信息系统，规范了借款、出差、物品采购领用等 23 个事项且必须从 OA 系统中申请审批制度，加强了车辆停放管理，推进了无纸化办公进程，强化了采购和营销合同、劳动合同、质检、仓储、财产、法人公章、档案、网络、接待管理。

推行招标成效明显 公司年初出台了招标投标暂行办法，对材料设备、办公用品定点供应采购和基建项目等 15 个大类实施招标，共招标 150 批次、350 个产品、3200 万元资金。通过招标一是堵塞了采购漏洞，建立了公平、公正、公开、比价格、比服务、比质量、比信誉的市场竞争机制。二是采购成本明显降低，通过招标，大宗物品平均价格比上年下降13.98%，最高的下降28%、最低的下降了5%，恒昌矿业办公楼等5个基建项目通过招标比预算价下降110万元，通过招标共减少成本460万元。三是使用单位共同参与招投标，提高了物品采购的针对性和准确性，满足了使用单位的需求。

深化考核有新提高　深化了公司目标管理考核方案，完善了考核细则，使考核方案、细则更加科学、合理和具有可操作性。通过考核，及时掌握了各单位的生产经营情况，发现和解决了部分存在的问题，促进了目标任务的完成，提高了节约意识，降低了生产成本，有效控制了公用经费。

【争资争项】　2014年，成功获得国家、省、市批复争资项目5个，共计下达项目资金4000万元；完成了5个争资项目的验收；申报了争资项目入库9个、国家专利32项，获批实用新型专利6项、评选评优11项。

【基础建设】　2014年，用于基础设施建设资金共计1900万元，与上年相比下降56.6%。完成房屋、厂房、板房等建设2245平方米，浇水泥路面余坪4930平方米，浇挡土墙6145立方米，挖运土方10.2万立方米，新建60吨地磅及轻轨铁板桥各一座，改造卫生间54套。

【征地拆迁】　协同县、镇、村，采取各种措施，克服种种困难，投资1600多万元征租用土地29公顷，处理各种矛盾纠纷43起次，基本满足了基建、勘探用地需求。加强了土地、房产管理，对已征用的部分闲置土地采取了打桩定界、绿化造林等措施。

【党群工作】　党群组织加强了队伍和制度建设，在围绕公司发展目标，凝聚人心、营造和谐氛围上发挥了作用。2014年，新发展党员12名、入党积极分子24名。扎实开展了党的群众路线教育实践活动，加强了职工维权和来信来访工作，维护了职工和公司双方的利益，组织参加了崇义县全民运动会篮球、拔河比赛并获得了好成绩，开展了庆祝"三八""五四""七一"等节日和黑板报宣传评比等活动。

【关心职工】　改善厂矿生产作业环境，强化劳保用品发放管理，规范职业卫生健康制度；为职工办理工伤、医疗、养老等6类保险累计6235人次，保险金额425万元，走访困难职工及家属345人次，发放慰问物资200多万元，努力为职工办理致残评级及补偿工作，及时发放职工工资共计1.3亿元；改善公司公交车环境、降低职工公交车票价，组织职工开展健康体检、"金秋圆梦"助学工程、妇女两癌免费检查等活动；协助县政府处理了原茅坪矿老职工转制遗留问题。通过一系列活动，增强职工爱企敬业、尽职尽责的精神，增强了职工的凝聚力和归属感。

【社会责任】　公司积极履行社会责任，为县、乡（镇）、村社会公益事业，及帮扶济困捐款捐物600多万元，得到了社会的好评。

【领导名单】

董事长、总经理	郭华彬
常务副总经理	刘小平
副总经理、董事会秘书、财务总监	卢和铭
副总经理	郑福军
董　事	郭华英
监事会主席	江兴明
副总经理	崔宇明
	郭发长
党委书记	张溯燕
总工程师	刘　刚（2月任）
总经理助理	郭　涌

长飞矿业

【概况】　崇义县高坌长飞矿业有限公司位于江西省崇义县县城阳岭大道，始创于1999年，是一家以钨矿生产为主业，集矿产开发、房地产开发、水电资源开发、茶业开发、松脂项目开发、造林育林、特种养殖、生态旅游开发于一体的综合性民营企业。公司秉承"创新发展，开拓腾飞"的发展理念，坚持"突出主业，多元驱动"的方针，走出了一条"发挥资源优势、科学合理利用、绿色生态发展"道路。公司由创立初期注册资金800万元的崇义县高坌长飞矿业有限公司从事矿产勘探、矿山开发、矿业贸易，创新发展思路不断拓展投资领域，近期矿业企业投资房地产现代服务业，中期由现代服务业反哺生态农业，长期发展生态农业涵养现代林业，实现了一、二、三产业协调发展格局，建立了经济发展与生态保护高度融合的现代产业发展模式。2014 年，公司纳税达一千多万元，提供了 900 多个就业岗位，为崇义的发展做出了贡献。

【黄竹垅矿】

生产工作 生产工作是各项工作的重中之重，坚持以“安全发展、科学发展”的理念。 2013 年公司请外地高级专家指导大规模完善井下通风、供水、排水、用电等系统，提供更加舒适的工作环境。

安全工作 通过深入贯彻“安全第一、预防为主、综合治理、以人为本、以矿为家”的安全生产教育方针，工人劳动安全意识不断提升，工伤事故明显减少。

环保工作 公司高度重视环保工作，积极创新思路，多措并举，解决迫切需要解决的环保问题，公司还聘请外地高级专家到矿山指导大规模完善污水处理系统，并通过有关部门验收。

示范工程 通过精心组织，黄竹垅矿区低品位多金属矿产资源综合利用示范项目已完成，并通过国家专项资金审计组验收。

【青山矿】 2014 年，探矿工作是青山矿的主要工作，通过二年的探矿，2014 年年底初显成果。

【石溪电站】

石溪一级电站 2014 年，电站实现上网发电 160 万千瓦。

石溪二级电站 2014 年，电站实现上网发电 190 万千瓦。

【万长山茶场】 茶场以种植国家名优茶叶及打造观光旅游为主，面积达 2000 多亩。2014 年，水土保持工程完成近 120 万元投入，蓄水大坝主体工程已通过专家验收，综合大楼进入全面装修阶段，秋季产出白茶、龙井、毛尖等系列高档茶已上市，并获得中国茶文化研究院罗院长及省、市、县等领导的一致好评。茶园观光旅游项目正在开发中。

【长飞原生动物观赏园】 2014 年，通过外省调运、引种等途径引进野生动物品种至养殖场。现有存栏动物有：上千羽飞禽，数百头野猪、豪猪、麂子、梅花鹿等野兽。

【松脂公司】 2014 年秋，公司已试生产达 120 吨松香及松洁油，为企业长远发展奠定了良好的基础。

【恒达分公司】 自成立公司来，以矿产品贸易为主要经营项目，2014 年纳税为当地政府事业发展做出了贡献。

【长飞健身休闲农庄】 2014 年，已投入近 2 千万元打造集健身、休闲、娱乐为一体的生态农庄，综合大楼装修及附属设施建设正在紧张施工中。

【长飞民营林场】 2014 年，林场拥有近 1.4 万亩林地，主要经营杉木、松木、阔叶林等品种。

【党建工作】 2014 年，公司党建工作深入贯彻中共十八届四中全会精神，紧紧围绕公司“创新发展，开拓腾飞”的发展理念，顺利完成年初制定的党建工作目标，公司党支部通过各种形式收集近百条职工意见或建议，及时解决了职工难题近 60 个，维护了公司与员工的合法利益，并且增强了职工主人翁精神，为公司的发展增强了凝聚力。

【领导名单】

董事长、总经理	钟行飞
董事长总经理助理	黄先庆
副总经理	张永海
副总经理兼工会主席	甘业生
副总经理	钟小平
	邓　华
	温相忠
财务总监	张菁华

林业股份有限公司

【概况】 崇义林业股份有限公司于 2010 年 12 月 20 日以发起设立方式组建的，公司注册资本 6000 万元，净资产 3.5 亿元。公司股东有崇义县林业投资有限责任公司、省林投公司、市林投公司、赣州虔盛创业投资中心（有限合伙）以及 5 个自然人股东，其中崇义县林业投资有限责任公司国资占股 73.98%，占绝对控股地位。公司属国有控股企业。

公司主要经营森林资源培育、竹木产品深加工、林产化工（含活性炭）、珍贵树种（苗木花卉）和森林食品（旅游）等五大产业。公司内设行政综合部、计划财务部、生产部、业务部、项目开发部等办事机构，下属森林经营分公司（含高坌林场、密溪林场、丰州林场、龙峰林场等 4 家林场和植物园基地），一个全资子公司——崇义林业红杉木业有限公司，一个控股公司——江西新泰昇炭业科技

有限公司。公司现有森林经营面积 6833.333 公顷，现有员工 600 人左右。年生产能力：生产、销售木材 3 万立方米，纤维材 5000 吨；板材 80 万张、线条 1000 万米；竹木物理活性炭 5000 吨、活性炭民用环保产品 5 万箱。

公司现已聘请券商、会计师、律师和评估师等中介机构，为公司上市提供全程辅导。其中聘请银河证券为财务顾问，聘请江苏南京“泰和律师事务所”为企业改制、上市提供全程律师服务。聘请厦门致同会计师事务所为企业上市提供审计服务。

公司秉承“以林业为基础，以科技为依托，以优质、高产、高效为目标，以可持续发展为宗旨”的战略思路，立足资源，拓展空间，发展产业，抓好生产管理和资本运营，积极引进资金、技术、人才，把森林资源培育、竹木加工、林产化工（活性炭）、珍贵树种（苗木花卉）、森林食品（旅游）等五大产业做大做强，积极推进崇义林业上市进程，努力把崇义林业股份有限公司建设成为主业突出、效益显著的现代化综合性林业龙头企业。

4 月，荣获江西省林业厅省级林业龙头企业荣誉称号。

【全年各项经营指标圆满完成】 全年完成营造林 204.733 公顷，造林成活率达 98% 以上；完成抚育 1466.667 公顷。生产销售杉原木、松杂原木 2.84954297 万立方米，松杉杂纤维材 8503.5459 吨。生产板材 2.082394 万立方米、销售板材 1.966179 万立方米，生产线条半成品 1989.16 立方米、销售 2021.94 立方米；生产活性炭 707.25 吨、炭粉 92.46 吨，销售活性炭 614.58 吨、炭粉 65.02 吨。实现销售收入 8758.08 万元，上缴税金 396.27 万元。

【全年各项工作有序运行】 2014 年，公司围绕“规模扩张、效益增长、管理规范”的目标，以抓好森林资源培育和经营为基础，以调整板材经营策略为突破口，以发展活性炭循环产业为利润增长点，加快推进崇义林业上市进程。通过经营管理团队和全体员工的共同努力，严抓细管，精心谋划，科学决策，创造性地开展工作，各项事业蓬勃发展，呈现出良好的发展态势。主要有：一是认真抓好森林资源培育管理，确保森林经营持续稳定健康发展，完成迹地造林 204.733 公顷，幼林抚育 1466.667 公顷，间伐 453.333 公顷，防火线维修 80 公顷，低产低效林改造 45.333 公顷。二是强化干部责任意识，确保森林消防和安全生产工作措施到位。全年没有发生重特大安全事故。三是紧扣市场，调整产品结构和销售策略，红杉木业各项生产经营形势都朝着良性、有序的方向发展。四是加紧规范技改和产品质量调试，在市场低落时打牢基础，新泰昇炭业生产经营稳中求进。五是珍贵苗木植物园基地建设稳步推进，林场危旧房改造有序进行。截至 2014 年年底，林场危旧房改造已总投资 567 万元，其中中央、省级资金 282 万元，单位自筹资金 285 万元。六是党的群众路线教育实践活动扎实推进。按照县委和林业系统党委的统一部署，扎实抓好了公司党的群众路线教育实践活动开展工作，规定动作有序推进，自选动作形式多样，通过活动的开展，公司“四风问题”得到进一步纠正，全体党员的思想认识得到进一步提高，服务意识得到进一步增强，工作作风得到进一步转变。

【领导名单】

董事长、总经理　黄上富
副总经理　黄芳峰
副总经理　陈昌文

红杉木业

【概况】 崇义林业红杉木业有限公司为购买崇义红杉木业有限公司经营性资产于 2011 年 6 月注册成立，位于赣、粤、湘三省交界处森林覆盖率位居全国之首的全国林业改革创新试验基地，素有全国林业改革晴雨表称号的中国重点林业县——崇义县。是一家有30多年板材生产经验的知名企业，以生态免漆板、指接板、细木工板、集成材、板式订制家具、杉木相框、画框等为主导产品，集产品研发、生产、销售为一体的杉木深加工企业。

公司注册资金3000万元，占地面积12公顷，厂房建筑面积5万平方米，年产能为板材80万张、线条1000万米。公司致力于生态板材的研究和生产，发展势头强劲。以“为企业创造效益，为员工创造财富，为社会创造价值”为企业精神，坚持“良芯做好材，创新求发展，诚信赢未来”的发展理念，认真履行社会责任，树立了良好的企业形象，成功打造了国内知名品牌——“华森王”。

【生产经营情况】 公司高度重视产品质量的提升，积极引进国内一流的加工工艺和生产设备，精选25年以上的老杉木为主要原材料，严格执行ISO 9001：2008质量管理体系标准进行加工生产。“华森王”牌系列产品一贯以“红心杉、清香板、材质硬、胶环保”著称，其特色除了具有表面平整、不易变形的特点外，最大优点是甲醛含量低，充分体现环保健康理念，深受广大消费者喜爱，被广泛应用于室内装修和家具制作。“华森王”连续多年荣获“江西省著名商标”称号。

【品牌建设】 1997年9月，公司注册“华森王”商标，并一直秉承“品牌是敲门砖，质量是奠基石，服务是亮光漆”的生产经营理念，经过17年的耕耘培育，终于将“华森王”打造成为国内知名的板材品牌。知名的品牌总会被“山寨”，近几年公司发现江浙及周边县市出现了一些假冒“华森王”品牌的经销点。为维护企业名誉和消费者利益，公司积极与当地主管部门取得联系，在当地质量技术监督局和工商部门的联合整治下，取缔了一批假冒伪劣商家。近两年，公司进一步创新营销思维、改进营销策略，按照“立足江西、面向全国”的总体目标，科学合理、扎实有效的销售网络布局。同时，加大宣传力度、优化宣传方式方法，积极调动各经销商对“华森王”品牌的宣传热情，进一步提升了公司的知名度和品牌影响力，公司的生产经营也驶入了高速发展的快车道。

【技术创新】 科学技术才是第一生产力。一直以来，公司高度重视技术创新，不断加大对科研的投入，科研队伍也在不断壮大。2013年，公司成功研发了一种新产品——生态免漆板。新产品一上市，就受到了广大消费者的热烈欢迎，2014年年初，生态免漆板已成为公司的主打产品。公司及时对生态免漆三层复合板的生产工艺进行了国家发明专利申请，

【产品质量】 公司秉承“科技领先、优质高效、顾客至上、遵信守约”的方针，努力建设成为一个市场化、现代化的高水平企业，始终坚持以ISO 9001质量管理体系标准和卓越的绩效评价为准则，建立了完善的质量管理体系，企业的质量目标为成品交验合格率100%。始终坚持质量第一的理念、坚持质量求效益的原则和坚持质量无处不在的意识，为切实提高全体员工的技术水平，增强全体员工的“质量第一”意识，每年举办六期质量技术培训班。12月，公司拥有专职质量管理人员15名，并引进了先进的试验、检测设备。先进的设备加上专业质检人员在各道工序上的认真负责、严格把关，确保了“华森王”系列产品的优异品质，为客户提供了可靠的质量保证，也为品牌赢得了良好的口碑。

【人才队伍建设】 2014年年底，公司拥有员工300多名。其中，大中专以上人才42名，占公司总人数的14%；中高级职称8人，占公司总人数的2%。定期开展内部业务培训，选送优秀员工参加全国行业专业培训。从而拓宽员工的知识面，提升员工的工作能力和水平，深入发掘员工的工作潜能，提升员工的工作效率。

企业在实际工作中摒弃学历即人才的旧观念，把注重品德、能力、业绩等综合素质作为衡量人才的标准，建立健全人才管理制度，牢固树立“人才是包括各专业、各层次的整个员工队伍而不是单一个体”的团队观念，实行引进、充实、培养的人才管理理念，确保人才引得进、留得住、用得上。与此同时，公司对做出突出贡献的人才，还会给予丰厚的经济上的奖励。多年的企业文化积累和完善的管理制度，形成了红杉木业“信任、尊重、宽容”的用人理念，为公司的长足发展奠定了扎实的人力资源基础。

【领导名单】

董事长 黄芳峰

总经理 柳银超（7月任）

华森竹业

【概况】 江西省崇义华森竹业有限公司（前身系崇义县鑫竹集团公司和崇义华森竹胶合板厂），组建于1994年4月，历经二十年创业发展，已由原年产量4000立方米竹胶合板模板，发展成年产2万立方米竹胶合板模板和20万平方重竹地板生产规模。公司占地面积5.8万平方米，建立毛竹林基地746.67公顷，竹胶合板模板其生产规模在江西省名列第一。公司是江西省竹产业协会副会长单位，是中国模板协会理事单位、中国模板协会竹胶合模板专业委员会常务理事单位和参加修订国家建设部“竹胶合板标准”的成员单位之一，通过了ISO 9001：2008质量体系认证。是农业产业化经营省级龙头企业、省级林业龙头企业；江西省民营科技企业；全省十佳林业企业；竹胶合板模板行业“名牌企业”；中国竹业龙头企业，江西竹产业发展先进单位、江西竹产业诚信企业；江西省“专精特新”中小企业。公司主要产品有华森王”牌竹胶板和重竹坯板，华森王”牌竹胶板2006－2015年连续被江西省工商行政管理局、江西省著名商标认定委员会评为“江西省著名商标”；2007年，被江西省林业厅评为江西省林产知名品牌；2008－2014年连续被江西省名牌战略推进委员会评为江西省名牌产品；2007年，被中国模板协会竹胶合板专业委员会评为“全国十大推荐品牌”之一，2011年，在第四届中国竹文化节中国竹业博览会上被评为“金奖产品”。重竹坯板已投放市场，质量可靠，深受客户欢迎。2013年，已获得4项实用新型专利，另有三项发明专利已通过中华人民共和国国家知识产权局受理，2014年，公司重竹集成材新工艺的研究与开发通过省科技厅技术成果鉴定。

产品主要销往华北、东北、西北、西南等地区，广泛用于国内重大建筑工程，比如2008年奥运会水立方工程，还出口到叙利亚、利比亚、刚果（布、金）、多哥、加蓬等地，销售量在同行处领先水平。

【安全管理】 安全生产时时讲，树立强烈的安全意识，没有安全就没有一切，始终坚持安全生产教育和宣传，每次班前会必讲安全生产管理，对一些容易出现事故的地方不断重复讲和提醒，使员工在每时每刻都要绷紧安全生产这根弦，要在人人心中树立安全生产意识。为杜绝安全隐患，保证安全生产，主要做了三方面工作：一是对容易出现安全事故的地方做好标识，让每位员工都意识到没有安全就没有一切。二是定期对现场安全、消防设施检查，在节假日停产检修日安排专人值班，并明确重点防火区域，检查做到认真仔细，发现隐患及时整改，并做好安全巡查纪录。三是为加强安全生产培训教育工作，强化安全责任，提高安全意识和技能，公司外派若干名职工进行安全员培训。

【生产经营】 2014年，由于受国内外经济形势不确定性及建筑行业对木模板的逐步认可等因素的影响，致使全国超过80%的竹胶合板企业停产或转产，从事竹加工的企业普遍感到竹产业的寒冬已至。公司生存环境同样承受了劳动力价格上升、原材料价格上行、产品销售、库存压力大、资金回收难等因素的多重挤压，形势之严峻是前所未有的。面对这些不利因素，通过全公司上下的

共同努力，克服重重困难，基本保证了竹胶合板三条生产线的正常运行，并着重抓好产品质量，树立“华森王”品牌，确保公司竹胶合板在全行业不景气的背景下得以生存下来。同时，积极扩大重竹方料生产规模，加大力度做好重竹方料开片工作，2014年全年生产重竹方料10万余根，重竹坯板13万平方、产值达1500多万元。公司全年实现产值8700多万元，上缴税收220多万元，实发职工工资580多万元。全年支付林农的半成品、毛竹款达4500多万元。

【产品质量】 “华森王”牌竹胶合板模板是江西省著名商标，江西省林产知名品牌，江西省

名牌产品（是江西省竹胶合模板行业唯一获得省级“名牌产品”的厂家），中国模板协会竹胶合板专业委员会评为“推荐品牌”之一，中国竹文化节中国竹业博览会产品金奖。具有以下特点：幅面大、拼缝少，板面光滑平整，板材基本尺寸为 2.44 米 ×1.22 米，相当于 6.6 块 1.5 米 ×0.3 米钢模板面积；强度高、韧性好，静曲强度相当于木材强度的 8 — 10 倍，为木胶合板的 4 — 5 倍，可减少模板支撑的使用数量，装、拆简便，脱模容易，耐水性好，水煮 4 小时不开胶，在混凝土养护过程中遇水受潮不变形；防腐、防蛀；使用周转次数高，可双面倒换使用，无边框竹胶合板模板能使用 30 — 50 次，比小块钢模成本低 50%。重竹具有强度大尺寸稳定、不虫蛀、不易开裂等优点，具有良好的力学性能，物理性能。重竹密度为 1080 千米 / 毫米，静曲强度为 206 兆帕，弹性模量为 1.7313 万兆帕，表面抗冲击性能为 7 毫米，甲醛释放为 0.1 毫克 / 升，材性与红木的材性相近，产品几乎涵盖所有硬木产品使用范围。公司生产的重竹坯板作为一种新型的基材继承了竹材物理力学性能好，收缩率低的特性，具有幅面大、变形小、尺寸稳定、强度大、刚度好、耐磨损的特点，并可进行锯截、刨削、镂铣、开榫、钻孔、砂光、装配和表面装饰等加工方式。由于重竹生产时经过一定的水热处理，成品封闭性好，可以有效防止虫蛀和霉变。同时，该产品还具有不开裂、防虫蛀、防霉变的性能，与传统木质产品所使用的复合材料相比较，具有更低的游离甲醛挥发成分和良好的耐候性等优点，更具环保特性。

【技改成效】 安装 3#21 层热压机自动吸板装置，改造 2# 热压机的金属软管接头及热压板的定位，1# 和 3# 热压机的电控部分的 PLC 改进，为适应重竹生产新建了 3 个大间的平衡房，2# 油炉增加了水膜除尘装置，1# 热压机的热压板维修更换，1# 热压机垫板回送增加运输托链，新 4 吨锅炉更换引风机叶轮、机壳、增加了烟囱，液压竹席干燥机的技术改进，软水处理设备搬迁至 3# 热压机处，增加了冷凝水回收设备装置，对全公司的生产过程安装了监控设施。

【企业文化】 一是出宣传报 12 次，积极宣传了企业的各方面情况及时传播了行业信息和政策；根据《2014 年度优秀员工的评选方案》评选出了公司 2014 年度优秀员工，并对评选出的“优秀员工”给予了奖励。二是公司在国庆期间举办了“庆公司成立二十周年暨体育运动会”，表彰了为公司做出贡献的忠诚敬业员工，同时展现公司员工蓬勃向上的风采，丰富了职工业余文化生活，取得“活动成绩与精神文明”的双丰收；7 月，组织 2013 年“优秀员工”到井冈山参观学习，增进了员工之间感情，激励了员工工作热情。三是为提高岗位操作技能，公司举办了多次技能和职业道德培训并在车间多工段举办了为期两个月劳动竞赛活动。通过此次活动，发现操作中容易忽视的细节问题，进一步强化了职工质量意识，提高了操作技能。

【最新荣誉】 2014 年，被江西省中小企业局评为“专精特新”中小企业；2014 年，公司重竹集成材新工艺的研究与开发通过省科技厅技术成果鉴定。

【领导名单】

董事长、总经理、党支部书记　李英长
副总经理　梁昂斌
副总经理、工会主席　肖　勇

齐云山食品

【概况】 江西齐云山食品有限公司是中国绿色食品优秀企业、全国食品工业优秀龙头食品企业、江西省农业产业化省级龙头企业和高新技术企业。公司地处江西赣州市崇义县城，创建于 1958 年，是赣州地区建厂时间最早，发展历史最长的食品工业企业之一。1997 年 6 月率先在崇义县实行股份合作制改造，2000 年 6 月崇义县食品厂与香港万隆发展公司合资成立“江西齐云山食品有限公司”，修订了新的公司章程，按照有限责任公司的模式，实行董事会领导下的总经理负责制，建立了更加完善的管理体制。

【安全管理】 公司重视企业的安全生产，把生产安全与质量安全作为立身之本，制定一系列食品安全管理制度，并严格执行。

为保证每一位消费者能吃到安全、放心的食品，公司在“质量是第一竞争力”理念的指导下，从各方面各环节严把质量关，加大生产投入提高产品质量，严抓生产管理，于 2008 年通过

了ISO 22000食品安全管理体系认证，使投入到市场上的每一件产品都是优质、安全、放心的，所以齐云山食品得到顾客的充分认可。

【经营管理】 2012年1月，成立江西齐云山食品有限公司营销中心，其主要职能是销售和开拓市场，品牌传播。下设营销部、市场部、财务部、行政人事部，营销中心的成立使齐云山公司的市场营销工作进一步贴近市场。

2014年，公司千万元聘请国际巨星李冰冰代言，提升企业的知名度和品牌影响力，打造齐云山产品健康高端形象。

公司坚持“诚实守信”的原则，诚信、文明经营，积极参与消费者维权及社会公益活动，努力营造诚信、和谐的市场环境，在市场及消费者心目中有着良好的口碑。公司主要产品有“齐云山”牌南酸枣糕、丫-hoo野生酸枣凝、南瓜糕、脐橙糕、野青梅糕，2012年公司增加了椰果南酸枣糕、枇杷糕两个新品种。产品销售主要区域：江西、上海、广东、湖南、福建、江苏、浙江等省（市），自然销售遍及全国各地，另有部分出口。多年来齐云山公司秉承“追求自然纯真，奉献绿色健康，缔造幸福生活”的经营宗旨，以市场为导向，狠抓质量，务实经营，在激烈的市场竞争中不断的成长和壮大。齐云山南酸枣糕在全国同类产品中于1997年率先获得了“绿色食品”认证，并且连续六期（18年）通过 “绿色食品”认证；“齐云山”品牌因在市场上的和消费者心目中有较高的知名度和美誉度，2003年、2006年、2009年连续3期被评为“市知名商标”和“省著名商标”。2006年，通过QS认证，是省内同类产品率先通过认证的企业，同年齐云山食品经中国质量监督检验协会授予“中国驰名品牌”称号；2007年，齐云山南酸枣糕荣获“江西名牌产品”称号，“齐云山”商标于2007年被认定为“中国驰名商标”，公司被评为“中国绿色食品优秀企业”；2008年，被江西省发展绿色食品领导小组授予“江西省绿色（有机）食品十强品牌”；2009年，齐云山南酸枣糕被评为“江西名牌旅游商品”，齐云山公司被评为“守合同重信用企业和金融信用企业”；2010－2013年，齐云山公司荣获“全国食品工业优秀龙头食品企业”荣誉称号；2011年3月，公司荣获赣州市“2010年度金融信用企业”荣誉称号；2012年3月，授予公司江西省2005－2010年度“明星侨资企业”荣誉称号；2012年，授予公司森林食品类“林业产业突出贡献奖”；2014年，公司顺利通过高新技术企业的认定，获得高新技术企业证书，同年公司获得省“专精特新”中小企业。为了企业的长远发展，早在1998年公司就以“公司+基地+农户”的模式，先后投入巨额资金，采取免费提供优质嫁接矮化苗，免费提供栽培技术和管理技术。合同保护价收购的方式，严格按照绿色食品原料栽培的标准要求，大力推广南酸枣果园的种植，截至2014年已建立1666.667公顷良种南酸枣果园基地，既带动了当地农民致富，又为齐云山公司产品的市场进一步打下了扎实的基础。2013

年9月，赣州市科技局认定“江西齐云山食品有限公司齐云山南酸枣研发中心”为第一批赣州市企业研发中心；2014年，省科技厅审核批准组建“江西省南酸枣工程技术研究中心”；齐云山公司自主培育了17个南酸枣新品种，其中“齐云山1号”“齐云山7号”“齐云山13号”三个南酸枣新品种通过了国家林业局专家组现场评审，于2013年12月25日被国家林业局授予“植物新品种权证书”。

【产品产量】 随着企业的不断壮大，产品也向多元化发展。齐云山牌南酸枣糕是江西齐云山食品有限公司的主导产品，且1997年起连续六期被中国绿色食品发展中心认证为“绿色食品”，是国内同类产品率先获此殊荣的食品；2007年齐云山南酸枣糕荣获“江西名牌产品”称号；2011年11月，齐云山牌南酸枣糕被评为第二届中国国际林业产业博览会暨第四届中国义乌国际森林产品博览会金奖；2014年，齐云山牌南酸枣荣获“2014赣州好食品”称号。公司2010年新推出的“齐云山高纯山茶油”以其原料采自原始生态林、原生态物理压榨，不调和，不勾兑，无添加，轻脂肪和自然纯等特色优势远销海内外。2012年，公司增加了椰果南酸枣糕、枇杷糕两个新品种，椰果南酸枣糕是在南酸枣糕经典口味的基础上，融入椰果的清香和弹牙口感；齐云山枇杷糕，以优质枇杷为原料，经传统和现代结合的特殊工艺精制而成，保留了鲜果原有的酸甜风味和营养。

经营规模年生产能力：南酸枣糕1.5万吨，南瓜糕、脐橙糕、青梅糕2000吨。

【产品质量】 2014年，公司全体员工进一步加强“顾客在我心中，质量在我手中”的思想理念，继续着力于生产设备和工艺品的改进，严格执行生产、质量管理制度，强化了生产现场管理，从严从细地加强了对生产过程的监督检查。

2000－2014年以来，每年国家、省级抽检、统检次次合格，合格率达100%；齐云山产品从未因产品质量问题而被消费者投诉。

【公司新址】 江西齐云山食品有限公司整体搬迁暨年产3.5万吨南酸枣系列食品项目，占地7公顷，建筑面积5万余平方米，固定投资超过1亿元，建设期18个月，将建成达年产3.5万吨南酸枣系列食品，年产值和产品销售收入达12亿元以上，年创税利1.6亿以上，带动农户5000余户，增加农民纯收入1.5亿元，新增岗位2000个。该工程将按国内领先，世界一流的要求建设，厂房按《食品企业良好生产规范》（GMP）的标准建设，技术装备全面更新，选用国内最先进的设备，部分选用进口欧盟国家世界顶尖的设备，建成后是中国最大乃至全球最大、最先进的南酸枣食品生产企业。

【税收利润】 自2006年开始，公司产品销售收入突破了亿元大关，2014年，齐云山公司实现产品销售收入2.53亿元，缴纳税利3238万元。

【领导名单】

总经理　刘志高

副总经理　朱方永

　　　　　刘继延

君子谷野生水果世界

【概况】 君子谷野生水果世界创建于1995年，位于罗霄山脉诸广山区的江西君子谷山区。谷内收集和保护了大量的野果资源，中国南方亚热带的野生水果在这里几乎都能找到，是名副其实的野生水果种质资源库。

1995年1月，君子谷建立野果保护区。从那时起，君子谷人开始保护山谷内的野果资源，同时

野生刺葡萄选优品系：君子1号

珍藏级
750ML精装君子谷干红葡萄酒

窖藏级
750ML精装君子谷干红葡萄酒

收集周边山区在“炼山”（在林业生产中，把有用的木材砍伐后，放火烧山来清理林地）时要毁灭的野果物种资源，将它们在君子谷进行保护性种植。经过长期的努力，君子谷人野果资源调查和收集的脚步遍布了中国南方的大部分省份。君子谷野果资源圃保护和收集的南方野果种类齐全，资源较完整，仅“中国野生刺葡萄资源圃”内保护和收集的刺葡萄野生植株就达1100多份。君子谷已经成了一个野果的天然家园，一个野生水果的种质资源库。

君子谷野生水果世界开创了从野果保护到野果资源圃的建立，从野生水果品种的选优到选优品种的生态种植，从野果生态特性的研究到野果深加工工业化的创新发展历程。这里是野果的天堂，更树立起了人与自然和谐的典范：谷内除了有世界唯一的野果种质资源库，还建有野生选优品系刺葡萄标准化栽培示范基地，以及依托野果资源库而建立的野果酒庄。利用野生选优品系刺葡萄酿造的君子谷刺葡萄酒在第五、六届亚洲葡萄酒质量大赛上荣获金奖。

君子谷野生水果基地是“江西省农业科技示范园”。

君子谷野生选优品系刺葡萄生态种植园是“江西省省级农业标准化栽培示范区”。

这里自然环境优美，是进行资源和植物研究的理想基地，更是人们向往的桃源谷地。

【重大活动】 2月，“创建全国生态文明（酒企）示范基地现场会”在君子谷召开。中国轻工业联合会会长步正发、中国煤炭工业协会会长王显政、中国诗酒文化协会会长蒋秋霞、中国生态文明研究与促进会秘书长朱广庆以及中国社会科学院专家部分全国政协委员和全国16个省市的果酒企业的专家、企业家在君子谷共同现场探讨生态和发展主题，大家对君子谷模式给予高度认同和评价。会议期间，来自16个省市的中国果酒企业发起成立“中国诗酒文化协会果酒研究会”，君子谷董事长庄席福先生被推选为研究会负责人。

【公司荣获】 “刺葡萄栽培及其产品开发”技术成果荣获2014年赣州市科学技术进步一等奖。君子谷刺葡萄干红在第五届亚洲葡萄酒质量大赛获得两金两银，实现了中国本土葡萄品种在该赛事金奖零的突破。2014年，在第六届亚洲葡萄酒质量大赛再获金奖。公司董事长庄席福荣获赣州市2014年度经济人物。

【领导名单】

董事长、总经理	庄席福
副总经理	陈红玲
	刘崇衡
董事长助理	赵亦君

江西威克曼实业

【概况】 江西威克曼实业有限公司的前身为崇义县钨制品厂，创办于1996年，2003年组建公司，现下辖江西显亮煤业有限公司、崇义县钨制品厂等企业，系一家集房地产开发与经营、煤炭生产与销售、钨精选、冶炼为一体的现代化企业。公司管理体制为董事长领导下的经理（矿、厂）长负责制。

2014年，公司开发的“崇义县财富·新天地商住小区”正紧张有序地进行。该项目由华南知名设计机构广东建筑艺术设计院有限公司担纲设计，占地约2.133公顷，总建筑面积103426.71平方米。主体建筑由6幢简欧风格板式电梯楼房组成，配套设施有中心主体花园广场、大型公众会所、主入口商业广场、大型地下车库、地面临时停车位、网球场、羽毛球场和四面临街黄商铺等组成。

显亮煤业有限公司“年产9万吨原煤技术改造工程”建成投产，标准化的矿井、机械化的提升设备等生产设施设备，双路变电房、规范化的火工产品库、宽敞的机修车间等附属设施，员工食堂、员工宿舍等附属生活设施投入使用,使公司的生产、生活条件得到较大改善。

【安全管理】 公司进一步建立健全《安全生产目标管理制度》《安全生产岗位责任制》《各工种操作规程》等一系列规章制度，层层落实安全责任，强化各项安全措施，2014 年基本实现安全无事故；煤业公司积极开展安全质量标准化工作，全面执行持证上岗制度，安全生产管理人员和特种作业人员按规定及时送省、市培训中心进行培（复）训，同时一线作业人员接受县安全培训中心的全员培训，同时进一步建立健全了安全生产责任制，层层落实安全责任，2014 年通过省安全质量标准化二级矿井验收。

【经营管理】 公司秉承“诚信、合作、卓越、创新”的经营理念，进一步完善了经营管理制度，房地产公司实行项目开发进度、安全施工情况、楼盘销售业绩与员工的工资、奖金挂钩，煤业有限公司完善了绩效考核制度，将安全生产、原煤产量、工程开掘、成本控制、原煤销售与履职情况，与管理、生产人员的工资挂钩，调动了产销人员工作的积极性、主动性和创造性。

【产品产量】 房地产开发项目一期工程 D、F 幢完成内外装修，二期工程 A 幢、E 幢顺利封顶，三期工程 B 幢、C 幢完成地面 6 层，全年建成 242 套住房、28 套商铺，总建筑面积 2.436 万平方米，完成投资 8760 余万元，销售住房 238 套；煤业有限公司按煤矿行业主管部门核定的井下劳动定员组织生产，原煤产量达到 8 万吨，销售原煤 8 万吨。

【产品质量】 房地产开发项目按工程进度抓好各环节的质量管理，努力打造精品建筑，建成的楼盘居室南北通透、户型方正实用、户户阳光、家家鲜氧，深受客户青睐。煤业有限公司生产的原煤为低硫、低磷无烟煤，平均发热量在 5500 大卡以上，为周边县（市、区）提供了优质的工业用煤和生活用煤，同时还远销广东韶关、清源等地。

【税收利润】 2014 年，销售收入 13885 万元，上缴税收 1830 万元，实现利润 438 万元。

【领导名单】

董 事 长　刘显亮

总 经 理　朱立亮

煤矿矿长　赖承波

清泉水业

【概况】 崇义县清泉水业有限公司在职工 49 人，其中专业技术人员 9 人，中层干部 12 名。2014 年公司日综合供水能力到为 2 万立方米，年销水量 300.48 万立方米，日均供水量 0.82 万立方米，最高日供水量达 1.4 万立方米，较 2013 年增长 11.64%。公司现有制水厂一座，位于县城西南方向的横水镇上营村，供水水源为距县城南部 18 千米的长河坝水库，该水库始建于 1969 年，集雨面积 49.5 平方千米，总库容 1262 万立方米，兴利库容 567 万立方米。输水管线管径 DN600，总长 9.24 千米，其中隧道总长 2754 米，内设钢管 DN700。

【水价执行情况】 县城自来水价格按照崇价字〔2005〕2 号文件执行，按五类水价收取水费，具体为一类（居民生活）用水价格每吨 1.55 元；二类（行政事业）用水价格每吨 1.75 元；三类（工业）用水价格每吨 1.90 元；四类（经营和基建）用水价格每吨 2.55 元；五类（特种行业）用水价格每吨 5.00 元。

【工作实施情况】 全体干部职工坚持为全县人民服务的指导思想，围绕全县工作大局，以保障全县城镇居民生产和生活用水为根本，抓重点求突破，真抓实干、不断创新、拼搏进取，克服各种艰难险阻，采取有效措施使公司各项工作正常有序地开展，各项任务和指标有了新的突破和提升，取得了喜人的成绩，圆满完成了年初制定的各项任务指标。

为认真贯彻落实《中共中央关于在全党深入开展党的群众路线教育实践活动的意见》和总书记习近平等中央领导在党的群众路线教育实践活动工作会上的重要讲话精神，根据赣州市委和崇义县委《关于深入开展党的群众路线教育实践活动实施方案》的部署安排，公司组织开展了党的群众路线教育实践活动。教育实践活动始终贯穿“照镜子、正衣冠、洗洗澡、治治病”的总要求和“为民、务实、清廉”的具体内容，集中解决在形式主义、官僚主义、享乐主义和奢靡之风等方面存在的突出问题，不断实现自我净化、自我完善、自我革新和自我提高。使党员思想进一步提高、作风进一步转变、党群干群关系进一步密切、为民务实清廉形象进一步树立；大力推进职能转变，以作风建设的新成效凝心聚力、开拓创新，保障科学发展、合理利用和保护水资源、保障供水水质、保障群众权益，不断提高供水服务水平。

根据公司的实际出资情况，完善工商登记资料，保护股东权益。按照公司登记管理条例等相关法律规定，经公司股东大会一致同意公司注册资本由1500万元减为585万元，实收资本由1500万元减为585万元。并于8月19日在工商登记机关办理了减资手续。

完善了公司规章制度，进一步落实建立健全各种规章制度，使其较以往更为详细完善，科学合理，切实可行，便于操作。2014年，每位干部职工都自觉遵守岗位目标责任制度，严于律己，踏踏实实，为公司各项工作的完成提供了强有力的制度保证。同时加强了制度落实，对违反制度的职工进行坚决处罚，保证了公司令行禁止。

加强管理，提高水费回收率 水费是公司的经济支柱，涉及千家万户，是一项艰巨而复杂的任务，年初公司对客服中心、用水管理科制定详细的计划，明确任务职责，将水费收入作为加强供水工作的一项硬指标加以落实。为促进供水事业更好更快发展，对内强管理，对外树形象，做到文明服务、微笑服务、耐心服务、真诚服务、高效服务，使水费收缴工作跨上了新的台阶。

抓抄表、提高准确率 水费回收率的提高关键在于抄表，抄表工作的好坏直接影响公司水费回收和资金回笼。针对抄表工作进行总结，并对抄表员所管区片进行详细划分，并责任到人。对工作业绩、服务表现进行考核。要求做到不漏抄，少抄、多抄、错抄，确保真实准确。

严格执行水价标准 这是供水行业体现经济效益的关键环节，也是工作中的重中之重，公司严把关细监督，真正体现公平、公正的原则，避免主观意识造成的用水不公平。通过加强管理，水费收缴工作再上新台阶，提高了工作效率和服务水平，切实提高水费回收率，通过多个部门的共同努力同上年相比，水费收入增长69.58万元。

加强监督，提升服务质量响应建设和谐社会的号召。公司继续加强违规用水、串表用水、私自更换用水性质等违规用水的工作力度，对一户多表问题、串换用水性质问题、私自装拆水表问题、私自搭水用水问题等，进行整改和规范。

为确保水质安全，水厂严格按照《生活饮用水标准检验法》（GB5750—2006）测定水质，坚持一日多检制，严格把好产品质量关。在制水过程中，严格遵守各项工艺的操作规程，根据浊度和进水量的变化适时调整药剂量。认真做到勤看、勤检、勤巡、勤调节，并严格执行交接班制度，严格把好产品质量关，确保了出厂水合格。

为确保政府征地拆迁等相关工作顺利进行，公司抽调安装队、稽查队全力配合征地拆迁工作，共迁移管线260米，完成拆表停水50多起。得到了县政府及工作组的肯定。

坚持“用户至上、信誉第一”的经营宗旨，坚决履行“八项服务承诺”，积极拓展用水市场，已完成新增管线6638.33米，主管线维修86次（其中DN400抢修9次、DN300抢修1次、DN200抢修5次、DN150抢修5次、DN100维修20次），维修费16.28万元。小型维修高达860次，维修费3.4万元。新增用水户1236户。用水户1236户共查处违章用水15起，追缴水费4600元。处理信访投诉80多起。

【管网建设情况】 按照县城城市建设规划的要求，2014年已完成县安置点、廉租房等重点项目的给水管线新建：小于或等于PE400 159.63米、PE250 218.5米、PE200 494.8米、PE160 3028.5米、PE150 167米、PE100 2569.9米，共计6638.33米。改建管线（水泥管改钢管）：DN400 180米，约投资50万元。

【领导名单】

董事长、总经理、党支部书记　叶吉茂
董事会成员、副总经理　朱昭福
董事会成员、副总经理　叶　青
监事、副总经理、工会主席　朱　明
副总经理、水厂筹建办负责人　谢祥龙
总经理助理、办公室主任　黄　炜

公路·交通

公路管护

【概况】 崇义公路分局为赣州市公路管理局垂直管理的差额拨款单位，共有职工63人，分局机关设四科一室，即党政办公室、养护科、路政科、财务科、经营科。下辖两个养护中心，即铅厂养护中心和合江口养护心，负责管养理程101.039千米。2014年，紧扣公路发展主线，围绕公路工作目标，以完成“三大主业”任务为重点，以开展党的群众路线教育实践活动为抓手，认真贯彻十八大和十八届三中、四中全会精神，扎实开展“三送”活动，整治干部作风，加强廉能防控建设和文明创建，各项工作均取得了明显进步，圆满完成了市局下达的各项目标任务。

【公路养护】 崇义公路分局进一步加大公路日常养护力度，结合实际，完善了道班百分制考核评分办法，并严格执行养护生产周巡、月检、季查制度，要求养护人员坚持每天清扫路面，无论晴天下雨，都必须坚持上路作业，保证路面整洁、美观。按照示范路创建要求，注重“精细严”的精细化养护，对龙大线K224+107-K255+052，赣丰线K125+000-K130+262、K77+231-K81+257路段进行示范路创建，为当地社会和经济发展营造了“畅安舒美”的交通环境。进一步完善了公路水毁抢修应急预案，进一步加强了预防性养护和防汛的储备工作，先后投入20万元用于公路水毁抢和修复被损路产，确保了汛期公路的安全畅通。加强道班建设，自筹资金1.5万元对古亭、合江口道班进行了全面整治，对道班房进行了粉刷，更换了铅厂养护中心自来水塔等，养路的生活条件得到了一定的改善。全年完成整修路面6480平方米，整修路肩11.12万平方米，清理水沟163.8千米，清理塌方3.6005万立方米，修复水沟360立方米。完成赣丰线K64+586-K76+300、K90+731+K91+163、K93+573-K94+231及K110+220-K112+630路面养护大中修工程。

【路政管理】 2014年，崇义公路分局路政管理工作以确保公路安全畅通为目标，以路域环境整治为重点，全面开展“行政执法人员素质提高”和创建“路政管理示范路活动”，进一步提升依法行政能力。一是开展多种路政执法、学习教育活动，并与党的群众路线教育活动相结合，组织全体路政执法人员进行集中学习；二是强化公路巡查的力度，要求路政大队每天对所辖路段作贯通式巡查，及时制止涉路侵权，违章苗头，发现隐患及时通知养护单位；采取有效措施查处车辆“抛洒漏”行为，和公路用地内各种影响公路安全畅通的行为；三是强化路域环境的整治，2014年，崇义公路分局进一步完善了路域环境整治机制和路政联合执法机制，加强了横向联系，多次组织县相关职能部门开展执法活动，对沿线的违章、污染、损害公路的行为进行整治，全年共清理路面堆积物60立方米/40处，拆除非公路标志牌120平方米/25块，查处抛洒漏20起，加水洗车点4处，办理路政许可20起，办理路赔案件14起，路赔款5万元，挽回经济损失15万元。

【交通基础设施建设】 崇义公路分局积极参与市公路局组织的工程项目招投标工作和地方公路建设工作，强化项目管理，实现了经济效益和工程建设目标双丰收。全年已完工程项目有六项：一是完成了赣丰线K70+200滑坡卸载工程项目，总投资212万元；二是修复赣丰线、龙大线4处路基缺口，新建龙大线铅厂村涵洞1道，投资35万元；三是完成赣丰线K96+000-K130+262、龙大线K233+000-235+000临崖、临河、三岔路口路段安全隐患整治，新建钢护栏4500多米，安装示警桩482根；四是完成全南X420线下湾桥重建工程，总投资120万元；五是完成G206寻乌段养护大中修工程AP9标，已计量838万元；六是宁都外环城监理工程。在建工程两项：一是省道218于都银坑至窑下路段改造工程，工程造价2300万元；二是南康区寡婆桥至崇义上营公路升级改造工程，工程造价1900万元。

【安全工作】 崇义公路分局始终坚持“安全第一、预防为主”的方针，要求广大干部职工牢固树立“ 生产必须安全，安全促进生产”，自觉加强安全知识学习，强化安全意识，积极排查与治理安全隐患。在春运、“五一”、国庆等关键时期及时传达上级关于加强安全保卫工作等文件精神，年初与各科室负责人、养护中心组长签订《安全生产责任书》，6月深入开展“安全生产月”活动。由于教育得当，措施得力，职工的安全意识较强，全年没有任何安全生产责任事故。

【党建工作】 2014年，崇义公路分局的党建工作在县委、工信系统党委和市交通运输局党委、公路局党总支的正确领导下，坚持一手抓党组织建设，一手抓组织作用的“两手抓”方针，以“一个活动”和“四个强化”为抓手，大力加强党的思想，组织、作风、制度和反腐倡廉建设，充分发挥党组织的战斗堡垒和党员的先锋模范作用。一是积极开展党的群众路线教育活动，有方案、有组织领导、有整改、有落实，特别是对干部“四风”问题进行了认真的查摆、治理；二是坚持“三会一课”制度；三是学习贯彻十八届三中、四中全会精神；四是加强廉政教育活动，组织职工认真学习中央“八项规定”和廉政文件、讲话精神，深入开展了“红包”问题专项治理活动；五是注重信访维稳，建立信访值班制、排查制，明确信访信息员，确保全局和谐稳定，9月，被崇义县委县政府授予社会综合治理和信访维稳工作先进奖；六是强化宣传阵地，号召职工踊跃投稿，全年在《今朝》《赣南日报》《赣州交通网》等媒体发表文章60余篇；七是做好工会各项工作，全年慰问困难、生病职工12人1200元，慰问劳模2000元。

【三送工作】 2014年，崇义公路分局按照干部联系群众全覆盖，常态化机制，推进“三送”工作，一是协助农村土坯房改造，帮扶1800元给“三送”村土坯房改造超额资金的补差。二是继续改善驻点村的交通条件，自筹资金8.6万元，帮助该村修补通村公路，有效解决了群众出行难问题。三是开展困难帮扶。春节期间，走访慰问困难户10户，慰问金额7000元；6月，筹资3260元为村民购买脐橙黄龙病防治工具；7月，慰问困难党员4人。四是继续加大政策宣传和解决矛盾纠纷。2014年，崇义公路分局在“三送”驻点村开展政策宣讲30余次，发放宣传资料260份，撰写民情日记500篇，化解和解决群众诉求20起，为群众办好事实事50多件。

【领导名单】

局　　长　刘志强

支部书记　张贤勇

副 局 长　郭秀良

　　　　　童文平（3月免）

交通运输管理

【概况】 崇义县交通运输局设4个内设机构，分别是办公室（行政服务股）、财务股、综合股，下属3个事业单位，分别为崇义县公路运输管理所（副科级）、崇义县港航管理所（副科级）、崇义县县乡公路管理站（正股级）。

全县公路总里程1731千米，其中高速公路50.84千米，省道2条102千米，县道9条283千米，乡道7条95千米，村组公路1280千米；全县共有公路客运班线39条，其中长途班线4条、中长途班线2条。1家城市公交公司，拥有10台公交车；全县共有水口、七星望月、长潭、中洞、石门子、过埠、鹿湾、杰坝等8个符合航运条件的库区简易码头。全县投入运营的船有10艘，其中石门子码头5艘、水口码头4艘、杰坝码头1艘。

2014年，县交通局认真贯彻落实中共十八大，十八届三中、四中全会和总书记习近平系列讲话精神，按照县委县政府的决策部署，深入开展党的群众路线教育实践活动，全力推进交通重点工程建设，强化交通运输业务建设和安全监管，全县交通运输行业持续保持平稳发展势头。

【公路建设】 2014年，争取通组公路立项计划126千米，已完成86.6千米。完成公路测量设计项目108个，其中通组公路90个共100.57千米；安排资金138万元（41万元为上级交通部门项目资金，97万元为县财政配套），在全县县乡公路安全隐患点增设了道路警示标志牌310块、广角镜142块、防护栏4524米、减速线2039平方米；投入6万多元，更换上寨线东林山隧道照明高压钠灯100套，反光轮廓标140个；县财政投入230多万元对过埠至上堡路面进行全面修复，同时实施上堡公路石子头地质灾害隐患整治工程；投入600余万元对关田—聂都、古亭—乐洞、县城—水口公路、横水镇河下组、麟潭（龙峰林场）—古亭、横水磨刀坑等高速公路建设受损路面进行了修复；启动过埠大桥重建，已完成选址和设计方案。

【运输管理】

全面推进依法行政 2014年，全县共办理道路运输经营许可证149本、道路运输证159本，办理营运车辆季（年）审1380台次。

打击黑车非法营运 9月份以来，联合县公安、交警等部门开展打击非法营运新一轮联合执法整治行动，并积极协调上犹、南康实施跨县联合执法，检查嫌疑车辆30多台次，查处非法载客车辆9台，有效维护了客运市场秩序和人民的生命财产安全。

提升县乡公路养护水平 牵头制定并出台《崇义县农村公路养护管理办法》，实现县乡公路养护全覆盖。

【港航管理】

实施陡水湖库区航道整治 自9月10日始，在县政府的统一指挥下，县交通、农粮、海事、公安、安监等部门及横水、过埠、杰坝等乡镇开展了陡水湖库区崇义县境内航道清理专项执法行动，共出动人员135人次，船只2艘，对库区虎爪——七星望月——树木园、石门子——大江、水口——虎爪、水口——过埠等4段航道进行了清理，清理拦江网41道，重新设置航标50对。崇义县库区各主要航道恢复了安全畅通。

实施水路运输公司化经营 在陡水湖库区，已组建一家鹅公湖水上客运有限公司，进一步规范水路客运市场。

【领导名单】

党组书记、局长	刘昌恒
党组成员、副局长、高速办主任	刘德福
党组成员、副局长	赖弥坚
	张小荣
港航管理所所长	赖徽林
公路运输管理所所长	林　红

赣崇高速

【概况】 赣州至崇义高速项目是厦门至成都高速公路的重要组成部分，它东起福建厦门，经江西、湖南、广西、贵州、终于四川成都，全长约2295千米，概算总投资66.2亿元，造价7561万元／千米，为省内已建和在建高速公路最高。是厦门至成都国家高速公路在江西境内的一段，也是江西省高速公路规划“三纵四横”主骨架中第四横的的一部分。路线起于赣州市南康唐江，与厦蓉线赣州城西段终点相接，项目在崇义县境内起于横水镇、关田镇、文英乡3个乡镇，与湖南（郴州汝城县热水镇）交界，是崇义县通往沿海发达地区、连接外省的快捷通道，也是泛珠三角和中部崛起规划的重要东西省际通道。赣州至崇义（湘界段）全长87.552千米。全线按双向四车道高速公路标准设计，设计行车时速100/90千米，路基设计宽度为26/24.5米，路面结构为沥青混凝土，设计荷载（公路—1级）。其中，崇义段50.84千米（桥隧总长34.03千米，桥隧比38.87%），是有史以来全省高速公路桥梁隧道比最高的一条高速公路。该项目于

2010年11月动工，2012年12月31日竣工通车。

【征地拆迁】 自2010年4月崇义县赣崇高速项目建设协调办公室以来，在省交通厅赣州至崇义高速公路项目建设办公室关心下，在市、县委、县政府的高度重视下，通过全县上下的共同努力，圆满地完成了赣崇高速崇义段的征地拆迁工作。赣崇高速公路红线内发放征迁补偿资金1.25亿元。征用土地463.5公顷；拆迁房屋238栋346户9.22万平方米；迁移坟墓2060穴。赣崇高速崇义互通连接线拓宽项目总投资0.4108亿元（建安费3169万元、征地拆迁等费用939万元）。征用土地11.867公顷(含安置地)和房屋拆迁主体房16栋、附属房17栋任务。

【遗留问题】 赣崇高速崇义段50.84千米，崇义地理位置特殊，沿线桥梁隧道比列是全省高速公路之最，由于赣崇高速项目建设时间紧、任务重、难度大。2012年12月31日，赣崇高速正式通车后，赣崇高速项目建设沿线涉农遗留问题625个，经县赣崇高速项目建设协调办公室主动沟通和积极争取，在省交通厅赣州至崇义高速公路项目建设办公室、赣崇项目各施工单位和的支持配合下，通过全县上下几年的共同努力，赣崇高速正式通车后，沿线涉及遗留问题共争取资金1263.20万元，沿线大部分遗留问题得了妥善解决。主要解决的遗留问题：损毁县、乡公路修复投入520.8万元；水改旱补偿105.3万元；关田工业园段接水接路投入资金198.6万元，横水镇三坑村牛牯洞恢复河水截流项目600米投入资金49.6万元；横水镇三坑村AP2标段料场边坡绿化、挡土墙、排水沟项目投入资金31.2万元；横水镇朱坑口村河下组恢复道路、水沟、挡土墙项目投入资金18.6万元；关田镇牛岗组回复库容投入资金20万元；关田镇田心村富树下组高速公路挡土墙投入资金20万元；关田镇下关龙头改路投入资金16万元；关田镇关田村赵盛米屋背涵洞塌方清理投入资金5万元；关田镇田心隧道排水沟100米投入资金6万元。文英乡文英村自来水项目投入资金13.2万元；文英乡文英村高速公路排水沟420米投入资金5.8万元；文英乡水头村涵洞塌方投入资金8.7万元。

【领导名单】

主　任　刘德福

副主任　张小荣

　　　　林广海

地方海事

【概况】 2014年，崇义县地方海事处坚持以科学发展为主题，以构建和谐平安水上交通为主线，以保安全，保畅通，兴水运，促发展为目标，以中共十八大会精神和中央经济工作会议精神为动力，以开展“四型海事”建设学习实践活动为载体，内强素质，外塑形象，县地方海事处海事队伍凝心聚力，狠抓落实，较好地完成了全年各项工作任务，确保了崇义辖区水上交通安全形势的稳定。

【巩固安全稳定态势】

强化现场监督，加强执法力度 县地方海事处牢固树立“安全第一、预防为主”的监管工作理念，始终坚持“船舶适航、船员适任、有效监管、保障安全”的工作原则，认真做好日常的水上交通安全监管工作。一是做好辖区水上交通安全监管工作，坚持每周至少组织两次巡航，巡航内容包括航道情况以及“三无”船舶非法载客行为，另外在春运、清明、“五一”和汛期等重点时段组织海事执法人员深入水口码头和茶滩石门子加强现场监管和隐患排查工作，预防水上交通事故的发生；二是开展好水上交通安全专项整治活动，分局下发《关于印发开展水上交通安全“打非治违”专项整治活动实施方案的通知》（赣州海事字〔2014〕1号），成立专门的工作领导小组，认真组织，精心安排，活动顺利开展并取得良好效果；三是做好水上交通安全的源头管理，加强日常现场监管，在办理船舶定期签证业务前，严格对客船和渡船进行安检，发现问题立即通知船主，限期纠正和消除安全隐患。全年共出动检查78天，出动车辆37次，检查船舶110艘次，整改隐患3起，悬挂宣传横幅6幅、发放宣传单和宣传资料80余份。

加强海事管理基础和保障能力建设 一是要加强海事业务日常管理，严格按照规范和程序要求，认真做好船舶定期签证，船舶管理和船员管理工作。辖区内需要办理定期签证业务的有9艘，分别是崇义旅游2号、崇义客18号、崇义客29号、崇义客9号、崇义客10号、崇义客11号、崇义客12号和崇义客16号、崇义客6号，都分别建立了船舶定期签证档案。县地方海事处建立了船舶档案的船舶有12艘，船员共有50个，全部都建立了船员档案和相应的登记台账。切实做到工作有记录，资料齐全有效，标准规范。二是继续加快应急管理体系建设。成立了应急管理体系建设工作领导小组，制定了各种应急预案，比如《崇义县地方海事处火灾事故应急预案》《崇义县地方海事处水上防洪抢险应急预案》《崇义县地方海事处船舶紧急情况处置预案》等，进一步健全和完善各项应急预案和管理制度，有效增强海事应对处置突发事件的能力。

做好船舶检验工作 县地方海事处以继续深化分局船舶法定检验质量管理体系建设为抓手，进一步规范船检行为，加强船舶检验程序、检验过程、发证及档案管理和服务等环节的有效监控，认真把好船舶检验质量关，努力杜绝和防止船舶检验质量事故和腐败现象的发生，认真执行船舶检验工作“一检、二帮、三把关”的工作方针，做好船舶检验服务，提高船舶检验工作效率和质量。全年共检验营运船舶13艘次，总吨位254吨，功率374.95千瓦，完善建立了船舶检验档案和工作台账。

【提高航道畅通保障能力】 一是认真做好辖区航道维护管理工作。县地方海事处管辖陡水湖航道里程约60千米，在日常维护工作中，坚持每月巡航两次，检查航标情况，做好岸标遮蔽物的清理工作，同时根据季节水位变化情况，合理调整配布航标，确保标位准确，标志明显。二是配合县委、县政府开展航道专项整治活动，对渔民设置固定渔网网口小、网口标识混乱等阻碍船舶安全航行的行为进行整治，并统一了航道航标标志，增设三角浮标90座，标志经费3.3107万元。

【促进安全稳定】

全面落实安全管理责任 继续实行“一岗双责”制，进一步完善安全生产各项管理制度、操作规程和“安全事故责任追究”等各项规章和管理制度，坚决杜绝违章操作、违章指挥、违章作业的行为。做好小车、赣海巡103号船艇的保养和管理，坚持每星期一次的安全知识学习，使提高职工的安全生产意识和操作技能明显提高。做好内部安全生产隐患排查治理工作，安全员每月对办公楼和工作船艇的消防、救生、电源、电器及液化气等设备不能少于一次的检查，及时发现问题，消除安全生产隐患，确保了安全生产无事故。

继续做好综治工作 县地方海事处成立由海事处处长担任组长的综治工作领导小组，切实加强对县地方海事处综治维稳工作的领导。建立健全了综治维稳工作各项制度，比如学习和工作例会制度、信息报告制度、综治值班制度、矛盾纠纷排查化解制度和突发性事件处置制度等，夯实综治工作基础。认真做好各类矛盾纠纷排查调处化解及来信来访工作，大力加强改革发展过程中的职工思想政治工作和稳定工作，及时妥善处理群众关注的热点、难点问题。大力开展平安创建活动，使全处干部职工法治意识明显增强，单位内部和周边治安秩序保持良好，群众满意率不断提高，完成分局下发的平安创建工作目标，确保一方平安。

【提升行业文明水平】 2014年，县地方海事处深入贯彻江西省地方海事局、赣州地方海事分局关于加强党风廉政建设的一系列部署和精神，成立了工作领导小组，并由处第一责任人当任组长，进一步完善廉政风险防控机制，努力推进政务公开工作，切实加强对重点岗位、重点领域和重点环节权力运行的监督和管理，同时结合县地方海事处实际通过开展民主生活会和警示教育活动，教育引导干部职工牢固树立廉洁从政意识，正确行使权力、履行职责，从而形成反腐倡廉的良好氛围。

【领导名单】

处　长　黄盛辉

城市建设·环境保护

城乡规划建设

【概况】 2014年，县城建成区面积达6.6平方千米，中心城区人口达6.1万人，全县城镇人口达到10.2万人，城镇化水平达48.5%；县城城区累计完成城市建设投资近6亿元。

【城市建设】

严格项目审批 建设项目规划审批程序日趋完善。大力推进了项目审批“二公示”制度，切实做到项目规划行政许可审批的公开、公平、公正，以维护公众利益和权益，崇义县严格对新建项目及私人改建房屋实行“二公示”（审批前公示、审批后公布）制度，以达到广泛征求社会各界的意见和建议，并接受公众的监督。

城市重点项目建设稳步推进 2014年，县委、县政府确定实施24个市政工程项目，总投资10.91亿元。其中，新建项目11个，投资5.84亿元；续建项目13个，投资5.07亿元。

【城乡规划】 一是完成文化活动综合楼、旅游集散中心、阳明社区公园等项目规划设计工作。文化服务综合楼、旅游集散中心、阳明社区公园等项目规划设计工作通过公开招标方式优选确定由杭州中宇建筑设计有限公司为中标单位进行规划方案设计。设计单位通过在四套班子会汇报，走访企业家代表、老干部代表、群众代表等多种形式广泛征求了意见建议后对方案进行修改完善和深化设计拿出了规划成果。二是开展城市设计报批工作。组织了由江西理工大学、赣州市城乡规划建设局、赣州市园林局、赣州市天成市政规划设计有限公司组成的专家组对《崇义县县城城市设计》进行专家评审，经专家组评审认为规划内容和深度基本符合要求。三是开展过埠示范镇总体规划修编和控制性详细规划、近期建设规划编制工作。四是完成地下管网普查工作。普查单位全面完成县城规划区200多千米地下管网的普查工作。

【建筑管理与工程监督】

强化招投标市场管理 进一步规范招投标集中交易制度，严格实行了招标代理机构和监理机构准入制度。强化项目的建设与安全、质量控制、信用度及民工工资兑现等情况与招投标挂钩管理体制。进一步严格审查投标建筑企业的资格和业绩，严厉开展了打击招投标领域的弄虚作假行为。2014年，共有52项工程进行招投标，预算总投资1.699227亿元，中标价1.503277亿元，节省工程建设资金1959.5万元，工程招投标率达100%。

严把施工许可发放关 为确保新建项目的工程质量，重点以抓好勘察、设计、施工、监理各方行为的监督管理，不定期开展对在建工程施工、监理人员到位情况进行专项检查，针对检查发现的问题，及时责令施工和监理企业进行改正。2014年，共核发公建项目施工许可证15份，建筑面积14.27万平方米，总造价16877.2万元。

强化了工程质量与安全生产监管 按照“安全第一、预防为主、综合治理”的安全生产方针，坚持“量质兼顾、建管并重”的原则，认真开展了建设工程的强制性监督与检查，纳入工程质量与安全生产监督项目49项，总建筑面积70.95万平方米，竣工单项工程20项，建筑面积8.89万平方米，一次性交验合格率达100%。

【违章建筑整治】 2014年，开展违章建筑专项整治行动，通过调查摸底，没收回购和强制拆除了一批违章建筑。对147户超建一层以内的违章建筑进行了没收回购处理。依法强制拆除了一批违法建筑。对上营安置点、萝卜巷安置点等26栋违法超层建筑进行强制拆除，对萝卜巷安置点、社下安置点等20栋违法出挑建筑进行了强制拆除，对水角安置点等2处临时建筑进行了强制拆除，并责令5户违建户自行整改到位。

【建筑设计】 建筑设计院的设计任务主要是承接本县范围内的校舍、厂房、住宅、办公楼等工业与民用建筑。2014年，共设计面积13.4万平方米，总投资约1.4亿元。

【领导名单】

党组书记、局长　　　　黄夏晓
党组成员、副局长　　　李德忠
党组成员、副局长　　　罗振响
党组成员、副主任科员　肖作迪
党组成员、副主任科员　王　平

城市管理

【概况】 2014年，县城管局全面学习贯彻落实中共十八大、十八届三中和四中全会精神，深入践行党的群众路线教育实践活动和“城市管理年”活动，以打造依法行政、文明执法、和谐城管为目标，进一步转变管理理念，创新管理模式，改进工作方法，提高工作绩效，为建设美丽、文明、活力、法治新崇义做出了积极贡献。

【城管监察】 以改善城区市容环境为目标，大力开展占道经营、乱摆乱放、违章建筑、店招店牌、横幅等市容环境综合整治工作。清理各类违章占道摊点、出店经营、流动摊点870余处；拆除不规范及缺损、破旧等有碍市容的广告牌匾、违规灯箱200余处；拆除城区沿街私自悬挂彩条、横幅、条幅310余条；查处车辆乱摆乱放158起；整治工地扬尘、建筑余土运输抛、洒、滴、漏等行为80余起；清理牛皮癣广告8000多处；联合相关部门，对门店店主等长期存在占道经营、违规设置广告牌等行为，采取关、停、转、罚等措施限期整改，进一步提升城区市容环境。

【环境卫生】 扎实推进环卫保洁精、质化。一是创新环境卫生清扫保洁运行机制。章源大道、阳岭大道相继采取路段班组承包模式，实现“朝五晚九”持续保洁、全天候无缝隙覆盖。二是严格落实每日对城区各街道垃圾清扫清运、洒水降尘、公厕冲洗等作业，有效改善城区各街道卫生面貌、提升市民生活质量。三是投资约48万元采购垃圾清扫车一辆，有效提高城区主要街道的清扫质量；投资约10万元，更换城区破旧垃圾桶400个，切实保障城区垃圾“不落地”。四是全面落实工作检查常态化制度。由环卫所管理人员分片挂责路段卫生，切实加强环境卫生督查，及时掌握所有路段的卫生状况，对发现的问题及时进行处理。五是投资375万元，实施县生活垃圾填埋场二标渗滤液处理站工程建设并投入运行，有效提高城区生活垃圾的无害化处理率。六是围绕改善城乡环境卫生，解决城乡垃圾中转问题。投资约400万元，实施老塔下桥垃圾中转站建设；投资约308万元，完成铅厂、过埠、上营三处垃圾中转站建设，有效提高城乡垃圾中转运输。

【园林绿化】 深入推进城区园林绿化工作。2014年，先后在阳岭大道、章源大道、迎宾大道、人民广场、沿江路一带种植天竺桂、樟树等130余株，种植绿篱约300米；在人民路、县检察院南边种植杜鹃8000棵，改建、新建绿化带400平方米。投资140多万元，移栽各类树木1726株，绿化两侧面积7450平方米，打造崇义高速出入口互通连接线精品绿化。不断完善园林管理水平，及时做好

园林植被修剪和病虫害防治，安排专人负责绿地卫生保洁，切实推进园林工作有序开展，为巩固“省级园林城市”创建成果和提高人民生活质量做出了积极的贡献。城区绿化覆盖率达42%、绿地率达39.2%、人均公园绿地面达10.8平方米。2014年，顺利通过“省级园林城市”复检，县检察院被评为“省园林化单位”。

【市政维护】 持续完善城区市政基础设施建设。一是投入资金180余万元，对崇义县污水管网实施防水堵漏，组织排查管道渗漏3.7千米，完成堵漏工程量0.91千米，有效减少地下水渗入污水管网，切实提高污水处理厂进水浓度。污水COD浓度已从整改前的40增加至130，确保污水处理

厂正常运营。二是投资约440余万元，实施解放路污水管网及路面综合改造，改造路面、人行道约4000平方米，完成污水管网涵管铺设约600米，接入雨水、污水检查井10个。进一步提升污水管网排水、道路通行等公共基础设施配套功能，切实改善老城区市民出行环境。三是投资约260万元，对城区阳岭大道、章源大道、迎宾大道、县奥林匹克广场、县人民广场、南门市场等公共基础设施进行全面维修、改造，进一步完善公共基础设施整体配套功能。四是投资50余万元，在县城高速互通连接线、迎宾大道、阳岭大道、章源大道、中城河等路段安装路灯远程智能线控照明系统集中控制器28台、路灯远程智能线控照明系统集中控制室一座，实现城区路灯管理高效化、数字控制远程化。

【队伍建设】 坚持学习强队、制度建队、情感带队的原则，深入开展党的群众路线教育实践活动，进一步落实教育实践活动整改措施，巩固学习实践整改成果，完成整改工作，推进城市管理科学发展。大力开展党组、党支部和党员创先争优活动，激发干部职工学、赶、比、超的活力，立足岗位实际在城区环境综合治理活动和落实本职工作中争当先进，促进城管工作发展创新，科学和谐城管建设深入推进。加强廉政勤政教育，深入开展廉政风险防范管理工作，落实廉政风险防范措施。机关内部管理进一步规范，服务质量和工作效能进一步提高，严格行政许可审批，无一例受到行政效能投诉，机关党建、社会治安综合治理、安全生产、信访维稳等工作稳步推进。办结县人大代表、政协委员议案、提案11件，满意度达到100%。

【领导名单】

党组书记、局长	肖保东
党组成员、副局长	麦才镜（6月免）
	罗丕腾
	余　剑（7月任）

房地产管理

【概况】 崇义县房地产管理局是崇义县人民政府设立负责房地产管理的职能部门，全额拨款科级事业单位（参公管理），县城市房屋拆迁管理办公室、县住房制度改革办公室与县房产局三块牌子一套人马，内设5个股室：办公室、房地产开发与产权产籍管理股、执法监察股（行政审批股）、和物业管理股、住宅专项维修资金管理中心；下属6个股级事业单位：县房地产市场管理所、县房地产经营公司、县房地产综合开发公司、县白蚁防治所、县室内装饰装修行业管理站、县城市住房保障管理中心。全系统共有在编在岗干部职工34人，大专以上学历18人，专业技术人员18人，党员18人。主要有以下10个方面的管理职能：房地产的开发管理；物业管理；拆迁（国有土地上的房屋征收）管理；房地产产权产籍的管理；公房管理；住宅室内装饰装修管理；保障房的建设与管理；房地产行政执法监察；白蚁防治；承办县委县政府和上级业务主管部门交办的其他工作。

2014年，崇义县房管局以十八大精神为指导，认真贯彻落实县委十六届四次会议精神，深入开展党的群众路线教育实践活动，大力推进保障性住房民生工程，不断加强房地产监管和规范房地产市场秩序，各项工作有序推进，保障房民生工程顺利实施，房地产市场健康发展，房地产税收猛增，较好的完成了各项工作任务。

2014年主要抓了以下几方面工作：

【深入开展党的群众路线教育活动】 按照上级统一部署，坚持以“为民、务实、清廉”为主要内容，紧紧围绕“照镜子、正衣冠、洗洗澡、治治病”的总体要求，以解决“四风”问题为目标，精心组织，周密安排，成立了路线教育实践活动领

导小组，制订路线教育实践活动实施方案，扎扎实实完成了学习教育听取意见、查摆问题开展批评、整改落实建章立制三个环节的各项工作任务，活动取得明显成效，党员干部思想受到教育、工作作风明显改善。

【大力推进保障性住房民生工程】 为贯彻落实党中央、国务院及省市有关保障性住房建设的决策部署，崇义县把城市棚改和保障性安居工程列入全县民生工程重点建设项目，按照“政府主导、统筹规划”的原则，大力推进保障性住房民生工程。2014年，上级下达崇义县保障性安居工程任务公租房1.5万平方米/400套，城市棚改1.8万平方米/150户。

新建 公租房5月完成选址，6月，完成建设方案，7月，进行项目初步设计、立项，8月，完成招投标，9月，全面开工，至12月底完成投资630万元；棚户区改造项目选址中营官陂脑，建设总面积1.8万平方米，总投资2880万元，4月开工，5月已完成基础施工和基础梁浇筑，上半年完成40%工程量，12月完成主体，完成投资2300万元，完成总投资的80%。

续建 2013年市政府下达崇义县保障房建设任务648套（其中廉租房168套、公租房400套、城市棚改80户）。2014年3月，建成228套（户）。在建420套（公租房252套、廉租房168套）9月全部完成主体，10月开始室内外粉刷装修。总建筑面积19788平方米，总投资3136万元。1－12月，完成投资1850万元，完成2014年投资的85%，合计完成投资2800万元，完成总投资的90%。

配租 按照上级8月底前完成保障房配租工作要求，根据上级文件精神、结合本县实际，充分酝酿反复修改拟定了崇义县2014年公租房申请分配方案，已提交县政府，原则通过。上半年完成了2011－2013年度城市低保家庭廉租住房分配，为了把有限的廉租房房源切实解决最需要的低保对象家庭，严格把关，反复审查，经过“三榜三公示”，核准符合入住条件的52户城市低保家庭在监察部门、公证人员、群众代表的现场监督下采取“双抽号”的方式分到了房号，春节前喜迁新居；下半年，公租房及首批人才公寓公开摇号分配仪式在县公证处、县监察局和申请人代表的全程监督下电脑公开摇号，摇号过程全透明、公开、公正。经审核，参加本次摇号分配的申请家庭和机关事业单位人员共852户（人），房源771套，经过电脑摇号，601户城市中低收入家庭和126位机关事业单位工作人员解决了住房问题。

住房租赁补贴发放及时到位 2014年，全年累计符合保障条件的低收入家庭84户188人发放住房补贴计6.7248万元。

【加强房地产行业管理】

加大房地产项目建设投资，推进崇义县税收增长 2014年，新建商品房开发建设投资2.02亿元，同比增长101.7%；全年实现税收1.32亿元，同比增长31.1%，占地方税收比重46.1%，占地方财政收入比重27.7%。

强化开发企业资质管理，严格商品房预售许可管理，市场管理进一步规范 2014年，崇义县本地房地产开发企业资质新申报2家，资质延续3家，累计本地注册已达5家，外地在崇义县备案6家，房地产开发企业总数共计11家，企业队伍进一步壮大；2014年，共办理商品房预售许可9宗，预售面积13.02万平方米，同比增长111.5%。其中住宅新增供应面积9.87万平方米、772套，同比分别增长162.5%、147.5%。

严格执行商品房合同网上备案制度 全年新建商品房成交金额3.15亿元，同比增长59.7%；成交面积6.88万平方米，同比增长50%，其中住宅成交6.39万平方米、497套，同比分别增长49.4%、36.9%；成交均价为4387元/平方米，同比上年的4088元/平方米上涨7.3%。截止年底在售楼盘8个，可售面积为11.59万平方米，同比增长100.5%，其中住宅面积5.2万平方米、432套，同比分别增长156.9%、137.4%。

完善商品房预售资金监管 把好预售资金进账关和支出关，实行每月对账制，发现问题及时整改，对商品房工程建设进行动态跟踪，确保预售资金用于项目工程建设。2014年，纳入监管帐户的预售资金达1.78亿元，共计核拨预售资金用款95宗，核拨资金1.659亿元。

【房地产其他行业管理工作有序、有为】 进一步优化办事流程，提高办事效率，全年完成各类房屋登记共7500多件。住宅专项维修基金管理上半年接受了市审计局的审计，并对市审计局指出的问题进行整改。全年331户交存住宅专项维修资金。

加强直管公房的房租收缴，房屋修缮管理，确保了国有资产的保值增值，全年直管公房房租收缴率100%。

加大白蚁防治力度 坚持预防为主，防治结合方针，加大白蚁防治政策宣传力度、改进服务方式，不断扩大白蚁防治覆盖面。白蚁防治面积10.15万平方米，覆盖率达85%。

严格房屋测绘业务管理 按照房屋测量技术规范，进行房屋面积的测绘工作。完成测绘面积32.91万平方米，其中预测绘13.11万平方米。

【领导名单】

局　长　陈国玮

副局长　李昌环

　　　　林海波

环境保护

【概况】 2014年，县环保局围绕县委十六届三次、四次全会精神，以环境保护部对口支援崇义县为契机，以建设生态崇义为目标，以保护环境、优化发展为原则，以减少污染物排放、改善环境质量、保障环境安全、解决影响人民群众健康的突出环境问题为重点，环保各项工作稳步推进。在省委第七督导组、市委第四督导组、县委第四督导组的严格要求和精心指导下，紧密联系环保工作实际，从3月初开始，利用8个月时间深入开展以解决“四风”问题为主要内容的党的群众路线教育实践活动，成效显著。

【对接环保部对口支援工作】 环境保护部对口支援崇义县以来，崇义县加强与国家环保部、省环保厅、市环保局的联系和沟通，积极争取重大项目审批及资金支持，促进了重大项目发展。2014年，争取到国家、省、市环境保护专项资金1.1956亿元：国家重点生态功能区转移支付资金6104万元、“五河”和东江源头保护区生态环境保护奖励资金1092万元、重金属污染防治专项资金1500万元、中央重金属污染防治专项资金1800万元、农村环境连片整治专项资金1000万元、农村环境整治工程专项补助资金260万元、省级环境保护专项资金200万元。

【积极落实国家重点区域重金属污染综合防治项目】 一是开展历史遗留问题的治理工作。对聂都、丰州两处含砷重金属污染场地编制治理修复实施方案并上报，实施方案已通过省环保厅评审，修复专项资金1000万元已于年底到位县财政。二是组织申报重金属污染综合防治项目。向上申报“崇义县下关村原砒霜场地修复”“章源钨业股份有限公司新安子钨锡矿选矿废水深度治理”等5个项目，12月底，崇义县获批中央重金属污染防治专项资金1800万元。三是配合县发改委实施柯树岭矿区废渣综合治理工程项目。11月底，该项目初步设计已通过专家审核。

【启动实施农村环境连片整治项目】 针对农村垃圾下河等问题，1月，省环保厅下拨了农村环境连片整治专项扶持资金1000万元，用于开展崇义县4个乡（镇）27个村（社区）的农村环境连片整治示范工作。9月，崇义县召开会议全面部署农村环境连片整治暨垃圾处理工作。县政府成立了领导小组，主要领导任组长，研究制定《崇义县农村环境连片整治暨垃圾处理实施方案》，该项目由县委农工部负责牵头，县环保局、城管局配合，各乡（镇）具体实施。县财政下拨部分资金采购了一批垃圾桶、垃圾车等保洁设备，新建了一个垃圾焚烧站和四个垃圾压缩中转站；各试点乡（镇）已成立环卫所，与保洁公司签订合同并开展保洁服务工作；其他乡（镇）也相继开展了环境整治，清除公路沿线、圩镇、新农村建设点的路旁杂草和陈年垃圾。

【全力配合争取陡水湖生态环境保护与综合治理工程项目】 为使该项目能够尽早纳入国家良好湖泊生态环境治理与保护范围，争取国家资金、项目支持，年环保局多次陪同县领导，向国家环保部、省环保厅、市环保局汇报陡水湖生态环境保护工作，进一步梳理陡水湖作为良好湖泊保护所涉及的系列项目。8月以来，市环保局多次召集县环保局和上犹县环保局对《陡水湖生态环境保护总体方案（2014－2018）》进行修订；10月底至11月初，县环保局牵头组织对项目资料进行收集和上报，做好争资立项的相关准备工作；11月底，省环保厅与省财政厅组织召开了《陡水湖生态环境保护总体实施方案（2014－2018）》评审会，实施方案已通过评审。

【扎实推进污染减排工作】 一是督促章源钨业、耀升钨业等企业开展了废水深度治理改造工程，从源头控制污染排放，发挥最大减排效能；二是积极配合县城管局对污水管道漏点进行逐段封堵修复，对老城区污水管网实施“雨污分流”工程，提高污水处理厂进水COD浓度；三是全力配合县农粮局解决崇义县松山牧业有限公司减排突出问题，督促和指导企业完善治污设施。2014年，全县共完成COD减排量163.4吨、氨氮减排量138.7吨、二氧化硫减排量123.9吨，综合指标平均下降率11.62%。

【严格执行环评制度】 进一步强化服务意识，认真执行环境影响评价、环保“三同时”验收制度，依法依规行使环保审批职权，协助落户企业办理相关手续。2014年，崇义县审批建设项目共完成10个，其中报告表8个、登记表2个。

【稳步推进生态崇义建设】 按照国家级生态县创建标准， 2014年，县环保局把生态乡镇与生态村创建工作纳入年度计划，大力推进生态创建工作。一是组织杰坝乡、文英乡、乐洞乡、聂都乡、思顺乡、上堡乡等6个省级生态乡镇申报国家级生态乡镇，申报材料已上报市、省环保部门审核；二是组织横水镇、长龙镇、过埠镇、关田镇、扬眉镇、龙勾乡、丰州乡、麟潭乡、金坑乡等9个乡（镇）申报省级生态乡镇。

【大力推进流域整治工作】 根据以扬眉江流域为重点的《崇义县辖区内流域水质污染整治活动实施方案》要求，开展了崇义县辖区内流域水质污染整治活动，严厉查处各类环境违法行为。一是公、检、法会同环保、工商、矿管、林业等部门于8月出台了关于从严打击污染环境违法犯罪行为的通告，全县16个乡（镇）在圩镇等人口密集场所、各村委会所在地，特别是小矿产品加工集中地等醒目位置，刷写、悬挂宣传标语和宣传横幅，张贴通告，累计张贴261份（其中扬眉江流域67份）；二是9月开始，崇义县各银行和农村信用社等金融单位停止向拟停产整治的污染企业贷款，以确保资金安全；三是开展联合执法。第一阶段县政府组织县环保、工商、公安、供电、矿管、安监、水利等部门于9月底依法取缔了31家无证非法小矿产品加工作坊。第二阶段针对群众反映强烈的扬眉江流域21家小矿产品加工厂，进行了约谈并下发停产整改通知书，县环保局联合县供电公司和当地（乡）镇政府、派出所、供电所组成工作组，于12月31

日对其实行全面停产整顿。第一、第二阶段整治活动得到广大群众的拥护和支持，群众提供了大量案件线索，截至2014年年底，扬眉江等流域水质得到较明显改善。

【严厉打击环境违法行为】 2014年，县环保局查处多起环境污染案件，其中包括1起广东省含金属垃圾非法转移至崇义县处置的群众举报案件。8月5日，县环保局和县工商局、公安局、供电公司、矿管局等部门单位组成的联合执法组对崇义县长龙镇千山废旧物资回收部的生产设施和原料进行了查封，及时制止了环境违法行为。经调查，该案件属于跨省固体废物转移和非法处置案件，10月18日，县环保局已依法将该固体废物退回给广东省清远市。

【认真调查处理信访案件】 2014年，共处理了群众来信、来电、来访投诉并归档122件，包括市长信箱，县委书记信箱，省环监局、市环保局、县信访局转办件，“96333”投诉热线和县机关效能监察网等，处理率100%。

【顺利开展排污费征收工作】 按照上级环保部门的要求，完善排污费征收系统。2014年，省环保厅下达崇义县排污费征收任务为360万元，县环保局已于上年12月初提前圆满完成上级目标任务。

【加强环保队伍建设】 2014年，多次组织环保干部职工参加学习培训，提升业务能力。一是省环境监察局副局长杜林于3月到崇义县开展“两高”司法解释培训讲座；二是邀请环境保护部总工程师万本太于12月18日为崇义县开展“全面加强环境保护工作，大力推进生态文明建设”专题讲座；三是领导干部多次参加国家、省、市环保培训班学习环保业务；四是多次组织全体干部职工集中学习，如11月28日，组织学习江西省省长鹿心社的《建设生态文明，增进民生福祉——深入学习贯彻习近平关于生态文明建设的重要论述》和《国务院办公厅关于加强环境监管执法的通知》，干部职工结合自身实际发表感言，交流学习成果。

【为新环保法施行营造良好氛围】 根据省环保厅部署，12月，定为新环保法宣传活动月，县环保局下发《关于进一步做好新〈环境保护法〉学习宣传贯彻工作的通知》至各股室、相关企业，充分利用人民广场、耀升酒店两处环保电子显示屏和电视新闻开展宣传，积极组织做好悬挂宣传标语等工作。12月30日，邀请省环保厅宣教中心杜林、省环境监察局祝志辉等专家开展新环保法、“两高”司法解释专题培训，分发新环保法和“两高”司法解释的学习读本至各有关部门单位、乡（镇）及企业，提高环保工作人员准确运用新环保法的能力，提高企业单位对新环保法的认识，增强企业环境守法的自觉性，全面提升相关人员执法与守法水平。

【开展生态环保宣传教育】 县环保局、教育局结合“三净”（净空、净水、净土）专项整治活动，于2014年5月份联合下发了《关于在全县中学开展环保意识调查和暑期社会实践的通知》。对全县中学生和学生家长进行问卷调查，组织学生布置环保宣传专栏，开展“ 保护母亲河，从身边开始”暑期社会实践等活动，广泛动员学生参与环境保护事务，增强自觉履行环保义务意识，为进一步推进公众参与环境保护工作起到积极作用。

【领导名单】

局长、党支部书记	罗宗夫（6月免）
	黄海荣（6月任）
副局长	王伟莲
环境监测站站长	郭小彬

商　贸

商 务

【概况】 2014年，县商务局围绕县委、县政府年初提出的工作目标，抢抓赣南苏区振兴发展和赣州市执行西部大开发税收政策带来的重大发展机遇，大力推进招商引资，深挖外贸出口潜力，突出做好引进和推进项目、服务企业、搞活流通、促进消费，各项工作取得了良好成效，全县实现社会消费品零售总额11.759亿元，增长12.4%；新批500万美元以上外资企业1家，实际利用外资1399万美元，完成市下达年度目标任务的98.6%，增长5.27%；省市认定5000万元以上开工项目4个，其中亿元项目 1个，实际利用省外资金12亿元，完成市下达年度目标任务的100%，增长12.57%；外贸进出口总额8638.42万美元，同比下降2.86%；其中出口8304.75万美元，同比下降5.17%，进口333.67万美元，增长145.56%。

【国内贸易】 一是社会消费品零售总额。2014年，全县社会消费品零售总额实现11.759亿元，增长12.3%。二是限额以上消费品零售额。2014年限额以上社会消费品零售总额实现9689.9万元，增长21.8%，比全县零售总额增速快9.5个百分点。其中：批发业商品零售额424.4万元，增长36.8%；零售商品销售额8330万元，增长21.2%；业餐饮业商品零售额240万元，增长29.9%；住宿业商品零售额695.5万元，增长17.8%。2014年限额以上企业12户，其中零售业企业7户，批发企业2户，住宿业和餐饮业企业3户。三是批发零售贸易业商品销售总额。2014年，实现批发零售贸易业商品销售总额13.76927 亿元，增长17.5%，其中批发业营业额3.71亿元，增长15.6%，零售业销售额10.05927亿元，增长18.2%。四是食宿餐饮业营业额。2014年，实现餐饮业营业额1.47092亿元，餐饮业增长17.8%，高于总量增速5.5个百分点，住宿业营业额2237.1万元，增长20.9%，增速比总量增速快8.6个百分点。

市场秩序建设 强化肉类市场的安全执法。每天坚持对城区市场不间断巡回检查，零散摊户及售肉点不定时突击查，对问题市场重点看守、反复稽查。从源头上彻底消灭“病害肉”“注水肉”，严格落实上市肉品索票索证制度，建立肉品购入登记制度，做到货证相符，确保货源渠道合法和质量安全。2014年，定点屠宰生猪上市销售1.5855万头，增2%，无害化处理病害猪41头，销毁病害内脏和召回不合格肉品4.07757万千克（折合头数397头），进场生猪检疫率达100%，出厂肉品合格率100%，确保了居民吃上“放心肉”。

市场体系建设 一是万村千乡市场工程商贸配送中心建设。该项目是商务部“万村千乡市场工程”惠民项目的重要内容之一，也是崇义县2014年重点工程项目，已完成项目立项、土地摘牌和建筑规划设计。第一期工程项目暨仓储区主体工程建设已竣工，完成建筑面积2850平方米，已完成投资1250万元，该项目已通过市商务局、市财政局组织的验收，扶持企业补助资金80万元已到位。

该项目建成后，通过集中采购，集中配送，建立商品供应信息保障体系，在改善农村消费环境，提高农民消费水平，开拓农村市场，保障农村消费安全等方面将发挥重要作用。二是西果东送农产品产销衔接链条建设。为贯彻落实支持赣南苏区振兴发展若干意见，加快赣南脐橙现代流通网络体系建设，积极推动大宗农产品主产区流通基础设施建设，大力发展冷链物流，不断提升信息化水平，建立产销合作机制，畅通农产品流通渠道，增加农产品错峰上市能力，促进农民增收。商务局积极落实“西果东送”惠民政策，对崇义县宏泰脐橙专业合作社西果东送农产品产销衔接链条建设承办企业进行帮扶支持，承办企业已完成冷链、分拣、配送、检测等流通项目建设。新建脐橙保鲜库3000平方米，注塑车间400平方米，改建储藏库500平方米；在北京、哈尔滨、内蒙古满洲里、西安等农副产品批发市场新设赣南脐橙专销区，扩大终端销售渠道。经省、市商务、财政部门组织果业、工程和财务等方面的有关专家，对宏泰脐橙专业合作承担实施的西果东送农产品现代流通综合试点项目进行了验收评审，验收合格，并给予企业扶持资金220万元。三是城区商业网点规划编制。为建立和完善布局结构合理、功能齐全、竞争有序的现代商业网点网络和商品市场体系，提升崇义县对外商业服务水平和形象，按照商务部关于做好县级城市商业网点规划工作的要求和县政府的指示精神，由商务局牵头组织编制崇义县城区商业网点规划。赣南师范学院地理与规划学院对崇义县城区商业网点进行规划编制，已于3月完成初稿，并于4月通过专家组评审。城区商业网点规划期限，近期为2013－2020年，远期为2020－2030年。主要包括零售网点、批发市场、物流配送中心、商业街、餐饮、旅游景点、规模酒店、集贸市场等商业网点的规划布局。

商贸服务管理　成品油市场监管。一是根据省、市成品油市场专项整治工作部署，在全县开展成品油市场监管专项整治活动，参照四项规范建设验收标准对辖区内的13个成品油加油站点进行了全面检查，对主要公路干道、城乡接合部等重点地段非法销售成品油行为进行重点检查，共出动执法人员21人次，开展联合执法5次，检查出问题4个，整改4个，有效地维护了成品油市场的流通秩序。二是对全县13家成品油经营者经营资格进行年检，2014年，全县销售成品油销售2.2924万吨，增长19.4%；其中，汽油9539吨，增长16.6%，柴油13565吨，增长23.1%。

再生资源回收监管　按照商务部《再生资源回收管理办法》加强再生资源回收监管，对全县废旧物品收购站点进行了专项清理整治活动，对全县20户网点进行了年检。

市场运行调节　加强市场运行监测，及时反馈社会消费品、重点流通企业、生活必需品、重要生产资料市场行情，2014年发布市场动态信息和市场运行分析报告46篇，及时预测预报和警示，为商品供应、平抑物价提供思路和依据，促进市场繁荣稳定。

【招商引资】　2014年，省市认定的5000万元以上项目4个，其中亿元项目2个，实际进资12亿元，完成年计划的100%，增长12.57%；新批500万美元以上外资企业1家，实际利用外资1399万美元，完成年计划的99.6%，增长5.27%。

项目引进取得成效　全力推进重大项目洽谈和引进一批投资金额较大的项目，新引进项目10个，总投资达33.22亿元。投资3.5亿元的硅精深加工项目、投资2亿元的投资基金公司、投资6000万元的现代杉木园艺制品项目、投资2600万元的高山有机大米深加工项目、投资20亿元的茶滩鹿湾温泉项目、投资3.2亿元的高端养老项目、投资1.2亿元的生态观光农业项目、投资1.36亿元的红木家具项目、投资8000万元的杉木深加工项目、投资3000万元的圣鑫矿产品加工贸易项目。重点在谈项目：投资100亿元的过埠客家水镇、投资5亿元的太阳能发电、投资5亿元的坚基矿业硅矿深加工等一批项目。

项目建设步伐加快　实施“一个项目、一位责任县领导、一个服务小组、一个推进方案、一抓到底”的“五个一”推进工作机制，全力推进招商引资项目建设。纳入市调度的招商项目共9个，9个项目均完成了落户选址，其中8个项目已完成工商注册，注册率88.9%，7个项目实现进资，进资率77.8%，完成进资6.86亿元，8个项目开工建设，开工率88.9%，投产项目3个，投产率33.33%，在全市重点招商引资项目落地年活动考核中位列同类县第二名。其中，投资12亿元的高性能硬质合金生产和深加工项目和投资10亿元的活性炭产业园项目已完成一期建设，投资1.5亿元的硅微粉深加工项目已试产，投资11亿元的乐洞风力发电项目有望在2015年上半年实现一期测试发电，过埠威骏不织布已进入设备安装阶段。绿色食品加工、现代杉木园艺制品、锡精深加工、高山有机大米、创通天然气等一大批项目也已开工建设。

招商力度不断加大　实行县领导和“一把手”责任招商，县领导和招商引资重点责任单位负责人外出招商频繁，积极组织参加省市举办的节庆活动。组团参加了广东省江西赣州商会成立一周年庆典大会暨赣南旅游文化与生态文明风情展活动、2014年赣州香港经贸合作活动、第十八届国际贸易洽谈会、第三届世界低碳生态大会暨第七届绿色食品博览会，通过实地考察和节庆活动平台，宣传推介了崇义县资源优势及良好投资环境，现代杉木园艺制品、高山有机大米生产加工、生态观光农业开发等项目顺利签约。

承接平台不断完善　设立省级工业园申报工作得到省政府批准同意，“一园三区”初具规模。成立园区管理机构，负责对全县所有工业园区（小区）的统一管理，配齐配强了园区管理人员和专业技术人员，实现专职机构专职管理，统一规划、统一申报、统一建设。水、电、路等基础设施建设进一步完善，园区承载能力明显增强。

【对外贸易】　进出口总额8638.42万美元，比上年的8893.21万美元下降2.86%。

出口总额8304.75万美元，比上年的8757.3万美元，下降5.17%，占全县生产总值62.99亿元（相当于10.294亿美元）的8.07%。

进口总额333.67万美元，比上年的135.91

万美元增长 145.5%。

新增出口备案企业 2 家：新泰升炭业科技有限公司和君子谷野生水果世界有限公司。

表 9　2014 年进出口情况表

进出口总额（万美元）	同比增长（%）	出口总额（万美元）	同比增长（%）	进口总额（万美元）	同比增长（%）
8638.42	-2.86	8304.75	-5.17	333.67	145.5

表 10　2014 年利用外资情况表

新批外商投资			实际利用外资	
项目数（个）	合同外资金额（万美元）	同比增长（%）	金额（万美元）	同比增长（%）
1	1290	0.94	1399	5.27

表 11　2014 年利用省外资金情况表

实际利用省外 5000 万元以上项目资金情况			实际利用省外亿元以上项目资金情况		
项目数（个）	金额（万元）	同比增长（%）	项目数（个）	金额（万元）	同比增长（%）
4	120000	12.57	1	90000	19.84

【领导名单】

局　长	吴春娣
副局长	范光煌
	周支伟
副局长、招商服务中心主任	黄小钦（6 月免）
招商服务中心副主任	胡　明
	刘集永（1 月任）

供销合作

【概况】　2014 年，崇义县供销社认真贯彻落实省人民政府关于进一步支持供销合作事业发展的意见（赣府发〔2013〕02 号）文件精神，以党的教育实践活动为契机，在全系统党员干部中开展以为民务实清廉为主要内容的党的群众路线教育实践活动，以中央“八项规定”为切入点，学习弘扬焦裕禄精神、践行“三严三实”要求，着力解决人民群众反映强烈的突出问题。按照“自我改造，服务农民”的要求，紧扣为农服务宗旨，努力把供销合作社打造成各级政府主导的，以合作经济组织形式推动“三农”工作的重要阵地，打造成服务农民生产生活的生力军和综合平台。

【农资连锁经营服务网络建设】　农资连锁经营网络规范经营范围，严把质量关，杜绝了假冒伪劣农资流入本县，全年实现农资销售总额 4400 万元。

【再生资源回收经营网络建设】　全年对“清洁工程”各回收废品的站点网络进行了不定期检查，对再生资源公司、再生资源回收集散市场，16 个乡镇回收站，195 个村级回收站点，进行规范，使县、乡、村各站点的回收、交易、分拣、分类、加工利用废品回收物资综合利用工作规范有序，再生资源回收总额 881 万元

【基层社建设】　扬眉供销社、横水供销社分别获得市供销社基层社标准化示范建设资金扶持，正在按基层社“十有”标准化示范建设要求，全力打造成为自主经营的主体、为农服务的载体、合作经济的联合体。聂都供销社被省社确定为基层社标准化改造建设单位。

【农民专业合作社示范社建设】　引办、领办农民专业合作社 18 家，引导组织农民专业合作社参加赣州市农民专业合作社联合会和入股参加市优农农业专业合作社联合社。9 月 11 日，亿诚果茶专业合作社被全国农民合作社发展部际联席会议办公室确定为国家级示范社，同时获得了 2014 年农业综合开发全国供销合作总社新型合作示范项目资金 77 万元。通过农民专业合作社建设大大提高了农民的组织化程度，真正实现了把千家万户的农民与千变万化市场的对接，遴选农民专业合作社参加江苏省苏州市首届赣州脐橙直销节。2014 年，引办的合作社产品实现与上海百果园、浙江绿海、华润等超市的对接，引导农民进入市场，有力促进了农业增效、农民增收。

【品牌建设】　依托农民专业合作社，推出“六龄橙”营销品牌，依托赣州农丰电子商务公司在 1 号店开设的赣州馆，当月劲销“六龄橙”2 万多件，

销售额近百万元。

【烟花爆竹经营网络建设】　烟花爆竹经营网点98家。烟花爆竹批发超市进行升级改造，占地1.667公顷的顺发烟花爆竹公司烟花爆竹国标库建成通过市验收投入使用。

【关田供销社企业转制】　根据县人民政府《关于同意关田供销社企业转制职工安置方案》的批复（崇府字〔2014〕95号），有计划、有步骤地组织完成关田供销社企业转制和职工安置工作。

【财务审计工作】　全系统全年业务收入87万元，费用支出69万元，上缴各种税费14.5万元，社会贡献58.4万元。对下属企业进行了内部审计，未发现违规违纪现象。

表12　2014年农资购销情况

项目	总额（万元）	化肥合计	尿素（吨）	碳（吨）	磷肥（吨）	钾肥（吨）	复合肥（吨）
购进	4132.96	22922.50	6413	4933.2	3688.5	3912.6	3975.2
销售	4400.43	22186.11	6400.41	4911.4	3663.6	3197.6	3933.1

表13　2014年农药购销情况

项目	农药合计（万元）	杀虫剂（吨）	杀菌剂（吨）	除草剂（吨）	农膜（万元）
购进	240	92.18	74.09	71.8	1.93
销售	363.05	137.61	112.25	111.53	1.66

表14　生活资料供应情况

单位：万元

年度	销售总额	批发	零售	饮食
销售	30281.48	27210.47	3071.01	

表15　烟花爆竹和其他业务购销情况

单位：万元

2014年	总额	烟花爆竹	农副产品	废旧物资
购进	22742.08	151.3	21573.65	1017.13
销售	24023.06	215.06	22818.14	989.86

【领导名单】

主　任　　陈昌建

副主任　　刘焕林

粮食流通服务

【概况】 崇义县粮食流通服务中心是代表县人民政府主管全县粮油储备管理和粮食调控工作的县政府全额拨款正科级事业单位。下辖粮食收储公司（副科级）、粮食执法大队（副科级）、粮油实业公司及古亭、文英、上堡和县粮食直属库4个储粮库点。2014年底，全系统职工总数32人。

崇义县粮食流通服务中心内设办公室、综合业务股、财务股、质监站、监督检查股、粮食执法大队。

8月10日，崇义县粮食流通服务中心被县委、县政府评为2013年度全县经济社会发展考评综合先进单位，2013年度社会综合治理和信访维稳工作先进单位，2013年度作风效能建设先进单位。

【粮食购销】 2014年，是全面贯彻中共十八的精神开局之年，是实施“十二五”规划关键一年，县粮食流通服务中心切实做好粮食购销工作，履行好县委、县政府赐予的职责任务，认真执行国家政策，做好粮食购销工作。

崇义县被指定的粮食收购点为：粮油直属库、古亭、文英、过埠、上堡等粮食仓储点。

全县现有储备粮888万千克，其中省级储备粮尚未轮入，县级地方储备粮500万千克。企业的周转粮15万千克，中央储备最低价收购粮173万千克，县级地方储备粮全部集中储存在县乡粮食储备库，现委托县粮食收储公司管理。

2014年度收购新粮39万千克，均是当年晚稻，质量较好，达到国标要求。

【粮食调控】 一是加强粮食储备体系建设，增强政府宏观调控能力。重点对原粮、成品粮和食用油市场销售价实行动态监测，坚持每周报送粮油市场价格监测信息，每季度对市场粮油价格趋势进行分析预测，重大节日随时监测通报，为保供稳价提供数据支撑。二是贯彻2014年中晚稻最低收购价政策。在秋粮收购期间，积极宣传国家中晚稻最低收购价政策，全面了解市场动态和企业收购进展，掌握国家有关收购政策落实执行情况，维护粮食流通市场秩序。

【粮食储备管理】

强化粮食质量管理 坚持“预防为主、综合防治”的保粮方针，结合实际开展科学保粮活动，推广“三低”、机械通风、防护剂等三项保粮技术，抓好粮食日常检查和保管制度的落实。“一符四无”粮仓比例达100%，科学保粮比例达到99%，均比上年有所提高。

转变粮食储备粮轮换方式 根据2014年粮食市场为稻强米弱、购销倒挂，及近几年轮换差价越来越大，导致了承储企业无力承担承储任务的事实，继而不利于实现储备粮储存和轮换的可持续性。2014年，经县政府第39次常务会议研究，决定同意崇义县县级储备粮实行“成本动态计价，建立轮换风险基金”的轮换方式。

危仓老库维修改造工作 根据江西省财政厅、江西省粮食局文件及6月16日县政府签订的危仓老库维修改造目标责任书要求，完成全县危仓老库维修改造，此次共向上争取到维修资金150万元，维修范围包括文英、上堡、古亭、直属库库点，维修改造面积共6442.2平方米。

完成年度粮食库存检查工作 根据国家粮食局相关文件精神和省、市粮食局的统一部署，精心组织2014年粮食库存检查自查工作。各股室密切配合，按时、按质、按量全面完成了全县粮食库存检查自查工作。

【粮食流通监督检查】 一是积极开展创建“粮食流通监督检查执法示范单位”，围绕创建活动的要求和规范，根据相关法律、法规和粮食政策规定，结合实际，制定并严格落实“监督检查工作考核、行政执法责任、行政执法责任追究、行政执法案卷管理和评查”等制度。1月7日，被授予“全

省粮食流通监督检查示范单位”，为同批全省七个之一，赣州唯一，且经省粮食局检查组实地考评，继续认定为全省粮食流通监督检查示范单位。二是以新颁布的《粮食流通管理条例》和《江西省粮食收购资格许可管理办法》为契机，在做好 “粮食收购资格许可证”新的换发放同时，做好许可证复核工作。

【军粮供应】 一是加强质量管理，确保部队吃上放心粮。按照省粮食局要求，每半年开展一次军粮供应质量自查工作，2014 年自查结果全部合格，同时在严格执行国家军供政策的同时，不断提升粮油质量和服务品质，不断提高部队对军粮供应工作的满意度。二是为进一步加强军粮供应工作，增强军粮供应管理能力，改善供粮条件，做好军供网点维修改造工作，此次共向省粮食局争取到 5 万元的县级军供网点维修改造补助款。

【应急体系】 根据省市粮食局的有关要求，结合崇义县实际情况，以崇义县粮食应急实施办法为依据，建立了 20 千克的成品粮应急供应，确保在应急情况下能安全、有效、迅速开展粮食应急救援，救援物资在第一时间调得动、用得上。

【领导名单】

主　任	谢小林
副主任	杜萍萍
	韩洪波
粮食执法大队队长	郭宝煌（1 月任）
粮食收储公司经理	王　坚

烟草专卖

【概况】 2014 年，崇义县烟草专卖局（分公司）围绕着“卷烟上水平”的中心任务和市局（公司）“落实三个全心全力，做到三个坚定不移”的目标措施，加强规范管理，强化队伍建设，抓好卷烟销量，严格专卖监管，推进科技创新，充分发挥全体员工的积极性和创造性，全力推进崇义烟草各项工作进位赶超。

【专卖管理】 2014 年，县烟草专卖局查处各类涉烟案件 232 起，同比下降 7.57%。其中，一般案件 112 起，同比增长 20.43%；简易案件 120 起，同比下降 24.05%；假私烟案件 23 起，同比增长 27.78%；乱渠道进货案件 190 起，同比下降 8.21%；无证经营案件 14 起，同比下降 26.32%；非法收购卷烟案件 5 起，同比下降 28.57%。查获各类违法违规卷烟 4985.8 条，同比增长 82.06%。其中：假私卷烟 46.9 条，同比下降 30.93%；市外乱码卷烟 330.8 条，同比增长 440.52%。查处本地大要案 1 起，刑拘 2 人，与大余县局合办大要案 1 起。

【持续打造放心市场秩序】

完善相关制度狠抓落实管理　年初，专卖管理部门结合实际下达的专卖管理工作目标任务，制订年度专卖管理工作考核方案、打假破网工作考核办法、情报信息工作考核办法及“金网 8 号”打击制售假烟网络专项行动实施方案等一系列方案措施，切实拓宽了信息收集渠道，加大了市场监管力度，增强了考核的针对性；

开展制假窝点排查工作　认真贯彻落实市局打假破网工作部署，通过加强部门协作，积极争取政府和各职能部门的支持和配合，形成了卷烟打假破网工作的强大合力，按照活动实施方案，结合本地实际，确定重点监控区域，对制假高位场所和区域实行分片包干，责任到人，重点对文英、乐洞、聂都、铅厂等乡镇的散置房屋、可疑藏有制假的场所进行了认真仔细的排查，持续监控，不让制假窝点有藏身之地；

突出本地市场监管，市场净化率明显提高　4 月，制定《市场日常精准管理考核办法》，实现监管对象精准化、监管手段精细化、监管成效精确化，推动建立“打击严厉、管理到位、疏导及时、服务周到”的卷烟零售市场日常监管体系；同时，加强部门协作，丰富市场检查手段，突出本地监管，通过联合公安、工商等相关部门积极开展名烟名酒点、物流托运部、娱乐场所等重点部位的专项检查，组织开展县局之间、中队之间的交叉检查、错时错位检查等系列措施，取得了市场整治良好的效果，截至 11 月，查获本地市场各类违法违规卷烟 4985.8 条，查处本地大要案 1 起，刑拘 2 人，与大余县局合办大要案 1 起。

加强证件管理，规范后续监管　县烟草专卖局先后出台《卷烟零售许可证后续监督管理办法》《崇义县烟草制品零售点合理布局规划》，2014 年，许可证集中延续工作圆满完成，无出现不满意进行投诉现象，市场持亮证情况进一步规范。到年底为止，现有零售户 1143 户，全年新办烟草专卖零售许可证 117 份、歇业 171 份、延续 717 份、停业 1 份，通过行政执法回访，经营户对烟草专卖部门行政许可工作满意度达到 100%，零售户满意度进一步提高；强化零售许可证的后续监管，明确目标任务，完善考核责任制，集中解决了证址不符、证照不符、非法转让等问题，全面清理无证经营行为，全年共取缔无证经营户 5 户，转化办证 8 户。同时，有计划地分批次对辖区内卷烟零售户和从业人员进行集中学习培训，全面提升了零售户自觉守法经营意识。

狠抓内部监管，推进依法行政 一是突出内部监管，加大关键环节监管力度。加大对大户的监控和跟踪及重点环节的监管，加强预警信息的通报和处置，有效地遏制了真烟非法流通。通过有效地监管，2014 年，共查处非法收购卷烟案件 5 起，查获非法收购卷烟 1028 条；组织全体员工签订《行政执法责任状》《内部监管承诺书》《明示承诺书》，加强了日常的监督和检查，杜绝内部不规范经营行为发生。二是深入推进依法行政，规范烟草专卖执法行为。按照国家局“六条禁令”和省局烟草专卖执法“十不准”，进一步完善行政执法责任制，实行专卖执法人员层层签订《廉政责任状》，强化廉政建设，促进依法行政。县局积极开展了倡导和谐执法，文明执法活动，采取案件跟进审核、案件评查、行政回访和暗访检查等有效措施，同时专卖管理人员按照市局的要求对专卖行政执法情况开展了认真地自查自纠，专卖管理人员的思想认识、自律意识、依法行政意识有了进一步提高。

【卷烟营销】 2014 年，崇义县局（分公司）实现系统外销售完成 7031.21 箱，同比增加 40.34 箱，增长 0.58%；省产烟销售 4645.32 箱，占系统外比重 66.07%；卷烟销售毛利完成 2717.66 元，同比增加 284.63 万元，增长 11.70%；重点品牌销售 4601.11 箱，同比增加 337.14 箱，增长 7.91%；8 千克低焦油卷烟销售 382.79 箱，占系统外比重的 5.44%；四、五类烟销售 2982.07 箱，同比减少 428.18 箱，下降 12.56%；单条均价 74.91 元 / 条，同比增加 6.46 元 / 条；人均消费 10.23 条，同比增加 0.06 条。

金圣系列销售 2681.28 箱，同比增加 437.17 箱，增长了 19.48%；金圣单箱收入为 2.25 万元，同比下降 0.41 个点；金圣新品销售 101.09 箱，占金圣总增量的 23.12%；金圣人均消费 3.9 条。

【提升系统外卷烟销量】

把握市场导向，强化卷烟销售意识 在市场疲软、销量高位运行的情况下保持了略为增长的态势。3 月，为了扭转系统外销量负增长的不利局面，及时调整考核方案，强化考核力度，明确以系统外销量作为近期考核重点，充分调动客户经理销售积极性。到 5 月，达到系统外由负转正的工作目标。并且通过加强与客户沟通，坚持每天跟踪客户订单，认真指导客户订购卷烟，在既满足市场需求，又避免社会库存过大的情况下保证了系统外卷烟销量的稳步增长，基本达到系统外卷烟销售的预期，实现了系统外销售 7031.21 箱，增长 0.58%。

加强品牌培育，强化考核措施 根据 2014 年市公司卷烟营销业绩指标考核办法，营销部按照市公司品牌培育的要求结合本单位实际每月制订劳动竞赛活动方案，在切实提高品牌管理、品牌培育能力上提高品牌上柜率，充分调动营销人员参与品牌培育的积极性和主动性。1 — 11 月，崇义营销部主要围绕培育金圣品牌这条主线细化工作要求、制订金圣系列和金圣新品的竞赛方案，突出抓好金圣系列卷烟的销售尤其是抓好金圣新品的市场培育工作，进一步明确了品牌培育的重点，通过前期的努力，截至 11 月底，金圣系列卷烟销售达到 2681.28 箱，同比增长 19.48%，取得了排名全市第一的优异成绩。金圣新品销售 101.09 箱，占比达到金圣增长量的 23.12%。

稳步推进卷烟现代零售终端建设 为进一步加强卷烟现代零售终端建设的力度，在终端建设上崇义采取专人管理、专人负责的模式，通过加强宣传教育、协助改善终端形象、组织开展相关培训和采取激励方案等系列措施，全年最终实现了现代终端上线 116 户，占比 10.16%，排名全市第四；建立消费者档案个数 1400 个，户均达到 12.07 个，排名全市第二。

深入开展烟草易付工作，全面提升网上结算成功率 10 月，全市开展烟草易付办理工作以来，营销部协同中行人员组织相关人员按先圩镇后县城再村组的总体要求对辖区客户进行认真梳理，对符合办理条件进行及时办理，不符合条件的客户营销人员积极帮助客户创造条件使客户纳入易付的行列来，截至 11 底，崇义办理易付客户为 695 户，易付总金额545万元，占比56.93%，排名全市第二。

【持之以恒纠正“四风”】 2月，启动党的群众路线教育实践活动以来，县烟草专卖局按照“照镜子、正衣冠、洗洗澡、治治病”的总要求，紧扣为民务实清廉这一主题，严格落实“学习教育、查摆问题、建章立制”三个环节步骤措施，坚持查改并举，强化正风肃纪，逐步健全完善作风建设长效机制，促进县局工作作风进一步转变，推动党的群众路线教育实践活动取得实效。通过广泛听取意见、开展谈心谈话、开展批评与自我批评共收集群众意见建议62条，经梳理归纳，逐条对照，制定崇义县局《群众意见建议整改落实方案》《班子自查问题整改落实方案》《班子个人问题整改落实方案》，针对查摆的意见，逐条制定整改措施，明确整改目标、责任人和整改时限，并向职工群众做出承诺，接受群众的监督和意见，持之以恒抓作风建设；

为巩固教育实践活动的成果，建立完善县局管理相关制度，县烟草专卖局（分公司）针对“四风”方面的突出问题，认真梳理已有的制度，做好制度的立、改、废工作。在贯彻落实中央“八项规定”的基础上，重点修订完善《机关干部检查走访市场工作制度》；修订完善《崇义县烟草专卖局（分公司）2014年度，学习培训工作计划》，进一步加强学习型基层组织建设；修订完善县局考核办法；结合实际，新制定《崇义县烟草专卖局作风纪律督察工作制度》《崇义县局关于贯彻落实例行勤俭节约、反对铺张浪费有关规定的通知》《崇义县烟草制品零售点合理布局管理办法》《崇义县烟草专卖局保安管理制度》等制度，经过前期的立、改、废，已修订完善10条规章制度，制定3条便民、规范管理新制度，逐步健全完善作风建设的长效机制，为崇义烟草改革发展提供风清气正的良好环境。

【营造和谐稳定的企业环境】 一是加强预算管理。把全面预算管理作为加强财务管理的核心，把加强成本费用控制作为预算管理的突出重点，进一步规范运作，严格管理，增强严格执行预算的自觉性，不断提高预算管理水平。二是从控制费用入手，充分利用资金监管系统，加强财务管理、资金监管和费用控制，抓好降本降费工作，严把公务用车、公款接待，控制费用支出标准。三是以对标为突破口，向管理要效益。通过开展标杆选定，细化指标，突出指标的导向性，进一步完善对标工作运行体系。将对标工作与贯标、创优、绩效管理等活动有机结合起来，促进经济质量与效益提高。

【领导名单】

局长、经理　吕先庆（2月任）

副局长　钟定健

副经理　谢殿平（2月任）

石　油

【概况】 2014年度，崇义县分公司认真贯彻落实中共十八大，十八大三中、四中全会和中央经济会会议以及省、市石油工作会议精神，总结上年工作，分析当前形势，部署任务，动员全体员工干部，适应新常态，抓住新机遇，拓展新业务，全面推进崇义石油持续健康发展。2014年，在省市公司的正确领导下，围绕年初制定的“强化管理、提升效率”的工作思路，强化三基，落实职责，从严管理，圆满完成了上级公司下达的各项任务目标。呈现了经营业绩稳步提升、管理水平明显提高的良好态势。

【强化安全意识，切实保障企业平稳运行】

深入开展各类安全主题活动 始终坚持“三保、两防、一禁”的工作思路，紧紧围绕重点深入开展“从严管理年”、“抓三百，保平安”、“11•22”事故周年安全生产警示日等活动。在各加油站开展向基层排查隐患典型杨建荣学习，反对“差不多先生”活动，提升员工HSE意识及排查隐患的能力。采取站长培训、安全知识考试、宣传栏等形式，大力宣传新安全生产法、安全环保法等相关法律、法规，扩大安全生产的影响力和覆盖面。利用宣传橱窗、安全月宣传版画在工作场所向客户介绍“科学发展、安全发展”为主题的安全生产月活动。宣传“中国石化”企业的HSE管理体系和“每一滴油都是承诺”的社会责任口号。加油站积极组织基层员工进行消防、防汛、防抢、防盗等各类实战演练，提高全员的“安全第一”意识和突发事件防范技能，2014年，开展各类演练活动40余次。

持续加强从业人员的人身健康管理 2月，组织在岗员工签订《中国石化江西赣州石油分公司职业危害告知书》并发放到他们手中，使员工了解各岗位存在的职业危害因素特点，做好日常防护，减少对身体的伤害，保障了员工的合法权益。在10月底，委托市疾病控制中心对全县54名加油站在岗职工进行了一次职业健康体检，使职工及时了解和掌握自身身体健康状况。同时，还为从事职业病危害岗位人员配备了专门的个人防护用品，为一线员工购置了防静电工作服及防静电工作鞋，进一步呵护员工健康。

【强化经营意识，全年销量增量明显】

多样营销，全年销量增幅明显 零售方面，牢固树立零售是创效主体的思路，大力开展“自助加油抽奖”“油非互促”“网厅充值中大奖”等活动，用足用好省市公司优惠政策，促进轻油和加油卡销量增长。安排专门营销费用，开展了大客户油卡非互动营销走访活动，巩固了一批大客户。通过努力，新增了客户21个，增量2438吨，在经营环境十分困难的情况下，取得了可喜业绩。非油品方面，注意两条腿走路，做好店内销售和团购业务。有针对性地组织波尔蒙多葡萄酒现场推介等各类营销活动，实现了384万元的销售业绩。以完善绩效考核办法为切入点，做到千斤重担千人挑，在各加油站努力完成任务的同时，机关全体员工也踊跃参与非油品的销售，助推非油业绩提升。

提升服务，打造舒心消费环境 扎实开展“综合服务提升年”活动，努力提升窗口单位服务水平。依托培训教室、集中培训等方式，狠抓加油站员工文明用语和销售技巧等方面的培训，努力培植加油站“微笑”和“开口”服务环境。选拔聘用业务水平更高、四德修养更好的员工担任站长，组织员工观看交接班示范光盘、组织示范班组交流做法，狠抓加油站现场管理的督查检查等活动，使加油站规范化服务有了较大进步。同时，通过维修陈旧老化设备、优化营业时间、完善便民服务措施和开展客户满意度调查问卷等途径，有的放矢地对加油站进行了完善和整改，为客户提供了一个更加良好的消费环境。

【强化基础意识，企业管控能力进一步提高】

狠抓财务管理 严格落实财务制度规定，加强与银行合作，提高银行上门收款的覆盖率和POS机使用量。2014年，在原有POS机的基础上，为县城发卡网点新增了一台工行POS机，进一步提升了POS机刷卡覆盖范围，为客户提供更多便利服务。利用ERP系统加强货款回笼实时监控，强化资金收支管理，确保资金安全。

狠抓人力资源管理 持续树立用工从紧的思想，最大限度挖潜内部用工潜力。组织各岗位人员培训，大力减少非全日制用工，进一步提高人均劳效。市公司通过精心测算，实现了休假疗养补贴，得到了员工的拥护。

【强化党建管理，企业凝聚力进一步增强】

全面落实党的群众路线教育实践整改活动按照“照镜子、正衣冠、洗洗澡、治治病”的总要求，反对“四风”，不断巩固群众路线教育实践活动成果。严格落实党委中心组学习制度，提升党员干部修养。认真贯彻落实“党员上党课”“为党员过政治生日”活动，提醒党员牢记党员身份，牢固树立宗旨意识，勉励党员保持本色，爱岗敬业，多做贡献。结合“加油站综合服务提升年”活动，相继开展了机关与基层党支部结对子、员工与加油站结对子的互动交流活动，通过与基层员工开展谈心活动，及时传过和帮助员工了解上级的政策及制度规定，答疑解惑，深入了解员工的真实状况和合理诉求，现场帮扶。

积极开展基础“家文化”建设 2014年，以基层油站为重点，大力推进“家文化”建设，努力打造“温馨之家、平安之家、奋进之家、和谐之家”。在年中开展了加油站“五小建设”现状摸底调查，在充分调研的基础上，筹措一笔资金，落实了城北加油站的“五小建设”，重点解决加油站员工的住宿、洗浴问题。在夏季高温天气，公司领导亲临加油站给员工送上防暑药品、降温饮品等，关怀慰问不畏高温坚守岗位的一线员工。

高度重视工会共青团工作 重视发挥群团力量，维护企业平稳和谐。实行“真困难真帮助”，为2名协解困难职工申请发放帮扶金8000元。多方位抓实青年培训，着力打造青年员工队伍。开展“公益学雷锋，爱心加油站”等思想教育活动，组织开展“道德讲堂”，发放《圣贤教育》《向杨建荣学习先进事迹报告会》光盘，掀起争做石化好青年的高潮。

【领导名单】

经　理　杜晓桃

副经理　郭万勤

邮政·电信

邮政业务

【概况】 2014年，崇义县邮政局下辖6个支局所：过埠邮政支局、古亭邮政支局、关田邮政所、聂都邮政所、思顺邮政所、长龙邮政所；设立了5个委代办所：丰州邮政代办所、上堡邮政代办所、杨眉邮政代办所、铅厂邮政代办所、文英邮政代办所；城区设有2个储蓄网点：横水邮政所和阳岭支行。全局在岗正式职工36人，招聘制员工17人，劳务派遣工28人，内退职工3人，退休职工29人。按照集团公司机构有关规定，县局内设职能部室6个：综合部、市场部、代理金融中心、电子商务中心、大客户中心、发行投递中心。

2014年，为加快现代化邮政发展步伐，该局主动融入地方经济发展，服务百姓生产生活，不断提高经营和服务水平，切实保障普遍服务和特殊服务质量，更好地满足社会多元化、多层次用邮需求，为赣南苏区振兴发展做出了积极贡献。

【综合服务平台建设大力推进】 把综合服务平台建设当作“头等大事”来抓，通过明确职责、签订责任状、规范“六统一”标准，强化会议推进和过程督导，取得了较大突破。金融全覆盖服务点、有效便民服务站、代收、代缴、网银终端配备、理财经理和大堂经理配置等七项指标全面完成计划。

2014年，崇义县邮政局邮政秉承“为百姓服务、为商家创收、为社会创岗”的原则，把便民服务站开设到每个城乡，截至2014年底，便民服务有效站点32个：县城6个，各乡镇26个。建立了38个助农取款点，分别分别在：县城4个、横水镇6个、古亭5个、过埠3个、长龙6个、关田4个、聂都5个、思顺5个。为让老百姓的生活更加方便、快捷，5月县邮政局还开办了飞机票、火车票、汽车票、旅游年票、代缴话费、电费、有线电视费、代办车险等代理业务，通过委托代理、合作加盟等方式最大限度地为城乡居民提供各种日常生活服务。

【安全发展持续巩固】 2014年度，全局未发生任何资金案件和重大安全事故，未出现任何经营秩序案件、邮件收寄违规现象和新闻媒体曝光事件，各项安全、服务指标均达到省、市公司要求，企业确保了和谐稳定、平安祥和。

【收入贡献持续增长】 2014年，收入规模、完成进度较往年持续增长，全局收入完成1077.69万元，完成计划的100.72%，其中金融业务收入完成742.52万元，占计划的99.80%，同比增长6.39%。全年净增邮储余额1205.44万元，点均净增150.68万元；代理新保2060.36万元。销售基金理财产品突破 1382.8万元。函件、包裹投递量高达247.65万件。

【队伍素质得到稳步提高】 把员工教育培训作为企业的重中之重，注重提升干部队伍素质，倡导争做“五型干部”，坚持“十破十立”，并通过“四靠”立身来提高工作业绩。充分利用每周办公例会、中心组学习、管理人员培训和各种综合会议等时机，加强干部队伍的管理艺术和综合素质；注重把培训管理日常化、考核化和体现化。对全年培训有计划、有安排，组织个类培训班，全员培训率100%，对全员开展“三个敢于”学习大讨论活动和“修好一颗心，用心去工作”读书活动，对营销人员实施“每周一学”和“五个一”制度，对支局所长采取“远程学习+学报用报”学习制度，确保了整体队伍的稳步提升。

【关爱员工工程大力推进】 为做好为员工办实事八项承诺的各项落实工作，保障员工的切身利益，该局持续实施“关爱员工计划”，开展对生病住院员工、困难员工、退休职工、孤寡老人及瘫痪病人、重大节日期间对一线员工慰问等一系列活动，并为全局金库人员值守人员、投递员及驾驶员购买人身意外伤害保险。组织开展丰富多样的文体活动，筹集资金完善巩固“职工之家”“投递员之家”，为基础员工的生产生活环境得到大大改善。

【员工收益持续改善】 2014年度，员工人均收入同比净增0.36万元，同比增长10.43%，超

过年初 7% 预期目标的 3.43 个百分点。其中，支局所长增长 20.93%，操作序列增长 14.68%，管理序列增长 11.46%，技术序列增长 9.52%，营销序列增长 8.91%。基础员工生产生活条件不断改善，劳务派遣员工队伍更加稳定，员工幸福指数明显提升。

【领导名单】

局长、党支部书记　张红生

局长助理　王慧军

电信业务

【概况】 2014 年，崇义县电信分公司继续致力于推进全县信息网络体系建设，强化管理，落实责任，认真完成全县的普通电信服务业务、党政专用通信、应急通信、管线改迁、“三送”等重要任务，坚持做好“内强素质，外树形象”基础管理工作。通过公司全体人员的齐心协力，已在全县党政机关、公安、税务、学校、中小企业、智能工业园区等越来越多的行业领域得到应用，通过信息化的手段为他们的生产和管理提高效益，得到用户普遍的感知度和信誉度。

【业务发展】 2014 年，崇义电信分公司坚持以发展为主线，加强管理，提升服务意识，优化服务结构，发展因特网接入服务，为电子商务和公众信息服务提供支撑平台，为全县重点建设工程献计献策，全面提升网络建设能力，促进“数字崇义”建设进程，以信息网络推进全县经济和社会各项事业持续快速发展。截至 2014 年年底，全县固定电话用户总数达 2.3 万多户，数据及互联网用户 1 万多户、天翼用户数 1.5 万多户左右，建立、健全了政务信息网，全县各乡镇、单位基本入网。光网络能力方面，主干光缆达到 1975.30 皮长千米、配线光缆5066.52皮长千米、引入光缆126.44皮长千米；FTTH 末梢 OBD 端子达到 1.0442 万个，覆盖家庭户数 1.7652 万户，基本实现乡镇圩镇及城区的全覆盖，城区基本实现 20M 以上、乡镇 8M、农村 4M 以上带宽的接入。3G 基站达到 100 个，行政村覆盖率达到达到 90% 以上；数字数据宽带网覆盖所有乡镇及 95.32% 的行政村。

【服务质量】 公司围绕“用户至上，用心服务”这一服务理念进行定位，以提升用户满意度为指引，以关键服务环节为切入，以感知测评为手段，强化差异化服务优势，规范服务流程，创新服务模式，健全服务体系，提高服务效能，打造服务贴心、经营规范、通信安全的良好企业形象。同时，通过积极参与政风行风建设，不断规范市场、资费及上费行为，加强用户信息安全、网络安全和信息化建设。公司根据行业规范，严抓服务质量，进一步提高了服务水平，创造了一个更好的服务环境，使企业在服务形象、服务纪律、服务质量、业务流程上更加规范，为有效提升客户感知度和满意度，快速响应市场需求，树立中国电信宽带品牌形象，为满足用户装、移、修机预约时间的要求，进一步缩短电话和宽带电信产品装移修机的时限，公司继续实行“即时装维”活动，要求装、修及时率在 24/48 小时内完成，宽带装维预约履约率达 100%，客户满意率达大于 95%。进一步提高了服务水平，创造了一个更好的服务环境，使企业在服务形象、服务纪律、服务质量、业务流程上更加规范，有效树立了崇义电信品牌形象。

【基础设施】 为全面提升通讯水平，加快推进城镇化进程，公司努力完善基础设施建设，即使上级年年紧缩投资，仍加大对全县基础设施的资金投入，积极致力于全县信息基础建设。在移动网建设上，围绕“4G 储备、3G 领先”，进一步扩充覆盖面的指导思想开展C网建设工作，3G行政村覆盖率为90%，为城区4G站点储备及农村业务发展奠定了扎实的基础。

【网络建设】 继续以光网建设为抓手推进宽带精品网建设，把用户需要和全县建设作为网络建设第一重点工作来抓，时刻把握用户需求，跟踪用户反映，解决用户在电信网络应用方面遇到的各种难题，截至2014年年底，通过进一步加强FTTH建设工作，城区覆盖率达80%，乡镇覆盖率达60%，极大提高了用户上网速率和质量。

【安全管理】 在做好网络能力建设的同时，公司始终不忘安全这一要素，日日讲安全，时时抓安全，并经常进行消防安全演练，对员工进行安全知识培训等措施，进一步加强安全生产管理，网络风险管理，特别在防汛抗洪期间加班加点提供了重要的网络保障，实行7×24小时间值班制，严格落实网络安全保障工作要求，确保了重要保障期的网络安全严重。

【领导名单】

总经理 郭元清（4月免）
　　　 戴训华（4月任）
副总经理 黄夏平
　　　　 钟定君
经理助理 赖冬梅

移动业务

【概况】 2014年，崇义移动在县委县政府和各级领导的关心支持引导下，公司以“追求客户满意服务”为宗旨，通过强化队伍建设、抓好市场发展、抓好“三送”工作、提升网络质量、提升客户感知等开展各项工作。现将2014年工作总结如下：

【经营管理】

移动信息化助力地方经济“企业”发展。2014年，为使崇义县企业信息化程度进一步提高，崇义移动以信息系统的移动化延伸，实现了移动办公模式，信息化专线、视频会议、集团彩铃、一卡通等产品的应用已经渗透到机关单位、企业的各部

门，提高了企业机构在生产、管理和应用等领域的效率，还提升了企业机构的技术创新能力，使企业的生产成本进一步降低，推动了企业机构的进一步发展。截至12月31日，移动信息化应用已经普及到医疗、能源、服务、教育、交通运输等多个行业的诸多领域。现主要信息化产品拓展有“96333”信息平台、平安校园、车务通（车务通协助集团单位管理车辆，可监控车辆）、一卡通（员工可用手机在集团内部消费及现实考勤）、集团彩铃、固话等。

信息化服务新农村 近年来，崇义移动不断加大农村移动通信基础设施建设力度，为服务“三农”提供便捷、高效的移动网络。一是为农民量身定制实惠的通信服务，推出“移动惠农网”业务，以实惠的价格全方位满足了农民朋友的需求，受到农民的青睐；二是并协助农工部开通“96333”群众服务平台，进一步畅通群众诉求渠道，有效地推动崇义县“送政策、送温暖、送服务”工作的全覆盖、常态化。截至11月平台使用单位已经覆盖全县57个单位，24个乡镇。

完善客户服务工作 组织服务管理人员和渠道服务主管对服务质量投诉较多的营业厅进行蹲点帮扶，重点提升；开展形式多样的业务培训，加强各项基础服务、规范培训；强化厅店人员着装、服务规范。

关心职工生活，把公司工会建成温暖的职工之家 工会针对公司青年员工较多、年轻人活泼好动的特点，组织开展了各种文体活动，既丰富了员工的业余生活，活跃了公司气氛，又有利于增加员工的凝聚力，提高员工的综合素质。

【网络建设维护】 扩大网络覆盖范围提升网络质量，解决部分信号弱覆盖区域问题；全县完成“4G乡乡通”工程，逐步加大4G网络建设。

3月1日，崇义县全面实现“4G乡乡通”，实现18个乡镇4G信号全覆盖，为崇义经济发展做好网络保障。10月，开通4个弱覆盖基站，解决了部分区域常年以来的信号弱覆盖问题。县移动公司对56个基站3G和2G天线进行升高、调整下倾角等调整，提升了覆盖面积，优化手机信号。截至11月底全县共开通4G基站约77个，城区4G信号全覆盖，乡镇4G信号全覆盖，为振兴苏区和经济发展做出应有的贡献。

稳步开展宽带和无线宽带建设，助力推进城区和农村信息化进程。

2014年，公司新建宽带信息点约3万个，城区宽带覆盖率超过90%，所有乡镇圩均建设有移动宽带信息点，保证城区和乡镇用户可方便接入移动互联网。全县共55个村接入了移动无线宽带，使广大农村的偏远住户可以轻松接入移动互联网，助力推进农村信息化进程。

【“三送”工作重落实】 按照县委、县政府的工作安排，县移动公司安排骨干力量到文英乡茅花村驻点开展“三送”活动。结合自身优势为当地群众排忧解难、服务发展，得到了群众的交口称赞。

建设移动直放站，维护社会和谐稳定 文英集木岭是茅花村较偏远的几个村民小组，共有人口300余人。多年以来，由于山岭阻挠，近处建设的茅花村及果木村移动基站信号难以覆盖这几个村小组，通讯很不方便，群众反映强烈，在一定程度上影响了经济的发展。县移动公司了解情况后，决定安排单位骨干力量，与村干部一同前往文英集木岭等村小组进行实地察看。经向上级公司申请，可以作为本公司“三送”工作服务当地群众的一个重要着力点。在同事和村干部的直接努力下，一切都有条不紊地进行着。投入10万元建设的文英集木岭无线直放站现已开通，同时还在一个农夫家里安装了微型直放站，公司还计划将在后期投入三个微型直放站。

深入走访，宣传到位 一是责任到人。明确“三送”队分别由两位经理助理牵头负责，A组成员负责茅花片，B组成员负责古木片，会后各组成员立即到“三送”点走访农户，发放宣传资料，向农户讲解党风廉政建设社会评价工作四问四答及公众安生感政法部门满意度测评等工作。二是宣传到位。发挥公司自身优势，把崇义县党风廉政建设社会评价工作四问四答及政法部门满意度测评进行简要概述，通过短信平台发送给农户，达到多方宣传。三是走访到户。各“三送”工作小组，走访完农户后，及时汇总梳理走访情况，对不在家的农户做好登记，采取电话或者再次走访的方式，确保走访农户到位。

【领导名单】

总经理　　唐小波

总经理助理　瞿小宝

　　　　　徐奋强（4月任）

联通业务

【概况】 2014年度，崇义县分公司县城营销中心按照省公司“三年规划为牵引、自主经营为主体、开放式预算为载体”指导思想，结合赣州市分公司的工作部署，崇义县城自主经营体紧紧把握“企业增效、员工增收”这根弦，聚焦增长，重配存量，激发增量。通过划小、裂变的自主经营体转型发展，转变经营理念，创新工作方式，激发团队工作热情，在自主经营体改革元年实现稳健发展态势的一年。

【任务指标完成情况】 全年财务收入全年预算的92.24%，预算完成率全市县城自主经营体排在第11位，同比增长2.48%，增长率在全市自主经营体排名第11位；在全省聚类评价县城自主经营体排名第32位。

【开展的工作内容】

聚焦重点业务，关注发展排名 对照省、市分公司的工作部署，聚焦日均放号及合约计划业务发展。主要通过抓好厅店的运营管理；加强厅店店员的培训；积极引导渠道规范使用B2B平台；提高宣传力度，提升业务发展；按季度定期召开渠道总结表彰大会，提升渠道信心。

通过上述举措，使县城营销中心的各渠道根据位置、区域等差别，各自找准业务发展增长点，实现增量增收，进一步稳定并激发渠道业主的发展信心。

重视渠道布局，构筑生态圈 一是重视核心商圈突破，有效展现了联通形象及口碑地位；二是丰富次商圈中小渠道；三是在边缘市场主要通过与广电合作方式，建设形成渠道主次平衡的生态圈。

通过渠道建设补充，虽然离市分下达的建设目标还存在差距，但是有效形成了生态平衡的保护层，渠道流失数为零。

关注渠道销量，提升单厅产能 一是政策的培训与落地是做好销量提升的重点；二是沃易购平台推荐使用是做好终端销售的关口；三是开展名单制驻点（店）帮扶提升渠道销量；四是组织渠道季度业务竞赛，打造标杆渠道并重点关注。取长补短，角逐竞争。

自有厅转型，员工自主经营 一是着重转型发展；二是重视维系保有；三是树立新增示范。转型后的自有卖场，坚持在服务行动上以“示范引导”为抓手，通过第一时间办理新增业务，率先实现营销推广，打造发展“领头羊”的服务模式，进一步示范引导社会合作渠道执行，以提升客户服务水平。

实行内部变革，适应自主经营转型需要 一是转变思想，适应变革需要。内部员工实行“双向选择”定岗；整合人力资源，淡化前后台概念，自由组合营销队伍，自发主动形成团队合力。二是摸家底查资源，内控经营成本，优化资源配置。三是细化考核，激发内生动力。量化单价，绩效“DIY”。修正细化，考核激励。负责做好过程管控，对在管控过程中发现的细节问题，根据“三利原则”及时进行补充修正，真正体现“做多做好”与“少做不做”除了在绩效水平不一样外，将季度考核纳入年度评先评优考核激励。

集中整治，公司积极响应落实 公司开展集中整治干部作风突出问题活动，主要需集中整治的重点问题为：切实解决影响发展环境的干部作风五个方面的突出问题：一是着力解决工作作风上的“庸、懒、散”问题；二是着力解决领导作风上的“假、浮、蛮”问题 ；三是着力解决为政不廉的“私、奢、贪”问题；四是着力解决业务审批中的低效率问题；五是着力解决业务代理渠道及公司从业人员的经营行为不规范问题。反映整治动态，充分调动参与整治的积极性，营造人人参与的浓厚氛围。针对开展“回头看”“七查七看”活动中，并且对存在的问题制定台账及整改方案。

【有序推进综合治理工作开展】 崇义联通公司成立了社会治安综合治理工作委员会，由总经理任组长，经理助理任副组长，部门负责人为成员，加强对社会治安综合治理工作领导；责任到位。各部门签订目标责任书，作为年终考核奖惩的依据，对因工作不力导致发生重大刑事案件、群体性事件、治安灾害事件的单位和行政村，坚决实行“一票否决”，对相关部门和有关责任人实行责任追究；创造良好的综治工作舆论氛围，做好综治宣传是促进综治工作各项措施落实的有效手段，采取多种形式开展了宣传活动。

【结合实际开展好“三送”工作】 2014年，联通“三送”挂点改为乐洞乡龙归村小组，“三送”干部严格执行公开承诺：做好政策法规的宣传员，每月不下于二次对政策法规的宣传；走访群众“两个完全”：完全走访农户，完全反映民意；指导培训帮扶热心一点，排除矛盾纠纷耐心一点，维权保障利益到位一点，组织管理决策机制完善一点。对于群众反映的问题及时解决和上报。对于不符合国家政策的要做好教育疏导工作。依法依规解决群众问题。服从“三送”工作小组的统一调度，做好土坯房改造及建桥修路筹资工作，根据“三送”工作的统一部署，目标明确，按时按量完成土坯房改造工作的宣传动员工作。为建桥修路多筹资金。崇义联通公司积极向上争取新建基站项目资金，将乐洞乡规划在全县2014年3G基站建设中，让广大老百姓享受到了联通实惠、快捷通讯方式。

【领导名单】

总经理 上官尉歆

旅游·宾馆

旅游管理

【概况】 旅游经济运行情况：2014年，全县接待游客146.35万人次，同比增长33.51%，实现旅游综合收入8.82亿元，同比增长27.19%。从全年的旅游运行情况来看，自驾游市场增长迅速，成为崇义县旅游市场的主力军；齐云山探险游成为新的旅游亮点，全年赴齐云山旅游的游客突破2万人次。

【旅游规划编制】 一是启动上堡梯田（齐云山）旅游总体规划及修建性详规编制工作；二是积极配合市旅游局编制国家旅游扶贫试验区规划，通过努力，横水、上堡、聂都、过埠、杰坝、麟潭等6个乡镇被列入旅游扶贫重点乡镇，崇义县编制的旅游项目中有65个项目被列为市旅游扶贫示范点。

【旅游基础设施建设】 一是在阳岭景区重点改造了沟谷雨林游步道，新建2座旅游厕所；启动了云隐寺停车场建设工作；二是在上堡梯田景区已完成了对上堡水南梯田2处观景平台及附属游步道的改造工作，在水南村设计并修建了500米石板游步道，在景区公路沿线新增了60处会车点，新建停车场3处，共增加停车位70个，大幅缓解了景区停车压力，提升了景区的通行能力。为加强梯田的保护工作，开展了梯田复耕和油菜种植工作，在水南、赤水共种植油菜26.667公顷。

【旅游项目建设】 一是安排实施15项以景区（点）改造和美化，旅游公路维修、改造和其他旅游基础设施建设为主的旅游项目，主要项目有：上堡梯田景区公路及景区大门建设、齐云山自然保护区公路改造、上堡整训旧址维修改造等，项目总投资约5000万元。11月，过埠至上堡梯田损坏公路的维修工作正式启动，该项目总投资210万元；计划投资800万元的水南梯田小循环公路建设项目也已完成初步设计。二是积极向上争取建设资金，经县旅游局与发改、交通等部门的共同努力，崇义县申报的9千米上堡梯田景区公路已获批，被列入全市2014年首批旅游公路项目。

【旅游宣传营销】 一是邀请中国旅游报、江西画报的记者深入阳岭、上堡梯田、齐云山等景区开展采风活动；二是在南康家具大市场附近设立一块大型旅游宣传广告牌；三是积极参加6次省、市旅游部门组织的宣传推介活动；四是开通“崇义旅游”微信公众平台为游客打造指尖上的旅游顾问；五是为丰富和推介崇义县旅游餐饮文化，县旅游局牵头组织崇义县首届“十佳地方特色菜”暨“九层皮”制作技艺评选活动。

【旅游区域合作】 按照区域旅游“优势互补、资源共享、市场共建、客源互流”的原则，启动了与大余、上犹等周边地区旅游合作，成立赣州西部旅游联盟。12月23日，“畅游赣州西部绿海”——赣州西部旅游联盟大余、上犹、崇义（广州）旅游推介会圆满成功，良好的生态、富有前景的旅游项目，吸引了众多国内外客商前来洽谈、签约。联盟宣传片、旅游画册、旅游线路产品设计完成并投入宣传。此外，赣州西部旅游联盟多次参加了市旅游局在省内外举办的旅游推介会。

在推进赣州西部旅游联盟区域合作的同时，崇义县还不断深化“赣湘粤”旅游区域合作，与湖南汝城、桂东及广东南雄、仁化等县（市）实现了信息互通，客源互送。

【旅游招商】 为做好旅游招商工作，县旅游局会同县发改委等单位制订旅游招商项目的专项开发方案，对旅游项目的开发明确了要求，细化优惠政策，为旅游招商工作奠定了基础。2014年，不断有客商深入崇义县实地考察旅游项目。其中，吉安客商对茶滩温泉项目投资意向比较明确，崇义县有关领导和部门干部也分别对客商的企业实力进行了考察，项目正在进行深入洽谈。

【旅游行业管理】 全县深入贯彻旅游法、《江西省旅游条例》，加大旅游市场环境的整治，每年开展旅游市场专项整治工作，由县旅游、工商、食品药品监督、公安、交通、消防、交管、卫生、物价、质监等部门对旅游安全和市场秩序进行联合执法，认真受理游客投诉，结案率达100%。同时，完善旅游应急预案，制定节假日旅游安全专项预案，并加强安全应急演练，着力提升应急处置能力。2014年，崇义县旅游无安全事故、无重大投诉，实现了“安全、秩序、质量、效益”四统一。在规范旅游市场的同时，县旅游局扎实开展A级景区、A级乡村旅游点、星级饭店、星级农家旅馆、旅行社创评工作，不断提升行业服务品质。通过齐抓共管、部门协调配合的运行机制，全县旅游环境进一步优化。

【旅游公司经营管理】 2014年，阳岭景区接待旅游人次达到24.33万人次，比上年同期增长17.28%，旅游门票收入达到205.30万元，比上年同期增长72.23%。

投融资平台建设工作稳步推进 4月，县政府主持召开县旅游公司国有资产注资工作调度会，县财政局、旅游局、国资办、房管局、城建局、国土局等相关单位负责人参加会议。12月，完成了氧吧山庄、阳明湖宾馆等的固定资产的清点核实和建设用地勘测定界、竣工测量，土地的核实、地籍调查等工作，并着手四周界址的确认签字工作。

阳岭景区基础设施建设力度进一步加大 完成了沟谷雨林630米游步道改造，沟谷雨林6座桥梁、2处厕所、1座小卖部，1个容量315千伏安变台等工程；完善景区道路交通标识、景区大门口停车场拓宽、沟谷雨林中心景区供电线路等零星工程，新建山顶、云隐寺等2个公厕，总投入397万元。

【领导名单】

局　长　　罗德明
副局长　　赖新华
　　　　　章丽娟
阳岭景区管理处主任　　胡绍林

耀升国际饭店

【概况】 耀升国际饭店是由江西耀升钨业股份有限公司投资兴建集住宿、餐饮、会议、休闲、度假、娱乐为一体的综合型四星级商务度假饭店，用地面积2.7万平方米，建筑面积1.5万平方米。耀升国际饭店以大自然赋予的山风竹海为背景，依托丰富的竹乡资源，以低碳环保绿色为创新点，发掘、研制“全竹宴”“全鱼宴”，深受中外宾客喜爱，完美地诠释了绿色、生态、环保的饭店理念，成为竹饮食文化中的精品。

饭店拥有不同类型的客房116间（套），装饰温馨、舒适，设有两个中餐宴会大厅、西餐厅和14间风格各异的中餐包房，能容纳1000多人同时用餐，无论喜庆宴会、邀朋聚友还是商务宴请，都能体现与众不同的风格。设备齐全的各种会议室，是商务洽谈、会议的完美选择，歌剧院灯光音响设施先进，可容纳300多人观看歌舞演出或召开大型会议。KTV包房在强劲与轻慢的音乐之间，感受前卫与时尚，带您进入多姿多彩的夜生活，桑拿中心、游泳馆、健身房设备一流、豪华气派，均是休闲娱乐的理想场所。

【经营管理】 饭店坚持在探索中前进，开拓中进取，把握市场调研和市场定位，开源节流，苦练内功，加强内部管理和培训，提倡安全第一，勤俭节约，以人为本，顾客至上的理念方针。

【圆满完成各项重要接待任务】 2014年，饭店全体员工通过积极努力的工作，细致入微的服务，圆满完成了对境内外宾客、旅行社团队、社会团体的接待工作，得到了各级领导和宾客的一致好评。

【提高全员整体素质】 年初，饭店制订全员培训计划，对部门经理、主管、领班及待客服务人员进行相关的专题培训，重点讲解管理素质、服务意识、礼貌待客、案例分析等。通过讲解、点评、交流等，受训人员在思想认识和日常工作中，皆得到不同程度的感悟和提升。

各部门在饭店组织培训的同时，每周有计划地对部门员工进行培训，并在每日班前会对员工进行班前培训，做到“日日有主题，天天有培训”。

【安全经营】 根据饭店实际情况，完善酒店的各种应急预案，并进行相关的培训演练。饭店全年组织各部门进行消防安全理论知识培训13次，实操模拟演练5次，通过演练员工学会了消防设施的正确使用，保障在突发火警事件情况下，员工可以迅速进行扑灭初期火灾，提高了员工消防技能。

完善饭店消防设施，加强保养，确保设施正常使用。每日坚持安全隐患排查制度，对厨房、工程机房等重点区域进行安全日检，每月全店进行安全月检，针对安全检查发现的隐患及时整改，确保饭店安全经营零事故。

【领导名单】

总经理　　郭名宝
副总经理　魏　颖

崇义宾馆

【概况】 2014年，县宾馆始终坚持以邓小平理论和“三个代表”重要思想为指导，深入贯彻落实科学发展观，认真学习领会中共十八大精神，围绕县委、县政府的中心工作，始终把公务接待作为第一要务，认真履行宾馆的基本职能，牢固树立崇义县的窗口形象，充分发挥接待“载体”功能，着力推进公务接待工作实现新发展、新提高，不断开创崇义县接待工作的新局面，有效地促进崇义县对外宣传及招商引资，为全县经济社会的快速健康发展做出了积极的努力。

【圆满完成各项接待任务】 2014年，在全体员工的共同努力下，共接待268批次客人，达1.002万人次，其中客商300余人，大小会议20多次，成功接待了省，市，检查组，考察团等，宾馆本着热情大方，不卑不亢，有礼有节的服务宗旨，赢得了来宾的好评和领导的肯定。始终坚持“领导满意，来宾满意，自己满意”高标准的接待原则，以“优质，高效，保密，安全”八字方针进行严格要求，确保每批接待任务万无一失。

【细化管理新模式】 县宾馆严格按照服务标准开展工作，寻找差距，学习新的经营管理理念，不断加强考核力度，破除“吃大锅饭”的思想，坚持量化考核指标，严考核，硬兑现。建立了一级管一级，一级对一级负责的绩效考核体系，全员绩效考核覆盖率达100%，真正实现工作业绩和创造的绩效挂钩，调动了全员工作的热情和积极性。通过找短板，定措施、上水平，全面提升服务质量，在精细上下功夫，以100－1＝0的观念，统一全体员工的思想，确保服务水平再上新水平，宾馆以“管理无缺陷，服务零距离”为工作理念，在制度建设、细节管理、基础资料上下功夫，使员工零距离贴心式服务，得到不断提升。如修改完善管理办法、制度，用制度约束员工，用制度激励员工，进一步加强各项管理的制度落实，达到责任明确到人，遵循“谁主管，谁负责”“谁执行，谁负责”的工作原则，促使管理上水平，从而提升服务质量。

【接待能力上新水平】 县宾馆始终围绕服务县委、县政府中心工作，服务县域经济发展大局这个核心，立足岗位实际，着力宣传“天然氧吧---阳岭”这张城市名片，不断加强对办内工作人员的业务培训和自我学习，在实际接待中，通过总结经验，摸索出一套“三心”工作方法。

接待工作要用心 用心是做好一切工作的前提，也是工作责任心的直观体现，尤其在接待工作中显得尤为重要。接待工作具有规范性，接待前必须做好充分的准备，及时沟通情况，制订周密的接待方案。

接待工作要耐心 接待工作是一项服务性很强的工作，其工作性质决定了它的烦琐性，接待是一个持续的过程，在接待中会遇到很多突发情况，只有耐心才不会手忙脚乱，胸有成竹才能尽快解决问题，只有耐心，才能把烦琐的事情理顺，才能高质量、高标准地完成接待任务。

接待工作要细心 在接待过程中，要随时了解迎接、食宿、参观、座谈等工作的落实情况，并注意搞好协调配合，使各个环节衔接妥当。要想客人之所想，急客人之所急，让客人最大程度感受到县宾馆的热情周到。如食方面，要了解客人的饮食禁忌，再结合本地特色，让客人吃好喝好；住宿方面，要合理安排房间，在房间里摆放好鲜花、洗漱用品、雨具等东西，让客人住得舒服。在接待工作中，宾馆始终秉持“三心”工作理念，把这一理念灌输到每一个工作人员身上，贯穿到每一次接待环节中，出色地完成了县委、县政府交办的接待任务，受到上级领导和来宾的广泛好评。

【“三送”工作新起色】 按照县委、县政府关于在全县农村开展“三送”活动的统一部署和工作要求，县宾馆今年继续留在丰州乡九岭村，在该乡党委、政府的领导下，深入九岭村10个村小组200多农户家中，认真细致地开展工作，掌握了当地群众的所急、所想、所需和所盼等有关情况。坚决执行“三送”全覆盖的工作要求，对每户家庭发放“连心卡”“联系牌”“连心册”，详细记录农户所反映的意见建议，记好“民情日记”，征求意见建议56条，帮助解答政策咨询28件（次），代办代访服务16件（次）。宾馆全体“三送”干部了解社情民意、听取意见建议、宣讲政策法律、化解矛盾、解决问题、增进群众感情。同时，组织村组干部重点围绕农村危旧土坯房改造、服务群众创业致富、和谐秀美乡村建设、振兴发展项目实施、基层维稳等工作，抓紧抓实。

宾馆全体干部“发扬苏区干部好作风，自带干粮去办公”，在创先争优活动中，县宾馆以“三送”工作为总抓手，班子领导带头深入村组、深入联系户走访调研，以良好的党风带政风促民风。积极开展义务劳动，帮助农户春耕备耕。走访慰问了受灾户、困难户及老党员。有事找“三送”干部，已经成为广大群众的自觉行动。就算没事，也有不少群众爱找结对的“三送”干部聊天。这种干群间鱼水般融洽关系的形成，得益于崇义县上年以来在“三送”工作中创造性实行的干部联系群众双向全覆盖、常态化制度。

【领导名单】

经　理　曾玉良

财政·税务

财政工作

【概况】 2014年，县财政局围绕县委十六届四次全会既定的目标任务，努力克服各项不利因素，采取有力措施保增收、抓改革、促发展，财政收入实现跨越发展，财政支出规模不断壮大，民生支出和重点项目建设保障到位，财政管理绩效明显提升，各项工作取得新进展、新成效。全年财政总收入实现9.6亿元，收入总量是2010年的2.3倍，同比增长26.3%，完成年初预算的108.8%，收入增幅列全市各县（市）区第2位；公共财政预算收入累计完成6.7906亿元，总量是2010年的2.4倍，同比增长38.9%，完成年初预算的123.3%，收入增幅列全市各县（市）区第3位；税收收入6.7951亿元，占财政总收入的70.8%，非税收入2.8049亿元，占财政总收入的29.2%，完成市委、市政府下达的目标任务。财政保障能力进一步加强，2014年，全县公共财政预算支出16.0016亿元，比上年增支2.9416亿元，增长22.5%；财政工作作风进一步增强，认真开展了党的群众路线教育实践活动及“理财精细实，为政忠公能”主题实践活动；财政管理水平进一步提升，完善了财政性资金拨付管理办法，简化财政资金拨付流程。年内单位荣获全省财政惠农一卡通发放先进单位、赣州市第八届文明单位等省、市、县多项表彰。

表16 2014年财政收入执行情况表

单位：万元

收入科目	2013年全年完成数	本年预算数	本年完成数				上年同期累计	比上年同期(+-)额	比上年同期(+-)%
			累计收入	占预算的%	其中：当月数				
					当月收入	比上年(+-)%			
一、税收收入	32890	37453	39857	106.4	5718	258.5	32890	6967	21.2
1.工商各税	23142	26997	25357	93.9	4691	249.6	23142	2215	9.6
增值税	6601	7348	7705	104.9	656	27.1	6601	1104	16.7
其中：增值税25%	6521	7348	6418	87.3	612	24.4	6521	-103	-1.6
营业税	9845	11260	10658	94.7	3160	503.1	9845	813	8.3
五种小税	3995	5040	3406	67.6	340	161.5	3995	-589	-14.7
个人所得税40%	978	1074	1481	137.9	276	228.6	978	503	51.4
城建税	1507	1965	1846	93.9	237	238.6	1507	339	22.5
其他税收	216	310	261	84.2	22	22.2	216	45	20.8
2.农业税收	5717	4200	10209	243.1	663	461.9	5717	4492	78.6
其中：烟叶税	—	—	—	—	—	—	—	—	—
耕地占用税	3022	1500	6984	465.6	444	2366.7	3022	3962	131.1
契税	2695	2700	3225	119.4	219	119.0	2695	530	19.7
3.企业所得税及退税	4031	6256	4291	68.6	364	169.6	4031	260	6.5
企业所得税40%	4031	6256	4291	68.6	364	169.6	4031	260	6.5
其中：国税	961	1640	1612	98.3	0	-100.0	961	651	67.7
二、非税收入	16004	17600	28049	159.4	11329	499.7	16004	12045	75.3
1.其他、罚没、收费收入	11365	15300	25788	168.5	10887	491.7	11365	14423	126.9
其中：行政性收费收入	8085	11000	22888	208.1	10424	652.1	8085	14803	183.1
2.专项收入	4440	2150	1743	81.1	253	462.2	4440	-2697	-60.7
3.国有资产经营收益	199	150	518	345.3	189	4625.0	199	319	160.3
公共财政预算收入	48894	55053	67906	123	17047	389.3	48894	19012	38.9
三、上划收入	27112	33147	28094	84.8	2875	59.1	27112	983	3.6
消费税	36	108	184	170.4	81	1925.0	36	148	411.1

续表 16

收 入 科 目	2013 年全年完成数	本年预算数	本年完成数				上年同期累计	比上年同期(+-)额	比上年同期(+-)%
			累计收入	占预算的 %	其中：当月数				
					当月收入	比上年(+-)%			
(二)上划省级收入合计	—	—	—	—	—	—	—	—	—
五种小税 40%	—	—	—	—	—	—	—	—	—
(三)上划中央所得税合计	7513	10995	8656	78.7	958	192.5	7513	1144	15.2
其中：企业所得税	6047	9384	6436	68.6	545	169.1	6047	389	6.4
个人所得税	1466	1611	2221	137.8	413	230.4	1466	755	51.5
财政总收入	76006	88200	96000	109	19922	276.5	76006	19994	26.3
国税部门	28602	33600	31173	92.8	2573	28.8	28602	2572	9.0
地税部门	31400	37000	36778	99.4	6020	328.5	31400	5378	17.1
财政部门	16004	17600	28049	159.4	11329	499.7	16004	12045	75.3

表 17　2014 年财政支出执行情况表

单位：万元

收 入 科 目	2013 年全年完成数	本年预算数	本年完成数				上年同期累计	比上年同期(+－额	比上年同期+、－%
			累计收入	占预算的 %	其中：当月数				
					当月支入	比上年(+-)%			
1. 一般公共服务支出	20447	11765	15183	129.1	2039	-69.0	20447	-5264	-25.7
2. 外交支出	—	—	—	—	—	—	—	—	—
3. 国防支出	—	—	—	—	—	—	—	—	—
4. 公共安全	7406	2958	5876	198.6	1273	28.3	7406	-1530	-20.7
其中：武装警察部队支出	447	—	455	—	14	-36.4	447	8	1.8
公检法司支出	6959	—	5421	—	1259	29.8	6959	-1538	-22.1
5. 教育支出	21244	12118	23512	194.0	5722	29.5	21244	2268	10.7
其中：教育附加支出	1156	—	1163	—	1137	-0.9	1156	7	0.6
6. 科学技术支出	599	300	3205	1068.3	2904	2804.0	599	2606	435.1
7. 文化体育与传媒支出	1178	918	2369	258.1	919	422.2	1178	1191	101.1
8. 社会保障和就业支出	18366	16235	23130	142.5	3134	-1239.6	18366	4764	25.9
其中：财政对社会保障基金的补助	6253	—	6065	—	-106	-128.9	6253	-188	-3.0
行政事业单位离退休费	4662	—	5917	—	514	25.4	4662	1255	26.9
企业关闭破产补助支出	350	—	301	—	0	—	350	-49	-14.0
就业补助支出	1126	—	1536	—	308	266.7	1126	410	36.4
抚恤支出	1256	—	1323	—	528	82.7	1256	67	5.3
社会福利支出	372	—	442	—	224	244.6	372	70	18.8
城市居民最低生活保障支出	620	—	961	—	—	—	620	341	55.0
9. 医疗卫生支出	10688	7020	13615	193.9	4158	1979.0	10688	2927	27.4
其中：医疗保障支出	8364	—	7963	—	2154	32.7	8364	-401	-4.8
10. 节能环保支出	8676	2587	8865	342.7	2413	-407.8	8676	189	2.2
11. 城乡社区事务支出	1970	636	1763	277.2	291	-179.5	1970	-207	-10.5

续表 17

收入科目	2013年全年完成数	本年预算数	本年完成数				上年同期累计	比上年同期(+－额	比上年同期+、－%
			累计收入	占预算的%	其中：当月数				
					当月支入	比上年(+-)%			
农业综合开发支出	312	—	746	—	326	4.5	312	434	139.1
13.交通运输支出	1379	1828	1071	58.6	54	-10.0	1379	-308	-22.3
14.资源勘探电力信息等事务	1261	1347	4937	366.5	284	-138.5	1261	3676	291.5
15.商业服务业等事务支出	1590	1157	1213	104.8	106	-183.5	1590	-377	-23.7
16.国土资源气象等事务支出	363	511	735	143.8	93	19.2	363	372	102.5
17.住房保障支出	13729	8860	17908	202.1	7176	-7816.1	13729	4179	30.4
18.粮油物资储备管理事务支出	139	160	222	138.8	1	100.0	139	83	59.7
19.国债还本付息支出	200	758	22	2.9	19	100.0	200	-178	-89.0
20.金融监管等事务支出	184	—	—	—	—	—	184	-184	-100.0
21.其他支出	334	16047	13259	82.6	-6921	-100.0	334	12925	3869.8
一般预算支出	130600	98306	160016	162.8	28156	127.8	130600	29416	22.5

【税收征管】 围绕矿产品、房地产、物流贸易等税源增长点，重点开展了矿产品、建筑安装、房地产等行业综合治税，清理耕地占用税5000余万元，房地产业实现税收1.3亿元；挖掘总部经济税收潜力，繁荣矿产品贸易，新办矿产品贸易公司5家，新增贸易税收6500万元；完善鼓励政策，创新引进和君基金进驻崇义县发展股权基金产业，已注册4个基金公司，股权基金规模达到2亿元。

【争资争项】 深度跟踪挖掘政策信息，制定完善年度争资争项工作计划和激励办法，2014年，上级补助资金9.7668亿元，比上年增加5540万元，其中重点生态功能区转移支付6104万元、国有林场改革补助资金4283万元、产业转型升级耀升钨业棒材中央补助3780万元、中央苏区补助3492万元。

【项目建设】 2014年，财政部门多方调度资金，着力支持县委、县政府确定的37项重大项目和重点工程建设，拨付征地拆迁款1.73亿元，为一批重点工程的落地、开工奠定了良好基础；积极筹资实施市政工程建设，阳岭新城主路网工程、解放路改造等21个开工市政工程项目累计完成投资2亿元，城市功能更加完善，城市品位得到提升。

【扶持企业发展】 通过“财园信贷通”为26户企业提供贷款1.01亿元；通过“小微信贷通”为79户企业提供贷款4186万元。切实解决中、小企业信贷难、融资难、融资慢等相关问题，进一步加大了财政支持经济发展的力度。

【民生支出】 全年民生支出达10.3665亿元，同比增支1.7613亿元，增长20.5%，民生支出占财政总支出的64.8%。其中对社会保险基金的补助支出6065万元，行政事业单位离退休支出5917万元，五保户供养资金448万元，抚恤资金1323万元，城市低保资金961万元，农村低保资金1853万元，自然灾害补助资金502万元；此外，全年拨付住房保障资金1.7908亿元，新型农村合作医疗资金5446万元，“三送”及新农村建设资金1660万元，粮食直补、综合直补及良种补贴资金共1058万元。

【教育、科技、农业三项法定支出】 2014年，教育支出2.3512亿元，增长10.7%，科学技术支出3205万元，增长435.1%，农林水事务支出2.3131亿元，增长11%，三项支出增幅均超过崇义县财政经常性收入增幅，科技支出总额更是首次达到财政总支出的2%。

【惠农资金落实】 扎实开展“财政惠农信贷通”工作，为60户农户发放贷款1547万元；通过“一卡通”发放各类惠农资金1.52亿元，补贴项目共20大项，40项小项，项目发放率100%，全省排名第1名。

【财政监督】 组织开展了“三公经费”财

务检查、非税收入检查、乡镇财政所内部审计、土坯房改造资金检查、民生资金监督检查、会计信息质量检查等财政监督管理工作，查出违纪违规资金342.08万元，纠正违规资金100.5万元，收缴违纪款27.8万元，并提出整改意见。开展中小学校舍改造、公共租赁住房等20项财政资金绩效考评；加强重大项目和重点工程审计，累计审核工程预算项目430个，送审总额4.97亿元，核减7873万元，核减率15.8%。

【财政管理】 一是深化部门预算改革，完善预算基础信息管理系统，稳步推进预算信息公开，按要求公开了单位部门预决算及“三公”经费预决算；强化预算刚性约束，压减一般性支出预算，严格落实厉行节约规定，从严从紧控制公务购车、会议、接待等经费支出，同比减少215.77万元，下降6.8%；二是加强国有资产监督管理，制定《县属国有及国有控股企业实行经营业绩考核办法》，推进国有林场改革步伐，改革方案获省批复同意实施；三是出台《崇义县县直机关会议费管理办法》、《崇义县党政机关国内公务接待工作餐标准》《崇义县县直机关差旅费管理办法》等相关管理办法。

【机关内部管理】 扎实开展党的群众路线教育实践活动，“门难进、脸难看、事难办”“财政资金拨付难”等13项专项整治成效明显，制定和完善16项制度建设，财政系统工作作风有了转变，工作效率明显提高；开展新预算法、非税收入管理条例学习贯彻，制定新的财政资金审批制度；为从严管控机关“三公经费”支出，修订《崇义县财政局机关管理制度》；举办“为民、务实、清廉”主题演讲比赛、登山比赛、“中国梦、振兴梦”知识竞赛等丰富多彩的活动，干部职工带头执行中央“八项规定”，反对“四风”，提升服务能力和水平，促进了各项工作上台阶。

【领导名单】

局　长	赖楚彦
副局长	陈福源
	卢普清
主任科员，农开办负责人	肖　崇
财检办主任	陈　全
国资办主任	兰光奎
采购办主任	刘继棕
会计管理中心主任	俞中东

国投集团公司

【概况】 2014年，县国投集团公司围绕全县经济社会发展大局，紧密结合党的群众路线教育活动，以中央十八大精神为指引，以县重点工程项目建设为中心，抓住项目融资、代建重点工程、自主经营三个重点，各项工作稳步推进，工程建设进展顺利，融资工作取得新突破。

【重点工程项目建设】 按照县委、县政府确定的重点工程建设安排，全面推动重点工程项目实施。2014年，公司共承建重大项目8个，当年完成投资2.1106亿元，比上年同期增加1.0286亿元，增长52.7%。

振兴大道工程，计划总投资1.975亿元，于2012年6月开工，2014年，完成投资910万元，累计完成投资5280万元。

中城河二期改造工程，计划总投资3500万元。于2012年6月开工，2014年，完成投资380万元，累计完成投资1780万元。

北门河综合改造项目，计划总投资1200万元，2014年，完成投资88万元，累计完成投资888万元。

人武部新营房建设工程，该项目位于县城萝卜巷，总用地面积1.14万平方米，总建筑面积9600平方米，项目总投资2300万元，于2012年5月开工，2014年，完成投资1500万元，现已全部完工，累计完成投资2300万元。

过埠镇工业园及沿江路建设项目，过埠统筹城乡示范镇建设重点项目，占地面积14公顷，项目总投资5600万元，2014年，完成投资2800万元，该项目已于6月完工。

阳岭新城路网工程（含阳明大道、齐云山大道、正德路、上营中路），计划投资6300万元，10月开工，当年完成投资2000万元。

崇义县社下小区建设项目，总建筑面积4.9591万平方米，计划投资1.5亿元，2014年，完成投资1亿元，累计完成投资1.5亿元。

官陂脑小区建设项目，计划投资6000万元，4月开工，当年完成投资1128万元。

【融资工作】 为缓解财政投入压力，为崇义县基础设施项目的顺利推进提供资金保障，公司加大了项目争资融资力度，创新工作思路，拓宽融资渠道。2014年，通过银行和信托融资总额达1.6亿元。

以城投公司为贷款主体，以阳岭景区公路建设项目向县信用社续贷1000万元，1月10日资金已到位。

以国投公司为融资主体，以阳岭新城建设工程项目向中江信托融资1亿元，其中3年期4000万元；2年期6000万元。6月13日，资金已到位。

以城投公司为贷款主体，崇义县防洪工程（北门老桥至牛角河段）为项目向农业发展银行南康支行融资5000万。6月资金已到位。

【自主经营工作】

社下安置小区建设项目。预计可实现收入1.73亿元，实现税收约3000万元，实现利润3000万。2014年已实现销售收入1.14亿元，纳税1236万元。

官陂脑安置小区建设项目。占地面积1.6141万平方米，建筑面积3.35469万平方米，投资约4000万元。2013年11月下旬开工建设，截至2014年，有16栋房屋已封顶，正在加紧外墙建设等。

资产经营方面，公司2014年共收取店面租金约32.6万元。

中小企业担保业务不断推进。2014年，公司全员积极开拓业务，为崇义县绿丰民营林场、崇义县馨华牧业有限公司、崇义县长龙镇向阳脐橙专业合作社、崇义县亿诚农业发展有限公司等小微企业提供担保，实现担保费收入85.2万元，在保户数85户，在保余额4975万元。

【党的群众路线教育工作】 根据县委党的群众路线实践教育活动的部署要求，公司活动开展以来共组织集中学习10余次，组织观看《永恒的信念》《红色故事汇》等专题片9部，每位党员干部撰写心得体会4篇以上，读书笔记篇幅达到1.5万字以上。通过多形式征求意见和积极主动查摆问题，梳理后有领导班子“四风”问题14条，党员干部个人“四风”问题20条，其他类意见建议24条，纳入专项整治4条，制度建设7条，列为具体问题整改10条。对收集的意见和建议，全部列入整改任务，坚持领导带头，坚持边学边查边改，立行立改，办结率均为100%。

【“三送”工作】 2014年，公司“三送”工作继续挂点横水镇上营村。公司始终把“三送”工作摆在突出重要的位置，常年安排3名员工脱产负责“三送”。截至2014年，已帮群众做实事好事21 件，排查调解各种矛盾纠纷共282起，共出资7.96196万元用于帮扶慰问和困难群众，争资325万元，用于修建齐云山大道和上营中路，工程已开始进行施工。

【领导名单】

董事长、总经理	刘　宇
副总经理	冯祖仁
	周忠东

林投公司

【概况】 崇义县林业投资有限责任公司是经崇义县人民政府批准，于2007年8月成立的。公司是县政府林业投融资主体，是县政府授权的具有法人资格的国有独资企业。公司实行独立核算、自主经营、自负盈亏。公司的职责：一是受县政府授权，由公司负责经营管理国有林业资产，以资源换资本，把国有林场做优做强，推广先进科技，延伸产业链条，为林业产业发展壮大，起好龙头牵引规范作用，通过合作造林、林地入股、有偿转让等形式，加快林业资源市场配置体系建设；二是以公司为载体，与国家产业政策相衔接，申报林业项目，通过市场方式运作，争取上级林业部门和金融机构的支持；三是整合全县国有林业资产，按照国家对上市公司的要求，积极推进崇义林业上市进程，以林业投资公司为牵引，为崇义林业上市做好前期基础工作。

公司内设行政部、财务部、生产部、营销部等办事机构，下属10个国有林场和1个全资子公司—江西阳岭园林工程公司。其中，高垈、密溪、丰州、龙峰四个林场分为生态公益林和商品林两部分，商品林部分已依法转让给了崇义林业股份有限公司。经营范围包括木竹种植、培育、采运、加工；花卉、苗木种植、销售；林业资产经营管理等。现有员工306人，离退休职工1369人，注册资本9000万元。森林经营面积1.9333万公顷，其中商品林3753.333公顷，公益林1.5873万公顷。协议林占74.8%，国有林占25.2%。

公司始终以科学发展观为统领，以中央十八大建设生态文明的方针为指导，深入贯彻落实中共崇义县委十六届四次全体（扩大）会议精神，认真组织开展党的路线群众教育实践活动，按照“三抓三保两服务”的工作思路，努力把崇义县林业投资有限责任公司建设成为主业突出、效益显著的现代化综合性林业龙头企业。

2014年，按照“三抓三保两服务”的工作要求，以建设“生态型、经济型、科技示范型”林场为目标，狠抓森林资源培育、木竹生产、林业产业发展和资本运营等工作，大力推进林业工业化、产业化、企业化，较好地完成了全年各项工作任务。主要有：一是全面完成了木竹生产销售和营造林抚育工作。二是进一步改革公司各项管理制度、木材销售办法、伐区核定办法、民用材的审批制度及国有林场的改革，提升企业发展内在动力。三是通过加大资金投入、积极推广应用新技术、严格资源培育考核、高标准实施营造林项目，进一步提升了森林资源总量和质量。四是通过进一步健全护林网络体系、完善森林防火基础设施、做好森林病虫害的预测预报工作，确保了森林资源安全。五是由公司承建的森林防火监测楼建设项目一标段主体工程已完成，二标段装修工程也于2013年10月底全部完工，各标段工程已通过财政、审计、重点办等单位的验收。地热勘探工作已完成三个钻孔的开采工作，并于2013年8月6日在第三孔探出了极佳的地热资源，该井水质、水温达到了进一步开发利用的标准。六是争资立项工作取得新进展，通过积极主动与国家林业局、省林业厅的对接联系，成功争取造林补贴、良种补贴、国家储备林示范基地建设等项目资金550万元。七是按照中央、省市、县和林业系统党委开展党的群众路线教育实践活动工作要求，有计划有步骤地完成了党的群众路线教育实践活动的三个环节并取得了一定的成效。八是积极主动完成县委、县政府交办的各项工作任务。

4月，荣获江西省林业厅省级林业龙头企业。

【增强企业发展后劲】

抓改革，提升企业发展内在动力 一是改革公司管理制度。在完善人事、财务、考勤等制度的基础上，主要推行“三项重点改革”：改革木材销售办法，设立临时货场，实行产、销分离，产、销不见面；改革伐区核定办法，由伐区产量核实小组实地核实伐区产量，增加工作透明度，产出率明显提高；改革民用材的审批制度，农民建房用材由乡、村两级审核后，再报林场和公司审定办理；二是稳步推进国有林场改革。按照“三增长、六到位、一确保”（“三增长”即资源增长、职工增收、林场增效；“六到位”即实现国有林场性质界定到位、林场整合重组到位、职工社会保障落实到位、用人制度改革到位、场办社会职能剥离到位、经营管理机制到位；“一确保”即积极稳妥推进国有林场改革，确保森林资源安全和林区社会和谐稳定）的国有林场改革的总体目标要求，对照改革方案，正确处理改革与稳定关系，严格落实责任制，切实维护职工的合法利益，稳步推进林场改革。2014年，已完成资源整合、优化结构和在册正式职工身份置换工作，已置换身份的职工思想稳定、安心工作，没有出现任何因企业改制、置换身份到股份公司工作而上访事件。

抓培育，提升森林资源总量和质量 一是加大资金投入。通过整合育林基金、项目资金，提高资金使用成效，2014年，营造林投入达420多万元；二是积极推广应用新技术。坚持良种壮苗、适地适树的原则，规范树种选择、配置和造林方式、方法设计，积极推广应用容器育苗，并大力推广大穴造林新技术，对提高造林质量起至关重要作用，有力地推动了低产低效林改造和速生丰产林建设工作；三是严格资源培育考核。通过计划管理、专人负责、分片包干的形式，使资源培育工作常态化、规范化、制度化。严格按照考核办法进行考核，考核结果与绩效工资挂钩，增强了职工的责任心和积极性。2014年，已完成造林133.333公顷，中幼林抚育1333.333公顷，毛竹林抚育1033.333公顷，毛竹林施肥166.667公顷，培育笋竹丰产林133.333公顷，并已通过上级林业主管部门的初步验收；四是高标准实施营造林项目。造林补贴、中幼林抚育补贴、木材战略储备基地建设等营造林项目全面完成；省级保障性苗圃建设项目，22个大棚4000平方米建设工作已完成，11月已投入使用。通过狠抓资源培育工作，公司森林资源总量和质量都有了很大的提高。

抓保护，确保森林资源安全 一是防盗，进一步健全护林网络体系。为各林场各工区配备了充足的专职护林员，机关成立了林政稽查队，将管护责任落实到人及山头地块，坚决打击乱砍滥伐的人和事，确保了林区秩序稳定。二是防火，完善森林防火基础设施。投入60多万元，新建生物防火林带、维修防火林带266.667公顷，维修防火、生产两用林道1.4万米，消除了森林火灾隐患。2014年，崇义县森林防火形势虽然严峻，但林场未发生一起森林火灾。三是防病虫害，做好预测预报工作。2014年，竹蝗防治技术取得重大突破，杉木赤枯病得到及时有效防治，松材线虫病得到有效控制。通过狠抓“三防”工作，森林资源安全得到有效保护。

【推动企业健康发展】

保运转，实现企业持续发展 一是科学资金预算管理。科学合理年初预算，确保正常营造林支出、“三防”经费，确保现有在岗、下岗职工工资和退休职工医疗补贴、抚恤对象抚恤金的及时足额发放，确保了企业正常运转。二是严格控制事务性支出。严格执行中央“八项规定”，规范接待制度，控制餐费、小车费等事务性支出。三是加大基础设施建设力度。多渠道筹集资金实施危旧房改造项目，近三年累计完成改造任务165户，其中2014年新增完成30户，相应水、电等配套基础设施建设工作如期进行。四是积极向上争资争项。积极主动与国家林业局、省林业厅的对接联系，成功争取造林补贴、良种补贴、国家储备林示范基地建设等项目资金550万元，有力地解决营林资金不足的问题。用好用活 “省级林业龙头企业”“省农业产业化龙头企业”融资平台，提升融资质量水平，多渠道筹措资金1450万元。

保稳定，促进企业、社会和谐发展 一是注重安全生产。进一步明确安全生产目标，把责任落实到责任人，2014年，公司所属各林场没有发生一起重大安全事故；二是加大山林纠纷调处力度。本着实事求是和保护国家、集体、个人利益的原则，处理了新溪、石罗林场等3起较大的山林纠纷，将矛盾解决在萌芽状态；三是尽力协调当地村组关系。公司10个国有林场分布在全县12个乡镇71个村，与当地村组、林农有着密切的关系，其中也存在不少的利益之争和矛盾。2014年，公司对协议林所涉村组，在公益事业建设中给予适当的经济支持，从而获得了大多数林农的支持和理解，为林场的发展创造了比较宽松的环境。

保增效，努力提高企业经营水平 一是狠抓木竹生产管理。推行主伐（其他采伐）伐区生产目标管理模式，根据办证销售出材量与伐区调查核实出材量，依照《绩效考核办法》进行考核。按“科学、规范、安全”的要求组织生产，多出材、出好材，严把木竹生产、流通、销售关，规范管理，提高公司经营水平和经济效益。二是强抓木竹产品销售。推行产销不见面的木竹产品销售方式，通过设立临时货场形式，实行产销分离、公开招投标，接受县监察局、国资办、林业局的监督，规范了销售秩序，规避了销售经营风险，企业经营效益得到提升。2014年，生产和销售木材1.5万立方米，纤维材1600吨，毛竹10万根，实现销售收入1600万元。

【树立企业新形象】

服务中心工作，推动县域经济发展 扎实推进“三送”工作。一是走访慰问特困户，每户慰问金300元；二是为农户种植培育苗木提供技术指导，带领农户发展苗木产业；三是为协助做好农村危旧土坯房改造工作，公司“三送”队员第一时间赶往挂点户家现场指导危旧土坯房拆除工作，确保了人、财、物的安全；按照党的群众路线教育实践活动要求，“三送”队员及时向挂点村发放党的群众路线教育实践活动有关宣传资料，每半个月组织一次党员村代表、村小组人员集中学习。扎实开展党的群众路线教育实践活动。按照中央、省市、县和林业系统党委开展党的群众路线教育实践活动工作要求，及时成立党的群众路线教育实践活动领导小组，设立领导小组办公室，并制定《崇义县林业投资有限责任公司党的群众路线教育实践活动实施方案》。根据上级的统一部署安排，有计划有步骤地完成了党的群众路线教育实践活动的三个环节并取得一定成效；并结合教育实践活动实际，加强了挂点村三项基础设施建设：支助3万元用于桐梓村新村委会办公楼的新建；支助1万元用于寨子下至向阳中通组公路的维修；支助3000元用于桐梓村5条水坝的水利维修，真正让群众得到更多实惠；积极调处各类矛盾纠纷，2014年，受理矛盾纠纷20起，已调处好20起，确保了挂点村的和谐稳定；努力开展征地拆迁工作。征地拆迁工作人员，放弃节假日、晚上等休息时间，耐心做拆迁户的思想工作，按照县委、县政府的部署完成包干户的清表、土地丈量和房屋丈量等工作。

服务林农，示范带动集体林业发展 公司以建设示范型林场为目标，充分发挥技术、人才优势，加大投入，努力打造杉木速生丰产林、毛竹笋竹两用丰产林等示范点80公顷。同时，还为当地林业发展提供技术指导服务，为林农解决林业技术难题。在国有林场的影响下，崇义县民营林场蓬勃兴起，截至2014年底民营林场已发展到34个。

【项目申报】 抢抓赣南苏区振兴发展的重大历史机遇，加强与国家林业局和省林业厅对接联系，充分利用“省级林业龙头企业”“省农业产业化龙头企业”项目申报平台，积极向上争取国家营造林项目、林林种苗项目、贫困林场扶持项目、基础设施建设项目。通过实施国家营造林项目推动资源培育工作，解决公司营林资金不足的问题，并切实提高公司营造林施工水平。

【新上项目】 在林业系统党委的领导下，全力配合林股公司认真按照上市线路图，扎实、稳妥地做好崇义林业上市的各项工作，加快推进崇义林业上市步伐，做强做大崇义林产工业。

【领导名单】

总经理　　邓舜桂

副总经理　肖永有

工会主席　甘业芳

旅游发展有限公司

【概况】 2013年8月13日，崇义县人民政府批复同意关于江西章江源旅游发展有限公司组建方案。2013年10月23日正式接管阳岭国家森林公园。2013年11月8日县政府批复了以李华平为董事长，田荆芳、兰光奎、陈彬、刘春艳为董事的公司董事会；以甘开林为监事会主席，黄啸、赖新华、刘良禄、谢青为监事的监事会。2013年11月16日公司正式注册成立，注册资金为5000万元。

公司主要经营范围是承担县内旅游基础设施及旅游景区建设的投资、融资、运营管理任务；从事授权范围内国有资产经营和资本运作，盘活旅游存量资产；吸纳社会资本，实施项目投资和管理，资产收益管理、产权监管、资产重组和经营；为县旅游基础设施建设的业主法人，承担县委、县政府交办的旅游建设项目；通过招投标，参与旅游基础设施建设和产业开发，并对所承建的建设项目实施管理；具体经营内容包括：工程总承包，项目管理，

县内旅游资源的收购、储备和开发经营，委托融资代建等。

公司现设有董事会和监事事，实行总经理办公制度，由李华平任公司董事长、总经理，田荆芳任公司副总经理。公司现有员工27名（含阳岭国家森林公园员工），公司内设机构为行政综合部、投资开发部、市场营销部、计划财务部。

【景区基础设施建设项目】 2014年共投入资金130万元，用于阳岭景区基础设施建设项目7个：沟谷雨林供电线路工程、景区大门口停车场扩宽工程、景区公路边休息坪修复工程、云隐寺变压器及高压供电线路工程、云隐寺变压器及高压供电线路工程、山顶及云隐寺厕所附属工程、山顶厕所工程、云隐寺厕所工程等。

【景区门票收入创新高】 截至12月31日，阳岭景区接待旅游人次达到22.611万人次，比上年同期增长9.00%，旅游门票收入达到205.776万元，比上年同期增长70.03%，提前完成了县政府下达的全年门票收入150万的目标任务，历史上首次突破门票收入200万元大关。

【领导名单】

董事长、总经理　李华平（9月免）

副总经理　　　　田荆芳

国家税务

【概况】 崇义县国家税务局成立于1994年10月，现有在职干部76人，其中：中共党员48人。

全局取得专科学历6人，本科学历70人。县局内设11个科室，下设3个农村分局；负责增值税一般纳税人161户，小规模查账征收户93户，个体工商业户2586户。

2014年，县国税局紧扣“苏区振兴、和谐国税”两大主题，围绕管理规范、服务优良、工作高效三个目标，着力抓好组织收入、依法行政、纳税服务、队伍建设四项基本任务，积极打造优质、公平、高效、便民、放心“五税”工程。2014年，县国税局相继被评为市第八届“文明单位”和 “全省国税系统2012－2014年度先进单位”“全市国税系统绩效管理先进单位”“全市国税系统税收风险管理工作先进单位”“全市国税系统组织收入工作先进单位”称号。

【税收收入稳中有升】 2014年，面对异常严峻的经济税收形势，县国税局始终围绕全县经济社会发展大局，盯紧组织收入工作目标不松劲。先后开展3轮税源调查，重点对矿业、林业、水电和食品等行业重点企业进行摸底，组织收入早谋划、早部署。继续完善领导挂点、部门包片、突出重点税源的“1+1+1”组织收入工作模式；制定出台《崇义县国家税务局强征管保增长工作意见》，提出4大项30条工作措施；细化抓收措施，狠抓工作落实，全力挖潜堵漏实现了总量增收。针对全县税源前高后低的分析预测，为避免组织收入前松后紧的不利局面，县局未雨绸缪、注重平时，做到组织收入常年抓、时时抓，按月下达税收收入计划，按月进行调度，按季组织考核，确保了收入进度紧张有序，位于全市前列。

2014年，累计实现国税收入3.2477亿元，完成市局年度计划的100.24%，同比增收2873万元，增长9.7%。其中，增值税26958万元，消费税184万元，企业所得税4030万元，个人所得税2万元，车辆购置税1303万元。实现财政口径税收3.1172亿元，同比增收2570万元，增长8.99%。

【税收法治统筹推进 】

健全治税机制 印发《崇义县国家税务局2014年依法行政工作要点》，班子调整到位后，迅速明确职责分工，确保依法治税工作统筹推进。根据上级考核指标变化情况，修订完善县局税收执法信息系统管理考核办法，及时处理执法信息系统预警、过错事项，全年监控13000多笔业务，出现预警30多笔，无过错调整1项，实现“零扣分”目标。

规范税收执法 继续抓好《税收违法违纪行为处分规定》学习，强化依法行政意识。严格按照法定权限和程序加强减免税及税收优惠审批管理，最大限度地减少执法上缺位、错位、越位现象。

排查税收风险 组织力量重点对一般纳税人认定、优惠政策落实与管理、货运专票管理等风险点进行引导和排查。组织开展药品销售、烟草销售、大型超市和建材（卫生洁具、陶瓷）、服装等知名品牌专卖店、汽车销售等行业的风险应对工作，共评估入库增值税税款233万元，企业所得税税款310万元，上报典型案例3例，获得省局二等奖1例。组织对矿产品、林产品加工、电力行业、接受和开具运输专用发票、海关专用缴款书抵扣税款和建筑耗材等行业的31户进行税务稽查，查补入库税款556万元，实现了历史性突破。

整治税收环境 积极推进虚开发票偷骗税集中整治行动，县局先后与公安、地税等部门召开四次联席会议，重点对“营改增”试点企业、出口及出口供货企业、农产品收购及加工企业开展专项检查，查补税款121.2万余元。

【税收征管不断强化】

税收风险防控常态化 树立风险管理意识，制定完善《崇义县国税局2014年税收风险管理绩效考核办法》《崇义县国税局2014年税收数据和征管质量考核办法》《崇义县国家税务局关于进一步加强税收征管业务工作的通知》，加强税收风险防控。按月召开业务分析会，适时发布“两个质量”温馨提示，联防联控加强考核指标动态管理，实现“两个质量”实现零扣分。

税源综合治理规范化 认真做好税收征管法实施情况自查工作，集中清理“三无企业”6户，落实执行简并增值税征收率，不断夯实征管基础。全年新认定增值税一般纳税人26 户，并积极做好后续辅导管理工作；扎实做好140户企业所得税汇缴工作，核定征收面达30.56%，汇算清缴面达100%。积极在优势行业税收管理上想办法，逐步构建起多部门协作的矿业税收综合治税机制，相继提请县政府研究《全面深化社会综合治税实施意见》，出台《矿产采掘业税收管理办法》。

税收征收管理层级化 探索实行分级分类管理，对财务管理规范的大户企业实行辅导型管理，对年纳税150万元以上的重点企业实行动态跟踪管理，对其他小户纳税人综合运用各方信息进行精细化台账式管理。整体推进“营改增”试点工作，确保了2户邮政服务业、3户电信业纳税人运行上线，积极探索物流等营改增行业后续管理办法。

信息管税渠道多元化 继续巩固与工商、地税、林业、矿产、供电部门的涉税信息合作，积极拓展与医保、商务等部门合作，不断完善数据信息共享机制。扎实推进信息管税，加强行业税收管理，充分利用竹木矿产放行、烟草、医保以及重点工程等第三方信息，依托信息管税和以电控税平台加强行业税收管理，全年实现林业税收745万元，征收建筑耗材增值税300余万元，烟草零售行业增值税7.3万元，医药行业增值税6.1万元。

【积极服务苏区振兴】

搭乘“便民春风”，税收宣传入千家万户 以“便民办税春风行动”为抓手，强意识、优举措，大幅提升纳税服务水平。不断丰富税宣平台，认真组织开展税收宣传月活动，相继举办“践行群众路线、共建和谐税收”税法知识竞赛，税法知识进超市、入社区、到农家，税收政策宣讲会和重企服务直通车等活动，提升税收宣传效果。

对接服务需求，便民举措温暖人心 结合总局行政审批事项改革要求，精简审批资料，提高审批效率，积极开展审批业务前移，大幅减轻纳税人办税负担。积极开展以“六提速、三减负、一首问”为主要内容的办税大提速行动，拓宽“免填单”范围，实现审批事项前移，打造便捷高效业务通办服务窗口，办税服务厅单笔业务办结时限缩短了近50%，日办结业务量增长了近1倍。“一窗全能”试点相继克服人员、经费以及技术兼容等诸多难题，取得圆满成功，得到省、市局以及县党政领导的高度好评。积极探索国、地税联合办税，在原“十联六委”基础上，争取财政支持，顺利实现国、地税办税大厅互派人员。

落实优惠政策，助力苏区经济发展 全面落实各项税收优惠，落实西部大开发税收政策，为4户受益企业减征企业所得税121万元；落实提高小型微型企业免税销售额政策，2382户纳税人受益，月免征税款56.8万元；落实资源综合利用产品增值税政策，4户涉说企业260万元，预计全年退还增值税260万元；落实文化宣传单位免征增值税政策，减免30万元；落实涉农贷款税收优惠政策和金融企业中小企业贷款损失准备金税前扣除政策，减征所得税249万元。

【国税形象显著提升】

加强班子建设 对查找出的班子“四风”问题，组织专题对照检查分析会，班子成员将征集发现的问题逐一对号入座，主动认领，逐项整改。继续实行党组中心组学习领导负责制，坚持每月一个学习专题，有效提升了班子学习力和决策力。

扎实开展党的群众路线教育实践活动 搭建“五讲”平台，开展各类学习1127人次；通过走访谈心等形式，征集各类意见建议54条；采取群众提、自己找、上级点、互相帮、集体议等方式，查摆并整改班子“四风”问题17条。

抓实党风廉政 层层签订责任状，落实工作责任；建设“廉政教育”走廊，加强勤廉教育，筑牢干部廉洁从税思想防线；加强作风纪律日常督查，按周通报、按季考核，确保问题早发现、早督促、早解决。全年未发生一起干部违法违纪案件。

建设学习型国税 积极推进“每日一题、每月一课、每季一考、每年一评比”干部素质提升计划，在干部教育上实行“点单”培训、“清单”管理，组织中心组学习25次，举办专题培训17次。开展登山、摄影等兴趣小组活动，组队参加全市国税系统首届乒乓球赛获团体第一名。

重视年轻干部培养 制订《青年英才培养计划》，鼓励干部积极报考“三师”，2014年，有8位干部报考注册税务师，2位干部报考注册会计师。将绩效管理向个人业绩考核延伸，制定《崇义县国家税务局个人绩效考核办法》，在办税服务厅试行了岗量考评，充分调动工作积极性，激发队伍活力。

【作风建设永远在路上】

认真落实中央八项规定 凝聚提炼“4+1”挂点联系、群众代表、学习清单和领导下访谈心等一系列工作方法，修订完善20余项管理制度，初步构建起作风建设长效机制，干部作风明显好转。认真落实中央八项规定，切实改进会风文风，文件数量同比下降25%。

“三送”工作常态化全覆盖 扎实做好上堡乡暖水和赤水2个驻点村三送工作。先后向挂点村的10余户困难户提供6000元慰问金以及价值1000多元的食油、大米等生活物资。会同赤水村委向县旅游局争取立项，引进旅游公司，开展旅游景点及线路设计开发，加大宣传推介力度。成立村旅游开发油菜种植村民理事会，积极打造旅游新景观，提升赤水旅游新品味。

精神文明创建稳步推进 继续推行“六个一”国税文化创建模式，扎实开展兴趣小组活动，以文明创建带动作风转变，促进工作开展，获评“赣州市第八届文明单位”，县局妇工委被评为“全县三八红旗集体”。

【领导名单】

局　长　　曾剑锋
副局长　　郭祥东
　　　　　周红华
　　　　　钟永钰
　　　　　周祥斌
纪检组长　王浦华

地方税务

【概况】 2014年，崇义地税坚持“为国聚财，为民收税”，按照“收好税、服好务、执好法、带好队”的总要求，以改革创新为动力，积极应对宏观经济下行、国家税收制度改革等压力，高标准、高定位、高要求，抓重点、攻难点、创特色，全县地税各项工作圆满完成。工作得到肯定，服务得到认可，成绩得到呈现。

干部素质得到提升 文化引领、青春助力、正气凝心，干部素质显著提升。在2014年全市地税系统全员综合知识考试中，崇义地税平均分在全市县（市、区）局排名第一；在地税系统纳税服务能手竞赛中，获得全市团体和个人双料冠军，获得全省个人第一名；在全市地税系统税政业务及政策法规能手竞赛中，获得个人第一名；2人入选市局兼职师资库；11名干部报名注册税务师等“三师”资格考试，1人通过司法考试，4人通过注税5门课程的考试。队伍建设工作得到市局领导的充分肯定，全市地税系统副科级干部培训班安排在县地税局举办，全市地税系统三季度党组（扩大）会暨全市地税系统思想政治工作会议在县地税局五楼会议室召开，县地税局党组书记、局长在全市地税系统思想政治工作会上作《正气汇集力量 文化凝聚人心 青春激发活力》经验交流。

服务发展成效显著 崇义地税围绕地方经济发展大局，主动跟进财税政策及经济走势，深入开展调研，形成工作建议，为地方发展出主意、想办法、找措施。10月，向县委、县政府呈报《“营改增”对崇义县经济发展影响分析报告》，县委书记许志辉在报告上批示：“这份报告对崇义县产业转型、结构优化，发展升级，以及全面完成2014年各项经济指标，都有积极的参考价值。请贱贵同志召集经济对口的主要负责同志认真学习、讨论，研究提出具体的措施。崇义县地税的同志爱学习、会思考、怀全局、谋长远，值得大家学习。”11月，向县政府呈报《崇义县地方税务局2015年税源调研分析报告》，县长许斌在报告上又作出批示：“地税局这份报告数据翔实，分析透彻，对崇义县明年的财税工作有很好的参考作用，请财政牵头对明年财税工作提前谋划。”县委、县政府领导通过报告了解地税发展实际困难，看到了地税干部顽强拼搏和取得的骄人业绩，地税工作得到县委、政府的理解和支持，地税部门站位有了新的提升。与此同时，崇义地税还发布《支持农林企业发展税收优惠政策及纳税服务措施40条》，落实各类税收优惠政策，全年共依法减免地方各税5917.14万元，惠及纳税人1497户（次），有力支持地方经济发展和创业就业。

征管改革顺利推进 出台县局《进一步深化税收征管改革试点工作实施方案》，按照构建“征、评、管、查”征管新模式、新格局的要求和“税源规模或行业＋属地”分类的原则，重新设置税收征管机构，设立五个税源管理分局，一个风险监控分局、一个征收服务局（办税服务厅）；适当调整部分股室职能，整合税政、法规、征管职能，成立税政征管股；优化税票和发票管理模式，成立“两票”管理所。加强征管基础工作，对全县 2767户纳税户信息逐户进行排查清理，累计清理纳税户1353户。制作税收征管流程图，对矿业、房地产业、建筑业等重点税源行业的税收实行行业化、标准化、流程化的征管模式，根据生产流程实行税收环节管控，打造征管模式升级版。以风险管控为主题，再造业务流程，规范纳税评估工作，建立以风险监控部门牵头与管理部门风险应对岗实行行业联合评估的主辅评模式。建立完善“政府领导、地税主管、部门配合、社会参与、信息化支撑”的社会综合治税体系，对有关第三方涉税信息进行多元化多途径采集和传送，共报送和采集46589条信息，运用信息征收地方税费242万元。在房产、土地办证，耕地占用审批，股权转让等环节推行“先税后证、以证控税”，全年把关税费5563万元。委托代征零星分散、一次性税源地方税费208万元。推行国地税联合办税，互派人员、互设窗口、委托代征，设在国税局的地税窗口征收税款2447笔，金额94.04万元，为国税把关税款2410.87万元。

【立足税源经济，抓好组织收入】 2014年，全县地税系统累计组织入库各项收入3.9637亿元，同比增收5943万元，增长17.6%。其中，税收收入3.678亿元，同比增收5380万元，增长17.1%，完成市局任务（3.45亿元）的106.7%；完成县政府任务（3.7亿元）的99.4%，全年地税收入占财政总收入9.6亿元的41.3%，占地方财政收入6.7906亿元的54.2%；组织入库教育费附加及各项基金（费）收入2857万元，同比增收563万元，增长24.54%。地税组织收入实现稳步增长，这是在全县地税组织收入形势相当严峻，税源严重不足，克服了多重不利因素的情况下，一分一厘收上来的，非常不容易。

加强分析预测 开展税源调查，摸清税源情况，掌握收入增减变化因素，把握全局收入变化状况，准确预测每月收入，做好税源变化分析，制定好应对预案，牢牢掌控组织收入主动权。做好“营改增”统计分析，2014年，向国税局移交4户邮政业企业、3户电信业企业，形成《“营改增”对崇义县经济发展影响分析报告》《崇义县地方税务局2015年税源调研分析报告》。加强与县国税局、发改委、财政局、国土局、房管局等部门联系，采集4.6589万条涉税信息，深挖增长潜力。聚全局之力，开展“两业”税收清理，梳理排查“两业”建设项目，掌握县重点工程，县、乡、村公路，水利设施，医院、学校建设等工程进展情况，据统计，“两业”税源8000余万元，成为完成全年组织收入任务的关键。

坚持依法征税 对133户企业进行2013年度企业所得税汇算清缴，补缴企业所得税758万元。做好2013年度个人所得税12万元以上自行申报和汇算清缴工作，264人自行纳税申报，补缴个人所得税10.44万元；5户个人独资及合伙企业进行个人所得税汇算清缴，补缴个人所得税5.6万元。针对多数企业平价转让规避个人所得税的问题，制定

《崇义县地方税务局股权转让涉税操作手册》，详细规定了企业股权的流程和识别虚假平价转让的方法，全年共把关股权转让企业27例，征收17万元税款，有效堵塞税收漏洞。开展“两业”税收专项清理，做好“两业”营改增前期准备工作，组织“两业”纳税人开展税收自查，356户企业纳税人自查补报地方税费5487万元，抽调精干力量，组成三个检查工作组分工负责，“两业”税收专项检查入库税收6981万元。

规范执法行为 加强税收法制教育，提高税务干部及纳税人法治意识。举办企业所得税汇算清缴专题培训、有关房地产开发与土地增值税清算知识、税收政策业务解读等各类税收法制业务培训班21期，培训企业会计从业人员和税务干部8543人次。开展全面执法督察与专项执法督察，突出对征、管、评、查、减、免、罚环节的重点督察，全年发现税务人员执法过错行为60次；对税收执法人员的执法过错行为实施行政处理68人次，其中批评教育34人次，并处经济惩戒34人次，金额770元，保障税收执法行为规范进行。对2013年2月至2014年9月的发票兑奖情况进行自查，发现违规兑付已作废定额专用发票26张，金额330.00元，违规兑付已到期的通用定额发票1265张，金额1.559万元。

强化以查促收 建设稽查铁军，通过公开选调的方式择优选择业务能手充实稽查队伍，加强业务学习，制定《竹乡地税稽查人员操守》，规范内部管理。制定《崇义县地税局稽查案源管理指定关注联系办法（试行）》，加强案源选案管理。2014年，对全县10户企业（单位）进行了稽查检查，共计查补收入821.57万元，同比增收374.94万元。坚持把大要案查处作为工作重点，加大大要案的稽查

力度，查处崇义县农村信用社及崇义县房地产公司松山家苑工程项目部百万元大要案2起，分别查补收入474.66万元和244.25万元。开展高风险涉税企业的应对工作，对崇义章源投资控股有限公司、江西省崇义华森竹业有限公司两户企业进行检查，共计补缴入库税款44.43万元。打击发票违法犯罪活动，加强与公安部门合作，开展虚假发票“卖方市场”的整治工作，共查处发票违法企业8户，查处违法发票份数为412份，涉及违法金额1560万元，已罚款入库33万元。

【着力地方经济，提高服务水平】

优化纳税服务 推行便民办税春风行动，创建五星级办税服务厅，升级办税服务硬件设施，新建一机双屏、叫号系统、视频监控等，为纳税人提供“免填单”、“先办后审”、限时服务、预约服务等优质便捷服务，推行“九线”标准化管理，展示地税良好形象。提升纳税服务能力，尹琳君、刘萍、郭艳3人在全市地税系统纳服能手竞赛中包揽全市前三名，崇义地税获得团体和个人双料冠军，尹琳君代表赣州市局参加省局的竞赛又喜获全省个人第一名，为市局荣获团体二等奖做出贡献。2014年，崇义地税办税服务厅被评为全省地税系统五星级办税服务厅。同时，积极推行国地税联合办税，互设窗口，方便纳税人，让纳税人进一家门办两家事，国地税联合办税办理税务登记256户，信息共享3600条，地税窗口征收税款2447笔、94.04万元，为国税把关税款2410.87万元。

加强税法宣传 主动宣传，减少纳税人涉税风险，利用崇义县2014年就业春季招聘会，结合纳税人需求，根据招聘单位纳税人的行业特征、规模及应聘人员的特点，分类开展税法宣传，现场解答群众税收政策咨询。在税法宣传月，与县国税局、县财政局联合开展了税法知识竞赛，成立“纳税人学校”，开展税法知识讲座；将税法宣传资料摆放在各大超市入口信息架上；在县城主要街道及大型商场、汽车站等地方悬挂和张贴税法宣传条幅，将税收知识融进广大市民的日常生活。推送崇义章源钨业股份有限公司参与全市“最美纳税人”评选，该公司成功当选并在表彰会上做典型发言，使广大纳税人深受鼓舞。税法宣传活动取得良好成效，崇义地税荣获全市地税系统第23个税收宣传月活动优秀组织奖。在纳税人广泛认知的基础上，县地税局代表省地税局接受国税总局全国纳税人满意度调查，全局调度有力、积极配合、通力合作，崇义地税102户纳税人接受电话调查时回答“非常满意”比率达到99%，为省局获得全国地税部门纳税人满意度调查第一名做出积极贡献，被省局授予“2014年度全国纳税人满意度调查先进单位”称号。

落实优惠政策 通过民情家访、挂点联系、入户宣讲等方式积极宣扬税收优惠政策，用好用活用足各类税收优惠，受理享受西部大开发税收优惠政策的企业9户，减免企业所得税2766.8万元；受理权益性投资收益减免、研发费加计扣除、环保节能专用设备税收优惠、农林牧渔税收优惠、资产损失等企业18户，减免企业所得税2701.28万元。认真落实小微和小型微利企业税收优惠政策，对41户符合小型微利税收优惠条件的企业进行了备案，其中享受应纳税所得额减半并按20%税率征收企业所得税的37户，减免企业所得税5万元；享受减按20%税率征收企业所得税的4户，减免企业所得税1.8万元。对纳税人月营业额不超过3万元暂免征收营业税及附加和个人所得税，其中418户个体工商户和44户非个体工商户纳税人享受营业税及附加减免283.76万元，967户个体工商户享受个人所得税减免158.5万元。

【整合信息资源，提升征管效能】

夯实征管基础 以提升征管能力为核心，达到固本清源目的，做到管户明、税源清、台账全，加强税务登记管理，规范征管信息资料采集运用。年初利用一个月的时间，对县局全部管户开展数据清理，对全县2767户纳税户信息逐户进行排查清理，累计清理空壳户、失踪户、数据失真户1353户，清理数据3000余条，严把数据质量关。以堵塞漏洞为核心，对容易产生户籍漏征漏管，税源跑冒滴漏的领域、环节进行重点监控分析，完善监控手段，强化征管措施，提升征管能力。定期与各部门沟通，做到信息共享，促进各部门信息资源使用效能的最大化，提高信息的分析利用水平，2014年共利用市局推送信条17条，应用信息查补地方税费21.7万元。

创新征管模式 按照“重点税源精细化流程化管理，一般税源区域化规范化管理，分散税源社会化协作化管理”的思路，推行税源分类分级管理。推行“抓大、评中、定小”和“源泉控管”，加强大企业税收管理，跟进崇义县林业股份有限公司收购江西省泰昇碳业有限公司资产实施的资产重组情况，做好纳税辅导和涉税服务，增加地税收入200多万元，全市地税系统大企业税收管理工作会议在县地税局召开，县地税局在会上做经验交流发言。对矿业、房地产业、建筑业等重点税源行业的税收实行行业化、标准化、流程化的征管模式，推行团队专业化、精细化管理，实行个性化跟踪服务，根据生产流程实行税收环节管控，打造征管模式升级版，对“两业”和矿业制作了税收征管流程图，实行流程图式管理的模式。对中小微企业，加强计税收入和纳税申报监控，在加强日常管理的基础上，按行业实行纳税评估；对个体工商户，加强巡管核查，实行民主评税依法核定税收定额或实行参数定税；对流动性、零散性税源和自然人纳税人，加强源泉控管、代扣代缴或委托代征管理。

强化风险管控 以风险管控为主线，再造业务流程，建立风险管理体系，新设一分局为风险监控分局，负责税收风险的监控、分析、推送和纳税评估，将原承担的纳税服务职能划归征收服务局。风险监控部门负责制作纳税评估典型案例和纳税评估模型，指导和牵头管理部门评估工作，开展专业化团队式评估，推行各税种综合联评，制定税收风险应对流程图和有关的表证单书，初步搭建起了风险管理框架，建立以风险监控部门牵头与管理部门风险应对岗实行行业联合评估的主辅评模式。对崇义县房地产开发建筑成本预警值进行了测定，为今后矿产品加工、小水电、房地产开发、建筑等行业税收风险点的查找打下了基础。积极做好风险应对工作，中等风险应对入库税款近90万元。对矿产品加工企业资源税、小水电企业税收纳税评估模型的指标进行了修订。修订后的《钨砂加工行业资源税纳税评估模型》已纳入省局优秀评估模型库并准备上报总局，《崇义县清泉水业有限公司评估案例》入选省局下半年纳税评估优秀案例。

推进社会综合治税 以贯彻落实《江西省税收保障办法》为契机，争取县委、县政府支持，密切部门协作，搭建信息平台，建立完善“政府领导、地税主管、部门配合、社会参与、信息化支撑”的社会综合治税体系。以县政府名义出台《关于加强建筑安装业税收征管工作的意见》，建立健全各部门密切协作的护税机制。同时，规范委托代征和代扣代缴、代收代缴税款，委托代征县内上网小水电站、原木出县及木竹加工产品等零星分散、一次性税源税收208万元；委托县房管所、国土局、工商局、国税局实行“先税后审”或“先税后证”，对地方各税把关5563万元。建立“第三方”涉税信息交换机制，实现与县发改委、国土、房管等19家单位的涉税资料信息共享，采集信息4.6589万条，应用信息征收地方税费242万元。在县政府的大力支持下，通过与各乡镇、房产、土管等部门大力合作，全年征收入库耕契“两税”1.0209亿元，比上年增收4492万元，增长78.6%。

创建“两票”管理新模式 针对发票和税票存在分散管理、监督脱节等问题，县地税局成立“两票”所，将发票和税票统一归口管理，整合资源，优化流程，分级内控。运行以来，极大减少人力物力管理成本，减少票管人员1名，减少领票出车11趟，节约管票经费8万元，同比下降50%；税票差错率、发票作废率比上年同期分别下降88 %和79%，在市局开展的多次“两票”检查中，崇义地税规范操作率达到100%；通过“两票”管理比对补缴税款8.7万元，占同期应纳税款的14%，调高纳税人定额16户次，月增加税收0.8万元，有效地促进了征管质量的提高。

【导航干部激情，激发队伍活力】

提升地税文化，升华人生境界 拓展竹乡地税文化内涵，结合时代变革、地域特色和地税使命，对“崇仁尚义，虚心劲节、赢在执行”竹乡地税精神，“用心做好每件事”竹乡地税工作理念，“明责任懂感恩 知敬业”竹乡地税价值观进行了升华释义。建设文化基地、“明德园”、文化摄影长廊，拍摄竹乡地税文化解读片，制作竹乡地税文化画册，在办公楼楼梯口展示先进典型责任感言，走廊旁悬挂社会主义核心价值观和“三严三实”等文化理念牌，地税办公大楼处处洋溢着正能量的文化氛围，干部职工耳濡目染，接受熏陶，增强了干部职工的文化自觉和文化自信。聘请赣南师院国学教授长期担任文化顾问，不定期组织全体干部职工及家属学习中华优秀文化精髓，让全体干部职工“强身补钙”，坚定理想信念，增强责任意识、感恩心态和敬业精神。常态化开设道德讲堂，班子成员带头阐述文化理念，带头讲《心怀感恩，提升正能量》课程、讲党课，让文化理念入脑入心引领方向。在地税成立20周年之际，组织干部职工召开“同行竹乡路，共筑地税梦”主题会，忆往昔，谋未来，论感想，说体会，集体朗诵国学《大学》篇章，齐唱《歌唱祖国》，全体干部职工激情澎湃，意气风发，精神振奋，受到了一次深刻的精神洗礼。通过文化引领，凝聚人心，汇聚全局正能量，增添地税新活力，地税干部自发感恩，向患病大学生陈富远捐款1.05万元，向云南鲁甸地震灾区捐款1.1万元，19人参加无偿献血活动。全局上下“风正、心齐、气顺、劲足”，2014年，荣获赣州市第八届文明单位。

加强青年干部培养，搭建成长成才平台 面对干部队伍年龄老化，思想僵化、行为固化、活力不足、动力不够的问题，崇义地税党组高度重视、积极思谋，召集22名75后青年干部和70后中层干部组建青年干部学习班，由两名分管领导分别担任正副班主任，制定青年干部培养实施意见、班级管理制度、学习内容安排，深入开展读书活动、理想信念教育活动、“实现地税梦 青春勇担当”主题活动，把开展业务学习、文体活动、感恩捐助有机结合起来，全面提高青年干部综合素质。青干班取得全市瞩目的成绩，在全市地税系统综合业务考试中，青干班学员平均分比县局平均分高13分，比全市平均分高23分；在地税系统纳税服务能手竞赛中，获得全市团体和个人双料冠军，获得全省个人第一名；在全市地税系统税政业务及政策法规能手竞赛中，获得个人第一名；2人被评为全市地税系统“最美地税人”和“地税职业模范”，2人先后选调赣州中心城区工作，1人由省局选派到美国参加国际税收知识培训。11月，崇义地税加强青年干部教育培养的经验，由市局办公室在全市地税以经验交流的形式印发推广。加强青年干部教育培养的做法入选赣州市地税系统2014年工作创新项目，并通过市局评审专家组的评估验收，被评为全市地税系统2014年创新项目三等奖。

优化队伍作风，确保为税清廉 将党风廉政建设和反腐败工作列入党组重要议事日程，每半年专题研究一次党风廉政建设工作，落实党风廉政建设“第一责任人”和“一岗双责”制，突出纪检监察“执纪、监督、问责”主业。强化党组主体和纪检部门监督责任意识，构建党风廉政建设和反腐败工作新格局。签订党风廉政建设责任状，增设签订干部职工廉洁从政承诺书，制定税企廉政公约，对党风廉政建设进行责任分解、责任考核和责任追究。组织中层以上干部23人到赣州监狱开展警示教育，邀请县检察院到县地税局开展预防职务犯罪专题讲座，组织全体干部职工观看《坚决反对四风》等警示教育片，推进廉政文化示范点建设。严格执行民主集中制，健全行政、政务公开制度，落实述职述廉、诫勉谈话等制度，加大“两权”监督，开展了县局食堂、仓库物资采购、盘点工作，二手房交易，节假日公车封存等专项督察，通报工作作风问题13人次，对2名干部职进行诫勉谈话。开展“红包”问题专项治理常态化，全年共有11名干部接受和赠送“红包”无法退回的折换现金共计2020元存入廉政账户。开展办公用房清理，共清理办公用房5间，面积196.16平方米。

践行群众路线，建设和谐地税 深入开展党的群众路线教育实践活动，制定活动实施方案和活动进度计划表，形成党组领导、班子带头、党员参与、群众评价的工作机制。组织开展“服务税户、千企大走访”活动，走访企业130家，召开各类座谈会12个，征集党员群众对领导班子和领导干部“四风”突出问题的意见和建议48条，梳理汇总成21条，其中“四风”问题15条。针对存在的问题，县局2次组织了征求意见“回头看”和3次集体“会诊”意见，从管理制度、作风建设、队伍建设、廉政建设、落实监督、跟踪问效、顶层设计等7个方面，推出47项整改措施，由党组成员分别分工牵头负责，督促、监督相关股室落实进度。推出便民办税事项22项，简化办税流程5项，压缩办税时限8项，减并报表资料9项，精简合并会议6次，精简文件、便函4种，整合内部检查考核3类，公务接待费同比下降56.1%，车辆运行费同比下降12.3%。群众路线教育活动得到市局督导组的充分肯定，得到群众一致认可，在群众评议中获得了100%的“好”评价。同时，崇义地税深入开展“三送”工作，在关田镇沙溪村和镜尾村为群众办好事、实事，全年累计解决群众生产生活困难29起，向上级有关部门和单位争资119万元用于通组公路硬化，河堤、自来水、水渠修复，村级小学翻新，捐资出资5.19万元扶持当地优势农业生产，慰问困难户、贫困学生、孤寡老人等，向两村捐赠电脑6台，丰富农村文化生活。

【领导名单】

党组书记、局长	何启菲
党组副书记（正科）	周照明
党组成员、副局长	曾照明
党组成员、纪检组长	刘军云
党组成员、副局长	胡协胜

金融业

人民银行崇义县支行

【概况】 截至2014年年末，全县金融机构各项存款余额63.63亿元，比年初增加8.47亿元，增长15.36%；贷款余额49.45亿元，比年初增加2.51亿元，增长5.34%。全县金融机构存贷比为77.71%，全市排名第三。

工作情况 2014年，崇义县支行深入学习贯彻中共十八届三中、四中全会及中央经济工作会议和上级行会议精神，积极开展党的群众路线教育实践和“质量提升年”活动，立足年初提出的“四个更有”工作目标思路，凝心聚力履职责，乘势进取求实效，全行上下齐心协力，荣获县社会管理综合治理和效能建设先进单位。7人次在武汉分行、南昌中支、赣州中支各种竞赛获得第一名、二等奖、三等奖、优秀奖的好成绩，金融支持地方经济发展工作得到了县委、县政府的充分肯定。荣获赣州中支廉政法规知识竞赛优胜支行、保密知识竞赛团体二等奖。

工作成果 崇义支行被评为2014年度赣州中支考核先进单位。崇义支行党支部被评为赣州中支先进党支部、社会治安综合治理先进单位、党风廉政建设责任制量化管理先进单位。

【货币信贷】 结合实际制定印发《崇义县2014年金融工作指导意见》，加强政策宣传、形势通报和数据解读，指导和督促金融机构有效落实货币信贷政策，引导金融资源向实体经济、“三农”、民生工程和产业转型升级等领域倾斜；坚持搭建平台促对接，加大政银企协作力度，牵头或协助县政府组织召开了政银企座谈会、融资对接会、信贷产品推介会、银商对接会等，举办两场政银企融资对接签约仪式，签约企业51户、签约金额23.6亿元，至2014年年末已累计发放贷款21.59亿元、履约率91.48%；举办个体商户授信贷款扶持宣传工作会，向城区400多户个体工商户宣传小微商户授信贷款新政策。推动“小微中心”的建立，积极推进“财园信贷通”“小微信贷通”“惠农信贷通”工作，在信息共享、银行准入、实施推进等方面做了大量工作，并取得初步成效，第一批与银行合作的企业共有30户，截至12月末，合作银行共对其中的24户企业发放贷款8600万元，户数及金额占比分别为80%和66.15%。

【金融调研】 对接参与中支专业重点工作有2项获武汉分行、南昌中支领导批示，2项获得武汉分行二、三等奖，在人总行、武汉分行、南昌中支等各级发表文章信息91篇（条），

【金融服务】

着力优化金融服务 继续推进会计标准化和国库精细化管理，圆满完成会计核算业务上收工作，修改完善《崇义县国库资金支拨管理办法》、《崇义县预算收入退付管理办法》，加大国库资金监督力度，全年共计对386笔金额10.86亿元财政预算支拨资金全面录入监测，纠正不合规拨款、退库14笔，涉及金额2601万元，确保了国家财政资金使用合规合法；加强国债发行与兑付工作，组织人员对辖内承销网点的宣传和销售情况进行现场检查，并严格执行国债发行首日报告制度，确保合规发售；强化会计核算考核和监督，实现了会计核算“零差错”目标。大力拓展支付服务功能，稳步推进银行卡助农取款服务工作，至2014年年底，全县已设立助农取款服务点130个，实现了银行卡对所有行政村的全覆盖。

大力开展金融宣传 举办了反洗钱、人民币反假讲座和培训，印发《中国人民银行崇义县支行关于开展2014年崇义县反假货币宣传月活动的通知》《2014年反洗钱和反恐怖融资宣传月活动的通知》等文件，组织金融机构深入圩镇、乡村、学校开展了人民币、征信、结算、国债、反洗钱等知识宣传，悬挂宣传横幅200多条，发放宣传资料6000多份，辐射人群达1万多人。

致力改善货币流通环境 积极推进全额清分，推动落实冠字号码查询、贴标工作。制定《崇义县小面额人民币供应长效机制实施方案》，建立金融机构小面额现金备付、主办网点和主办银行制度，通过崇义县门户网站、《崇义手机报》向社会公众公布了4家主办银行、23家主办网点和兑换监督电话，组织召开人民币收付业务客户座谈会和金融机构小面额人民币供应座谈会，选择20家小面额人民币“用零大户”作为重点联系户，建立监测数据，搭建小面额人民币调剂兑换平台，在各行之间开展5角、1角小面额人民币调剂8万多元，建立小面额现金供应长效机制。化解了2起假币收缴纠纷投诉案，开展邪教“法轮功”反宣币专项整治工

作。做好金融机构假币收缴与解缴工作，辖内金融机构全年上缴假币1337张面值11.7625万元，其中已解缴假币360张面值2.968万元至中支，较好地落实了假币属地管理原则。

【金融执法】 积极履行“两管理、两综合”职责，加大检查力度和频度，全年组织开展对金融机构人民币管理、反洗钱走访、国库经收、征信、存款准备金、国际收支等现场检查7项，投入人力90 多人次，下发检查意见书 10多份，提出整改意见40多条，对法人机构迟缴存款准备金予以行政处罚，有力促进金融业规范经营和健康发展。建立了金融稳定评估报告机制，制定风险处置预案，加强风险预警监测。印发《2014年防范打击非法集资宣传教育活动方案》，成立了领导小组，通过集中宣传、电子广告屏幕宣传、对外业务窗口宣传等方式加大非法集资宣传力度。及时将《银行卡组织和资金清算中心反洗钱和反恐怖融资指引》《印发江西省金融机构反洗钱及反恐融资应急预案的通知》等近10个文件发至辖内各金融机构，加大反洗钱和反恐怖融资力度。制订《存款保险制度实施相关风险事件应急预案》，实行金融机构存贷款日监测和零报告制度，加强舆情及风险监测和防范，确保存款保险制度草案征求意见期间的金融稳定。

【领导名单】

行　长　廖永鸿

副行长　肖　莺

　　　　罗建明

金融监管

【概况】 2014年，县银行监管办认真学习贯彻中央和省市县经济工作会议及上级银行业监管工作会议精神，结合崇义县经济金融实际，适用新形势，围绕新任务，增强责任心，强化执行力，推进崇义银行业科学发展，为崇义地方经济发挥了助推作用。至12月末，全县银行业8家机构网点42个，与年初持平，从业人员397人，比年初增加4人。

【支持崇义社会经济振兴】 2014年，根据分局的工作部署，重点抓好银行业治理体系改革措施、农信社产权制度改革、金融业务和产品创新措施在崇义的实施。同时，坚持分类指导、区别对待，通过多次的监管会谈、监管提示，监管走访，会议推动等方式，认真贯彻国务院《关于金融支持小微企业发展的实施意见》及分局支持小微企业发展的要求，联合有关单位做好“小微企业服务宣传月”和“银企对接签约”活动，推进县银行业机构做好小微企业服务、小微信贷通、财园信贷通和农村金融服务“三大工程”建设工作。全县6家银行相继开办林权抵押和农村危旧土坯房改造贷款，确保了钨业、林业特色重点产业信贷资金需求，支持“三农”“民生”及重点项目，较好地支持了崇义实体经济发展。年末，全县银行业金融机构各项存款余额63.6亿元，比上年增长15.4%；贷款余额49.5亿元，比上年增长5.3%；实现税收6433万元，增长84.2%。

【防控崇义银行业风险】 崇义融资平台贷款余额5800万元，新增4500万元，贷款风险得到有效管控；全县银行业机构实现案件“零”报告；崇义农联社各项监管指标良好，可以实现监管达标。重点做好7项工作：一是实行非现场监管走访。全年2次深入8家金融机构，就执行金融法律法规、案件专项治理、金融服务等情况进行调查走访，召开座谈会8次，查阅会议记录16本，发现、纠正问题12个。二是提出要防止不良贷款快速反弹，督促银行业机构加强信贷管理，降旧控新，落实授信、尽职、问责和核销制度。年末，全县银行业机构不良贷款7950万元，不良贷款率为1.58%，不良率有较大增加。崇义联社核销贷款542笔，金额1920万元，比上年多核销152笔，金额1084万元。三是督促银行业机构落实案防责任，保持高压态势，抓住案件防控重点环节，进一步强化案件防控的各项措施。四是加强了日常非现场监测。一方面，根据监管情况的变化，改进监管报告和会谈工作制度，实行分别按县级和基层机构全面上报书面季度监管报告。另一方面，认真分析机构每月上报的监管报告，发现问题及时质询。全年约见支行行长6人次，发出监管通报批评4份，对辖内银行业机构累计通报批评18次。五是认真做好农信社监管工作。①协调有关单位推进改制农商行工作，县委政府出台了文件，股金清理等工作正在有效进行。②落实了年度监管评级和2次监管会谈工作，上年约见县联社理事长2次，基层社主任5人，就有关加强报送材料数据质量、林权抵押贷款有关情况、农村商业银行改制进程、存款偏离度和配合监管工作进行了监管会谈。③规范同业业务。9月，对农联社进行了同业业务改革考核验收；11月，对农联社执行同业业务新规情况进行了现场检查。六是做好来信来访工作。全年接待群众来访2次，均做到了及时妥善处理。七是督促金融机构开展好“员工行为整治年”活动，及时上报从业人员“灰名单”信息，加强员工教育管理，规范员工行为。为防控民间融资风险向银行转嫁。5月，组成督导组对辖内8家银行业机构开展非法集资风险排查现场督导；10月，对崇义建行、邮储银行、农联社进行“员工行为整治年”活动进行了现场督导，发现问题8个，并督促其认真整改。

【积极参加并完成中心工作任务】 2014年，积极参加并完成省局、分局中心工作任务。根据原省局马局长的工作要求，一季度，完成了对崇义林权抵押贷款情况的调查，调查报告被省局采用，并受到马局长的表扬。办事处超额完成了分局要求的信息调研文章写作和采用任务。4月，被省局抽调参加对抚州黎川联社现场检查；5月，被分局抽调起草《分局职工监管履职评价办法》，完成办法的起草和表格制作工作任务。9月，所调查反映的崇义有关贷款风险情况，被赣州分局作为3季度金融形势分析会主题报告的“活”情况所采用。11月，参了省局对农业银行江西省分行执行同业业务新规情况的现场检查。

【领导名单】

主　任　黄念标

工商银行崇义县支行

【概况】 2014年，中国工商银行股份有限公司崇义支行（以下简称工行崇义支行）主动适应经济发展新常态，抓住赣南苏区振兴发展带来的机遇，坚持服务地方经济发展和满足人民群众日益增长的金融服务需求，紧紧围绕“双领型、三高于”目标定位，积极拓展市场，创新业务产品，做大经营规模，加快结构调整，着力防控和有效化解经营风险，加强内部管理和队伍建设，推动了业务经营持续快速稳健发展。

2014年年末，各项存款余额6.0098亿元，比年初增加9357万元，其中储蓄存款余额为2.8011亿元，较年初增加2736万元；对公存款余额为3.2066亿元，较年初增加6676万元；各项贷款余额8.3637亿元，比年初减少3567万元；实现拨备后利润2998万元，同比增加118万元，其中实现中间业务收入555万元，同比增加14万元。

荣获工行赣州分行2014年度先进单位，2014年度内控管理先进单位，2014年旺季个金业务营销竞赛优胜支行等荣誉。

【机构队伍】 现设有客户经理部、营业部2个部门。现有在岗从业人员20人，其中男性11人，女性9人。年龄35岁以下职工8人，占比40%；大专以上学历17人，占比85%。

【经营管理】 2014年，受经济下行影响，同业竞争加剧，以及上级行经营考核机制和贷款业务政策的调整变化带来的影响，对主要通过资产业务带动负债等其他业务发展的工行崇义支行，经营发展遇到暂时的困难，全行上下积极正视困难和不足，抓住赣南苏区振兴发展带来的机遇，把危机当挑战，通过加快发展解决经营中的矛盾问题，把改革发展的着力点放在完善考核机制和调动员工积极性上；把信贷业务发展的着力点放在调整优化信贷和客户结构上；把个金业务发展的着力点放在围绕中高端客户数量和金融资产的增长上；实施“走出去”营销，变“坐商为行商”；实行中高端客户分户管理，引导员工从关注产品销售向关注客户需求转变；积极探索“团队+机制”的经营管理机制，完善经营绩效考核办法，调动员工的积极性和主动性，推动业务经营加快发展。

【负债业务】 抓住旺季个人金融资源丰富的有利时机，以个人中高端客户为重点，全力以赴抓好旺季个金业务营销竞赛活动，积极抢占旺季存款资源，着力提高中高端客户数量和质量，实现储蓄存款稳存增存。加强与各家企业沟通走访和维护，密切关注企业的存款变化和贷款回笼情况，及时掌握企业存贷款信息；加强与县财政系统存款大户的走访和联系维护，积极营销财政存款；营销维护好央企入赣两个对接项目中节能天融环保科技有限公司和北京天润新能源投资有限公司，这两户日均存款分别是1202万元和385万元。

【资产业务】 坚持服务实体经济为重点，紧紧抓住赣南振兴发展为主线，积极拓展地方经济建设重点项目，招商引资重点企业和小微优质企业。一是加大对优质法人客户和对县域重点项目的投入力度，积极营销了央企入赣天润龙归风电项目贷款。二是结合县域经济特色，成功拓户 3 户小企业，贷款金额 1729 万元。三是服务好重点企业章源钨业，2014 年重点营销了该企业的国际业务，为该企业做了 212 万美元的跨境人民币融资，办理国际结算 1279 万美元，比上年增加 892 万美元。

【风险防控】 牢固树立“强化管理，从严治行”理念，从夯实管理基础入手，强化各类风险控制，狠抓内部管理工作。一是强化信贷业务风险管理。严守信贷质量“生命线”，积极化解贷款风险，确保贷款“放得出、管得住、收得回”。二是强化员工行为排查。组织开展了非法集资专项排查，开展“员工行为整治年”活动和“坚守职业底线、保持廉洁从业”为主题的教育活动，抓好“三位一体”员工行为规范教育，提高员工依法合规经营意识。三是抓好工作落实。逐级签定党风廉政建设和案件防范工作责任状，开好案防及员工思想动态分析会，关注员工八小时以外的行为动向，消除因员工异常行为引发案件和风险事件的隐患。全年无重大案件及差错事故发生，实现了“三无”目标。

【领导名单】

行　长　潘忠宏（8 月免）
　　　　黄继锋（8 月任）
副行长　陈　勇
行长助理　刘振宇

中国银行崇义县支行

【概况】 2014 年，中国银行崇义支行紧紧围绕“抢市场、促转型、提效能、精管理、严内控”的工作思路，始终坚持突出效益为先、负债为本的核心目标，实现了各项业务持续发展，管理基础持续改善，竞争能力持续增强，经营效益持续提升的目标。

【业务指标】

资产业务 截至 2014 年年底，各项人民币贷款余额 5.1942 亿元，比上年下降 1.216 亿元。其中公司贷款余额为 1.8098 亿元，较上年下降 1.9229 亿元；个人贷款余额 3.3844 亿元，比上年增长 7069 万元。

负债业务 截至 2014 年年底，各项人民币存款余额为 4.9343 亿元，较上年新增 198 万元。其中储蓄存款余额 2.3774 亿元，较上年下降 2202 万元；企业存款余额 2.5569 亿元，较上年新增 2400 万元。

经营效益 截至 2014 年年底，实现拨备前利润 2341.17 万元，较上年同期增加 19.16 万元，同比增幅 0.83％；实现净利润 1745.05 万元，较上年同期增加 392.29 万元，同比增幅 29.00％，人均净利润 79.32 万元。

【工作亮点】

积极响应政府号召，支持县域经济发展 中国银行崇义支行认真贯彻落实崇义县若干意见的《三年推进计划》要求，积极支持地方经济建设，加大贷款投放力度，不断优化信贷结构，重点支持了章源钨业、耀升钨业、齐云山食品、君子谷葡萄酒业等重点企业；支持县人民医院新建门诊大楼项目以及当地所有房地产建设项目，发放按揭贷款 7158 万元，将促进政府“保增长、保民生、保稳定”的工作贯彻落实到了实处。

积极向上争取政策，切实减轻企业负担 面对金融危机，中国银行崇义支行与企业同呼吸共命运，积极向上争取政策，率先为章源公司和耀升公司争取到利率优惠政策，同时，主动为企业量身定做授信方案，积极推广票据贴现、国内保理等低成本融资业务，既拓宽了企业融资渠道，盘活了企业资产，又为企业节约了巨额财务费用，协助企业共渡难关。

创新金融产品，扩大金融服务范围 2014 年，中国银行崇义支行在做好个人住房贷款、个人投资经营贷款、个人抵质押循环贷款、个人信用贷款、“直客式”消费分期业务、住房公积金委托贷款、出国留学贷款等传统金融业务的同时，还向积极上级行争取到仅适应崇义县特色的“林权通宝”业务，新开展了林权抵押贷款业务，为三家林业企业累计放款达 1800 万元。另外，中行注重信息沟通，强化金融服务，成功为一户企业办理了 1900 万元委托贷款业务，为深入支持地方经济建设拓宽了渠道。

【支行荣誉】　中国银行崇义支行2014年实现拨备前利润2341万元，实现净利润1745万元，人均利润79万元，被中国银行江西省分行评为全省综合经营效益“十佳县支行”。

【领导名单】

行　长　罗诗运（3月免）
　　　　曾明华（3月任）
副行长　黄会礼

建设银行崇义县支行

【概况】　2014年度，崇义建行在崇义县委县政府的关心和市建行党委的正确决策和指导下，支行认真贯彻落实年初县委县政府和市分行有关会议精神，紧紧围绕业务发展这一中心，强化经营管理，完善内控监督，大力组织营销资产、负债、中间业务，不断拓展业务发展新空间，全体员工齐心协力、同甘共苦，秉着努力向上、奋勇拼搏的工作态度，面对困难勇于迎难而上，各项工作取得了令人欣慰的成绩。

【存款发展情况】　截至12月31日，崇义县建设银行全口径存款3.3766亿元，比年初新增1.5806亿元；对公存款2.7448亿元，比年初增长1.5181亿元；个人存款6318万元，比年初增长625万元，2014年，全年净新增发卡4557张，个人有效客户净增1094，基金销售1051万，代理寿险32.6万，实物黄金销售10.63万。

【支行贷款发展情况】　在信贷投放过程中，崇义支行针对财务制度完善，经营情况良好的企业

作为信贷投放的目标客户，对目标客户进行细致的评级和实地走访工作，大力支持县财园贷项目，在2014年，支行共发放财园贷和小微贷共1150万元，其中“财园贷”3笔，金额共计1000万元，“小微贷”2笔，金额共计150万元。同时，支行也大力支持本地有实力的大中型企业，截至2014年年底，崇义章源钨业、崇义耀升钨业，崇义林股、崇义供电等大中型企业依然与建行保持信贷合作关系。在个人贷款业务方面，崇义建行2014年个人贷款新增发放4870万，大力支持了地方房地产项目的发展。通过信贷业务，崇义建行支持了企业的发展，进而也为地方经济的发展做出了巨大贡献。

【内控管理及员工队伍建设】

内控管理方面　遵循上级行的指示，崇义支行全力开展员工行为管理年、案件防控提升年、安全生产大检查三大活动，强化内控管理，落实责任追究，为支行业务的良性发展奠定下扎实的基础。通过开展专题学习、案例警示教育、监督检查、员工行为排查、梳理规章制度五种方式分四个阶段取得了很好的效果。一是员工管理制度和手段得到进一步完善；二是员工思想素质和道德操守得到进一步提升；三是员工行为得到进一步规范，制度执行力进一步增强；四是案件防控能力得到进一步增强，进一步巩固案件防控工作成果，实现全年无案件、无重大风险事件、无重大责任事故的案件防控工作目标。通过此次贯穿全年的三大活动，有效提升了支行的战斗力，对支行整体业务的推进起到了至关重要的作用。

员工队伍建设　银行可持续发展依托的是整个员工队伍的战斗力和潜力，崇义支行是一支年轻队伍，也是一支朝气蓬勃，不怕挫折，积极向上的队伍。在支行领导班子的正确领导下，这支队伍有严谨的合规操作意识，对法律法规和行为规范准则有清醒的认识，风险防范和内控管理也有显著提高，

这支队伍团结协作，主人翁意识强烈，以行为家，把整个队伍的发展与自身的发展牢牢绑在一起。即便是在当地资源紧缺，外界压力较大的情况下，依然热情地工作，完成市分行安排的各项任务。

【领导名单】

行　长　蔡路长（2月免）

　　　　兰恩涛（2月任）

副行长　李　飞

农业银行崇义县支行

【概况】　中国农业银行股份有限公司崇义县支行成立于1951年，前身为中国农业银行崇义县支行，1979年12月恢复成立，2009年1月15日，中国农业银行完成工商变更登记手续，由国有商业银行整体改制为股份有限公司，并更名为“中国农业银行股份有限公司”，中国农业银行崇义县支行也因此更名为“中国农业银行股份有限公司崇义县支行”，简称“中国农业银行崇义县支行”。

【业务发展情况】　2014年，中国农业银行崇义县支行的各项业务快速发展，经营效益明显提升，资产质量显著改善。全行所辖对外营业网点3个，内设部门4个，自助银行4个，投放自动存取款机等自助设备21台，年末在岗职工总数50人（含劳务派遣工6人）。2014年，全行人民币各项存款余额9.08亿元，各项贷款余额11.16亿元，缴纳税额达387.79万元，实现拨备后利润3843.12万元（人均创利76.86万元），不良贷款率为0.13%。2014年荣获全省农行安全保卫“三化三达标”优秀单位，农行阳岭分理处荣获全国农行“运营基础管理三化三铁先进单位”称号。

【经营服务理念】　秉承“面向‘三农’、服务城乡、回报股东、成就员工”的企业文化使命，坚持“客户至上、始终如一”的服务理念及“诚信立业、稳健行远”的核心价值观，牢固树立“扎根县域，服务地方，全面促进崇义经济大发展”的经营思路，为社会、为客户提供安全、快捷、高效、优质的金融服务，促进崇义经济快速发展和社会的和谐进步。

【“三送”工作】　在市县两级党委、政府的正确领导和市农行的精心指导下，　崇义农行认真开展“送政策释民惑、送温暖聚民心、送服务解民难”等“三送”活动。2014年，由县农行与市农行组成的“三送”工作队在“三送”联系点崇义县铅厂镇石罗村积极开展了党的群众路线教育实践活动，争取项目资金158.5万元，先后修建了石罗村塘头湾里河堤工程、石罗村黄石坑公路、石罗村村级公路、石罗村石圳肯塘桥，石罗小学操场道路硬化、湾里广场至石屋通组路硬化、龙子下、小罗坑桥墩修缮及田园人家小广场、循环路、排水排污等配套工程建设，解决了部分村组和群众遇到的实际困难。

【领导名单】

行　长

副行长　刘海涛

　　　　叶海军

　　　　朱传军

农村信用合作联社

【概况】　2014年，县联社认真落实国家宏观调控政策，主动融入当地经济发展战略，围绕打造“现代银行”目标，抢抓发展机遇，应对风险挑战，业务发展、支农支小、产权改革取得明显成绩。截至2014年年末，下辖营业网点23个，其中营业部1个、信用社12个、分社10个；员工总数219人，其中内退人员20人，在岗人员199人；各项存款

余额25.41亿；各项贷款余额16.39亿；资本充足率12.76%，拨备覆盖率200.02%。

【金融服务】 围绕县委县政府发展战略，积极发挥金融主力军作用，支持地方经济加快发展。

支持苏区振兴 继续支持土坯房改造，当年累计发放土坯房改造贷款907户，金额2924万元。

支持“三农”发展 运用信贷手段重点支持了脐橙、生猪、油茶等农业主导产业发展，发放涉农贷款余额15.45亿元，新增2.65亿元，增幅20.69%，实现了两个“不低于”目标。

支持小微企业 通过建立小微事业部，优化办贷流程，创新信贷产品，切实解决小微企业担保难、融资难的问题。2014年，发放小微企业贷款6.31亿元，新增1.08亿元，增幅20.58%。

发放政策贷款 积极落实省委、省政府的战略部署，认真解决新型农业经营主体、个体商户、小微企业的生产经营资金需求，2004年，已发放“财园信贷通”贷款16笔，金额6700万元，发放“财政惠农信贷通”13笔，金额360万元，放贷量均居全县金融机构首位。

发展电子银行 在发行百福卡、百福惠民卡、公务卡的同时，以“乐享百福”百日营销活动为契机，全力推广新版百福手机银行和网上银行，推进“万村千乡”工程和助农取款点建设，让广大城乡居民尽享现代金融服务。截至年末，新增百福卡11871张，新增公务卡135张，布放自助转账终端420台，新增166台，开通助农取款便民服务点45个，网银开户5375 个，手机银行用户3664 个。

【改革创新】 改革创新始终是农村信用社向前发展的不竭动力。2014年，重点突出了体制、机制、产品服务的创新。

推进了产权改革 重点推动产权改革，股金结构、资产确权、不良贷款等指标趋近改制标准。清退零散小额股金，进一步规范了股金结构；溢价发行6000万元，进一步充实了资本金；与县房管局、国土局等部门的合作，完成了23个网点的营业用房和土地的测量，为资产确权打下了基础；通过开展不良贷款清收攻坚月（季）活动、采取司法手段和争取县委监察局下达《关于督促公职人员偿还拖欠农村信用社贷款的通知》等措施，实现了不良贷款“双降”，截至年末，不良贷款余额为6512万元。

推进了经营机制改革 按照小微事业部的建设要求，把小微事业部设立在城区社，并对县城网点的信贷业务权限进行了调整，为解决小微企业融资难题提供了机制保障。

加大信贷产品创新 与各社签订信贷业务转授权协议，下放部分信贷业务审批权限，使得客户信贷需求及时得到满足。同时，自1月7日起，凡在县农村信用社办理抵押贷款的客户，其所涉及的抵押登记费用由信用社全额垫付，客户无须自付登记费，进一步降低客户融资成本。

【社会责任】 县联社在发展业务的同时，积极履行企业社会责任，不断夯实“崇义人民自己的银行”的品牌形象。

支持民生事业 县联社立足县域和社区，积极服务“三农”，大力支持民生事业，发放再就业贴息贷款3426万元，直接扶持343人就业，弱势群体得到大力扶持。与电力公司对接，签订委托代收电费合作协议，为广大客户提供了代扣电费服务。截至年末，累计代收代扣电费笔数216153笔、金额1098.69万元。

实施普惠金融 在不断建立健全农村金融服务渠道的同时，全年发行社保ＩＣ卡94121张，

并且已逐步推广社保 IC 卡代发社保金业务；利用网点优势继续代发全县各乡镇的涉农资金。在全县每个行政村设立了信贷业务告知牌，让广大农户了解主要的信贷业务知识和流程，营造了阳光办贷的良好环境。建立小面额现金供应机制，确定主办网点，负责小面额现金的兑换；完善柜面大额取款和小面额现金兑换预约机制，实现客户需求的无缝对接。

开展三送工作 始终把开展好三送工作作为一项重要的政治任务，组建了专职驻村人员，建立机关干部帮扶挂点三送农户的机制，制订工作计划，设立工作台账，出资出力解决了黄金村湾仔组建房集中点饮水、麻坑组给排水以及石墙组通组公路硬化等民生难题共计 24 个，共计出资 8 万多元。

开展帮困助学 响应上级号召，为鲁甸地震捐款 14690 元；以金秋助学活动为契机，响应县团委号召捐资 1 万多元资助贫困学生；继续开展了百福慈善基金捐资助学活动，连续第三年捐资 12 万元，资助贫困高中生 100 名。

【风险防控】 风险防控是农村信用社发展面临的关键任务和永恒主题，县联社把风险防控与业务发展同部署、同要求、同落实、同检查。

强化内控管理 通过成立案件防工作领导小组、签订责任状、案防督导、每季案件风险防控分析专题会等形式，建立健全了案防机制，运用机制力量加强了内控管理。在开展“员工行为整治年”活动的同时，开展网点业务拓展费、2011 年以来新增的不良贷款、重要空白凭证等专项检查，进一步强化了内控管理。

强化信贷管理 对大额贷款、票据业务、林权抵押贷款、征信业务等重点领域开展了专项检查。制订出台了贷后管理检查实施方案、林权抵押贷款风险防控与规范操作、公职人员信用贷款实施细则和征信业务管理暂行办法等制度，做到业务运行有制度可依，风险防控措施得到有效落实。

规范财务管理 完善相关财务规章制度，逐步细化费用管理，完善权限审批手续，要求网点经费账户、手工台账、费用额度控制、财务支付等进行专项管理，使网点财务管理规范化、制度化。

落实综治保卫工作 签订《“五防二保”和经济、刑事案件防范目标管理责任状》《2014 年度社会治安综合治理目标管理责任状》《消防安全责任状》《联防协议》，形成责任明确、分工合作的工作格局。开展了综治宣传月活动，加强了节日期间和重要敏感时期的值班守库工作。

加强会计履职检查 每季度开展会计尽职检查，以及现金收付、反假货币、反洗钱、异常交易、冠字号查询等专项检查，实现了无运营操作案件和重大差错事故的目标。

【领导名单】

理事长　廖建伟（11 月免）

　　　　叶　虎（12 月任）

主　任　肖爱春

监事长　蔡仰来

副主任　肖　鹏

赣州银行崇义支行

【概况】 赣州银行崇义支行于 2009 年 12 月 25 日经人民银行批准成立，并于 2010 年 2 月 5 日正式对外营业。崇义支行自开业以来始终坚持以“服务当地政府、当地企业、当地居民”为市场定位，充分发挥赣州银行机制灵活、决策高效、办事快捷、服务优质的优势，立足本地，全力支持崇义地方经济建设，有力地促进了县域经济发展，实现了加快自身发展与支持崇义经济建设的良性互动。

2014 年度，党建工作目标考核被评为“先进基层党组织”。

【科室设置】 支行内部科室按照精简、高

效的原则设置。现设有营业部、客户经理部、综合管理部、营销部等四个部门。

【人员情况】 截至2014年年底，在册职工19名，其中男职工6名，女职工13名。在在职职工中，硕士学历1人，本科学历12人，大专学历5人，中专学历1人，本科及以上文化程度人员比重达68%。其中会计（经济）员8人。

【业务发展情况】 截至12月31日，支行各项存款余额6.173288亿元，存款日均数4.899396亿元。其中对公存款余额3.297266亿元，储蓄存款余额1.444146亿元，保证金存款余额1.421877亿元，其他存款余额100万元。各项贷款余额3.799786亿元，存贷比61.55%。

【经营管理】 支行创导精细化管理、安全经营创效益的经营理念，坚持合规经营，强化内控，围绕各项业务办理流程，建立健全各项规章制度。支行在财务管理上，加强内部资金运用效益管理，在内部存、拆借资金的管理上做到专人负责，勤算账，勤调拨，合理匡算资金，做到“准、勤、巧”。对大额资金的汇入汇出实行每日监控、报告制。对经营费用采用预算管理，年初匡算全年总预算，细化到每月每项费用，并按月进行控制，做到精打细算。在信贷管理上，严格执行贷款新规，强化“责任第一，落实为主”的信贷理念，侧重各项规章制度执行力的管理。加强信贷资金管理，按户落实到个人，对信贷资金的流出及销售、回笼管理形成制度化。

信贷投入 坚决贯彻执行总行的信贷政策和指导性意见，并结合崇义当地市场和经济运行情况，把握经营发展主动权，适时调整信贷工作思路，加大贷款营销力度，储备信贷资源，通过上门走访企业，通过与中小企业局、工商联合作来了解、熟悉崇义的信贷客户，从中筛选优质客户。在全面风险可控的前提下，全面加大对“小而精、小而特、重信誉、有市场前景”的小微企业客户的支持力度。截至12月31日，支行贷款余额3.7998亿元，其中小微企业贷款数51户，小微企业贷款余额3.1374亿元，占比82.57%；赣州银行崇义支行与崇义小微企业在金融危机中共克时艰，较好地支持了信誉好、有发展、能发展的企业在危机中获得先机，满足县域小微企业的融资需求。

风险控制 提出“内控优先”的理念，狠抓风险控制，进一步规范信贷管理过程，实施贷款精细化管理，加强对重点客户、重点领域的风险控制，严格坚持“三查”制度，加强贷款的贷后管理工作，建立了完善的客户信息档案，要求信贷员制定贷后检查工作计划，及时掌握借款人的信息，并进行跟踪、分析，密切关注信贷客户资金的流向，深入了解客户的经营状况，并在每周信贷晨会汇报信贷管理情况，有问题及时解决。

内控管理 坚持从严治行，不断建立和完善各项规章制度，规范业务操作，提高员工的自律性，提升内控管理水平；不断加强内控管理、遏制案件的发生、有效防范风险促进业务发展，不断提高案件防控能力和水平，建立案件防控长效机制。以“强化管理”为主导，坚持“开拓进取、求真务实”的经营理念，围绕“严、高、精、实、新”的五字要求，狠抓各项内部管理制度的落实，确保支行继续保持零发案率。

安全保卫 “三防一保”工作是支行工作的重中之重，支行通过行务会、职工大会以及各部门

会议组织全体员工学习，不断灌输全体员工安防意识，要求大家做到警弦长绷。支行强化“查防并举、标本兼治、重在预防”的工作方针，坚持“谁主管、谁负责、谁签字”和社会治安综合治理一票否决权制的原则，注重强化员工三防一保、防案控案方面的风险意识；有效得促进了广大员工安防意识的提高，培养了良好的安全防范行为习惯，确保了支行全年安全无事故发生。

队伍建设 抓好员工队伍建设，提高员工业务素质。加强业务培训，通过定期举行技能训练以及业务知识学习，每周进行测试，公布测试成绩，形成“赶帮学超”的局面。开展文体活动，丰富职工文化生活，努力建设职工之家，支行全体员工用积极向上的表现展现了崇义支行良好的精神面貌和不断开拓进取、勇创佳绩的新姿态。

【领导名单】

副行长（主持工作） 李桂冬（2月免）
行　长 肖日东（2月任）
副行长 邓　忠
行长助理 刘　鹏

邮储银行崇义县支行

【概况】 2014年，邮储银行崇义县支行秉承“以收入为中心、以信贷为龙头、以交叉营销为手段、推动三大板块业务发展”的总体发展思路，在各级监管部门的精心指导下，在全行员工的共同努力下，凝心聚力、开拓进取，各项工作稳步推进，业务规模逐步扩大，风险管理能力不断提升，实现了持续、快速、稳健发展。

【业务指标】 2014年，实现利润931.9万元，同比增长48.51%。人民币贷款余额1.8558亿元，本年净增3894万元，增幅为27%。各项存款结余4.5588亿元，全年净增7638万元。

【业务创新】 为地方企业金融需求提供全力服务，2014年发放“三通”类贷款近千万，提供失地农民代发服务1000余户。金融产品进一步创新，开通了林权小企业贷款、新型农业主体贷款、小企业“转期贷”、快捷贷等特色贷款服务。

【领导名单】

行　长 张　伟（12月免）
何庆栋（12月任）
副行长 尹　勇

江西赣州银座村镇银行崇义支行

【概况】 江西赣州银座村镇银行崇义支行成立于2012年2月24日，隶属江西赣州银座村镇银行，总部位于赣州市章贡区，由浙江省台州市台州银行发起设立。自开业以来，支行以“通过让小企业得到一流的金融服务，以改进中国的金融市场”为企业使命，树立“简单、方便、快捷”的服务理念，做大做强免费银行、信用担保贷款服务品牌，始终坚持服务小微企业的市场定位，以市场为导向，以客户为中心，精耕细作，创新管理，不断丰富金融产品，提升经营特色，为崇义县经济建设添砖加瓦。

【业务指标】 截至2014年年底，崇义支行年日均存款达1.269亿元，较上年增加4538万元；存款余额达1.5461亿元，较上年增加3070万元；日均贷款达1.24亿元，较上年增加5462万元；贷款余额达1.6433亿元，较上年增加7953万元，不良贷款率为零。各项业务指标完成较好。

【业务发展】

以业务发展规划落地为举措，促进业务快速发展 精心修编支行业务发展规划，以业务发展规划为引领，找准业务拓展的切入点，即从点（小区）、线（地段）、面（产业）入手，采取：作风上监督员工，即支行业务能否可持续发展，关键在于员工队伍作风实不实，为此，支行长每周不少于两次参与存款业务营销，经常不定期通报跟踪营销情况，使营销团队养成勤奋、务实的工作作风；路径上引领员工，即新客户的分配按照业务发展规划的地域和产业来进行，通过拜访和营销的途径跟踪和掌握客户经理的营销动态，引领客户经理在划定的地域内精耕细作；方法上指导员工，即结合员工性格特征、能力倾向、营销案例，每周至少组织一次营销方式和技能的讲解或讨论，使团队形成互帮互助的工作氛围；目标上统领员工，即根据划分的地域和行业，形成了8个存款目标客户群和7个贷款目标客户群，明确管辖客户经理所应达到的目标任务，定期通报和跟踪。

加大信贷投放力度，严把信贷风险关 在贷款工作方面，支行采取了多项举措。首先，坚持“精耕细作 提高产能”，依据县域重点产业和特色产业，形成了钨矿业、林业、脐橙业、养殖业、个体工商业、工程类、公职人员类7个贷款客户群，分别确立2－3名核心客户，通过核心客户来延伸行业客户，有针对性的拓展贷款业务。其次，加大与县辖行业协会、专业合作社、担保公司等组织的合作，拓宽贷款客户面。经验表明，这些渠道拓展的贷款既有量的增加，又有质的保障。除此之外，坚持按时高质量做好每月的信贷检辅工作；坚持每月初对当月到期贷款进行一次风险排查，发现风险隐患及早采取化解措施；坚持每周开展信贷学习会，对本行的信贷制度和课件进行学习梳理；坚持新客户首笔贷款部门主管必须参与调查。种种措施，确保了支行贷款业务的安全有效运行，截至2014年年底，支行不良贷款额为零。

突出战略重点，促进小额储蓄和小本、农贷业务发展 支行从崇义县实际和本行特色出发，坚持“支农支小”的市场定位和“错位发展”的经营理念，提供差异化服务，努力成为崇义金融服务特别是农村金融服务体系的有益补充。一是大力推进储蓄理财业务发展。通过储蓄理财经理的公开招聘、行内选聘、行内转岗等方式，找到适合小额储蓄业务脸谱的营销人员，加快支行储蓄理财队伍建设。讲究策略，提高成效，高频率组织储蓄业务营销活动，强化前后台联动，切实提升大堂经理、前台柜员对储蓄客户体验、现场营销和产品推荐，加快相关信息的有效传递，提高客户满意度。树立储蓄业务先进典型，积极探索小额储蓄业务营销新方法、新模式，发展居民理财业务，促进小额储蓄存款持续稳定增长。二是着力提升小本贷款的战略地位。扩充小额信贷队伍，倾斜财务资源，着力提升小本贷款的获客效率和单个小贷员的管户水平，促进小本贷款实现较好较快增长，提高小本贷款业务在支行贷款业务中的占比。三是开发一批农业产业村居。崇义是农业大县，种植、养殖业等涉农类客户有较大的比例。根据崇义县产业的特点与实际，在对城郊村居开展市场及客户细分的基础上，选择一批产业发展好、存款资源较丰富的村居通过“兴农卡”“存贷合”一卡等方式开发村居的小本贷款业务。

【内控管理】 支行按照总行制度，安全规范管理，采取责任到人的工作方式，确保支行的安全高效运作。支行充分认识到加强员工行为管理和案件防控工作的重要性和必要性，着力夯实内控和案防基础、不断在推进案防长效机制上狠下功夫，开展在存款业务、贷款业务、理财业务、中间业务、同业业务和财务管理等多方面的风险排查工作，坚决遏制各类案件发生。在全行员工上下的配合下，2014年度，支行继续保持零发案率。

【社会公益】 支行坚持打造“受人尊敬的银行”和“社区银行 公益先行”的理念，在积极发展业务的同时，不忘服务社会，回馈社会。3月，支行成立“青年志愿者服务队”，组织开展多次公益服务活动，其中包括小面额人民币兑换活动，“关爱初阳 感恩母爱”儿童节沙画比赛，“尊老敬老 筑爱夕阳”敬老院关爱老人活动，“微孝夕阳 关爱老人”老年人乒乓球健身赛，“迎国庆 公益先行”登山活动，“迎寒冬 送温暖 银座暖身又暖心”送温暖添爱心活动等，通过这些活动，架起和社区间的桥梁，建立和社区的对话平台，让居民愿意主动来了解银座村镇银行，也让居民感受到银座村镇银行贴心的服务。

【队伍建设】 随着支行快速发展，业务规模的扩大，支行人员也不断地增加，截至2014年年末，支行在岗员工18人。年内根据总部本年的培训计划和支行的工作开展情况，每周三安排导师讲课，开展业务知识交流会，每周五进行本周工作的梳理和总结，平时也定期组织开展文体活动。支行以严谨的风格来管理企业，责任分明，诚信公正，执行力强，讲求效率，注重创新和企业文化建设，重视员工职业生涯规划和发展，为员工提供有价值的培训和提升的平台。

【领导名单】

行　长　阳士昆

住房公积金

【概况】 2014年，是全面贯彻落实十八届三中全会会议精神的第一年。坚持以中共十八大、十八届三中全会精神为指针，认真开展党的群众路线教育实践活动，以“建立公开规范的住房公积金制度，改进住房公积金提取、使用、监管机制”为目标，积极推进住房公积金健康、稳步发展，较好地完成了全年各项工作任务。全年归集住房公积金7563.17万元，与上年同比增长16.15%；提取住房公积金2207.01万元，占当年归集额的29.18%；发放贷款233户、6226.8万元；实现增值收益522.16万元。

【归集方面】

推进归集扩面 为进一步做好住房公积金归集工作，扩大缴存覆盖面，创新多种措施，通过多方位、多渠道、多层次方式做好工作。一是主攻归集难点。在全县行政事业单位、国有企业归集缴存比例都已是12%的情况下，重点抓好非公、私营企业归集工作。全县非公缴存已有12个，缴存职工人数达2989人，占全县缴存人数的32.9%。其中，今年新增3家私营企业缴交公积金，缴交人数33人；二是催促个别单位解决住房公积金拖缴、欠缴问题。针对单位缴交公积金拖欠时间超过半年以上的，通过发催缴信（函）、主动上门和电话联系等方式催促其按时缴交公积金，确保完成年度任务；三是加强宣传。结合党的群众路线教育实践活动，针对民营企业职工反映的问题立行立改，积极深入章源钨业股份有限公司，大力宣传住房公积金政策，并对住房公积金提取、贷款有关规定、办理流程、所需资料汇编成册，发放到企业每位职工手中，使更多职工了解和认识到缴存住房公积金这项惠民、便民政策，从而进一步提升了民营企业职工缴存住房公积金的积极性。

推动缴存提高 一是做好年度缴存审核工作。1月起，全县教育系统在编人员全部提高了缴存基数，调整后职工月人均可增加缴存额约60元，预计全年可增加归集额220万元。二是做好缴存基数、比例核定工作。根据赣州市住房公积金管理委员会《关于确定2014年赣州市住房公积金缴存比例及缴存基数的通知》（赣市公管委字〔2014〕3号）文件精神，10月起，安排归集人员对全县职工住房公积金缴交情况进行核对，核对情况显示县直各单位缴存基数未有超过各县（市）缴存基数上限9549元、月缴存额上限2292元的情况；而作为非公企业的龙头老大——章源钨业股份有限公司，最低月缴存额为180元，未达到各县（市）月缴存基数下限1910元、月缴存额下限192元的标准。为切实维护职工个人利益，已将文件精神传达给企业负责人，下一步将进行落实。预计月缴存额从上年度180元提高至200元左右调整后，在增加归集缴存额的同时，章源钨业职工申请住房公积金贷款额度计算也会有所提高，将进一步提高低缴存、低收入职工家庭的购房消费能力。

推行惠民政策 10月，《关于转发〈关于提取住房公积金支付保障性住房房租有关事项的通知〉》（赣市公积金字〔2014〕45号）经市住房公积金管理委员会2014年第一次会议讨论通过，决定对经批准已承租公共租赁住房或已承租廉租住房或已享受廉租住房租赁补贴，并在当地缴纳住房公积金的缴存人（职工），可以向公积金缴存地申请提取住房公积金支付房租，政策的推行将为崇义县配套“人才公寓”的启动，支持优先解决住房问题，营造招才引智良好环境提供保障。

【信贷方面】

加大期房贷款和商转公力度 期房贷款和商转公是广大职工要求，是发展的必然趋势，更是体现住房公积金制度的优势所在。正因为如此，县住房公积金管理中心早着手、早谋划、早实施这两项工作。2014年，开展期房的楼盘有“山水名居”“松山家苑”“运通华庭”“时代花园”“天俊华庭”“天逸佳苑”等。2014年，有“锦绣华府”和“财富新天地”两个楼盘开展了期房贷款，另外“水岸春天”和“新世界购物公园”楼盘也已递交期房贷款资料。“水岸春天”楼盘2014年年底已上报审批，“新世界购物公园”材料处于完善阶段，下一步将根据工程进度尽快审核申报材料，并及时上报审批。一旦这两个楼盘拿下不仅能满足更多职工尽快解决住房问题，也将为2014年信贷任务的全面完成提供保障。

建立贷款回收良性机制 认真受理，从严审核，建立贷款催收清单、逾期贷款催收函及现场谈话记录等制度，通过不断完善和改进，贷款质量不断提高，贷款风险逐步降低。

强化风险防控。严格按规定和程序办理每一笔贷款业务，资金放贷无小事，时时绷紧风险防范这根弦：把好原始资料关，从严审查，严把抵押关，抵押物严格控制在规定比例范围内，降低抵押风险。

【资金管理和制度建设】

强化业务管理，增值收益明显 一是规范银行账户管理。在承办银行的积极配合下，公积金提取款项能够当天拨入到职工个人账户，做到提取业务日办日结；贷款划款手续在相关部门签字确认后，能够及时划拨，保证贷款发放时间，提高服务效率；二是规范资金使用，实现增值收益最大化。严格执行《住房公积金财务管理办法》和《住房公积金会计核算办法》，对于大额资金调配和使用、超5万元购建房提取和每月贷款均按规定程序办理；对于沉淀资金均严格按规定和要求及时转存定期或购买国债；职工利息和委贷手续费按规定执行，并及时支付。

强化资金管理，资金良性运行 为确保资金良性运行，防范资金流动性风险，严格执行《支票及印鉴章管理办法》《住房公积金大额资金管理办法》《定期存款、国债凭证管理办法》和财务会计制度，依规提取风险准备金、管理经费、廉租住房建设补充资金，并按规定实行“收支两条线”管理。严格执行《赣州市住房公积金大额资金存储使用操作规程》《市中心资金决策管理办法》等规定，做到资金调度合规合理，确保运作规范，收支平衡。

【综治、维稳、计划生育和机关效能工作】

2014年，始终把社会综合治理、维稳、信访、计划生育和机关效能建设等工作摆上议事日程，做到齐抓共管，不但制定了实施方案，成立领导小组，而且工作有布置、有落实，并层层签订责任状，确保了全年社会综合治理、维稳、信访、计划生育和机关效能建设等工作均达标。在抓好公积金各项管理工作的同时，积极响应县委、县政府的号召，深入开展县里各项活动。

党的群众路线教育实践活动 3月起，按照县委活动办统一部署，立足于不同阶段的不同特点，创造性地开展工作，使整个活动“规定动作做到位，自选动作有特色”。截至2014年年底，共收集到66条意见建议，经梳理后共57条，反映“四风”方面问题的51条，其中有7条意见建议纳入专项整治、7条意见建议纳入制度建设、43条意见建议作为具体问题整改。2014年的整改工作任务已经全面完成，后续整改工作也已作出有序安排。通过活动的深入开展，进一步强化了干部职工宗旨意识、公仆意识和群众意识。

“三送”工作 结合此次党的群众路线教育实践活动，深入开展“三送”工作。经常深入到思顺乡思顺村了解民情民意民愿，切实为当地解决实际问题。一是解决农户水田灌溉问题。积极向县水利局争取资金，在县水利局大力支持下，思顺村新屋组至下湾组一条长约500米、造价4.8万元的水圳已竣工完成。该水圳涵盖三个村民小组，解决了近200户农户约8.337公顷水田灌溉问题，水圳的修建得到了当地村民的一致好评。二是解决思顺村资金短缺问题。为了解决思顺村佛岊至雪洞村组公路建设，村部余坪硬化、绿化等两项工程资金问题，积极向上争取资金，在市中心主管部门的支持下，筹集资金4万元，为思顺村解了燃眉之急，使两项工程如期完工，从而解决了群众出行难、村部简陋等问题。三是做好柑橘黄龙病调查摸底工作。安排“三送”干部及时下到挂点的思顺乡思顺村协助村里做好柑橘黄龙病的防控工作，帮助果农识别黄龙病树，动员果农清楚病树，督促果农打药灭杀木虱。

党风廉政建设 大力宣传党风廉政建设，为搞好党风廉政建设社会评价工作，及时派出工作队员，通过到“三送”联系户家中走访、寄送一封信、张贴一份民意调查预告等方式进行宣传，使村民对县党风廉政建设的做法、成效，以及社会评价内容、目的和意义有了更进一步的了解，为评议工作奠定了良好的基础。

【领导名单】

主　任　黄甫海

财产保险崇义支公司

【概况】 中国人民财产保险股份有限公司是“世界500强”企业中国人民保险集团股份有限公司（PICC）旗下标志性主业。公司相继成为北京2008年奥运会、2010年上海世博会保险合作伙伴。

2014年，公司保费收入超过2000亿元，亚洲排名稳居第一，在全球单一品牌财险公司中位列第二。

中国人保财险崇义支公司是中国人民保险集团旗下（以下简称中国人保财险）设立于崇义的县级支公司。公司始建于1986年，业务规模以平均每年20%的速度递增，至2014年年底，经营险种有200余个。在扬眉、过埠、关田等3个乡镇设立保险营销服务部和16个保险服务站，县域内共设有出单点7个。公司有各类用工15人，专兼职营销员近20人，是崇义县保险行业中历史最长、机构最全、规模最大、实力最强的一家国有财产保险机构。2014年，中国人保财险崇义支公司首次荣获全国系统百佳标杆公司、全省系统十佳标杆公司等殊荣，获全市经营管理先进单位荣誉称号。

【业务发展】 2014年，公司始终坚持“以市场为导向，以客户为中心”的经营理念，完成了上级公司下达的全年任务目标，全年实现保费收入3177万元，增速24.05%，其中车险2243万元，增速20.89%。同年，崇义保险市场总量4891万元，增速26.26%，其中车险保险总量3773万元。人保财险崇义支公司占市场份额总量 64.95%，占车险市场总量份额59.44%。

【理赔服务】 公司秉承“主动、迅速、准确、合理”的理赔原则，为客户提供人性化、个性化、差异化服务。2014年，共支付各类赔款1086万元。其中支付全县能繁母猪保险赔款48万元，支付车险赔款849.5万元，支付责任险赔款112万元，对及时恢复生产生活秩序，减轻政府财政和事务负担起到了不可忽视的作用。

【客户服务】 2014年，率先在全市系统成立首个基层公司人保之友客户服务俱乐部，设客户服务专员3名。客户服务俱乐部的成立为公司的客服工作打开了全新的局面，免费为客户提供代办车辆上户、年检，协助客户处理违章等增值服务，为公司的客户服务工作在当地树立了良好的声誉，也极大地推动了车险业务的发展。

【服务地方经济】 2014年，公司累计上缴各类税金372.94万元，在本县财险行业中排名第一。其中，代收代缴车船税166万元，缴交营业税金及附加165.62万元，缴纳个人所得税41.32万元。

2014年，公司向省公司申请到房屋困难补助资金9.6万元，向48户特困农户发放了每户2000元的房屋修缮补助款。并筹资6万元，协助“三送”驻点村修筑一条0.5千米的乡村公路。

【领导名单】

经　理　刘江坤

中国人寿崇义支公司

【概况】 中国人寿保险公司是与新中国同生共长的国有综合性金融集团，2014年在世界财富500强企业中排名第98位。

中国人寿保险崇义县支公司始建于1986年，是崇义县保险行业中历史最长，机构最全，规模最大，实力最强的一家国有人寿保险公司。2014年，公司机关员工有23人，专职营销员150多人，2014年年底经营的保险产品有100多个，保险服务水平大幅提高，已在横水、铅厂、过埠、关田、聂都、上堡、扬眉等乡镇设立保险营销服务部。

2014年，中国人寿崇义支公司高举创新、改革、发展的旗帜，倡导“和谐、规范、实干、高效、超越”的总体工作要求，砥砺奋进，努力强化基础管控，积极发挥市场主导作用，规范经营管理，提升主观能力性，实现又快又好发展，获市公司“先进单位”荣誉称号。

【业务拓展与宣传】 2014年，公司坚持高举创新、改革、发展的旗帜，较好地完成了各项保险任务，全年完成新单保费1885万元，其中个险新单期交保费586万元，团险246万元，银保1053万元，分别比上年增长20%，22%和35%。

积极推动保险业的宣传工作，努力引导保险的正能量，营销人员进村入户与广大客户建立良好服务关系，筑牢业务根基，不断提高基层群众对保险的服务性、理财性和保障性的认识，强化客户的保险意识。

【内部管控和保险理赔】 公司坚持诚信为本理念，依法合规经营，遵守保监会要求，严肃行业自律公约，杜绝违规经营，内控管理制度不断完善。

【队伍建设】 值保险市场竞争日益激烈的新形势下，抓好队伍建设显得尤为重要。公司积极培养人才，一是强化多种形式的教育培训，从提高员工素质；二是抓制度建设，治“懒、瘫、散”，优化内部管控；三是狠抓依法合规定的宣传教育，不断完善和加大合规检查和处罚力度，促使业务人员合法经营，诚实守信，争做保险业依法合规的典范，用诚信铸就保险魂。

【服务“三农”】 人寿保险事业联接城乡千家万户，其强劲的生命力就在于勇担社会责任，公司关注民生服务“三农”，主动跟相关部门密切配合，携手同台唱戏，勇担社会责任，共同唱好关注民生这幕大戏。一是积极发展农村小额贷款为主的保险业务；二是努力提高全县学生平安保险承保率；三是积极做好机关单位和企业职工的团体意外伤害保险，有效提高了职工的理财和抗风险能力；四是求真务实做好农村重大疾病医疗保险和纯女户的保险保障工作，为促进社会稳定和地方经济发展做出了一定的贡献。

【领导名单】

经　理　罗咏梅（12 月免）

副经理　廖振志（12 月任，主持工作）

太平洋保险公司

【概况】 2014 年，中国太平洋保险坚持〞推动和实现可持续的价值增长〞的经营理念，努力实现产险业务和寿险业务协调发展、保险业务和资产管理协调发展。寿险业务着力于聚焦营销聚焦期缴，持续提升一年新业务价值；业务将保持综合成本率行业领先，市场份额稳中有升。中国太平洋人寿保险股份有限公司坚持“以效益为中心，以市场为导向、以客户为基础”的经营指导思想，按照太平洋保险集团公司“集团化管理，专业化经营，市场化运作”经营管理新模式的基本要求，转变观念，加快发展，积极探索寿险发展的基本规律，以吸收外资参股经营为契机，引进和借鉴国际先进经营理念、管理经验和技术，结合中国保险市场的特点，全面推进市场营销、产品开发、核保核赔、客户服务、财务管理、人力资源管理和信息技术等系统的改造，经营业绩实现大幅度增长，改革发展取得丰硕成果，市场份额稳步提高。

【加强风险防范实现稳步发展】 认真抓好基础管理建设，使经营效益稳步提高。公司针对基础管理脆弱和资金、财务、业务“三集中”管理不到位等突出问题，以提升基础管理水平、加强各项内控制度的组织落实为重点，开展自查自纠和历史遗留风险的化解工作，坚决查处各类越权行为，杜绝了重大经营风险的发生。

【推进业务发展加强公司竞争力】 抓住加快发展的有利时期，采取各种有效措施，推动各项业务发展。公司进一步调整和优化业务与险种结构，促进了效益水平的提高，集中力量加大重大项目的展业力度，2014 年全年新保业务 460 万，续期保费收入突破 1000 万。加大创新力度，促进了经营效益的进一步提高，推出新型巨灾保险，顺应时代需要。公司完成实施“城乡一体化”战略改革的前期准备工作，大力推进产险个人营销方式，积极推动中介业务与电子商务不断发展，在总公司增设职能部门负责产品的开发工作，不断创新，有效探索公司品牌建设的新路子。

【继续深化人事制度改革加强人才高地建设】公司按照“公平、公正、公开”的原则，在全司内部开展干部公开竞聘，使一大批年轻有为的优秀员工脱颖而出，走上了管理岗位。同时，公司面向各大高校公开招聘，引进学历高、工作经验丰富的专业人才，全面提高员工素质。用人观念的根本性改变，极大地调动了干部员工的积极性和创造性，使干部员工队伍的整体素质有了很大提高。2014 年公司举办超过连续 7 天的大型培训 9 次，2 － 3 天的短期培训 32 次，工作日每日一小时会议学习，致力于专业团队，提高员工作战能力！

【加强内部管理切实防范和化解经营风险】公司通过全面检查、稽核，认真查处业务发展中的违规、违纪行为，并采取了积极有效的整改措施，进一步增强了机构的依法合规经营意识。公司加大资金集中管理力度，开展账户、资金清理，实行收支两条线管理，提高了资金使用效率，降低了经营风险。配合太保集团组织实施财经纪律大检查，开展单证管理专项稽核，及时督促整改财务管理中的各类问题，积极完善规章制度，进一步加强业务、财务管理基础，2014 年，全年就做了两次大排查与自查自纠，日常工作中也时刻警醒合规工作。

【领导名单】

经　理　廖新玲

科技·气象

科学技术

【概况】 2014年，县科技局以提高企业自主创新能力为核心，以促进科技与经济社会发展紧密结合为重点，以创建江西省知识产权富民强县示范县、国家可持续发展实验区终期验收、深入开展科技入园入企活动三项重点工作为主攻目标，围绕优势特色产业发展和战略性新兴产业培育，通过政策引导，鼓励企业提高核心竞争力，推动企业成为科技创新的主体。

【科技创新平台建设】 2014年，依托章源钨业有限公司拥有多项自主知识产权发明的优势，创建“2014年江西省知识产权富民强县示范县”；耀升钨业获“2014年全省节能减排科技创新示范企业”；新认定高新技术企业2家，即江西耀升钨业股份有限公司、江西齐云山食品有限公司被新认定为高新技术企业；培育省知识产权优势示范企业1家，即崇义章源钨业股份有限公司被确定为省知识产权优势示范企业；组建省级研发平台2个，即江西齐云山企业技术中心获批为“江西省南酸枣工程技术研究中心”，江西耀升钨业企业技术中心获批为“江西省钨钢合金工程技术研究中心培育基地”；国家可持续发展实验区建设实施顺利，部委联合评审顺利通过。

【科技项目】 2014年，围绕钨、竹木和南酸枣等优势主导产业技术进步和转型升级，以企业为主体，组织申报国家、省、市科技计划项目12个，争取项目资金262.62万元，其中，争取国家级项目资金175万元，即崇义县国家科技富民强县专项行动计划“南酸枣产业化技术集成应用与示范”续建项目；省级项目资金61万元，即2014年度省级知识产权富民强县示范县建设专项“钨精深加工产品专利技术集成创新及产业化示范”、崇义林业红杉木业有限公司的“环保免漆杉木三层复合细木工板开发”、齐云山食品有限公司专利研发引导与产业化示范专项“南酸枣剥皮机专利技术示范”；市级项目经费26.62万元；重点新产品计划立项项目3个。

【科技投入】 本级财政安排科技三项费31万元，科技创新奖24万元。向上争取资金262.62万元。

【科技成果】 江西君子谷野生水果世界有限公司的“刺葡萄栽培及其产品开发”成果项目获2014年度赣州市科学技术进步一等奖，江西齐云山食品有限公司的“南酸枣剥皮机”成果项目获2013年度赣州市科学技术进步二等奖。崇义县林业技术推广站参与的“南酸枣果用林丰产栽培关键技术研究与示范”和章源钨业参与的“铵盐不变体系白钨绿色冶炼工艺及装备”2项成果项目被列入2014年省科学技术奖复评。

2014年度，江西省科技成果登记项目5个：野青梅糕脐橙糕的多级变温干燥工艺、齐云山1号、一种低糖南酸枣糕的制作方法、齐云山13号、齐云山7号。江西省崇义华森竹业有限公司的“重竹集成材新工艺研究与开发”项目在科技成果鉴定会上，经省市有关专家鉴定顺利通过并获成果证书。

【知识产权工作】 2014年，围绕科技创新升级，以“年内专利两个翻番”为目标、以项目实施为抓手，健全知识产权工作体系，强化企业的知识产权创造主体地位，强调科技项目与自主知识产权的关联性，以培育高新技术企业、科技型企业为突破口，加大知识产权宣传培训。结合“世界知识产权日”“知识产权保护活动周”深入宣传知识产权战略纲要、知识产权法律法规，提高全社会知识产权保护意识和应用能力。承担江西省知识产权富民强县示范县建设专项资金项目1项，获省专项资金50万元。建立知识产权特派员制度，成立由32个技术人员组成的特派员科技服务小分队进驻园区，帮助企业挖掘专利信息，申报专利产品，指导专利产业化运用，提升产品竞争力。鼓励和支持专利创造，专利申请与授权量稳步增长。全县申请专利量157件，与上年相比增长157.4%，授权量53件，与上年相比增长130.4%，申请量和授权量创历史新高。

【领导名单】

局　长	邱志坚
副局长	王福香
	曾庆荡
知识产权局局长	骆晓军

气象服务

【概况】 2014年，崇义县气象工作以邓小平理论、“三个代表”重要思想和科学发展观为指导，全面贯彻落实中共十八大精神，紧围绕崇义县委、县政府的工作部署和市气象局的工作目标，强化目标意识，层层分解任务，明确重点工作，制定具体措施。为全面推进气象现代化和全面深化气象改革，推动地方气象事业又好又快的发展，取得了较好的成绩。荣获2014年赣州市气象局“目标管理考核达标单位”。

截至2014年年底，崇义县气象局在职职工8人，退休5人。在职职工中，气象工程师5人，助理工程师2人。

【气象业务】 综合业务质量是气象工作的基础，是做好气象防灾减灾工作的重要保障。县气象局继续狠抓业务技术学习和岗位培训，开展远程教育，坚持自学为主，定期辅导，努力提高业务技术水平。今年全省开展基础业务质量稳定提高年，2014年，县气象局认真贯彻落实省市气象局有关文件精神，增强气象业务人员的责任心，强化业务学习，进一步规范综合业务流程，完善各项业务规章制度，加强仪器设备维护和值班制度，确保各类仪器设备正常运行，稳定提高综合业务质量。2014年，县气象局杜绝了责任性事故，资料上传及时、准确，报文数据传输及时，自动站数据上传及时率达99.9%，地面气象观测、发报、报表质量均达到上级考核要求。天气预报准确率进一步提高，短期晴雨预报质量为86%，短时灾害性预报质量为82%，达到上级考核要求。

【气象服务】 在气象服务工作中，县气象局始终坚持“公共气象、安全气象、资源气象”的发展理念，把人民生命财产安全放在首位，积极当好气象决策服务的参谋。利用远程教学平台和天气预报会商系统，提高业务人员天气预报技术水平。积极做好灾害性天气、转折性天气、重要农事季节气象服务和重大社会活动气象服务工作，增强防灾减灾能力。在春播、汛期气象服务工作，认真贯彻落实省、市文件精神，做好防灾减灾工作。根据市气象局的汛期工作安排，县气象局成立了汛期气象服务领导小组，负责领导汛期气象服务工作，实行领导带班制度，业务人员24小时值班、其他人员应急值班制度，能及时制作书面材料、发布手机短信、电话向领导汇报等方式发布天气预报和重要天气预警。针对崇义县自然灾害出现的程度，加强了对暴雨、雷电、山区泥石流等气象灾害的预测预警能力建设，进一步提高预测预报的服务能力。4月26日，崇义县出现了暴雨过程，每隔二小时便向县委、县政府、各乡镇及相关部门通报雨情以及后期的降水趋势，气象服务实时跟进。针对每一次的暴雨天气过程，县气象局通过手机短信、网络、电子显示屏等各种渠道向公众发布气象灾害预警信息及天气实况等各类气象服务信息。由于县气象局做到提早预报、预警及时、服务主动， 为当地党政领导、相关部门和社会公众提前做好气象灾害应急防御工作，赢得了充足的时间，经济损失也降到了最低程度。

在气象为农服务工作中，县气象局围绕新农村建设，为农民办实事，利用电视天气预报栏目、电子显示屏，开展科普宣传，发布重要预警信息、重要农事信息，并下各乡镇开展“知农时、懂农事”活动，深受广大群众欢迎。崇义县是林业县，森林覆盖率高，县气象局积极做好森林防火工作，每天发布森林火险预报，利用卫星遥感技术全天候监察森林火点，发现火点及时报告。

【气候评价】 2014年，气温偏高，降水偏少，日照偏多。春播期间，未出现低温连阴雨天气，天气条件对早稻播种育秧有利；汛期降水偏少；出现中等强度的伏秋旱。

气　温 2014年，年平均气温为19.8℃，与近30年平均气温相比偏高0.6℃，2月和12月平均气温与历年同期相比偏低1.5℃和0.9℃，其他月份平均气温均偏高0.1℃－1.8℃；其中4月平均气温超过历年同期最高值0.4℃，4月中旬、10月下旬、11月下旬平均气温超历年同期最高值2.1℃、0.5℃和1.9℃，均创历史同期新高；年极端最高气温39.1℃，出现在7月30日，与历年极端最高气温相比偏低1.0℃；年极端最低气温-2.4℃，出现在1月22日，与历年极端最低气温相比偏高5.6℃。

降　雨 2014年，年总降水量1469. 2毫米，与近30年平均值相比偏少132. 1毫米，其中1月、3－4月、6－7月、9月比历年同期偏少1－9成，

5月、8月、11－12月比历年同期偏多1－5成，2月，与历年同期相接近，10月，降水量仅为0.0毫米，是历年同期降水最少的一年。

日　照　2014年，年总日照时数1575.0小时，与近30年平均值相比偏多247.6小时，1月、6－10月、12月比历年同期偏多14.9－93.9小时，2－5月、11月比历年同期偏少4.7－40.4小时。

【主要气象灾害及异常气候事件】

暴　雨　全年本站出现暴雨5次，分别出现在4月26日、5月11日和22日、6月5日、7月7日，日雨量依次分别为70.3毫米、54.8毫米、67.2毫米、50.0毫米、59.9毫米；强降水5次，分别出现在4月26日，2时52分－3时51分、5月22日，8时35分－9时34分，6月5日，16时29分－17时28分，7月6日，19时53分－7日20时52分，8月25日，16－17时，一小时最大降水量依次分别为42.8毫米、42.1毫米、40.9毫米、55.2毫米和42.9毫米；强冷空气1次，出现在2月6－11日，24小时降温9.5度，48小时降温11.3度，过程最低0.2度；据了解全年出现的暴雨、强降水均未造成灾害。

低温、冰冻　受北方强冷空气影响，2月7－21日全县维持低温雨雪冰冻天气，部分乡镇出现了道路结冰，对农业生产和交通安全造成了不利影响。

伏　旱　受稳定的副热带高压控制，9月12日－10月31日计50天累计雨量仅6.5毫米，无有效降水，出现了中等强度的伏秋旱。据了解，全县受旱主要集中在思顺乡、杰坝乡、铅厂镇、上堡乡、麟潭乡、文英乡、丰州乡、扬眉镇等乡（镇），经济作物和农作物均出现了不同程度的旱情。全县累计耕地受旱面积100.8公顷（其中作物受旱面积62.333公顷，缺水缺墒面积38.467公顷）。作物受旱面积中轻旱52.267公顷，重旱10.067公顷；缺水缺墒面积中水田缺水面积29公顷，旱地缺墒面积11.4公顷；未出现人畜饮水困难。

附表：

各月平均本站气压、各月平均气温、各月总降水、各月总日照、各月平均相对湿度、各月平均风速。本年度初霜日期：12月13日，上年度终霜日期：1月24日，全年无霜期322天。

极端最高气温：39.1℃，出现在7月30日；极端最低气温：-2.4℃，出现在1月22日；一日最大降水70.3毫米，出现在4月26日；全年暴雨日数5天。

【领导名单】

副局长　李连星（主持工作）
　　　　邹树青（3月免）

表18　2014年气象要素表

月份	平均气压（hpa）	平均气温（℃）	降水（mm）	日照（h）	平均相对湿度（%）	平均风速（m/s）
1	993.9	9.7	4.5	150.7	68	1.0
2	990.7	10.0	82.4	54.0	77	1.1
3	989.1	14.6	124.0	57.2	81	1.1
4	984.9	21.1	162.8	70.6	78	1.2
5	980.7	24.0	295.9	78.9	82	1.2
6	975.8	27.2	229.9	118.8	79	1.3
7	977.1	28.8	98.3	237.0	73	1.5
8	978.5	27.6	295.7	185.5	78	1.4
9	981.5	26.8	45.3	186.3	75	1.3
10	987.9	22.1	0.0	232.4	67	1.3
11	990.6	16.9	81.2	79.7	76	1.1
12	996.4	9.1	49.2	123.9	66	1.2
年平均或年总量	985.6	19.8	1469.2	1575.0	75	1.2

文化·广播·电视

文化与广播电影电视

【概况】 2014年，崇义县文化和广播电影电视局深入学习贯彻中共十八大和十八届三中、四中全会精神，扎实践行党的路线教育，围绕县委政府中心工作及上级主管部门业务指导部署，大力倡导文化大发展大繁荣，助力推进文化融入旅游的工作战略，促惠民工程建设，引导和培育新型文化产业发展，深入推进深化文化体制改革，着力弘扬崇义特色文化资源，为崇义文化多元发展谋新思变。实现全县文化有品位、接地气、多元化发展。

【群众文化】 以县文化馆、图书馆、竹艺演出公司、电影公司为主体，坚持推进两馆免费开放工作，继续落实文化三下乡。集中各艺术门类辅导老师，深入全县16个乡镇综合文化站进行文化艺术辅导，对全县124个农家书屋管理员实行专业培训，进一步丰富了全县人民群众的文化生活，实现了参与群众文化活动表演、培训的群众文化骨干达到500人。精心策划编排了“践行党的路线教育活动”专题文艺节目深入全县14个偏远山村巡演，同时以“三送”工作、“危旧土坯房改造”、“阳岭新城”建设为主题，组织编排多场文艺节目在全县各乡镇、行政村巡演。全年完成送戏下乡任务64场次；组织了8个农村电影放映队在全县各行政村、林场以及乡镇中小学开展公益电影放映工作，全年完成放映任务1948场，实现每村每月公益放映1场电影目标。同时指导各乡镇、村、社区开展自办文化活动32场次，进一步丰富了广大群众的文化生活需求，促进了基层文化提档升级。

【特色文化】 以突出地方特色，大力推动竹文化、奇石文化、根雕文化、食品文化等产业发展。在节假日期间举办了崇义县首届观赏石文化展、首届竹文化展，同时联合多个商家举办了“行歌崇义”暨庆祝振兴发展两周年文艺晚会和崇义县首届“海泰国际杯”青少年才艺大赛暨颁奖晚会，并在国庆期间举办了“书画音乐会”和庆祝建国65周年“幸福放歌”文艺演出活动，举办赣、粤、湘三省三县文化交流《走进崇义》演出活动和以东道主身份筹备策划了赣·湘·粤（崇义、汝城、仁化）三省三县十四届文艺会演，打造了一台弘扬正气、地域特色鲜明、文化内涵丰富的文化盛宴，促进了省界县域文化交流。4月1－3日，由县竹艺演出公司组队的竹乡啦啦队参加四国青年男篮赛开幕式文艺演出并应邀赴南昌为2014年“中国体彩杯” 四国青年男篮南昌区巅峰争霸赛表演助阵。拍摄了崇义县首部以反映 “三送”工作和作风建设为内容的微电影《阿牛娶亲》。在阳岭景区以竹乐器演奏的形式在各景点布点展演，以各种独特的文艺节目、茶艺、竹乐器展演等方式迎接奥运冠军及央视新闻媒体，吸引了众多体坛和媒体人士的浓厚兴趣，受到社会各界的高度评价。同时，为更好地宣传崇义县丰富的农耕文化，阳明理学文化和竹文化，县文广局积极争取资金在阳岭景区设立了“艺竹轩”，即成立竹制品展厅，汇集从古至今以竹为材制作的竹工艺、生活、农耕等系列展品，意在提升打造崇义县竹文化品位，推进全县文化与旅游业的快速发展，以崇义县的竹文化为平台，拉近崇义县文化、旅游与外界的沟通，从而提升群众知晓度。

【基础设施建设】 在县委、县政府的大力支持下，县文广局认真组织实施基层文化阵地建设，大力开展乡镇综合文化站、农家书屋建设，2014年，全县16个乡镇已有14个乡镇通过改建和新建的形式，完成了综合文化站建设并投入使用。“两馆一站”免费开放工作持续实施，各馆（站）结合上级相关要求和自身实际情况，完善了规章制度和场地设施的布置，充分利用文化共享资源，做好文化惠民服务，在元旦、春节、“六一”、国庆等节日期间，大力开展图书阅读活动，在乡镇、村、社区为读者提供便捷的文化书屋。选派挂点干部到16个乡镇、124个行政村帮助创建文化示范村和文化资源共享工程基层示范点。为进一步提升机关工作人员的阅读率，方便干部群众借阅，提高群众对图书的借阅率，县图书馆在县公务大楼、政务大楼设立电子借阅机2台，投资6万余元，实现崇义县在全市率先实现电子借阅，同时在市新闻出版局的高度重视和支持下，全县40个农家书屋进行了出版物更新。

【文化市场管理】 2014年，县文广局在着力管好管活文化市场上下功夫，探索管控新新思路，确保文化市场繁荣有序健康发展。

网吧管理 探索网吧管理长效机制，促进网吧管理的规范化，采取了建立高密度的文化市场监督检查、多层次的监督举报、执法人员与学校及家长联络、分片包干等4项机制，使全县网吧接纳未成年人现象明显好转。同时在媒体上广泛宣传，进行宣传网吧管理动态。落实执法人员分片包干责任制，将县城网吧按区域分三片，乡镇分三片。建立文化市场管理24小时值班制度。促进社会参与，向社会公开举报电话“12318”，聘请网吧义务监督员，2014年，已实现社会公众积极举报，监督员义务监督、政府各部门、社会各层面共同查堵网吧违法违规经营的管理新格局。全年共查处接纳未成年人上网违规网吧5家。依法查处无证照经营的游戏室6家，收缴各类赌博机30多台。

文化综合执法 打击非法卫星地面接收设施专项整治成效明显，全年查处、收缴非法安装使用卫星地面接收设施30套，自行拆除上交25户。扫黄打非工作有效推进，成立扫黄打非工作领导小组，制定了扫黄打非集中行动方案，重点对出版物市场、文化娱乐市场等进行了集中整顿，对图书报刊、音像制品、电子软件、教辅资料等出版物侵权盗版行为和游商地摊无证经营行为进行严厉查处，全年查处盗版图书4起，游商地摊无证经营1起，反动、邪教、迷信、暴力、色情图书和光盘8起。

软件正版化 根据省市文件精神，崇义县不断推进软件正版化工作的开展，2014年，县文广局联合县信息中心对全县所有机关企事业单位办公电脑进行摸底排查，上半年，县文广局已在政务大楼、公务大楼办公电脑中安装了500套正版软件，并列入机关单位固定资产登记管理，后续将延伸至全县各单位，年底已完成所有正版软件的采购招标。推进软件正版化的安装工作，为提升全县机关单位正确使用计算机正版软件应用和管理提供保障。

行政审批 2014年，县文广局严格依法办理文化市场、新闻出版物市场行政审批（变更、年检）30件，依照省市文件精神，精简审批程序，实现无任何违法行政收费现象，无一例被申请复议或提起行政诉讼，无群众行政投诉、无举报反映行政不作为、乱作为的案件，也无因具体行政审批行为不规范而引起的行政赔偿。文化市场项目审批合格率达100%。完善了局行政审批信息系统运行，实时接受市行政审批电子监察系统监控。严格按照规定流程操作，全面、真实、准确填写业务资料，在保证工作质量的前提下，着力于行政审批提速，以增加审批时效。

【文化遗产保护】

可移动文物普查 2014年，根据国家、省、市文件要求，崇义县组织成立了全县第一次全国可移动文物普查工作领导小组，印发《崇义县第一次全国可移动文物普查实施方案》，按照省普查办从省统计局提供的最新国有单位名录，开展了查漏补缺工作，顺利完成了崇义县第一次全国可移动文物普查调查摸底工作。普查共调查登记国有单位335家，其中机关单位83家，事业单位231家，国有企业、国有控股企业21家。反馈有文物收藏的单位4家。普查覆盖率和“国有单位文物收藏情况调查登记表”回收率均达到100%。

有价值土坯房保护 在全市振兴苏区土坯房改造工作中，县文广局积极组织工作人员对全县境内有历史、有特色、有文物保护价值的土坯房及革命旧址旧居的真实性、文化内涵、旅游价值、保护现状等进行核查。并报县委办、政府办印发《崇义县农村土坯房“十村百栋”保护工程实施方案》。下拨专项资金推动该项工作的有序开展。调查采取乡镇自查推荐与县组织核查相结合的形式进行。全县已核查出80多栋及3处可集中连片且有一定历史价值和旅游价值的土坯房，已按照文物保护的要求予以保护，安排专项资金维修改善。

非遗保护 2014年年初，江西《赣风》栏目摄制组应邀在上堡乡播放省级非遗项目舞春牛的摄制记录片，并刻制光盘分发表演队。在全国第九个“文化遗产日”时，县文广局组织工作人员在人口密集区发放非遗宣传资料1000余份，同时通过报刊、电视、网络等多种渠道，广泛宣传非物质文化遗产及保护工作；在县艺术中心三楼设立非物质文化遗产陈列室，通过悬挂横幅、设立展板、组织观看宣传片等图片展、民俗实物展，让青少年接触了解非遗保护知识。完成了中央二套《舌尖上的中国》拍摄传播的崇义县客家特色小吃“九层皮”申报2014年市级非遗保护项目，并将《石塘雄狮》和《崇义沈埠畲族蓝氏金龙闹元宵》一并申报为省市级非遗项目。

【领导名单】

局　长　张昌忠

副局长　范和金

　　　　华川湲

广播电影电视新闻中心

【概况】 崇义县广播电影电视新闻中心为县文化和广播电影电视局管理的正科级事业单位。中心内设办公室、总编室、产业技术股；下辖广播电视台、广播电视记者站、广播电视服务部，正式编制34个，其中自收自支编制1个。

2014年，广电新闻中心按照“团结奋进，务实高效，内强素质，外树形象”的工作要求，坚持“耕好责任田，守住主阵地”的原则，把提升崇义新闻质量作为首要任务来抓，加强机关管理，转变工作作风，提高工作效率，树立单位新形象，取得了一定成效。

【组建新闻传媒中心】 一是县委常委会讨论了新闻传媒中心组建工作,相关单位对人员编制、机构设置、办公场所进行了初步明确；二是由财政局牵头对新闻传媒中心所需采购设备进行了审核；三是下发崇义县新闻传媒中心组建方案，对组建后的新闻传媒中心工作职责、人员编制、机构设置、领导职数进行了明确。

【推进电视新闻宣传工作】 一是围绕服务中心、服务大局办好《崇义新闻》。紧紧围绕县委、县政府的中心工作，充分挖掘新闻素材，进一步加大经济社会发展工作的报道力度，为有效推动工作营造了强大的宣传舆论氛围，2014年共播出新闻381组2276条，其中经济社会发展和民生民情类新闻占71%，监督类稿件137条，摄制专题专栏42部。二是加强舆论监督，办好《天在看》栏目。2014年共播出《天在看》栏目41期，其中特别报道5期，积极发挥了新闻媒体的舆论监督作用,成功构架起政府和群众之间沟通的桥梁，《天在看》栏目成为社会关注、百姓关心、群众受益的品牌栏目。三是加强对外宣传，全力做好对外的宣传推广工作。2014年，共接待中央级媒体单位11批次共60余人、接待省级媒体16批次20余人，并积极与省电视台合作推介崇义旅游线路；注重加强与市电视台的合作，加大在市电视台的旅游宣传推广力度。2014年，崇义县在中央级媒体发表稿件6篇、在省级媒体发表稿件25篇、在市级媒体发表稿件214篇，有效提高了崇义县对外的知名度和影响力。

【做好电视信号无线覆盖工作】 2014年，为进一步改善全县群众对电视节目的需求，提升崇义电视台的收视率，县广电新闻中心积极向市文广局争取到了价值100余万元的无线发射设备，并在县财政的支持下对阳岭无线发射机房、发射塔等进行了修缮，12月底，完成了阳岭无线发射设备的安装和调试工作。

【领导名单】

主　任	朱伦真
副主任	郑景佳
副主任、广播电视台台长	邹声优
副主任	陈定志

广电网络

【概况】 江西广电网络公司崇义分公司2014年各项工作取得一定成绩，截至2014年年底城网有线电视用户达到1.2188万户，新增用户196户；农网用户达到8091户，新增用户130户；完成业务收入540万元，比上年递增5.5%。

在“三送”挂点村——过埠镇泮江村，分公司投资3万多元，架设过埠机房至泮江村口的主干光缆，为下一步分配网建设打下了基础。

【网络建设】 为提高网络传输质量，分公司对聂都、过埠等乡镇新增光节点16个；对省二干茶滩至麻土段、城北大道至上营段，关刀坪段等处，共13千米进行了维护、迁移、改造，确保了波分顺调试；对扬眉站机房进行改造迁移；投资90余万元，西部12个乡镇光缆联网已竣工初验，完成搭挂线路206千米，实现乡乡通有线电视，大部分乡镇已经开通信号，现正在进行光缆延伸，同时对聂都、过埠等乡镇进行了数字电视转换。投资40余万元，对县城中心机房进行改造，由原来的SDH传输扩容为波分传输，整体提高了数字电视传输的安全性和稳定性。投资15万元，完成了县城天俊华庭、锦绣华府、城西公租房等小区的布线工程，涉及用户600多户。

【领导名单】

总 经 理　　肖秋生

副总经理　　刘道荣

总经理助理　蓝真真

图书发行

【概况】　2014年，崇义县分公司在发行集团和市分公司的正确领导和指导下，在县委、县政府的关心和帮助下，认真贯彻落实中共十八大和十八届四中全会精神，严格执行中央“八项规定”，全年实现销售收入1161万元，实现利润157万元，应收账款下降30%，圆满完成上级下达的各项指标任务。

【扎实开展党的群众路线教育实践活动】　2月以来，分公司在全体党员干部中开展了以“为民、务实、清廉”为主要内容的党的群众路线教育实践活动。在发行集团、市分公司和督导组的大力指导和帮助下，贯彻落实“照镜子、正衣冠、洗洗澡、治治病”的总要求开展教育实践活动，通过学习教育、听取意见，查摆问题、开展批评，整改落实、建章立制三个环节的各项工作，取得了一定的成效。

在坚定理想信念上取得明显成效　通过教育实践活动，党性得到了锻炼，思想得到升华，心灵得到净化，社会主义理想信念更加坚定，为民清廉务实的意识更加强化，在思想上、行动上与党中央保持高度一致。

在作风转变上取得明显成效　进一步转变工作作风、密切联系服务群众，真正做到满怀激情、兢兢业业，把群众的愿望和呼声作为各项工作的出发点和落脚点，踏踏实实地为群众办好事、办实事，提高了员工的幸福指数。

【认真做好免费教材发行工作】　免费教材的发放是书店一项重要的政治任务，分公司严格遵照上级部门的要求抓好落实。随着城市化进程的加快，农民工子弟进城就读情况越来越多，这些学生的流动都是不确定的，通过分析多年来的数据，准确备货，及时地调剂转学学生的课本，在开学初就确保了所有学校的课本足额发放到位，确保了“课前到书、人手一册”目标的完成。被中文传媒股份有限公司授予“教材发行先进单位”荣誉称号。

【狠抓精神文明建设和党风廉政建设】　一是分公司紧紧围绕创建文明单位的工作契机，开展好政治学习，加强团结协作，做好廉洁自律工作，严格执行党中央“八项规定”，严格公车管理，杜绝公车私用，杜绝大吃大喝，2014年业务招待费下降19%。分公司涉及“三重一大”事项都通过店务会研究，职工大会讨论决定，不搞“一言堂”。2014年，荣获赣州市“文明单位”荣誉称号。二是积极配合和参与到县委政府的各项中心工作上去，投入大量资金配合县里开展“三送”“防治黄龙病”等工作中去，回馈社会。

【“农家书屋”配送工作】

“农家书屋”工程是党和政府组织实施的一项民生工程，本着高度的政治责任心和严密扎实的工作作风，加强领导，精心部署，克服时间紧、任务重、工作量大等困难，加班加点，确保在规定时间内完成了40家“农家书屋”补充图书的配送和验收工作。

【领导名单】

经　理　李德明

教　育

教育管理

【概况】 全县共有各级各类学校182所，其中省重点中学、国家级重点职业高中、教师进修学校、省示范性幼儿园、特殊教育学校各1所，九年一贯制学校4所，初中13所，小学110所，民办幼儿园50所。共有在校中小学生2.9805万人、在园幼儿8728人、教职工1850人。

2014年度，全县教育工作再创佳绩，荣获“全市教育工作综合评价先进单位”“全市中学教学质量先进单位”等荣誉称号。

【德育工作】 强化德育工作首要地位。深入贯彻落实中共中央国务院《关于进一步加强和改进未成年人思想道德建设的若干意见》精神，完善德育工作制度体系，强化日常行为习惯养成教育。开展清明祭奠革命先烈活动、“学习先辈先进，践行群众路线”专题演讲比赛和“我看振兴发展这两年”征文大赛、“学雷锋，做美德少年”主题活动、传统经典学习教育等系列活动，培育和践行社会主义核心价值观，取得了显著成绩，横水中心小学游玉秋同学被评为赣州市“美德少年”。

【教学教研工作】 全面推行“三环·四个一”校本教研范式，创造性开展片区教研、预约教研，教研工作针对性更强。组织城区优秀教师、业务骨干到偏远乡镇送教，受到基层学校和教师的普遍欢迎。精心组织教师参加市级以上教学竞赛，成绩优良，共计荣获省级奖1名，市级奖8名。坚持“以研促教，课题引领”，共有4个省级课题和 7个市级课题结项，另有5个课题省级立项和20个市级课题立项。高考再创佳绩，一本上线157人、二本以上上线412人，高考质量综合评价列全市第一。

【素质教育】 启动“美丽校园”“活力校园”创建工作，各类德育、体育、艺术活动蓬勃开展，校园文化氛围更趋浓厚。组织开展“新华杯”全县中小学生书画现场比赛、校际篮球赛、中小学体育运动会等大型活动，学生参与面广、声势大、效果好。

【校建工作】 投入2856万元，新建校舍3420平方米、维修改造1.151万平方米。其中，完成了75所村小和教学点标准化改造，特殊教育学校于4月投入使用，金坑中学食堂宿舍楼新建工程、章源中学教学综合楼新建工程全面完成并投入使用。此外，阳岭幼儿园筹建工作基本完成，思源实验学校和崇义中学新校区建设工程加速推进，关田中心小学和12所公办幼儿园新建工程全部动工。

【教育信息化】 实施薄弱学校改造工程，为学校配备了多媒体远程教学设备77套、配备了18套“班班通”设备。实施农村中小学标准化建设工程，为62所村小和教学点配备了常用的教学仪器设备，为15所中心小学配备班班“通设备”174套。争取县财政支持420万元，为学校配备了3套理化实验室成套设备、5套小学科学实验室设备，为13所学校配备教学仪器设备和音体美器材5.6万余件（套）。新增中小学电子备课室设备35套。

【安全管理】 上好“开学第一课”，定期开展应急避险疏散演练，及时排查潜在风险并及时整改。结合季节特点和县域实际，大力开展防暴雨灾害、防溺水、防山体滑坡、土坯房倒塌等安全教育；开设消防安全专题培训班，邀请赣州居安防火培训中心工作人员到学校（园）开展安全培训，提高了学生的安全意识和自救自护能力，实现了零事故目标。严密组织高考、中考和高中学业水平考试，确保了考试安全、平稳运行。

【民生工程】 本年度，为2.4365万名义务教育阶段学生免费提供教科书；为3150 名学生发放了义务教育阶段寄宿生生活补助，落实资金177.925万元；为 1435名学生发放了高中国家助学金，落实资金107.6万元；为1970名学生办理了生源地信用助学贷款，发放贷款1262.9万元；为116名学生发放了高考入学政府资助金，发放资金59万元；为280名幼儿发放了学前教育资助金，发放了资金11.2万元；有279名学生受到顺丰慈善基金会等各类社会公益机构资助，累计资助金额39.58万元。发放艰苦边远地区农村中小学教师特殊津贴116.3万元，受益教师达340人。有867位教师享受乡镇工作岗位补贴。

【队伍建设】 公开选拔、择优录用了71名本专科毕业生充实到教师队伍，从外县市引进了21名在职教师。调整校长队伍，安排7名同志充实到校长岗位。组织教师参加学历提升学习和继续教育远程培训等活动，推动教师队伍整体素质的提高。开展职业道德“七项严禁”、“八不准”专题学习和师德宣誓等系列活动，切实加强师德师风建设。组织机关干部、中小学校长参观了县廉政教育基地，邀请县纪委领导举办了廉政建设专题讲座，在全县率先制定《廉能风险防控标准化作业规程》，加大源头预防和治理腐败的力度。

【党建工作】 开展党的群众路线教育实践活动，紧扣活动主题，抓实各环节工作。特别是开展批评动真碰硬，达到红脸出汗、加油鼓劲的目的；对发现的问题立行立改，让群众看到实实在在的成效。广泛开展中共十八大，十八届三中、四中全会及总书记习近平系列讲话精神学习宣传教育活动，抓好《关于进一步规范基层党组织建设的意见》和《崇义县教育局党委党员先锋创绩量化考评办法》的贯彻落实，推进党建规范化建设，党组织战斗堡垒作用和党员先锋模范作用得到进一步发挥。

【教育督导工作】 以省教育督导评估为契机，以评促建，规范教育管理、夯实教育发展基础，受到省教育督导评估组好评。完善督学责任区制度，实行挂牌督导，教育督导针对性更强。

【领导名单】

党委书记、局长	赖奇林
党委副书记、副局长	汤　斌
党委委员、副局长	肖敦高
党委委员	彭如春
党委委员、副局长	陈飞虎
党委委员、教育督导室主任	邱赣生
党委委员、副局长	廖春森
党委委员、副局长	杨　晖
党委委员、副科级干部	陈古胜

教师进修学校

【概况】 崇义县教师进修学校是1985年由崇义县人民政府申报，经赣州地区行署批准更名的正科级单位。现设有校长室、副校长室、函授处、培训处、办公室、总务处，共有16个编制。现有教职工18人，其中高级职称教师10人，中级职称3人，初级职称2人。2014年，学校坚持“面向全员、突出重点、倾斜农村”的原则和“国培省培抓骨干、集中培训抓重点、网络培训抓全员、校本培训促提高”的思路，教师培训和学历教育工作都取得了优异成绩。4月，被国家教育行政学院远程培训部在“教育部——中国移动中小学校长培训项目”中评为“优秀项目县”；5月，被赣州市教育局评为“全市中小学教师心理健康辅导员资格培训优秀组织奖”；12月，被西南科技大学评为“2014年度网络教育优秀教学组织单位”。

【教师培训】 教师培训工作扎实有效的开展，在培训途径上有新的突破。全年培训中小学教师3100多人次，培训面达100%，培训率达180%以上，大力加强了培训理论与实践的结合，加强培训的针对性和实效性，取得了较好的效果。

落实“国培计划”项目 全年共落实“国培计划”培训项目22个，参加培训教师208人次，其中中小学教师和幼儿园教师远程平台培训124人次、中小学教师集中培训84人次。

组织中小学、幼儿园教师全员远程培训 2014年，全县中小学幼儿园教师参加全员远程培训共有1760人，其中幼儿园115人、小学783人、初中508人、高中354人（含“国培计划”培训208人次和信息技术提升能力培训357人次）。

选拔教师参加省、市级集中培训。全年共选拔了166人次参加上级安排的各类培训。其中省级培训66人次、市级培训100人次。

开展县级教师短期培训 根据崇义县教师的实际情况，组织安排举办多层次多类型的县级短期培训班，全年共举办县级培训班12期，共培训670多人次。其中，针对全县幼儿教师现状，分别举办了一期幼儿园教师资格证考前培训班和幼儿园教师培训班92人。还对新教师进行了岗前培训和结业培训，培训148人。为了拓宽培训渠道，学校争取了中航国际集团“乡村教师培训”项目进驻崇义县，邀请北京、深圳26位一线专家学者为崇义县培训中小学班主任、学校管理干部、小学语文教师、小学数学教师、初中数学教师、初中语文教师、中小学英语教师，共开设了8个班次的培训，培训438人次。让中小学教师与全国的名师进行了面对面的交流学习，得到提高。

积极开展送教下乡培训 在培训中还采取多种途径方法，根据学校的需求，定课题、定形式、选老师、示范课，同课异构，座谈交流研讨，深受学校和老师的欢迎，2014年，共派出县城小学18位优秀骨干教师和学科带头人到金坑中心小学、丰州中小学、关田中心小学、长龙小学，上堡中心小学、思顺中小学、杰坝中小学、文英中心小学等学校开展送教下乡活动，培训乡镇教师 270 余人次。

【学历提高培训】 学历教育工作规范有序，求质保量，成效显著。

继续大力加强西南科技大学网络教育工作招生、教学、管理等各项工作都严格要求，规范有序。全年共招收了西南科技大学学员 151 人，确保了学历教育工作的不断发展，教师的学历达标率得到有效提高。

加强教务管理 做好学员报名、注册，指导学员上网学习，督促学员按时完成网上作业，网络素质教育课程完成情况良好，达到 90% 以上。上报材料、安排各项教务工作。

精心安排考试组织工作 全年共组织了西南科技大学网络教育各类考试 9 次。组织专升学本学员参加全国统考，学员统考一次通过率达到 80% 以上。

做好学员毕业准备工作 指导组织学员完成毕业论文，核对毕业信息，使 140 名学员顺利毕业。

树立服务意识，创新服务平台 充分利用网络优势，借助 QQ 群平台加强了老师与学员之间、学员与学员之间的学习交流，为学员创造良好的学习平台，做到心系学生、有求必应、有疑必解、有问必答，得到了学员们的一致好评。

【领导名单】

校　长　肖敦高

副校长　曹　雪

　　　　李复东

崇义中学

【概况】 2014 年，该校有 58 个教学班，3430 余学生，230 余名教职工，70 名高级教师，82 名中级教师人，省特级教师 1 名，58 名省市县级学科带头人、骨干教师。

学校坚持“教育抓全面、育人抓全体、教学抓全程”的办学特色，重视全面、全员、全程管理。在师资队伍上注重抓德育、教学、教研、服务“四支队伍”的建设，开展了“学习衡水作风，提升激情，强化变革”作风建设，注重增强教师的工作责

任心和职业幸福感，逐渐建立了较为完善的符合校情的工作机制。

【高考成绩】 在面对 2014 年全市已全部结束“五改六”、全市高考人数比上年增长 31%、而该校考生数未增加的激烈竞争形势，全校师生迎难而上，精心备考，全力以赴，取得了一本、二本万人上线率均居全市第二的优异成绩。同时，理科状元廖光澜同学以 659 分的高分（近年最高分）被上海交通大学录取；录取在全国名牌大学的有 13 名，录取在“985”名校的有 19 名，录取在“211”重点大学以上的有 84 名；录取在一本以上院校的有 176 名，录取二本以上院校的有 498 名。

【德育工作】 该校狠抓师德师风教育，提出“用良知和责任办好教育，用良苦用心来修筑教育工程”的思想，大力倡导“爱岗敬业、全力以赴、追求卓越”的工作作风。

在提高学生素质上注重抓“四力”（智力、体力、心力、后发力 ）的培养。在校园文化上注重抓 “五线”，一是以陶冶情操、励志向上为主线，因地制宜，大力营造良好的育人环境；二是以爱国、爱校为主线，大力开展“红色教育”；三是以阅读经典、陶冶性情为主线，大力建设书香校园；四是以展示风采、展示才艺为主线，举办校园文化艺术节等活动；五是以培养兴趣、锻炼才干为主线，大力发展社团组织。

【教育科研】

加强学科组建设，努力打造名学科 加强校本教研活动，各学科组认真开展了教研活动，落实师徒结对，积极开展学法、考法指导，贯穿高中三年；大力开展社会实践活动和选修课。

优化教学策略，高中三年一盘棋 着手制定教师培养五年发展规划，抓好教研活动。组织各学科申报市级以上课题，完成了国家级子课题的申报

工作。组织全校青年教师优质课竞赛。重视考题研究，加强业务学习。未完成一轮高三教学的教师每月要做两套高考模拟题，邀请校外教师举行考试命题方面的研究与培训。全体教师要订业务杂志，40岁以下教师要参加本学科业务考试。

2014年，师生在教学和学科竞赛中获奖情况：

表19　2014年教育教学获奖情况一览表

一、教学竞赛		
竞赛类型	获奖教师	发证单位
全市中学青年教师高中地理课比赛	林群来	赣州市教研室一等奖
全市中学青年教师高中地理课比赛	陈红燕	赣州市教研室二等奖
全市中学物理教师课堂教学比赛	沈文君	赣州市教研室二等奖
全市首届中小学教师信息化教学大奖赛	肖　丹	赣州市教研室三等奖
二、教学论文发表		
题目或名称	姓　名	发表刊物
守恒法让化学高考计算快人一步	张永富	理科考试研究 2014年1期
高考物理试题的常见载体	陈传芳	数理化学习 2014年6月
语病技法指导：扣并列词语 识常见语病	朱伦春	新课程语文导刊 2014年2月18日
《肖申克的救赎》，心灵的救助	朱伦春	语文报高一版第942期
“小作文”与“微写作”（下）	朱伦春	考试指导报 2014年4月30日
中外小说阅读训练（二则）	胥　兰　邱金花	读写月报 2014年1–2期
《新闻联播》“卖萌”背后的国家自信	朱伦春	作文素材高考版第3辑
2014高考作文名师预测之朱伦春	朱伦春	疯狂作文 2014年5月
材料作文“汉语学习”素材运用指导	朱伦春	作文与考试 2014年6月
高考模拟试题	朱伦春	新课程语文导刊 2014年3月11日
高考语文考前复习建议	胥　兰　朱伦春	高中生之友 2014年4月
“全民学英语：将何去何从？	胥　兰　朱伦春	作文素材 2014年2月
拿捏分寸把握尺度 两面兼顾突出重点	胥　兰	新作文 2014年1–2
谈检验物理习题结论绵方法	陈传芳	中学生数理化 2014年1月
浅谈高中英语词汇教学	朱汉军　王春华	文理导航 2014年6月
浅议高中田径类教学内容的改革	肖金财	中学课程辅导 2014年第九期
高中体育教学中互动教学法的应用研究	肖金财	体育时空 2014年9期
现代体育教学重在创新	肖金财	都市家教 2013年1月
形成性评价在高中英语教学中的尝试	王　丽	中国校外教育 2013年12月
表文转换	朱伦春	新课程语文导刊 2014年4月8日
仿写（四）	朱伦春	新课程语文导刊 2014年4月29日

续表 19

竞赛类型	获奖教师	发证单位
仿写（二）	朱伦春	新课程语文导刊 2014 年 4 月 15 日
“小作文”与“微写作”（上）	朱伦春	考试指导报 2014 年 4 月 9 日
借力使力 活用材料	杨顺仪	高中生之友 2014 年 6 月
七谈实施《先秦诸子选读》的有效途径	杨顺仪	中学语文 2014 年第 2 期
2013 年高考标点符号题梳理与解析	杨顺仪	读写月报 2014 年 4 期
013 年高考成语题错项解析	杨顺仪	读写月报 2014 年 1-2 期
卿本佳人，奈何作恶	杨顺仪	读写月报 2014 年 5 期
词条资料“鱼龙混杂，良莠不分”	杨顺仪	语文月刊 2014 年第 3 期
新课改背景下高中英语口语教学初探	郭成波	教师博览科研版 2014 年 5 月
激发高中生英语学习兴趣的三策略	李静	教师博览科研版 2014 年 5 月
三、课题研究		
课题名称	负责人	级　别
具有实效性的高中物理课堂教学模式的研究	黎声福	省　级
高中数学组织学生开展小课题实践活动的策略与方法交流	胡述洪	省　级
四、学校荣誉		
颁奖时间	颁奖单位	荣誉称号
2014.10	市委、市政府	市第八届（2012 － 2013 年度）文明单位
2014.3	市教育局	“2013 － 2014 学年度重点中学教学质量综合评价先进单位
五、教师荣誉		
姓　名	荣誉称号	颁奖单位
曾凡永	赣州市“干部下基层 教师访万家”先进个人	市教育局
刘庆文	崇义县优秀教育工作者	县教育局
郭祥海	崇义县优秀教师	县教育局
张　伟	崇义县优秀教师	县教育局
赖庆湖	崇义县优秀教师	县教育局
曾宪和	崇义县优秀教师	县教育局
黎声福	崇义县优秀教师	县教育局
田长荣	崇义县优秀教师	县教育局
李　湘	崇义县优秀教师	县教育局
田长荣	崇义县首席班主任	县教育局

续表 19

姓　名	荣誉称号	颁奖单位
曾宪和	崇义县首席班主任	县教育局
李　湘	崇义县首席教师	县教育局
黄昭富	崇义县首席教师	县教育局
杜美秀	崇义县首席教师	县教育局
谢才辉	崇义县首席教师	县教育局
官忠玖	崇义县首席教师	县教育局
钟宝平	崇义县高中骨干班主任	县教育局
黄平海	崇义县高中骨干班主任	县教育局
朱汉军	崇义县高中骨干班主任	县教育局
赖庆湖	崇义县高中骨干班主任	县教育局
李　敏	崇义县高中骨干班主任	县教育局
吕永洪	崇义县高中骨干班主任	县教育局
谢连清	崇义县高中骨干班主任	县教育局
汤崇生	崇义县高中骨干班主任	县教育局
曾凡永	崇义县高中骨干班主任	县教育局
廖为洪	崇义县高中骨干班主任	县教育局
杨顺嗣	崇义县高中骨干班主任	县教育局
朱伦春	崇义县高中骨干班主任	县教育局
张　剑	崇义县高中骨干班主任	县教育局
钟素方	崇义县高中骨干班主任	县教育局
廖思铨	崇义县高中骨干教师	县教育局
刘明军	崇义县高中骨干教师	县教育局
江剑文	崇义县高中骨干教师	县教育局
黎声福	崇义县高中骨干教师	县教育局
李新夏	崇义县高中骨干教师	县教育局
徐志斌	崇义县高中骨干教师	县教育局
杨顺仪	崇义县高中骨干教师	县教育局
吴春梅	崇义县高中骨干教师	县教育局
周秀华	崇义县高中骨干教师	县教育局
黎　清	崇义县高中骨干教师	县教育局
伍学健	崇义县高中骨干教师	县教育局

续表 19

姓　名	荣誉称号	颁奖单位
蔡　成	崇义县高中骨干教师	县教育局
黄　群	崇义县高中骨干教师	县教育局
曾祥星	崇义县高中骨干教师	县教育局
刘承夫	崇义县高中骨干教师	县教育局
邓甫洋	崇义县高中骨干教师	县教育局
郭雪强	崇义县高中骨干教师	县教育局
刘德波	崇义县高中骨干教师	县教育局
黄晓生	崇义县高中骨干教师	县教育局
张　丽	崇义县高中骨干教师	县教育局
刘仰福	崇义县高中骨干教师	县教育局
钟太剑	崇义县高中骨干教师	县教育局
扶大勇	崇义县高中骨干教师	县教育局
胡述洪	崇义县高中骨干教师	县教育局
扶祥辉	崇义县高中骨干教师	县教育局
陈传芳	崇义县高中骨干教师	县教育局
杜美秀	赣州市巾帼建功标兵	市妇联
周秀华	崇义县巾帼建功标兵	县妇联
陈小娟	崇义县巾帼建功标兵	县妇联
六、奥林匹克竞赛		
1. 物　理		
获奖等级	获奖学生	指导老师
省三等奖	郑品军	张　剑
市一等奖	陈　瑾	张　剑
市一等奖	欧阳效亮	张　剑
市一等奖	邱海涛	张　剑
市一等奖	杜　卉	张　剑
市二等奖	范　毅	张　剑
市二等奖	曾筱龙	张　剑
市三等奖	张智颖	张　剑
市三等奖	谢锦峰	张　剑
市三等奖	李　岩	张　剑

续表 19

获奖等级	获奖学生	指导老师
市三等奖	方宇航	张　剑
2. 化　学		
省三等奖	曾筱龙	黎　清
省三等奖	蓝小杰	黎　清
省三等奖	陈　樑	黎　清
省三等奖	郭章兴	黎　清
市一等奖	刘　健	黎　清
市二等奖	吉登仁	黎　清
市二等奖	吴诗优	黎　清
市二等奖	李　健	黎　清
市二等奖	钟　萧	黎　清
市二等奖	曾庆斌	黎　清
市三等奖	欧阳效亮	黎　清
市三等奖	邱海涛	黎　清
3. 生　物		
兰　珍	全国二等奖	官忠玖
吴宇聪	全国二等奖	官忠玖
范存锦	全国三等奖	官忠玖
谢诗桢	全国三等奖	官忠玖
刘林根	全国三等奖	官忠玖
钟金逾	全国三等奖	官忠玖
陈金凤	省一等奖	官忠玖
谢　剑	省二等奖	官忠玖
方孝亮	省二等奖	官忠玖
肖万祥	省二等奖	官忠玖
李文浩	省二等奖	官忠玖
陈　建	省二等奖	官忠玖
陈秋霞	省二等奖	官忠玖
何祖梁	省二等奖	官忠玖
黄羽雯	省三等奖	官忠玖
郑品军	省三等奖	官忠玖

续表 19

获奖等级	获奖学生	指导老师
郭章兴	省三等奖	官忠玖
朱文昌	市一等奖	官忠玖
欧阳效亮	市一等奖	官忠玖
唐名剑	市一等奖	官忠玖
吴正柏	市一等奖	官忠玖
邱海涛	市一等奖	官忠玖
曾凡超	市一等奖	官忠玖
胡绍锋	市一等奖	官忠玖
朱峻谆	市二等奖	官忠玖
吉登仁	市二等奖	官忠玖
罗显坤	市二等奖	官忠玖
温晓青	市二等奖	官忠玖
方宇航	市二等奖	官忠玖
陈登亮	市二等奖	官忠玖
曾筱龙	市二等奖	官忠玖
朱莲梅	市二等奖	官忠玖
邹庆毅	市二等奖	官忠玖
曾 航	市三等奖	官忠玖
兰小杰	市三等奖	官忠玖
黄鸿林	市三等奖	官忠玖
肖 丰	市三等奖	官忠玖
谢锦峰	市三等奖	官忠玖
刘博开	市三等奖	官忠玖
4. 数 学		
吉登仁	省一等奖	钟云飞
高龙海	省一等奖	钟云飞
曾 航	省二等奖	钟云飞
张智颖	省二等奖	钟云飞
肖旭荣	省二等奖	钟云飞
吴贞如	市一等奖	钟云飞
陈维强共表	市二等奖	钟云飞
谢锦峰	市三等奖	钟云飞

【领导名单】

校长、党支部书记　彭如春
副校长　肖群福
刘庆文
廖思铨
宋带生（9月免）

职业中等专业学校

【概况】　江西省崇义县职业中等专业学校是一所国家级重点职业学校。学校于2011年8月整体搬迁至城北新校区。新校区占地9.067公顷，校舍面积4.2万平方米，耗资6000多万元，分教学区、综合办公区、实验实训区、后勤区和体育运动区六个部分。截至9月，在校学生1139人，教职工147人，其中专任教师131人，中学高级教师61人，中学一级教师46人，“双师型”教师65人。

2014年，学校全面贯彻党的教育方针，坚持职教办学方向，坚持“育人为本、文技兼修，彰显特色、争创一流”的办学宗旨，以“内强素质、外树形象”为工作重心，不断加强队伍建设，狠抓内部管理，改革办学模式，拓宽办学渠道，加快专业调整步伐，促进交流与合作，教育教学质量稳步提高，教学条件不断改善，学校面貌大为改观，各项工作又上了一个新台阶。学校办学成就得到了国家教育部及社会各界更加广泛的认可，2014年，被人社部、教育部授予“全国教育系统先进集体”光荣称号。

【制度建设】　为进一步提高管理水平，激发教职工的工作积极性、主动性，学校修订《2014年秋季招生工作方案》《绩效工资考核方案》，调整、完善《崇义县职业中专班主任工作常规》《值周值日制度》等制度；制定《专业学生实习工作制度（试行）》和《计划生育工作制度》等；下半年，制定、完善《崇义县职业中专政治学习制度》《崇义县职业中专会议制度》《崇义县职业中专严格执行八项规定、规范财务管理制度》等三个制度，为学校内部管理提供了制度保障。

【德育工作】

创新德育思路，营造和谐育人环境　建立以校级领导逐级督查到学生自治为网络的精细化德育管理模式，重点做好了春秋两季新生入学教育与管理工作，继续推行“学生指导老师工作方案”，实行“老师学生一对一”教育管理模式，收到了较好的管理效果。

抓好以年级德育副组长、班主任为主的德育工作队伍，以学生会、团委日常管理工作队伍和政教处工作人员为主的督管工作队伍建设，形成管理合力。

整合学生会队伍，分纪检、文体、安保、卫生、寝管等五部进行管理，充分发挥学生队伍的自主管理、自我教育、自我服务的作用，学生管理能力和综合素质明显提高，主人翁意识明显增强。

深入开展主题教育活动，举行以“新团员入团宣誓”、“向国旗敬礼”网上签名活动、“践行低碳节能，建设美好校园”为主题的系列教育活动以及县关工委“崇尚诚信”、县工商局“远离传销·珍惜青春”、县检察院“未成年人保护法”等为主题的德育教育系列讲座，进一步提高学生综合素养。

加强正面引导，树立榜样，弘扬正气。定期召开后进生转化工作会议和女生指导会议，引领他们积极健康地成长；充分利用班会、国旗下讲话、校园电视台、广播站、橱窗、黑板报等宣传阵地，以学校重大活动为载体，结合重大节日，深入开展爱国主义教育、中华传统美德教育，促进了良好校风、学风的进一步发展。

全面活跃学生社团组织。下半年，在团委的精心组织下共组建了20多个学生社团，丰富了学生的业余生活，学生综合素质得到锻炼。

浓厚校园文化氛围，提升学校办学品位　深入开展文体艺等活动，丰富师生课余生活。上半年，学校开展社交礼仪大赛、英语视听大赛、“红歌”大合唱和“第十届职中风采文艺晚会”等十几项文化艺术活动，组建篮球、排球、羽毛球等五个教师体育协会；下半年，开展了校运会、年级篮球赛、拔河赛、“叠被子”比赛等活动。

坚持积极参与社会活动，扩大学校影响。2014年，消防安全知识技能演练、中国青年篮球队、崇义县摄影家协会作品展、书法协会送春联等活动纷纷走进校园；学校引进县非物质文化遗产——“三节龙”，建立“三节龙”传承基地，11月19日，新华社等省市媒体记者一行20余人，专程到校采访、体验“三节龙”表演；12月，组织师生参加“中国体彩杯”中国·阳岭登山邀请赛活动；成功举办县“农信杯”乒乓球邀请赛现场赛。这些活动有效地加强了学校与社会职能部门之间的联系，为学校赢得了声誉，扩大了学校影响。

加强学校宣传，提升学校整体形象。2014年，学校依托新校区办学条件日趋完善的优势，重点加强校园文化建设，2014年被推荐为全市“校园文化建设示范校”；下半年，建设校园电视台，开设电视新闻课，申请了学校二维码和微信公众号；学校不断优化网站，办好《职中报》；学校还积极向县内、外媒体、网站投送稿件，报送学校工作动态信息，2014年在省职教信息网共刊发稿件171篇，数量位列全省职校第一名，在县市媒体、网站共刊发51篇；下学期，又在国家级期刊《中国职业技术教育》刊发宣传主页，使学校宣传扩大到了国家层面，学校整体形象得以提升。

【教育教学】

强化师德师风建设，提高教师素质　学校重视加强教师队伍的建设工作，每月召开教职工大会，进行政治学习，不断强化教师思想素质教育，树立良好的教师形象。为进一步加强学校干部、教师的作风建设，9－10月，学校相继开展“转变工作作风月”和“师德师风专项整治月”相关活动。

创新机制，深化改革，不断提高教学质量狠抓常规管理，推行教学日志考评，加强巡课、抽课、抽查教案等教学常规检查，将教师的教育和教学与绩效考核挂钩，使全体教师树立强烈常规意识，养成良好的执行常规好习惯。

不断深化教学改革，积极开展教研活动。完善修订教研、教师听课、实训室管理、专业技能竞赛指导等制度，调整学科组长、备课组长，各学科按要求制定适合职业教育教研计划，定期开展教研活动，有计划有步骤地进行公开教学等活动。

积极组织教师参加省级培训和国家级培训工作，加强双师型教师队伍建设。到2014年，学校共有65名老师获得“双师”学历证，是全市单所学校双师率最高且比例唯一合格的职业学校 。

以赛促教，有效提升师生素质。在2014年省市职业技能大赛中学校共获省级二等奖1个、优秀奖2个，市二等奖4名、三等奖3名；在全省第六届“文明风采”比赛中，学校共获一等奖12个，二等奖15个，三等奖24个的好成绩，是有史以来选送作品最多、获奖成绩最好的一年；在2014年全县“新华杯”现场书画比赛中，学校获书法组一等奖1个，二等奖2个，三等奖2个，绘画组二等奖1个，三等奖1个。

高考稳中有升：2014年全校195人参加普通高考和三校生对口高考，二本上线人数33人，本科上线率达16.9%，专科录取149人，专科以上上线率达93.3%。

【招生就业与培训】　2014年秋季招生开始实行校级领导分片指导，招生小组包村到人的招生方式，实现了“招生包片包村包人”的招生机制。2014年在全县生源减少的情况下，学校共招收新生431人，其中外县12人。

调整2015年春季招生工作思路。拟定春季招生工作文件，制定“职业教育进校园”活动方案；制作2015年招生年画、招生宣传片，加大对学校的招生宣传，扩大学校影响力。

划拨专项资金加强招生宣传。与崇义电视台签订宣传合作协议在2014年秋招、春招等招生关键期播出学校专题宣传片、文艺演出等。

为进一步规范学生实习工作，解决学生校外顶岗实习需求，学校分别与赣州华坚国际鞋城有限公司、深圳市华南智博劳务派遣有限公司、广东省惠州市三阳酒店、东莞市利旺劳务派遣有限公司等公司签订学生实习就业协议，组织12级学前教育、模具、计算机专业学生和13级计算机、模具、旅游服务与管理等专业学生参加县外顶岗实习，同时安排12级地质与测量专业学生到县章源钨业进行实习。

为主动服务“三农”，学校以“崇义县农民学院”为依托，积极开展“阳光工程”“雨露工程”“金蓝领工程”培训，加强与县农粮局、财政局等有关部门联系与沟通，高质量完成2014年新型职业农民培训300人。此次培训组织周密细致，受到培训学员一致好评；认真做好了奥鹏远程教育招生宣传工作，2014年共招收学员 20人，截至2014年在籍学员 60 人。

【合作办学】 为拓宽办学渠道，扩大办学规模，提高就业层次，根据学校的总体部署和要求，派出人员远赴珠三角进行考察并出席珠海香洲区校企合作交流会，取得了合作办学的可喜成果。11月，学校先后与广东奥马电器股份有限公司、东莞市利旺劳务派遣有限公司、上犹创意建筑产业园开发公司分别签订了“奥马班”“通信、金融、电商客服岗位定向培养班”“建筑装饰班”的联合办学协议，并于2015年春季开始招生。

根据国家中高职对接的相关政策，2014年下学期，学校在校校合作方面迈出了新的一步。学校与国家“211工程”大学——苏州大学的社会学院、教育学院、凤凰传媒学院分别签订了合作协议，学校凡有升大学意愿的毕业生可以直接进入苏州大学全日制就读，享受优质的大学教育资源，也为将来就业打下了良好基础。

【项目建设】 2014年，学校积极争取上级资金，努力改善学校办学条件。2014年，学校共争取资金近500万元，其中350万元用于建设数控模具和机械制造技术实训基地；17万元用于计算机平面设计和旅游服务与管理专业建设；20万元用于建设校园电视台；70万元“以奖代补”专项资金用于建设电子白板等，校园电视台、电子白板现已全部投入使用。

【后勤管理】 学校本着以服务师生、服务教学的工作目标，积极有效地开展后勤工作。不断健全各项规章制度，强化责任意识、安全意识和服务意识，为教育教学秩序的正常运转提供了有力的保障。后勤部门实行精细化管理，厉行勤俭节约，严格执行财产管理办法、物品设备的申购、报批、采购等制度。在食堂管理上，不断完善食堂管理制度，每月召开一次膳食委员工作会议，进一步提高膳食管理水平，保证师生的安全用餐。2014年，学校无任何安全事故的发生。

【作风建设】 组织学习了十八届三中全会精神及中央“八项规定”“六项禁令”等党的文件会议精神和理论知识，组织观看《筑梦之基》《龚全珍事迹报告会》等红色影片；在全体党员中举行“假如我是学生（家长）”专题讨论会并撰写主题感悟文章；组织学校副主任（含）以上行政领导深入年级、班级通过随班听课、“一周班主任”活动了解一线教师、班主任工作情况；利用晚上和周末到县城、横水镇等地对学生进行家访。

认真做好了 “整改落实、建章立制”环节工作，圆满完成整个路线教育活动。在上半年工作基础上，结合学校情况，有序推进各项问题的整改落实，开展“师德师风”“转变工作作风”“教育乱收费”“节庆赛事”“五项问题”等专项整治。

加强党员管理，充分发挥党员带头示范作用。11月，在全校党员中开展“争先创优”活动，通过设立“党员先锋岗”，践行“五个带头”：带头学习提高、带头争创佳绩、带头服务师生、带头遵纪守法、带头弘扬正气；推进“党性教育”活动、“岗位奉献”活动、“服务师生”活动、“亮牌示范”活动、“四比三优二创”活动等，充分发挥全体党员在教学一线的带头示范作用。

强化廉能风险防控工作，认真组织拒收“红包”警示教育活动，查找廉能风险点，建立廉能防控体系，做好党员普查登记，建立党员台账，开展党员志愿者登记活动等系列工作，学校支部工作取得了较明显的成效，支部工作走在教育系统的前列。

【扶贫助学】 2014年，县职业中专校享受国家助学金（1500元／人）305人，共计22.875万元；享受国家减免学费上学期（850元／人，其中177人212.5元／人）1252人，共计49.44875万元，下学期（850元／人，其中392人212.5元／人）1149人，共40.52375万元；农村信用社百福资助共30人（1200元／人），共计3.6万元；享受贫困学生高考入学政府资助（5000元／人）25人，共计12.5万元；享受贫困学生高考入学资助（500元／人）6人，共计 3000元。

【领导名单】

校长、党支部书记	陈飞虎
副校长	朱耀军
	刘荣建（8月晚）
工会主席	杨小佳

崇义三中

【概况】 崇义三中原名章源中学，创办于2000年8月，原为崇义中学初中部，2006年8月开始独立办学。学校用地面积36813平方米，校舍建筑面积20565平方米。现有教职工121人，34个教学班，在校生2179人。学校环境优美，教育教学设施配备齐全，为学生全面发展和健康成长创设了一个宽松和谐的环境。

2014年，学校全面贯彻党和国家的教育方针，努力践行“办优质学校，育优秀学生”的办学理念，牢固树立“以人为本、以德立校、和谐治校、质量强校”的目标，开拓创新，拼搏进取，取得了较好的办学效益和社会效益。学校荣获“2013－2014学年崇义县中小学综合评估先进单位”等荣誉称号。

【招生】 共招收初一新生698人，其中男生389人，女生309人。

【德育】 学校创新工作方式方法，以生为本，努力向德育工作要成效。狠抓学生的养成教育：坚持正面教育和平时检查结合，教育学生对照规范，注重细节，审视自我，改善自我，养成良好的个人习惯；抓好主题教育活动：结合学生实际，坚持正面教育，发挥国旗下讲话的育人功效，尝试让学生参与到讲话中。开展了环保、科技、爱校、读书月等主题教育活动，起到了积极的教育效果；创新心理健康教育工作：完善了心理咨询室设施，优化了心理咨询队伍，主动跟踪行为、心理有问题的学生，举办了多次心理健康讲座。

【教学教研】 学校始终坚持质量立校，积极推进教学改革，推行高效课堂模式，狠抓教科研工作，学校教学教研质量得到稳步提升。

2014年，中考成绩名列全县前茅：黄济勇同学以734的总分位居全县第一，全县前10名学生有8人，前100名学生有53人，优秀人数177人，取得了中考质量评价全县第一的优异成绩；教师参加教学竞赛获市一等奖2人次，市二等奖3人次。

【素质教育】 学校全面贯彻党的教育方针，积极实施素质教育。在继续实施“电视新闻课”“阅览课”“活动课”等校本课程的同时，改革了“阅览课”，各班建立“图书角”，进一步拓宽学生知识面，建设书香校园。召开了秋季田径运动会，并选拔一批体育尖子参加全县中学生运动会，学校田径队获得团体总分第一名，并打破多项县运会记录。学生参加“崇义县2014年中小学生现场书画比赛”获县一等奖4人次，县二等奖6人次，县三等奖3人次。

【办学条件】 2014年暑假，重新装修了第一教学楼，拆除了老实验楼和老教工宿舍；综合楼于2014年9月正式交付使用，建筑面积总计5781平方米。

【赛事】 11月25日下午，2014“奥运健儿公益服务大行动”篮球进校园活动在学校举行。中国奥委会向学校赠送了仁川亚运会中国代表团冠军龙服，安踏体育用品有限公司、舒华股份有限公司向崇义县捐赠了运动装备。奥运会跳水冠军李娜、自由式滑雪空中技巧世界冠军程爽和同学们进行了篮球互动。

【领导名单】

校　长　阳孝珍（8月免）
　　　　宋带生（9月任）

崇义四中

【概况】 崇义四中原名横水中学，建于1989年，2008年增挂崇义县第四中学。学校位于横水镇人民路106号，现占地面积12738平方米，建筑面积7919平方米。本学年初有教职工85人，其中有专任教师81人，教师学历达标率为100%，有省骨干教师2人，市骨干教师6人。学校现有24个教学班，学生1287人。

2014年，学校工作以中共十八大和十八届三中、四中全会精神及科学发展观为指导，认真贯彻全县教育工作会议精神，以办人民满意学校为宗旨，以创建和谐平安校园为目标，以提高教学质量为生命，用现代教育理念引领办学方向，围绕“迎省督评”、师德建设、校本培训、课程改革、制度完善为重点，扎实抓好学校管理和教育教学工作，深入推进素质教育，强化各项管理。开创了学校工作的新局面。学校被县关工委评为创建“五好”基层关工委先进集体，被县教育局、环保局评为生态环保教育“先进单位”。

【招生工作】 2014年下学期，学校共招收新生489名，其中男生264人，女生225人。

【德育工作】 在德育工作中，学校坚持“育人为本，德育为先”的原则，把“立德树人”作为首要任务。以良好的校风、班风、学风大力推进学校全面发展，达到以德育促教学，以教学推德育的目的。加强教师的政治理论学习，严格常规管理制度；增强教师依法依规执教的意识；深入推进“六五”普法规划的贯彻落实，发挥党员教师的先锋模范作用；认真开展“教师访万家”活动，增强教师育人意识、责任意识。认真开展“学雷锋、树新风”活动，在学生中弘扬正能量；积极开展“四城同创”活动，增强学生爱家乡的公民意识；安排教师巡查网吧，走访在校外租住同学，确保校园环境的和谐稳定。定期进行防震避险、防踩踏事故演练，定期收缴管制物品，执行特殊时段教师值班制度，提高学生的安全意识。利用传统节日对学生进行爱国主义教育和传统美德教育，在“九·九”重阳节开展感恩敬老活动；在国庆节开展爱国主义教育实践活动等。认真开展潜能生“1+1+1+1”帮教、“留守孩”关爱等送温暖活动，做好学困生和品德弱化学生的帮教转化工作。开展“校园十星”“星团员”评比，在学生中树立起正气和学习榜样。扎实推进“书香校园”创建活动，办好图书角，上好阅读课，开展好评比工作，浓厚班级和校园文化氛围。加强学生心理生理知识、交通安全、禁毒宣传和诚信做人等思想教育活动。利用橱窗、黑板报和校园广播等平台大力宣传科学文化、法律法规、体育健康、卫生保健知识等。

【教学教研工作】 学校认真贯彻落实科学发展观，坚持新课程改革与素质教育方向，以锤炼教师队伍素质为重点，以提升课堂教学质量为中心，全面提高教育教学质量，优化、细化、强化教学管理，提升学校教学管理水平，促进教师和学生全面、主动、和谐发展。充分发挥网络作用，整合网络资源，带领教师学习教育教学理论，教改经验文章和课案实例，感受新思想，接受新理念。组织开展“走出去，请进来”活动，和上犹二中、扬眉中学、麟潭中学进行了教学教研交流活动；抓好毕业班复习工作，加强优生培养，努力提高教学质量；合全校之力编撰校本教材《竹乡书苑》并落实到课堂教学。

2014年中考，学校再次取得优异成绩，尖优率、优秀率及综合考评均列全县第二名，学生考取重点高中257人。

学校狠抓教科研工作，成绩突出。老师撰写的论文有2篇在国家级刊物上发表，3篇在省级刊物上发表，此外还有2篇获国家级奖、3篇获省级奖、14篇获市级奖。教师参加各类教学竞赛取得较优异的成绩：吴仁铭老师参加全市历史学科比赛获一等奖，冯云文老师参加市信息化教学竞赛获二等奖，姚桂勇和何赐仁老师的法制教育多媒体课件参加教学资源评比分获国家三等奖和优秀奖。课题研究深入开展，何赐仁老师主持的课题《信息技术条件下初中语文均衡教学实践研究》获省级立项，张兰燕老师主持的课题《初中英语有效阅读课堂教学的研究》获市级立项。

【素质教育】 学校加强各类竞赛小组、兴趣小组等第二课堂活动的管理和辅导，全面提高学生的综合素质。认真组织阳光体育活动和体育、艺术“2+1”项目的实施开展。认真组织开展“奥运冠军进校园”大型公益活动，获得上级领导好评。认真组织参加全县中学生运动会，学校代表团获得团体总分第二名和精神文明奖。学校组织开展第二十五届秋季运动会，各年级开展投篮、乒乓球、拔河比赛等一系列活动。各教研组积极组织开展知识讲座、社会调查和学科竞赛活动。各年级组织学生参观“体验科学”大型科普活动等。

【办学条件】 学校积极筹措并向上争取资金，改善办学条件。添置40张学生餐桌；添置了1037套新课桌；各班配齐9盏日光灯；各班装备齐班班通设备；每个办公室增加2台办公电脑，网速提速至20M；教室安装上窗帘；“班班通”教室增添教学音箱；与供水公司达成协议，以最低价格购买桶装水并免费提供饮水机，解决学生饮水的问题；粉刷综合楼破损外墙，改造校门口沟道；加高教学楼走廊和楼梯护栏；添置3台学生饭盒柜等。

【领导名单】

校长、党支部书记　李贻林（7月免）
　　　　　　　　　刘荣建（8月任）

城关小学

【概况】 崇义县城关小学创建于1903年，是一所历史悠久，面向未来办学，面向世界育人的学校。学校现有60个教学班，在校学生3900余人，教职工187名，专任教师170人，其中小特高教师5人，小学高级教师129人。现校园面积1.067公顷，校舍面积达9160多平方米。

2014年，在主管部门的领导和校长的带领下，为办人民满意教育为宗旨，全体教职工同心同德，以师生安全工作为首，德育先行，教学为重，教育教学成绩显著，深受上级部门和社会的好评。当年，被团市委、市教育局、市少工委评为“优秀少先队集体”，被县教育局评为“教学目标管理”先进单位。

【德育】 以十八大精神为指导，强化师德，认真贯彻“八不准”“七项严禁”，提高教师的责任意识、服务意识，坚持教书育人，为人师表。以少先队活动为“主阵地”，每周开好一次中队会，对学生开展各种教育，继续深化《红歌》唱响校园为主题的德育教育活动，利用电子显示屏和班级之星展示宣传优秀学生典型事例，促进了校园精神文明的进一步提升。

【教学教研】 充分发挥教研组、学科带头人和骨干教师的作用，大力开展“蓝青”工程，以发展学生综合素养为目标，深化课堂教育教学改革，致力培养个性化学生，不断培养学生创新能力，取得了较为显著的成效。当年小学毕业质量检测综合考评列全县第二名。2014年，该校教师在市级报纸杂志上发表教育教学论文6篇；积极开展课题教学研究，市级以上立项2个、结题2个；论文宣读或交流获得市级以上教育主管部门奖励的20余篇；辅导学生参加各级各类竞赛或指导学生作品等在市级以上刊物发表达150余人次。

【素质教育】 以“健康成长、快乐学习”的

教育思想为指引，积极开展文、体、艺工作，设立“大课间”，充分利用现有体育场所，引导学生开展好活动，每学期举办一次校运会；在学校文化长廊新建室外图书室，进一步浓厚书香校园氛围。通过学生文学社，创办学生文学报，促进了学生写作水平的提高；每周一节书法课，每天下午20分钟的写字课，使学生在受到传统文化熏陶的同时，大大提高了学生的书写水平。进一步强化音乐、电脑、书法、舞蹈、武术、篮球、美术、乒乓球、羽毛球等兴趣小组的建设与管理，在各级各类竞赛中都成绩显著。2014年，校田径队参加了“南京青奥会”趣味田径竞赛，并取得了三等奖的可喜的成绩；2014年，学校啦啦操队参加了“全国啦啦操比赛”，并勇夺南昌赛区小学丁组课间操花球示范动作组第一名和小学丁组课间操街舞示范动作组第一名的佳绩；参加第三届赣州市运动会，取得了青少部4×100米第五名的成绩；参加赣州市阳光伙伴比赛，取得了

第五名的成绩；参加崇义县青少年田径选拔赛，团体第一名的优异成绩。

【领导名单】

校　长　黄泽和

章源中英文实验小学

【概况】　学校工作继续以中共十八大精神为指针，坚持科研为先导、质量为本，全面实施素质教育，在县教育局领导的亲切关怀和热心指导下，在团结、奋进的校领导班子的带领下，在广大教职工的不懈努力下，各项工作都取得了可喜的成绩。本年度学校荣获县“创建五好基层关工委先进集体”、县“教育教学管理综合评估第一名”、市“优秀少先队大队”荣誉称号。

【招生工作】　2014 年上学期，招收新生 234 人、毕业 324 人。

【德育工作】　本学期开展“学雷锋，见行动”“诵中华经典，做有德之人”“好书伴我成长”等读书教育活动。加大力度落实养成教育，以《好习惯伴我行》为校本教材，组织开展 “好习惯伴我行童谣（诗歌）”作品评选活动和 “日行一善”“节日小报”“网上签名”等教育实践活动，让好习惯伴随孩子健康成长。开展了“心理健康教育”主题报告会，引导学生珍爱生命、智慧生存、幸福生活。对于离异家庭、单亲家庭、留守儿童、特困家庭学生的教育，还进行个别辅导。

【教学教研】　立足教师结构现状，加强教科研骨干队伍建设，培养教科研骨干教师，通过部分教师的引领，浓厚教科研气氛，提高教科研水平，努力使教科研工作迈上新台阶。按照“三环·四个一”的模式，抓好各年级组集体备课工作。开展师徒结对，骨干教师引领作用，不断提升教师综合素质。开展了教学公开周及章源片区教研活动。本次活动，展示了语文、数学、英语共 15 节课例，来自各乡镇的 300 多名教师参加了此次活动。县教研室语、数、英教研员亲临活动指导。

【教学成果】　在教育部门举办的各类竞赛中，获省级奖 2 人次，市级奖 8 人次，县级奖 17 人次。学校学生 5 篇作文在省级报刊发表；学校教师积极撰写教学教研论文，在省级刊物发表 17 篇；市级发表 4 篇。在小学优质课竞赛、说课竞赛中，1 人获省级二等奖，2 人获市级一等奖，2 人获二等奖。

【校园文化建设】　开展以“科技与生活”为主题的科技周活动，通过主题班会、征文比赛、绘画竞赛等形式培养学生从小爱科学、学科学、用科学的品质。开展书香校园创建活动。围绕“读好书，写好字”的主题开展书香校园创建活动，极大地提升了师生的综合素质。学校隆重地举行了迎元旦“革命歌曲”大合唱比赛。

【领导名单】

校　长　黄泽和（8 月免）
　　　　肖海长（9 月任）

城关幼儿园

【概况】　崇义县城关幼儿园创建于 1948 年，位于中山路 143 号。2001 年，被评为江西省示范性幼儿园，并于 2004 年、2008 年、2012 年三次通过了省级示范园复评。占地面积 5816 平方米，绿化面积 1865 平方米，建筑面积 5262 平方米，全日制在园幼儿 703 名，早教中心就读婴幼儿 128 名，教职工 70 人。幼儿园拥有一支团结协作、爱岗敬业、业务精湛职工队伍。其中，55 位教师中有 10 个中专学历，占 17.54%，36 个大专学历，占 63.16%；10 个本科学历，占 18.18%，1 个副高职称，14 个小高职称，占 24.56%，95% 以上的教师能承担观摩课，有市学科带头人 2 名，市骨干教师 2 名，市优秀教师 3 名，市优秀德育工作者 2 名，县优秀教师 7 名，县优秀班主任 4 名，县优秀教育工作者 2 名，县人民满意校长 1 名，县优秀共产党员 3 名，县优秀工会工作者 2 名。幼儿园内环境优美，充满童趣；各类教学设施齐全，实现了办公网络化，教学现代化。

赵华燕老师获县优秀班主任、肖金凤老师获县优秀教师荣誉称号。

【招生工作】　2014 年，崇义县城关幼儿园新招收全日制在园幼儿 224 名，早教中心婴幼儿

128 名，现有幼儿 703 名。

【德育工作】 崇义县城关幼儿园从激活德育工作机制、丰富德育工作阵地、创新德育工作方法的特色模式来开展德育工作（如，开展“学雷锋月”、“我文明 我美丽”、九月重阳节去敬老院“看望老人”活动，等等），在该园全体教师的努力下取得显著成效：幼儿悉心爱护园里每一棵花草树木；幼儿彼此之间友好相处、快乐游戏；家园教育目标一致、和谐同步；师生关系和睦、其乐融融；教师爱岗敬业、团结奉献。

【教学教研】 崇义县城关幼儿园以“铸孩子快乐童年，促孩子一生发展”为办园宗旨，全面推进素质教育，注重教科研紧密结合，使幼儿在健康、语言、社会、科学、艺术五大领域全面发展的同时，还注重幼儿个性的发展。

3 月，在“健康 快乐 发展”主题活动案例比赛中，温晓敏的案例《好玩的篮球》荣获省二等奖，肖金凤的案例《好玩的篮球》荣获省三等奖，朱忠莲的案例《快乐探险》荣获省优秀奖。

8 月，在第二十届江西省中小学、幼儿园教师优秀教学资源评比活动中，肖金凤撰写的论文《从“喂药门”看信息环境下的幼儿园卫生保健工作》荣获省一等奖，黄俊梅撰写的论文《教学一体机为绘本欣赏活动增添光彩》荣获省二等奖，康昆兰的课例《大班社会：姓与名》荣获省二等奖。

9 月，在第二十届赣州市中小学、幼儿园教师优秀教学资源评比活动中，朱忠莲撰写的论文《巧用交互式电子白板 增添幼儿园美术教学光彩》荣获市一等奖，钟芳萍撰写的论文《利用现代信息技术，加强幼儿膳食管理》荣获市一等奖，何红莲、钟芳萍撰写的论文《巧用交互智能平板，点亮幼儿园课堂》荣获市一等奖，何红莲的微课《动物怎样过冬》荣获市一等奖，赵华燕撰写的论文《运用多媒体技术培养幼儿的阅读习惯和能力》荣获市二等奖，黄湖玲撰写的论文《多媒体技术让幼儿园语言教学活动鲜活起来》荣获市二等奖，何红莲撰写的论文《加强电教工作管理，有效为教育教学服务》荣获市二等奖，郭素兰撰写的论文《运用信息技术促进美术教育目标达成》荣获市三等奖，谢小珍撰写的论文《浅谈幼儿园网站对留守儿童父母的重要

性》荣获市三等奖，肖金凤撰写的论文《运用信息技术有效防范幼儿园大型集体活动安全事故》荣获市三等奖，温晓敏撰写的论文《浅谈信息化环境下的家园沟通新途径》荣获市三等奖，郭远玲的课例《歌曲创编：两只老虎》荣获市三等奖，谢小珍的课例《绘本欣赏：我爸爸》荣获市三等奖。

12 月，在全省中小学（幼儿园）师生优秀教育期刊读刊用刊“新蕾杯”活动（教师组）中，钟莲花的作品《学会尊重孩子的兴趣》荣获省二等奖，彭应香的作品《悦纳孩子 享受教育》、朱忠莲的作品《让爱在平凡的岗位中发光》、肖金凤的作品《“城幼人”的感动》均荣获省三等奖。

【素质教育】 崇义县城关幼儿园注重孩子全面发展，在培养孩子良好的生活习惯和学习习惯的基础上，根据孩子的个性和特长进行引导和培养，并取得了较好成绩。

4 月，在江西省第三届“艺德杯”中小学生绘画作品比赛活动中，由肖金凤辅导甘芷毓画的《为梦想加油》荣获省一等奖。

【校园建设】 2014 年，崇义县城关幼儿园投入近 15 万元将幼教大楼、食堂、行政办公楼线路全部更新；创设了教师午休室；每个班添置了电钢琴；投入近 3 万元为各班购置了一批区域玩具柜等。从而提高了城关幼儿园的线路安全，优化了教育教学设施设备，促进了保教质量的提升。

【领导名单】

园　长　温晓敏

卫生·体育

卫生管理

【概况】 2014年，崇义县卫生局以贯彻落实中共十八大，十八届三中、四中全会和总书记习近平系列重要讲话精神为动力，以深入开展党的群众路线教育实践活动为总抓手，全面深化医药卫生体制改革，着力提升卫生服务能力和水平，努力保障和改善健康民生，扎实开展征地拆迁和“三送”等工作，取得了一定成效。先后荣获“全市卫生系统纠风工作先进单位”“全市卫生服务能力建设工程达标单位”“全市医疗管理先进单位”“全市贫困家庭生性精神病患者免费救治工作先进单位”“赣州市卫生新闻宣传工作先进单位”等荣誉。在全市妇幼健康技能竞赛和全市乡镇卫生院急救技能大比武活动中，崇义县代表队分别荣获团体二等奖和团体第七名荣誉。

截至2014年年底，全县医疗卫生机构共有253个，其中有县人民医院、中医院、妇保院、疾控中心、卫生监督所、皮防所、农医中心及18所乡镇卫生院、183所村卫生所，其他（厂、矿、学校、个体）医疗机构45个。县、乡两级医疗卫生机构人员现有编制560个，其中县直医疗卫生单位368个，乡镇卫生院192个。县、乡两级医疗卫生机构实有人员964人（县直593人，乡镇371人），其中正式在编在岗职工有382人（县直231人，乡镇151人）。有高级职称16人，中级职称164人，初级职称572人，无职称217人。有应届本科59人，大专258人，中专及以下学历647人。乡村医生269人。全县有病床780张，医疗卫生机构固定资产9520.43万元，房屋及建筑面积5.807575万平方米。其中，乡镇卫生院固定资产2053.83万元，房屋及建筑面积2.264575万平方米（其中业务用房1.740275万平方米）。全县医疗单位业务总收入1.2亿元（其中药品收入6563.18万元，占总收入54.48%），门急诊人次数52.3万人次，平均每门诊人次收费95.68元。

【卫生服务能力建设】

服务体系建设不断完善 积极推进县人民医院新住院大楼建设，截至12月，主体工程建设已封顶并进入装修阶段，将新增建筑面积1.96万平方米。争取到关田、铅厂、茶滩、聂都、金坑5个卫生院108套职工公租房项目，总建筑面积4201平方米，已全部开工建设；铅厂卫生院中央预算内投资项目180万元，面积1200平方米；20个村卫生室建设项目100万元和1个红十字会的村卫生室建设项目8万元；省级基层医疗卫生机构管理信息系统建设项目，总投资197万元；积极向国家体育总局体育彩票管理中心争取到思顺卫生院维修工程暨康复设施建设工程项目15万元。此外，县乡医疗卫生单位还自筹资金500多万元，用于购买血球分析仪等医疗设备，全县医疗硬件设施明显改善。

卫生人才队伍建设不断加强 通过健全制度，强化措施，鼓励医务人员参加各种培训、执业资格考试及成人学历教育，对考取资质人员给予奖励，并报销报名费、差旅费，对连续三年未考取资质的人员予以解聘，发挥医院业务骨干“1对1”传帮带作用，通过“以老带新、以师带徒”形式，培养卫技人员，努力促进医务人员提高整体素质。2014年，组织医务人员县级进修36人次、省市级进修58人次。完成卫生专业技术资格考试报名201人；完成执业医师、执业护士资格考试报名162人，考试通过41人。全县具有执业资质医师从少到多、由弱到强，乡镇卫生院执业医师（含执业助理）由2012年的34名有望增加到120名，县直医疗单位由118名执业医师(含执业助理)有望增加到160名。积极争取市卫生局、市人社局的关心支持，年底通过公开公平考试考核招聘68名有资质人员充实到全县医疗卫生事业单位，进一步增强全县卫生人才队伍建设，卫生人才队伍日趋稳定，技术服务水平得到显著提升。

对口帮扶工作成效显著 在市纪委和市卫生局的关心支持下，先后筹资90余万元用于铅厂卫

生院义安分院基础设施建设和医疗设备更新。与市人民医院结成对口帮扶，该院为崇义县乡镇卫生院配备了100张病床，给予医疗设备资金30万元，并承诺从技术指导、人才培养、医疗设备等方面给予大力支持。同时，县人民医院、县中医院、县妇保院等县直医疗机构及中心卫生院在技术、设备、资金、人员等方面结对帮扶偏远乡镇卫生院，组织专家团队到义安卫生院开展了义诊，指导医院科室流程改造，进行现场技术帮扶，县人民医院捐赠关田中心卫生院的CT检查设备已投入使用。

医疗质量安全管理切实强化　扎实开展“医疗质量安全与控制费用年”工作，加强医疗技术临床应用、基本药物合理应用、围手术期、医院感染及临床用血、信息化管理医师抗菌药物处方权限及药师的调剂资格等安全管理和处方、医嘱专项点评工作。认真组织医务人员学习《处方管理办法》《中华人民共和国执业医师法》《病历书写规范》等医疗卫生法律法规，规范医疗操作行为，深入开展抗菌药物专项整治活动等，持续改进医疗质量。在2014年由市卫生局、计生委、总工会等三部门联合举办的全市妇幼健康技能竞赛复赛和决赛中，崇义县代表队荣获团体二等奖，个人分别荣获围产保健项目操作技能第一名、围产保健项目二等奖、妇女保健项目二等奖、儿童保健项目三等奖。在全市乡镇卫生院急救技能大比武活动中，崇义县荣获团体第七名等荣誉。因医疗质量水平的明显提升，医患纠纷明显减少，2014年共有受理、调解医患纠纷3起，与2013年同期相比下降66%，医患关系得到进一步改善。

综合监督执法力度全面加大　依法打击非法行医和非法采供血行为，规范放射诊疗、职业健康监护和职业病诊疗行为，严格饮用水卫生和学校卫生监管，维护医疗市场秩序和职业卫生、公共卫生安全等日常监督检查工作。对133家医疗卫生机构（含乡镇卫生院、村卫生所和个体门诊）进行了监督检查，对103家涉及违法行为的单位进行了行政处罚。对全县6个饮用水单位进行了监督检查，完成20份水质快速检测。监督检查美容、理发、住宿、游戏室和大型超市等公共场所216户，查验换证168户，健康体检591人，体检合格率99%。对22所有住校学生的学校进行了检查，重点检查了学生的宿舍、饮水、教室、厕所的卫生状况，加强生活饮用水水源防护和寄宿制学校的宿舍通风，及完善传染疫情报告制度，确保师生身体健康。

着力优化卫生信息化平台建设　2014年，崇义县被确定为江西省基层信息化项目建设二期县，项目总投资197万元，并提前半年安装实施。截至年底，18所乡镇卫生院及县皮防所都已完成了系统平台的安装。并投入使用，对医院管理系统和新农合报账系统进行数据对接，有效解决了新农合信息系统报账难问题。

血液管理和无偿献血工作扎实开展　严格遵守血液管理相关规定，无非法采血、输注异型血现象。通过新闻媒体、手机报、短信等多渠道宣传无偿献血活动，积极动员广大适龄公民积极参加献血活动。2014年，在全县开展无偿献血宣传活动达12万人次，组织开展了县乡无偿献血活动19次（其中县城11次，乡镇8次），参加献血人员共计1180人次，累计献血量达47.2万毫升。

【医药卫生体制改革】

新农合保障水平大幅提高　2014年，崇义县参加新农合人数达17.06万人，参合率98.14%，人均补助标准为390元，较2013年提高了50元，住院补偿年封顶线提高到8万元。同时，大胆创新，在全省首创新农合大病保障机制，从新农合基金中提取大病保障资金290万元对大病患者自付费用按比例给予补偿，年封顶线达25万元，补偿大病患者71人，补偿金额达90.23万元；对2013年度住院自费费用达7万元以上参合农民进行二次补偿，有效缓解了农民群众“因病致贫、因病返贫”问题。不断扩大定点村卫生所范围，基本实现全覆盖。将门诊大病（慢性病）的治疗准入证明办理与治疗下放合并到同一医疗机构办理，省却了群众来回跑的麻烦。各定点医疗机构自筹新农合报账周转金，保证参合农民出院即时报账，完全实现了“一站式”报账服务，极大方便了农民看病就医。据统计，2014年全县住院补偿2.18万人次，门诊统筹补偿26.34万人次，正常分娩补偿1164人次，特殊病种大额门诊补偿2456人次，转上级定点医疗机构就诊参合患者2896人次，新农合基金补偿金额约6156万元，受益面达167%。

国家基本药物制度不断巩固　在全县乡镇卫生院、村卫生室全面实施国家基本药物制度，抓好基本药物投入补偿、采购配送、配备使用、零差率销售等关键环节，严格落实各项政策、措施，巩固政府办基层医疗卫生机构基本药物制度实施成效。

截至12月底，全县基层卫生院共零差率销售基本药物2253.42万元，让利1802.74万元。实施国家基本药物的村卫生室平均配备基本药物品种数56种，共零差率销售基本药物193万元，让利154.4万元。

支付方式改革不断深化 在县内定点医疗机构实行脑瘫、中风后遗症按病种付费，补偿脑瘫患者52人次，补偿金额19.8万元，补偿中风后遗症患者135人次，补偿金额102万元；继续开展基本诊疗路径管理工作，促进基本药物合理使用。截至12月底，县人民医院、中医院和妇保院实施临床路径病种数增加至40种，病人数达869例；全县乡镇卫生院实施基本诊疗路径病种数达21种，病人数达728例（任务数600例），超额完成21.3%。

重大疾病免费救治扎实推进 一是继续开展"光明·微笑"工程，完善白内障患者信息资料，完成白内障复明手术72例，唇腭裂2例；二是建立"两病"免费救治长效工作机制，为符合免费救治指征的先天性心脏病患儿实施手术15例，白血病2例；三是积极做好免费血液透析工作，共有65人（累计8206人次）免费血透救治；四是实施重性精神病免费救治工作，免费救治289人；五是妇女宫颈癌乳腺癌免费手术治疗工作，免费救治乳腺癌患者5人。累计为重大疾病患者免去治疗费用达629.8万元。

公立医院改革试点工作有序推进 为做好县级公立医院改革准备工作，县卫生局组织人员多次到外县市考察调研，当好县委、县政府参谋。9月24日，县政府印发《崇义县公立医院"医药分开"改革实施方案》，要求在县人民医院开展"医药分开"改革试点工作。10月24日，县人民医院与江西华尔康药业有限公司签到了协议，积极协助受托方安排现库存药品的转接工作。12月1日，县人民医院"医药分开，药房托管"工作正式开展。

【公共卫生服务】

切实加强疾病预防控制工作 一是全面落实各项防控措施，有效预防和控制了人感染H7N9禽流感病、手足口病等传染病的发生与蔓延。2014年全县共报告手足口病病例72例，无重症和死亡病例，未发现人感染H7N9禽流感病例，未发生突发公共卫生事件，无重大传染病暴发流行。二是做好免疫规划工作。全县建卡儿童人数2451人，建卡率99.12%（省级规定98%），建证人数2248人，建证率99%（省级规定98%），以乡为单位疫苗接种率为96.91%（省级规定90%）。三是加强艾滋病、结核病综合防治宣传教育、监测检测、行为干预工作力度，组织县皮防所、县计生服务站、中山医院和上堡、聂都、长龙卫生院等6个医疗机构申报艾滋病检测点评审准备工作。四是加强麻风病的防控工作。进一步完善麻风病疫情监测，做到疫情及时、真实，完善病历及加强宣传教育，对现症病人监测30人次，对其家属体检50人次。五是做好地方病慢性病防控工作，共登记肿瘤病例129例，完成死因监测564例。

努力提高基本公共卫生服务均等化水平 2014年，全县建立电子健康档案18.78万份，建档率达96.8%（省级规定65%）；高血压病登记1.3654万人，规范管理7986人，管理率为42.3%（省级规定35%）；糖尿病登记1920人，规范管理1660人，管理率为21.6%（省级规定20%）；65岁以上老年人建档1.3962万人，管理率达89%（省级规定65%）；0－6岁儿童登记管理1.4715万人，管理率达81.9%（省级规定80%）；孕产妇管理1856人，管理率达81%（省级规定80%）；全县累计登记管理重性精神疾病患者700人，规范管理率达100%；编印《健康教育宣传册》12期，发放6万份；编印并发放手足口病资料9000份，手足口病挂画200份。

卫生应急能力得到提高 坚持"预防为主"的卫生工作方针，组建了由卫生行政管理部门、医疗、疾控、卫生监督共计50余人组成的卫生应急专业队伍，不断完善突发公共卫生事件应急处理机制，认真开展卫生应急演练活动，着力加强医务人员应急能力的培训。2014年，共组织应急演练2次，医疗救援演练2次。

妇幼爱卫工作成果继续巩固 扎实开展"妇幼健康服务年"活动，规范妇幼保健服务。帮助和指导基层医院提高妇幼保健及产、儿科能力，与18家基层卫生院签订双向转诊协议。规范县人民医院"产科急救中心"建设，建立完善孕产妇急救绿色通道。组织产儿科人员参加省级理论知识考试，并加强出生医学证明管理工作。截至12月底，农村孕产妇住院分娩补助2192人，补助金额60.09万元；免费发放叶酸1486人（市级任务数1000人）；免费婚检1475对，婚检率95.28%（市级规定85%）。完成新生儿疾病筛查2318人、筛查率85.79%（市级规定80%），听力筛查2138人，筛查率 79.16%（市级规定60%）。在“四城同创”活动中，全县最先通过省级卫生县城创建工作。继续积极组织医疗机构、学校、小区等相关单位开展健康教育宣传、控烟、除“四害”和大扫除等爱卫活动，不断巩固省级爱国卫生县城成果。

【中医药事业发展】 积极完善中医药事业发展政策，提升基层中医药服务能力，加强中医重点专科建设，着力推动全县中医药事业稳步发展。截至2014年年底，全县18个乡镇卫生院及130个村卫生所能提供中医药服务，16个卫生院及80个村卫生室可开展四项以上中医药适宜技术，上堡、思顺两个基层卫生院中药品种配备300种以上，积极创建中医药治疗慢性病特色科室，为当地群众提供质优、价廉、便捷的中医药服务。全县中医药服务能力建设得到了省卫计委副主任程关华和中医处处长钟玉祥的高度称赞。

【中心工作统筹推进】

党的群众路线教育实践活动成效显著 根据县委部署，县卫生局把教育实践活动当作首要政治任务抓实抓好，通过牢牢抓住三个活动环节，共召开座谈会24次、设立意见箱1个、设立网上邮箱1个、发放各类征求意见表和调查问卷500余份，收集汇总意见建议1430条，梳理汇总274条，其中“四风”方面242条，纳入专项整治38条，纳入制度建设204条，纳入具体问题整改32条；确定整改任务45项，其中专项整治5项，制度建设8项，具体问题32条，办结率分别为100%、100%、100%，各项整改工作高效推进，取得了显著成效。

征地拆迁工作扎实推进 在征地拆迁过程中，县卫生局主要领导和局征地拆迁工作队员充分利用“白+黑”“晴+雨”“5+2”的工作时间，深入征迁户家中贴心交谈、宣讲征地拆迁政策，取得了较好的成效，完成新征土地清表1.108公顷，拆除主体房屋3栋，附属房8间，顺利完成征地拆迁工作任务。

“三送”工作常态化 一是积极协调，向上争取到葫芦洞片区低电压改造、阳春片区移动信号塔、茶头坑片区生产生活用水改造、三八垙水坡改造和灌坑龙通组公路建设等多个项目，争取资金130余万元。二是积极帮扶扬眉寺村公益事业建设，走访慰问或帮扶困难学生、群众、老党员等，单位捐助资金达6.6万余元。三是邀请市级眼科专家到挂点村开展白内障免费筛查救治活动，免费体检102人次，健康咨询130余人次。四是开展柑橘黄龙病防控工作，普查病树4714株，砍除病树2201株。

【领导名单】

党组书记、局长	郑建军
党组成员、副局长	张荣根
	谢红梅
副局长	张兴鸿
党组成员、县妇保院院长	刘彩萍
党组成员、县农医中心主任	郭祝云

食品药品监督管理

【概况】 2014年，县食药监局全面贯彻落实中共十八大和十八届三中、四中全会精神，深入开展党的群众路线教育实践活动，紧紧围绕“保障公众饮食用药安全”这一中心工作，巩固省级食品药品安全示范区创建工作成果，切实履行职责，扎实推进全县食品药品安全监管各项工作。2014年度，全市食品药品监管工作绩效考评中被评为“食品药品安全监管工作优秀单位”

【建立健全食品药品安全预防预警机制】 制定完善崇义县《餐饮服务食品安全事故应急预案》和《药品和医疗器械安全事故应急预案》，组建崇义县药品和医疗器械以及食品安全事故应急处置专家库，制定《崇义县食品药品监督管理局食品药品安全风险评估分析会议制度》，结合崇义县山区特点，确定每年按农历节气春、夏、秋、冬四季各召开一次食品药品安全风险评估分析会议。对发现的食品药品安全风险信息进行细致全面地分析，进一步强化食品药品安全风险防范意识，增强食品药品安全风险分析能力，牢固树立防事故除隐患的“防患于未然”的安全意识。

【提升餐饮服务食品保健食品和化妆品安全监管水平】 一是开展化妆品经营使用单位违法违规专项整治行动。本次专项整治行动，共检查化妆品经营单位32家次，出动执法人员106人次，发现违法违规3起，责令整改2起，查处标签标识不符案件1起。二是进行学校食堂餐饮食品安全专项检查。分别于春季、秋季，严格检查了学校食堂从业人员健康体检合格情况，食品及其原料采购、储存和加工销售、卫生设施、设备的有效运行情况。完成县城学校食堂和乡镇学校食堂共265家次的专项检查，出动执法人员826人次，车辆109车次，下达责令整改通知书185份。三是积极开展校园及周边餐饮单位集中整治、全省皮蛋食品安全专项检查、“上海福喜”问题食品检查、食用明胶监管、

台湾地沟油排查、畜禽屠宰、餐饮会所清理整治、违法经营儿童鱼肝油、夏秋季食品经营领域食品安全监管、旅游景区餐饮服务食品安全、农村食品市场“四打击四规范”、火锅类市场餐饮安全专项检查、食品药品安全方面损害群众利益行为专项整治等10余次专项整治行动。四是配合省、市飞行检查组对崇义县餐饮经营单位和保健食品化妆品经营单位的飞行检查，督促问题单位按时整改落实到位。五是完成餐饮食品抽样快检工作，抽取食品原料（主要是食用油及鲜肉）共82批次，共检七个指标（苏丹红、农药残留、二氧化硫、甲醛、过氧化值、酸价和盐酸克伦特罗）的快检，82批次食品原料均检验合格。六是认真组织做好重大活动食品安全保障工作。完成中高考期间、国家体育总局领导来崇调研、创建全国生态文明（酒企）示范基地研讨会、县“两会”、四国男篮巅峰争霸赛、奥运冠军赣南苏区行、中秋国庆等重点时期以及重要活动的餐饮服务食品安全专项监督检查。共检查学校食堂及周边餐饮店82家次，其他有关餐饮服务单位156家次，保健食品经营单位32家次。共派出监督执法人员563人次，执法车辆102车次，及时查处所发现的问题，保障了全县中、高考师生以及重大活动时相关人员的餐饮食品安全。七是及时查处餐饮保化投诉举报，受理餐饮和保健食品方面投诉各1起，调查发现，均没有违法违规现象。

全年，共出动执法人员1495人次，检查餐饮服务单位1686家次，保健食品化妆品经营单位162家次，完成592家持证餐饮服务单位的量化分级管理，评定576家，责令整改16家。新核发餐饮服务许可证107份，组织餐饮从业人员体检1127人次，查处餐饮违法案件8起。

【整顿和规范药品医疗器械市场秩序】 一是加强药品抽检快检工作，2014年抽检192批次药品，其中送市局检验药品44批次，在县食品药品监督管理局快检室进行快检筛查药品148批次。为药品安全监管提供了强有力的技术支撑。二是深入开展药品流通领域各项专项整治。组织开展“医疗器械五整治”“打击侵犯知识产权和制售假冒伪劣药品”“节假日用药”“中药市场”“违法药品广告”“疫苗类生物制品”“一次性使用无菌和骨科植入类医疗器械”等专项行动，共出动执法人员482人次，检查医疗器械经营企业4家，占比100%；医疗器械使用单位178家，占比100%，下达责令改正通知书20份，查处使用无产品注册证书的医疗器械、使用过期药品和医疗器械、非法渠道购进药品和医疗器械等案件15起，医疗器械“五整治”等专项行动工作取得了显著成效。三是开展定制式义齿使用监督检查，检查义齿使用单位12家，查处使用无产品注册证书的定制式义齿案件1起。四是继续认真开展药品流通领域各项监管。加强对全县药品零售连锁企业实施“七统一”管理。继续实施“四品一械”分区管理，要求各药店按照普通商品、保健食品、药品、化妆品、医疗器械进行分区摆放，严格实行“四品一械”分区管理。进一步完善《药品安全电子地图》，实现了地理数据与监管数据的衔接，为药品追溯、药品安全监管、应急处理提供了支撑。五是采取强有力措施，集中打假治劣，查处并集中销毁了一批自开展党的群众路线教育以来在打击生产、销售假劣药品违法过程中查获的假劣药品、医疗器械等，以及近期个别药品经营企业主动清理出来的过期、失效、外包装污染、渗漏等药品。这批公开销毁的假劣药品、医疗器械、过期食品原料共计40多品种，500余件，货值3万余元。

【营造食品药品安全监管良好氛围】 一是通过县电视台、县手机报以及市、县网站等媒介，

滚动播放食品药品安全公益广告，刊登稽查打假简讯等相关信息，广泛开展电视、报刊、网络媒体食品药品安全知识宣传。二是为深入贯彻落实党的群众路线教育实践活动，保障广大人民群众的饮食用药安全，通过采取主题宣传活动、展板宣传、标语宣传、电视公益广告以及流动宣传车等多种宣传方式，全方位开展了食品药品安全知识宣传活动。利用一个多月的时间，以“流动宣传车”为载体，形成一个集声音、挂图、平面资料等于一体的宣传平台，深入乡村、街道、社区、学校等宣传食品药品安全知识，发放食品药品安全知识手册、宣传折页、宣传画等各类宣传资料1万余份，进一步宣传食品药品监管工作，鼓励和引导社会公众、新闻媒体、社会组织参与食品药品安全监管，形成人人参与、人人维护食品药品安全的社会共治局面。三是针对盛夏容易出现食物中毒以及中暑现象，加大夏季食品药品安全宣传力度，切实保障群众暑期饮食用药安全。7月8日，在南门广场举行食品药品安全知识现场宣传咨询活动，设立现场宣传咨询台，发放食品药品安全知识手册、宣传折页、宣传画等各类宣传资料6000余份。

【中心工作】 开展“三送”工作 2014年，县食品药品监督管理局继续挂点杰坝乡黄沙村。“三送”工作队员深入农户，积极帮助黄沙村民解决实际问题。2014年，组织开展食品药品安全知识进农家主题宣传活动，为群众免费送医送药；资助1万元帮助黄沙村山寨组完成2.5千米通组公路硬化；开展“金秋助学”活动，资助了4名困难学生，为他们发放助学金共计2000元；走访慰问困难群众，发放慰问金及物资2000多元；“七一”走访慰问困难老党员，发放慰问金及物资2000余元；积极开展名誉村书记“情系家乡、共建家园”活动，大力支持杰坝乡中洞村图书室建设，为其捐赠书柜10套以及桌椅20余套，总价值1万余元，极大改善了村民的阅读环境；积极向上级争资争项，完成了黄沙村陂下组自来水工程建设；向上争资5万元用于黄沙村“5•16”洪灾后河道清理；调处“三送”点农户山林纠纷、建房纠纷、道路纠纷等6起。

开展党的群众路线教育实践活动 成立党的群众路线教育实践活动领导小组，制订活动实施方案。按照活动方案要求，积极扎实组织开展、推进党的群众路线教育实践活动，深化学习、听取意见，深化问题查摆、开展批评，整改落实、建章立制，坚持边学边改、边查边改，取得了较好成效。

【领导名单】

党组书记、局长	邹能璋
党组成员、副局长	麦才镜（6月任）
	胡名川（6月任）
党组成员、主任科员	陈俊源（1月任）

疾病控制

【概况】 崇义县疾控中心现有各类专业技术人员25人，中级职称12人，内设办公室、疾控科、业务科、检验科、性艾科及结防门诊和预防接种门诊等，中心占地面积3300平方米，建筑面积2920平方米，其中实验室面积1600平方米，实验室现有仪器设备46个品目98台，建有理化实验室、微生物实验室、HIV初筛实验室、原子吸收室、气相色谱实验室等，截至2014年，能开展国家规定的县级疾控中心A类检测项目105项，卫生服务能力得到较大提高。2014年，崇义县疾病控制工作坚持以十八大和十八届三中、四中全会精神为指导，以党的群众路线教育实践活动为抓手，切实转变工作作风，认真履行疾病预防控制工作职能，积极落实各项疾病预防控制措施，免疫规划工作质量得以提升，全县免疫规划疫苗接种率达90%以上；有效应对人感染H7N9、H10N8禽流感、埃博拉等重大传染病疫情的威胁，全县无重大传染病疫情发生；手足口病防控工作措施及时有效，全年共报告手足口病病例 89 例，无重症和死亡病例；结核病、艾滋病等重点传染病防控工作有序推进，2014 年，发现治疗结核病人 164 例，发现 HIV 阳性感染者 / 艾滋病病人 3 例，规范治疗管理 3 例；慢病防控工作全面展开，肿瘤监测、死因登记与口腔干预项目进展顺利；医防合作机制已基本建成，疾病控制体系建设不断完善。

【疫情情况】 2014 年，全县报告传染病 871 例，死亡 1 例。无甲类传染病报告，乙类传染病 450 例，丙类传染病 421 例。发病率为 414.76/10 万，死亡率 0.48/10 万，病死率 33.33%。与上年同期相比发病率增加了 4.81%，死亡率下降了 50%。未发生人感染 H7N9 禽流感、埃博拉等传染病疫情，未发生突发公共卫生事件，无重大传染病暴发流行。

【免疫规划】 2014 年，免疫规划工作立足规范服务行为、提升服务能力、增强服务实效，从人员经费保障，强化预防接种门诊建设、规范接种服务、提高预防接种率，加强督导着手进一步推动全县免疫规划工作。全年儿童建卡人数 3102 人，规范建证 3061 人，各类免疫规划疫苗接种率分别为卡介苗 98.11%，乙肝疫苗 99.31%，乙肝疫苗首针及时率为 99.01%，脊灰疫苗 95.03%，麻疹类疫苗 95.21%，百白破疫苗 94.37%，甲肝疫苗 91.23%，A 群流脑疫苗 92.22%，乙脑疫苗 92.14%，A+C 群流脑疫苗 90.33%，白破疫苗 90.28%。计免疫苗针对性疾病的监测工作有效开展，继续对计免针对性疾病实行“零”病例报告与主动监测制度。开展预防接种星级门诊创评工作，全县 16 个乡镇卫生院预防接种门诊基本达到合格门诊标准，县疾控中心预防接种门诊在数字化接种门诊基础上不断完善实施，提升服务，争创全省五星接种门诊。

【人感染 H7N9 禽流感防控】 年初，全省多地陆续出现人感染 H7N9、H10N8 禽流感疫情，为有效应对崇义县可能出现的人禽流感疫情，县疾控中心积极采取有效防控措施，调整了人感染 H7N9 禽流感防控工作领导小组及应急处置专业组，并组织医务人员进行了人感染 H7N9 禽流感防控知识培训，重点是《人感染 H7N9 禽流感疫情防控方案（第三版）》等内容，开展了一次应急演练；印发《崇义县人感染 H7N9 禽流感防控应急预案》，完善了应急值班制度，实行领导带班，24 小时值班制，要求值班人员及应急工作队员 24 小时电话畅通；备齐消杀药品、采样设备、应急处置设备等；对农贸市场禽类宰杀人员、销售人员进行采样、宣传、建立健康档案，实行疫情零报制度，做到每日一分析一报告；加强与农业、林业等部门的联防联控工作，并通过发放宣传资料、在电视台播放防控知识专题片提高群众人感染 H7N9 禽流感防控知识，全县未发生人禽流感疫情。

【手足口病防控】 进入 4 月以来，手足口病疫情上升趋势明显，防控形势严峻，县疾控中心主要采取有效防控措施，加强组织领导，调整手足口病防控工作领导小组，完善应急预案，加强联防联控工作机制，进一步明确各部门责任，联合妇保、教育等部门组织工作人员到学校、幼托机构指导开展晨检，环境卫生、健康宣传落实情况，督促学校主动搜索病例，指定专人向疾控中心报告；加强医疗卫生机构疫情报告督导，确保不漏报病例；开展健康教育活动，在单位电子屏、电视、宣传展板及电视台播放手足口病宣传专题片、宣传标语。2014 年，崇义县共报告手足口病病例 89 例，无重症和死亡病例。

【艾滋病防制】 加强艾滋病自愿咨询与检测工作，规范现有的 3 个 VCT 工作室，进一步加强初筛检测实验室工作建设，艾滋病检测点建设已覆盖 100% 的乡镇中心卫生院和社区卫生服务中心及 30% 的乡镇卫生院；加大了初筛工作力度，据统计全县初筛实验室共检测样本 1.1391 万份，发现 3 例 HIV 阳性感染者，其中报告现住址为崇义县的 HIV/AIDS 病例 2 例（AIDS 1 例、HIV 1 例），完成了全年发现任务的 200%；规范了艾滋病病人的治疗和管理工作，3 例艾滋病病人接受规范化抗病毒治疗；强化了联防联控工作机制，根据工作需要调整了防治艾滋病工作委员会，明确了各责任单位工作职责；高危人群行为干预工作得到加强，健康教育工作进一步拓展，在全县100多个行政村设立固定的艾滋病防治宣传栏，在铅厂、长龙两个艾滋病示范乡镇开展艾滋病防治宣传4次，制作大型宣传牌2块，在电视媒体播放艾滋病防治知识宣传片一个月，利用12月1日世界艾滋病日，在铅厂中学开展艾滋病防治知识进校园活动，提高青少年防艾意识。

【结核病防治】 全县结核病防治工作以“提高传染性肺结核病人发现率、治愈率、降低肺结核病人患病率，死亡率”为工作目标，着重加强了学校结核病防控措施，联合教育局下发《关于做好学校结核病防控工作的紧急通知》，组织召开了疾控、医疗、教育3部门结核病防治工作联席会议，开展结核病防治知识进校园活动，严格执行传染性结核病患者休学制度及密切接触者筛查工作。2014年，全县共发现和治疗活动性结核病人164例，其中新涂阳76例，完成全年任务的100%，复治涂阳病人16例，重症涂阴病人15例，普通涂阴52例，结核病胸膜炎3例，其他肺外结核5例。完成痰标本细菌培养及药敏试验7例，发现耐多药患者1例。对乡镇督导126次，访视结核病人257人次，病人规范治疗管理率达95%。完成各项结核病防治规划工作任务。

【慢病防制】 积极推进慢病防控示范区建设，组织慢病防治人员到新建、靖安等成功创建示范区的县学习，县政府成立了由县长任组长、各职能部门为成员的创建慢性病综合防控示范区工作领导小组，明确了相关机构的工作职责，并制定《崇义县创建慢性病综合防控示范区工作方案》。深入推进全民健康生活方式行动，以“和谐我生活，健康中国人”为行动主题，在铅厂、过埠2个乡镇开展示范乡镇工作，利用全民健康生活方式行动日、全国爱牙日、全国高血压日、联合国糖尿病日等健康主题日发放宣传资料、进行健康咨询，开展健康干预现场活动，并充分利用电视、网络等主流媒体，制作宣传片在黄金时间每日连续播放一个月，广泛宣传健康生活方式有关知识。全年管理高血压患者7487人，糖尿病患者1745人。抓好肿瘤登记和居民死因监测工作，共登记肿瘤病例196例，完成死因监测641例。落实江西省地方病防治规划相关工作要求，5月，在长龙村进行氟斑牙调查，调查7～12岁儿童71名，查出轻度患病14人，无中度及以上患病者，患病率为29.5%，氟斑牙指数为0.66。开展碘盐监测300户，碘含量合格样本276份，合格率为92%。完成三热病人血检165例，完成全年任务的117%，未查出疟疾病人。截至4月，境内口腔疾病综合干预项目工作对2所学校的3460名学生进行了口腔检查，覆盖率为92%，口腔封闭学生数848名，封闭牙数为3017颗，组织复查182人，完好率为95%，已全部完成2013年项目工作任务。2014年，项目进展顺利，已完成1200颗牙齿封闭任务。

【文明建设】 县疾病控制中心是连续五届市级文明单位，2014年再次获此殊荣。该中心在精神文明建设方面：一是强化组织领导，建立精神文明建设长效机制；二是营造浓厚的文明创建活动氛围，在预防接种门诊、结防门诊等服务窗口设立文明创建窗口，在办公区，会议室设立文明宣传牌，在公共区域设立宣传栏；三是办好道德讲堂，在会议室布置道德讲堂的标识和道德经典语录，制定道德讲堂课程，定期开办道德讲堂，包括了道德经典诵读，王阳明心学、身边的典型事例等丰富的内容；四是成立卫生防疫志愿服务队，开展送医送药、学雷锋志愿活动，积极开展义务献血，2014年全中心超过30%的人参与无偿献血活动，献血量1000余毫升；五是开展丰富多彩的文化娱乐活动及读书月活动，丰富职工的业余文化生活，营造健康向上的疾控工作氛围。

【领导名单】

主　任　张青生

卫生监督

【概况】 2014年，县卫生监督工作结合群众路线教育活动加强内部管理，完善各项规章制度，加强机关效能建设，注重卫生执法队伍业务培训，规范卫生监督执法行为，树立卫生监督新形象，认真开展各项卫生监督执法工作。

【促进效能建设】 结合群众路线教育活动加强单位内部管理，县卫生监督所在整改落实、建章立制阶段制订一系列内部管理制度，以制度管人，保证单位正常工作秩序。在听取群众意见提出“办事程序烦琐”，县卫生监督所立即协调各其他部门简化办事程序，缩短申请办证时间，为群众办证提供方便，使办证效率大大提高，得到群众的好评。

【提高卫生监督人员业务水平】 2014年，采取走出去，请进来的形式，先后选派9人（次）参加省市举办的卫生监督培训班。单位在群众路线教育活动学习教育阶段，开展了5次卫生监督法律法规学习。8月，承办市卫生监督员培训班，同时召开全县卫生监督协管培训班，大大提高了卫生监督人员和监督协管员的思想素质和业务水平。

【业务工作】

保持打击非法行医高压态势，确保人民群众就医安全 根据赣市卫法监字〔2014〕10号《关于印发2014年赣州市监督重点检查计划的通知》文件、县委、县政府、县卫生局的领导指示精神，县卫生监督所与有关部门积极配合，保持对非法行医药的高压打击势态，巩固近几年打击非法行医成果，进一步规范了医疗卫生市场，维护了广大人民群众的健康利益。县卫生监督所结合群众路线教育活动对全县医疗机构进行了网格化管理，所有医疗机构门张贴上了卫生监督牌，方便群众投诉举报违法行为，规范医疗卫生行业，得到了群众的肯定。各类医疗案件及时受理查处，做到有案必查，违法必究。在办案过程中，做到纪律严明，程序规范，执法严格，打击有力。到年底，已监督检查139家医疗卫生机构（含乡镇卫生院、村卫生所和个体门诊），对115家有违法行为的单位（个人）进行了行政处罚，罚款10.6万元。

加强组织学习和生活饮用水的监管 2014年，县卫生监督所组织全县所有乡镇饮用水负责人到赣州市卫生监督所进行了培训，提高了他们的业务素质和法律意识。对全县6个饮用水单位进行了监督检查，共出动28人次和完成20份水质快速检测。完成25名从业人员的培训和健康证的发放，采自来水水源水18份、出厂水23份，末梢水46份。对现场检查和监测发现的问题，及时要求有关水厂改正，保证了全县的饮用水安全。

继续加强放射卫生日常监督 2014年，对由县卫生监督所发证的19家放射医疗机构进行了全面检查和监测，发现问题就要求及时整改，督促医疗机构落实人员资质和病人防护等比较突出的问题。经过整改，对19份放射诊疗许可证进行了校验。县卫生监督所积极配合市卫生监督所对拥有CT设备的崇义县人民医院、崇义县中医医院和扬眉卫生院进行严格监督。

扎实做好公共场所监督检查，完善长效监管机制 2014年，对全县所有公共场所进行全面检查，理顺了职能，完善了档案。全年共监督检查美容、理发、住宿、游泳场、舞厅、游戏室和大型超市等公共场所216户，查验换证168户，健康体检591人，体检合格率99%。重点检查公共场所卫生管理制度落实情况，空气和微小气候，顾客用具和卫生设施是否符合卫生标准和要求，直接为顾客服务的从业人员是否持有有效“健康合格证”等情况。认真搞好崇义县公共场所档案管理，建档率达到了100%，充分保障了崇义县公共场所经营单位资料完善性、安全性，同时做好档案日常更新，及时增减。有效做到档案资料最新化。

开展学校卫生专项检查和传染病防治执法检查 县卫生监督所联合县教育局开展了学校春、秋季传染病防控工作的监督检查，重点检查了有关传染病防控工作的制度和措施落实情况，预防了传染病的流行、确保了学生的健康．在全县118所学校进行了学校卫生自查的基础上，抽查了22所有住校学生的学校，重点检查了学生的宿舍、饮水、教室、厕所的卫生状况。完善了118所学校卫生档案，并督促学校建立了学生健康档案。

积极开展职业卫生工作 根据省市文件要求，在上级统一部署下，县卫生监督所认真开展了职业健康状况调查工作，全所卫生监督员深入厂矿企业调查摸底，监督检查有关职业病危害因素企业工矿16户，建立了涉及职业危害企业的档案16户，县卫生监督所积极做好职业病防治法宣传工作，使企业深刻认识到了职业病防治的重要性和紧迫性，积极开展了职业健康检查。

进一步完善卫生监督协管网络 一是强化培训，不断提高卫生监督协管员法律知识水平。组织全县卫生监督协管员同全市卫生监督员班训班同时进行了集中培训，对提高全县卫生监督协管员法律素质，全面推进依法行政，起到了积极推动作用。二是进一步完善了卫生监督协管的各项制度和工作方案以及考核方案，使协管员和信息员能够迅速进入角色，开展工作。

【领导名单】

所　长　肖厚忠

人民医院

【概况】 2014年，县人民医院按照稳中求进、改革创新的核心要求，围绕县级公立医院改革，提高医疗卫生服务能力建设和加速推进住院大楼工程建设，加强医德医风和行风建设等四项工程建设，深入实施开展“三好一满意”活动、“医疗质量安全和控制费用年”活动、“平安医院建设暨打击涉医违法犯罪”活动、“纠正医药购销和医疗服务中不正之风专项整治”工作，贯彻落实国家卫生计生委《加强医疗卫生行风建设九不准》，扎实开展党的群众路线教育实践活动，奋发拼搏，主动作为，为开创医院振兴发展新局面奠定了扎实基础。全年实现医疗收入6737万元，与上年相比增加281万元，同比增长4.35%。其中，药品收入2983万元，占44.28%；医用耗材收入493万元，占7.32%。总支出6832万元，增长354万元，同比增长5.47%；医疗业务成本5504万元，增长310万元，同比增长5.97%。全年门急诊量16.27万人次，增加9400人次，同比增长6.13%；出院人次8288人，出院者占用总床日数5.3961万日，病床使用率122%，全年总手术量3050例。全年平均每一门诊诊疗人次医药费为155.87元（其中药费69.72元），平均每一出院者住院医疗费用为4851.37元（其中药费2141.99元）。全院医疗收入/固定资产比率为116.83%，业务收入/业务支出的比值为1/1.01。

【不断增强医疗卫生服务能力】

进一步加强制度规范性建设 2014年，继续组织人员对医院工作制度、岗位职责、法律法规等进行梳理审核，结合本院工作实际，将制度要求贯穿于医疗工作的各个方面、各个环节。现已完成编撰《崇义县人民医院工作制度汇编》（上、下册）及《岗位职责汇编》《法律法规汇编》《爱婴医院相关资料汇编》《重大传染病防控资料汇编》《疾病预防控制相关制度汇编》等七本文化品牌建设系列丛书，并下发各科室学习使用。

医疗质量持续改进，服务能力全方位提升 医疗质量是医院工作的生命线，是医院管理的核心，是医院生存发展的根本。2014年，围绕第三周期等级医院评审标准，扎实开展“医疗质量安全和控制费用年”活动，狠抓医疗质量管理，全面规范诊疗行为。进一步健全医疗质量管理与控制体系，细化质量控制工作模块、工作标准和工作要求，落实责任到人。进一步完善质控标准和指标体系，出台临床科室、医技科室和行政职能部门工作质量考核标准，将医疗质量纳入数字化管理轨道。卫生应急和院前急救能力有提高，行为愈加规范，参加处理社会应急能力有突破。全年按照政府指令参与公共卫生应急服务30余次，派出医护人员100余人，特别是成功处置了长龙镇“6•18”小学生食物中毒事件和扬眉镇“8•15”伤人事件。职业健康体检工作能力增强，纳入规范化轨道。顺利完成了全县公务员、教师、高考、征兵等体检工作，全年为社会各界人士进行健康体检1.2197万人次。每季一期的《医务简报》继续以季度医疗质量大查房为主线，结合日常培训、监控、考评、整改、落实情况，系统汇总医疗服务与安全管理中执行核心制度的情况及持续改进工作，涉及内容有卫生法规，科室管理、病历质量，诊疗质量，临床路径管理、输血管理、处方点评及抗菌药物临床使用管理，围手术期管理，不良事件管理，医院感染管理及传染病管理，护理管理、医疗费用控制等诸多科室运行档案，并下发整改通知书，使之有效进入PDCA循环，将医疗服务质量和安全监管工作落到实处。顺利通过职业健康检查机构资格复评和爱婴医院市级复核。

认真开展“平安医院创建暨维护医疗秩序打击涉医违法犯罪”活动 医院成立了创建“平安医院”暨维护医疗秩序打击涉医违法犯罪专项行动领导小组，制定了医疗纠纷应急处置预案，建立了医患纠纷调处梯队，加强了保安队伍建设。通过开展涉医矛盾隐患大排查，建立涉医矛盾隐患大排查工作制度，落实整改台账，增进医患沟通，畅通投诉渠道，规范接待流程，加强医院内部巡查守护，落实医院内部治安保卫责任，强化医院安全防范系统建设，邀请法律顾问举办《江西省医疗纠纷预防与处理条例》讲座等举措，切实保障医患双方生命财产安全，构建和谐医患关系，医疗纠纷和投诉明显下降，取得了良好的社会和经济效益。

稳步推进临床路径管理和城乡医院对口支援工作 临床路径及单病种质量管理工作有新起色，对口帮扶工作实现常态化。2014年，逐步扩大实施临床路径专业病种，在原有15个病种的基础上新增加17个病种，全院共开展临床路径病种32个，入径管理病例 376 例，入径后完成率 95%。扎实开展城乡医院对口支援工作，全年接受上级医院支援医师 6 名，通过开展教学查房、手术示教、业务讲座、疑难病例会诊、带组管理住院病人等方式不断提高业务技术水平，促进学科建设。同时，县人民医院认真做好对口支援乡镇卫生院工作，通过捐赠医疗设备、培训业务骨干、开展义诊、手术指导、推广适宜技术等方式，帮助乡镇卫生院提高医疗服务能力，2014 年捐赠乡镇卫生院救护车 2 辆、螺旋 CT1 台，培训业务骨干 23 人次，推广适宜技术 2 项。

加强护理工作，提高临床护理服务能力和水平 全面推行责任制整体护理的服务模式，全力推进“以病人为中心”的优质护理服务工作。2014 年，新增 2 个科室为优质护理服务示范科室，优质护理服务示范病房总数达 8 个，占全院病房总数的 80%。在扩大优质护理服务示范工程实施范围的基础上，总结经验教训，在人员培训、病房管理，落实基础护理措施，健康教育及重点科室、重点环节管理上不断推陈出新，取得良好效果。2014 年，将护理工作纳入院长调研专题，通过开展护理工作专题调研活动，着力解决护理工作发展过程中存在的差距和不足，积极探索和推行护理岗位管理模式改革，进一步明确护理工作的发展方向和路径。成立住院病人回访中心，对出院病人进行满意度调查，普及康复知识。护理人员整体素质进一步提高，患者对护理服务满意度达 96.9%，较往年提高 0.75%。选派护士长、护理骨干到上级医院进修学习，组织护理管理人员参加户外拓展训练等，充分调动了全院护士的工作积极性，增强了团队凝聚力。为纪念“5•12”国际护士节，弘扬南丁格尔救死扶伤的人道主义精神，成功举办了以“无悔的青春 假如我是一个病人 护士的故事 病人在我心中”为主题的征文活动，并在医院网站上择优刊载和制作专栏进行宣传，弘扬了医院文化，展现了护理人员的新面貌。

进一步夯实医院感染管理和公共卫生管理 修订并完善医院感染质量控制标准和医院感染管理三级体系建设。全年监测住院病人 8233 例，发生医院感染 61 例，感染率为 0.74%。加强对性病、艾滋病病人及“三热”病人的监测，落实肿瘤登记监测报告和居民死因监测报告工作，严格了胎盘和死婴的管理。添置生物监测培养锅，加强医疗器械清洗消毒灭菌管理工作和医疗废物管理工作。开展现患率调查，强化了手卫生监测、多重耐药性监测、手术部位感染监测、围手术期预防用药监测、ICU 目标性监测和新生儿目标性监测等，进一步规范了感染性疾病门诊就诊流程。不断夯实公共卫生管理工作，认真贯彻落实手足口病、人感染 H7N9 禽流感、埃博拉和登革热医院感染控制要求，加大医院感染防控力度，组织开展了全院型的手卫生知识培

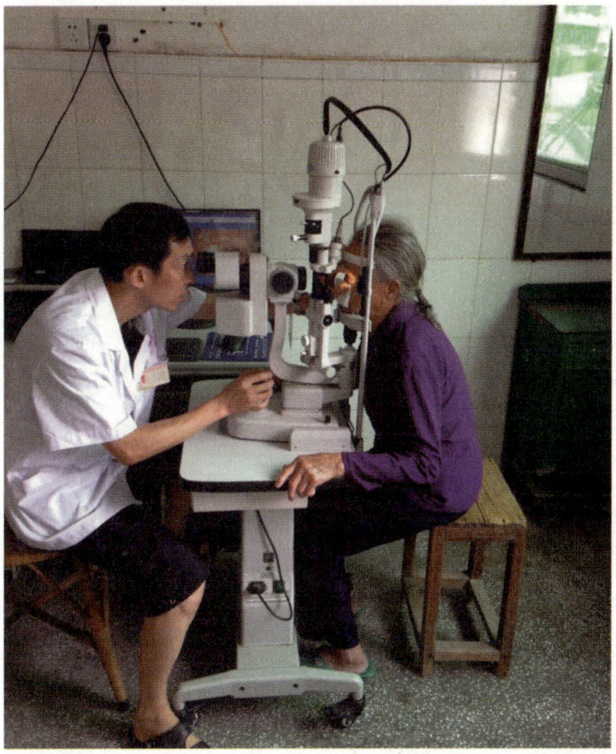

训考核，成功举行埃博拉出血热病例转运模拟演练，进一步提高了医务人员应对突发公共卫生事件的能力。

进一步加强医院药事管理 继续开展以抗菌药物使用为重点的临床合理用药。按照“阳光医药”的规定要求，凡是中标的品种全部实行网上采购。加强药品、耗材的采购、验收、贮存管理。落实毒、麻、精、放等特殊管理药品的安全管理制度，进一步规范特殊管理药品的购入、使用和处方书写。全面推行基本药物制度，鼓励医生首先选用基本药物，2014 年基本药物使用率达到 34.32%，较往年提高 3.66%。继续采取处方、医嘱点评方式，对存在不合理用药的医师进行诫勉谈话、通报批评和经济处罚，医师用药情况实行动态预警。为使“抗菌药物临床应用专项整治活动”取得预期效果，在原有各项控药措施的基础上，继续采取院长与临床科主任签订责任状，利用信息化手段，严格抗菌药物的分

级使用管理，特殊使用级抗菌药物严格审批程序，公示不合理用药医师名单以及加大经济处罚力度的手段，促使抗菌药物的使用走向规范合理。

强化人力资源管理，人才队伍建设不断夯实 人才是第一资源，人力资源是医院发展的根本保证。坚持以人才队伍建设为核心，加大人才培养力度进而加强学科建设，着力实施“人才兴院”战略。全年选派4名骨干医师到省、市级医院进修学习，外出短期培训达110余人次，组织30名护理骨干、护士长参加省、市护理专科学习，选派9名护士到上级医院进修培训，院内继续教育及实用技能培训达180余场。2014年，根据医院发展人才规划，通过大学生双选会、个人自荐、社会招聘等形式择优引进临床、护理和医技人员33人，保安6人，水电工1人和120司机1人。为切实解决聘用人员编制问题，县人民医院申报招聘计划36名，经赣州市2014年医疗卫生事单位公开招聘考试考核合格人员有21名，录用工作已完成。同时，办理辞职手续有11人。面对当前人员人才流动愈加频繁等多种复杂因素和局面，县人民医院努力在力所能及的情况下尽力争取政策环境，尽力提升职工待遇。2014年，医院共出资316万元为职工办理了养老保险、医疗保险、工伤保险、住房公积金等，为全院职工发放高温津贴和取暖费，为未休假职工发放补助费，适当发放误餐费补助，职工生活待遇明显提高。

继续实施“科技强院”战略 县人民医院投入巨资强化医疗设备设施的改善，服务能力得以快速增强。全年投入资金1000余万元进行设备设施建设，招标采购了德国产西门子16排螺旋CT、多功能X线高频数字胃肠机、全数字化超声诊断系统、监护仪、物理控温仪、封口机、生物培养锅、肺功能监测仪等医疗设备，增加了护士工作站，医院信息化系统完成改造升级，新建了CT机房。这些设备设施的引进和投入使用，必将提高医院诊疗水平，增强医院的核心竞争力。全年发表学术论文5篇，结题市级指导性科技计划项目课题2项。

开通门户网站，拓宽健康知识传播渠道 县人民医院门户网站于9月9日正式上线开通。网站建设以传播健康知识、活跃医院文化和院务公开为主要功能定位，坚持以病人为中心、以群众满意为标准和以人为本服务社会的理念，强化资源整合与信息共享，方便群众就医。网站设置了医院概况、工作动态、信息公开、院务公开、医院文化、专家介绍、法律法规、健康讲堂等板块。网站开通以来，已审核上传各类文章信息116篇，较好地起到了传播健康知识、丰富医院文化、营造良好学习氛围的作用。

“三送”工作全覆盖常态化深入开展 组织“三送”干部到挂点村思顺乡山院村上门入户宣传中共十八大和总书记习近平系列重要讲话精神，发放宣传资料2000余份，组织青年志愿者开展了黄屋组水圳清淤除杂活动，共疏通水圳近800米，积极协助山院村向上争资立项，争取资金32万元用于村组公路硬化和水利设施建设维修，县人民医院捐助2万元用于远坑尾通组公路硬化，捐助水泥10吨用于远坑尾水圳维修，捐赠山院村小学价值8500余元的课桌凳，捐赠山院村卫生所价值3000余元的医用设备，全年为19户困难户送去价值1万余元的节日慰问金及慰问品等，受到了村民的好评。

【快速推进新住院大楼工程建设】 县人民医院新建住院大楼工程是县委、县政府落实“十二五”规划的重点工程之一，是崇义县最大的民生工程。工程总投资约8000万元，于2013年1月立项，框架结构，总建筑面积1.962189万平方米，大楼高63.9米，共13层。设置床位数500张，安排有手术室、重症监护室（ICU）、血液透析室、消毒供应室、中心药房、内科、外科、妇产科、儿科、中医治疗科、五官科、“120”指挥中心、阶梯教室等20个科室（病区），配备有中央空调、太阳能热水、广播电视与网络、中心供氧、中心负压吸引、层流万级手术间、标准产房等设施。大楼安装电梯6部，楼内污水经处理后标准排放。8月，顺利完成主体封顶验收，现进入后续配套工程安装及装饰装修阶段。

继续开展光明微笑工程、重型精神病及尿毒症免费救治等民生工程，积极承担社会卫生事业职责。2014年，实施光明微笑工程88例，减免医药费用6万元，实施贫困家庭重型精神病免费救治164人次，实施尿毒症免费血透救治4066台，增加1246台，同比增长44%，减免医疗费用13万元，继续落实农村孕产妇住院分娩补助政策，补助金额19.6万元。为解决全县十几位地贫患儿的治疗用血紧张问题，县人民医院主动向市卫生局及市中心血站沟通汇报，使崇义县地贫患儿的用血得到了保障。此外，县人民医院还积极开通绿色通道救助“三无”人员，慰问帮助困难住院群众等，均受到广大群众的好评。

【加速推进县级公立医院改革建设】 积极开展“医药分开、药房托管”试点工作。为统筹推进全县公立医院管理体制、药品供应、价格机制等方面综合改革，着力规范药品流通领域管理，提升医药服务水平和效率，根据县委贯彻落实《中共中央关于全面深化改革若干重大问题的决定》的若干实施意见和县政府《关于印发崇义县公立医院“医药分开”改革实施方案的通知》工作要求，县人民医院在全县率先开展“医药分开、药房托管”试点工作，并于12月正式实施。旨在通过建立科学合理的公立医院补偿机制，减少药品的流通环节，降低药品的价格，破除“以药养医”顽疾，有效缓解“看病贵”难题，切实减轻群众就医负担。

积极探索后勤服务社会化管理模式。为满足人民群众日益增长的优质服务需求，县人民医院成立了后勤服务中心，积极探索和逐步推进后勤工作机制改革，2014年实行被服清洗、陪护床及香藤水提供等社会化管理模式，为建立医院后勤管理与服务职能相分离的管理体系积累了经验。

【扎实开展行风建设和医德医风建设】 深入贯彻落实国家卫计委《加强医疗卫生行风建设“九不准”》，切实转变工作作风，全力推进医院行风建设和医德医风建设。2014年，县人民医院深入开展党的群众路线教育实践活动，紧紧围绕为民务实清廉主题，认真贯彻“照镜子、正衣冠、洗洗澡、治治病”总要求，以解决“四风”突出问题为导向，以转变工作作风为主要抓手，加强思想道德建设，大力弘扬医院核心价值观，加强行风建设和医德医风建设，知行合一解决民生问题，取得明显成效。2014年有效解决了产妇没地方烧香藤水、住院病人陪住床不够、停车位不够、做CT检查有时排队等候时间过长、上午门诊及需检查的病人等候时间过长、门诊病人取化验单不方便、病人出院后对康复知识了解不够等10件民生实事，全院平均病人满意度由年初的82.3%提升到年末的98.1%。树清风正气，抑歪风邪气，全年共有18人因各类违规违纪问题受到诫勉谈话、通报批评或经济处罚，2个科室受到书面（或口头）通报批评。强化作风支撑，增强责任担当，大局意识和责任意识明显增强，工作作风明显改进。

【成绩与不足】 全市临床技能大比武护理组、院感管理组和妇产科医师组均获团体三等奖，全市“五一”巾帼标兵岗，全县“三送”工作先进单位，全县工会工作先进单位等。有7人获得市、县、局先进个人，6人被评为医院优秀共产党员，特别是2014年有6人被评为医院年度突出贡献人员，分别是：披星戴月，迎接和守护生命，带领团队克服科室人员紧张和工作任务重的双重压力，实现两个效益双丰收的妇产科主任余作香；退而不休，言传身教，践行超越自我的价值取向；默默无闻，勤勤恳恳，在平凡岗位上书写“爱岗敬业”新篇章的门诊医师邱文茂；身兼数职，尽职尽责，为临床一线提供优质服务；乐于奉献，任劳任怨，用责任、忠诚和执行力为医院项目建设添砖加瓦的人事科主任曾宪伟；仁心仁术，为患儿倾注一腔热血，全年门诊量创新高；率先垂范，为科室管理尽心尽力，贡献智慧和才干的儿科主任朱经林；在全市临床技能大比武中收获荣誉，为医院增光添彩的临床技能大比武获奖团队；用行动践行使命，率领团队凝心聚力奉献力量；用汗水诠释担当，不断谱写优质服务新华章的麻醉科主任洪跃飞。成绩的取得来之不易，凝聚着全院干部职工的心血和汗水。

医院在取得成绩的同时，也存在一些不足，主要有：一是部分科室干部安于现状，不思进取。推进改革、创新发展的能力不强，热情不高，岗位职责履行不到位。二是医疗技术层次不高，科室专业梯队支撑体系还未完成。重点科室重点专业技术推进不够好、不够快，社会影响力小，带动效应、辐射作用差。三是工作人员的沟通能力不足，主动服务意识不强，群众就医体验不好。四是技术临床运用不够规范，院前急救手段不够健全。五是医院信息化技术水平、设备设施不够高，精细化程度不够；六是基础设施滞后，群众不满意。现有医疗用房不足、功能不全、流程不畅、住院环境差、医疗运行成本高。

【领导名单】

院　　长	刘事明
党支部书记	张新生
副院长	卢和林
	王进生
	刘声玉（1月免）
党支部副书记	刘金平
副院长	刘志芳
	刘　扬（1月任）

中医医院

【概况】 2014年是崇义县中医医院成立30周年，回顾30年来，中医院的建设与发展走过了一条不平凡的路。1984年7月1日，县中医院正式挂牌成立；1986年3月，经县人民政府第39次县长办公会议研究确定为“全民所有制单位”；1988年，开始把中医院列为事业单位企业化管理的试点，县委下发《关于县直事业单位实行企业化管理的实施意见》，确定县中医院引入企业管理的竞争机制、激励机制和风险机制；同年8月，公开招选县中医院院长。1990年12月，通过达标验收检查获省卫生厅发给“达标验收合格证”。连续三年获县级“文明单位”称号。2000年3月，通过省卫生厅组织专家评审，由省卫生厅发给“二级甲等”中医医院牌匾。2000年6月，县委、县政府决定县中医院转制，停止财政拨款，但医院作为事业单位性质不变，其性质为“股份制非营利性县级中医医院”，仍然是崇义县中医工作的中心基地，按照国家中医政策办医，办成具有中医特色的县级中医院，同时承担全县中医教学、实习、科研等任务和享受社会医疗保险定点单位待遇。2007年4月，县中医院进行股份调整，股权调整变更后“保留县中医院现有差额拨款事业编制，参照事业单位人事管理办法，在职人员实行人事代理和聘用制”。“在职人员和调入在编人员身份不变，即享受职务（职称）晋升，医疗保险、住房公积金补贴待遇（退休人员待遇参照其他医疗机构享受同等待遇）”。2011年年初，接受省卫生厅委托市卫生局组织“二甲”复评工作，再次发给“二级甲等”中医医院证书。2014年，设病床100张，全院职工138人，其中医技人员114人，占职工总数的82.6%，有高级职称的副主任医师4人，中级以上职称15人，执业医师（含执助）40人，注册护师（士）45人，药师4人，技师6人，全年门诊工作量6.1548万人次，较上年略有减少，但为全县各企事业单位人员体检3594人次，住院出院2791人次，较上年增加616人次，增加了28.3%，平均病床周转27.9人次，住院出院者平均住院日9.54天，较上年缩短0.62天，平均病床工作日266.39天，实际病床使用率72.98%，基础护理合格率≥95%，急救药品完好率100%，五种表格书写合格率≥95%，褥疮发生率为零，其他医疗质量指标及治愈好转率都有一定程度提高，骨伤科、外科较大型手术307台次。全年医院业务收入2083万元，较上年增加331万元，增加18.89%，实际人平业务创收15万元。

【思想教育与行风建设】 在县委县政府及卫生主管部门直接领导下，深入开展群众路线教育实践活动，认真学习了中央及地方党委政府的有关文件精神，制订本院《党的群众路线教育实践活动第一批征求意见整改方案》，多次召开了党员会，干部会和职工大会，坚持树立和落实以人为本的科学发展观，开展“以人为中心，以提高医疗质量为主题”和“三好一满意”为目标的管理年活动，进一步激发干部职工的积极性。通过学习，查摆问题，对照标准，结合实际进行整改，使县中医医院职工思想较前稳定，工作责任心得到了加强，工作作风得到了改善，医疗卫生服务职业形象和综合满意度得到提高，新医改成果更加惠及全县百姓。全年未出现违法违纪现象。

【基本建设与业务建设】 2014年，临床各科室除门诊以外，全部搬迁入新的住院楼，住院部开设有急诊科、内儿科、骨伤科、大外科、针灸理疗科，手术室等，重点加强了骨伤科、急诊科建设，崭新的手术室设计先进，宽敞明亮，大大地改善了医疗条件，提高了接诊能力。门诊科室设置齐全，医院对门诊，院坪进行了全面整理，医疗设备进行了添制，更换新引进日本进口奥林巴斯电子胃镜，心脏彩色B超，加上原有心电图、B超、多普勒，DR、CT、全自动生化分析仪等，检查设备较为齐全，可以满足临床各项检查的需要，坚持了医疗质量第一，服务第一，不断提高技术水平，全面加强了中医药文化的宣传，严格执行“基药”制度，突出抗菌药物临床管控，依法执业，不断增强医务人员的质量意识、安全意识、服务意识，不断为人民群众提供安全、高效，具有中医特色的诊疗服务。

【队伍建设与人才培养】 按照中医药的特点坚持了中医医疗为主中西医结合的办院方向，积极培养了一批专业技术人才，先后新引进了一批中医学院本科毕业生，有3位同志晋升了主治医师，2位同志晋升主管护（药）师，派出4位同志到省市“三级甲等”医院进修学习一年或半年以上，参加国家级或省市级学术会议和短期培训近60人次。

接收进修实习人员21人次。院内进行了业务技术大练兵大比武，对基础知识扎实，技术熟练，获得一、二、三名者分别给予奖励。还派出专业技术队伍一行6人参加赣州市举行的全市医疗技术人员比赛活动，获得较好成绩。

【领导名单】

董事长　柯罗鹏

院　长　刘才桂

党支书　邹兴明

副院长　黄泽油

副支书　黄源波

工会主席　余启旺

妇幼保健

【概况】　2014年，县妇幼保健院认真贯彻中共十八大、习近平系列讲话精神，深入开展党的群众路线教育实践活动，紧紧围绕以病人为中心，以创建“医疗质量及医疗控费年”“妇幼健康服务年”“爱婴医院”活动为重点，以实施免费婚前医学检查和农村妇女宫颈癌、乳腺癌检查等妇幼重大公共卫生服务项目为抓手，创新思路，改变观念，坚持抓管理、抓服务，把教育实践活动作为推动医院发展的“助推器”，做到业务与活动“双提升，共提高”。2014年度，全院医疗总收入1200.3余万元，其中业务收入：896.8万元，财政补助收入303.5万元。全院门诊就诊达2.6007万人次，住院部收住院1635人，其中住院分娩1449人，剖宫产手术589例，妇科肿瘤手术40人，外科手术61例，实施无痛分娩562例。

【妇幼安康工程扎实推进】

2014年全县妇幼保健主要工作指标完成情况：

孕产妇死亡率：0 / 10万；

新生儿死亡率：3.99‰；

婴儿死亡率：4.66‰；

5岁以下儿童死亡率：7.32‰；

新生儿破伤风发生数：0；

活产数3004、产妇数2981、产妇建卡人数2932人、产妇建卡率98.36%、孕产妇系统管理人数2831人、孕产妇系统管理率94.24%、产后访视率96.40%；

住院分娩率：99.6%、剖宫产率33.69%；

高危产妇人数：406人高危产妇管理率100%，高危住院分娩率100%；

婚前医学检查人数2976人、婚前医学检查率95.81%，婚检疾病检出率32.09%；

出生低体重发生率：2.2%；

7岁以下儿童保健覆盖率：95.31%；

3岁以下儿童系统管理率：90.93%；

母乳喂养率：91.81%；

新生儿疾病筛查率：85.79%；

新生儿听力筛查率：79.16%；

托幼机构卫生保健管理率：100%；

2014年，全县住院分娩率、高危孕产妇住院分娩率、无孕产妇死亡、5岁以下儿童死亡率、婴儿死亡率等各项指标均达到“两纲”要求。

【妇幼卫生财政资金补助项目继续实施】

2014年，根据上级有关文件精神，继续扎实开展了一批妇幼卫生公共项目工作：一是实施农村孕产妇住院分娩财政资金补助项目，全年完成住院分娩补助2192人，补助经费66.09万元，完成率达109.60%，设立住院分娩补助专账，做到专款专用。二是充分利用崇义县为免费婚检试点县优势，借助婚检窗口积极开展孕前孕早期免费增补叶酸，全年目标人群发放叶酸1556人， 服用率100%，依从率98.91%。三是保质保量完成农村妇女两癌检查任务。在上级未下达项目任务之前，崇义县先期开展了两癌项目检查工作，于8月11日正式启动，10月31日，全面完成项目任务，全县宫颈癌应检人数6400人，实检人数6400人，完成率100%，查出生殖道感染人数1834例、子宫肌瘤358例、

卵巢囊肿516例、子宫脱垂60人、CIN Ⅰ 1例、CIN Ⅱ 3例、CIN Ⅲ 3例、早期宫颈癌1人，浸润癌2人；乳腺癌应检查人数1800人，实检人数6400人，完成率达355%，查出乳腺小叶增生1240例、良性肿瘤6例、乳腺癌2例。四是充分利用免费婚前健康检查窗口，预防艾滋病、梅毒、乙型肝炎母婴传播工作。2014年，完成免费婚检1488对，婚检率95.81%，疾病检出率为32.09%。同时，根据省市文件精神，切实做好母婴阻断项目工作，县妇幼保健院除做到凡孕必检，还将检测关口前移，为每位女婚检对象也进行了HIV、梅毒和乙肝项目检测。2014年，共为2870名孕产妇进行了艾滋病病毒检测，检测率96.28%；为2863名孕产妇进行了梅毒检测，检测率96.04%，查出梅毒孕产妇3人，并对梅毒感染的孕产妇及所生婴儿实行追踪、随访管理；为2850名孕产妇进行乙肝表面抗原检测，检测率95.61%，乙肝阳性孕产妇所生新生儿乙肝免疫球蛋白接率达到98.57%。

【儿童保健进一步巩固】 2014年，崇义县妇保院对682名儿童进行了新入园健康检查。对县城城区10所幼儿园3028名小朋友进行健康体检，体检率79.3%。对托幼机构的工作人员及准备上岗工作人员进行了健康体检，完成体检141人，并按要求发放了健康检查合格证。积极开展了孕产妇保健和0－6岁儿童保健服务项目，全县孕产妇2981人，为2932人建立了保健服务卡，建卡率达98.36%，系统管理率94.26%，在县妇幼保健院开展孕产保健服务的有1032名；全县0－6岁儿童有2.322万人，已实现管理2.2132万人，管理率95.31%，并对5094名儿童建立了儿童保健手册，开展了新生儿访视。

【开展医疗技术大比武活动】 2014年，继续加强对全院医务人员医疗质量、医疗安全等相关内容的培训。一是9月举办了新生儿窒息复苏技能练兵比武工作，并对比赛结果进行排序评选出医师组、助产组、护理组一、二、三等奖；二是继续每月进行一次医疗质量考核，对全院医疗质量进行检查，并提出整改方案反馈到相关科室；三是市卫生局、计生委、总工会等三部门联合举办的全市妇幼健康技能竞赛和决赛中，崇义县代表队通过积极努力，荣获竞赛团体二等奖，县妇幼保健院张永梅荣获围产保健项目操作技能第一名和围产保健项目二等奖，廖小花荣获妇女保健项目二等奖的好成绩。

【开展临床路径试点工作】 2014年，继续开展临床路径管理工作，3月，在妇产科原有的两个病种（计划性剖宫产及胎摸早破行阴道分娩）的基础上新增了自然临产经阴道分娩和子宫平滑肌瘤两个病程开展临床路径试点工作，规范了临床医疗行为，另外还体现了合理检查、合理治疗、合理用药、合理收费，缩短了住院天数，降低了医疗费用。2014年，开展胎膜早破行阴道分娩35例，计划性剖宫产完成162例，自然临产经阴道分娩完成274例，但子宫肌瘤病例数未能达到规定数值，仅完成3例，还有待进一步完善。

【开展“优质护理服务”活动】 2014年，继续把优质服务示范病房建设工作为护理工作的重点内容，实行整体护理责任包干制，建立责任护士负责制，加强试点病房的质量监管，绩效考核，护理部不定期结试点病房进行督查，及时听取病人的意见和建议，使县妇幼保健院的护理质量和水平得到明显提升，在对产妇满意度测评中，满意率达到98%。

【开展妇女健康体检工作】 2014年“三八”

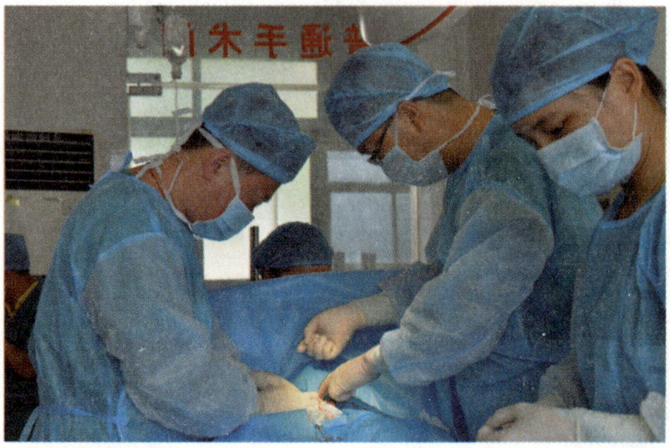

节期间，继续对全县党政机关及各企、事业单位的已婚妇女进行了全面的妇科病普查。共为 26 个县直单位 366 女职工进行了健康查体，查出患各种妇女病 131 人，妇女病患病率 35.80%。对查出的各种疾病给予及时治疗，治疗率达 100%。

【开展“共圆妇幼健康梦”活动工作】 根据省市有关文件精神，6 月 17 日，联合县人口和计生、县妇联等相关部门广泛开展了以“共圆妇幼健康梦”为主题，以宣传妇幼保健法律法规、疾病防治知识、重大公共卫生服务项目等为主要内容的妇幼健康服务年活动，通过进一步拓展服务项目，提升服务水平，使全县妇幼保健工作取得了较好成效。

【开展免费义诊工作】 为解决群众看病难问题，切实减轻患者负担。县妇幼保健院以实际行动践行党的群众路线教育实践活动，为此专门成立了乳腺专家门诊，配有专职乳腺科医师坐诊。4 月 25 日、7 月 18 日特邀赣州市妇幼保健院小儿外科专家刘辉主任医师、乳腺科专家刘庆仪博士到县妇幼保健院开展义诊活动一天，当天共接待患者 100 余名，使全县群众在家门口享受了三甲医院专家的优质医疗服务技术。同时，县妇幼保健院还与市妇保院达成协议，每月派 1 名乳腺科或小儿外科专家到县妇幼保健院坐诊，并每月发放手机短信，告知相关医疗信息，以实际行动缓解群众看病难的突出问题，让群众深切感受到党和政府的关怀和温暖，让那些乳腺病患者在家门口就能享受高质量地诊疗服务。

【领导名单】

院　长　刘彩萍

皮肤病防治

【概况】 崇义县皮防所是崇义县卫生局下属的事业单位，其前身是龙勾麻风病院，创建于 1958 年，是防治麻风病、皮肤病、性病的非营利性专业医疗机构，城区社区卫生服务工作提供单位。是城镇医保和农合定点单位。现有专业技术人员 17 人，其中中级职称 4 人。内设有诊察室、药房、化验室、美容科等，有 HXA-J30B CO2 激光治疗仪、SXW-2 型微波治疗仪、全自动生化分析仪、血液分析仪、光子治疗仪、B 超等仪器设备。

【麻风病防治】 崇义县现有麻风病现症病人 3 人，其中 2014 年新发现 1 例，判愈 2 例，监测病人 9 人，残疾病人 14 人，现存活麻风病人 68 人。已对现症麻风病人每人每月发药一次、体检一次，按规定进行监测共 36 人次，同时对现症病人家属进行了一次体检共计 50 人次。已对全县随访病人及其家属进行了体检，监测病人 18 人次、其家属体检 36 人次。1 月 20 日，世界防治麻风病日，县卫生局领导和县皮防所组成慰问组，专程到龙勾乡健康村，走访慰问全体麻风病康复人员，看望了康复病人，深入了解他们的生活与医疗康复情况，并为各康复人员送去红包、大米、食用油等慰问品及新年祝福，帮助解决生活及医疗等实际困难，落实好相关救助政策，提高其生活质量。

在汛期，及时组织人员到健康村走访和发放生活费，保障康复患者的安全和生活。

【麻风病防治项目】 通过项目实施，加强麻风病人的早期发现，减少传染源，控制麻风病的传播。促进社会各界的广泛参与，培养和提高基层医务人员早期发现麻风病人的能力，预防畸残的发生。成立了由县卫生局副局长谢红梅担任组长的崇义县麻风病防治项目工作领导小组，项目由皮防所副所长陈勇具体负责，麻防科为责任科室。4 月，召开 2014 年麻风病防治项目启动会议，对项目实施作具体安排，举办全县麻风病防治知识培训班。到麻风高发乡镇开展义诊、宣传、体检 4 次。利用各种媒体（如板报、墙报、宣传单等）宣传麻风病八大可疑症状和体征，促进病人自报和他人举报，使有可疑症状者及时到皮防所检查。到杰坝、龙勾中小学开展麻风病防治知识讲座，共发放麻防宣传资料 1 万余份。到铅厂中学、过埠中学、二中等学校开展麻风知晓率调查，发放和收回调查问卷 1500 份，发放麻风病防治知识宣传手册 3000 多份。对密切接触者开展体检，及时发现麻风患者，筛查 100 人次，已确诊麻风病新发病例 1 例。每月 2 次到社区开展义诊、宣传，提高公众对麻风病的知晓率，消除公众的恐惧和歧视。对上报可疑病例并确诊的人员给予奖励。

崇义县通过开展麻风防治项目工作，更好的加强了尽早发现麻风病人的能力，更加规范了对新病例的诊断和治疗工作。

【服务能力】 2014 年，门诊 1.0809 万人次，未发生医疗事故。

【城区社区卫生服务工作】 以腾飞佳苑、鸿福苑住宅小区为试点开展建档、宣传活动，每月1次到小区开展自我保健和健康知识宣传。5月10－11日，到腾飞佳苑、鸿福苑小区开展上门体检服务，到小区为符合条件的居民提供抽血检查、B超、心电图、量血压、健康咨询等服务，共体检69人次，发放各种宣传资料1000多份。8月23日，组织公共卫生工作人员携带仪器设备到夕阳红敬老院为老人提供B超、心电图、血液生化、测量血压等上门体检服务，共体检35人次，并为敬老院老年人赠送米、油等物资。同时，到北门小广场、南门口、廉租房小区等人流量较大、人口较密集的地点开展宣传教育活动。截至2014年年底，健康档案已建立1.1013万人，高血压随访1347人，糖尿病随访761人，管理65岁以上老年人1568人，年度体检888人，其中65岁以上老年人512人。重症精神疾病管理69人。开展健康教育：每月出一期黑板报，利用体检、义诊、宣传活动等共发放各种健康教育宣传资料1.0899万人份。4月20日，结合党的群众路线教育实践活动，县皮防所与县妇联、横水镇妇联工作人员一起到横水镇萝卜巷村妇女儿童之家举办“健康成就幸福、美丽改变人生”知识讲座，由皮防所所长方莲主讲，向妇女同胞传递皮肤健康、健康养生、自我保养等方面知识。同时组织医务人员开展“关爱妇女儿童，健康温暖行”皮肤病义诊活动，为前来参加讲座的妇女提供皮肤病义诊咨询、美容咨询、测量血压等服务。

【“三送”和路线教育工作】 按照县委党的群众路线教育实践活动的统一部署，成立活动领导小组，一把手担任组长，班子其他党员干部为成员，领导小组下设活动办公室，负责活动的具体落实。召开了党的群众路线教育实践活动动员大会，全面学习和传达了中央和县委的活动精神。制作学习专题宣传栏，利用电子屏宣传报道，及时反映皮防所教育活动情况，加大宣传力度，扩大教育实践活动的影响，党员干部参加学习达到了全覆盖。实行集中学习与个人自学相结合，集中学习5次以上。组织学习《论群众路线——重要论述摘编》《党的群众路线教育实践活动学习文件选编》《厉行节约、反对浪费——重要论述摘编》等规定读本。并且每个党员干部都写了党的群众路线教育实践活动读书笔记，心得体会，切实提高党员干部思想认识。组织观看电视系列片《践行群众路线的好榜样》《焦裕禄》等教育活动影视片。组织开展“假如我是病人”“学习龚全珍，我该怎么做”等专题讨论。开展形式多样的征求意见活动，班子成员带头到基层征求意见，采取职工代表座谈，单独谈话，征求门诊就诊患者、群众、公共卫生服务对象、居委会、小区居民对皮肤所单位“四风”建设、医疗服务等方面的意见和建议。在门诊大厅设置了征求意见箱，开通了举报监督电话等，认真听取干部职工意见，倾听各方面的声音。共发放征求意见表200份，收集意见建议410条，将征求到的意见和建议进行分类梳理，共梳理意见50条，其中“四风”方面意见44条，及时在公示栏进行公示，并完成整改49条。党支部将征求意见贯穿到整个教育实践活动中，收到了边学边改的效果，为第二阶段查摆问题、开展批评奠定了基础。领导班子认真进行了剖析检查，对存在的问题，对号入座，敢于担责，主动认账，逐一对照检查。及时梳理收集的意见建议，建立了专项整治、制度建设、具体问题整改三大类整改台账，实行销号整改，确保改一件、成一件、销号一件。结合征求到的意见和群众反映的突出问题，开展了损害群众利益突出问题专项整治、开展整治“三公”经费问题、深入整治收受会员卡、购物卡问题、开展医德医风专项整治等4项专项整治任务。针对每周五体检人数较多，抽血检查需空腹，排队等待时间较长，正常上班时间八点半太晚，群众反映较难等候问题及时整改：上班时间提前到八点，增加参加体检工作人员2名，特别是抽血化验人员保证2人在岗，所有人员提前到岗。整改成效：排队等待时间控制在10分钟以内。针对开展上门服务较少，行动不便的老年人参加体检难到位问题。整改措施组织医务人员携带医疗设备到腾飞佳苑、鸿福苑住宅小区、夕阳红敬老院等地开展上门体检服务。有效解决了行动不便老年人体检问题。结合县皮防所班子查摆出的“四风”问题和群众反映强烈的突出问题，确定县皮防所制度建设项目11个。形式主义方面3个，官僚主义方面4个，享乐主义方面2个，奢靡之风方面2个。加强对干部职工作风的监测监督，形成以制度管人工作机制。如对迟到早退人员按考勤制度处理，对群众投诉的工作人员按《皮防所工作考核制度》处理。做到工作和活动两手抓、两不误。同时，在确保完成“规定动作”的基础上，务实创新性地开展好“自选动作”，开展送医下乡、公共卫生上门服务等活动。在2014年“三送”工作中，积极为民办好事实事2件，调解森林产权纠纷1起，协助做好农村危旧土坯房改建工作，汛期走访群众102户。

【领导名单】

所　长　方　莲

体　育

【概况】　崇义县体育局为崇义县人民政府直属正科级事业单位。内设2个职能机构：办公室、群体股，核定体育局全额拨款事业编制为6名。现有领导干部：局长1名、副局长2名，正股级干部2名。崇义县老年人体育协会，为体育局下属全额拨款股级事业单位，核定事业编制1名，崇义县少年儿童业余体校，为体育局下属全额拨款股级事业单位，核定事业编制4名，正股级干部1名。

2014年，国家体育总局对口支援崇义县振兴发展工作稳步推进。国家体育总局专门制订下发《国家体育总局对口支援赣州崇义县振兴发展工作方案（2014－2020）》及年度工作计划。提出到2020年，崇义县体育健身场地设施略高于全国平均水平，崇义县创建全民健身服务体系试验县，同时“援县促市”，帮助赣州市打造成为全国革命老区体育事业发展的先行区和示范区”的总体要求。并建立对口支援崇义县工作协调机制，对口支援任务分解落实到总局28个机关司局和直属事业单位，直接帮扶崇义16个乡镇，实现帮扶全覆盖。2014年，国家体育总局组织了综合调研和专项调研共计34批次，落实帮扶措施68项，通过中央转移支付落实项目7个，落实援建项目4个，捐赠器材、物资18批次，总计资金达1712万元。构建了人才、技术、产业、项目相结合的对口支援工作格局，有力推动崇义县实现全面振兴和跨越式发展。

【体育场地建设步伐加快】　据第六次体育场地普查数据显示：2003－2013的10年间，全县新建体育场地91个，体育场地平均年增长9.1个。新增体育场地面积7.46万平方米，人均体育场地面积由10年前的0.34平方米，增至0.76平方米。但与国家确定的到2015年年底实现人均1.5平方米的目标要求相比，差距仍然巨大。2014年，利用国家体育总局对口帮扶的政策优势，通过争取中央集中彩票公益金项目资金1012万元，建设崇义县乡镇农民体育健身工程8个、村级农民体育健身工程30个、全民健身路径工程10个、户外健身场地1个，体育场馆改造项目2个、球类健身房1个等场地设施。仅2014年，全县新增体育场地面积3.4万平方米，是过去10年总量的50%，全民健身场地设施得到显著改善。

【体育人才培养全面加强】　针对崇义县体育事业发展薄弱，尤其是体育人才缺乏的现状。国家体育总局各有关单位广泛开展了针对崇义县体育人才的各类培训活动。通过“走出去、请进来”的方式，2014年，崇义县共有1200余名社会体育指导员、体育教师、中小学生和体育运动爱好者参与了相关的培训。体育人才的大面积培训培养，增加了崇义县体育事业的发展后劲。2014年国家体育总局在崇义县开展的培训及赛事展示活动主要有：总局田径运动管理中心在崇义县举办了小学生趣味田径夏令营，120名小学生得到田径运动管理中心、北京体育大学、西安体育学院、中国海洋大学的专家们倾心指导。田径运动管理中心还邀请崇义县10名小学生在南京青奥会期间参与少儿趣味田径展示活动，为孩子们提供了一次非常好的学习交流机会。体操运动管理中心委托江西师范大学体育学院举办小学生啦啦操夏令营，64名小学生参加培训。体操中心还资助2万元，支持小学生们参加2014－2015年全国啦啦操联赛暨中国啦啦操之星争霸赛（南昌站），获得小学（丁组）啦啦操、街舞两个第一名。健身气功中心举办2014年全国健身气功指导员巡回教学志愿服务活动，邀请两名健身气功专家对赣州各县（市、区）120余人进行了培训。7月，全国体育传统项目学校体育师资国家集中培训，青少司为崇义县体育教师增加14个名额，涉及田径、游泳、武术等项目。8月，国家体彩中心支持崇义县各级各类学校一名负责人赴湖北学习考察学校体育开展及先进办学经验。8月16－22日，北京体育大学派出10名老师、学生利用暑假在崇义县进行了田径、网球、篮球夏令营形式的支教活动。11月8－13日，国家体彩中心在首都体育学院举办了崇义县基层体育老师培训班有37名基层体育老师参训。国家体育总局、教育部和共青团中央联合举办2014年全国青少年“未来之星”阳光体育大会，青少司专门为崇义县教师和学生提供了21个名额，前往长春观摩、学习。

【群众体育全面繁荣兴旺】 通过全民健身赛事活动广泛开展，崇义县全民健身实现了活动常态化、健身生活化、赛事品牌化，全社会崇尚体育、积极参加体育健身的新风尚正在形成。3月21－23日，“2014 年四国青年男篮巅峰争霸赛” 在崇义县成功举办。5月13－14日，射击奥运冠军杜丽、杨凌、蔡亚林、射箭奥运冠军张娟娟、花样滑冰双人滑冠军申雪、赵宏博、滑雪空中技巧奥运冠军韩晓鹏、速度滑冰奥运冠军张虹、短道速滑奥运冠军李坚柔、张会、双人划艇奥运冠军杨文军等11位奥运冠军在崇义县开展“坚守社会主义核心价值观——奥运冠军赣南行”活动。11月25日，国家体育总局装备中心、中国奥委会在崇义县开展“奥运健儿公益服务大行动”活动，北京奥运会跳水冠军李娜、自由式滑雪空中技巧世界冠军程爽、国家足球队前运动员刘威参加。11月28－30日，国家体育总局武术运动管理中心、中国武术协会在崇义县开展“全民健身”武术走基层活动。7月22日－8月12日举办了崇义县5人制足球赛，共有12支球队参加比赛。8月8日，在县奥林匹克运动场举行了由县、乡、村三级社会体育指导员及城乡社会体育组织近千人参加的“全民健身日”活动暨“2014年崇义县全民运动会启动仪式”。 10月10日上午，在奥林匹克运动场举行了崇义县全民运动会开幕式，县委书记许志辉，县委副书记、县长许斌，赣州市体育局纪检书记李妥善，县领导卫虹霞、钟斌、黄华、郭兰等出席开幕式。参加开幕式的还有乡镇、县直（驻县）各系统单位、企业、个体协会主要负责人及各代表团。县委副书记、副县长卫虹霞主持开幕式，县长许斌代表县委、县政府致开幕词，李妥善代表赣州市体育局向崇义县2014年全民运动会胜利举办表示热烈祝贺，县委书记许志辉宣布运动会开幕。开幕式本着“热烈、节俭、务实、安全”的原则，突出全民健身互动展示。10月28日，历时100天的崇义县全民运动会圆满结束，本次运动会共设14个大项，33个小项，共有34个代表团、4865名运动员参加比赛。有7个项目打破崇义县纪录。获团体总分前六名的分别是乡镇代表团，包括扬眉镇、横水镇、思顺乡、关田镇、铅厂镇、聂都乡；县直代表团，包括教育系统、章源钨业、政法武装系统、卫生系统、县委人大机关、政府政协机关。获优秀组织奖的分别是：乡镇代表团，包括横水镇、扬眉镇、关田镇；县直代表团，包括县委人大机关、教育系统、章源钨业。获体育道德风尚奖的分别是：乡镇代表团，包括杰坝乡、上堡乡、聂都乡；县直系统代表团，包括政府政协机关、金融系统、工信及驻县单位。11月21－23日，在竹乡体育馆举办由赣州市体育总会主办、崇义县体育总会承办的2014年赣州市“齐云山杯”羽毛球赛。18个县市区代表队参加了比赛，崇义代表队获第一名。

【竞技体育水平显著提升】 重视少儿体校建设，加大体教结合力度，与教育局联合出台《关于设立崇义县少儿业余体校训练基地的通知》，形成教体和社会力量共同培养运动员的模式。在“第十四届江西省运动会”中，崇义县运动员严丹获400米、4×400米两个第二名，温崇彬获5000米第三名和4×400米第四名，刘馨获武术套路丙组剑枪全能第五名，熊云获3000米、5000米竞走两个第五名，陈健获男子摔跤58公斤级第八名。“江西省第八届中小学生运动会”，崇义县总分排名第59位。

8月25日，崇义代表队参加迎省运“舞出精彩·圆梦赣州”2014年赣州市全民健身广场舞展示大赛获城市组二等奖和最佳编排奖，农村组三等奖。12月12日，2014年全国群众登山健身大会闭幕式暨“中国体彩杯”中国·阳岭登山邀请赛，崇义县获2014年全国群众登山大会优秀组织奖。崇义县代表一队获三等奖，崇义县代表二队获四等奖。

国家体育总局对口帮扶工作以青少年体育发展为重点，资助学校体育装备和器材。全年国家体育总局各部门和直属单位在崇义县开展体育扶贫捐赠18批次，捐赠设施器材共计价值651万元。为崇义县青少年体育的发提供了有力的物质保障。

【体育彩票销售逆势增长】 2014年，体育彩票总销量为519.97万元。其中，电脑彩票销量为477.43万元，即开彩销量为42.54万元，下拨体彩公益金50万元。全县共有15个体彩销售网点，其中县城12个，乡镇3个。

【领导名单】

局　长　卢和瑄（1月任）
副局长　刘初亮
　　　　周　钧

社会事务

民 政

【概况】 2014年，崇义县民政局认真贯彻中共十八大精神，坚持“以民为本，为民解困，为民服务”的工作宗旨，民政各项工作有序推进，中心扎实开展，多项工作获得荣誉，所属崇义县夕阳红老龄服务中心被中国老龄事业发展基金会评为“全国爱心护理工程建设基地”；崇义县扬眉镇芦江社区被省减灾委、省民政厅命名为“全省综合减灾示范社区”，县民政局被省民政厅评为全省民政信访维稳先进单位；同时，还获得全市民政工作先进单位、全市民政信访维稳工作先进县、全市社会救助工作先进县、全市养老服务工作先进县、全市彩票发行先进单位等多项荣誉。

【民政系统党的群众路线教育实践活动】 按照中央和省、市、县委的部署，县民政局在县委第8督导组的指导下，从3月起，深入开展民政系统党的群众路线教育实践活动，广泛开展“大爱民政为百姓·真情服务暖民心”主题活动。活动全程紧紧围绕为民务实清廉，“照镜子、正衣冠、洗洗澡、治治病”的总目标，聚焦“四风”问题，开门征求意见建议，深层次查找相关问题。在第二批党的群众路线教育实践活动中，县民政局按照县委“六开门六必问六到位”的要求，共收集意见建议72条，梳理汇总68条，其中“四风”方面22条，纳入专项整治4条，纳入制度建设5条，纳入具体问题整改13条；确定整改任务22项，其中专项整治4项，制度建设5项，具体问题13项，办结率分别为100％、100％和100%。整个教育实践活动做到了有机衔接、前后呼应，强有力地促进了民政各项事业发展。

【做好节日慰问工作】 2014年元旦春节期间，牵头组织开展了困难群众走访慰问活动，共走访慰问困难群众533户，每户发放600元慰问金和价值100元的慰问物资，走访慰问资金32.09万元，棉被880床，折款11万元；走访了部分困难企业、困难学校、困难卫生院、敬老院（光荣院、福利院）等。此外，“两节”期间还走访慰问了企业困难职工、困难党员、坚守岗位的一线干部职工和驻县部队官兵。

【社会救助工作】 按照省市民政部门要求，从5月1日起，崇义县城市低保标准由每人每月400元提高到430元；农村低保标准由每人每月200元提高到220元；农村五保集中供养标准由每人每月245元提高到275元；农村五保分散供养标准由每人每月220元提高到260元；20世纪60年代精简退职老弱残职工救济水平，农村的由每人每月246元提高到275元；城市的由每人每月285元提高到315元；城镇“三无”特困群众供养标准由每人每月500元提高到600元。与上年度同期相比，各类对象受补资金上涨了10%，仅提标资金达到300多万元，所有提标资金均及时足额发放到位。此外，县政府高度重视民生工程，及时批转了县民政局呈报的提标请示，及时配套各项资金，县级配套的各项资金100%落实。

【优抚安置工作】 一是按时发放优抚对象的抚恤补助，全年为1069人共计发放抚恤补助464.11万元。二是继续完善优抚双拥软件系统。录入系统人数1220人，信息采集完整扫描1146人，完整扫描率达94%，排在全市首位，为争取崇义县的优抚事业费提供了基础性的重要保障。三是完善了全国烈士褒扬管理系统。按照民政部要求，2012年，由于时间紧任务重，全县只普查了五个烈士纪念设施和106座零散烈士墓，2013年新增了37座零散烈士墓，录入了全国烈士褒扬管理系统。此后，民政部就关闭了全国烈士褒扬管理系统。2014年，县民政局积极争取国家民政部门特例开放全国烈士褒扬管理系统，新增录入崇义县596座零散烈士墓，向上争取维修资金429.5万元。四是完成104座零散烈士墓的修缮保护工作。崇义县在全省率先进行了零散烈士墓的抢救保护工作，完成了104座零散烈士墓的修缮保护工作。五是残疾军人证、烈士证换证工作基本完成。完成全县59名残疾军人证的换证材料和122名烈士的换（补）证材料，现已全

部换发新证。六是退役士兵安置工作。2013年冬季，全县共接收退役士兵65人，2013年度，遗留1名城镇退役士兵未安置。61人在部队已经选择了自主就业，需要政府安排工作的5人，全部安置到位。经过半年来的工作，选择自主就业的61名退役士兵已经在领取自主就业一次性经济补助，标准是每服一年兵役补助金4500元，全县共计89.1万元。

【救灾工作】　开展全县的救灾工作，做好了灾情的核查、统计、上报，接收、管理、分配救灾款物并监督使用，解决了受灾群众的临时生活困难，并积极指导灾区开展生产自救。深入开展了各项救助工作，先后对全县4762户1.4145万人实施了205万元的冬令救助，对1524户4592人给予了55万元的春荒救助；以及70万元的应急救助。积极开展了因灾倒房和“两红”人员及烈士遗孀遗属、农村五保、农村低保等弱势群体危房改造工作，完成了363户全倒户恢复重建工作。完善了救灾物资储备库的建设工作，并添置了救灾工作装备。全面开展了政策性农房保险试点工作，全县17.5045万农业人口4.4851万户农户，投保参保比率达100%，全面完成了全年政策性农房保险工作。

【民政信访维稳工作】　2014年，县民政局围绕民政信访维稳工作特别是涉军人员维稳问题共下访120余人次，累计接待群众30余人次，受理信访事项9件，疏导化解了1起集中上访事件。特别是针对参战退役人员这一重点、县民政局严格落实“六个一”，即下发一份文件（协调县委办下发了《关于明确处理涉稳突出问题分管领导和牵头单位责任分工的通知》）；召开一次专题会议（召集全县民政所长布置涉军人员维稳工作，落实“人盯人”）；落实一套工作机制（完善县乡村三级网络）；开展一次专项督查（于“八一”前夕对上访热点问题进行了一次督查，形成《涉军人员上访成因及对策的报告》交县维稳办和市民政局）；分析总结一次工作（将2014年度民政信访维稳工作形成一个工作总结报送给县维稳办和市民政局）。整体来说，2014年，崇义县涉军维稳工作的重点、难点得到有效遏制，越级访人次下降为零。

【社会事务工作】

婚姻登记管理工作　婚姻登记工作严格按照《婚姻登记管理条例》进行婚姻登记事务管理办理，1－12月，全县共办理结婚登记1659对，补登结婚584对，离婚登记361对，无一例违纪。

殡葬体系建设工作　一是对合江口殡仪馆由政府回收和进行集中整治这一工作成效显著。合江口殡仪馆3月前由私人经营，此前，该殡仪馆场馆脏、乱、差，服务态度吃、拿、卡，尤其严重的是工作人员在服务时收受红包，在社会上造成不良影响，各级多次接到群众举报。为此，崇义县率先在全省（全省仅3个县）对私营殡仪馆进行出资收回工作，县政府出资220万元收回了合江口殡仪馆。由民政部门筹资100多万元对场馆进行全面整治，购买了2辆殡仪专用车辆，重新组建了服务和管理队伍，并持续抓好该馆的整治工作。二是由县政府投资50万元兴建了新公墓区一期工程，县民政局筹资90多万元，兴建二、三期工程建设，形成香山陵园的初步格局。三是牵头拟制《关于充分发挥党员干部带头作用全面深化殡葬改革的实施意见》，有力推动了科学、文明的殡葬服务体系建设。2014年，全县共火化遗体668具，实现了全民免费火化，殡葬信访下降为零。

救助管理工作　新建了流浪乞讨人员救助管理站，完善了各类救助设施，建立健全了救助工作机制，1－12月，共救助流浪乞讨人员106人次，救助资金达到18万元。本县籍精神病患者送赣州精神病医院医治的人达到15人，每人每月救1200元，截至12月救助资金达到10万余元；外县籍送大余县精神病医院长期治疗的15人，平均每人每月救助700余元，2014年，全年救助资金达到17.8万元。

【老龄工作】　一是继续为继续为全县80周岁以上高龄老人发放长寿补贴，2014年，共发放高龄补贴金额243万元，有3219位老人得到享受，确保按时足额发放高龄补贴；二是为全县1.3092

万名70周岁以上老年人免费办理乘坐公交车意外伤害保险，支付保险金13.092万元；三是老年节庆祝活动丰富多彩，发放老年法单行本1600本，在电视台专题宣传老年法，处理老年维权信访18起，办理老年优待证290件，走访慰问了3位百岁老人；四是大力开展老年文化体育活动，9月1日—10月30日（老年节期间），举办第十五届老年人健身运动会；五是抓好四个示范点的建设，按照省、市要求，兴建章源社区居家养老服务中心和扬眉镇南石村居家养老服务站，村老年人协会示范点分别是龙勾乡东山村徐坑社区老年人协会和文英乡古选村老年人协会。

【慈善工作】 2014年，县慈善会发掘慈善资源，传播慈善理念，广泛开展多项救助活动，共接受捐赠1546.79万元，发放慈善救助资金1504.58万元，其中送温暖活动7.12万元、助学17.4万元、大病救助22.3万元、临时救助7.65万元、"爱心午餐"26.99万元，资助学校、公路、桥梁、文昌塔、农田水利设施等1423.12万元。

【"救急难"工作】 为深入贯彻落实《社会救助暂行办法》（国务院令第649条）和江西省民政厅《江西省"救急难"工作试点实施方案》，由县民政局牵头对"救急难"工作进行深入调研，结合崇义县实际，提出《崇义县"救急难"工作实施方案》，县政府高度重视，及时下发文件给予人、财、物的保障，将低保和其他专项社会救助制度覆盖范围之外、已纳入低保和其他专项社会救助制度覆盖范围，但由于特殊原因仍导致基本生活、基本医疗等暂时出现较大困难的家庭，因突遇不测、因病，因祸等造成生存困难的人员，流浪乞讨人员中患重病人员及老、弱、残等人员等六类人员纳入"救急难"的救助范围。通过"救急难"工作的实施，使得崇义县社会救助真正实现"全覆盖"。

【全力抓好征地拆迁工作】 上半年，县民政局的征迁任务是拆除房屋6户，土地清表0.593公顷，现已全面完成。下半年，县征迁办抽调县民政局1名副科领导、1名干部参加征地拆迁工作，有力促进了全县征地工作进度。

【抓实"三送"工作】 继续抓实"三送"工作全覆盖常态化，根据市、县有关精神，调整了"三送"工作领导小组，指定了驻村工作队。结合"三送"挂点单位聂都村的人口、耕地、基础设施、经济产业等情况，制订产业发展规划，2014年，帮扶资金11.8万元。同时，主要领导多次到"三送"点开展党的群众路线教育实践活动，民政干部也上门入户，把党的政策宣传到千家万户，"三送"点群众对县民政局"三送"工作表示满意。

【苏区振兴发展民政工程项目建设】 到12月底，完成了扬眉中心敬老院1号、2号宿舍楼及院坪硬化绿化，金坑中心敬老院综合楼及院坪硬化绿化，思顺敬老院宿舍楼及院坪硬化绿化等项目建设；投资91.28万元进行公墓二、三期工程建设，投资50万元进行殡仪馆改造。此外，抓实两个中央福彩公益金资助项目，一是新建崇义县综合福利院，完成立项、土地挂牌出让、规划设计、征地、工地简易围墙搭建，拟于12月动工兴建；二是完成新建过埠敬老院立项、公路改建、规划设计、征地工作，拟于12月动工兴建。同时，还完成横水敬老院、金坑乡敬老院的改建扩建；完成烈士陵园改建立项、规划设计等项目工作，下步将加大工作力度，加快各项工程项目施工进度。

【领导名单】

局　长	刘文泽
副局长	朱德平
	胡益钦
	陈　玉
老龄办主任	肖玉莲

人口与计划生育

【概况】 2014年，县人口计生工作围绕"紧扣三大目标、攻克三个难点、夯实三项工作"的整体思路，在服务科学发展中深化思路，在创优创特中创新思路，通过服务中心、宣传教育、依法管理、利益导向、综合治理、创新发展、强化督查等方面入手，加大工作力度，强化工作措施，提升工作水平。全县人口出生率为14.3‰，人口自然增长率为8.98‰，政策符合率为73.63%，多孩率为11.53%，出生人口性别比为116.29。计生工作保持了健康、持续发展。

【领导重视】 县委、县政府坚持把人口和计划生育工作列入重要议事日程，早部署，勤督办，

严追究，切实加强领导，强化责任，在全县树立重视支持、真抓实干的鲜明导向。

高规格会议部署 4月，召开全县人口计生工作会，制定目标、明确任务、落实责任。7月，召开县计生工作领导小组会议，明确省市县考核方案，相关部门针对当前亟须解决问题研究制定解决措施。8月，召开全县人口计生工作调度会议，积极应对公安上户松绑问题，对2个乡镇实施了重点管理、4个乡镇进行全县通报批评。明确年度计划生育工作考核评估不达标位列全县最后一名的及对接受省、市检查的乡镇，因工作滞后而影响全县评先的，或被省、市警示、通报批评和重点管理的给予“一票否决”。对“一票否决”的乡镇和单位，将依照《崇义县人口和计划生育工作问责制暂行办法》规定进行问责。

高频率督办检查 县计生领导小组充分发挥组织、协调、检查、指导、督促的作用，坚持对乡镇人口计生工作“每月一督查、每季一通报、半年一评估、年终一考核”；县人口计生委全体干部每人挂点一个乡镇、每月下乡一次督查、每月进行一次情况通报，加强对基层工作的指导、检查。高层次落实责任，县、乡按照既定的工作目标进行层层细化、分解，落实到每个工作人员。

【宣传教育】 以婚育文化建设为抓手，以深入开展“幸福家庭创建”活动、生育关怀行动为重点，通过“学教活动”、“三送”、“三下乡”活动、短信平台、文化书屋、报纸专栏和广播专题等形式，开展丰富多彩的人口计生文化活动。16个乡镇均选择了若干个“三送”工作点、农村社区，制作各具特色的计划生育宣传长廊，印发涉农政策小读本，同时县人口计生委还印发宣传单等2万多份，制发环保手提袋、纸筒等实用宣传品1万多份。每月与县有线电视台合作开办一期“人口专栏”。出台奖励政策，增强在中央、省、市报纸杂志、网络上宣传崇义人口计生风采，利用崇义政府网、手机报以及移动、电信短信平台开展宣传，全年，全县在各级报纸杂志、网络用稿210多篇。积极应对户口松绑对计生工作产生的影响，以县政府名义下发公告；通过制发宣传单、电视台滚动播放游字宣传、发送宣传短信等方式加大政策宣传；强化工作措施推进社会抚养费征收工作。结合党的群众路线教育实践活动，深入开展“让政策走近群众、让群众了解政策”的主题宣传教育活动，多角度、全方位宣传人口计生政策，确保在计卫整合的转轨时期计生干部情绪稳定、工作热情不减，确保在计生政策调整的大环境下群众能自觉按政策生育。

【三项重点】

低生育水平稳定，“单独二孩”政策有序推进 坚持责任落实，严格执行人口计划，坚持对乡镇人口计生工作“每季一督查、半年一通报、年终一考核”。县人口计生委全体干部每人挂点一个乡镇、每月下乡一次督查、每季进行一次情况通报，加强对基层工作的指导、检查。积极做好“单独两孩”政策解读，加强正面引导、防止负面炒作，引导群众按政策生育、按计划生育，确保生育水平不出现大的波动。全县符合“单独两孩”政策的夫妇有708对，2014年，提出再生育申请的单独夫妇仅159对，占比22.46%，单独两孩实施2014年，崇义县并未出现“拥挤出生”和“井喷”现象。

着力提质提速，推进“国免项目”全覆盖 积极发挥流动人口信息交换平台作用，一方面，及时准确掌握流出人员的生育节育、流出去向、联系方式等基本信息，对有流出意向的群众要督促其办证建档。另一方面，开展流入人口清查工作，4月、9月，两次组织对流入人口进行清理清查，共查处违法生育15例、未办婚育证明34人、主动到计生部门采取节育措施18人。2014年，全县流动人口建档率、信息反馈率、通报接收率、办验证率均达95%以上，查无此人率控制在5%以内，信息采集准确率达98%以上。全面实施“国免项目”全覆盖，项目工作多次获得省、市人口计生委的赞赏和肯定，省里组织的二次标本质量抽检中，崇义县被抽查的标本质量均为全优。通过加大宣传和工作力度，2014年，全县参检目标人群1581例，占年度任务的90.4%，比省市下达考核目标值提高了5.4个百分比，高风险人群管理率和服务率达90%以上。

全面落实计生利导政策，创建“群众满意窗口” 落实各项法定奖励及县计划生育奖励政策，确保县政府〔2013〕10号文件规定的计划生育家庭奖励优惠政策全面落实。全年共落实奖励优惠资金769万元，受惠群众1.7万人，奖扶对象资格确认率达100%，政策落实率100%。以党的群众路线教育实践活动为契机，开展创建“群众满意服务窗口”活动。以“群众满意”为主题，开展“三大工程”活动，通过亮身份、亮标准、亮承诺的三亮工程，做到承诺与践诺相统一，置于群众与社会的监督之中，进一步增强广大员工的服务意识；通过开展“三比”“三学”“三促”“三带”系列活动推进提质工程，强素质、提能力、树形象，进一步提升全员的服务水平和能力；通过设立“三务”公开栏，开通阳光计生服务热线，聘请政风行风监督员和计生“三评”等活动实施阳光工程，深化“诚信计生”，进一步提升服务质量和效能。

【基层基础】 认真落实“村为主”“五道工作法”工作机制，强化计划生育村民自治，严格落实各级干部的工作职责，加强绩效考核。选配会做事、能做事、善做事的村、组计划生育专职人员，要求85%以上的村级计生干部必须为女性，明确职责、明确任务、明确待遇，并于2月对全县村级专干进行为期2天的政策理论学习和业务培训。层层落实责任，各乡（镇）均制定考核奖惩机制，落实驻村干部、计生干部、村两委、村专干的工作职责，层层抓好落实；在车辆、经费、人员等方面给予保障，强化责任，齐抓共管。

【综合施治】 一是加大社会抚养费的征收力度，全县社会抚养费征收总额为1737.23万元，征收面为91.6%，征收率为65.8%，足额征收为50例，占比约为11.6%；申请非诉执行案例132例、已执行124例，非诉执行金额为167.97万元；查处富人违法生育6例。二是加强性别比整治，严厉打击“两非”行为。2月，县公安、卫生、药监、妇联、计生等部门组成联合执法检查小组，对全县医疗卫生、计生、妇幼保健和私立医疗诊所进行统一检查。全县医疗卫生、妇幼保健、计生服务机构全面落实出生人口、终止妊娠、住院分娩实名登记制度；计生部门通过加强监管，对非正规手续出现的怀孕“缺失”要实行“倒查”，以摸排“两非”线索，完成“两非”案例查处2例。三是加大党员违法生育查处力度，全年共查处24例农村党员违法生育行为。四是加强信息通报和协同管理，不断为抓好计划生育工作创造宽松环境。五是加强机构改革过渡时期的队伍稳定工作，崇义县广大计生工作者做到了思想不乱、工作不断、队伍不散，并且继续以良好的精神状态和更高的工作作风在努力工作。

【民生工程】 2014年，“三送”工作是办实事最多、投资最大的一年，通过向上争、自己筹的办法和途径，共投入建设资金132万元，为“三送”挂点龙勾乡东山村办了5件民生实事：一是投资80多万元建设高排大桥，解决该村一河两岸村民生产、生活、交通安全问题；二是投资27万元浇筑全长900米的长坑公路；三是投资14万元，浇筑全长500米的荷坑公路；四是通过“一事一议”投资7万元，对龙口大桥进行加固；五是投资4万多元，搬迁高排大桥上空高压线路，解决了过往行人、车辆安全问题，5项民生实事年底都基本完工。在全县的征地拆迁工作中，县人口计生委抽调精兵强将，提前1个月完成征迁工作任务。

【领导名单】

主　任	杨小红
计生协常务副会长、副主任	刘庆尧
副主任	巫远椿
红十字会常务副会长、副主任	廖梓琪
副会长	余作秀

扶贫和移民

【概况】 2014年，全县共有贫困村47个，其中省级扶持贫困村12个，市级扶持贫困村35个；贫困人口1.7482万人，占全县农村人口的10.22%；有库区村20个，移民安置村92个，移民总人数2.6482万人，其中直补移民1.4792。

【争取全省大中型水库移民避险解困试点县工作】 通过加大争资争项力度等措施，2014年，成功地向国家移民局争取了全省大中型水库移民避险解困试点县项目（全省仅5个县），争取试点项目资金5474万元，全年共争取扶贫和移民资金1.18亿元，较上年增长35%，突破历史新高。8月，完成了方案评审和国家移民局的调研工作，10月，获得了国家发改委正式批复；12 月，已正式启动试点工作。

【省市扶持贫困村整村推进工作】 2014 年，对全县 47 个贫困村投入整村推进项目资金 570 万元，主要用于实施贫困村公路、水利、饮用水等环境整治，改善贫困村基础设施建设。全年共硬化公路 50.35 千米、新建水利设施 734 米、新建桥梁 3 座、新建饮用水工程 5 个。47 个贫困村整村推进项目开工率 100%，完工率 100%，资金拨付率 100%。

【搬迁移民扶贫工作】 向省、市争取 2014 年搬迁移民扶贫计划 2039 人，补助资金 851.6 万元，其中省级计划 1074 人，市级计划 965 人。搬迁移民安排在过埠镇、横水镇、扬眉镇、长龙镇、丰州乡 5 个搬迁移民集中安置点。2039 人 485 户搬迁移民户已全部完成建房和搬迁，并结合土坯房验收工作，完成了验收和资金补助工作，补助资金 851.6 万元。

【机制创新推进扶贫工作】 2014 年，全县已精准识别出贫困人口 1.7482 万人，已完成村、乡、县公示，进入系统录入阶段。为实施精准扶贫奠定了扎实基础。8 月，县委、县政府出台《关于创新机制扎实推进农村扶贫开发工作的实施方案》，县“三送”办下发《关于健全干部驻村机制推进农村扶贫开发工作的实施方案》，重点在扶贫搬迁、发展产业、技能培训、转移就业等方面对贫困户实施帮扶，在 2014 年“10·17”全国首个扶贫日期间，全县大部分单位开展了对接帮扶工作。

【贫困户和库区移民培训】 2014 年，通过实施“雨露计划”培训补助和库区移民培训补助等措施，对贫困户、水库移民参加学历教育、各项技能培训给予 600 元或 1500 元培训补助，共培训补助贫困户 125 人、库区移民 410 人，合计 535 人。实施培训补助进一步提高了贫困户和库区移民转移就业技能水平和综合素质，有效地促进了贫困户和库区移民稳定就业和脱贫致富。

【领导名单】

主　任　钟　民（6 月免）
　　　　李发平（6 月任）
副主任　刘小民
　　　　钟世房

社会保险

【概况】 崇义县社会保险事业管理局成立于 1987 年，机构编制 22 人，在岗职工 19 人，内设办公室、征管股、稽核股、退管中心、基金财务股五个职能股（室）。近年来，在县委县政府的坚强领导下，在上级业务主管部门的有力指导下，崇义县城镇职工社会养老保险工作坚持以服务崇义振兴发展为根本任务，以确保离退休人员基本养老金按时足额发放为中心，以关注民生、保障民生、改善民生为立足点，以增强服务意识、改进工作作风、提高办事效率为抓手，以改革创新为动力，努力扩大养老保险覆盖面，切实加强基金征缴，积极推进退休人员社会化管理服务，各项工作取得了明显成效，为促进全县改革、发展和稳定发挥了重要作用。崇义县社会保险事业从小到大，从弱到强，走出了一片枝繁叶茂的新天地，为百姓带来了越来越多的绿荫，也赢得了广大参保职工及离退休人员的普遍赞誉。连续 13 年被评为全省社会保险工作先进单位，还评为赣州市文明单位、全省人力资源和社会保障系统优质服务窗口、全省社会保险业务档案达标验收优秀单位、征地拆迁工作先进单位，被征地农民养老保险等多项业务工作走在全省、全市前列。

【年度目标任务超额完成】

征缴扩面超额完成任务 截至 12 月，全县在职参保人数 1.8136 万人，同比增长 2.05%；实际缴费人数 1.5462 万人，同比增长 2.53%；基金征缴 8888 万元，完成全年任务的 129 %。

待遇水平稳步提高 2014 年，企业退休人员人均月增加养老金 265.85 元，增幅 18%，人均月养老金达 1783 元，是历年待遇调整幅度较大的一次。离退休人数 5591 人，全年基金支付 1.2126 亿元，同比增长 2540 万元，增幅 26.50%。

【制度建设取得新进展】 为妥善解决全县机关事业单位临时聘用人员的养老保险问题，根据社保法等相关规定，研究制定《崇义县机关事业单位临时聘用人员参加社会养老保险办法》，解除了临时聘用人员的养老后顾之忧，规范了机关事业单位的用工行为。2014 年，共办理临时聘用人员参保 465 人，缴纳保险费 304.67 万元，同时对教育系统486位聘用人员进行了摸底测算，将在2015年全部纳入参保。

进一步规范了机关事业单位合同制工人和聘用制干部等财政拨款人员的参保办法，主要从缴费基数和缴费比例上和企业职工养老保险实行并轨，为下一步机关事业单位养老保险制度改革打下了坚实基础。

【社保惠民政策有效落实】 认真贯彻落实《江西省人力资源和社会保障厅关于＜社会保险法＞实施前曾在城镇用人单位工作过未参保人员补缴养老保险费参加城镇职工基本养老保险有关问题的通知》（赣人社发〔2013〕58号）精神，通过公示公告、电话通知、电视播报等多渠道做好宣传工作，认真审核申报资料，核算缴费金额，让这一惠民政策落到实处。截至12月，该群体有265人办理了参保缴费手续。

进一步做好城镇户籍下岗退役军人参保缴费及接续工作，单位负担部分由县财政全额补贴。截至12月，该群体参保55人（含退休15人），全年财政补贴养老保险费29.76万元。

对两参人员参保问题实行分类解决，公益性岗位的城镇户籍人员参照下岗退役军人参保办法，即对其上班期间的养老保险费单位负担部分由财政负担，农村户籍人员一次性缴纳农村养老保险费1.5万元，妥善处理了两参人员的参保问题。

【构建了被征地农民养老保障长效机制】 2014年，崇义县把深入推进被征地农民养老保险作为保障和改善民生的重要着力点，大力开展被征地农民养老保险工作，构建了被征地农民养老保障长效机制。2008年崇义县在全省率先出台了《崇义县被征地农民基本养老保险实施办法（试行）》，先行在城市规划区内实施被征地农民养老保险工作。省社保中心将崇义县纳入全省首批被征地农民基本养老保险省级统筹地区。 截至12月，全县被征地农民社会保障人数达到4784人，其中参加基本养老保险3562人（含退休282人）、享受养老生活补助1222人，参保人数完成上级全年任务的142.48%。全年政府补贴养老保险费1087.35万元，下拨财政养老生活补助资金288万元，城市规划区内被征地农民实现了应保尽保。为下一步在城市规划区外推广开展被征地农民养老保险获得了成熟的借鉴经验。

【创新信访工作机制】 当前，随着社会转型，在以前企业改制、破产和人事制度变革中产生的社会保险遗留问题引发的争议、信访日趋增多，成为信访中的焦点和重点之一。为了做好社会保险信访工作，崇义县重点采取了以下措施：

全力推进领导信访工作责任制的落实。首先由业务分管领导接访，再按具体信访问题归口各业务部门，并指定专人负责处理。

特殊信访件一把手接管。对于一些领导批办、影响面比较广及性质比较特殊的信访件，局领导亲自接访督办。

建立起了信访综合协调机制。采取信访、业务、仲裁、监察及主管单位等相关部门归口办案、相互配合的社保信访工作机制。突出重点，妥善处理好焦点信访问题。深入现场指导帮助企业解决好下岗职工的养老保险问题，及时化解矛盾，坚决杜绝越级上访，确保社会稳定。

【解决历史遗留问题成效显著】 对破产或改制的国有、集体企业及事业单位养老保险历史遗留问题，采取单位主管部门牵头，协同人社、财政、法制等部门深入现场调查了解，研究制定解决方案并报政府审批实施。在安置落实上分清责任主体和时间界限，涉及改制前的相关经费由县财政负担，之后的由业主负担。一大批历史遗留问题得到有效解决。

2014年，重点解决原县茅坪钨矿、原县煤矿、关田供销社、两参人员等685名养老保险历史遗留问题，缴纳养老保险费865万多元；配合相关部门做好原县淘锡坑钨矿、原农林技校校办工厂、原县农机厂等改制破产企业职工信访工作，对其463名职工养老保险费进行了测算，为下一步制定方案、安置职工做好了准备工作。

【全面提升信息和内控管理水平】 着眼于加强关键岗位的监督管理，从业务操作、基金管理、信息系统及档案管理等方面着手，完善数据信息，规范操作流程。根据业务经办程序和内控要求，按照相互监督、相互配合的原则合理设置各岗位。在岗位设置上实行“三分开”“一独立”并达到“四个要求”，即业务操作的受理经办和监督审核实行分开设岗，建账缴费和到账确认分开设岗，重要系统数据修改和审核分开设岗，档案由专人独立管理，达到了操作透明、职责清晰、管理规范及监督适时的管理要求。

【转换思路全面提升服务理念】 以党的群

众路线教育实践活动为契机，全面提升服务理念。以“照镜子、正衣冠、洗洗澡、治治病”为总要求，着力整治“四风”突出问题。以经办大厅为着手点，悬挂窗口“二十条”工作禁令，以此为工作准则；悬挂“业务经办流程图”，使办理流程更加透明；对群众前来办理业务和咨询政策，坚决杜绝“门难进、脸难看、话难听、事难办”及“吃、拿、卡、要”等不良现象的发生。全面推行服务承诺制、首问负责制、一次性告知制、限时办结制及责任追究制，形成规范的岗位责任体系，增强了社保干部职工的责任感、使命感及紧迫感。

【领导名单】

局　长　刘清华（6月免）

　　　　肖益华（6月起主持工作）

医疗保险

【概况】　2014年，崇义县的医保工作，以贯彻落实医保市级统筹工作，切实保障和不断完善参保人员各项保险待遇为着手点，加强医保扩面和基金管理，提高医保效能，最终在工伤、生育保险参保扩面的瓶颈上取得了突破，使全县医保工作实现了新的跨越。8月，被县委、县政府评为“2013年度“送政策、送温暖、送服务”工作先进单位”，2015年3月被市医保局评为“2014年度全市医疗工伤生育保险目标绩效考核先进单位”称号。

【医保宣传】　利用媒体、通过发放宣传单、采取现场咨询等，多形式、多渠道、多层次宣传医疗、工伤、生育保险政策。如：2月27日借助“春风行动”，为群众提供政策咨询610人次、发放宣传资料5100多份；在中国医疗保险网发表新闻稿件1篇次。

【保险管理】

医疗保险　参保人数为4.1872万人，完成下达民生工程医疗保障任务3.9917万人的104.9%，其中：城镇职工基本医保参保人数1.9721万人、完成下达民生工程任务1.91万人的103.3%，城镇居民基本医保参保人数2.2152万人、完成下达民生工程任务2.2万人的100.7%。

工伤保险　参保缴费人数1.5168万人，完成下达民生工程任务1.1万人的137.9%；其中农民工参保人数6770人，完成市下达民生工程任务6750人的100.3%。

生育保险　参保缴费人数9958人，完成市下达民生工程任务5000人的199.2%；其中女性参保人数2541人。

【基金管理】　基金支出情况。医疗、工伤、生育三大社会保险年度支出总计5706万元，其中：城镇职工医保年度总支出3844万元，城镇居民医保年度总支出956万元，工伤保险年度总支出8643万元，生育保险年度总支出42万元。

【医保待遇】

保险待遇进一步提高　从4月1日起，城镇职工、居民医保年度最高支付限额，补缴个人缴费部分，财政补助部分不再补缴，对2014年已全部补缴的按补缴金额的50%划入门诊家庭账户。

工伤保险参保人因工致残待遇上调。从2014年1月1日起，被鉴定为一至四级伤残人员，伤残津贴每人每月增加：一级260元、二级245元、三级230元、四级215元。新生儿参保自然等待期，有三个月延长到六个月，崇义县在全市最早放开，保障了新生儿更好地享受医保待遇。

通过开展“光明·微笑”工程、儿童“两病”免费救治和尿毒症免费血透救治工作，将全县所有符合救治条件的城镇医保白内障、唇腭裂患者、儿童白血病、先心病患者纳入常态管理，实施免费救治；对需要维持血透的尿毒症困难患者（城镇低保、城镇“三无”人员、城镇福利院供养孤儿、新增四类优抚对象和城镇低保边缘户）实施血透免费救治。其中2014年儿童“两病”免费救治的白血病患者、先心病患者数0人，医保报销金额0元。其他免费救治情况如下表：

表20　2014年“光明·微笑”工程免费救治情况一览表

年度	白内障患者（例）	唇腭裂患者（例）	医保报销金额（万元）		
			合计金额	其中	
				统筹基金支付	免费救治补助
2014	18	0	2.78	1.74	1.04

表21　2014年尿毒症免费血透情况一览表

年度	尿毒症免费血透患者（例）	医保报销金额（万元）		
		合计金额	其中	
			统筹基金支付	免费救治补助
2014	120	27.76	25.06	2.7

表22　2014年精神病免费救治情况一览表

年度	尿毒症免费血透患者（例）	医保报销金额（万元）		
		合计金额	其中	
			统筹基金支付	免费救治补助
2014	28	27.76	25.06	2.7

【二次补偿】 2014年，全县城镇职工、居民基本医保，在全市定点医疗机构实行即时结算的基础上，4月1日起，大病医疗保险和居民二次补偿待遇结算，在全市定点医疗机构的“医疗保险即时结算”窗口即时结算医药费，即符合条件的在住院发票上显示补偿金额，并立即结算，实现“零跑腿”。

【中心工作】 “三送”工作。成立驻村工作队，选派10名干部参与“三送” 工作，直接联系元田村的三角街、元田、西坑口、西坑子、马鞍石、黄婆坑、旱禾坑组的185户群众。县医疗保险局出资4万元，同时向上争取资金100多万元帮助修建桥梁一座，修建拦河坝130米，修建护河堤75米，兴建一处满足6个村小组280多户800多人的自来水工程。

征地拆迁工作。2014年，医保局在全县重点工程和重点项目建设征地拆迁工作中，包干3户，实际完成新征地面积7.00亩、已征地清表面积7.00亩、拆除主体房3栋、拆除附属房5间。

【领导名单】

局　长　甘东升

劳动与就业

【概况】 在县委县政府的领导下，就业局按照省市就业服务工作要点，以党的群众路线教育实践活动为契机，紧盯工作目标，创新工作思路，突出重点，狠抓落实，各项工作目标全面完成，确保了全县就业形势的基本稳定，就业工作取得了阶段性成效。

【统筹城乡就业、夯实就业基础】

强化人力资源公共就业服务 一是以“一网五点”建设为基础，全面监控就业信息。“整合资源、归口管理、信息共享”为要求，全面做好就业信息化和监测调查工作，夯实“一网五点”监测系统，为科学决策提供参考。二是搭建就业平台，举办“春风行动”暨就业招聘大会。共有109家企业来到现场，招聘会吸引了近万人现场参会，1893人次报名求职，1365人达成就业意向，587人被现场录用。三是做好求职登记和职业介绍。动态管理求职者的就业信息，加大对企业用工信息的收集力度，充分利用网络、电视、手机报等多种媒体发布用工信息，全力做好信息发布和岗位推荐工作。

着力困难群体帮扶，开展就业援助 以人力资源市场为载体，落实各项再就业优惠政策。一是做好“4050”灵活就业人员社保补贴审核发放工作；二是优化就业失业登记证办理流程，2014年，共为944名下岗失业人员换发就业失业登记证。

强化高校毕业生就业服务工作 一是开展高校毕业生就业情况调研。利用基层劳动保障平台，做好离校未就业高校毕业生调查摸底工作，建立实名数据库。二是拓宽就业渠道。在全县开发高校毕业生见习岗位120余个，78名高校毕业生报名参加见习，同时为了保障高校毕业生的基本生活待遇，11月，对高校毕业生见习生活补贴标准进行调整，提高了见习补贴。三是扶持高校毕业生自主创业。开展高校毕业生创业培训班2个，共培训60人；对自主创业的高校毕业生优先进行小额担保贴息贷款，截至12月底，共扶持75名高校毕业生成功创业，带动就业人数225人，实现以创业促进就业。

开展乡镇劳动保障服务平台建设 评选业务过硬、作风优良、群众认可的优秀劳动保障服务平台；重点建设乐洞乡、上堡乡和麟潭乡三个劳保所，申报文英乡和龙勾乡为2014年省重点建设劳保所，到12月底为止，已申报建设13个省重点建设劳保所。

【发掘培训需求、提升培训质量】

以劳动者需求为切入点，开展就业创业培训 紧紧围绕劳动力市场需求，有针对性地对各类人群开展就业创业培训。举办创业培训20期，共培训各类群体600人，其中残疾人创业培训班1期30人；大学生就业创业培训班2期60人；“红杜鹃”家政服务员培训3期，共培训230人，为他们成功就业创业打下基础。

以企业需求为突破点，量身打造定向技能培训 大力支持和鼓励企业开展工业园区定向培训和岗前技能培训。省内工业园区定向培训31个班，共培训1856人，其中耀升公司和章源公司举办定向技能培训，共培训300人，提高劳动者技能水平和企业核心竞争能力。

抓好培训机构认定，加强师资队伍建设 一是严格抓好培训机构的认定，按照“条件公开、自愿申请、择优认定、社会公示”的原则，对培训机构的申报严格把关，并进行了实地查看，共认定了具备培训能力的4所就业培训机构；对预备申报培训机构的企业实行专项指导，作为后备培训机构申

报下年度定点培训机构。二是加强对就业创业培训师资力量的管理和培育，促进培训教师的交流和共同学习，并于10月选派2名业务骨干参加创业培训师资班，发展壮大创业培训师资队伍。

监管培训过程，严审培训台账，保障培训质量 认真做好培训监管工作，从开班申请到培训资金拨付，严格按照上级文件要求，对培训进行不少于2次的实地巡查，对学员身份和教师进行检查，并反复审核资料，确保培训达到良好的效果。

【小贷促进创业，拓展就业空间】

落实小贷权责 建立健全担保中心基本制度，严格执行贷审会、贷前调查、审批程序、小额担保贷款信息系统管理等专项制度，加强小额担保贷款质量管理，严格防控贷款风险，确保担保基金安全，做到贷款回收率100%。

提升服务水平 一是缩短小额担保贷款贷前调查周期。在一楼大厅设立小额担保贷款绿色通道；将小贷发放平台前移到乡镇劳动保障事务所；成立小额贷款贷前调查组，缩短小额担保贷款贷前调查周期。二是打造优质服务窗口。简化办事程序，优化办事流程，实行AB岗责任制，实行首问责任制和一次性告知制度，提升服务水平。

实施小贷帮扶 一是对城镇登记失业人员、就业困难人员、高校毕业生等7类自主创业的人员进行10万元以内的小额担保贴息贷款，截至年底，累计发放小额担保贷款457笔，共7231.5万元，其中扶持个人创业贷款3951.5万元，成功带动1627人就业，扶持劳动密集型小企业3280万元。二是对贷款对象经营情况进行随时跟踪和贷后调查，对创业过程中遇到的困难及时进行创业指导。

【推动政策落实、构建资金安全】

大力宣传就业政策 利用手机报、电视、网络和乡镇劳动保障服务平台，全方位宣传就业相关政策；开展“就业优惠政策宣传月”活动，下基层进社区入企业，宣讲就业政策，倾听企业心声，现场解答就业创业问题，收集掌握第一手资料，一心一意为企业做好就业创业服务。

落实各类补贴发放 通过落实各项就业创业优惠政策，截至10月底，发放高校毕业生见习、“4050”人员社保、培训等各类补贴647.05万元；同时做好大学生一次性创业补贴宣传和排查工作，为高校毕业生一次性创业补贴发放做好前期准备工作。

加强失业保险基金的征缴与管理 重点做好规模企业扩面参保工作，及时上缴省级、市级调剂金。改进了工作表格，清晰工作台账，做实失业保险参保及发放信息化管理工作。失业保险参保人数扩面至11350人，失业保险征缴金额达到275.3万元，超额完成征缴任务。

【正确把握中心、推动自身发展】

深入开展路线教育 在县委县政府的统一部署和县委第五督导组的悉心指导下，开展了就业局党的群众路线教育实践活动。通过精心组织，狠抓实干，共收集意见建议135条，经梳理共72条，其中反映“四风”方面问题的55条；共有11条意见建议纳入专项整治；33条意见建议纳入制度建设；28条意见建议作为具体问题整改。5项专项整治，8项制度建设，28条具体意见办结率均为100%；整改落实群众满意度测评满意度达到98%；就业局群众路线教育实践活动群众测评中，对就业局开展教育实践活动的总体评价好占98%，对解决“四风”问题特别是群众反映强烈突出问题的评价好的占96%，活动取得了明显成效。

坚持三送常态化 一是围绕“三送”工作全覆盖、常态化这一主题，践行党的群众路线，促进民生改善，夯实农村工作基础。为挂点的麟潭乡石下村做了11件实事，累计争资出资61.85万元；走访慰问各类群众6次，出资1.0647万元。二是把“三送”工作延展到城区，为“四城同创”工作的有序开展奠定了良好的基础。

服从大局助力拆迁 一是强化领导，明确责任，一把手负总责，抽调6名干部分成3组，将任务落实到组，实行包户到组、工作细化到每一天的征地拆迁工作责任制；二是强调苦干和实干，发扬“5+2”“白+黑”精神，夜以继日，攻坚克难，苦干实干，积极深入征拆户，耐心细致做工作，以主动的服务赢得被拆迁户的理解和支持，确保征拆工作的顺利开展。

加强自身建设，打造服务品牌 一是加强就业服务队伍建设。制定《崇义县就业局学习制度》，加强全体干部职工的学习，提高整体业务水平，打造一支素质、作风、服务过硬的就业队伍。二是优化办事程序，简化办事流程，完善各项管理制度，打造优质服务窗口。三是加大就业宣传工作力度。选择重点媒体，对崇义县就业品牌和特色工作进行全方位、多形式的宣传，截至年底，已在各类网站媒体发表73篇，其中省级40篇，市级25篇。

【领导名单】

局　长　温李华

农村社会养老保险

【概况】　崇义县农村社会养老保险事业管理局为副科级事业单位，隶属于人社系统，主要负责全县新型农村与城镇居民社会养老保险相关工作。现有干部职工15人，其中副科级以上干部2名，股级干部2名，内退1名，长期请病假1人，单位聘请4名。局下设5个股室：办公室、业务股、基金财务股、信息中心、服务窗口。

从2011年7月1日起实施试点工作以来。在县委、县政府的正确领导和大力支持下，在市农保局和人社局的具体指导下，以中共十八大和十八届三中全会精神为依据，科学发展观为指导，全面贯彻落实中央、省、市、县农保政策精神，围绕城乡居保工作的任务目标和中心工作，精心组织，求真务实，开拓创新，扎实工作，城乡居民社会养老保险工作已全面展开。

【征缴扩面】　县农保局抓住参保缴费这个重点，定期例会，分析形势，专项推进，通过拓宽征缴思路，整合征缴力量，创新征缴手段，大力扩大城乡居民养老保险覆盖面，努力强化基金征收，超额完成省、市下达的民生保障目标任务。2014年，完成扩面缴费参保9.6297万人，占省政府下达民生工程任务的104%，其中16－59周岁参保人数7.3307万人，60周以上发放参保人数2.299万人，收缴保费976.43万元。

【养老金发放】　县农保局积极争取上级部门和财政对社会保险的资金支持，并为每个参保人建立终身记录的养老保险个人账户，确保了养老金待遇按时足额支付。

2014年度，60周岁以上发放人员2.3168万人，收缴保费970.18万元，累计发放养老金1551.74元，100%发放到位。

【宣传工作】　深入乡（镇）、中心村开展惠民政策宣讲活动13次，“村村通”广播定时播放城乡居保政策简介，局门户网站适时更新工作动态；全年共公开政务信息192条，完成目标任务106%；报送信息36条，完成目标任务的100%；撰写专题报道8篇、调研文章2篇，充分展示了崇义县城乡居保工作所取得的成绩和服务群众的新形象。

【经办服务】　惠民政策有效落实。积极争取残保基金4.4万元，为全县440名重度残疾人代缴2014年养老保险费，并为二女户家庭财政代缴养老金118.29万元，从而为全县3943名二女户家庭解决了后顾之忧。11月20－12月30日，崇义新闻播放《江西省城乡居民基本养老保险实施办法》，对城乡居保工作进行专题报道。基础养老金也从原来的每月55元提标到80元每月，从而极大地提高了全民参保的积极性。

【信息化建设】　城乡居保参保人数众多，地域分散，参保缴费相对灵活，权益记录和待遇保障周期长，必须利用信息系统进行支撑。为切实做好城乡居民养老保险信息系统建设的数据采集工作，已全省联网；2013年年底，各乡镇已全面掌握该系统进行数据录入工作，全面实现城乡一体化办公。

【机制建设】　基金管理安全高效。一是取消零星缴费方式，实行财政专户管理，规范了城乡居保基金管理。二是采取“乡（镇）劳保所自查、县农保局集中检查、县人社局专项督查”相结合的方式，对待遇领取人员卡（折）发放情况、信息公示情况、死亡上报情况开展了生存论证试点工作，（试点乡（镇）为龙勾乡和过埠镇）共核销死亡人员526人，节约社保资金12.716万元，更正错误发放信息208人。截至12月，崇义县已发放社保卡8.739万张（其中信用社8.5761万张，农行924张）。并于3月正式启用社会保障卡发放养老金，其中社保卡领取人员2.0696万人（信用社2.0687万人，农行9人）。

【领导名单】

局　长　王俊斌

乡 镇

横水镇

【概况】 横水镇因横水江“弯环绕廓”而得名，是崇义县县政府驻地，是全县政治、经济、文化中心，镇政府驻县城阳岭大道。全镇总面积247平方千米，辖上营、中营、横水、萝卜巷、鱼梁、塔下、朱坑口、密溪、碧坑、左溪、水口、三坑、茶滩、新坑、大密、官坑垄16个行政村175个村民小组和中山、章源、阳岭3个社区。2014年年末，辖区总人口5.3591万人，其中农业人口2.4501万人。

横水历史文化悠久 自崇义立县以来，就为各个时期县治所在地，城址未变，至今已490多年。

横水区位优势明显 与长龙镇、铅厂镇、关田镇、过埠镇、上犹县毗邻，赣崇高速、赣丰线、崇余线均穿境而过，县乡村公路四通八达，水路经水口、新坑西进过埠、杰坝，东入陡水湖，涌入上犹江，为崇义县的交通枢纽中心。

横水自然资源富集 有耕地542.533公顷，林地16400公顷，大水面866.667公顷。山地面积广阔，盛产毛竹、茶叶、油茶、脐橙、南酸枣等经济作物。地下资源丰富，种类繁多，主要矿产有钨、煤、铜、铁、锡、铅、锌等。

横水生态环境优美 境内四季分明，气候温和、雨量充沛，森林覆盖率高，空气清新。阳岭森林公园集原始森林、天然瀑布、溪湖山寺为一体，四季景致迷人，空气负离子含量高，被誉为“天然大氧吧”；茶滩犹江库区湖光山色、烟波浩渺，美不胜收；九瀑十八潭瀑潭相扣，峡谷风光神奇。

【党的建设】

不断提升党建工作规范化、科学化水平 牢固树立抓好党建促发展的工作理念，不断深化“四议两公开”“五步决策法”等工作机制，继续实施村党支部书记分类管理、聘任名誉村书记到村挂职等典型做法，村组干部干事创业热情进一步激发。基层党组织规范化建设、党风廉政建设进一步加强，党员服务振兴发展能力稳步提高。2014年，共发展党员20名，其中大专以上文化程度13名，35周岁以下15名，党员结构得到进一步优化。

着力夯实基层根基 通过软弱涣散基层党组织整顿工作，官坑垄村、章源社区长期无固定村（社区）为民服务中心的问题得到解决，中营村一大批积压多年的矛盾和信访问题得到化解。在整顿工作中，章源社区创新干部联系群众制度，推行“干部入户”代办机制，中营村实施“信访化解联席会议机制”，取得了良好效果。基层党组织基础得到夯实，党员干部精气神得到提振，群众对党组织满意度明显提高。

扎实开展党的群众路线教育实践活动 3月起，横水镇严格按照县委总体部署要求，立足横水实际，聚焦“四风”问题，通过“四学四听四解四抓”，在“真”字上下功夫，找准找实突出问题，回应群众关切，瞄准作风顽疾，狠抓作风整顿，取得了良好的成效。

深入推进“连心、强基、模范”三大工程和“三送”工作 扎实推进“连心、强基、模范”三大工程建设，派出14个“连心”小分队，办理实事96件；全镇922名党员全部到社区（村）完成志愿服务报到，开展政策咨询、捐资捐款、环卫整治等志愿服务39次。继续深入推进“送政策、送温暖、送服务”活动，构筑民生工作新平台。全年下派“三送”干部435名，充分发挥下派干部“住在村里、融入群众”的优势，实行连片包干、结对帮扶，发放产业发展、卫生保健、地质灾害防治、打击非法集资、柑橘黄龙病防控等各类宣传资料2万余册（张），收集群众意见建议287条，调处各类矛盾纠纷202起，积极为群众办实事解难题，使基层群众的行路难、用电难、就业难、上学难等突出问题得到有效缓解，赢得群众的好评。

【县城规划区征地拆迁】 牢固树立“支持县城建设就是支持横水发展”的理念，继续发扬阳

岭新城征地拆迁攻坚战中形成的征迁精神，围绕县城规划区重点工程和重大项目12个板块的征地拆迁任务，积极调整征迁工作思路，狠抓队伍建设，突出重点，抓好节点，攻克难点，与各征迁包干单位一起，开展高频调度，实施集中攻坚，扎实推进征地拆迁各项工作，全力服务县重点工程项目建设。2014年，在县城规划区内共征收土地155.786公顷，拆迁主体房6.6899万平方米，拆迁附属房1.9547万平方米，发放补偿款1.3736亿元，较好地完成了预定目标。特别是在攻坚月活动期间，全镇以攻坚月活动为主战场，巧干实干、奋勇攻坚，短短1个月时间完成任务销号15项，占全县攻坚月活动总任务的1/5，破解了振兴大道二期、阳岭作家村等项目多年未解的节点难题，使阳岭新城主路网（正德路、阳明大道、齐云山大道南段）工程全面铺开。

【农村危旧土坯房改造】 重点打造茶滩下山建房点二期工程，规划建设102户，其中套房72户，宅基地建房30户。截至2014年年底，已完成主体、外墙粉刷和室内初装修。积极引导农户分散建房，全年完成土坯房改造312户，其中新建289户，修缮加固23户，发放补助资金471.9万元。

【石门子旅游新村建设】 依托库区丰富的旅游资源，把集中建房点建设与统筹城乡发展、生态旅游开发相结合，通过修建码头、铺设后山步行道、围绕果园打造生态农庄、扶持建房户发展农家乐餐饮业等方式，充分挖掘建房点生态旅游价值。2014年，全面完成石门子码头和广场等工程，已有2家农家旅馆开始营业，石门子旅游新村已打造成型。在加强基础设施建设的同时，还结合农村环境连片整治工作，不断加大沿线环境整治力度，建立环境卫生长效保洁机制，达到“水清、岸绿、景美、人和”的综合整治目标，逐步将石门子集中建房点建设成一个生态宜居、风光旖旎、人文和谐、服务完善的生态旅游新村，吸引更多游客到这里旅游度假，以此促进建房点农户增收致富。

【农村基础设施建设】 持续加大农村基础设施建设投入力度，农村通组公路和安全饮水等一批民生工程顺利竣工。投入资金470万元，完成密溪村浊水坑、三坑村朱坑至老虎脑、左溪村社背、朱坑口村锡家山、茶滩村坪枫寨等10条通组公路硬化工程；投入资金64万元，完成新坑村石门子、鹿坑和密溪村集中供水工程，农村的生产生活条件得到进一步改善。

【农村环境连片整治】 在全县率先开展农村环境连片整治工作，投入18万元，采购了1辆垃圾清运车、4辆电动三轮车和200个垃圾桶；投入41万元，建立环境卫生长效保洁机制，农村垃圾下河、随意堆放现象得到有效遏制，居民生活环境明显改善。

【农业农村工作】 全力做好柑橘黄龙病防控工作，对辖区内果园进行全面普查，清除病树6.5256万株。进一步加强镇村干部联动机制，畅通汛情反馈机制，实行汛期24小时值班制度，全力做好防汛减灾工作。加大资金投入，修复受损农田灌溉设施，做好春耕备耕工作，全镇水稻播种面积355.267公顷；蔬菜种植面积77公顷，其中商品蔬菜17.933公顷；早红薯种植面积13.667公顷，花生种植面积14.333公顷。扎实做好畜禽防疫工作，全年生猪出栏达2.268万头。农村土地确权登记颁证工作有序进行。

【综治信访】 认真落实领导分类接访、包案处理、矛盾纠纷排查常态化机制，强力推进“三位一体”大调解，综治维稳工作平稳有序。全年共调处矛盾纠纷91起，调处率为89%。收到的66件上级转办信访件18件本级信访件已全部办结。安全生产形势总体稳定，全年无重特大安全事故发生。认真落实森林防火责任制，有效预防和遏制了重大火灾发生。

【计划生育】 扎实开展计划生育工作，共完成孕环检2.0732万例次，孕环检率均达94.3%；大力落实计生“四术”，综合节育率92%；新生儿出生685例，符合政策生育率67%。农村计划生育家庭奖励扶助政策、二女户保险、绿色养老、阳光助学、独生子女保健等计生民生工程扎实推进。

【社会事业】

强农惠农政策全面落实 进一步完善财政惠农补贴“一卡通”发放机制，全年通过“一卡通”发放粮食直补10.3万元、农资综合补贴58.9万元、良种补贴13万元，农机补贴11.3万元，退耕还林补助6.5万元，生态公益林补助22.3万元，水库移民补助230.5万元，计生奖励补助99万元，学生类补助71.7万元。

民生保障水平得到提升 完善最低生活保障制度，确保应保尽保。发放农村低保、自然灾害补助等民政资金164.1万元，五保户补助106.2万元，优抚补助 83.5 万元，医疗救助 65.6 万元，冬春、临时救助 34 万元，老村干补助 4.5 万元，孤儿基本生活补助 5 万元，老人长寿补助 56.27 万元。完成新型农村合作医疗参保人数 2.3788 万人，参合率达 99.03%。完成城乡居民养老保险参保人数 7333 人，参保率达 86.9%。全年共为 347 名失地农民办理养老保险，为 60 人办理了生活补助。

【领导名单】

党委书记、人大主席	曾宪炳
党委副书记、镇长	曾俊辉
党委副书记	胡爱忠（6 月免）
	唐英柳（6 月任）
党委委员、副镇长	谢小英
党委委员、组织委员	吴　岚（6 月免）
党委委员、政法委员	蔡小云
党委委员、人武部长	陈身旺
人大副主席	吴秀珍
副镇长	林广海
	邹海燕
	刘传勇
新村办主任	陈昌健

铅厂镇

【概况】　铅厂镇位于崇义县南部，崇义至大余公路贯穿全境，镇政府距县城 24 千米，全镇总面积 158 平方千米，辖石罗、义安（西峰）、铅厂、长河坝、石底河、稳下（关刀坪）6 个行政村，2 个社区，有 8 个村（社区）党支部，76 个村民小组，总人口 1.157 万人。境内蕴藏丰富的煤、石灰石、钨砂等矿产，盛产毛竹、楮、桦、松、楠等林木树种，主导产业有脐橙、毛竹、苗木、茶叶、生猪等畜牧及家禽养殖。

2014 年，按照县委十六届三次、四次全会的总体部署、积极适应经济社会发展新常态，围绕经济、政治、文化、社会、生态文明五位一体目标，全面完成镇第五届人大四次会议确定的各项目标任务，共获得 2014 年度全县综合工作先进奖、全县党的建设（三送）工作先进奖、农业农村工作暨农村危旧土坯房改造工作先进奖、社会综合治理和信访维稳工作先进奖、作风效能建设先进奖、计生工作先进单位、争资争项先进单位等荣誉称号。

【经济建设】

打好脐橙保卫战　举全镇之力保住脐橙支柱产业，每村都成立 1 支砍树队，全镇配备 5 名专职果技员，每名镇、村干部包干 20 户以上农户，每周一调度、每天一通报，确保工作落到实处，2014 年全镇共清除黄龙病病树 25.2 万株。同时，开展技术培训 4 次，组织产业大户考察产业项目，鼓励引进特色种养产业。

建好苗木示范区　打造占地 20 公顷的长河坝苗木产业及乡村旅游示范村，出台苗木种植扶持政策，整村推进产业配套设施建设，产业园、服务中心相继建设完成。在义安、稳下打造 13.333 公顷苗木产业示范带，积极争取长河坝村成为全县苗木产业重点村。

创新发展新模式　扶持产业合作社和龙头企业，建设企业 + 农户 + 合作社的发展新模式，全年共新增农业合作社 4 家，引进农业龙头企业 2 家，帮助产业户贷款 106 万元，直接资助 8 万元，其中绿森合作社苗木种植面积达到 40.667 公顷，长兴竹产业合作社被国家 9 部委授予“国家农民合作社示范社”荣誉称号。

【政治建设】

转变政府职能　按照“一政府四中心”思路，建设公共服务型政府，升级镇群众服务中心并进行标准化建设，拆除外墙改造为社会停车场，配备视频监控系统，设置工作人员 AB 岗，新建“96333”群众热线处理中心，全年办件 92 件，办结率、满意率均达 100%。升级各村群众服务中心，更新了值班制度和各项公示。

推进依法治镇　干部带头学法、扬法、用法，开展普法宣传活动5次，法治培训2次，宣传合同法、国土法、环保法等10部法律。加强依法行政的水平，把依法行政摆上工作日程，完善并规范民主自治与民主管理，加强基层民主法制建设，完善基层矛盾调处机制。

深入转变作风 政府各部门紧扣“为民 务实清廉”主题，扎实开展党的群众路线教育实践活动，创新性的开展“干部亮牌”走访活动，坚持每周学习制度，提高了党性修养和政治水平；坚持聚焦“四风”，深入查摆突出问题，严肃开展批评和自我批评，镇级民主生活会由书记彭光华主持，全体县委常委观摩，义安村组织生活会得到省委督导组副组长陈玉麟指导；坚持问题导向，开展12项专项整治，建设10项制度，270条问题全部整改到位。通过教育实践活动，使党员干部经受了一次严格的党性锻炼和洗礼，切实解决了一批群众关心的热点问题，赢得了群众的好评和支持。

【文化建设】

完善镇村文化设施 镇综合文化站于2009年将原农民文化宫改建而成，截至2014年年底，总建筑面积一千余平方米，内设展览大厅，面积120平方米；多功能活动大厅（30.25米×20.5米）面积620平方米，具备开展大小型演出、文化排练、自娱自乐、游艺、迎接外来艺术团体等文艺活动；书刊阅览室面积120平方米，内有图书5000余册；培训（活动）大厅127平方米，用于举办各类文化艺术培训和农村实用科技知识培训，各村文化活动室（农家书屋）已基本健全，书架、书桌、活动设施不同程度完善，藏书量平均每村3000册左右，全镇已形成以镇综合文化活动为中心，各村（社区）文化活动室（农家书屋）辐射全镇1万余农村群众的服务网络，为建设和谐乡村、服务“三农”，完善现代化农业社会奠定了文化氛围的基础。

广泛开展群众文体活动 一是各村保证文化活动室（农家书屋）的正常开放，每个工作日由各村值班干部负责免费开放；二是配合国家关于文艺下乡相关要求，全年迎接了5次市、县文艺团体到铅厂镇各村进行文艺演出；三是镇综合文化站年内举办庆“七一”文艺晚会、全镇群众性体育比赛，全镇农民书法赛（在综合文化站展厅常年展出），通过这些活动，净化了社会风气，传播了正能量，为弘扬社会主义核心价值观、凝魂聚气增添了新的气息。

打造文体惠民示范点 一是打造全镇最大中心村义安里文化中心，通过市挂点单位市纪委的帮扶，现在的义安村，拥有全新的农贸市场、柏油村道、体育设施，全面的便民设施（包括医院、小学、幼儿园、通讯机构等）、水电网络等，特别是村委会旁，2000平方面积的休闲广场，绿树成荫、彩砖铺地，村道环绕而过，村委会内，包含便民服务中心、农民果业合作社、廉政文化展厅、村文化活动室、村民代表大会议事会室等设施，已成全县乃至全市全省的先进典范。二是打造稳下村关刀坪社区文化中心，关刀坪社区有7个村民小组，255户，1002人，先后获得赣州市优美乡村入围奖、市老年体协先进单位，崇义县先进党支部等荣誉称号，随着群众的需求，近年陆续建起社区图书阅览室、茶文化展览厅、老年活动室等，并在农民居住密集处兴建3处健身场所，举办茶文化知识竞赛、农民趣味运动会、乡村幸福红歌赛等多种活动，自然、优美的生态风光，还吸引了境内外婚纱摄影等艺术爱好者的青睐。2014年，总投资360万元的生态体育公园正在加速建设中，项目包括200米塑胶跑道、塑胶篮球场、乒乓球、羽毛球、门球、网球、演艺场及多功能看台等。一个环境更加优美，文体设施更加齐全，群众精神文化生活更加丰富，百姓更加安居乐业的新型社区将呈现在大众面前。

【社会建设】 2014年是铅厂镇项目建设重点推进的一年，共完成民生工程项目51个，涉及资金1808.8万元，较2013年增长39%。

电网改造扎实推进 投资2.47亿元的关刀坪220千伏输变电工程完成征地3.627公顷公斤，拆除主体房屋2栋，项目主体建设正有序进行。投资1100万元的西峰35千伏变电站，于春节前完成建设，2月，已正式投入使用，极为有效地改善了当地的生产生活用电。

村级路网全面延伸 投资765万元，完成稳下大河背等9条通组路，石圳等3座桥梁建设，全长达16.3千米，其中坳下—下新屋公路、长河坝环村路、西峰牛岗子等通组公路的竣工，对群众出行、农产品运输起到了至关重要的纽带作用。

安全饮水基本覆盖 落实资金192万元，基本完成铅厂、西峰、长河坝整村自来水主管道改造工程，启动义安圩、石壁下自来水工程，全年新建或维修自来水改造项目6个，惠及全镇近一半的群众。

水利设施不断完善 投资164万元改造稳下

桥头、石底河清水塘等 8 条水渠、水圳共计 17.3 千米，维修河堤、水圳 4.6 千米，清理河道 10.5 千米。

建设义安里美丽乡村 一是恢复村级完小，2014 年义安小学新增四年级，并逐步恢复完小；二是跨县就医同比例报账，6 月起，义安里 4600 名群众享受与大余县居民同等的新农合报账比例；三是村级标准化卫生院，启动义安卫生院扩建项目，新建职工周转房及业务用房，增设 X 光室及 10 张病床；四是村级高标准道路建设，黄泥排—坳下、感恩苑—石罗村部共 3.3 千米的公路，是全县乃至全市村级道路改造标准最高的一条样板公路。

建设关刀坪新型社区 一是茶香苑集中点 30 户新房完成主体工程、粉刷外墙并建好尖顶，硬化 650 米循环入户路，基本完成水、电及排污网络铺设和休闲活动场所建设；二是安置地征地拆迁全面完成一期征地 7.093 公顷，征用主体房 1 栋、附属房 2 间，迁移坟墓 9 穴，全面完成清表和平整工作。

开展土地确权登记 通过“镇、村、组”三级联动，进行 10 次业务培训和 5 次督查，2014 年底，完成登记 2370 户，面积 499.933 公顷，完成比例 100%。

引导土地流转经营 全镇签订协议流转土地面积 66.667 公顷，涉及农户 692 户，公共资源交易站流转迹地、林地 4 宗，涉及金额 217 万元。

推进危房改造 全年完成危旧土坯房改造 138 户，拆除危房 96 栋，面积 8448 平方米，协助 43 户贷款 142 万元。其中，石罗村“田园人家”集中点 26 套全部完成主体建筑，并争取资金 78 万元，建设了占地 2000 平方米的休闲活动场所和循环路；争取资金 12.6 万元，新建“感恩苑”休闲广场、宣传长廊等。

维护社会稳定 全镇调处纠纷 158 起，调解成功 156 起，接受报警 84 起，受理治安案件 14 起，求助 22 起。2014 年，治安形势良好，全镇未发生重大刑事、治安案件，未出现群体性事件和非正常访，无“黄、赌、毒”等社会丑恶现象，无邪教组织和非法宗教组织，未发生较大安全生产事故。

改善计生服务 2014 年，全镇出生人口 171 人，符合政策生育率 85%，出生率 14.54‰，自然增长率 9.61‰，共落实生殖健康检查 4867 人次，征收社会抚养费 91.4 万元。

落实社会保障 保证全镇 1281 名 60 周岁以上老人享受农村基本养老金待遇，城市低保 26 人，农村低保 348 人做到应保尽保，新农保参保率达 100%，新农合参合率达 98% 以上，走访和慰问困难群众 1436 人次，发放慰问物资 37 万余元，开展义诊 4 次，资助困难学生 16 万元。

【生态文明建设】

整治污染源头 关闭境内所有矿产开采点，河道采沙，采取责令停采、拆除工棚问责制度等关停并转方式，制止了境内乱采滥伐行为。

促进生态产业结合 大力提倡农民群众种树，种果，转换生产方式，2014 年全镇各村共分布长兴竹产业专业合作社 1 个（国家级）、花卉苗木合作社 3 个，林果产业合作社 5 个。通过政策扶持、产业转型发展，既保护绿化了环境，又增加了农民收入，极大地调动了广大农民的积极性。

推行环境连片整治 一是健全组织机构。成立了以镇党委书记肖鸿斌为组长的领导小组，明确了分管领导，成立了镇环卫所，有专门的办公场所、工作人员和规章制度。二是加强宣传力度。通过多种形式广泛向群众宣传保护生态环境的重要性，如在石罗村湾里广场举办首期“乡风文明大讲堂——村里垃圾怎么办”活动，在学校开展“小手拉大手”活动，培养孩子的环保观念，印发 6300 份《垃圾分类处理 共建美好家园——致村民的一封倡议书》，通过活动，增强了群众保护生态环境的自觉性，为推动生态环境治理工作营造了良好的舆论宣传氛围。三是投入资金强化设施，引入专业公司承担保洁任务。积极向上级有关部门争取资金，加强农村垃圾处理的硬件建设，通过建立市场化的运作机制，引入专业保洁公司，承担全镇各圩镇、道路的保洁任务，每个村还成立卫生保洁监督委员会，负责卫生管理与监督。现已在全镇范围内配置了垃圾车 5 辆，电瓶车 5 辆，板车 9 辆，垃圾箱 20 个，垃圾桶 480 个，建设垃圾终点站一处并于 2014 年年底投入使用，全镇生活垃圾集中收集率达到 90%，基本实现了垃圾处理的专业化、常态化、持续化。通过干部群众的共同努力，一个山清水秀、空气清新、环境更加优美、人民更加宜居宜业的新铅厂展现在人们面前。

【领导名单】

党委书记、人大主席	肖鸿斌
党委副书记、镇长	刘宏春
党委副书记	肖　莹

党委委员、副镇长	简海浪
党委委员、纪委书记	张　羽
党委组宣统委员	郭水明
副镇长	余　烜
	黄上花
人武部副部长、新村办主任	彭　翮

长龙镇

【概况】 长龙镇地处崇义县东南部，面积139平方千米，辖8个行政村（其中畲族少数民族村1个）88个村民小组，总人口1.1719万人。镇人民政府驻长龙街，距县城17.7千米。

2014年是深入贯彻十八届三中全会精神、开启法治新征程的重要之年，也是实施“十二五”规划、落实“四个全面”的开局之年。2014年，全镇上下围绕“服务群众、服务企业、服务社会”三大主线，按照“工业强镇、人民富镇、和谐新镇、魅力名镇”的目标定位，突出“长龙新城建设、服务企业和观光产业园建设”三项重点工作，把握大局、凝心聚力、敢于担当、攻坚克难，较为顺利地完成了镇五届人大四次会议确定的各项任务，全镇经济社会平稳健康发展，人民群众生活水平持续提高。

连续第七年被县委、县政府评为综合先进乡镇。

【经济社会发展】 境内各企业经营正常，其中耀升公司完成10亿元以上主营业收入，完成8000多万元税收。农村合作医疗参保率98%以上；18周岁以上城乡居民社会养老保险参保率达到98%以上，60周岁以上老人领取率达100%；计生符合率达到95%以上，群众满意率达到90%以上；完成危房改造365户；深化巩固“平安长龙”创建成果，积极化解不稳定因素，营造和谐稳定的社会环境，年内辖区内未发生非法越级上访、重大治安刑事案件和重大安全事故。

服务企业发展 协助企业征地拆迁、矛盾纠纷调解等工作。抽调12名精干力量，组成3个耀升钨业征地拆迁工作组，深入农户做思想工作，坚持依法依规征地，全程跟踪服务企业发展。共为耀升钨业探矿区征用林地31.04公顷，完成率100%，其中征用责任山28.26公顷，自留山2.74公顷，涉及农户78户，涉及人口458人；征用农田4.65公顷，涉及农户43户；完成拆迁房屋3栋330平方米，协调解决相关矛盾纠纷67起。

完善功能，提升品位，打造精品城镇 2014年，共投资6000多万元继续完善提升长龙新城建房点建设，其中投资3000多万元，完成一期工程立面靓化，完成二期工程主体和立面装修，完成48套套房立面装修，业主已陆续入住。投资800多万元完成长龙新城6万方土石方回填；投资500多万元，完成了2000多米防洪堤建设；投资450多万元，完成了滨江大道和新城主干道硬化；投资300多万元，完成了排水排污管道建设；投资150多万元，完成长龙二桥建设；投资100万元，完成沿河步行道和护栏建设，初步形成宜居、宜商、宜业的新型小城镇。

圩镇建设 突出长龙新城建设。投资6000多万元，完善长龙新城建房点各项建设。其中完成了一期的主体靓化和二期主体完工，部分业主业已入住；完成了主干道、长龙二桥、沿河步行道建设。

房屋改造 本年度全镇有365户农户土坯房改造开工建设。

公路建设 完成多条公路建设。投资50万元完成了葫芦村竹山下等三组、投资45万元完成南田村社背坑组、投资20万元完成拔萃村石角组三条通组公路硬化。辖区内公路硬化率达99%。

产业 协助玉丰葡萄园各项工作，使其当年产值达50万元；扶持旗岭珍稀树种生态园建设。完成流转土地53.333公顷，种植一期各类树木1万余株；做好脐橙黄龙病防治工作，全年普查病树3.45万株，按要求处理、砍除3.45万株。

服务企业 为耀升钨业股份有限公司征地31.04公顷，辖区内耀升钨业股份有限公司本年度实现主营业收入10亿元，上缴税收8000余万元。

社会事业与惠农政策 取缔非法小型铜矿厂9家；处理违法乱建、私自交易土地5起。当年新农保参保率达86%，新农合参保率达98.3%。

【政治建设】

作风建设 扎实开展第二批党的群众路线教育实践活动，带头完成专项整治6项，制度建设12项，具体问题整改63条；积极推进“连心、强基、模范”三大工程，全年“三送”工作队和各村名誉村支书累计争资争项170多万元，捐资捐物16000余元，协助调处矛盾纠纷112起。健全8个村民理事会，推广民事村代理制度。着力加强镇村两级干部队伍建设，完善镇村干部绩效考核办法、请销假制度、村干部值班制度等，镇村干部作风得到进一步转变，凝聚力和战斗力明显增强。严格执行中央八项规定，认真履行“一岗双责”，深入推进农村党风廉政建设工作，认真贯彻落实《农村基层干部廉洁履行职责若干规定（试行）》。全年镇纪委处理群众信访举报件5起，对相关责任人进行了说服教育。进一步完善便民服务中心管理制度、农村“三资”管理办法等制度，加强村级“三资”管理、三务公开等工作，推进农村廉政文化建设，在全镇上下营造了务实高效、风清气正的良好氛围。

加强党员干部自身建设 促进全体党员干部工作转职能、提效能。2014年，全镇党员干部始终保持清正廉洁，保持了良好的工作作风、密切联系群众，着力解决“四风”问题，落实完善厉行节约反对浪费各项规定，严控一般性支出，“三公”经费只减不增，把有限的资金用在了加快发展和改善民生上。年内，辖区内未发生一例党员干部违法违纪案件。

【生态文明建设】 大力实施美丽乡村深化行动，加快推上寨沿线现代休闲旅游观光产业带建设，打造生态旅游、休闲养生基地；加快农业现代化建设步伐，完善水利基础设施建设。初步基本形成旗岭珍稀树种生态园、玉丰葡萄园等生态经济基地。

大力推进农村环境整治，禁止垃圾入河，实施农村垃圾集中处理，重点整治扬眉江流域污染问题，依法取缔非法小型铜选厂9家，对13家有证的加工厂进行了拆表剪线、停产整顿，对大型

矿山企业，督促企业加大环保设施的投入，做到达标排放。

【党建工作】 始终坚持“围绕发展抓党建，抓好党建促发展”的工作理念，严格按照“党要管党、从严治党”的要求，把党建工作当成首要任务来抓。

及时答复“96333”热线问题40余起。组织机关党员志愿者服务队开展志愿服务100人次、发放50周年以上党龄老党员补助19人。开展名誉村支书活动，全年累计争资争项170多万元，捐资捐物1.6万余元，协助调处矛盾纠纷112起。对沈埠村党支部进行了重点整治，健全推广了民事村代理制度。新发展党员6名，按期转正10名。顺利完成了村两支委换届工作。

探索党的建设与经济建设同步加强、同步发展的新路子。以“服务企业、服务群众、服务社会”为主线，以“三送”工作为总抓手，统筹推进全面发展。

责任分解党建工作目标 强化责任考核，确保执行到位。每月召开一次党委会，对照责任分工督促考核班子成员的党建工作。出台晨会、夜宿、机关学习、驻村包片等制度，做到以制度管人。加强对镇村干部工作作风建设，共对5名干部进行内部通报批评。实行村书记、主任分类管理，对评为三类的进行诫勉谈话，督促整改。重点培养村两委干部的“双带”能力，组织2期专题培训。制定《村级考核管理办法》，实施村党支部书记“三述三评”制度，强化责任考核。同时，在2013年基础，上村干部工资增长20%。

探索村企党组织结对共建、流动党校、农村党员分类管理机制 全镇8个村党支部和8个镇内企业党组织结成共建对子，村支部负责抓好企业员

工思想建设、协调群企关系，企业党组织为结对村争取企业的帮助，双方受益很大。开展“流动党校”送教下村。邀请县委党校、各涉农单位专家和本镇乡土人才组成镇流动党校，共开展送学活动28场次，受到了农村党员的普遍欢迎。推进农村党员分类管理。结合党员“先锋创绩”工作将农村党员分为村干部党员、致富能人党员、务农党员、外出流动党员、年老体弱党员等五类，实行设岗定责，分类管理教育。

【领导名单】

党委书记、人大主席	张小兰
党委副书记、镇长	叶新生
党委副书记	吕京辉（5月免）
	邱才佳（6月任）
党委委员、人武部长	韦文平
党委委员、副镇长	陈志平
党委委员、纪委书记	黄学鹏
副镇长	辜成伟
	罗　斌
新村办主任	陈武传

扬眉镇

【概况】　扬眉镇地处崇义县东部，东临龙勾乡，西接长龙镇，北枕上犹中稍乡，南依南康赤土乡和大余樟斗镇。地势开阔，光热充足，商贸活跃，民风淳朴。全镇共辖10个行政村，1个居委会，135个村民小组，总人口1.7357万人，土地面积79平方千米，森林面积5678.133公顷，耕地面积519.933公顷，脐橙面积 866.667公顷。

2014年，扬眉镇全镇干部群众紧紧围绕建设交通便捷、商贸活跃、文化繁荣的崇义东部城建大镇、商贸重镇、文化名镇、和谐新镇目标，抢抓机遇，求真务实，排难求进，扎实工作，全镇呈现出经济发展步伐加快，各项事业不断进步，人民生活质量稳步提升的喜人局面。荣获赣州市第八届“文明村镇”称号；荣获县创建五好基层关工委优秀组织奖；在崇义县全民运动会中，镇代表队荣获乡（镇）组团体总分第一名，并获优秀组织奖。

【圩镇建设】　投资120万元启动的圩镇杆线迁移有效落实，年底已完成管道铺设1700多米；投资1800万元的商贸新城，已完成5幢主体工程；投资300万元的公路综合服务站顺利竣工；投资280万元的扬眉寺中桥竣工通车；投资210万元的祥龙文化广场完成填方；投资22万元对2160平方米的农贸市场交易铁棚全部拆旧重建，新建了19个交易台；集中人力、物力对圩镇交通、卫生环境进行了集中整治，对河道垃圾进行了机械和人员作业清理，圩镇环境卫生保洁工作逐步健全。

【项目建设】　投资550万元的公办幼儿园动工兴建；投资318万元新建中心卫生院职工住房；投资 220万元扩建了镇敬老院大楼；投资201万元加固了中洞、白兰排两座小（二）型水库；投资126万元新建了塔孜坑、朱屋段、灌坑垅、塘窝等8条通组公路；在全县率先全面完成白枧村、南石村土地开发项目；完成了桥头、阳春、中坑口低电压农户的改造。

【脐橙黄龙病防控】　全面完成脐橙总数、脐橙病数、果园面积、果农信息等台账统计。通过播广播、发简报、贴标语、进村入户等形式，向广大果农宣传黄龙病识别方法和传播途径，做到了家喻户晓，人人皆知。集中统一组织打药，全面消杀木虱，共集中打药15次。11月，开展大田脐橙清除攻坚月集中行动，效果良好。2014年，全镇共清除脐橙病树 186399株，防控工作得到市县检查组高度评价。

【招商兴工】　大力实施产业招商、企业招商、资源招商和项目招商，以脐橙加工与仓储为重点，大力培育重点骨干企业，增强龙头支撑作用。向阳、宏泰、正大、博源等四大企业的脐橙加工、塑料框生产线扩大，新上了一批先进的脐橙分拣线，成为开拓市场的主力军。牛角窝铅锌矿项目技改完成主体，竹木、矿产产业加工发展空间拓展。个私经济日趋活跃。圩镇承载力和辐射带动力不断增强，新增个体工商户56户，新增从业人员89人。

【改善民生】　危旧土坯房改造受益面广。270户农户完成了危旧土坯房改造并领取了建房补助款。华坪移民新村危旧土坯房集中安置点全部完成，建房户陆续入住新居，建起了休闲广场并安装体育健身器材。“幸福家园”危旧土坯房集中安置点进展顺利，首批22栋房屋完成三层主体工程。社会保障机制更加健全。落实农村低保和城镇低保，民生救助资金发放到位。新农合、新农保收缴力度加大，新农合参合人数为15622人，参合率达98%；新农保参保人数为7383人，参保率为100%。

【作风建设】 党的群众路线教育实践活动紧紧围绕“为民务实清廉”这个主题，开办“四间课堂”，坚持“四学四带头，建立了三大整改台账。在梳理汇总的123条意见建议中，“四风”方面67条，纳入专项整治10条，纳入制度建设2条，纳入具体问题整改55条，整改、办结率均为100%。有效推进“送政策、送温暖、送服务”工作，落实“三送”各类帮扶资金240多万元，为民办好事实事132件。成功打造了扬眉党的群众路线教育示范基地和扬眉寺村党的群众路线教育示范点，干部工作作风更加务实，为民办事效率更加优化，扬眉镇党的群众路线教育实践活动特色做法深得市委、县委督查组高度肯定。严格落实中央八项规定，抓好“三公”消费监管，严禁公车私驾私用，严控接待标准及各项支出，“三公”支出下降13.2%。

【社会治理】 狠抓了社会管理综合治理和信访工作。全面落实了社会管理综合治理各项措施，落实了领导包案责任，明确领导接访制度，认真开展矛盾纠纷大排查，调处各类民事纠纷 58起，调成率96%，通过政策疏导和困难救助等方式，各种信访问题得到了妥善处理，确保了辖区内大局稳定。2014年度，重点狠抓肇事肇祸精神病人管控工作，与镇内30名患者家属签订有奖监护协议，落实监管责任，同时将病情不稳定患者进行强制送医，共计8人10人次。成功稳妥处置“8·15”突发事件。全年未发生一起赴市以上越级上访的人和事。计划生育工作水平不断提升。全年落实了四术对象266例，落实率达85.91%；流动人口工作在下半年进行了地毯式的摸排，全镇共清理出外出对象1388人，清查准确率97%以上；国家免费孕前优生检查完成152例，完成率96.8%。立案处理政策外案件78人，其中历年出生8人，已征收社会抚养费136万元，全额征收2人。精神文明建设成绩显著，被市委、市政府评为“文明村镇”。 群众体育活动广泛开展，在县第三届全民运动会中，扬眉镇代表队荣获乡（镇）组团体总分第一名，并荣获优秀组奖。环境整治有效开展，围绕新农村建设和环境整治项目，启动了南石村垃圾处理减量化试点，并取得了良好效果。与此同时，扎实做好武装、民政优抚、防汛、森林防火、节能减排、争资培财、土地确权、统计、农林、水利、卫生、教育等各项工作，保持了社会各项事业全面推进，协调发展。

【领导名单】

党委书记、人大主席	熊晓琼
党委副书记、镇长	华伦勇
党委副书记	邱隆贵
党委委员、政法委员、武装部长	吴鸣英
党委委员、常务副镇长	罗和平（2月任）
党委委员、组宣统委员	张瑞云
副镇长	田小丽
	肖乐康
新村办主任	赖文平

龙勾乡

【概况】 龙勾乡位于崇义县东部，东南与南康市接壤，西北与上犹县交界，离县城42千米，距105国道、京九铁路南康站35千米，赣州站45千米，全乡国土总面积66.2平方千米，农户3692户，人口1.5746万人，辖8个行政村，116个村民小组。

龙勾乡属低山丘陵地形，海拔高度在135～700米之间，境内兰坝为全县最低点，扬眉江贯穿全境。全乡有林地面积4333.333公顷，森林覆盖率为83.5%；龙勾是农业大乡，耕地面积582.8公顷，以种植脐橙、西瓜、水稻、刺葡萄为主，兼种葛根、黄姜、杂交辣椒、花生及其他经济作物。到2014年年底，全乡果业面积1133.333公顷，其中脐橙面积700.8公顷。2014年，脐橙总产量5万吨，产值超亿元。2014年，有亿诚果业、龙润果业、宝龙果业、九龙果业等40家脐橙加工企业，有天子地、纳福龙、禾丰等35家脐橙专业合作社和1家脐橙合作社联合会，成立4家家庭农场，有效延长了产业链。

近年来，龙勾乡社会事业迅猛发展，村村通上了水泥路；新建18座钢筋水泥大桥，极大改善了龙勾的交通状况；通讯十分方便，不少农民安装了程控电话、宽带网络；数字电视网络覆盖全乡；新建了乡农民服务中心、明德小学、良田小学、东

山小学、石塘小学、中学办公大楼、卫生院及中心小学公租楼；危旧土坯房改造有序推进，85%以上农户建起小康楼或砖瓦房，圩镇建设日新月异，经济建设和社会各项事业方兴未艾，龙勾社会经济呈现又好又快的发展势头。

2014年，龙勾乡抓住苏区发展机遇，深入践行群众路线，发扬“厚德诚信、实干向上”的龙勾精神，创新思路，进百家门、办百家事、联百家亲，基本完成年初提出的各项目标任务。

【深入开展党的群众路线实践活动】

一是精心组织，周密部署，夯实活动基础。龙勾乡按照县委的总体部署，把深入开展党的群众路线教育实践活动作为2014年首要的政治任务来抓。成立党的群众路线教育实践活动工作领导小组，制订活动实施方案。同时，加强宣传，制作大型户外广告牌12块、宣传板报9块、拉挂横幅20条、张贴标语31条，发放宣传材料3000多份，在全乡范围内营造了浓厚的活动氛围。二是突出重点，强化学习，提升活动效果。龙勾乡针对党员干部的实际情况，采取集中学习、支部学习、专家讲学、专题讨论、网上在线学习、远程教育学习、“流动党校”送学等方式，认真学习。在学习的同时，每位党员干部还认真做了学习笔记，撰写了学习心得体会。三是聚焦“四风”，听取意见，增强活动动力。乡党委和各党支部通过发放征求意见表、设立意见箱、召开不同层面座谈会、个别谈话、入户走访等形式，广泛征求意见建议，认真梳理汇总。召开各类座谈会21场，回收意见表221份，梳理出意见和建议83条。四是查摆问题，立知立改，确保活动实效。通过查摆和梳理出来的问题，龙勾乡对发现的问题立即进行整改，2014年年底已全部整改到位。

【扎实推进“三项”重点工作】

果品专业交易市场建设 聘请崇义工程设计院完成了市场图纸设计，规划建设交易大棚近3000平方米、商住楼110套，并在10月公开挂牌出让。2014年，投入200多万元实施土地平整、道路和地下管网建设。项目建成后，将成为赣南重要的脐橙集散中心、信息交流中心和价格形成中心，成为果农联系市场的桥梁和纽带，对进一步提升龙勾脐橙品牌知名度，拓展销售渠道具有重要作用。

圩镇公共设施建设 以龙勾村洋屋潭为核心，开展圩镇“硬化、绿化、亮化”工程，圩镇面貌得到明显改观。“硬化”方面，新建宽3.5米道路263米，修建挡土墙61米，硬化余坪2432平方米。“绿化”方面，沿街种植桂花树等树种76株。“亮化”方面，拆除旧房6栋，粉刷沿路墙体累计210平方米，新修自来水工程。龙勾卫生院公租房已完成主体工程建设，龙勾中心幼儿园、中心小学公租房项目正加快建设，全面启动农村环境连片整治和垃圾处理工作，圩镇及上寨公路沿线环境卫生明显改善。

亿诚果茶专业合作社建设 重点打造占地5.867公顷的石罗坪脐橙黄龙病果园转产蔬菜示范基地，现已完成土地平整、硬化园内道路600米、搭建蔬菜大棚6000平方米；亿诚果茶专业合作社投资300万元扩建厂房1600平方米，12月，被评为国家级示范合作社，所申报的13.333公顷有机脐橙基地已进入第二年转换期，

【确保柑橘黄龙病防控工作到位】 面对突如其来的柑橘黄龙病危害，龙勾乡党委、政府和乡村两级干部高度重视，倾注了大量心血，付出了超常努力。为了打好黄龙病防控攻坚战，龙勾想实行干部分片包干责任制，全体乡村干部、村级果技员和片区长齐心协力，深入农户做宣传，督促农户打农药，帮助群众砍病树。为了确保普查的准确性，龙勾乡从2013年11月开始，对全乡果树和病树进行了全面普查，认真做好普查台账和病树标识，确保台账的真实性和无误性。为了确保病树及时砍除到位，龙勾乡组建了8支砍树队80余人，配备油锯30多把，采取“白+黑”“5+2”的工作方法，全乡共砍除病株43.28万株，接近全县砍除病树的一半。在抓好脐橙病树清除的同时，积极引导果农科学转产，组织了部分果农代表到‘君子谷’等地考察学习刺葡萄种植。大力发展刺葡萄、葛根、黄

姜、大棚蔬菜、小香瓜、鹰嘴蜜桃、黑木相思树等种植。在龙勾、良田、寺里村重点发展刺葡萄种植9.12公顷，在合坪村九龙片开发6.667公顷葛根特色基地，在龙勾村发展5.867公顷大棚蔬菜种植，在东山村荷坑坝发展7.333公顷黄姜特色种植，在寺里村发展杂交辣椒4公顷，在龙勾村大背坑发展黑木相思树种植19公顷，在合坪村发展20公顷鹰嘴蜜桃种植，在良田村发展8.333公顷小香瓜种植，把上寡公路主干道公路沿线打造成产业集聚带、生态示范带和旅游观光带。同时，积极做好松材线病虫防控工作，砍除病虫树406株，松材线病虫害得到有效控制。

【增强了振兴发展活力】 为承接产业转移，培育工业企业，2014年龙勾乡狠抓招商引资和项目建设，取得了新成效。完成固定资产投资6116万元，同比增长31.3%，创同期历史最高水平。立足工业基础薄弱的现状，大力开展招商引资活动，吸纳聚集民间资本，强力推进工业经济发展集中突破。引进河南王老板投资2400万元，建设纳福龙果业。

【努力提升农民的幸福指数】

危旧土坯房改造 按照“五个优先安排”和“两个重点”的原则。“五个优安排”即优先安排分散供养五保户、低保户、贫困残疾户；优先安排“两红”人员及革命烈士的遗孀等直系亲属户；优先安排家庭人口多，住房紧张的农户；优先安排现在还住有人员的危房户；优先安排全倒户、无房户。“两个重点”即完成危旧土坯房改造313户，其中五保户、低保户、残疾户等特困群体37户。

基础设施建设 新建牛轭村通组公路1千米；东山村通组公路2条，1.5千米；寺里村通组2条，1.1千米；龙勾村通组公路2条，1.8千米、良田村通组公路3条，3.59千米；大岸村1条，0.6千米。新建大桥：投资 63万元东山村排孜上大桥1座，投资110万元新建石塘大桥1座，投资5万元维修加固大桥1座。投资300万元除险加固山塘水库19座。投资220万元建设学校、卫生院公租房。投资300万元建设乡公办幼儿园，占地0.333公顷。龙勾梦想家园橙乡苑社区已开工建设，现已完成土地平整，排水设施和道路建设。投资700万元的群众信息与服务中心已完工。投资50万元进行危旧土坯房改造、圩镇整治等工程。投资450万元新建水泊、水渠等小农水工程等。

【确保了社会事业和谐稳定】

计划生育工作明显进步 采取有力措施，充分调动村干部工作积极性，形成齐抓共管的良好局面，实现计生工作在全县排位前移。

信访维稳工作扎实有效 把维护稳定作为第一责任，积极应对复杂信访形势，妥善化解各类群众纠纷，统筹做好森林防火工作，2014年，没有出现一起赴省以上非正常访，没有发生一起森林火灾，确保了全乡和谐稳定。

社会保障力度加大 加强农村五保对象供养工作，新农保、新农合和农村意外保险的收缴比例均达到95%以上。

教育卫生齐头并进 龙勾中学中考综合排名全县第7；龙勾中心小学在全县六年级综合成绩排列全县第三。龙勾乡信用社存款余额1.047万元，比年初上升2406万元；贷款发放3200万元，贷款余额3350万元，比年初上升460万元。龙勾卫生院门诊全面实行新农合直补工作，直补率达98%，全面落实基本药物制度。免费为农民建立健康档案，免费建档人数6200余人次。

【夯实了党建发展基础】

加强了干部作风建设 认真落实中央关于改进工作作风、密切联系群众的“八项规定”，党员干部认真查摆自身存在的问题，并进行整改，干部作风进一步转变。

强化了基层组织建设 积极加强村“两委”班子的管理，完善村党支部书记分类管理，把村干部的待遇与实绩挂钩，充分调动干部的积极性。

抓好了村“两委”换届工作 乡党委对村“两委”换届工作作为一项重要的政治任务，及时提上议事日程。组织干部深入全乡8个村对各支部班子及成员进行摸底调查，了解实情，全面分析班子结构，按照“三个一批”原则和“两推一选”方式进行。先后召开座谈会12场次、个别谈话60人次，全面摸清基层组织存在的突出问题。同时开展村级财务清理和审计工作，按照县委和组织部的要求进一步规范换届工作流程。11月19－20日，各支部召开党员大会，按照1∶2的比例，选举推荐48名党性较强、开拓创新、公道正派、带领群众致富能力强的新一届村支委初步候选人。然后，按照组织程序，选举了新一届村支委班子。

加强了村级后备干部队伍培养 着力抓好党员发展工作，通过建立领导党建联系点制度，促使每村每年要发展党员和培养若干名入党积极分子。积极推进以产业园区和合作社、果业公司为重点的党组织建设，进一步加大“支部＋合作社”“支部＋公司”“支部＋基地”的建设力度。

是落实党风廉政建设责任制 进一步完善党风廉政建设责任制，强化政治纪律和廉政规定执行情况的监督检查，强化党员干部理论学习，通过多种方式开展廉政警示教育。推行村级重大事项民主决策一事一议制度和党务村务监督制度，健全源头预防机制。

【领导名单】

党委书记、人大主席	卢鑫平
党委副书记、乡长	唐芳浩
党委副书记、纪检书记	林端武
党委委员、组宣统委员	王宗桦
党委委员、人武部长	江路明
党委委员、常务副乡长	林　茂（6月任）
副乡长	何静云
	朱　珺

关田镇

【概况】 关田镇位于崇义西南，距县城26千米，赣丰线和厦蓉高速穿境而过，交通便利。关田是县城往聂都、文英、丰州、乐洞及湖南郴州等地的必经之路；赣崇高速于2012年年底贯通，并在关田设有出口，至赣州仅50分钟，融入赣州一小时经济圈。全镇国土面积163.3平方千米，其中耕地512.4公顷，林地1.0167万公顷，下辖6个行政村、1个居委会、86个村民小组，全镇总人口9859人，除部分蓝姓为畲族，其余均为汉族人口，以甘、黄、张、钟姓居多。

镇内资源丰富，是全县矿业、林业和水电大镇。钨、锡、硅矿产储量位居全县前茅，拥有规模以上矿区3个，是章源钨业、耀升钨业、长飞矿业等县内矿业巨头矿源地，享有“百年钨镇”美誉。林地面积1.1866万公顷，森林覆盖率87%以上，拥有人工杉木林1733.333公顷，活立木38万立方米，竹林面积2533.333公顷，活立竹400万根。建有石泉洞、石溪、祺如嵊、芦柴、龙头等水电站10座，装机容量达1万千瓦时。

关田民风淳朴，历史文化底蕴深厚，民俗文化、农耕文化、客家文化交相辉映，三节龙、灯舞、剪纸等民间艺术广为流传。拥有历史500多年、周长6.3米、树高42米的历史的“江南油杉王”等景观。

【党的建设深入推进】

以“强基、连心、模范”三大工程为抓手，党的群众路线教育实践活动扎实有效 全镇共有10个党支部、324名党员参加第二批党的群众路线教育实践活动。活动开始以来，严格按照县委要求，紧扣学习教育、领导带头、联系实际、边查边改、推进中心工作“五个贯穿始终”，结合“三送”工作、“强基、连心、模范”三大工程，切实做到教育实践活动与中心工作两结合、两促进。通过“听取环节”，共收集意见建议572条，其中“四风”方面的意见148条、民生实事方面33条，建立具体问题整改台账72项，已完成整改65项。扎实党员干部下基层为民办实事解难题活动，一批群众反映强烈的村组道路、林业纠纷、农田水利建设、土坯房改造、环境整治等民生问题得到有效解决。

以“强班子、夯基础”为重点，村“两委”换届有序开展 全县启动村“两委”换届工作后，关田镇于11月13日召开动员部署会和业务培训会，组建了换届办、审计组、组织组、考察组、宣传组、信访维稳组六个机构，严把财务审计、选人用人、程序操作、换届纪律“四关”，确保换届工作顺利开展。

【重点工程建设提速提效】

不遗余力推进县重点工程建设 为完成好县委、县政府交办的县重点工程项目建设任务，关田镇抽调精兵强将，组成专门工作组，全力以赴抓好县重点工程建设。一是关田工业小区加快建设，一期92公顷征地拆迁任务全面完成，基础设施、招商引资、遗留纠纷等工作有序有推进，已完成基础设施投资9000多万元，土地平整已完成总工程量的98.49%，入园便道（赣丰线改道）全线贯通，沿高速5个护坡工程已完工，园区内侧6处护坡水土保持工程和园区道路工程即将开工，国家粮食储备库项目入驻园区，石英板材项目、硅精深加工等一批招商项目正在洽谈进驻。二是关田中心小学（含中心幼儿园）避险迁建项目，总投资2300万元，已全面完成征地拆迁、土地填方和杆线迁移，已开工建设。三是柯树岭矿区矿山废渣治理工程，已完成征地 5.333 公顷，迁移坟墓 8 穴，废渣填埋场将于 12 月底前开工建设。

全力以赴推进示范镇建设 大力实施“一河双城三桥四路五区一体”为主要内容的示范镇建设，坚持重点项目与环境整治两手抓，采取市场化运作，充分撬动社会资金投入圩镇建设。一是圩镇框架不断拉大。先后启动关田中心小学整体迁建、中心幼儿园建设、农村危旧土坯房改造集中建房点等项目建设。投入 300 多万元，完成 3.2 公顷圩镇建设用地征地拆迁和路网河堤建设；投入 400 万余元完成关田中心小学迁建、中心幼儿园、农村危旧土坯房改造集中建设点征地拆迁；投资 1000 万元的安厦新区深山移民，新建 4 栋 6 层 66 套住房，已完成主体工程 5 层；投资 1400 万元的关福家苑梦想家园，规划建设套房 4 栋 126 套，一期 44 套已入住，二期正在抓紧建设。二是镇村环境明显改善。大力推进以“两违”整治、垃圾处理为主的圩镇环境建设。投入 10 万元对关田小江河圩镇段和田心河道泥沙进行了清理，投资 10 多万元完成高速出口至圩镇、圩镇主干道绿化美化。启动圩镇“两违”整治和农村垃圾处理工作，对“两违”建房户实行断水断电，已拆除“两违”建筑 2 户。开展“一镇两线五村六点”农村环境整治，拟投资 80 万元新建垃圾压缩中转站 1 所，投资 45 万元添置设备，通过招标购买社会化服务，对农村垃圾处理实行整体外包，形成“组收集、村集中、镇转运、县处理”的长效保洁运行机制，全镇环境卫生明显改善。

【人民群众幸福指数有效提升】

农业产业快速发展 按照“一镇一品”发展要求，关田镇不断加大技术、资金、政策扶持，主推红豆杉产业发展，培育壮大农业龙头企业、种植大户，积极推行“公司 + 基地 + 农户”产业模式，推动红豆杉产业规模化发展，全力把关田镇打造成独具特色的“红豆杉之乡”。截至年底，全镇共发展红豆杉种植 106.667 公顷，其中下关田源红豆杉苗木基地种植面积 66.667 公顷，是关田镇产业发展龙头基地，也是省内最大的红豆杉产业基地，该基地以南方红豆杉种苗繁育、扦插繁育、园林绿化苗木、盆景制作、药材及销售为一体，多次获得了上级领导的充分肯定。同时，通过红豆杉产业的发展，带动银杏、桂花等花卉苗木产业的快速发展，吸引了越来越多的农户投入到特色生态产业中来，

拓宽了农民增收致富渠道。

农村基础设施不断完善 投资近 80 余万元解决关田村、田心村、洞上村千余人饮水不安全问题；投资 200 余万元新建黄沙、田心寨下、桐坑等通组公路，惠及 7 个村民小组 500 余人；投资 30 万元完成关田街口防洪堤建设；投资 50 万元实施了赣崇高速损毁下关村组公路、关田老桥至关福家苑道路修复工程；争取上级扶贫和移民资金 100 余万元，完成了 8 个基础设施项目建设。

土坯房改造高效推进 按照县委、县政府要求，2014 年，关田镇改造危旧土坯房任务 158 户，完成 158 户，补助资金 240.4 万元。重点打造了 4 个集中建房点，关福家苑规划建设套房 6 栋 126 套，已建设 3 栋 66 套，安下新区 4 栋 66 套已完成主体工程，洞上移民新村和镜尾水岸家苑集中建房点分别安置农户 25 户、22 户，已完成道路硬化、给排水、供电、绿化亮化等基础设施。

各项社会事业成效明显 一是计划生育工作常抓不懈，大力加强社会抚养费征收，及时落实四术对象和国家免费孕前优生检查，节育率 90%，孕环检率 95% 以上，符合政策生育率 80%。二是农村土地确权登记颁证已完成 98.5% 的调查摸底工作，全县多次督查排名列第一。三是柑橘黄龙病防控工作已全面开展普果，已普查面积 37.447 公顷，普查率 100%；普查株数株数 3.0926 万株，发病株数 1410 株，已砍除病树 1187 株，病树清除率达到 84%。四是新农合、新农保工作全面完成征缴扩面任务，全镇参合人数 9111 人，参合率 98%；新型农民养老保险，全镇参保人数 4225 人，完成率 98.5%，农民实现了“病有所医、老有所养”。

【社会大局保持稳定】

全力抓好社会治安综合治理和信访工作 全

面落实了社会治安综合治理各项措施，落实了领导包案责任，明确主要领导逢圩接访制度，结合“三送”工作认真开展矛盾纠纷大排查，调处各类民事纠纷 51 起（包含“96333”热线），其中重点化解了甘业传特殊疑难信访问题、关田工业园征地遗留问题，通过政策疏导和困难救助等方式，各种信访问题得到妥善处理，确保了辖区内大局稳定。

全力抓好安全生产和森林防火工作 先后对 5 个重点企业、2 个非煤矿山、22 个地质滑坡隐患点、进行多次隐患排查，并签订安全责任书 11 份，认真开展了校园周边环境治理，强化食品药品安全监督责任，配合当地派出所、交警中队对无证经营车辆进行了打击和取缔，镇内无较大事故发生，安全隐患整治率达到 98%。通过广播、发放宣传手册、张贴宣传标语等形式开展森林防火宣传工作，成立专业扑火队伍，保证了关田镇未发生特大森林火灾。

【领导名单】

党委书记、人大主席	李复金（12 月免）
	华伦勇（12 月任）
党委副书记、政府镇长	成　涛（5 月免）
党委副书记、副镇长（主持政府工作）	
	胡爱忠（5 月任）
党委副书记	谢功臣（5 月免）
党委副书记、纪委书记	肖礼平（5 月任）
党委委员、人武部部长	李世有
副镇长	胡昆敏
	邱崇伟
综治办专职副主任	黄先镜（2 月任）

聂都乡

【概况】 聂都乡位于崇义西南边陲，湘、粤、赣三省交界处，距离县城 51 千米。《山海经》记载：“赣水出聂都东山，东北注入澎泽西。”聂都是赣江源头支流章水发源地，为章江源头第一乡。全乡区域总面积 135 平方千米。乡人民政府驻聂都街，距县城 51 千米，现辖 9 个行政村，95 个村民小组，其中竹洞村为畲族少数民族村，有畲族人口 280 余人。2014 年年末，辖区总人口 9257 人。

【党的建设】 按照全县党建工作要求，深入贯彻中共十八大和十八届三中、四中全会精神，以“三送”工作和“党的群众路线教育”实践活动为总抓手，紧紧围绕“12345”发展目标和年初确定的三项重点工作，夯基础、促发展、保稳定，为确保全年经济社会发展各项目标顺利完成提供坚强的思想、政治和组织保障。2014 年，在保持上年“三送”单位不变的情况下，共有 7 个单位，9 个工作队进驻聂都乡，“三送”结对农户 2200 余户，农村危旧土坯房改造 241 户；解决群众合理诉求 410 件，其中排查调处各种矛盾、纠纷事件 90 余件，96333 转办单 75 件，总体满意度达到 98% 以上；为民办实事 280 多件，资金投入总额约 500 余万元。

在聂都乡“党的群众路线教育”教育实践活动中，坚持问题导向，紧紧抓住影响党群干群关系的突出热点问题、影响社会和谐稳定的突出难点问题，梳辫子、拉单子、建台账，列任务表，签责任书，逐一整改、达标销号。共收集意见建议 730 条，梳理汇总 380 条，其中“四风”方面 190 条，所有梳理出的问题已全部办结，整改落实取得了成效。

全年发展党员 15 名，预备转正党员 10 名，女性党员比例明显提高，年龄、学历结构明显优化。

【社会事业】 始终突出民生第一根本，不断强化公共服务职能。扎实做好民政优抚工作，对全乡 246 户 343 人低保家庭情况进行复审，完成全乡优抚对象 44 人的年审工作；帮扶大病救助对象 21 户共计发放资金约 18 万元。计划生育工作扎实推进，社会和谐稳定，全乡新农合参合率达到 98.18%，新农保参保率达 100%。

【基础设施建设】 截至 2014 年年底聂都乡河口村洞下至石斗、聂都村学堂背、莲塘村靠椅湾至小石下等共 19 条 11.9 千米通组公路已完成或正在施工，总投资约 360 万元。争取交通部门支持，对关聂公路部分路段进行维修，设立警示牌，安装了防护栏，确保行车安全。投入 230 万元，在沉井村、聂都村、乌洞村实施安全饮水工程，解决了 500 多户，2400 多人饮水困难。为解决乡干部职工住宿紧张和全乡入托难问题，实施公租房及公办幼儿园建设工程，其中公租房建设，面积约 1080 平方米，预计投资 124 万元；公办幼儿园建设面积约 2700 平方米，预计投资 450 万元。

【产业发展成果】 全乡紧紧围绕农民增收、农业增效为目标，以毛竹产业和苗木产业为重点，

大力发展绿化苗木、甘蔗和优质水稻种植产业，进一步拓宽农业产业领域，鼓励各村及村民以转包、出租、转让等形式流转土地承包经营权，对于整合流转 2 公顷以上土地用于发展产业的村，以“以奖代补”的形式奖励 1500 元 / 公顷。截至 12 月底，聂都村、白溪村、沉井村、河口村、莲塘村已完成流转土地 40.667 公顷，用于红豆杉、竹柏等珍贵苗木以及甘蔗种植。

在促进农村产业发展的同时，聂都乡以优化环境、优质服务为重点，着力促进新老企业提档升级，全力做好工业企业服务工作。一是为章源钨业天井窝钨矿项目落地提供用地保障。举全乡之力做好章源钨业天井窝钨矿一期项目征地拆迁的扫尾工作，一期共征地 74.8 公顷，发放征地款 1606 万元，并组织乡村干部做好由于征地工作产生的矛盾纠纷调处工作，促进项目尽快落地。二是做好梅树坪钨矿改扩建工作。梅树坪钨矿环保、安全标准化基础设施建设通过验收，并已做好了大余鑫平矿业兼并整合工作，征地 3.333 公顷，整合后面积达 6.3 平方千米。三是做好古亭宝源硅矿材料保障工作。已做好丰宝源表矿清理准备工作，10 月开始清理表矿，向古亭宝源硅矿运输 4 万吨左右的硅矿石进行加工。

【安全稳定工作】 2014 年，以创建和谐平安聂都为中心，以化解社会矛盾纠纷为主线，以服务群众和维护群众利益为根本，创新思路，创新方法，各单位共同参与，乡、村、组、企“四级联动”，综合运用法律、行政、教育等多种手段调处社会矛盾纠纷。2014 年，全年未发生一起影响社会稳定的事件，无吸贩制毒现象，无非法传销和变相传销，无重大安全责任事故，无治安混乱区域，无重大越级上访突发事件，村级调解矛盾纠纷共 106 余起，乡级调解共 87 起，其中上级转交办件 26 起，确保全乡社会安全稳定。尤其在村两委换届中，积极排查化解疏导各类信访矛盾纠纷共计 13 起，确保全乡 9 个村平稳换届。

【领导名单】

党委书记、人大主席	田长征
党委副书记、乡长	陈允康
党委副书记	卢红武
党委委员、纪委书记	刘　鸰
党委委员、组宣统委员	曾　毅
党委委员、武装部长	周良生
副乡长	赖经晓
	郭祥莲

文英乡

【概况】 文英乡位于崇义县西南部，距 106 国道 46 千米，省道赣丰线 11 千米，距赣崇高速公路入口 1 千米，到县城 35 千米，毗邻湖南省汝城县热水镇、广东省仁化县。全乡面积 102 平方千米，辖 5 个行政村、69 个村民小组，总人口 7041 人，其中农业户口 6813 户，乡人民政府驻文英街。全乡耕地面积 539.533 公顷，林地面积 8000 公顷，其中竹子 60 万根以上，活立木蓄积量达 53.1 万立方米。

2014 年，文英乡党委立足本乡实际，团结带领全乡党员干部群众，解放思想、开拓创新，加快发展、转型发展、跨越发展，推动全乡经济社会各项事业再上新台阶。

【基层党建】 按照中央、省、市、县党委的要求，文英乡以群众路线教育实践活动为主线，把党的群众路线教育作为2014年的重点工作来抓。认真贯彻“照镜子、正衣冠、洗洗澡、治治病”总要求，遵循“改进作风树形象，服务发展争先进”的宗旨，文英乡党的群众路线教育实践活动成效显著，达到解决人民群众反映强烈的突出问题、提高新形势下群众工作的能力、保持党的先进性和纯洁性的目标要求。在活动中真正做到了学习认真、征求意见诚恳、批评与自我批评火辣和深入。通过活动，共征求到意见建议 522 条，有效意见 256 条，有 48 条纳入专项整治、36 条纳入制度建设、172 条作为具体问题整改，通过深入整改，干部作风更实了，办事效率更快了，群众满意度更高了。

以“村级考评”为抓手，积极探索村级管理新的有效机制。2014 年，实行半年村级工作考核制，考核的内容包括各村日常管理、矛盾纠纷调解、党组织建设、新农合、新农保、计划生育等工作，对考核不合格的村或不合格的村干部，由乡纪检书记、组织委员对主要负责人进行诫勉谈话，并提出整改意见，经整改仍不合格的，扣除季度绩效工资。通过推行这一考核办法，进一步加强了对各村的监督和管理，有力促进了村级工作的开展。

以“加强农村基层党风廉政建设”为切入点，整顿软弱涣散党组织，改善干部工作作风。抓好理想信念、党的宗旨、科学发展观、社会荣辱观、“八个坚持”、“八个反对”、遵守中央“八项规定”等教育，筑牢了基层党员、干部拒腐防变的思想防线，开展了廉政文化进村组活动，发放“致广大群众的一封信”、“党风廉政调查问卷”共 3424 份，整顿软弱涣散党组织 1 个。

【经济发展】 引进资金高达 3.5 亿元，打造一个以硅加工为主的工业园，使文英逐渐形成以非金属产业为龙头产业的格局。工业园以硅板厂为中心，年产硅板可达 2000 万平方米，产值高达 2 亿元，同时能较大程度上解决剩余劳动力就业问题。2014 年，顺利完成硅工业园征地工作任务，征地 16 公顷。

推进龙归风电场 110 千伏线路征地项目，天润龙归风电场线路项目横跨丰州、文英、乐洞三个乡镇，共需建设 71 个塔位，其中文英乡境内占有 41 个。

主动积极做好引税工作，引进税收 104 万元，为县域经济发展贡献力量。通过工作主动跟进、积极作为、热情服务，文英乡与赣州地质勘查队成为友好单位、合作伙伴。

采取“公司 + 基地 + 合作社 + 农户”的模式，积极引导农户以土地和劳动入股组建成专业合作社。2014 年，发展一个 37.333 公顷绿色有机蔬菜生产基地，年总产量达 90 万公斤，年总产值 180 万元，参与农户 60 余户，解决近 120 人的就业问题。建立一个 10 公顷脐橙无毒苗木培育基地，年总产量达 240 万株，年总产值 1440 万元，解决 50 余人就业问题，该基地是全市两大培育无菌脐橙育苗基地之一。成立上塔村洪凤中药材种植合作社和古选村草珊瑚种植合作社，着重推动以黄栀子、草珊瑚为代表的特色农业产业发展，现已发展中药草珊瑚 13.333 公顷，黄栀子 6.667 公顷。除此之外，还种植刺葡萄 1.333 公顷、玉米 1 公顷。

【统筹城乡发展】 以打造示范乡镇为目标，定位于建设崇义西部“边贸强乡、实力强乡”，利用承接湖南、广东前沿乡镇的优势，出资 10 万元聘请设计院专家编制完成墟镇整体规划和建设规划，计划未来 5 — 10 年发展。

推行专业治理与群管群治相结合，日常管理与突击整治相结合，思想教育与制度管理相结合。强化专业治理，制定市场管理细则、市场公共卫生标准，做到环境卫生日扫日清，圩镇放置垃圾桶 18 个，设置两个垃圾集中收集点，并安排专人处理。强化日常监管，由乡主要领导牵头，带领机关干部，利用空闲时间，以思想教育的方式，督促店户清理门前柴火、杂物，同时禁止店户乱摆摊设点、占道经营等行为。通过专项整治，街道一改往日的脏乱差形象，恢复整洁，较大程度上解决了逢墟日街道交通堵塞问题。强化教育管理，搞好主干道路绿化、亮化，完善设施，制定居民文明公约、圩镇管理“十不准”，教育墟镇居民提高爱护公共财物的意识，自觉制止“脏、乱、差”现象。

争取土坯房项目资金 110 万元，建设水头新村和上塔新店 2 个农村危旧土坯房改造集中建房点，上塔新店集中建房点已完成路网、排水沟、统一立面、化粪池等基础设施建设，并建有休闲广场，配备了健身器材。水头新村集中建房点 32 户农户进行统一立面规划、修建排水沟、亮化、绿化等项目已经完工，集中建房点的基础设施建设已基本完善。装扮一新的集中建房点给居民带来舒适的生活环境。通过建章立制，形成良好工作路径，以单位责任制，个人资费制，将危旧土坯房改造工作纳入重点工作，积极为全乡农村危旧土坯房改造提供各项政策支持和材料收集。实现工作人员责任化，组织单位“三送”干部做好各自重点联系土坯房改造户的帮扶工作，切实帮助改造户解决实际困难，做到每户都有“三送”干部帮扶，并将帮扶干部姓名和联系方式在“三送”长廊上公布，接受群众监督。乡镇还成立乡土坯房初验小组，严格执行土坯房相关规定，在县级部门验收前把好关。

以法律法规为依据，以行政执法为手段，全面清理违法用地和违法建设行为，严肃查处“小产权房”开发交易行为，从根源上切断非法盈利链条，遏制“两违”高发态势，震慑“两违”违规建房户，教育和引导广大群众自觉遵守土地、规划等相关法律法规。乡政府了召开专项整治“两违”现象动员大会，成立整治小组。对已存在的情况进行劝解并处罚，严令禁止“两违”现象的发生，对说教处罚不理解的、顶风违规的，列为重点整治对象，进行重点整治，采取停水、停电等措施严厉打击“两违”现象。在政府强力推动和农户监督支持下，“两违”现象得到有效遏制。

【民生工程】 为进一步改善居民用水条件，积极与上级政策对接，争取项目资金280万元建设万人千吨集中供水工程，水厂占地0.263公顷，容积500立方米，输水能力1300立方米/天，铺设水管5360米，基本覆盖了圩镇周边区域每户居民，彻底解决了居民安全用水问题。

充分利用“小农水”项目资金共212万元，新修水陂17座，总长20.471千米，大力改善了水利设施，形成强有力的农业灌溉网络，进一步夯实了农业生产基础设施。全乡5个村农田基本完成了水渠加固硬化和水陂修缮改建。

2014年，文英乡向县文化局、发改委、财政局争取项目资金24万元，总投资29万元，修建了一个总面积301平方米的综合文化站，将之前闲置的空房利用起来，做成一个集阅览室、培训室、学习室等多功能为一体的优良文化场所，为丰富广大干部群众业余生活提供了良好环境。

积极响应上级政策，投资15万元，建设一个设施完备的农民体育健身中心，包括塑胶篮球场、羽毛球场、乒乓球场及一系列健身设施，方便农民群众强身健体丰富生活。

兴建公办幼儿园，优化学前基础教学设施，促进教育民生工程长足发展，征地0.4公顷兴建文英乡公办幼儿园。

【社会事业】 做到每周有布置、每月有调度、每季有考核、年终有奖惩，促使计划生育工作整体水平明显提高，各项指标考核名列全县前列，其中四术到位率达到90%以上，保持自然增长率3.38‰，计划生育率控制在79%以内，节育率控制在85%以内，营造了良好的计划生育工作氛围。

扎实推进新农保和新农合工作，积极做好政策宣传，推广新农保和新农合政策；做好新农保参保基数人员核减工作，扎实做好业务工作，维护群众利益，稳妥有序地推进新农保和新农合工作的开展，以期尽早实现群众“老有所养、病有所医”的愿望。2014年，新农合、新农保参保率排全县前列。

文英中心小学举办“中国梦，我的梦”和“我看振兴发展这两年”文化知识小讲坛、现场书画创作及展览。邀请县关工委老师前来文英中学围绕“勤”字给学生带来生动的人生一课。广东省韶关市松山职业技术学校老师一行4人，到学校进行情系边远学校爱心捐赠活动，给偏远学校学生送去书包及体育用品。大地财产保险股份有限公司向文英中心小学捐赠价值4万元的体育器材和学习用品，按计划将连续捐赠五年。

认真开展安全生产大检查工作，每季度进行一次安全生产大检查，及时将检查结果上报，使安全生产工作再上台阶；加强了值班纪律，特别是汛期和防火期间，严格值班纪律，同时与各村、各企业签订了安全生产责任书；严禁农用车载人，通过这些细致工作，未出现危险事故，确保了全乡人民的生命和财产安全；健全和完善了应急救援体系，同时定期开展安全生产隐患大排查，并对重点行业、重点部位进行监控，确保文英乡2014年未发生重大安全生产事故。

按照“早发现、早预防、早稳控、早调处”的工作方针，切实加大维稳工作力度，健全工作机制，对矛盾纠纷做到宣传好、引导好、调处好、答复好、稳控好。落实领导干部逐案责任制；坚持“零”报告制度；实行个案跟踪制；严格“一周一排查、半月一调度、一月一例会”的工作机制，把矛盾和纠纷排查在一线，调处在一线，从而有效地促进维稳工作。

【政府自身建设】 以党的群众路线教育实践活动为契机，转变干部作风，强化四项制度：一是例会制度。每周按时召开例会，主要领导听取驻村组长的工作汇报，分管领导布置分管工作，之后主要领导对各村驻村工作进行点评以及布置本周工作任务。二是请假报告制度。做到有事必请假，一般干部向分管领导请假，乡长批准，副职领导向乡长请假，书记批准，村主要领导离开本辖区内向乡主要领导请假。三是学习制度。通过集中学习和自学相结合，采用党课、以会代训、网络、书本等多种学习渠道，增强干部理论水平，要求每个年轻干部每周撰写宣传报道，提高干部写作水平，提升干部工作能力。四是值班制度。在周末、节假日及非常时期有以主要领导带班的值班制度。在逢圩日，干部职工及各站所负责人必须在岗在位，为群众提供快捷、便利、高效的一站式服务。

【领导名单】

党委书记、人大主席	廖家文
党委副书记、乡长	陆水明
党委副书记	邓丰奎
党委委员、副乡长	谢银丽
党委委员、纪委书记	肖新方
党委委员、组宣统委员	陈　赟
党委委员、政法委员、人武部长	肖建明
新村办主任	张昌忠

乐洞乡

【概况】 2014年，乐洞乡围绕苏区振兴发展这个主题点，深入贯彻落实中共十八届四中全会精神及党的群众路线教育实践活动，按照建设“美丽、文明、活力、法治”新崇义的要求和部署，紧扣经济发展和服务民生两条主线，以“三项重点工作”为指引，全力打造“活力、和谐、秀美”新乐洞。

乐洞乡位于崇义县西南部，毗邻湖南省汝城县热水镇、广东省仁化县长江镇。全乡总面积58平方千米，乡政府距县城48千米，是赣粤湘三省交界的中心乡镇。崇仁公路穿境而过，距厦蓉高速公路7千米。乐洞乡辖4个行政村，32个村民小组，有汉、畲、回3个民族，2014年年底全乡总户数701户，总人口3026人。乐洞乡境内多山，平均海拔800米以上，南高北低，群山环绕，山地占总面积90%以上。气候温和，温差较大，雨量充沛，四季分明，无霜期长。全年平均气温在15℃左右，均温低于县城，降雨量在2000毫米左右。

全乡耕地面积221.067公顷，主要种植水稻，茶树，特色产业有高山西瓜，龙归茶享誉省内外。全乡林地面积4800公顷，其中毛竹面积2866.667公顷，是全乡农户的主要经济来源。小水电得到了长足发展，装机总容量达7000千瓦。乐洞乡风力资源也不断被开发利用，龙归风力发电项目于2012年立项，是省委、省政府确定的“三个一百”保障开工重大项目之一，总容量49.5兆瓦，一期投资4.4亿元，2014年正稳步推进。矿产资源以金属矿为主，主要有铀、钼、铅、锌、铜等，非金属矿产主要有石灰、萤石、硅矿等。

乐洞人文环境淳朴，有传诵几百年的族谱家训，有奇特的牛葬习俗等；境内还拥有大量濒临灭绝的珍贵植物、国家一级保护树种、植物黄金红豆杉等；乐洞三宝“龙归茶、红豆杉、石斑鱼”独具特色。

乐洞乡机关内设4个机构，核定行政编制17名；下设事业机构7个，即农业服务中心、计划生育服务中心、文化广电中心、劳动保障事务所、民政所、财政所、林业管理站，核定事业编制26名；2014年在职人员43人。

【经济建设】

重点项目建设稳步推进 省级重点工程龙归风电项目一期工作进展顺利，项目总投资4.4亿元，装机总容量为49.5兆瓦，总占地面积2公顷（含25台发电机组、1座升压站），建成后年输出电力1亿千瓦时/年。前期省林业厅已到现场进行了林业科研考察，场内、场外道路放线已全部完成，征地工作已完成进场道路24千米、计24公顷，升压站征地1.533公顷，场外道路完善征地11.5千米计0.58公顷，签署21份协议，风机基础的开挖建设工作正在进行。

土坯房改造工作扎实有效 积极做好乐洞乡土坯房改造调查摸底工作和验收标准的宣传工作，7月，完成2013年未验收农户和2014年已达到验收标准农户的一户一档工作，从8月份开始共分5个批次累计完成验收99户，圆满地完成了县农房办下达的工作任务。完善全乡四个集中建房点基础设施建设项目，2014年，修建道路余坪5000余平方米、排污排水管道900多米以及护栏等其他附属设施。

竹产业发展呈现多元化 以竹林增效、竹农增收为目标，鼓励龙归、陈洞竹产业合作社申报省级竹业特色产油项目。通过加强技术宣传、实地现场指导和建立示范基地等多种形式，加强全乡五个在生产的竹加工厂的监管，整合现有竹制品加工企业，提高竹木资源的综合利用效率，淘汰落后产能，促进竹木加工生产技术升级改造。

特色产业不断优化提升 鼓励农户利用荒山荒坡发展土猪、土禽养殖，发展肉兔养殖基地2个，养殖规模达600头，生猪养殖基地3个，养殖规模达500头。石蛙的特色养殖发展迅速，全年种植高山西瓜16.667公顷，高山蔬菜20.667公顷。2014年，还发展了乐洞种植高山蔬菜（豆角）1.333公顷；陈洞村建立了第一个大棚蔬菜示范基地，都取得了可观的效益。

【政治建设】

“三送”工作常态化 25名驻县挂点单位干部和33名乡干部，采取分片结对方式联系688户农户，其中重点户163户，每户均确保了有“三送”干部联系，实现了群众与干部联系双向全覆盖。争取“三送”基础设施建设项目资金20万元，“96333”热线全年共接到群众诉求31起，解决31起，结案率达100%，满意率达96.8%。

群众路线教育转作风 针对分类梳理收集到的关于“四风”方面和其他方面的64条意见，认真研究制定了整改方案、专项整治方案和制度建设计划，落实了责任领导和责任单位、明确了整改时限和整改要求。意见建议已全部整改到位。通过近九个月的教育实践活动，全乡党员干部在思想意识上得到深刻洗礼，在工作作风上得到极大改进，办事效率显著提高。

圆满完成村“两委”换届 在换届过程中牢固树立法治思维，严格落实法规政策，坚持依法选举，依法换届，营造了风清气正的选举环境，确保全乡4个村“两委”换届工作顺利完成。龙归村首次推行“自荐直选”村委换届选举取得圆满成功，349名村民通过选举大会直接选出村委会干部，充分调动了村民参与选举的积极性。

【文化建设】 为推进传统文化的发掘和保护工作，在乡党委、政府的精心组织和在当地文化艺人及热心人士的积极配合下，发掘高洞畲族特色文化“九狮拜象”项目。现该项目所需的道具已基本配备到位，经过半年时间数次演练和改进，已经基本恢复了该项文化活动的原始风貌，达到艺术表演的水平，该项目的发掘得到了市、县文化和民宗部门的高度认同，并对全乡发展生态旅游具有重要的助推作用。

【社会建设】

民生实事成效明显 一是投入240万元建设乐洞公办幼儿园主体工程已封顶；二是投入38万元新建圩镇下水道及步行道彩砖铺设；三是投入60万元建成便民服务中心大楼；四是投入60万元完善了高洞田心、陈洞石古丘、乐洞牛腿、龙归坪头四个集中建房点的基础设施；五是投入40万元建设乐洞河背公路桥；六是投入40万元打造高洞田心畲族村寨；七是投入15万元建设乡体育健身工程；八是投入15万元建成龙归坪头集中建房点饮水工程及投入25万元建成龙归新田通组公路；九是投入10万元建设陈洞村部防洪堤工程；十是投入200万元的乐洞中小学综合大楼已开工建设。

综治维稳常抓不懈 实行矛盾纠纷积案领导包案化解工作制度。大大提高矛盾纠纷化解率，全年共化解矛盾纠纷、来信来访共49件，办结43件，办结率87.7%，无越级上访事件发生。实行24小时全天候轮流值班，值班领导和值班责任人做到畅通信息联系，密切注视辖区内各种治安隐患和突发事件，确保了全乡社会和谐稳定。

社会保障服务到位 计划生育工作继续保持全县先进水平，全年综合考评全县排名第一。年内计划生育率为75.6%，节育率达90%以上，各类计生人群获取利益导向补助资金共计10.06万元。全乡新农保参保达1358人，参保率居全县第二；享受养老金人数达355人，共发放养老金23.31万元。解决了56名返乡农民工劳动就业问题，调处劳动纠纷9起，其中劳动用工纠纷4起，拖欠农民工工资3起，工伤事故2起。认真对全乡低保对象进行全面调查摸底，年内低保户为37户86人，全年共发放低保金14万余元，医疗救助金额2.2万元，高龄补助5.6万元。全乡审批农民建房74宗，办理农民集体建设用地使用证25宗，落实土地增减挂项目0.507公顷，处理4户“两违”典型案例。

科教文卫健康发展 基本公共卫生服务逐步均等化，建立和完善居民健康档案150余份，对89位高血压病人进行了规范化管理，随访890次；管理糖尿病人3人，随访14次；全乡共筛查出10位重型精神病患者，其中7位正接受定点医院免费治疗；登记管理65岁以上老年人118人；发放健康教育资料3500余份；登记管理0—6岁儿童59人，体检165人；一类苗接种儿童176人，共接种558针次。农村妇女两癌体检共普查123人，完成年度任务数的103%。新农合住院补偿金额24.16万元，门诊补偿金额12.13万元。乐洞乡公办幼儿园顺利动工建设，中小学获赠20万元建设天润希望小学。

土地确权有序进行 通过重新调查每位农户的家庭人口、土地二轮承包承包情况，将登记工作明确到位，准确把握土地承包经营权登记的摸底调查环节，着重查清承包地块的面积和空间位置，做到农户签字率达100%。后期工作将严格按照上级要求安排，进一步完善农村二轮承包关系，赋予农民更加充分保障的土地承包经营权，推进农村产权制度改革，促进农村社会和谐发展。

【生态文明建设】

推进农村环境连片整治 组建成立环卫所，积极开展农村环境卫生整治活动，做好环境整治宣传发动、片区规划等工作，重点整治了集中建房点、公路沿线等区域，群众环境保护意识不断增强，圩镇及村庄乱堆乱放现象得到明显改善。

发展省际乡村生态旅游 依托乐洞南有丹霞、西接温泉、东近溶洞、北靠齐云的地缘和生态优势，将乐洞打造成赣粤湘三省交界省际乡村生态游的交点乡镇。投资20余万元将高洞田心建设点打造成为湘赣边界集旅游、休闲、家居为一体的畲族特色村寨。

【党的建设】

着力推进"三大"工程实施 按照省委提出的"连心、强基、模范"三大工程要求，加强基层服务型党组织建设，以"服务群众连民心、夯实基础强堡垒、选树模范作表率"的工作思路，切实加强基层党组织建设。学习宣传《党员发展工作细则》，对支部党员情况进行全面摸排，发挥党员志愿服务的作用以及树立模范党员先进模范。全乡134个党员，其中女党员26人，外出流动党员19人，40岁以下党员41人，50岁以上党员60人，党员结构年龄偏老化。在党员发展上严格把关，重点发展35岁以下党员。

建立党代表结对帮扶制度。积极探索建立党代表联系村和社区制度，强化党代表履职，搭建党代表发挥作用的平台，成立党代表联络工作室，明确了党代表的职责任务等。建立党代表结对联帮制度，党代表与所联系村内的3户以上困难村民进行"结对认亲"，开展定点帮扶，帮助村民解决实际困难，早日实现脱贫致富。

建立实行派工单制度 在涉及党委政府中心工作时，对干部职工进行派工，被派工的责任人必须在规定的时效内完成工作，对派工事项进行奖罚，凡在工作中保质保量完成或有工作创新的，进行适当的物质奖励；凡工作中出现失误或其他执行不力情况的，将对具体办理人员追究相应责任，同时将各项工作执行情况作为年终考评的重要依据。通过实行派工单制度，加强对全乡各项工作的监管，强化对干部工作落实的问责，做到有功必奖，有责必究，提高各责任干部的工作效率，营造全乡良好的工作氛围。

【领导名单】

党委书记 、人大主席	徐丽清
党委副书记、乡长	刘德斌
党委副书记	叶　菁（2月任）
党委委员、副乡长	吴春梅
党委委员、组宣统委员	朱干明
党委委员、政法委员、人武部部长	周兆华
副乡长	尹　郡（3月任）
新村办主任	叶初生

丰州乡

【概况】 丰州乡位于崇义县西部边陲，距县城59千米，东接关田镇，南接文英乡，北毗上堡乡，西与湖南集益乡相邻，省道赣丰公路贯穿境内，交通便利，是湘赣边境的重要集市，也是崇义县通往湖南的门户。全乡国土面积156.71平方千米，辖8个行政村，83个村民小组，2014年全乡总户数2889户，9822人，全乡共有汉、畲两个民族，乡人民政府驻丰州街。2014年，全乡财税总收入实现685.85万元，增长7.5%，其中国税完成458.7万元，地税完成227.15万元。

【工业项目】

丰宝源超白光伏玻璃材料项目 宝源超白光伏玻璃材料项目是国家2014年年底在建的规模最大的高纯石英材料加工项目。总投资1.2个亿，建成后年产值1.6亿元，年可实现税收500万元以上，安排就业120人。该项目的实施，将有力提升崇义县硅石深加工水平，逐步实现崇义县硅石加工与光伏产业对接，为承接重大产业项目转移奠定基础，逐步实现资源优势向产业优势和经济优势转变。截至2014年年底，完成主体工程建设，已进入设备调试阶段，预计 2015 年 6 月第一条生产线可建成试产。

丰达矿业有限公司投资开发小坑瓷土矿项目 项目总投资 6000 万元，2014 年，新征土地 1.3333 万平方米，妥善处理 9 千米管道埋设征地纠纷，保证了项目顺利试产。

欧家昌信矿业项目　深圳市金鸿昇投资集团在欧家村投资新建昌信矿业，总投资 8000 万元，2014 年，新征土地 0.5 平方千米。

【旅游项目】

古亭长飞生态园　位于丰州乡古亭村长迳村民小组，距赣崇高速关田出口 15 千米。该园由崇义县长飞矿业有限公司投资兴建，园区占地面积达 1.33 平方千米。该园区由山林禽兽驯化区、林区水库特色种养区、农事耕种体验区、特色餐饮娱乐区、山林木屋归隐居住区等六大功能区域板块构成，是融参与性、观赏性、 娱乐性 、趣味性于一体的山林休闲文化主题的生态园林。2014 年，该项目已经完成建设投入约 2400 万元，主体工程包括野猪坑、山鸟笼、酒窖、娱乐休闲楼、特色水产养殖长廊等重点项目。园区内已经存有有相当数量的野猪、野鸟、野兔、野山龟和麂子等本地特色物种。

名胜古迹燕子岩　洞内面积约 80 平方米，洞口竹木成荫，洞上绿草如茵，环境分外幽静，洞内有石燕栖居，因此得名燕子岩顶部有两个茶杯大小的洞眼，因两洞眼而引起的神奇传说至今仍在民间广泛流传。

【基础设施建设项目】

圩镇建设　加大圩镇基础设施建设投入，分别投入 14 万元和 26 万元扩建了丰州和古亭农贸市场；投入 18 万元对丰州大桥至丰州街、古亭圩镇道路进行了拓宽改造，设置停车位，方便了车辆停放和通行；投入 6 万元安装太阳能路灯 12 盏，实施圩镇绿化、路道改造、广告标牌设置等工程，圩镇面貌明显改观。组织乡村干部对丰州、古亭圩镇进行专项整治；成立圩镇管理理事会，对圩镇街道卫生、市场经营秩序进行常态化管理，取得了较好成效。

自来水工程　投入 78 万元用于丰州集镇自来水改造工程在 2014 年完工，建成 11 千米自来水管道、容积达 300 立方米蓄水池，受益人口 3000 人。

通组公路、桥梁修建　投资 56 万元修建丰州村竹子坑道路、雁湖村金鸡岭通组公路、欧家村水头通组公路等 3 条公路计 5.18 千米，新建了古亭村石狮至牛洞组农用桥、九岭村火烧洞组泥桥头水泥桥等 3 座桥梁，受益人口 3600 人。

农村环境连片整治　开展丰州河流域环境整治，召开动员宣传会议 5 次，悬挂横幅 23 条，印发宣传资料 800 余份，重点对工矿企业污染、农业面源污染、生活污染等方面进行专项检查，下达限期整改通知 8 份，丰州河水质有了一定程度改善。开展了农村环境连片整治，通过乡村干部到村组开户主会，发放宣传资料 1800 余份，悬挂横幅 24 条，群众环保意识明显增强，垃圾下河、垃圾乱丢现象大幅减少；按照“一线、两片、三点”的布局，投资 19.5 万元购置垃圾清运车、垃圾桶等保洁设备，投资 10 万元启动了垃圾焚烧炉建设，招标确定保洁队伍，重点对赣丰线古亭至丰州沿线、丰州和古亭圩镇片区以及古亭金竹园、丰州大河背、丰州枫树岭建房点进行垃圾集中处理和日常保洁。

【特色农业】

白石高山雪莲果　2014 年，继续大力扶持白石雪莲果合作社，丰州乡政府无偿提供种苗、协助贷款、组织宣传队伍外出推广介绍。2014 年，白石雪莲果种植面积扩大到 0.067 平方千米，每公顷产值达 2.25 万千克。

古亭长迳香瓜　2014 年，古亭长迳香瓜种植面积扩大到 4 万平方千米，每公顷产值达 3 万千克。

红　茶　江西天骏农业开发有限公司截至 2014 年，累计完成项目投资 1200 万元，完成了精致红茶生产厂房的建设，其机械化的生产流水线，将有效地提升红茶的加工能力、生产质量和水平，红茶生产规模逐步扩大，年产量达 6000 千克。

【危旧土坯房改造】 2014 年，丰州乡围绕“深山移民新家园，集镇建设新板块，统筹城乡发展新亮点”目标，农村危旧土坯房改造全面提速，分散建房和集中建房按要求高标准完成，落实分配任务200户，其中新建房198户，维修加固2户。打造了古亭金竹园、丰州枫树岭和大河背二期三个集中建房点。多方筹集资金，进行土地平整、道路硬化、绿化、太阳能路灯、健身器材、休闲广场和排污管道等配套设施建设，营造了生态宜居的良好环境。

【民生事业】

教育方面 多方筹集资金，推进教育优先发展，总投资150万元的古亭中小学新校区投入使用，并筹集社会各界捐助资金20余万元修建200米环形塑胶跑道等基础设施；投资28万元完成丰州中小学食堂改造，改善了办学条件。

医疗卫生事业 健全社会保障体系，新农合参合人数8687人，参合率99.3%，居全县第一；新农保参保人数4380人，参保率81.8%，位列全县第二；古亭卫生院门诊大楼工程完成主体建设。

民政优抚 积极落实民政优抚政策，累计发放各类补助及救济款127.4万元，其中城乡低保387人、五保户20人、大病救助33人。

“三送”工作 2014年，丰州乡将“三送”工作与全年工作紧密结合，推行“上下联动，以村为主”的问题处理机制，拓宽为民服务渠道。通过“三送”工作平台，开展政策宣讲60余次，发放宣传资料6000余份，收集基层群众意见建议279条，为民办好事实事228件。

【综治维稳工作】

信　访 2014年，按照“早发现、早预防、早稳控、早调处”的原则，创新方式实行331三级责任制，把矛盾和纠纷调处在一线。聘请了林业纠纷调处顾问，化解山林纠纷积案。全乡共接待信访和调处民事纠纷216件（起），调处率达98%。

安全生产 严格落实安全生产责任制，签订安全生产责任状，定期不定期开展排查整治，2014年，全年共下达限期整改通知9份，均已整改到位。积极开展防灾减灾工作，完善防汛、防火应急预案，完成3个主站和9个分站山洪预警广播系统安装，并有效利用飞信平台发布气象预警信息，健全防灾减灾预警和应急处置机制。2014年，丰州乡无一例重特大安全事故发生。

柑橘黄龙病的防治 打好柑橘黄龙病攻坚战。2014年，对全乡197户果农、0.68平方千米果园、5.9093万株果树开展黄龙病普查，砍除病树4409株，病树砍除率100%，并按要求建立台账，实行黄龙病防控长效管理。

【计划生育工作】 着力推进计生服务工作，完成国家免费孕前优生检查77例，计划生育率72%，社会抚养费征收面达到88%，征收率67%。

【党的群众路线教育实践活动】 2014年，丰州乡紧紧围绕为民务实清廉目标，深入开展党的群众路线教育实践活动，严格落实中央八项规定，着力解决“四风”问题和人民群众反映强烈的突出问题，政府效能和干部作风明显提升。开展“门难进、脸难看、事难办”问题、文山会海、“三公”经费、农村环境连片整治等7项专项整治活动。集中解决了丰州街道维修、丰州圩镇自来水改造、“小农水”项目建设等群众关心关注的问题。建立健全公务用车管理、公务接待管理、街道环境卫生管理等10项制度。乡级调度村级会议数量减少10%，以乡政府名义发文数量减少10%。自觉接受人民群众的监督，问题整改办结率100%。

【领导班子】

党委书记、人大主席	成　涛（6月任）
党委副书记、乡长	张　滟
党委副书记	夏才鹏
党委委员、纪委书记	李卫禄
党委委员、常务副乡长、人武部长	黄华胜
党委委员、组宣统委员	胡洪和
副乡长	邓百灵
新村办主任	彭廷柱

过埠镇

【概况】 2014年，过埠镇按照“发展为先、实干为本、自强不息、奋力争先”的工作理念，围绕建设“辐射力强、配套齐全、生态优美、富有活力、宜居宜业”统筹城乡发展示范镇目标，加大引农入镇力度，推进新型城镇化，推动三次产业互动共融发展，构建立体城乡基础设施网络，深入践行党的群众路线，努力实现了过埠经济社会快速、持续、稳定发展。

【激发示范镇发展活力】 以建设“梦想家园”新型农村安置社区为切入点，通过集中安置推动、产业发展驱动、公共服务完善、社保机制健全，社区服务创新，改变了农村群众原有的生产、生活和发展方式，为公共服务加快向农村覆盖创造了条件，营造出宜居宜业的良好环境，激发示范镇发展活力。

通过建设“梦想家园”大型农村集中安置社区实施“引农入城” “梦想家园”社区规划建设3.267公顷土地20栋楼房（666户套房），分三期建成：一期四栋安置108户水上漂渔民户已搬迁入住；二期五栋204户深山移民搬迁户在搞房屋装修，年前大部分可以搬迁入住；三期在建。小区内自来水、电网、宽带、电视信号线路等设施完善，文化休闲广场、社区活动中心、标准篮球场等项目2015年可以全面完工。“梦想家园”的建设模式集约利用了土地资源，突破了发展空间瓶颈，聚集了大量的农村人口，使圩镇日益繁华。

建设活性炭循环经济产业园，解决进城农民就业问题 产业园三期扩建工程已经基本完工，园区面积增扩至86.667公顷，2014年，园区企业发展较为顺利，新泰升科技有限公司与中科院城市环境研究所合作的活性炭项目于12月新安装烘干、炭化、活化综合炉设备，投资1000万元，正在进行试产；投资1亿元的威骏高分子功能材料科技有限公司年产20万米阔幅非织造功能布料建设项目已经建2栋厂房共计2000平方米，建办公楼1栋，高4层半。企业的发展增加了对农村劳动力的需求，使得“梦想家园”社区居民符合条件的可以就近解决就业问题。

完善公共服务设施，为社区群众提供多元化的优质公共服务 截至2014年年底，“梦想家园”大门和社区活动中心主体建设行将结束，下一步将进行装修，体育广场正在兴建，高低压配电工程已经完工并投入使用，公共服务设施的逐步完善将使社区居民享受到不亚于城镇居民的服务，实现公共服务均等化。

加强社会保障，健全社保机制 探索建立“新型农村养老保险、住房保障、农村教育医疗、农村社会稳定”四位一体的社会保障机制，提高群众幸福指数。2014年，过埠镇新农保任务全面完成，新农合任务超额完成，农村危旧土坯房改造任务数271户，已经全部完成并验收。加大了对教育的投入，中、小学增添了教育设备，实行了多媒体教育，中心幼儿园建设正在进行桩基作业，有望2015年全面建成。认真做好计划生育工作，过埠镇计生工作迎接省卫计委检查顺利过关，扎实做好了信访综治维稳工作，针对李承泉、黄念文等信访遗留问题进行专案处理，引导他们走依法办理轨道，2014年，全镇未发生重大刑事案件，未发生重大安全责任事故，矛盾纠纷得到了有效化解。社会政治大局稳定、人民安居乐业。

【夯实示范镇经济基础】 按照“产业特色突出、集中规模适度、示范效应明显、群众稳步增收”的发展原则，以打造“特色农业、新型工业、生态旅游业”为核心，带动现代农业、乡村旅游、商贸流通、农副产品深加工等产业的持续发展，实现三次产业互动共融发展的新局面。

打造特色农业产业 重点发展“大棚蔬菜、刺葡萄种植、水产养殖、生猪养殖、苗圃种植、油茶”等六大农业支柱产业，其中杨河线（杨眉塘至河梅）辐射带动石路村、过埠村、长庆村、河梅村，主要发展水产养殖、苗圃种植、大棚蔬菜等产业，铁过线（铁木至过埠圩镇）辐射带动铁木村、黄背村、果木村、长湾村、泮江村，主要发展大棚蔬菜、刺葡萄种植、苗圃种植、生猪养殖、油茶等产业。2014年底，大棚蔬菜、刺葡萄种植、生猪养殖、水产养殖等产业初具规模，果木、长庆两村大棚蔬菜基地达33.333公顷，年产值达800万元；铁木村刺葡萄种植达66.667公顷；石路、长庆、河梅3个村大水面养殖面积达133.333公顷，长湾、高垒两村建大型生猪养殖场2个，年出栏生猪1000多头。

打造新型工业 2014年，过埠镇依托“循环经济产业园”平台大力推进项目建设和招商引资，2014年年底，产业园三期扩建工程已经基本完工，园区面积增扩至86.667公顷，通过泰昇炭业与中

科院城市环境研究所合作签订的战略合作框架协议优势，投资 1.5 亿元打造活性炭循环经济产业园，投资 1 亿元的威骏高分子功能材料科技有限公司年产 20 万米阔幅非织造功能布料建设项目预计明年将开工生产。

打造生态旅游产业 凭借长庆村、过埠村千亩鱼塘和 5000 米湖岸线，围绕独具特色的“鱼”文化，做好“移民、渔业、鱼宴”文章，大力发展生态休闲旅游产业，建设赣南最大垂钓中心，鼓励民资创办特色鱼宴星级渔家乐，开发高端旅游地产项目，着力打造风情旅游小镇。2014 年年底，一些集水上垂钓、水上游玩、吃全鱼宴的农家乐已经出现并且营业额与日俱增，吸引了大量的游客。在近几年的规划当中，将兴建垂钓中心、水上乐园、文化广场、滨江公园、江南水乡风情街等系统旅游项目。

【构建立体城乡基础设施网络】 按照统一规划、适度超前、统筹兼顾、分步实施的要求，加快完善道路、供水、供电、供气、排水、防洪、垃圾处理、污水处理、公共交通等基础设施，提高示范镇综合承载力，构建立体城乡基础设施网络。

活性炭循环经济产业园基础设施建设稳步推进 产业园总投资6000万元，截至2014年年底，一、二期工程已经基本完工，实施挖山填湖、土地平整，修筑 1265 米河堤和 10 米长桥梁一座，建设园区内 12 米宽、460 米长道路一条，将园区面积扩大至 66.667 公顷，三期工程计划总填方量 133 万方，8 月 15 日，已经完成全部填方，新增面积 20 公顷，园区面积达到 86.667 公顷。

大力建设滨江大道、沿河路和沿湖河堤 计划总投资 2000 万元建设 1200 米滨江大道、800 米沿河路、1000 米沿湖河堤和护坡，400 米水渠。8 月，滨江大道路基总填方约 11 万立方米，已经完成，道路初显雏形；沿河路已经完成 50% 工程量；沿湖河堤和护坡已经完成基础部分；400 米水渠已经全部完工。

实施“千吨万人”圩镇自来水工程 该工程总投资 280 万元，该工程于 9 月完工，实现正式供水后，日供水量达到 1500 吨，可供应 1 万人用水，彻底解决了圩镇居民多年来饮水困难问题。

实施圩镇立面改造和道路硬化工程 该工程计划投资 500 万元，建设内容包括圩镇立面整体改造、路网改造等，10 月，已经完成前期规划设计。

【建设“秀美乡村”】 按照统筹规划、突出重点、集中资金、连片整治、示范先行、确保实效的原则。过埠镇开展了农村环境集中连片整治行动，先在过埠村、洋江村、果木村、黄背村、铁木村 38.5 千米公路沿线的自然村庄进行试点实施，总覆盖区域达 22 平方千米，受益户数 1924 户，受益人口达 9346 人（占全镇人口的 3/5）。

精心组织部署、建立长效机制 成立了领导小组，设立了专门的机构，制订严格的督查考核方案，实现了制度上墙、责任明确、督查到位、工作落到实处。

广泛宣传发动，实现社区各界全方位参与 由镇干部和“三送”工作队进村入户，发放宣传单，倡议书、召开户主会进行宣传。过埠中学、小学等也开展“小手拉大手”行动，使学生和家长树立环境保护意识。组织镇、村干部和镇直单位工作人员开展环境整治行动，清除圩镇垃圾，在圩镇居民当中产生良好影响。

加大投资力度，构建保洁服务体系 每年计划投资 30 多万对保洁服务实行招标，10 月 1 日，保洁公司已经进驻过埠开展进行环境清洁。投资 200 万建设压缩式垃圾中转站和配套设备，预计 2015 年 2 月正式投入使用。经过整治，全镇“脏、乱、差”现象得到遏制，镇容镇貌有了很大的改观。

【深入开展党的群众路线教育实践活动】 在第二批党的群众路线教育实践活动中，过埠镇重点抓好问题整改，通过实施“三大举措”，着力解决群众反映强烈地突出问题，取得了显著成效。

整合项目打造干事创业平台 抓住过埠镇列入县扩权强镇试点镇、全市统筹城乡发展示范镇、全省百强中心镇、全国示范镇四个重要机遇，整合好各类扶持资金，在抓好 33.333 公顷工业园项目和 666 户水上漂移民梦想家园项目基础上，重点推进总投资 5100 万元的七项基础设施建设工程，七项重点工程包括投资超 2000 万元的滨江大道、新过埠大桥，包括投资百万元以上的集镇自来水、街道路面整改、太阳能路灯、杨梅产业带和过埠码头，通过实施这些民心工程，激发镇村领导和干部的干事激情，把干部群众精力凝聚到过埠经济社会事业发展上来。

整治环境创造美好生活家园 探索农村环境集中连片整治模式，通过加大投入、严格监管、绩效挂钩，提高集镇环境整治成效。10 月中旬，越翔专业保洁公司开始进驻过埠镇对集镇和周边村组环境集中管理。投资 500 万元快速推进街道绿化、美化、亮化改造，拆除路障、安装路灯、增加绿地，完善好水电路设施，新建幼儿园、改造卫生院，完善过埠集镇设施功能，通过资金政策扶持积极引农进城，发挥好过埠集镇示范带动作用。

整顿作风提高工作效率 在机构设置上，用好扩权强镇十四条优惠政策，厘清责任权利，提升过埠镇机构工作效能。在工作流程上，尝试建立三大系统八大流程，对群众来访、上下级来机关办事、内部事务管理、土地审批等重点涉农工作实行规范的流程管理。在硬件建设上，重建群众信息服务中心、改造干部卫生间、新建网络监控系统，在十个村配置配齐了电脑打印摄像系统，改善了干部工作条件。在干部管理上实行分月考核，对村干部实行绩效与待遇挂钩，镇村干部工作效能明显提升。在教育实践活动中，过埠镇共收集意见建议 620 条，梳理汇总 202 条，其中"四风"方面 136 条，纳入专项整治 46 条，已经整改到位 42 条，纳入制度建设 21 条，已经整改到位 21 条，纳入具体问题整改 135 条，已经整改到位 127 条，办结率分别为 91%、100%、94%。通过深入开展党的群众路线教育实践活动，人民群众反映强烈的"四风"问题得到了有效遏制，镇、村干部工作作风明显转变，制度规定日益完善，党风政风为之一新，党员干部的精神面貌为之一振，党员干部和群众的血肉联系更加紧密，人民群众对党和政府的信心信任大幅提升。

【领导名单】

党委书记、人大主席	黄海荣（6 月免）
	刘文辉（6 月任）
党委副书记、镇长	胡朝臻
党委副书记	陈相聿
党委委员、常务副镇长	周忠亮
党委委员、纪检书记	刘传钿
党委委员、政法委员、武装部长	钟　云
副镇长	曾宪刚
	韦　玢
新村办主任	刘福明

思顺乡

【概况】　思顺乡地处崇义西北边陲，与湖南省、上犹县相邻，距县城 37 千米，辖 8 个行政村，101 个村民小组，3827 户，1.3097 万人。全乡国土面积 232 平方千米，耕地面积 603.8 公顷，林地面积 1.9 万公顷，活木蓄积量 75.1617 万立方米，毛竹蓄积量 125 万根。境内最底海拔 198 米，最高海拔 2061.3 米，平均海拔 253 米。全乡以水稻种植为主，大力发展脐橙、油茶等主导产业，兼种桑苗、玉米、花生、豆类等经济作物。思顺乡旅游资源丰富，有赣南第一峰齐云山（国家级自然保护区）、王尔琢烈士墓、彭德怀故居、红军马列主义学校及新四军驻思顺通讯处旧址、红军后方医院旧址大王洞、龙潭瀑布、桶江十千米峡谷、桶江王阳明平茶寮碑、朝阳古寺、石孔桥等。境内矿藏资源主要有石灰石、水晶石、钾长石、耐火石和钨矿。土特产有黄姜豆腐、炸豆子、黄元米果、笋干、香菇、茶叶、土纸等。

【党的建设】　全力加强乡村班子建设，强化工作责任，注重组织建设和党员发展工作，2014 年，全乡共吸收预备党员 10 名、入党积极分子 15 名；建立每周二干部集中学习制度，推进学习型班子建立，制定和完善党委中心学习组、党员培训与乡村干部学习相关学习计划；推行"一月一例会、一季一调度、半年一考评"的基层支部书记例会制度，不断建立和完善了乡村两级议事规则、村支部书记分类管理制度、年度考核办法、民主活动会、学习、账务管理和"三务公开"等制度。

【政治建设】　全力开展党的群众路线教育实践活动，切实改进机关工作作风。2014 年，思顺乡根据县委教育实践活动领导小组统一部署，明确"树立群众观念、打造实干队伍、关注百姓需求、办好民生实事"的活动载体，通过制定学习制度、下发征求意见表、召开民主生活会、开展特色活动等形式，广泛收集听取各方面的意见，开展批评和自我批评，共收集梳理"四风"方面的问题 96 条，具体工作 12 件，解决全乡群众生产、生活中存在的 70 余件具体困难；严肃换届纪律，精心组织换届选举。2014 年，思顺乡认真研究制定乡村两级换届选举工作方案，成立相关领导小组，明确换届工作相关要求。通过全乡乡村两级干部的共同努力，各村通过“公推直选”方式选出支委委员29名，村委委员33名，其中包含3名大学生村干部。

【农村危旧土坯房改造工作】 以“政府主导、农民主体、理事会运作”的模式全面推进思顺乡2014年农村危旧土坯房改造工作。通过加强安全监管、建材保障、资金保障、建筑工匠培训等有效措施加快农村危旧土坯房改造工作进度。2014年重点打造沿佑村上塅集中建房点二期工程和思顺街街上集中建房点，12月底，两个项目工程作为示范工程经过验收并顺利通过。沿佑上塅规划100户，35户已建好一层以上；思顺街规划建设30户；截至2014年底，全乡达到农村危旧土坯房改造验收标准且通过验收共314户，其中“四类人员”（低保户、分散五保户、贫困残疾人、“两红”人员及革命烈士遗孀遗属）32户。

【基础设施建设】 进一步推进农村公共基础设施建设，加快项目建设进程 ，山院村土地增减挂项目工程已完成4.667公顷土地平整、种植复垦、土地补偿工作；小流域治理防治工程已完成公开招投标工作，放线、征地，即将进入主体工程实施；沿佑上塅土坯房改造集中建房点二期工程完成35套房屋主体工程建设，已有12户农户入住，完成3500平方米的余坪清理工作，新修硬化好建房点周边水渠1200米，硬化通组道路800米；硬化齐云山村村部至上十八垒公路4200米、新地村水口组至石子印通组公路350米。

【特色产业】 成功推广高产油茶，现高产油茶林示范基地已扩展到80公顷，实现了高产、优质、生态、安全四大目标；低改丰产毛竹林70公顷，砍杂166.667公顷；特种养殖逐年壮大，发展非洲鲫鱼、甲鱼等特色养殖户10户，发展生猪养殖大户6户。以温泉养鱼和生猪养殖的农业产业结构已基本成型。农业结构逐步优化，主导产业雏形的逐渐形成，农业经济发展后劲明显增强。

【林业工作】 加大林业纠纷调处力度，实行属地原则，先由村委会调处，调处不成再由乡林权纠纷调处委员会调处。对排查出来的林权纠纷实行领导包案调处，驻村领导、村支书和村主任为包案领导。乡村两级干部通过讲政策、讲道理，耐心细致做好农户的说服教育工作，严格按程序调处林业纠纷。到2014年年底，全乡共调处林业纠纷14起，涉林面积达174.333公顷。认真抓好森林防火工作，加大森林防火宣传，落实防火工作责任制，有效防止了森林火灾的发生。

【维稳工作】 按照“早发现、早预防、早稳控、早调处”的工作方针，切实加大维稳工作力度，健全工作机制，对矛盾纠纷做到宣传好、引导好、调处好、答复好、稳控好。落实领导干部逐案责任制，坚持“零”报告制度，实行个案跟踪制，严格“一周一排查、半月一调度、一月一例会”的工作机制，把矛盾和纠纷排查在一线，调处在一线，从而有效地促进维稳工作。截至2014年年底，全乡健全村级调委会8个，治保会8个，排查化解矛盾纠纷115起。

【文化建设】 文教事业长足发展，服务功能逐步完善。2014年，思顺乡投资80余万元新建山院小学，投资30余万元建设思顺中小学塑胶篮球场和塑胶跑道、投资20万元建设了乡机关塑胶篮球场，投资10余万元修建平茶寮碑亭，进一步做好文物保护工作，在2014年全县全民运动会上，思顺乡取得了团体总分第三名的骄人成绩；弘扬红色文化，传播时代精神，以王尔琢烈士陵园和彭德怀旧居为依托，以弘扬何祥美等本土先进模范为精神，在思顺村村部建立学习馆，涵盖廉政警示教育基地、“思源”教育基地和“红色”文化教育基地，先后组织党员干部500多人次参观学习。

【生态文明建设】 深化森林建设，生态建设稳步推进。2014年，思顺乡强化林政管理、执法队伍管理，严格做好齐云山自然保护区环境保护工作，积极开展造林工作，共种植各种苗木750多万株，完成山上造林65.667公顷；优化管理，着力推进村镇环境整治，2014年，思顺乡通过开展环卫宣传工作、扎实开展村镇环境整治行动、投入必要的环卫设备，落实保洁人员对农村环境进行保洁，把村镇环境整治行动作为新时期加强农村生态文明建设的重要载体，在全乡形成健康文明新风尚。

【社会事业】 医疗卫生事业长足发展，新型农民合作医疗门诊、住院直补率达到100%，新型农村合作医疗全乡参合率达98%；新农保征收工作顺利完成，全乡参保率达到 82.18% ；计划生育稳步推进，完成孕前检查、社会抚养费、二女户结扎、“两非”案件查处等工作任务，2014年，全乡符合政策节育率达82.70%，出生率5.41‰，自然增长1.58‰，完成“四术”对象183例；柑橘黄龙病防控工作取得实效，扎实开展果园清园、病树树兜包扎、覆土、清除木虱工作；优待抚恤、救灾救济、农村低保、大病救助等各项民政工作进一步落实，贫困人口基本生活得到保障。同时，群团、武装和征兵、统计、宗教等各项工作都取得新的成绩。

【领导名单】

党委书记、人大主席	黄炜华
党委副书记、乡长	钟　瑞
党委副书记	黄小钦
党委委员、常务副乡长	张锦文
党委委员、人武部部长	胡声健
党委委员、组宣统委员	郭　云
副乡长	邱光临
	曾宪刚
	陈　佳

上堡乡

【概况】 2014年是上堡经济社会转型发展取得重大突破的一年。在县委县政府的正确领导下，上堡乡以中共十八大，十八届三中、四中全会，省、市、县党代会及县委经济工作会议精神为指导，围绕“兴旅游、富民生、促发展”的工作思路，以开展“党的群众路线教育实践活动”为契机，以“村两委换届”为突破口，立足“生态明珠乡”定位，紧扣打造“旅游大乡”目标，在转型中发展，在压力中前行，团结带领全乡人民，艰苦奋斗、顽强拼搏，扎实推进各类“重大项目”，全力以赴稳增长、促转型、惠民生，经济社会稳步前进。

【农村面貌显著改善】 2014年，全乡全力以赴跑项目、争资金，总投入达1063万元，创造了历史新高。

旅游投入创新高 全乡整合资金共投入500万元用于旅游业的发展。维修改造梯田观景台3个，新建停车场4个，新增错车道64个，新修公路排水沟1500多米，打造油菜花景观基地33.333公顷，新建建旅游公路绿化景观带6千米。

土坯房改造集中建房点投入创新高 投入125万元用于上堡村水北、均源村均洞、圩镇老电影院三个集中建房点，通水、通电、通路、排水沟、余坪硬化、绿化等设施方面全面改善提升。

新农村建设投入创新高 投入120万元用于水南村虎形、下张屋、岭顶子、丰坪4个省扶点的建设，高标准打造大排子新农村建设点。启动上堡乡农村环境连片整治工作，村组得到绿化、亮化，群众生产生活条件得到改善。

扶贫移民项目投入创新高 全乡共争取到6个扶贫重点村，实施项目13个，资金投入达230万元。

便民服务设施投入创新高 投入138万元新建了上堡乡农民信息和服务中心，整合了16个窗口集中办公。修建农民羽毛球场和健身路径。

【经济发展后劲显著增强】 产业是发展之基，产业兴则百业兴。2014年，上堡乡主抓了旅游、高山有机茶、高山有机米、毛竹这四大特色产业。

生态旅游产业蓬勃发展 通过抓投入完善了景区各项基础设施，通过抓管理提升了景区服务质量，通过抓景观延伸了旅游时间，通过抓营销打开了营销路子。全乡游客数量从上年的5万人次增加到了今年的12万人次，实现了井喷式增长，创造了旅游综合收入2400多万元。带动了63户农家乐发展，旅游从业人员达到了1000多人，人均年收入增长5000多元。

高山有机茶产业提质提效 以赤水仙和万长山两个茶园为主打的高山有机茶产业逐步提质提效，引导企业更新发展理念，由单一的生产型企业向生产与观光相结合的综合性茶园转变，万长山茶场2014年投入近2000万元打造游客接待中心、垂钓中心等。两家企业的品牌化效益逐步增强，荣获多个省市级评比奖项。

高山有机大米产业稳步推进 全乡高山有机米示范基地达33.333公顷、联动基地333.333公顷，形成“高山梯田牌”等品牌，大米加工中心正在建设。特别是上堡梯田荣膺农业部首批“美丽田园”、中国重要农业文化遗产等荣誉称号，有效提升了高山梯田有机米的价值，助推了企业发展。

毛竹产业低改富农 争取省林业厅50万元用于水南村毛竹林低改项目，低改面积达200多公顷，林相得到改善，林农效益大幅增加。

【抓制度明责任】

创新领导机制，强化组织领导 创新工作思路，探索建立了班子领导、驻村工作组“双管齐下”

的党建工作制度，形成抓党建工作合力。构建述职评议制度。健全落实“承诺、述职、评议、追究”四位一体的基层党建工作责任制。每年一次村“两委”干部述职述廉，接受党委和群众的监督，并形成整改方案，限期督导。

明晰干部职责，以制度管人 建立、完善上堡乡党政班子集中学习制度、党风廉政建设制度、合理优化群众服务中心值班制度、干部驻村工作制度、领导干部接访工作制度、制定《上堡乡重点培养年轻干部》管理办法、创新每日早会签到制度和乡政府干部职工差旅费、培训费报账制度等8项常规制度，以制度管人，以德政服人。同时，加强对干部作风的监测监督，提高党员干部依法按制度办事意识。

【抓活动突成效】

扎实推进党的群众路线教育实践活动 围绕“为民务实清廉”主题，党员领导干部进行认真的批评与自我批评，以“准、狠、韧”的劲头狠刹“四风”，对自身存在的“四风”问题全部整改到位，作风面貌得到很大改善。全乡突出解决上堡旅游发展难题和民生实事问题118个，涵盖通组公路、桥梁建设、矛盾纠纷等各类项目事件。通过党的群众路线教育实践活动，干部宗旨意识得到进一步加强，党群干关系进一步融洽，党委和干部形象得到改善，获得群众广泛好评。

【“三送”工作常态化】 结合不同时期中心工作，乡党委切实指导县直各单位驻村“三送”工作队开展工作，累计为群众办实事解难事90多件，走访困难群众“金秋助学”10万元，争取项目资金130多万元，“三送”单位出资40多万元，完成村级公共基础设施建设8个，切实解决了群众许多民生问题。

【夯实执政基础】 严格贯彻执行候选人推选标准，加强对候选人资格审查，联合计生、纪检、公安等部门严把候选人入口关，通过依法民主、公开选举，把一批政治素质好、廉洁奉公、年富力强、能带领群众致富的优秀党员群众选进村支两委班子。共计有50名优秀党员被推选进各村支委。

【助力上堡梯田文化发展】 一是借助中央电视台《舌尖上的中国2》、江西电视台和各大网络新闻平台持续推广上堡梯田，介绍上堡客家文化和民间习俗，提升上堡梯田知名度。启动上堡梯田文化保护收集计划，已收集农用家具二十余件。二是上堡整训旧址修复项目成功立项，项目资金达750多万元，12月制订修复方案。三是邀请省市考古方面专家对赤水村“石狗”进行鉴定，并启动“石狗”保护性工作。四是支持鼓励上堡唐氏“舞春牛”完善推广，在春节、元旦等节日之际为民众表演，使节目常演常新。五是启动《上堡乡志》续修工作。

【丰富民众精神文化建设】 鼓励民间艺术队的发展，2014年全乡已组建女子锣鼓队和上堡山歌队，形成固定成型节目14个，并到大余、南康等附近县、市表演，开展交流活动。

【社会各项事业显著进步】

农村公路建设扎实推进 2014年，共新修5条通组公路5.3千米，总投资达210多万元。完成江西门公路续建2千米。

土坯房改造惠及千家万户 2014年，总任务数205户，已动工263户，197户完成验收。

教育事业再创佳绩 上堡中学、小学成绩在全县名列前茅，上堡中学在2014年全县中小学运动会上总成绩排名第四名，学生德智体全面发展。启动了上堡中心小学公租房建设，完成甲子、竹溪、良和、正井、赤水5个村小学标准化建设。

文化事业欣欣向荣 上堡整训旧址修复项目成功立项，项目资金达750多万元，年底前，做了文物资料收集等前期工作。

土地平整项目成功立项 项目总投资达800多万元，覆盖水南、竹溪、赤水三个村，共333.3333公顷农田，为农业增收增效打下基础。

体育事业步步推进 兴建1个农民羽毛球健身中心，争取到竹溪和甲子两个村兴建村级篮球场和健身路径项目。在县全民运动会荣获道德风尚奖项，羽毛球等多个比赛项目排名前列。

征兵工作超额完成任务 全乡入伍当兵的氛围高涨，超额完成征兵任务。

人口和计划生育工作稳中有升 全乡共新出生197人，符合政策生育率67%，性别比109:100，社会抚养费征收158万元，“5•29”计生协会活动日对退休专干，独生子女家庭进行了慰问，对全乡二女户建房进行了补助。

【社会政治局面和谐平安】 稳定是发展的前提，2014年，上堡乡始终坚持“小事不出村组、大事不出乡”，把矛盾纠纷化解在源头、化解在基层、化解在萌芽状态，全乡未出现一起非正常越级上访事件和群体性突发事件，全乡人民群众安居乐业。

林权纠纷调处历年来力度最大 聘请县林业专家长期任职上堡，专事林权纠纷调处。1—11月，共调处林权纠纷26起，成功调处16起，维护了林区社会稳定。

社会治安综合治理工作再上台阶 实现乡村联调网格化管理，1—11月，全乡共调处25起矛盾纠纷，成功调处率达100%。精神病患者得到有效监护和管理，全乡共排查。

防汛防火紧抓不松 2014年，共张贴防汛、防火标语100多条，利用广播、短信、巡逻车等方式进村入组宣传。组建防汛、防火队伍2支共40人次，投入2万多元用于添置防汛防火设备。防汛度汛工作，按照驻村分片包干负责制，落实全乡11座水电站、2个水库、26处地质灾害点52户263人、危房户14户61人主汛期安全。火灾防控工作，制订火灾防控工作方案，成立火灾防控工作小组，对火灾隐患进行全面排查，不定期组织专业人员开展消防安全专项检查，稳固推进火灾防控基础工作。

【履行“党建第一责任人”职责】 党委书记作为党建“第一责任人”，将基层党建作为工作重点，研究完善了党政班子集中学习制、群众服务中心值班轮班制、干部驻村工作制、领导干部接访工作制、年轻干部重点培养管理办法、干部职工差旅培训费报账制。筹划开展十八届四中全会学习会、党员服务游客志愿活动等重大活动，提出围绕“兴旅游、富民生、促发展”的围绕经济抓党建的工作思路，做好全乡314名党员的思想动员工作。以开展党的群众路线实践活动为契机，集中力量整改了党员干部工作散漫、党员违纪等突出问题，党员干部作风面貌得到很大改善。

【扎实推进“三大工程”】

“连心”工程密切党群情 以“三送”工作为载体，深入开展“民情家访”“干部学用技术”等活动，全乡每名党员干部重点联系帮扶15户农户，2014年累计争取项目资金130多万元，“三送”单位出资40多万元，完成村级公共基础设施建设8个，争取贫困学生“金秋助学”资金10万元，为群众办实事解难事90多件。

“强基”工程夯实基层党组 对软弱涣散党组织暖水村进行整顿，通过村“两委”换届推选出新任党支部书记，调整支委委员分工，强化村级党组织力量；重组水南、赤水村民理事会，积极组织村民建设梯田油菜花观赏基地，提升基层党组战斗力；党员发展管理上坚持“双严双优”，2014年，新发展党员12名，其中35岁以下年轻党员7名，大学以上学历5名，处置因违反计划生育政策法规的不合格党员3名；全乡名誉村书记累计办实事好事87件，调解矛盾纠纷41件，争资争项121万元；挤出乡级可用资金减轻基层党组织债务压力，化解村级债务10万元；本届村两委换届选举，全乡选举产生9名村党支部书记，1名村支部书记由乡党委下派任职。开展“模范”工程树立正面典型。开展向“守望乡土文化人”李宗汉学习活动，弘扬“忠厚做人、踏实做事”精神。继续推行“名誉村书记”做法，在全乡党员干部中广泛宣传崇义县十大“身边的榜样”候选人良和村“名誉村书记”刘继棕事迹，倡导能人志士“反哺”家乡。

【突出“双带头”工作亮点】

开展“党员带头服务上堡游客”活动 组织党员干部在“五一”“十一”节假日开展志愿活动，维持景区交通秩序、为游客提供指引服务，培养党员工作情怀，提升党员服务意识，发挥党员先锋模范作用。

发出“党员带头支持上堡旅游建设”号召 2014年，全乡基础设施建设任务繁重，征地拆迁工作担子重。为此，乡党委号召党员带头响应征地工作，许多党员干部表现突出，立场鲜明，带头做好家属征地说服工作。通过党委引导、党员带头，上堡乡农家乐旅游发展得到扎实推进，农家乐协会由最初的17家发展到41家，带动63户农家乐发展，旅游从业人员达到1000多人，人均年收入增长5000多元。2014年，全乡游客数量从上年的5万人次增加到2014年的12万人次，创造旅游综合收入

2400多万元。

【领导名单】

党委书记、人大主席	张朝辉（1月任）
党委副书记、乡长	温华锦
党委副书记、纪检书记	陈平亮
党委委员、组宣统委员	李奕斌
副乡长	廖　绮
	谢　勇
	万永志
新村办主任	郭　锋

麟潭乡

【概况】　麟潭乡位于崇义县西部，距县城45千米，东连过埠镇，南接关田镇，西邻上堡乡和丰州乡，北界思顺乡，总面积76平方千米。其中耕地面积298.333公顷，林地面积5970公顷。现辖7个行政村，62个村民小组， 2014年，全乡总户数为2294户，总人口7875人，其中农业户7532户，非农业人口343人。境内资源丰富，笋竹、脐橙、油茶、刺葡萄产业不断发展；矿藏有煤、磷、水晶石等。刺葡萄和林业是麟潭乡两大支柱。近年来，依托江西君子谷野生水果世界有限公司，该乡开发集生态观光、农家乐、体验性旅游等系列特色旅游项目，辖区内“两杰葡萄沟”初具雏形，刺葡萄种植产业逐渐发展为全乡的主导产业。

【党建工作扎实开展】

扎实开展党的群众路线教育实践活动　通过精心组织、步步深入，解决一批群众反映强烈的突出问题，完成一些多年悬而未决的民生实事，建立健全一些打基础、管长远的制度机制，创造特色经验做法，达到预期效果。活动期间，共收集意见建议1981条，梳理汇总181条，确定整改任务27项，其中专项整治5项，制度建设6项，具体问题16条，干部作风有了明显改善。活动中建立的逢圩日坐班制度、“三五”驻村工作法（五必到、五必访、五必知）、村级季度考评、“7+1”便民服务网络等机制得到群众一致认可。

深入开展“三送”工作，全覆盖常态化机制健全　着力解决突出问题。“三送”干部切实帮助群众解决实际困难，开展4次以上集中走访活动，处理民情问题85起，解决群众实际问题60余件，向上争资争项、落实帮扶资金43万余元，完成石下村太阳能路灯、老屋组水渠、左泉村通村路桥梁等一大批民生工程。情系困难群体。通过春节、“七一”走访等形式走访困难群众83户310人，帮助困难群众改善生活状况；走访困难党员12名，送去慰问金及物品折1.2万元。关爱留守孩，积极为贫困学子争取帮扶资金计1.7万余元。

【新村建设全力突破】

扎实推进农村危旧土坯房改造工作　2014年，土坯房改造户总计验收131户。全年共投资75.3万元进一步完善牛眠岭套房安置点、独石下元、石下鸬鹚嘴及左泉何屋集中建房点基础设施，示范带动全乡农村土坯房改造，精心打造牛眠岭套房安置点套房40套，有效解决深山区农户土坯房改造难题，现在正在完善附属设施。

进一步加大圩镇建设力度　对圩镇进行了重新规划，投资30多万元硬化圩镇道路160多米，新建排污沟740多米，进一步完善圩镇基础设施。加强圩镇环境整治力度，抓住“全县农村环境连片整治示范乡镇”有利契机，购置垃圾清运车辆2辆和垃圾桶260多个，成立专门的清洁队伍，在圩镇及主公路沿线进行垃圾集中处理，圩镇环境得到显著改观。重启乡“百吨千人”圩镇自来水工程建设，主体工程完工，即将投入使用，可解决圩镇及周边村共计近2000人的安全饮水问题，圩镇群众彻底告别“饮水难”问题。

【生态经济绿色崛起】　2014年，协助君子谷公司与两杰村21户农户签订协议，流转农田6.667公顷。协助君子谷租赁山场64公顷，新开君子谷园区内公路10千米，建设葡萄大观园；新发展庭院葡萄13.333公顷，鼓励农户以土地入股，壮大完善刺葡萄合作社。投资25万余元对“两杰葡萄沟”和刺葡萄种植示范基地进行升级改造，开发生态旅游，打响葡萄沟品牌。规划5年内发展刺葡萄133.333公顷，采取“企业+合作社+农户”运作模式，促使刺葡萄产业进一步向左泉、独石等周边村辐射带动，进一步推进刺葡萄产业的发展，带动群众发家致富。

【社会管理稳步创新】

扎实开展矛盾纠纷排查化解工作　结合“三

送”工作，充分发挥“96333”热线平台作用，建立“三项机制，一项制度”，即矛盾隐患排查工作机制、定期研判工作机制、联动调处工作机制，乡村干部逢圩日坐班制度。全乡上下齐抓共管做好社会综治管理工作，全年共排查出各类矛盾纠纷63起，化解矛盾纠纷56起，帮助群众解决各类问题416件次，有效维护了全乡的和谐稳定。

全面落实安全生产及重点人员稳控责任制 一是开展安全生产、火灾防控大检查活动。对全乡企业、商店、学校、人员密集场所、重要公共基础设施等进行了全面排查，下发《整改通知书》共38份。二是开展重要时期重点人员稳控工作。“两会”期间，全乡15个重点人员进行动态监控，做到“去向清楚，心中有数”，全年未发生越级上访事件。全乡共排查出有肇事肇祸倾向的精神障碍患者6人，其中1人已送至精神病院治疗，另5人病情稳定、暂无过激行为，并都已落实监护人及管控干部。

【惠民事业蓬勃发展】

农业农村工作顺利开展 从县农业综合开发办新争取独石村、两杰村农业综合开发项目，总投资近900万元，涉及2个村9个村民小组，受益人口1700多人，整个项目共分为5个标段，2014年底已全部进场施工。

惠农政策全面到位 全年发放粮食补贴42.23万元，农村合作医疗缴交率达98%，新农保完成任务数100%，有效防止发生农户因病致贫和老无所养现象的发生。

人口与计划生育工作落实到位 共发放各项奖扶资金5万元，受益546人次；生育率达到88%，综合节育率达到92%，依法征收社会抚养费61万余元。

借助国家体育总局训练局对口帮扶的有利条件，争取有意向投资34万余元，建设农民体育健身中心项目，现已完成场地平整，接受训练局赠送的图书2万余册，体育器材等价值4万元。

【领导名单】

党委书记、人大主席	肖开朗
党委副书记、乡长	庄珍财
党委副书记	钟　飞
党委委员、纪委书记	邹正伟
副乡长	刘福海
	刘秋兰
	卢和剑

金坑乡

【概况】 金坑乡位于崇义县正北部，距县城32千米，地处崇义县城至上犹营前镇的中心点，与过埠、杰坝、思顺、上犹平富二乡一镇一县交界。总面积约71平方千米，辖5个行政村，71个村民小组，总户数2365户，总人口8429人，其中农业人口8240人，非农业人口189人。全乡耕地面积526.667公顷，山地面积5446公顷，活立木蓄积量达2.7889万立方米。土特产有冬笋、玉兰片、茶叶、红菇、金橘、油茶。境内蕴含金、钨、石灰石、瓷土等矿产资源。地势北高南低，平均海拔300米，气候温和，四季分明。鸡公山、雷峰仙、大禾洞红军医院旧址、和开国将军余光茂的故居是著名的旅游景点。金坑民间剪纸艺人多，文化底蕴深厚，有全县闻名的剪纸艺术，传统的唢呐、古朴悠扬的树叶音乐、二胡等。

2014年，金坑乡党委、政府全面贯彻落实中共十八大及十八届三中、四中全会精神，围绕县委十六届四次全会确定的发展战略、发展定位和发展路径，牢牢把握赣南苏区振兴发展和农村改革的重大机遇，突出把金坑建成崇义北部边际商贸示范乡这一目标，解放思想、更新理念、攻坚克难，高位推动，大力实施“155”工程（贯穿一条主线、突出五项重点工作、确保实现五大突破），全力加快推进金坑振兴发展。呈现出经济运行良好，重点工作任务有序推进，群教路线活动做实创特，社会各项事业健康发展的良好态势，各项工作取得显著成效。

【突出五项重点工作】

突出对接若干意见，农村危旧土坯房改造工作在建设进度和覆盖广度上实现突破　在土坯房改造收官之年，全乡土坯房改造力度大成效显著。超额完成县里分配的210户任务，2014年已完成247户的验收。全面完善2012年、2013年上黄龙、洋坑口、剪纸新村、金元丰新村的基础设施建设。今年的金元丰新村二期和梦想家园集中建房点已完成主体工程建设，大部分已搬迁入住。金元丰二期已完成路面硬化、自来水工程、排水设施建设等工程；梦想家园正在完善排水排污设施、商贸二桥等工程。

突出圩镇建设，在城镇化和公益项目建设上实现突破　按照圩镇二期规划，实施“一桥两路四园”示范工程，即：建设一座商贸二桥，修建两条致富之路——延伸商贸二路和沿江大道，打造四个特色园区（独具特色的文化观园、灾后重建和深山移民的温馨家园、集聚高效的服务新园、整体搬迁的学习乐园），占地3.2公顷的金坑中心小学和剪纸广场、全民健身运动场建设项目已基本完成征地，即将动工建设；金坑中学宿舍楼已完成装修，验收后即可入住；卫生院职工周转房已完成建设。

突出富民惠民，农业产业化进程上实现突破　按照全乡农业产业发展思路，重点培育仙草、灵芝、高山有机稻等，积极推进土地流转。坚持传统产业与特色产业相结合，引进“加多宝”凉茶原料种植项目，今年试点种植13.333公顷，实现每公顷产值纯利润400元，计划明年在全乡推广种植；引进灵芝培育项目1个5.333公顷，现已投产；发展高山有机稻基地20公顷；通过“能人+基地+农户”模式，新发展杉木、红豆杉、楠木等育苗基地23.333公顷；落实山上造林133.333公顷；完成油茶林低改173.333公顷。

突出项目推进，争资争项实现突破　一是基础设施项目投入实现突破。总投资1447.53万元，完成红胜白坑、马洞、分水坳、竹坑大禾洞、坪洋瑶下、金坑走马丘等通组公路硬化工程；完成元田金元丰新村道路硬化、绿化亮化、排水设施；完成元田象湾河堤、马安石通组桥、竹坑老屋组排水沟工程；完成金坑街下、上黄龙安全饮水、竹坑罗洞口自来水路桥、元田洋子坑五个组的自来水工程；完成了坪洋村部建设；完成商贸二路桥工程；完成中学学生宿舍楼建设、操场改造、卫生院职工周转房；启动中心敬老院扩建工程等。二是争资争项实现突破。争取公路桥建设资金537.53万元，争取其他项目资金1880万元，其中中学学生宿舍楼建设资金350万元、卫生院职工周转房建设资金100万元、中心敬老院扩建资金580万元、新建中心小学建设资金1000万元。

突出党建引领，“三送”工作在全覆盖重实效上实现突破　金坑乡把“三送”全覆盖常态化作为全乡工作的先导工程来抓，通过努力，取得了“促进创业致富、促进环境提升、促进民生改善、促进社会和谐、促进基层党建”的良好效果，使“三送”全覆盖常态化成为现实。一是做实常规工作。坚持落实“三个一”工作制度，完善和规范了服务群众工作机制，严格工作制度，严明工作纪律，全面参与群教活动，打通服务群众最后一千米。二是着力解决突出问题。向上争资争项257万元，解决一批基础设施项目，落实帮扶资金21万元，帮扶一批困难群众，积极投入帮扶特困群体土坯房改造。2014年，通过全乡各三送工作组的努力，一系列民情问题在短时间内得到解决，受到群众好评。三是落实产业帮扶措施。金坑乡“三送”干部在前期调研和征询群众意见的基础上，帮助各村做好产业发展规划。积极为群众和企业搭建桥梁，畅通群众销售渠道。共为村民举办产业发展培训班8期，培训农民1500余人次；帮助果农销售脐橙4.1万吨，带领群众外出考察产业发展2批18人次，帮助农户解决产业贷款资金32万元，组建了剪纸产业协会，会员80多人，帮助群众解决就业岗位22个，有力地促进了农民创业致富。

【群众路线教育活动取得实效】

学习教育、听取意见环节做到“三个全覆盖”　即做到思想发动全覆盖、学习教育全覆盖、征求意见全覆盖。通过“三个全覆盖”，共收集到原始意见建议550多条，共梳理意见建议163条，“四风”方面的意见124条，具体问题39条。

查摆问题、开展批评环节做到“三结合”　即结合工作职责，查找自身与履职存在的差距和不足、结合群众评议问题，采取对号入座的方式，查找自身存在哪些问题、结合群众反映的热点难点问题，查找群众最盼最急需解决的问题有哪些。

通过“三结合”，党政班子成员进行认真深刻的剖析，亲自撰写个人对照检查材料。班子成员相互之间提出批评意见160多条，班子成员每人均收到了18条以上的批评意见，营造了“红红脸、出出汗”“加加油、鼓鼓劲”的良好氛围，达到“团结—批评—团结”的目的。针对查摆出来的问题，能及时解决的，立刻加以解决，对一些需要上级部门协助的问题，及时与上级沟通协调，争取多为群众解决实际问题。

整改落实、建章立制做到“三个实” 即制订整改方案做到实在、强化正风肃纪做到实效、完善制度机制做到实用。建立三类整改台账，将梳理出的78条意见建议纳入专项整治台账、46条意见建议纳入制度建设台账、39条意见建议纳入具体问题整改台账，实行销号整改，确保一个一个地改，一个一个地销。针对班子及成员存在的“四风”突出问题，在9月集中火力开展“对征地工作专项行动、对铺张浪费的专项整治活动、官僚主义的专项整治、形式主义的专项整治、‘庸、懒、散’专项整治、民生工程的专项行动”六项专项整治，强化正风肃纪。完善了党委中心组学习制度、乡机关干部学习制度、公务接待制度、机关事务管理制度、“三公”经费管理细则等规章制度，通过制度约束改进作风，增强乡村两级班子战斗力；完善党员干部直接联系服务群众制度，提高解决群众问题的能力，密切联系群众常态化长效化。

【社会事业蓬勃发展】

惠农政策落实到位 金坑乡进一步加强各项民生工程的落实力度，通过一卡通发放粮食直补资金48.3万元，退耕还林资金6.6万元，移民直补资金57.28万元。

社会保障工作扎实推进 2014年，全乡新农合参保率达98%，新农保参保任务完成100%；全年发放救灾资金20.03万元、城市低保金5.66万元、农村低保68.2万元、五保供养金 18.36万元，发放大病救助金10.8万元。土地确权工作被列为全县试点乡镇，率先完成入户登记现场确认工作，接受了省市检查调研获得好评。

社会环境安定和谐 全年矛盾纠纷调处率达100%，未出现一起非正常上访事件，创造了安定和谐的社会环境，有望实现“三无”乡镇目标。全面落实了“重心下移、以村为主”工作机制，确保人口计生工作全县领先。

【领导名单】

党委书记、人大主席	谢才丰（5月任）
党委副书记、乡长	吕京辉（11月任）
党委副书记	肖庆长
党委委员、常务副乡长	陈　慧
党委委员、组宣统委员	袁崇武
党委委员、政法委员	黄光文
党委委员、纪检书记	陈美华
新村办主任	郑景坤

杰坝乡

【概况】 杰坝乡位于崇义县北部，距县城35千米，北与上犹县的平富、营前毗邻，西与金坑乡相连，南与过埠镇、横水镇相接，东与上犹县梅水、陡水相依。辖5个行政村，70个村民小组，总面积108平方千米，林地面积9666.67公顷（其中约5666.67公顷属犹江林场经营管理），耕地面积322.73公顷，森林覆盖率达87%。总人口7906人，其中农业人口7706人。

典型的库区移民之乡 1956年，为支持国家兴建上犹陡水发电厂，杰坝人民贡献出了昔日的青山绿水与良田沃土，大部分乡民携家带口移居他乡，留下来的移居后靠在沿库周边，严重缺乏生产生活资料，过着非常拮据的日子。是江西省重点移民扶贫乡镇，现有“十二五”期间1个省级贫困村（中洞村）和2个市级贫困村（黄金村、石皮村）。

远近闻名的油茶之乡 杰坝乡属于典型的内陆山区，境内山峦起伏，雨量充沛，无霜期长，适宜种植油茶。乡党委、政府积极倡导“绿色崛起，油茶富民”的理念，引导农民种植油茶，将这一支柱产业做大做强，全乡油茶种植面积1866.67公顷，集中连片规模化种植的有黄金村牛坳、石皮村旱坑、黄沙苦竹坑、石皮锁口农户集中连片种植等4个油茶基地。

红绿（资源）丰富的旅游之乡 陡水湖三分之一的水域在杰坝境内，广阔的库区水面，加之特殊的山区地形构成了优美的库区景观。境内有“七星望月度假村”，以及被誉为“南亚热带野生动植物基因库”的赣南树木园。另外，这里是崇义县第一个党组织诞生地，红色旅游资源丰富。境内有革命战争期间邓小平率百色起义部队红七军途经杰坝休整旧址、邓子恢早期革命旧址“庆昌和”杂货铺、以及“五一”暴动革命地和烈士纪念碑等。

政通人和的和谐之乡 2014年，杰坝乡牢固树立“抓稳定就是抓发展”的思想，坚持“稳定压倒一切”的方针，积极化解不稳定因素。大力实施农村危旧土坯房改造，地质灾害搬迁，加大扶贫攻坚力度，组织实施了长潭农贸市场、长潭卫生院、长潭自来水、中洞至赣南树木园公路等一大批基础设施项目，极大地改善了全乡农民人居环境，全乡形成了政通人和、和谐发展的喜人局面。

杰坝乡党委、政府立足实际，展望未来，按照“产业强乡、生态大乡、旅游热乡、和谐新乡”的发展战略科学发展，以开明开放的姿态欢迎四面来客，八方宾朋。

【积极争创“三送”第一等工作】 全乡98名县、乡“三送”干部深入全乡72村组1952户农户中，结对帮扶231户危改户解决用电、用工、资金筹措等实际问题，挂点联系村组及农户做好柑橘黄龙病防控工作、土地确权、村两委换届选举等农业农村工作。干群双向联系全覆盖，组织“三送”干部对全乡1900多户农户实现全覆盖，全面掌握包扶户的基本情况，有重点地帮助包扶户发展产业，包扶土坯房改造户260户，“三送”挂点单位积极筹措资金，重点帮扶代建户建房、公共设施建设和走访困难群众。石皮村小学在县工商局的帮助下重建。

【统筹推进路线教育活动】 杰坝乡党的群众路线教育实践活动，在上级党委的坚强领导和县委督导组的悉心指导下，很好地开展“学习教育、征求意见”“查摆问题、开展批评”和“整改落实、建章立制”三个阶段工作。在第二批党的群众路线教育实践活动中，杰坝乡共收集意见建议433条，梳理汇总136条，其中“四风”方面106条，纳入专项整治12条，纳入制度建设22条，纳入具体问题整改102条；确定整改任务130项，其中专项整治7项，制度建设21项，具体问题102条，办结率分别为100%、100%、99%，各项整改工作稳步推进，取得了阶段性成果。需要整改的具体问题中，圩镇自来水和梦想家园“七星湾”一期工程均已整改完毕。

【改造加速农村危旧土坯房】 2014年，超额完成242户改造任务，其中特殊困难群体23户，一般贫困户219户，发放补助资金379.2万元。2012－2014年，累计改造825户，D级危旧土坯房改造比例高达96.3%。同时，稳步推进集中建房点建设，打造了以梦想家园“七星湾”为中心的土坯房改造集中示范点8个，并投入基础设施资金251.69万元，完善2014年集中建房点的基础设施建设，其中七星湾河道土方工程、涵洞桥、河堤工程已完工，湾仔余坪硬化、绿化工程完工。对2012年、2013年的集中建房点的基础设施也进行了完善，其中石皮下村道路修复工程、排水排污工程、余坪硬化、绿化工程、自来水工程完工，中洞坳下余坪硬化工程完工。

【重点扶持优势产业】 积极发动群众在门前屋后、荒坡空闲地种植高产油茶。同时，落实帮扶激励措施，在集中连片1.333公顷以上的低产油茶林进行低造改造（林地清理、垦复，整形修枝、合理施肥、间密补稀、蓄水保土及病虫防治），经验收合格后每公顷补助10元资金。截至2014年，全乡新增油茶基地2个、改造老油茶22.73公顷。全乡有高标准高产油茶基地4个，采用标准化建园，科学化管理，已然成为全乡农业产业发展的亮点。2014年，杰坝乡还引进中小型收割机4台，提高了农户重量效率。据初步统计，全乡全年粮食产量210万公斤，生猪出栏4000余头。

2014年，邀请县果茶局专业技术人员为果农授课；对全乡19.28公顷进行全面防控普查，普查率达到100%、验收合格率达到100%。初步统计，杰坝乡作为一个果业小乡，2014年的脐橙产量仍达到78.7万余斤。

【以点带面发展扶贫开发】 全乡2014年规划移民项目共14个，共210万元。全乡省级贫困村1个，市级贫困村2个。2014年是省煤炭集团挂点中洞村扶贫开展的最后一年。在中洞，杰坝乡在前几年摸清情况、分类落实、结对帮扶农户的基础上，2014年重点做了以下几方面工作：一是成立帮扶基金。为帮助中洞村群众解决实际问题，有效激发村民战胜贫困的信心，建立“长驻”的帮扶助困队伍，成立帮扶基金会。2014年，帮扶基金会已对五保户、贫困户、老党员、贫困学生共20户发放了慰问金、助学金。二是加强技能培训，增强群众“造血功能”。开展对村民进行互联网农业信息培训，利用现有的远程教育网络，对 88 户贫困户进行了全面培训。三是着力发展村集体经济，改善群众生活环境。柑坑子竹制品加工厂出租，结束了中洞村集体经济收入为零的历史。四是切实改善民生。争取上级扶贫专项资金 100 万元，修建中洞村至李坑村 10.2 千米村级公路，途经石壁下、大塅两个村民小组，受益群众 76 户，258 人，解决了村民出行难问题。投入资金 30 余万元，铺设自来水管道 6000 余米，解决中洞、垇下、湧洞、梯子印 80 余户饮水问题；全村农村合作医疗参合率达到 98.12%；贫困户适龄子女义务教育阶段的入学率达 100%；农田水利设施和农田基础设施建设得到了大大改善；绝大部分土坯房得到改造，砖瓦房占全村住房的比例由 4% 提高到 80%。过去的贫困村，如今俨然是一派“生机勃勃”的景象。

【着力提升机关效能工作】 2014 年，杰坝乡领导班子，特别是主要领导对效能建设工作极为重视，把制度建设作为推进效能建设工作的重中之重来抓。

抓制度规范化，形成以制律人的良好局面 一是设立群众与信息服务中心，在竣工的综合文化办公楼一楼大厅，设立群众办事大厅，涉农部门全部进驻大厅进行集中办公，方便了群众办事；同时严格执行“服务承诺制、首问责任制、限时办结制、责任追究制”，切实改变“门难进、脸难看、事难办”现象。二是完善机关学习制度、机关考勤管理制度、值班制度及机关干部日常行为规范等制度，如《村干部目标管理和每月考核办法》等制度规范落实各项工作，乡党委定期对制度落实情况进行督查，督查情况与年终目标奖挂钩，并作为年终评先评优的依据。

抓服务标准化，打造优质服务平台 一是将效能建设延伸到村，随机检查村级效能建设情况，并将土坯房改造补助申请、农村低保申请等办事流程全部在村务公开栏内上栏公开，方便群众；二是实行领导坐班带班制度，将值班人员的职务、姓名、联系方式上墙公示，为方便群众办事，对不熟悉机关的办事群众主动引导，带到相应的站所，此举得到了群众的赞赏和认可；三是全面推行群众事务干部代理制度，让乡村干部由过去的“向农民伸手”变为现在的“帮农民跑腿”，切实推动了杰坝乡的职能由管理型向服务型的转变，为农民群众提供了高效方便的“一站式”服务。

抓机构节能化，推动节约型乡镇建设 根据市县相关文件精神，成立节能工作领导小组，下发年度节能工作方案，制定节电节水、办公用品领用、公车管理等制度。同时，通过开展张贴节点节水标识、推广节能小常识和节能宣传周等活动，2014 年，能源资源消耗呈现了明显的下降态势，单位建筑面积用电量同比下降 8%，人均用电量同比下降 4.28%，人均用水量同比下降 6.69%。

【集中精力拉大圩镇建设框架】 杰坝乡圩镇建设发展滞后，基础设施较不完善，公共服务能力薄弱，经过调研反映，群众对圩镇发展的愿望十分强烈。为顺应民意，杰坝乡加快圩镇建设步伐，在 2014 年年初启动杰坝乡“梦想家园”（七星湾）圩镇示范点建设，以这项集土坯房改造、移民搬迁、文教卫生、产业开发“四位一体”的工程为突破口，凝心聚力，加快促进圩镇发展。项目秉承“谋事要实”的要求，对深山移民搬迁的意愿，河道改造的可行性，项目实施的成本进行了认真的研判。工程的测绘工作由江西创兴公司完成，地勘工作由市水利局地勘公司完成，河道改造由县水利局设计，充分保证了规划的科学性和可行性。另外，地面建筑设计由县规划设计院承担。整体工程规划面积达 4.267 公顷，包括 100 余套住房，72 间商铺，另外还有中心幼儿园、卫生院扩建、农贸市场、旅游接待中心、休闲广场等公共设施建设。工程建设按照“高起点规划，高标准实施，高质量建设，分步骤推进”的方式推进，一期工程 14 套湖景商住楼已全部封顶，杰坝乡中心幼儿园项目也进入地面施工阶段，及河道改道工程提前完成，二期填方工程也已启动。

【夯实党建基础，打造高素质干部队伍】

杰坝乡党委始终贯彻落实县委、县政府部署，始终高度重视基层党建工作，坚持抓重点、抓关键，以党建促发展，为全乡经济社会建设提供强有力的组织保障。

抓班子，带队伍，切实抓好基层党建工作 一是坚定理想信念，提升执政能力。继续落实好乡党委班子成员包村抓党建，在重大事项决策上充分发扬民主，充分调动班子成员的能动性和积极性，突出了班子的集体领导地位。二是完善民主监督和民主管理机制。严格执行“三重一大”、党政正职“六个一不直接分管”和末位表态等制度，完善村财乡代管制度，坚持土坯房改造等村级重大事务决策对外公开，取得了良好的社会效果。

以整顿软弱涣散党组织为切入点，构建"强基"工程　全乡坚持上下联动，开展"4+1"帮扶，从思想整顿、谈心谈话、组织整顿对中洞村班子进行了整顿，强化村"两委"班子大局意识和责任意识。增强班子的领导力、执行力、号召力和凝聚力。

加强基层党组织班子建设，充分发挥基层党组织战斗堡垒作用　抓住村"两委"换届有利时机，按照德才兼备、以德为先的原则，在用人导向上坚持"三有三带"配强配齐村党支部班子。鼓励村党组织书记、村委会主任"一肩挑"，推行村"两委"班子成员"双向进入、交叉任职"，支部委员进入村委会班子达到80%以上，保证支部班子能正常开展工作。

进一步完善农村党员发展的长效机制，优化党员队伍结构　按照发展党员"十六字"方针，注重把党员发展的重点放在高中以上文化程度、35岁以下的优秀青年和大学生村干部、村级后备干部、农村经济能人、退伍军人、农村妇女等群体中，吸收了一批年轻有为、积极上进、能带领群众致富的优秀分子，从而优化年龄和文化结构，杜绝县内企业、机关事业单位工作人员等"走读"人员回村入党。

建立党员激励、关怀、帮扶机制，增进党员的荣誉感和自豪感　重视精神鼓励，使荣誉上有追求，使政治上有成就；建立党内探访、走访慰问制度，对老党员、困难党员、患病党员进行探访了解情况，并给予慰问金或物品；建立关爱帮扶基金，通过争取上级财政拨一点、乡、村单位筹一点、社会有识党员捐一点等方式建立帮扶基金。

【持续加大基础设施建设】　2014年，安排实施18个乡村基础设施工程项目，已全部完工，累计完成投资730.2万元。水利建设方面，杰坝乡向上争取到水土保持项目资金200多万元用于河堤修复；争取到12万元实施了长潭村灌溉修复工程和崩光潭灌渠修复工程；长潭和黄沙自来水改造升级工程等一批水利工程项目也已投入使用。公路建设方面，黄沙村山寨公路、黄金村石墙和禾坌公路等村组公路建设顺利通车，全乡路网进一步完善。集中建房点建设方面，梦想家园、黄金河湾、石皮村下村和中洞村坳下组等集中建房点基础工程有序推进，村组环境进一步改善，村组人居条件进一步优化。生态环境治理方面，杰坝乡提前启动了环境连片整治工作，重点针对圩镇、学校、公路沿线、河道生活垃圾污染严重的情况，制定了环境连片整治工作实施方案，旨在解决农村环境问题，提升群众人居环境和生态质量。2014年，已完成垃圾桶投放工作，垃圾焚烧炉征地工作有序进行。

【改善民生提升群众幸福感】　一是加强社会综合治理和信访维稳工作，把各类不稳定因素解决在萌芽状态，做到重点人员和重要节点实行领导包案分解责任制，全年共接访16起，调处率达100%。完善综治会议制度，每周周前会各村、各部门汇报本单位维稳情况，每月综治办召开一次会议，每季度综治委召开一次会议。二是严格落实强农惠民政策普惠于民。足额对复员军人、五保、低保、计生困难户等发放补助，累计全年发放优抚金18.3万元、大病救助金7.8万元、低保金21.3万元、高龄补贴12.8万元。三是2014年全乡新农合的参合率超额完成县下达任务数。全乡有3280人参加城乡养老保险，现完成了农保局下达任务数3346人的98%。四是狠抓计划生育工作。完善计生工作"乡指导、村自治、组配合、户落实、民监督"五道工作法和重点对象责任落实机制，狠抓基础建设，完善考评考核机制。全乡人口8288人，已婚育妇女1659人，全年出生人口100人，符合政策生育率73.68%，死亡率5.71‰，自然增长率5.59‰，全年结扎14例、上环83例、人引10例。突出计生优质服务，从关心激励入手，使计生对象享受各项优惠补助政策。五是加大教育投入。投入97万元进行校舍改造，投入30万元进行村小标准化建设，投入273万元新建中心幼儿园。六是集农房、国土、新农合、新农保等职能于一体的乡群众信息与服务中心投入使用，实行一个窗口对外，一站式办公，为群众提供了"便民、高效、公平、公开"服务。

【领导名单】

党委书记、人大主席	樊　斌
党委副书记、乡长	吴　岚（4月任）
党委委员、副乡长	张红明
党委委员、纪检书记	张溯精
党委委员、政法委员、武装部长	程子华
副乡长	王玉清（3月任）
新村办主任	唐起宝

人物·荣誉录

2014年新任县领导简介

黄华，女，汉族，1970年9月生，江西定南人，1988年08月参加工作，1993年7月加入中国共产党，在职大学学历，现任崇义县委副书记（正处级）、组织部长。

1985年9月－1988年7月，赣州师范学校普师专业学生；1988年8月－1989年7月，任原赣州市七里镇学校教师；1989年7月－1995年5月，任共青团原赣州市委科员、宣传部部长；1995年5月－1997年4月，任共青团原赣州市委副书记（其间：1989年10月－1997年4月，南昌大学自学考试汉语言文学专业大专毕业）；1997年4月－1999年2月，任原赣州市妇联副主席；1999年2月－1999年7月，任江西省妇联赣州地区办事处组宣部负责人、副部长；1999年7月－2000年8月，赣州市妇联组宣部副部长；2000年8月－2000年12月，赣州市妇联宣传部部长；2000年12月－2002年2月，赣州市妇联副主席（试用期一年）；2002年2月－2005年6月，赣州市妇联副主席、党组成员，市政协常委（其间：1998年4月－2004年12月南昌大学自学考试汉语言文学专业本科毕业；2002年9月－2004年6月，中国社会科学院研究生院在职研究生班法学系民商法专业学习）；2005年6月－2008年5月，任赣州市政府新闻发言人兼市政府办公厅副主任、党组成员，兼赣州市应急管理办公室副主任，市政协常委；2008年5月－2009年12月，任赣州市政府办公厅副主任、党组成员兼赣州市政府应急管理办公室副主任；2009年12月－2010年7月，任赣州市政府外侨办副主任、党组副书记（其间：2013年3月－2010年6月，省委党校第36期中青班学习）；2010年7月－2010年9月，赣州市第18期离岗考察培训班学员；2010年9月－2014年8月，任赣州市外侨办主任、党组书记；2014年8月至今，任崇义县委副书记（正处级）、组织部部长。

边建忠，男，汉族，1978年7月生，江西峡江人，2001年8月参加工作，2001年4月加入中国共产党，全日制大学学历，现任县委常委、政府副县长（挂职）。

1997年9月－2001年7月，华东政法学院国际经济系学生；2001年8月－2003年9月，任吉安县桐坪镇镇长助理（省委组织部2001年选调生）；2003年9月－2003年11月，任江西省委统战部二处（民族宗教处）干部；2003年11月－2004年12月，任江西省委统战部二处（民族宗教处）副主任科员；2004年12月－2006年3月，任江西省委统战部二处（民族宗教处）主任科员；2006年3月－2008年10月，任江西省委统战部办公室主任科员；2008年10月－2011年12月，任江西省委统战部五处（工商经济处）副调研员（2008年4月－2011年4月借调江西省政协办公厅工作）；2011年12月－2013年10月，任瑞金市政府副市长；2013年10月－2014年6月，任全南县委常委、组织部长；2014年6月－2014年8月，任崇义县委常委、政府副县长提名人选（挂职），全南县委常委、组织部长；2014年8月至今，任崇义县委常委、政府副县长（挂职），全南县委常委、组织部长。

黄小波，男，汉族，1974年12月出生，江西石城人，1995年8月参加工作，1998年1月加入中共共产党，在职大学学历，现任崇义县人民政府副县长、党组成员，县公安局长。

1993年9月－1995年7月，江西省轻工业学校造纸专业学生；1995年8月－1996.12月，石城县乡镇企业局干部；1996年12月－1998年5月，石城县公安局琴江派出所科员；1998年5月－2001年8月，石城县公安局政工科科员；2001年8月－2003年6月，石城县公安局政工科副科长（2000年9月－2003年4月，自学考试公安管理专业大专学习）；2003年6月－2004年8月，任石城县公安局琴江派出所指导员；2004年8月－2006年8月，任石城县公安局政工科科长；2006年8月－2008年3月，任石城县公安局党委委员、政工科科长（2005年9月－2008年1月，江西理工大学继续教育学院法学专业函授本科学习）；2008年3月－2014年10月，任石城县公安局党委委员、副局长、主任科员；2014年10月－2014年12月，任崇义县政府副县长提名人选、公安负责人；2015年1月至今，任崇义县政府副县长、公安局长。

钟洁，女，汉族，1979年5月出生，四川自贡人，2006年7月参加工作，2000年6月加入中国共产党，博士研究生学历，现任崇义县政府副县长（挂职）。

1998年9月－2002年7月，西华大学工商管理系学生；2003年9月－2006年7月，云南大学工商管理与旅游管理学院硕士研究生；2006年7月－2014年11月，任西南民族大学旅游与历史文化学院副教授（其间：2008年9月－2011年6月，四川大学工商管理学院博士研究生学习；2011年11月－2014年11月，云南大学工商管理一级学科博士后（科研流动站博士后）；2014年11月至今，任西南民族大学旅游与历史文化学院副教授、崇义县人民政府副县长（挂职）。

逝世人物

冠号收藏家赖书达

2014年7月10日，人民币冠字号收藏家赖书达先生因病医治无效去世，享年80岁。赖书达生于1935年5月8日，江西省崇义县人，2006年12月加入人民币收藏学会，为学会终身会员。赖书达生前主集“八分卷”、“八角卷”、第四、第五套人民币壹元卷冠字号大全和流通硬币年号大全。作为人民币收藏学会会员，他主动担负起该县会员的组织工作，还尽自己的能力积极挖掘当地的冠号供藏友交流，并多次为学会收集本地相关的封签资料。赖书达并先生孜孜不倦收藏人民币冠号和助人为乐的精神，在会员心目中留下了深刻的印象。赖书达从事财税工作30年受到了财政部国家税务总局表彰。

荣誉录

表 23　2014 年受省级部门（市委、市政府）表彰的先进集体

获奖单位	被授予荣誉称号	表彰部门
县检察院	省级文明接待室	省检察院
章源钨业股份有限公司	江西省信息化与工业化深度融合示范企业	省工信委
县地税局	省地税系统先进集体	省地税局
县地税局	省地税局 2014 下半年纳税评估案例评审及案卷复查情况的通报：崇义县 XX 水业有限公司评估案例	省地税局
县地税局	2014 年度全国纳税人满意度调查先进单位	省地税局
县地税局	全省地税系统 2014 年五星级办税服务厅评定结果	省地税局
章源钨业股份有限公司	江西省首批两化融合示范企业	省工业和信息化委员会
阳岭国家森林公园	2013 年度全省“森林十创”示范单位	省绿化委员会
县国税局	2012 – 2014 年度全省国税系统先进单位	省国家税务局
县环保局	2014 年度全省环境保护重点工作先进单位	省环保厅
县民政局	2014 年度全省社会救助工作先进县	省民政厅
县粮食流通服务中心	全省粮食流通监督检查示范单位	省粮食局
县农业和粮食局	全省农技推广工作先进单位	省农业厅
县农业和粮食局	全省休闲农业先进单位	省农村社会事业发展局
章源钨业股份有限公司	2013–2014 年度宣传工作先进单位	中国有色金属杂志社
章源钨业股份有限公司	江西民营制造业 100 强第 26 位	省工商业联合会
章源钨业股份有限公司	江西民营企业 100 强第 38 位	省工商业联合会
崇义县	2014 年全省春季森林防火平安县	省森林防火总指挥部
章源钨业股份有限公司	江西省第十四届运动会合作伙伴	省第十四届运动会组织委员会办公室
章源钨业股份有限公司	江西省知识产权优势企业	省知识产权局
章源钨业股份有限公司	江西财经大学 EMBA 教学实践基地	江西财经大学
章源钨业股份有限公司	高新技术企业	省科学技术厅、财政厅、税务局
县检察院	省级园林化单位	省住建厅
县质量技术监督局	全省条代码工作先进集体	省质量技术监督局
县检察院	市级文明单位	市委、市政府
县国税局	赣州市第八届文明单位	市委、市政府

续表 23

获奖单位	被授予荣誉称号	表彰部门
县地税局	赣州市第八届文明单位	市委、市政府
崇义中学	市第八届（2012 － 2013 年度）文明单位	市委、市政府
扬眉镇	市第八届（2012 － 2013 年度）“文明村镇”称号	市委、市政府
县疾控中心	文明单位	市委、市政府
县法院	赣州市第八届文明单位	市委、市政府
横水镇鱼梁村	赣州市第八届文明村镇	市委、市政府

表 24　2014 年受省级部门（市委、市政府）表彰的先进个人

姓名	荣誉称号	表彰部门
蔡小红	2014 年全国质量优秀测报员	中国气象局
康书萍	2014 年全国质量优秀测报员	中国气象局
肖丽芳	“中国体彩杯”中国 阳岭登山赛团体三等奖	国家级
王云胜	2013 年度全省优秀户籍民警	省公安厅
李鸿金	国家人民防空办公室	2014 年《中国人民防空》杂志优秀作者
曾照华	2014 年“创新杯”全国中等职业学校学前教育专业教师信息化教学设计和说课比赛三等奖	中国职业技术教育学会
何启菲	2014 年度全国纳税人满意度调查先进个人	省地税局
胡协胜	2014 年度全国纳税人满意度调查先进个人	省地税局
赖玲华	2014 年度全国纳税人满意度调查先进个人	省地税局
曾忆辛	2014 年度全国纳税人满意度调查先进个人	省地税局
罗德锋	2014 年度全国纳税人满意度调查先进个人	省地税局
林席跃	全省粮油生产先进个人	省农业厅
林席跃	全省经济作物生产先进个人	省农业厅
刘金萍	2014 年江西省中等职业学校信息化教学大赛“课堂教学大赛”三等奖	省教育厅
朱水香	指导学生作品在第六届江西省中等职业学校“文明风采”竞赛活动中获一等奖 5 个、二等奖 2 个、三等奖 2 个	省教育厅
钟鼎东	指导学生作品在第六届江西省中等职业学校“文明风采”竞赛活动中获一等奖 2 个	省教育厅

续表 24

姓名	荣誉称号	表彰部门
王欢秀	指导学生作品在第六届江西省中等职业学校“文明风采”竞赛活动中获一等奖	省教育厅
廖海华	指导学生作品在第六届江西省中等职业学校“文明风采”竞赛活动中获一等奖1个、二等奖2个、三等奖4个	省教育厅
周金萍	指导学生作品在第六届江西省中等职业学校“文明风采”竞赛活动中获一等奖1个、二等奖3个、三等奖4个	省教育厅
彭慧群	指导学生作品在第六届江西省中等职业学校“文明风采”竞赛活动中获二等奖	省教育厅
郭成平	指导学生作品在第六届江西省中等职业学校“文明风采”竞赛活动中获二等奖	省教育厅
刘文滨	指导学生作品在第六届江西省中等职业学校“文明风采”竞赛活动中获二等奖2个、三等奖2个	省教育厅
肖慧玲	指导学生作品在第六届江西省中等职业学校“文明风采”竞赛活动中获二等奖1个、三等奖1个	省教育厅
赖弥琴	指导学生作品在第六届江西省中等职业学校“文明风采”竞赛活动中获三等奖	省教育厅
杨清宁	指导学生作品在第六届江西省中等职业学校“文明风采”竞赛活动中获二等奖1个、三等奖2个	省教育厅
吉庆斌	指导学生作品在第六届江西省中等职业学校“文明风采”竞赛活动中获一等奖1个、三等奖3个	省教育厅
李立忠	指导学生作品在第六届江西省中等职业学校“文明风采”竞赛活动中获一等奖、三等奖2个	省教育厅
郭其磊	指导学生作品在第六届江西省中等职业学校“文明风采”竞赛活动中获三等奖	省教育厅
陈舜癸	指导学生作品在第六届江西省中等职业学校“文明风采”竞赛活动中获二等奖	省教育厅
李莲秀	指导学生作品在第六届江西省中等职业学校“文明风采”竞赛活动中获二等奖	省教育厅
邹小兰	指导学生作品在第六届江西省中等职业学校“文明风采”竞赛活动中获三等奖	省教育厅
李肇平	指导学生作品在第六届江西省中等职业学校“文明风采”竞赛活动中获三等奖	省教育厅
陈桂莲 黄礼婷	省职业技能竞赛指导学生1个二等奖、1个优秀奖、市二等奖2个	省教育厅
邹善洁	省职业技能竞赛指导学生1个优秀奖、市二等奖1个，三等奖2个	省教育厅

续表 24

姓名	荣誉称号	表彰部门
钟展军 张振宝	指导学生获车加工技术项目市二等奖 1 个、省优秀奖 1 个	省教育厅
黎声福	具有实效性的高中物理课堂教学模式的研究	省 级
胡述洪	高中数学组织学生开展小课题实践活动的策略与方法交流	省 级
何昌华	全省价格监测工作先进个人	省价格鉴定监测管理局
甘 磊	个人三等功	省森林公安局
郭定远	个人三等功	省森林公安局
赖徽林	全省港航系统安全生产工作先进个人	省港航管理局
章家华	全省重大动物疫病防控工作先进个人	省畜牧兽医局

表 25　2014 年新增中高级职称人员

姓 名	工作单位	职 称	职级	取得资格时间
林家民	水利水电勘察设计室	高级工程师	高级	2014.12
刘青建	计生服务站	副主任医师	高级	2014.12
朱经林	人民医院	副主任医师	高级	2014.12
庄席福	江西君子谷野生水果世界	高级工程师（非国有）	高级	2014.12
白文保	崇义县建筑安装有限责任公司	高级工程师（非国有）	高级	2014.12
陈永忠	人民银行崇义县支行	政工师	中级	2014.6
尧丽鸣	县城市规划执法大队	工程师	中级	2014.12
蓝善剑	县工程监理有限公司	工程师	中级	2014.12
郭远树	章源钨业	工程师	中级	2014.12
邹水长	县县乡公路管理站	工程师	中级	2014.12
罗景波	山林权属调处办	工程师	中级	2014.12
廖 龙	铅厂林业管理站	工程师	中级	2014.12
董世佐	乐洞林业管理站	工程师	中级	2014.12
赖昌桂	聂都林业管理站	工程师	中级	2014.12
黄美水	金坑林业管理站	工程师	中级	2014.12
庄席礼	江西君子谷野生水果世界	工程师	中级	2014.12
黄继庄	江西君子谷野生水果世界	工程师	中级	2014.12

续表 25

姓 名	工作单位	职 称	职级	取得资格时间
胡 英	江西君子谷野生水果世界	工程师	中级	2014.12
邹 标	崇义县人民医院	主治医师	中级	2014.11
陈彩红	崇义县人民医院	主管护师	中级	2014.11
何飞燕	崇义县人民医院	主管护师	中级	2014.11
朱伦建	崇义县人民医院	主管检验技师	中级	2014.11
刘桂炳	龙勾林站	经济师	中级	2014.11
朱品兰	县委农工部	经济师	中级	2014.11
廖寒涧	地税局	经济师	中级	2014.11
刘华清	地税局	经济师	中级	2014.11
黎纯纪	财政局	经济师	中级	2014.11
王玉梅	财政局	经济师	中级	2014.11
吴荣茂	财政局	经济师	中级	2014.11
殷崇高	财政局	经济师	中级	2014.11
石贤丽	房管局	经济师	中级	2014.11
肖 勇	农行支行	经济师	中级	2014.11
吴晓芸	人社局	经济师	中级	2014.11
黄智慧	妇幼保健院	主治医师	中级	2014.11
林盛兰	妇幼保健院	主管护师	中级	2014.11
钟晓春	妇幼保健院	主管护师	中级	2014.11
张秋莲	计划生育服务站	主治医师	中级	2014.11
杨赞海	上堡卫生院	主治医师	中级	2014.11
陈传清	扬眉中心卫生院	主治医师	中级	2014.11
钟义胜	长龙卫生院	主治医师	中级	2014.11
朱喜爱	长龙卫生院	主管护师	中级	2014.11
郭远来	农粮局	畜牧兽医师	中级	2014.11
郎志刚	农粮局	畜牧兽医师	中级	2014.11
雷正平	农粮局	农艺师	中级	2014.11
吴承生	铅厂镇农技站	农艺师	中级	2014.11

经济和社会发展统计资料

崇义县2014年国民经济和社会发展统计公报

2014年全县人民在县委、县政府的正确引领下，以认真贯彻《若干意见》、加速崇义振兴发展为主线，主动适应经济发展新常态，科学应对严峻复杂的经济形势，凝心聚力，狠抓落实，全力以赴保稳、求进、攻坚，全县国民经济平稳增长，人民生活安康祥和，社会事业和谐发展。

一、综合

2014年全县生产总值629940万元，按可比价计算增长9.1%。其中，第一产业完成增加值94155万元，增长4.5%，第二产业完成增加值373398万元，增长10.9%，第三产业完成增加值162387万元，增长7.3%。国民经济三大产业比例为14.9:59.3:25.8。在第二产业中，工业增加值360289万元，占生产总值的比重为57.2%，增长10.9%。非公有制经济增加值443936万元，占全县生产总值的比重为70.5%，增长9.2%。

全县实现财政总收入96000万元，增长26.3%，公共财政预算收入67906万元，增长38.9%。公共财政预算收入中，工商各税完成25357万元，增长9.6%，农业税收完成10209万元，增长78.6%，企业所得税及退税完成4291万元，增长6.5%，非税收入28049万元，增长75.3%。全年公共财政预算支出160016万元，增长22.5%。在财政支出中，教育支出23512万元，增长10.7%，社会保障和就业支出23130万元，增长25.9%，医疗卫生支出13615万元，增长27.4%，节能环保支出8865万元，增长2.2%， 农林水事务支出23131万元，增长11.0%，住房保障支出17908万元，增长30.4%。

个体和私营经济健康发展，到2014年末全县个体户户数8223户，增长5.3%，从业人员17227人，增长6.8%，私营企业数884户，增长35.8%，从业人员15953人，增长22.6%

二、农业

全县实现农林牧渔业总产值136966万元，增长7.3%，其中：农业产值39418万元，增长6.8%，林业产值56862万元，增长7.5%，牧业产值14335万元，增长7.8%，渔业产值22916万元，增长7.2%，农林牧渔服务业产值3435万元，增长8.0%。

全县耕地面积114409亩，常用耕地面积112592亩，农作物播种面积159811亩，其中粮食作物播种面积110767亩，蔬菜面积29021亩，油料面积9135亩，瓜果面积2496亩。茶园面积20450亩，脐橙种植面积61385亩，当年产果面积55149亩。

全年粮食总产量44481吨，基本与上年持平，蔬菜产量40857吨，茶叶产量861吨，油茶籽产量1373吨，水果产量50919吨，其中脐橙产量49620吨。

全年造林面积1427公顷，中、幼龄林抚育面积2733公顷，育苗面积 1690公顷，生产木材18万立方米，毛竹871万根。年末实有油茶林面积8933公顷。

全县生猪存栏54713头，下降1.8%，生猪出栏96442头，增长1.8%；家禽出笼7545百只，增长1.0%；肉类总产量10485吨，增长1.0%；水产品总产量12370吨，增长4.6%。

年末全县农业机械总动力 69000千瓦，农用化肥施用量（实物量）16349吨，下降4.7%；农村用电量6028万千瓦时， 增长11.7%。

三、工业与建筑业

全年规模以上工业企业完成工业总产值1015370万元，增长12.6%，完成工业增加值270403万元，增长11.9%，实现主营业务收入1005280万元，增长17.7%，实现利润总额46772万元，下降5.4%，规模以上工业产销率为94.8%。2014年规模以上工业新增5家企业。全年工业用最量 25221 万千瓦时，增长 9.0%。

表 26 规模以上工业企业主要产品产量

产品名称	2014 年实绩	比上年 ±%
钨精矿	8887 吨	-8.4
原 煤	76286 吨	18.3
竹胶合板	31490 立方米	74.7
细木工板	167002 立方米	12.8
南酸枣糕	4548 吨	0.3
仲钨酸铵	12137 吨	-5.8
氧化钨	7575 吨	-0.3
钨 粉	6545 吨	0.3
碳化钨粉	5039 吨	-16.2
钨合金	1121 吨	-0.6

建筑业增加值 13109 万元，增长 10.4%。

四、固定资产投资

全年完成全社会固定资产投资 361552 万元，增长 22.6%。500 万元以上项目完成固定资产投资 334091 万元，增长 20.5%，其中工业完成投资 75019 万元，增长 24.6%。全县 500 万元以上项目中：第二产业完成投资 75019 万元，增长 24.6%，第三产业完成投资 259072 万元，增长 19.3%，新建项目完成投资 255802 万元，增长 76.5%，改建和技改项目完成投资 76043 万元，下降 39.8%，全年新增固定资产 289765 万元。

全年房地产开发完成投资 23544 万元，增长 101.6%。房屋施工面积 187.04 万平方米，增长 7.8%，竣工面积 72.83 万平方米，下降 11.1%，商品房销售面积 6.69 万平方米，增长 25.0%。

五、国内贸易与对外经济

全县消费市场持续旺盛，保持了较快增长的良好势头。全年实现社会消费品零售总额 117590 万元，增长 12.3%。城乡方面，城镇实现消费品零售额 73461.6 万元，增长 18.3%，乡村实现消费品零售额 44128.4 万元，增长 3.6%。行业方面，批发业实现消费品零售额 13898.4 万元，下降 5.0%，零售业实现零售额 88815 万元，增长 13.3%，餐饮业实现营业额 14709.2 万元，增长 17.8%，食宿业实现营业额 2237.1 万元，增长 20.9%。

全年限额以上企业零售额 9689.9 万元，增长 21.8%。

全年实际利用外商投资 1399 万美元，增长 5.3%，外贸出口 8305 万美元，下降 5.2%。

六、旅游与交通

全年接待游客 146.35 万人次，增长 33.5%，旅游总收入 8.82 亿元，增长 27.2%。

全年交通运输部门完成货运量 531 万吨，公路货运周转量 35170 万吨公里；完成客运量 206 万人，公路客运周转量 17220 万人公里。全县固定电话容量 4.28 万门，本地固定电话年末用户 1.46 万户，移动电话年末用户 14.72 万户，互联网年末用户 1.88 万户。

七、金融与保险

全年金融机构人民币各项存款余额 636288 万元，增长 15.4%。其中，单位存款余额 248424 万元，增长 33.8%，城乡居民储蓄存款余额 381955 万元，增长 5.4%。金融机构人民币各项贷款余额 494451 万元，增长 15.3%。其中，短期贷款余额 348326 万元，增长 8.3%，中长期贷款余额 143606 万元，增长 2.3%。

全年实现保费收入 5064 万元，增长 15.8%，其中财产险保费收入 2005 万元，增长 35.4%，人寿险保费收入 3112 万元，增长 7.6%。

八、教育与卫生

全县普通高中 2 所，职业高中 1 所，普通初中 13 所，九年一贯制学校 4 所，小学 110 所，幼儿园 76 所。

全县有中小学生 29112 人，其中，普通高中学生 3683 人，职业高中学生 1778 人，初中学生 6705 人，小学生 16946 人。幼儿园在园人数 8728 人。初中学龄人口入学率 99.5%，小学学龄儿童入学率 100.0%。

年末，全县共有卫生机构 28 所，其中，医院 5 所，乡镇卫生院 18 所，卫生监督所 1 所，妇幼保健院 1 所，疾病预防控制中心 1 所，皮肤病防治所 1 所，农医中心 1 所。卫生技术人员 914 人，其中执业医师 285 人、执业助理医师 113 人，注册护士 421 人，药剂人员 70 人，检验人员 25 人。病床总数 690 床，其中医院 340 床，乡镇卫生院 350 床。

九、人口与人民生活

全县人口总户数 64376 户，户籍总人口 214557 人，其中农业人口 178651 人，非农业人口 35906 人。

全县城镇居民人均可支配收入 19528 元，增长 9.4%，农民居民人均可支配收入 6845 元，增长 11.8%，年末在岗职工人数 12914 人，在岗职工年平均工资 40068 元。

城镇职工参加社会养老保险参保人数 2.37 万人，城乡居民参加社会养老保险参保人数 9.65 万人，新农合参保人数 17.06 万人。

全县人口出生率 13.43‰，自然增长率 8.02‰，节育率 84.37%，晚婚率 67.03%。

十、资源与环境

2014 全县拥有 1 个国家级自然保护区、2 个省级自然保护区，林地保有量 264.03 万亩，森林覆盖率 88.3%、活立木蓄积 1386 万立方米、活立竹 9861 万株、乔木林分亩平蓄积量达 6.92 立方米，耕地保的量 15.96 万亩，基本农田保护面积 14.14 万亩。

主要污染物排放下降率 11.6%，主要河流断面优质水率 100%，空气质量常年保持在 2 级。

注：公报中资料为年快报数，生产总值、各产业增加值增长速度按可比价格计算。

附录

中共崇义县委
关于深入开展党的群众路线教育实践活动的意见

崇发〔2014〕1号

根据《中共中央关于在全党深入开展党的群众路线教育实践活动的意见》（中发〔2013〕4号）、《中共中央办公厅印发〈关于开展第二批党的群众路线教育实践活动的指导意见〉的通知》（中办发〔2014〕4号）、《中共江西省委·关于深入开展党的群众路线教育实践活动的意见》（赣发〔2013〕8号）、《中共江西省委党的群众路线教育实践活动领导小组关于印发〈江西省第二批党的群众路线教育实践活动实施方案〉的通知》（赣群组发〔2014〕3号）、《中共赣州市委关于深入开展党的群众路线教育实践活动的意见》（赣市发〔2014〕3号）、《中共赣州市委党的群众路线教育实践活动领导小组关于印发〈赣州市党的群众路线教育实践活动实施方案〉的通知》（赣市群组发〔2014〕2号）精神，结合实际，现就我县深入开展党的群众路线教育实践活动（以下简称“教育实践活动”）提出如下意见。

一、充分认识开展教育实践活动的重大意义

群众路线是我们党的生命线和根本工作路线。开展教育实践活动，是我们党在新形势下坚持党要管党、从严治党作出的重大决策，是顺应群众期盼、加强学习型服务型创新型马克思主义执政党建设的重大部署，是推进中国特色社会主义伟大事业、实现“两个一百年”奋斗目标和中华民族伟大复兴“中国梦”的重大举措。组织开展好这项活动，对于教育引导全县党员、干部树牢宗旨意识、贯彻群众路线、改进工作作风，凝聚振兴发展正能量，实现崇义与全国同步全面建成小康社会目标，具有十分重要的意义。全县各级党组织和广大党员、干部要切实把开展教育实践活动作为当前和今后一个时期的重大政治任务，作为深入贯彻党的十八大、十八届三中全会和习近平总书记系列重要讲话精神的重要抓手，作为进一步解放思想、全面深化改革的重要机遇，坚持发展项目化、产业生态化、建设景区化、服务信息化发展思路，扎实苦干，锐意进取，在加速崇义振兴发展实践中更好地服务群众、造福人民。

二、全面贯彻教育实践活动的指导思想和总体要求

（一）指导思想

高举中国特色社会主义伟大旗帜，以马克思列宁主义、毛泽东思想、邓小平理论、“三个代表”重要思想、科学发展观为指导，全面贯彻落实党的十八大、十八届三中全会和习近平总书记系列重要讲话精神，以保持党的先进性和纯洁性为主线，以为民务实清廉为主要内容，以落实中央八项规定为切入点，以“送政策、送温暖、送服务”（以下简称“三送”）工作为主抓手，以县级领导机关、领导班子和领导干部为重点，进一步弘扬苏区精神，加强马克思主义群众观点和党的群众路线教育，集中力量解决人民群众反映强烈的突出问题，切实把党密切联系群众的优势转化为加速崇义振兴发展的强大力量，为全面深化改革、全面振兴发展、全面建成小康，建设美丽、文明、活力、法治崇义提供坚强保证。

（二）总体要求

把“照镜子、正衣冠、洗洗澡、治治病”的总要求贯穿始终，把从严要求、上下联动、解决问题贯穿始终，坚持问题导向，注重建立长效机制，使贯彻党的群众路线真正成为党员、干部的自觉行动，确保教育实践活动健康深入开展。以为民务实清廉为主题，对照理论理想、党章党纪、民心民声、先辈先进“四面镜子”，大力弘扬苏区精神，落实中央八项规定和《党政机关厉行节约反对浪费条例》等规定，突出作风建设，贯彻整风精神，坚决反对形式主义、官僚主义、享乐主义和奢靡之风，以补精神之钙、除“四风”之害、祛行为之垢、立为民之制为重点，敢于担当，着力解决人民群众反映强烈的突出问题，提高做好新形势下群众工作的能力，使党员、干部思想认识进一步提高，作风进一步转变，党群干群关系进一步密切，为民务实清廉形象进一步树立，基层基础进一步夯实。

三、准确把握教育实践活动的基本原则和重点任务

（一）基本原则

1. 坚持正面教育为主。加强马克思主义群众观点和党的群众路线教育，加强党性党风党纪教育和道德品行教育，引导党员、干部讲党性、重品行、作表率，模范践行社会主义核心价值观，坚守共产党人精神追求。

2. 坚持领导带头。从领导机关、领导班子和领导干部做起，上级带下级、主要领导带班子成员、领导干部带一般干部，一级做给一级看、一级带着一级干，一级抓一级、层层抓落实。

3. 坚持批评与自我批评。开展积极健康的思想斗争，敢于揭短亮丑，勇于解剖自己，善意帮助别人，崇尚真理、改正缺点、修正错误，真正让党员、干部思想受到教育、作风得到改进、行为更加规范。

4. 坚持开门搞活动。注重敞开大门，发挥群众积极性，全过程发动群众参与，整个活动置于群众监督之下，充分听取吸纳群众意见建议，使活动更加贴近群众、贴近实际。

5. 坚持分类指导。重点在活动对象、环节方法和解决突出问题上实施分类指导，针对机关、企事业单位和基层的不同情况，找准各自需要解决的突出问题，提出适合各自特点的目标要求和办法措施，增强活动实效。

6. 坚持衔接带动。坚持以上率下、以下促上，上下协力、衔接带动。把学习教育、整改落实贯穿始终，使各环节工作有效衔接、相互贯通。

（二）重点任务

始终突出问题导向，将教育实践活动与提高党员干部特别是领导干部的党性修养问题相结合，与解决制约发展的瓶颈问题、加速崇义振兴发展相结合，与扶贫攻坚、解决民生问题相结合，与解决群众反映强烈的突出问题等相结合，牢牢抓住反对“四风”这个重点不放，集中解决各级领导机关、领导班子和领导干部“四风”方面存在的突出问题，以解决“四风”突出问题带动解决基层组织服务能力不强的问题、影响风清气正政治生态的突出问题和制约崇义振兴发展的瓶颈等问题。同时，积极回应群众关切，维护群众利益，注重解决实际问题，解决群众身边的不正之风，把改进作风的要求真正落实到位，真正让群众受益和满意。

四、严格把握教育实践活动的对象范围和方法步骤

（一）对象范围

教育实践活动在县及县以下各级机关及其直属单位和基层组织全体党员中开展，重点是县级领导机关、领导班子和领导干部。

（二）方法步骤

教育实践活动从2014年2月开始，9月基本完成。具体到每个单位，集中教育时间一般不少于3个月。着力抓好三个环节：

1. 学习教育、听取意见。重点是搞好学习宣传和思想教育，深入开展调查研究，广泛听取干部群众意见建议。紧扣“坚定理想信念、坚持群众路线、坚决改进作风”关键词，开展以“学经典理论和重要讲话，思联系实际够不够，促行动认识统一；学苏区精神，思党性意识强不强，

促立场信仰坚定；学身边典型，思先锋模范作用发挥好不好，促工作作风转变；学廉政文化，思自身形象正不正，促清廉形象进一步树立”为主要内容的“四学四思四促”活动，组织广大党员、干部深入学习党的十八大、十八届三中全会精神和习近平总书记系列重要讲话精神，学习省委十三届七次、八次全会，市委四届四次、五次全会精神和县委十六届三次、四次全会精神，学习中发〔2013〕4号、赣发〔2013〕8号和赣市发〔2014〕3号文件规定的学习内容，学习苏区精神，学习身边先进典型，学习廉政文化，使党的群众路线在全体党员、干部中深深扎根，使践行党的根本宗旨成为党员、干部的普遍自觉。聚焦反对“四风”，积极创造让群众讲真话、道实情的氛围，开展领导干部“新春走基层，开门接地气”活动，通过“一座谈、两接访”“一周村官”等方式，多渠道、面对面征求干部群众意见，实现征求意见全覆盖，切实把意见听真、建议听细、把问题找准，为对照检查、开展批评和解决问题打好基础。

2. 查摆问题、开展批评。重点是围绕为民务实清廉要求，做到“一聚焦五对照”分类查找问题，即：聚焦“四风”问题，对照党章，对照廉政准则，对照“八项规定”改进作风要求，对照群众期盼，对照先进典型，采取群众提、自己找、上级点、互相帮、集体议等方式，查找“四风”问题的具体表现，注重从关系群众切身利益的问题中，特别是“三送”工作和信访案件中梳理出若干典型事例，深入查找产生问题背后的干部作风问题。各级领导班子及其成员要自己动手撰写对照检查材料。对照检查材料要紧密联系思想、工作和生活实际，联系个人成长经历，逐项列出“四风”问题的具体表现、典型事例。建立督导组、党组织主要负责同志、分管领导“三级”审核把关机制，严把对照检查材料质量关。积极开展批评和自我批评，开好高质量的专题民主生活会和组织生活会。督导组全程参加对口督导单位领导班子专题民主生活会，纪检、组织部门派人参加。领导班子要带头查摆问题，带头开展批评和自我批评。党员领导干部要以普通党员身份参加所在党支部的组织生活会。领导班子民主生活会情况要在一定范围内通报和公开，接受群众监督。

3. 整改落实、建章立制。重点针对“四风”方面存在的问题，提出解决对策，制定整改方案，从严抓好落实。按照整改有目标、推进有措施、落实有责任、完成有时限的“四有”要求，制定整改任务书、时间表，实行一把手负责制，并在一定范围内公示，接受群众监督。严明责任，加强监督，对有问题不整改、大问题小整改、边整改边再犯的，严肃批评教育，必要时采取组织措施和纪律措施。着眼长远、标本兼治，围绕解决“四风”方面突出问题，建立健全针对性和指导力强、能长期管用的制度规定，把制度笼子扎紧扎牢，推动改进作风常态化、长效化、制度化。要结合实际，对已有制度进行一次全面梳理，列出清单，认真做好废、改、立工作。对经实践检验行之有效、群众认可的，要继续坚持；对不适应新形势新任务新要求的，抓紧修订完善或者废止。开展“一议两评”活动，即：“整改方案大家议”活动、“整改效果好不好，群众评一评”活动和“新建制度行不行，群众评一评”活动，确保整改效果和新建制度让群众满意。严格落实各项制度，加强督促检查，坚决纠正有令不行、有禁不止、无视制度的行为。

五、注重实践性体现教育实践活动的崇义特色

立足崇义实际，积极探索创新活动载体，进一步丰富活动内容，确保活动取得实效。

（一）坚持“六开门六必问六到位”，使群众教育实践活动不虚、不空、不偏。始终以“三送”工作为主抓手，从群众中来，到群众中去，把坚持开门搞活动和问题导向贯穿始终。一要开门抓学习，要问该学什么，学到了什么，受了什么教育，确保群众路线教育实践活动精神领会到位。二要开门听取意见，要问该怎么去听取意，听取了哪些意见，确保用群众这面雪亮的镜子观照自身的“四风”问题到位。三要开门查摆，要问查得深不深，“四风”问题分析得准不准、透不透彻，确保对存在的“四风”问题发现和认识到位。四要开门批评与自我批评，要问敢不敢红脸，有没有“出出汗、排排毒”、

真心接受批评，确保整风精神贯彻落实到位。五要开门抓整改，要问怎么改，改得怎么样，群众满不满意，确保发现的问题解决到位。六要开门建章立制，要问机制建立有没有为群众着想，管不管用，是否长效，确保长效机制建立到位。

（二）整合公共服务资源，构建崇义特色群众服务体系。充分发挥县委群众工作部的统揽作用，构建县、乡、村、组四级服务网络，依托信息服务、群众服务、困难求助、矛盾调处、应急综合指挥五个中心，健全社情民情舆情研判、群众教育引导、科学民主决策、矛盾排查调处、群众评议干部、督查考核奖惩六项群众工作机制，扎实推进群众工作常态化、制度化和规范化。

六、切实加强教育实践活动的组织领导

各级党组织要把开展教育实践活动作为一项重要政治任务，切实抓紧、抓实、抓好。

（一）健全组织机构。全县教育实践活动在县委常委会领导下开展，成立县委党的群众路线教育实践活动领导小组，具体负责全县教育实践活动的开展。领导小组下设办公室，负责日常工作。各地各部门各单位党组织是抓好教育实践活动的责任主体，要成立相应的领导机构和工作机构，具体负责教育实践活动。主要负责同志是第一责任人，要高度重视、认真负责，精心组织、狠抓落实。

（二）坚持严督实导。督导组要深入对口督导单位，把好活动方案关、学习教育关、征求意见关、对照检查材料关、开展批评与自我批评关、整改方案质量关，确保教育实践活动不虚、不空、不偏，不搞形式、不走过场。

（三）积极探索创新。认真落实中央、省委、市委和县委的统一部署，在把“规定动作”做到位的基础上，结合各自实际，创造性地设计和丰富“自选动作”，确保教育实践活动有特色、出亮点、见实效。

（四）加强宣传引导。充分运用传统和新兴媒体，大力宣传开展教育实践活动的重大意义，充分反映教育实践活动的进展和成效，及时总结推介教育实践活动中涌现的先进典型，为教育实践活动营造良好氛围、树立正确导向。

（五）注重统筹兼顾。把组织开展教育实践活动与促进各项工作、推动改革发展、办好民生实事紧密结合起来，做到两手抓、两促进、两不误，用经济社会发展成效和群众满意检验活动成效。

中共崇义县委

2014 年 2 月 24 日

中共崇义县委 崇义县人民政府关于印发《崇义县社会管理综合治理奖惩办法》的通知

各乡（镇）党委、人民政府，县委各部门，县直、驻县各单位：

经县委、县政府研究同意，现将《崇义县社会管理综合治理奖惩办法》印发给你们，请结合实际认真贯彻执行。

中共崇义县委
崇义县人民政府
2014 年 3 月 16 日

崇义县社会管理综合治理奖惩办法

第一章 总则

第一条 为进一步贯彻落实中央、省、市关于加强社会管理综合治理的一系列决策部署，强化各乡（镇）、各部门单位加强和创新社会管理的责任，大力推动全县社会管理综合治理工作，根据《赣州市社会管理综合治理奖惩办法》（赣市发〔2012〕17 号）规定，结合我县实际，制定本办法。

第二条 本办法适用“属地管理”“谁主管，谁负责”“实事求是、客观公正、奖惩结合”的原则。

第三条 社会管理综合治理奖惩对象包括辖区内乡（镇）以及机关、团体、学校、事业、企业单位及其责任人。

第四条 社会管理综合治理奖励种类分为授予“社会管理综合治理目标管理先进乡（镇）”“平安崇义建设先进乡（镇）”“平安崇义建设暨社会管理综合治理目标管理先进单位”称号，对综治责任人予以通报嘉奖和经济奖励。

第五条 社会管理综合治理惩处种类分为限期整改、黄牌警告和“一票否决”。

第二章 奖励

第六条 对乡（镇）年度综治目标管理考评的前六名，授予“社会管理综合治理目标管理先进乡（镇）”称号。

第七条 对乡（镇）年度平安崇义建设考评的前三名，授予“平安崇义建设先进乡（镇）”称号。

第八条 对县综治责任单位年度平安崇义建设暨综治目标管理考评的前若干名（原则上不超过综治责任单位数的 55%），授予“平安崇义建设暨社会管理综合治理目标管理先进单位”称号。

第九条 对获得年度社会管理综合治理目标管理先进和平安崇义建设先进的乡（镇）和单位，在通报嘉奖主要领导和分管领导的同时，该乡（镇）、单位全体在岗在职干部职工可增发一个月工资。

第三章 惩处

第十条 有下列情形之一的，责令有关乡（镇）或单位予以限期整改：

（一）因领导不重视、工作不到位、措施不落实，发生抢劫、盗窃、抢夺财物价值达20万元以上刑事案件的，或发生较大治安灾害事故的；

（二）对重大突发性事件（案件）信息迟报、误报、瞒报或处置不当造成严重后果的；

（三）对社会管理工作不重视、经费不到位、措施不落实，经有关部门提出书面整改建议仍不落实的；

（四）非敏感时期发生在全省全市有重大影响信访事件的；

（五）发生较大安全生产责任事故的；

（六）发生较大森林火灾的；

（七）在校期间发生一次性死亡3人以上学生溺水事故或较大校园安全责任事故的；

（八）发生较大食品安全责任事故的；

（九）发生刑释解教人员、社区矫正人员重新犯罪的；

（十）肇事肇祸精神病人发生较为严重肇事肇祸行为的；

（十一）县政法部门在年度公众满意度测评中排名全省后五位或列全市末位的；

（十二）未在规定时间内办结县领导批示交办（督办）和县综治、维稳（610）、信访等部门交办(督办)事项,引发涉稳事件或造成不良影响的;

（十三）在市、县综治委组织的明察暗访中发现上级督办的重大矛盾纠纷和不稳定问题未及时调处化解，治安乱点未及时整治，群众意见较大的；

（十四）社会管理综合治理、平安崇义建设年度考核不达标的；

（十五）年内出现赴京非正常访且被市信访部门列为季度通报的；

（十六）发生其他情形，经县综治委认定需要限期整改的。

第十一条 有下列情形之一的，对有关乡（镇）或单位予以黄牌警告：

（一）因领导不重视、工作不到位、措施不落实，发生在全市有影响的恶性刑事案件、重大治安灾害事故的；

（二）发生在全市有影响的群体性事件或群众性纠纷械斗事件的；

（三）单位干部职工犯罪并经法院作出有罪判决的；

（四）敏感时期、重大活动期间发生在全省全市有较大影响信访事件的或年度信访工作被列为省、市重点管理乡（镇）、单位的；

（五）发生重大安全生产责任事故的；

（六）发生重大森林火灾的；

（七）肇事肇祸精神病人发生严重肇事肇祸行为的；

（八）发生重大校园安全责任事故的；

（九）发生重大食品安全责任事故的；

（十）连续两年被市、县综治委责令限期整改或因当年整改不到位被市、县综治委责令继续整改的；

（十一）县政法部门在年度群众满意度测评连续两年列全省后五位的；

（十二）市、县综治委组织的明察暗访中发现上级布置的工作未落实，导致当地社会治安秩序混乱，“黄赌毒”等问题突出，群众意见很大的；

（十三）发生其他情形，经县综治委认定需要黄牌警告的。

第十二条 有下列情形之一的，对有关乡（镇）或单位予以“一票否决”：

（一）因领导不重视、工作不到位、措施不落实，发生在全省有影响的恶性刑事案件、群众性纠纷械斗事件，或发生在全省全市有影响的重特大群体性事件、重特大治安灾害的；

（二）发生在全省全市有影响的“法轮功”人员及其他邪教人员聚集闹事、破坏捣乱等非法活动或插播广播电视案件的；

（三）发生特大安全生产责任事故的；

（四）发生特大森林火灾的；

（五）发生特大食品安全责任事故的；

（六）信访工作连续两年被省、市列为重点管理乡（镇）、单位的；

（七）年内被市综治委黄牌警告两次，或连续两年被省、市综治委实行黄牌警告的；

（八）县政法部门在年度公众满意度测评中满意率连续三年排名全省后五位的；

（九）市、县综治委组织的明察暗访中发现当地打黑除恶工作不力，黑恶势力横行，治安长时间处于混乱状态，人民群众缺乏安全感，造成恶劣影响的；

（十）发生其他情形，经县综治委认定需要“一票否决”的。

第四章　责任查究

第十三条 被责令限期整改的乡（镇）、单位，取消其综合性评先评优资格。限期整改未撤销前，其分管领导及有关责任人不得提拔、重用。

第十四条 被黄牌警告的乡（镇）、单位，取消其综合性评先评优资格。黄牌警告未撤销前，其党政主要领导、分管领导及有关责任人不得提拔、重用，不得评先评优，不得授予各种荣誉称号。

第十五条 被“一票否决”的乡（镇）、单位，取消其所有评先评优资格。“一票否决”未撤销前，其党政班子成员及有关责任人不得提拔、重用，不得评先评优，不得授予各种荣誉称号。因工作失职造成严重后果的，其主要领导、分管领导、有关责任人当年年度考评不称职或不合格，由县综治委、纪检监察、组织、人事等部门实行责任查究；情节十分严重的，对其党政主要领导、分管领导及有关责任人给予党纪政纪处分；构成犯罪的，由司法机关依法追究刑事责任。

第五章　奖惩程序

第十六条 对乡（镇）和单位的奖励，由县综治办根据日常明察暗访、半年督查以及年终考评情况，会同县纪检监察、组织、人事等部门提出评先初步意见，经县综治委研究并报县委、县政府同意后，以县委、县政府名义予以表彰。

第十七条 责令限期整改、予以黄牌警告和“一票否决”，在县综治办分别征求县纪检监察、组织、人事等部门意见并报县委、县政府同意后，由县综治委作出决定。

第十八条 限期整改、黄牌警告期限原则上为六个月，“一票否决”期限原则上为一年。到期后，被惩处单位向县综治委提出书面申请，由县综治委组织验收，并分别征求县纪检监察、组织、人事等部门意见，报县委、县政府同意后，由县综治委作出解除决定。

第六章　附则

第十九条 本办法所称“在全省全市有影响的恶性刑事案件”是指下列案件：

（一）持制式枪支杀人案件；

（二）持爆炸物品杀人案件；

（三）一次性杀死 3 个人以上的案件；

（四）抢劫、盗窃、抢夺财物达 80 万元以上的案件；

（五）抢劫金融系统、运钞车辆的案件；

（六）其他造成恶劣影响的案件。

第二十条 本办法所称“在全省全市有影响的群众性纠纷械斗事件”，指因各种矛盾纠纷引起，有组织、有领导、有预谋的聚众 40 人以上持刀、枪、棍、棒等器械进行斗殴的事件，并且造成群死、群伤的严重危害公共安全和社会秩序的违法犯罪行为。

第二十一条 本办法所称“在全省全市有影响的重大群体性事件”，是指参与人数 300 人以上（500 人以上为在全省全市有影响的特大群体性事件），聚众共同实施违反国家法律、法规、规章，扰乱社会秩序、危害公共安全、侵犯公民人身安全和公私财产安全行为的事件。其主要表现为：一是非法聚会、游行、示威；二是聚众围堵、冲击党政机关；三是聚众堵塞公共交通枢纽、交通干线、破坏公共交通秩序，致使铁路、公路被迫中断；四是聚众滋事或者骚乱，实施打、砸、抢、烧的违法犯罪行为。

第二十二条 本办法所称“在全市有影响的群死群伤恶性治安灾害和安全生产责任事故”中的“较大事故”，指造成3人以上10人以下死亡，或者10人以上50人以下重伤（包括急性工业中毒，下同），或者1000万元以上5000万元以下直接经济损失的事故；“重大事故”，指造成10人以上30人以下死亡，或者50人以上100人以下重伤，或者5000万元以上1亿元以下直接经济损失的事故；“特别重大事故”，指造成30人以上死亡，包括100人以上重伤，或者1亿元以上直接经济损失的事故。

第二十三条 本办法所称“较大森林火灾”，指造成森林受害面积600亩以上的森林火灾；“重大森林火灾”，指造成森林受害面积1500亩以上的，或死亡1人以上3人以下，或重伤3人以上10人以下的森林大灾；“特大森林火灾”，指造成森林受害面积4500亩以上，或者造成3人以上死亡10人以上重伤的森林火灾。

第二十四条 本办法所称“非敏感时期在全省全市有较大影响的信访事件”，是指在非敏感时期发生的下列信访事件：

（一）赴京10人以上（含10人）集体上访；

（二）赴京集体非正常上访；

（三）同一乡（镇）、单位发生两次重复非正常赴京上访或两批赴京集体上访，以及其他造成不良影响的赴京上访；

（四）发生赴省20人次以上集体上访、赴省集体非正常上访，以及其他造成不良影响的赴省上访；

（五）发生到市30人次以上非正常上访，同一事项一年内发生两次以上到市重复非正常集体上访及其他造成不良影响的到市非正常上访。

第二十五条 本办法所称“重点敏感时期在全省全市有较大影响的信访事件”，指重点敏感时期发生的下列信访事件：

（一）赴京非访、赴京集体访；

（二）对同一事项一年内发生两次赴京集体上访，或同一信访人两次赴京重复非正常上访；

（三）对同一事项一年内发生两次以上赴省集体上访的；

（四）同一乡（镇）、单位发生两次以上赴省集体上访的；

（五）到市30人次以上非正常集体上访，或同一事项一年内发生三次以上到市重复非正常集体上访的。

第二十六条 本办法所称“赴京非正常上访”，指上访人不按法定程序、不到指定场所反映问题，而是到北京等敏感地区和重要场所聚集滋事且在北京天安门公安分局、府佑街派出所、东交民巷派出所、使馆区派出所有登记的行为。

第二十七条 本办法所称“重大政治活动、敏感时期”，指党的全国代表大会、中央全会和全国人大、政协“两会”等全国性的重要会议召开期间和世界性的重要活动举办期间。

第二十八条 本办法所称“较大食品安全责任事故”，指事故影响范围涉及2个以上村（居），直接造成伤害人数在10～49人的；“重大食品安全责任事故”，指事故影响范围涉及我县2个以上乡（（镇）），直接造成伤害人数在50～99人的；“特大食品安全责任事故”，指对2个以上乡（镇）造成威胁或严重社会影响的，直接造成伤害人数超过100人以上，或者导致出现死亡病例的。

第二十九条 本办法所称“综合性评先评优”，指以县委（县委办公室）、县政府（县政府办公室）名义单独或联合组织及县级多个部门联合组织的全县性评先评优活动。

第三十条 本办法第四章中所称“单位”含县直、驻县单位。

第三十一条 本办法中所称“以上”均含本数，“以下”均不含本数。

第三十二条 本办法由县社会管理综合治理委员会办公室负责解释。

第三十三条 本办法自下发之日起施行。《崇义县社会治安综合治理限期整改、黄牌警告、一票否决暂行办法》（崇办字〔2008〕21号）同时予以废止。

中共崇义县委 崇义县人民政府 关于推进全县纪检监察机关转职能转方式转作风工作的意见

崇发〔2014〕3号

各乡（镇）党委、人民政府，县委各部门，县直各单位，各人民团体：

为切实加强反腐败体制机制创新和制度保障，扎实推进全县纪检监察机关转职能、转方式、转作风（以下简称“三转”），深入开展党风廉政建设和反腐败斗争，为崇义振兴发展提供有力保障，根据省委办公厅、省政府办公厅《关于推进纪检监察工作转职能转方式转作风的通知》（赣办发〔2014〕7号）精神，结合我县实际，现提出以下意见。

一、统一思想认识，合力推进纪检监察机关“三转”工作

（一）推进纪检监察机关“三转”工作是做好新形势下反腐倡廉建设的必然要求和现实需要。一段时间以来，纪检监察机关存在职能泛化、弱化的趋势，工作越位、错位、缺位的现象较为突出。纪检监察工作实行“三转”，是中央纪委认真贯彻党中央关于党风廉政建设和反腐败斗争重大决策部署，主动适应反腐败斗争新形势新任务的需要；是纪检监察机关更好地履行党章和行政监察法赋予的职责，切实提高治理能力现代化的重大举措。纪检监察机关实现“三转”，明确职责定位，突出主责主业，把不该管的工作交还主责部门，有利于更加科学有效地履行监督职能，有利于集中精力查处违法违纪案件，充分发挥监督作用。

（二）推进纪检监察机关“三转”工作是各级党委、政府和纪委共同的政治任务。各级党委、政府和纪委要从讲政治、顾大局的高度，把思想和行动统一到中央纪委和省、市的部署要求上来，克服和纠正“三转”是纪检监察系统内部业务工作以及“三转”就是纪委退出监督、弱化监督的片面认识，切实纠正有主责部门负责的工作让纪检监察机关牵头主抓的习惯做法，把推进纪检监察机关“三转”作为落实党风廉政建设主体责任和监督责任的重要内容，摆上重要议事日程，加强组织领导和统筹协调，形成党委、政府和纪委“三位一体”、合力推进的工作格局。

二、正确把握要求，深入推进反腐倡廉体制机制改革创新

（三）完善纪律检查双重领导体制。严格执行中央关于推动党的纪律检查工作双重领导体制具体化、程序化、制度化的规定，强化县纪委对乡（镇）、县直单位纪委（纪检组）的领导。坚持查办腐败案件以上级纪委领导为主，线索处置和案件查办在向同级党委（党组）报告的同时必须向上级纪委报告。乡（镇）、县直单位纪委（纪检组）要加强对同级党委（党组）特别是班子成员的监督，建立“三重一大”决策廉政风险评估与防控向上一级纪委报备等制度，着力解决“同体监督”难的问题。

（四）完善党风廉政建设责任制落实机制。

各级党委（党组）是党风建设的责任主体，政府是政风建设的责任主体，部门是行风建设的责任主体，纪委（纪检组）是监督的责任主体。党的组织、宣传、政法、统战等部门要把党风廉政建设的要求融入各自工作，人大、政协要发挥法制建设和民主监督作用，法院、检察院要依法惩处职务犯罪行为。执行党委（党组）定期向上级纪委报告党风廉政建设责任制落实情况制度，完善政府部门负责人向纪委全会述廉制度。坚持集体领导与个人分工负责相结合，按照谁主管、谁负责的原则，层层签订责任状，一级抓一级。强化责任追究，对屡屡发生重大腐败问题和不正之风滋生蔓延的地方、部门和单位，实行“一案双查”，既追究当事人的责任，又倒查追究相关领导责任。

（五）完善反腐败协调机制。结合反腐败工作需要，及时调整反腐败协调小组成员单位，定期召开联席会议，协调解决反腐败工作中遇到的困难和问题。建立健全案件查办日常协作机制，完善纪检、法院、检察、监察、公安、财政、审计等执纪执法机关协作办案的程序和办法，规范相互移送案件工作机制。坚持日常信息反馈、重要情况通报制度，及时沟通汇总反腐败工作信息，对办案工作中的重大问题及时协调解决，推进反腐败协调工作常态化、规范化运作。

（六）完善基层纪委工作机制。严格规范职责分工，乡（镇）、县直单位纪委书记（纪检组长）在党委（党组）班子分工中原则上不再分管其他工作，保证主要精力用于开展纪检监察工作。因特殊情况需要分管其他工作的，必须事先书面报经县纪委审核同意。乡（镇）纪委书记由乡（镇）党委副书记兼任的，应当配备一名纪委副书记。每个乡（镇）至少配备一名以上纪检监察专（兼）职干部。乡（镇）纪检监察干部和县直派驻机构及其工作人员不直接参与其他业务工作，把主要精力放到主业上来，协助党委（党组）抓好党风廉政建设和反腐败工作，及时查办农村基层干部违纪违法案件，整治损害群众利益突出问题。

三、突出工作重点，充分保障纪检监察机关履职尽责

（七）进一步明确纪检监察机关职能。纪检监察机关既是党的纪律检查机关，又是政府的行政监察机关。纪检监察机关要根据党章赋予各级纪委的“三项主要任务”“五项职能”和行政监察法赋予监察机关的“五项职责”开展工作，既协助党委加强党风建设和组织协调反腐败工作，又督促检查相关部门落实惩治和预防腐败工作；要围绕作风建设、惩治腐败、预防腐败三大任务，强化监督执纪问责，做到不越位、不缺位、不错位。

（八）清理规范纪检监察机关参与的议事协调机构。中央、省、市有明确要求和上级纪检监察机关予以保留的，县纪检监察机关予以保留，上级纪检监察机关不参与的，县级纪检监察机关原则上不参与。清理纪检监察机关参与的议事协调机构，把不该牵头负责的业务工作移交给主责部门，同时有序做好衔接工作，确保工作不断档、不脱节。对保留参与的议事协调机构，纪检监察机关主要职责是了解情况，进行监督，不负责有关部门职责范围的事项。 今后凡新增需要纪检监察机关及其班子成员参与的议事协调机构，必须事先报县委和县纪委审核同意。

（九）优化整合纪检监察机关内设机构。按照“履行职能、突出主业、上下对口、积极推进”的原则，在保持人员编制、领导职数不变的基础上，根据上级纪委的要求，调整优化纪检监察机关内设机构，明确机构职能，减少机构重叠和职能交叉，将机构设置、人员配置进一步向办案和监督工作倾斜，发挥好监督检查和查办案件两个“拳头”作用。

（十）发挥县纪工委监察分局作用。认真执行《关于完善县（市、区）纪工委监察分局建设和管理的意见》（赣纪发〔2014〕2号），提高纪工

委监察分局履职能力。把查办案件作为纪工委监察分局的主要职责，同时认真履行监督检查、信访调查、督促指导等职责，列席所联系部门单位的重要会议，参与重大事项监督，督促依法行政、抓好党风廉政建设责任制的贯彻落实。

（十一）强化纪检监察机关监督责任。改进监督手段，建立健全失职责任追究制度、执法事项定期报告制度和廉能风险动态巡查制度。围绕县委县政府重大决策部署和人民群众关心关注问题，有针对性地开展专项监督检查，将监督重点从参与、配合相关职能部门开展业务检查，转变到对职能部门履行职责的监督上来，从“全程参与”向“执纪监督”转变，强化对主抓者、主责者、监督者的监督，发挥好再监督、再检查作用。

（十二）加大案件查办力度。把查办违纪违法案件工作摆在更加突出的位置，既坚决查处领导干部违纪违法案件，又切实解决发生在群众身边的腐败问题。转变办案方式，坚持“快查快结”，严格时限要求、缩短办案周期，严格执行办案安全工作规范，提高办案质量、效率和安全。坚持抓早抓小，注重治病救人，准确掌握党员干部思想、工作、生活情况，及时发现问题，早提醒、早纠正、早查处，对苗头性问题及时约谈提醒，督促整改，防止小问题变成大问题。在加大办案力度的同时，更加注重治本功能的发挥，对典型案件进行剖析和通报，推动惩戒成果向预防机制转化，增强办案综合效果。

四、严格管理监督，切实加强纪检监察干部队伍建设

（十三）规范纪检监察机关领导干部选拔任用。落实中央关于“各级纪委书记、副书记的提名和考察以上级纪委会同组织部门为主”的规定，各乡（镇）纪委书记，县直部门单位纪委书记（纪检组长）的提名和考察，以县纪委会同组织部门为主，按照相关程序进行选拔任用。

（十四）加大纪检监察机关干部交流力度。建立纪检监察干部定期考核和轮岗交流制度，对不适应纪检监察工作的干部及时予以交流。纪工委书记在同一岗位任职满 3 年的，应在纪检监察系统内交流，任职满 5 年的有计划对外交流，任职满 10 年的，必须对外交流。严把纪检监察干部的准入关，把高素质的干部选拔到纪检监察干部队伍中来。

（十五）落实纪检监察机关经费和装备设施保障有关规定。按照中央纪委、监察部、财政部《关于县级纪检监察机关办公办案装备配置标准和实施办法的通知》（中纪发〔2009〕10 号）和省、市相关规定，落实纪检监察机关经费和办公办案装备。加强乡（镇）纪检组织建设，加强和规范机构设置、人员配备、硬件设施等方面的建设，加大村级纪检委员的业务培训、监督、管理与考核。

（十六）加强纪检监察干部监督管理。纪检监察机关要适应新形势新任务要求，健全内设机构，完善工作程序，规范工作流程。加强对纪检监察干部的纪律约束，做到严格教育、严格要求、严格管理、严格监督。依法公开纪检监察工作信息，增强纪检监察工作透明度，自觉接受来自各方面的监督。健全内部管理制度，强化内部监督制衡，有效杜绝“灯下黑”问题。县纪委监察局要加强对乡（镇）、部门单位纪委（纪检组）落实“三转”工作的指导，确保各项措施落实到位。

中共崇义县委
崇义县人民政府
2014 年 4 月 29 日

中共崇义县委关于加强新形势下意识形态和宣传思想工作的意见

崇发〔2014〕4号

各乡（镇）党委，县委各部门，县直、驻县各单位党组织：

为贯彻落实全国、全省、全市宣传思想工作会议精神，特别是习近平总书记关于宣传思想工作的重要讲话精神，进一步加强我县新形势下意识形态和宣传思想工作，制定本意见。

一、胸怀大局把握大势着眼大事，进一步增强做好意识形态工作的责任感使命感

（一）充分认识意识形态工作的极端重要性。意识形态工作是党的一项极端重要的工作，能否做好意识形态工作，事关党的前途命运，事关国家长治久安，事关民族凝聚力向心力。特别是当前，意识形态领域面临渗透与反渗透的严峻挑战，能不能打得赢、顶得住，直接关系我国政权安全。一定要从推动事业长远发展、巩固党的执政基础的高度，认清责任，主动担当，更加坚定自觉地做好意识形态工作，牢牢守住党执政的思想防线。同时要清醒看到当前意识形态工作面临的严峻挑战。当今世界，国际形势风云变幻，我国日益走向世界舞台的中心，与外部世界的利益摩擦、舆论交锋更加突出，各种版本的“中国威胁论”、“中国崩溃论”不时出现。面对新挑战新考验，我们还存在正面宣传吸引力感染力还不强、主流媒体影响力不大、网络管理体制还不顺、网络舆情监控能力不强等问题。

（二）充分认识党对意识形态工作的新要求。全国宣传思想工作会议特别是习近平总书记的重要讲话，站在党和国家全局的高度，深刻阐述了事关宣传思想工作长远发展的一系列重大理论和现实问题，进一步明确了新形势下宣传思想工作的方向目标、重点任务和基本遵循，蕴含着一系列新思想、新观点、新要求，具有很强的战略指导和现实针对性，是一篇纲领性文献。新形势对意识形态工作提出了新要求。如何有效影响国际舆论、增信释疑、消除误解，有效维护政治安全和意识形态安全，任务十分紧迫。国内经济社会深刻变革，利益格局深刻调整，社会思想情绪日趋多元，引领社会思潮、形成良好风尚任务越来越重。现代传播技术的迅猛发展，互联网的广泛应用，正在重塑媒体格局和舆论生态，如何有效利用互联网引导舆论、改善网络舆论生态，已经成为宣传思想工作的重大课题。我们要全面把握并贯彻落实这些基本要求，因势而谋、应势而动、顺势而为，不断适应新形势、实现新发展、取得新成效。

二、把握根本原则，不断强化意识形态工作的政治导向

（三）始终坚持“两个巩固”。宣传思想工作的根本任务是巩固马克思主义意识形态领域的指导地位，巩固全党全国人民团结奋斗的共同思想基础。实现“两个巩固”，关键是要坚定马克思主义、共产主义信仰，坚定中国特色社会主义信念。

（四）始终坚持党性原则不动摇。坚持正确政治方向，站稳政治立场，坚决同党中央保持高度一致，坚决维护中央权威，坚持政治家办报、办刊、办台、办新闻网站。坚持党的领导，坚持讲政治，坚持党性和人民性相统一，把体现党的主张和反映人民心声统一起来。

（五）始终坚持把正确导向摆在首位。始终绷紧导向这根弦，讲导向不含糊、抓导向不放松；

坚持敢抓敢管，敢于亮剑，着眼于团结和争取大多数，有理有利有节开展舆论斗争。坚持团结稳定鼓劲、正面宣传为主，弘扬主旋律，传播正能量，巩固壮大主流思想舆论，激发全社会团结奋进的强大力量。

（六）始终坚持围绕中心、服务大局。主动融入经济社会发展总体布局，围绕经济建设这个中心，多做统一思想、凝聚力量的工作，多做鼓舞士气、提振信心的工作，充分发挥宣传思想工作的思想引领作用、舆论推动作用、精神激励作用、文化支撑作用，为建设美丽、文明、活力、法治崇义营造昂扬向上、团结奋进、开拓创新的思想舆论环境。

（七）始终坚持“走转改”。贯彻落实中央八项规定，坚决反对形式主义、官僚主义、享乐主义和奢靡之风。坚持党的群众路线，深化“走基层、转作风、改文风”活动，克服“假长空”、倡导“短实新”，多讲管用的短话，多讲来自基层的实话，多讲富有活力的新话，不断转变作风、端正学风、改进文风。

（八）始终坚持改革创新。在总结成功经验、发扬优良传统的基础上，深入推进理念创新，保持敏锐性和开放度，打破传统思维定式，积极探索破解工作难题的新举措新办法；深入推进手段创新，运用新技术，构建新平台，创新媒体传播方式，占领信息传播制高点；深入推进基层工作创新，把创新的重心放在基层，扎实做好抓基层、打基础的工作。

三、加强理想信念教育，把广大干部群众团结和凝聚在中国特色社会主义伟大旗帜下

（九）深入开展中国特色社会主义和中国梦宣传教育。各乡（镇）、各部门单位要深入宣传中国梦国家富强、民族振兴、人民幸福的基本内涵，引导广大干部群众深刻认识国家梦、民族梦与个人梦的关系，深刻认识实现中国梦必须在党的领导下走中国道路、弘扬中国精神、凝聚中国力量，牢固树立起实现中华民族伟大复兴的中国梦这一共同理想，增强中国特色社会主义的道路自信、理论自信、制度自信，坚定不移走中国特色社会主义道路，引导全县人民为实现赣南苏区振兴的“赣州梦”、为实现中国梦的崇义篇章而团结进取、不懈奋斗。要把中国特色社会主义和中国梦宣传教育，与弘扬苏区精神结合起来，使之成为加速崇义振兴发展的强大精神动力。

（十）始终坚持用科学理论武装头脑，不断培植共产党人的精神家园。各级领导干部要把系统掌握马克思主义基本理论作为看家本领，老老实实、原原本本学习马克思列宁主义、毛泽东思想、邓小平理论、“三个代表”重要思想和科学发展观，特别是习近平总书记一系列重要讲话精神。各级党委（党组）要抓好中心组理论学习，加强学习型党组织建设。建立县、乡、村、组四级联动大宣讲全覆盖机制，加强对党的理论创新成果、中央路线方针政策和省委、市委、县委重大决策部署的理论宣讲。

（十一）构建社会主义核心价值体系。以争创“省级文明城”为抓手，积极倡导推动社会主义核心价值观内化于心、外化于行，引领社会思潮，规范人们行为；大力弘扬民族精神、时代精神，唱响民族的正气歌，振奋全社会的精气神；做大“乐帮”志愿者服务品牌，启动全县志愿者开展“进万家门、连万家亲、解万家难”大型公益活动，加强正面舆论引导和氛围营造，树立和宣传好活动涌现出来的先进典型，凝汇干群同心同德、同向同行的强大正能量。

四、加强正面宣传和引导，营造建设美丽、文明、活力、法治崇义的浓厚氛围

（十二）加强形势宣传、成就宣传、典型宣传、主题宣传。围绕美丽、文明、活力、法治崇义建设，着力做好经济宣传、民生宣传，充分反映我县经济社会发展的好形势好前景，充分反映改革开放的巨大成就，大力挖掘和宣传基层先进典型，提振崇义与全国同步全面建成小康的精气神。抓好典型宣传，及时发现、深入挖掘、推介一批好典型，开展“践行党的群众路线先锋人物”“培育社会主义核心价值观感动人物”“服务振兴发展经济人物”评选、宣讲系列活动；要大力宣传推介崇义的丰富资源、良好环境、利好政策、人文积淀，塑造崇义良好形象，吸引更多投资者到崇义创业发展。

（十三）加强经济社会热点难点问题的舆论引导。加强经济热点问题的主动引导，围绕经济形势、经济政策，及时发出权威声音，增进社会共识。

加强社会热点问题的政策引导，围绕教育、就业、医疗、住房、环境保护、食品安全等问题，有针对性地解疑释惑，促进形成良好的社会心理预期。重视和加强社会情绪的疏解引导，避免积少成多、矛盾激化。加强和改进突发事件的正面引导，做到及时准确、公开透明、有序开放、有效管理。加强舆论监督，办好《天在看》舆论监督栏目，围绕群众反映强烈的实际问题，开展有效监督。

建立完善新闻发言人制度、新闻例会制度、政务信息公开制度，做好有关事件和政策的解读宣传以及舆论引导工作。

（十四）加强和改进对外宣传。要把握时代脉动，大力宣传“中国梦”的崇义故事、“群众路线”的崇义版本、“振兴发展”的崇义篇章，唱响崇义好声音。推进文化与旅游深度融合，打响崇义生态、有机、富硒品牌，做大崇义“中华绿谷·天然氧吧”生态旅游品牌。加强与新华社等主流媒体的深度合作，加大崇义在大报大台的宣传力度。

（十五）做好宣传平台的整合升级。整合崇义电视台旅游一套、二套，《崇义手机报》、《崇义旅游报》、崇义旅游网和县政府门户网站等县内媒体，组建成立崇义县新闻传媒中心，统筹做好全县新闻宣传工作，实现资源共享、信息互通，确保宣传工作高效联动、快速反应，构建立体高效的大宣传格局。

五、加强网络阵地建设和管理，掌握舆论战场上的主动权

（十六）增强阵地意识。互联网已经成为舆论的主阵地和风向标。要主动顺应变化，在巩固传统媒体优势、发挥主阵地作用的同时，把占领新兴媒体舆论阵地作为重中之重，努力建设好、管理好、利用好互联网，牢牢掌控好互联网阵地；要统筹力量，理顺机制，深入开展网上舆论斗争，严密防范和遏制网上攻击、渗透行为。

（十七）加强网络管理，确保互联网可管可控。要完善互联网管理体制和工作机制，加大对网络舆情的引导力度，以及对互联网有害信息、网络谣言的整治力度，防止互联网成为传播谣言、煽动非理性情绪、歪曲社会正义的集散地，把互联网真正建成反映民情民声、表达合理诉求的重要平台，构建理性客观、健康向上的网络舆论生态。加强对手机报、手机短信、微信、博客、播客、微博客、论坛等新兴媒体的管理，使其成为宣传科学理论、传播先进文化、弘扬社会正气、促进学术繁荣的阵地，决不给错误思想和言论提供传播渠道。

六、加强组织领导和队伍建设，牢牢掌握意识形态的领导权、管理权、话语权

（十八）各级党组织要负起政治责任和领导责任。各级党组织要以高度的政治责任，切实肩负起统领之责、指导之责、把关之责，做到管思想、思想不乱，管阵地、阵地不丢、管队伍、队伍不弱。党组织主要负责同志要旗帜鲜明地站到意识形态工作第一线，带头抓意识形态工作，做到关键时刻不失语、重大问题不缺位。各部门单位在制定政策、出台措施、开展工作时，都要考虑对社会思想文化的影响，自觉支持宣传思想文化战线的工作。完善全县宣传思想文化工作目标管理考评机制，加大对各部门单位意识形态和宣传思想工作的考核力度。

（十九）加强宣传思想部门的领导班子和干部队伍建设。宣传思想部门工作要强起来，首先是领导干部要强起来，班子要强起来。要关心宣传思想战线干部的成长，对不适应、不适合宣传思想工作需要的领导干部及时作出调整。要把那些政治坚定、理论素养深厚、组织协调能力强、熟悉意识形态工作的优秀干部提拔到领导岗位上来，确保宣传思想文化工作领导权牢牢掌握在忠于党、忠于人民的人手里。要加大宣传思想战线干部培训、交流和到基层锻炼的力度，引导他们树立群众观点、增进群众感情、转变工作作风，成为政治上可靠，理论上、笔头上、口才上或其他专长上让人信服的行家里手。

（二十）加大人才培养和管理力度。大力实施人才战略，加快基层宣传思想文化人才的选拔和培养。加强对文艺创作和表演骨干、基层报道员、非物质文化遗产传承人等人才的教育培训，增强基层宣传思想文化人才的事业心、归属感和社会责任感。加强新闻从业人员的岗位培训，严格实行新闻采编人员持证上岗。

中共崇义县委

2014年5月5日

中共崇义县委关于进一步健全县委中心组理论学习制度的意见

崇发〔2014〕5号

各乡（镇）党委，县委各部门，县直、驻县各单位党组织：

为贯彻落实党的十八大关于建设学习型、服务型、创新型马克思主义执政党的要求，进一步推进县委中心组理论学习制度化、规范化、常态化，带动并促进全县各级领导班子和领导干部大兴学习之风，增强理论功底和知识素养，提高工作能力，现就进一步健全县委中心组理论学习制度，提出如下意见。

一、学习内容

（一）深入学习马克思列宁主义、毛泽东思想和中国特色社会主义理论体系。精心研读马克思列宁主义和毛泽东思想经典著作，深刻理解和掌握其中的立场、观点、方法，增强学习贯彻中国特色社会主义理论体系的自觉性和坚定性，坚持用马克思主义中国化的最新成果武装头脑，切实做到真学、真懂、真信、真用。深刻领会和全面把握中国特色社会主义的丰富内涵，坚定不移走中国特色社会主义道路，引导广大人民为实现中华民族伟大复兴的中国梦而团结进取、不懈奋斗。善于运用发展着的马克思主义指导实现崇义与全国同步全面建成小康社会的宏伟事业，增强工作的预见性、针对性、创造性和指导性，加速推动崇义振兴发展。

（二）全面准确学习领会习近平总书记系列讲话精神的基本内涵。习近平总书记系列讲话涵盖广泛、内容丰富，是各级党委（党组）中心组学习的重中之重。学习贯彻好讲话精神，既要全面把握，又要重点突出，要着力学习领会讲话精神的基本内涵，领会讲话蕴含的新思想新观点新要求。要把握核心要义、领会思想精髓，做到知其言更知其意，知其然更知其所以然，进一步坚定理想信念，进一步提升理论水平，进一步增强大局意识，进一步转变工作作风，切实把学习贯彻成效转化为武装头脑、指导实践、推动工作的强大正能量。

（三）认真学习党的路线方针政策和国家法律法规。要把学习党的路线方针政策和国家法律法规作为重要的政治素养和基本准备，认真学习，正确运用。加强《党章》和党的纪律的学习，自觉遵守贯彻维护党章，坚决反对“四风”，做到为民务实清廉。同时，还要认真学习党史、国史，了解我们党和国家事业的来龙去脉，汲取党和国家的历史经验，正确了解党和国家历史上的重大事件和重要人物，正确认识党情、国情，知史爱党、知史爱国。

（四）努力学习履行岗位职责所必备的各种知识。要结合工作需要，坚持干什么学什么、缺什么补什么，不断提高知识化、专业化水平，努力成为行家里手、内行领导；要有针对性地加强对经济、政治、历史、文化等方面知识的学习，加强对反映当今世界文明进步和前沿知识的学习，加强对兄弟县（市、区）先进经验的学习，不断拓宽知识面、掌握新本领、增长新才干，开阔眼界，提升境界，努力使自己的思想水平和知识水平适应形势发展的需要。

二、学习要求

（五）坚持学习理论和指导实践相结合。要深刻认识学习好、运用好科学理论对推进事业发展的重大意义，大力弘扬理论联系实际的马克思主义学风，带着问题学，拜人民为师，做到学以致用、用以促学、学用相长，不断增强工作本领，提高解决实际问题的水平，避免夸夸其谈。要把理论学习同贯彻落实中央的重大决策，解决我县经济社会发展中的重要问题，进行科学决策结合起来，紧紧围绕党的十八大、十八届三中全会和省委十三届七次、八次全会，以及市委四届四次、五次和县委十六届三次、四次全会精神，重点研究解决崇义改革发展稳定和振兴发展中的重大问题，重点研究解决群众生产生活中的迫切问题，重点研究解决党的建设中存在的突出问题，真正把中国特色社会主义理论体系落实到各项工作中去，体现到各级党组织和广大党员干部的行动中去，成为推动事业实现新发展、开创新局面的强大精神动力。

（六）坚持改造客观世界和改造主观世界相结合。要紧密联系自己的思想实际，进一步坚定理想信念，提高思想政治水平，加强道德品质修养，牢固树立马克思主义的世界观、人生观、价值观和正确的权力观、地位观、利益观，自觉抵制各种错误思潮和腐朽思想的影响。真正做到在改造客观世界的同时改造主观世界，寓改造主观世界于改造客观世界之中，通过不断改造主观世界更好地改造客观世界。

（七）坚持运用理论和发展理论相结合。要坚持解放思想、实事求是、与时俱进，把坚持和发展马克思主义统一于中国特色社会主义伟大实践；要自觉把思想认识从那些不合时宜的观念、做法和体制的束缚中解放出来，勇于变革、勇于创新，永不僵化、永不停滞，从理论和实践的结合上不断研究新情况、解决新问题、提出新举措，不断推进理论创新和实践创新，不断有所发展、有所创造、有所前进，使各项工作始终体现时代性、把握规律性、富于创造性。

三、学习形式

（八）集体学习。原则上每个月安排一次集中学习，每次学习时间为1天，全年学习时间不少于12天。在此基础上，每年安排2－3次专题学习，把集中学习、考察调研、专家辅导和讨论交流等形式结合起来，时间为5－7天。集中学习时，每位中心组成员应根据学习内容自己动手拟写学习讨论发言提纲和学习心得体会；每次学习要确定部分中心组成员围绕学习专题作中心发言，结合工作实际进行深入讨论和交流。

（九）个人自学。中心组成员除参加集体学习外，还应根据工作需要和本人情况，制定学习计划，挤出时间坚持自学，养成良好的学习习惯。学习时要认真做好学习笔记。每位中心组成员每月至少看一本书，全年由县委宣传部向县委中心组成员赠阅必读书籍12本以上。

（十）调查研究。中心组成员每周要深入到乡（镇）开展调查研究1次以上，要虚心向基层和群众学习，善于总结基层干部群众的新创造、新经验，吸收丰富营养；建立联系挂点制度，每位县领导联系挂点1个乡（镇），要到联系乡（镇）进行理论宣讲；在学习和调研的基础上，每位中心组成员要写出1篇以上有理论深度和决策参考价值的调研文章，每年要在市级以上刊物发表理论文章1篇以上。

（十一）专家授课。坚持专家授课制度，每年至少邀请3次以上专家学者开展专题辅导授课。

（十二）现场教学。每年围绕廉政教育、缅怀先烈、理想信念、振兴发展等主题，开展不少于2次的现场教学活动。现场教学通过深入实地亲身感受、接受教育、聆听故事等形式开展学习活动，同时组织开展座谈研讨会，每位中心组成员之间互相谈体会、谈感想，及时对学习活动进行总结回馈，切实增强学习的成效。

四、学习管理

（十三）认真做好学习准备。年初制定好全年学习计划，确定学习内容。每次学习应提前将学习内容和要求通知到每位成员，以便安排好工作。集体学习时，原则上不得缺席，确有特殊情况，需向县委中心组组长请假。因故耽误学习的要补课，缺多少补多少。

（十四）建立学习档案制度。县委宣传部负责集体学习的记录，并将学习记录、中心组集体及个人学习情况进行收集整理和归档。

（十五）加强学习的宣传。中心组学习应安排有关新闻单位参加并作报道，以扩大中心组理论学习的影响力和推动力。中心组成员的发言材料和调研报告作为重要的学习成果，在《崇义旅游报》上刊发，以发挥其指导示范作用。

五、以考促学

（十六）试行主讲制度。试行中心组成员主讲制度，结合形势任务、从事工作和研究思考，请中心组部分成员围绕某一专题主讲，其他成员一起讨论。

（十七）建立考学制度。建立推行“七个一”学习考核制度，即每位县委中心组成员每周到乡镇调研一次、每月读一本书、每半年到挂点乡镇上一堂课、每年在学习会上主讲一个专题、每年在市级以上刊物发表一篇理论文章、每年记录一本学习笔记、每年进行一次述学考学。

（十八）以奖促学。对县委中心组成员在市级以上正式刊物发表理论文章设立专项奖励，奖励标准另行制定。每年由县委宣传部汇总发表论文情况并提出奖励意见。

六、组织领导

（十九）县委书记为县委中心组组长，负责审定学习计划，确定每次学习的内容、时间和形式，提出学习要求，主持集中学习研讨活动，指导和检查中心组成员的学习。县委副书记、县政府县长，县委副书记，县委常委、宣传部长为副组长，负责理论学习有关具体工作的落实。县委宣传部分管副部长为学习秘书。

（二十）参加县委中心组理论学习的成员，原则上由县委常委，县人大常委会主任、副主任，县政府副县长，县政协主席、副主席，人武部政委、部长、副部长，县法院院长，县检察院检察长等领导同志组成。县委办、县人大办、县政府办、县政协办等办公室主任，县纪委副书记，县委组织部、县委宣传部副部长，县委党校常务副校长，县新闻中心主任，县委报道组组长列席。根据学习内容和需要，还可适当安排有关单位和部门的负责人列席。

（二十一）县委办和县委宣传部负责学习的服务工作。县委办主要负责学习时间与地点的安排、有关人员的通知等相关会务工作；县委宣传部主要负责拟定学习计划、提供学习资料、组织学习辅导、做好学习记录、组织宣传报道等工作。

七、经费保障

（二十二）县委中心组理论学习专项经费列入财政预算。将县委中心组理论学习经费列入财政预算，专项经费由县委宣传部负责管理。

中共崇义县委

2014年5月11日

中共崇义县委关于印发《崇义县贯彻落实〈建立健全惩治和预防腐败体系2013－2017年工作规划〉实施方案》的通知

崇发〔2014〕6号

各乡（镇）党委，县委各部门，县直、驻县各单位党组织，各人民团体党组织：

现将《崇义县贯彻落实〈建立健全惩治和预防腐败体系2013－2017年工作规划〉实施方案》（以下简称《实施方案》）印发给你们，请结合实际认真贯彻执行。

建立健全惩治和预防腐败体系是党的十八大和十八届三中全会作出的重要部署，是全党的重大政治任务和全社会的共同责任，是全面深化改革、加快振兴发展的有力保障。全县各级党组织要统一思想，提高认识，坚决贯彻落实中央《建立健全惩治和预防腐败体系2013－2017年工作规划》（中发〔2013〕14号，以下简称《工作规划》）、《江西省贯彻落实〈建立健全惩治和预防腐败体系2013－2017年工作规划〉实施办法》（赣发〔2014〕3号，以下简称《实施办法》）、《赣州市建立健全惩治和预防腐败体系2013－2017年实施细则》（赣市发〔2014〕9号，以下简称《实施细则》）和本《实施方案》的部署和要求，担负起全面领导党风廉政建设和反腐败工作的主体责任，将建立健全惩治和预防腐败体系这项重大政治任务贯穿到改革发展稳定各项工作之中。各级纪委要充分发挥党内监督专门机关的作用，承担监督责任，协助党委加强党风建设和组织协调反腐败工作，督促检查相关部门落实惩治和预防腐败工作任务。

各乡（镇）各部门各单位贯彻落实《工作规划》《实施办法》《实施细则》和本《实施方案》的情况和有关意见、建议，请及时报告县委。

中共崇义县委

2014年5月20日

崇义县贯彻落实《建立健全惩治和预防腐败体系2013－2017年工作规划》实施方案

为认真贯彻中央《建立健全惩治和预防腐败体系2013－2017年工作规划》、《江西省贯彻落实〈建立健全惩治和预防腐败体系2013－2017年工作规划〉实施办法》和《赣州市贯彻落实〈建立健全惩治和预防腐败体系2013－2017年工作规划〉实施细则》，深入推进我县惩治和预防腐败体系建设，结合我县实际，制订本实施方案。

一、总体要求

（一）指导思想

高举中国特色社会主义伟大旗帜，以邓小平理论、“三个代表”重要思想、科学发展观为指导，深入贯彻落实党的十八大、十八届三中全会精神和习近平同志系列重要讲话精神，认真落实中央、省、市纪委全会和县纪委十六届四次全会部署，紧紧围绕全面深化改革，坚持党要管党、从严治党，坚持标本兼治、综合治理、惩防并举、注重预防，加强反腐败体制机制创新和制度保障，坚定不移转变作风，坚定不移反对腐败，建设廉洁政治，为建设美丽、文明、活力、法治崇义提供坚强保证。

（二）工作目标

经过5年不懈努力，党的作风建设深入推进，“四风”问题得到有效治理，党风政风和民风社风有新的好转，各级党委（党组）抓党风廉政建设和反腐败工作更加自觉有力，领导干部廉洁自律意识和拒腐防变能力显著增强，消极腐败蔓延势头得到有效遏制，制约和监督权力运行的制度体系基本形成，反腐败体制机制更加健全。

二、坚持不懈抓好党的作风建设

深入贯彻中央八项规定精神，大力弘扬井冈山精神和苏区精神，密切党同人民群众的血肉联系。

（一）从严治党，大力弘扬党的优良传统和作风

各级党组织要把管党治党作为主要职责和根本任务，扎实推进党的作风建设。各级党组织和广大党员干部要自觉按照党的组织原则和党内政治生活准则办事，严格执行党的政治纪律、组织纪律、财经纪律、工作纪律和生活纪律等各项纪律，坚决克服组织涣散、纪律松弛问题，在思想上政治上行动上同以习近平同志为总书记的党中央保持高度一致。坚持对党员干部严格要求、严格教育、严格管理、严格监督，一级管好一级，一级带动一级，讲党性、讲原则，清正廉洁，保持共产党人政治本色。

（二）持之以恒抓好八项规定精神和省、市、县相关规定贯彻落实，着力整治“四风”

精简会议活动和文件简报；进一步规范考核、检查、评比、达标和节庆、论坛、展会等活动；规范领导干部办理婚丧喜庆事宜。纪检监察机关要把监督执行八项规定精神作为一项经常性工作，认真执好纪、问好责、把好关。加大对领导干部公款送礼、公款吃喝、公车私用、违规配备公车、公款出国（境）、公费旅游、奢侈浪费以及出入私人会所等行为的执纪监督力度，实行实名曝光，加大查处力度。坚持抓住重要时间节点，加强明察暗访、交叉检查，一个节点一个节点推进，强化日常性监督检查，不断巩固工作实效。

（三）深入开展党的群众路线教育实践活动

深入开展以为民务实清廉为主题的党的群众路线教育实践活动，深化“送政策、送温暖、送服务”工作，健全干部直接联系服务群众“双向全覆盖”长效机制。聚焦“四风”，着力解决教育、医疗、就业、社保、住房等关系群众切身利益的重点问题，纠正损害群众利益的重点问题，清除党员干部中存在的吃拿卡要，铺张浪费，庸懒散，漠视群众等问题，切实整改脱离群众、作风漂浮等问题。

三、保持高压态势惩治腐败

把坚决遏制腐败蔓延势头作为全面推进惩治和预防腐败体系建设的重要任务，坚持有案必查、有腐必反、有贪必肃，保持惩治腐败的高压态势。

（一）加大查办违纪违法案件力度，充分发挥惩治的震慑作用

坚持既坚决查处领导干部违纪违法案件，又切实解决发生在群众身边的腐败问题。严肃查办领导机关和领导干部贪污贿赂、权钱交易、腐化堕落、失职渎职的案件；严肃查办执法、司法人员徇私舞弊、枉法裁判、以案谋私的案件；严肃查办严重违反政治纪律的案件；严肃查办群体性事件、重大责任事故背后的腐败案件；严肃查办商业贿赂案件，加大对行贿行为的惩处力度；严肃查处借赣南苏区振兴发展之机中饱私囊案件。加强财政支农资金、社保基金、扶贫救灾救济资金等民生专项资金的管理和监督。切实解决在农村山林流转、耕地占补平衡等环节损害群众利益的问题。健全查办案件组织协调机制，完善群众投诉的快查、快办、快结机制，充分发挥“书记信箱”“县长信箱”“纪委书记信箱”等民声通道的作用，畅通群众诉求渠道。坚持抓早抓小，治病救人。本着对党的事业负责、对干

部负责的态度，对党员干部身上的问题要早发现、早教育、早查处，防止小问题变成大问题。对反映的问题线索，及时采取约谈、函询等方式向本人和组织核实，加强诫勉谈话工作。

（二）严肃查处用人上的腐败问题，匡正选人用人风气

认真贯彻《党政领导干部选拔任用工作条例》，严肃查处违规破格提拔干部、弄虚作假、买官卖官、跑官要官、拉票贿选等违反组织人事纪律行为。坚持和完善立项督查制度，对干部群众举报的选人用人方面的不正之风和腐败问题，组织力量进行查核，依纪依规严肃处理，让弄虚作假、不干实事、会跑会要的干部没市场、受惩戒，形成风清气正的用人环境。

（三）开展专项治理，着力解决群众反映强烈的突出问题

开展民生资金管理使用情况专项检查，重点检查社保资金、教育投入资金、医保资金、保障性住房建设资金、征地拆迁补偿资金、社会救助资金、土坯房改造资金等管理使用情况；开展公共资源交易市场突出问题专项治理，打击违规设置准入资格条件、规避招标、围标串标、买标卖标等问题；开展损害群众利益突出问题专项整治，着力解决在征地拆迁、项目建设、民生资金、农村集体“三资”管理中以权谋私、侵害群众利益问题；开展国家工作人员防止利益冲突专项治理；开展楼堂馆所、清理办公用房专项检查；坚决查处发生在群众身边的以权谋私问题，治理乱收费、乱罚款、乱摊派和吃拿卡要等问题；深入开展公职人员收送“红包”问题专项治理。

（四）健全反腐败组织协调机制，提升依纪依法惩治水平

加强对案件查办工作的领导，提高揭露、发现和查办腐败案件能力，提高办案质量和效率。完善反腐败协调小组职能，健全案件查办日常协作机制，完善纪检监察、法院、检察、公安、司法、财政、审计等执纪执法机关协作办案的程序和办法，规范相互移送案件工作机制；健全群众信访举报线索受理机制，充分发挥网络受理举报的平台作用，完善重要案件线索管理制度；认真落实办案安全工作责任制，坚持依纪依法、安全文明办案。

（五）树立正确执纪执法导向，充分发挥查办案件治本功能

充分发挥查办案件治本功能，努力实现查处一案、教育一片、治理一方的综合效应。坚持查办案件与加强警示教育相结合，通过剖析案件，总结教训、举一反三，深入开展警示教育和岗位廉政教育。坚持查办案件与推进专项治理相结合，针对腐败案件反映出的党风政风方面突出问题，扎实开展专项治理。坚持查办案件与推进体制机制改革相结合，对查办案件过程中发现的体制机制制度上存在的弊端和薄弱环节，建章立制，堵塞漏洞。

四、科学有效预防腐败

推进预防腐败工作，增强党员干部廉洁从政意识，加强对权力运行的制约和监督，深化重点领域改革，促使领导干部不想腐、不能腐、不敢腐。

（一）深化党风廉政教育，筑牢拒腐防变的思想道德防线

加强廉洁从政教育。深入开展中国特色社会主义和中国梦教育、理想信念和宗旨教育、社会主义核心价值体系教育。以领导干部为重点，加强党纪国法、廉政法规和从政道德教育。落实主要领导讲廉政党课制度。全面推进领导干部任前廉政谈话和廉政法规知识测试。大力开展勤廉典型教育。剖析违纪违法案件，加强警示教育。对存在苗头性问题的领导干部进行谈心提醒关爱教育。

加强廉政文化建设。挖掘崇义人“崇尚礼义”精神和竹子“挺拔高洁、虚怀若谷”廉政理念，将廉洁价值理念融入国民教育、精神文明建设和法制教育之中，纳入现代公共文化服务体系。深入推进廉政文化进机关、社区、学校、农村、企业、家庭，推进廉政文化精品工程建设。开展“廉政文化月”活动，发挥葛藤坑廉政教育基地、王尔琢烈士陵园、革命旧址等作用，打造红色廉政文化品牌。

加强宣传和舆论引导工作。把党风廉政建设和反腐败宣传教育工作纳入党的宣传教育工作总体部署和年度安排，积极宣传党风廉政建设和反腐败工作的方针政策、决策部署和工作成效。在电视台、报刊等主要媒体上办好反腐倡廉专栏和专题。坚持正确舆论导向，完善反腐倡廉网络舆情信息工作机制。大力宣传勤政廉政先进事迹，加强典型违纪违法案件警示教育。加强涉腐网络舆情收集、研判和处置，规范网络监督，引导舆论导向。健全党风廉政建设新闻发布制度。

（二）加强反腐倡廉制度建设

出台国家工作人员因公临时出国（境）、党政机关公务接待管理、办公用房清理、领导干部工作生活保障等方面的实施细则。根据上级安排推进公务用车改革。建立健全廉能风险防控机制、预警机制，及时发现纠正存在的问题。落实领导干部报告个人有关事项等制度，完善领导干部廉政档案，试行领导干部特别是党政“一把手”财产公开制度，对领导干部个人有关事项报告进行抽查核实。细化“三重一大”重要事项集体决策机制。加强农村党风廉政建设，全面落实《赣州市农村党风廉政建设标准化操作手册》各项要求。

（三）加强源头防治腐败体制机制改革

全面落实中央、省委、市委和县委全面深化改革总体部署，着力从体制机制上消除滋生腐败的土壤和条件。深化行政审批制度改革，对保留的行政审批事项要规范管理、提高效率。深化干部人事制度改革，完善考察任用干部群众测评制度，提高选人用人公信度。深化司法体制改革，解决影响司法公正的深层次问题。深化行政执法体制改革，做到严格规范公正文明执法。深化公共资源交易市场化改革，推进财税、金融、投资体制和国有企业改革，防范腐败问题发生。

五、加强党对党风廉政建设和反腐败工作的统一领导

（一）强化党委主体责任

各级党委（党组）要严格落实党风廉政建设责任制，把建立健全惩治和预防腐败体系列入重要议事日程，与经济社会发展同部署、同落实、同检查；支持和保证纪委认真履行职责，发挥监督执纪作用。各级领导班子主要负责同志要履行党风廉政建设和反腐败工作第一责任人职责，做到重要工作亲自部署、重大问题亲自过问、重点环节亲自协调、重要案件亲自督办。领导班子其他成员要坚持“一岗双责”，根据分工抓好职责范围内的党风廉政建设和反腐败工作。

（二）加强反腐败体制机制创新和制度保障，改革党的纪律检查体制

各级纪委（纪检组）要履行协助党委（党组）加强党风廉政建设和组织协调反腐败工作的职责。聚焦党风廉政建设和反腐败斗争这个中心任务，进一步明确职责定位，规范内设机构设置，清理议事协调机构，立足“监督的再监督、检查的再检查”职责定位，加强对执纪执法的监督检查。推动党的纪律检查工作双重领导体制具体化、程序化、制度化，强化上级纪委对下级纪委的领导，查办腐败案件以上级纪委领导为主，线索处置和案件查办在向同级党委报告的同时必须向上级纪委报告。乡（镇）纪委书记提名和考察以县纪委会同组织部门为主。乡（镇）纪委书记和派驻纪检组长（纪委书记）原则上不分管其他工作。加强对同级党委特别是常委会成员的监督，更好发挥党内监督专门机关作用。

（三）增强惩治和预防腐败体系建设工作合力

惩治和预防腐败体系建设牵头单位和协办单位要落实责任，相互支持配合。组织部门要加强对干部经常性的管理监督，坚决纠正选人用人上的不正之风；宣传部门要抓好党风廉政建设和反腐败斗争宣传，强化舆论引导；纪检监察、司法、行政执法等机关和部门要充分发挥纪律约束、法律制裁、经济处罚、市场监管、科技支撑作用，多措并举，增强党风廉政建设和反腐败工作综合效果。

（四）狠抓工作任务落到实处

各乡（镇）、各部门单位要抓好责任分解和任务分工，有重点、分步骤地落实好本实施方案部署的工作任务。对阶段性任务，在规定时间内高质量完成；对持续性工作，结合新情况新问题推进提高；对根据新形势新要求充实的工作，及时研究安排。建立工作台账制度，完善督查考核机制，每年对工作进展情况进行检查，总结评估，查找不足，督促任务落实。制定实施切实可行的责任追究制度，对抓党风廉政建设和反腐败工作不力，造成不良影响的，严肃追究领导责任。

中共崇义县委
贯彻落实《中共中央关于全面深化改革若干重大问题的决定》的意见

崇发〔2014〕9号

各乡（镇）党委、人民政府，县委各部门，县直、驻县各单位：

为深入贯彻落实党的十八届三中全会通过的《中共中央关于全面深化改革若干重大问题的决定》，以及《中共江西省委贯彻落实〈中共中央关于全面深化改革若干重大问题的决定〉的实施意见》和《中共赣州市委贯彻落实〈中共中央关于全面深化改革若干重大问题的决定〉的意见》，以全面深化改革加速推进崇义振兴发展，提出如下意见。

一、把握全面深化改革总体要求

1．深刻认识全面深化改革的重大意义。改革开放是党在新的时代条件下带领全国各族人民进行的新的伟大革命，是当代中国最鲜明的特色。党的十八届三中全会高举改革旗帜，总揽发展全局，作出全面深化改革战略部署，改革范围之广、力度之大、措施之实前所未有，充分体现了以习近平同志为总书记的党中央勇于担当的政治勇气和驾驭全局的政治智慧，标志着我国改革开放事业迈入全面深化的新阶段，对于实现“两个一百年”奋斗目标、实现中华民族伟大复兴中国梦具有里程碑意义。

改革是推进赣南苏区振兴发展、实现崇义与全国同步全面建成小康社会目标的根本动力和必由之路。《国务院关于支持赣南等原中央苏区振兴发展的若干意见》及其系列配套文件的出台实施，崇义面临前所未有的重大历史机遇，经济社会呈现稳中趋好、好中趋快的发展势头。同时必须清醒看到，崇义后发展、欠发达的现状仍未根本改变，思想不够解放、市场化程度不高、体制机制不完善等问题仍较突出，改革发展任务十分艰巨。因此，必须深入学习贯彻党的十八届三中全会和习近平总书记系列重要讲话精神，统筹谋划、全面深化各项改革，更加注重改革的系统性、整体性、协同性，抢抓机遇，勇于担当，努力走出一条欠发达山区小县改革开放、振兴发展的新路子。

2．明确全面深化改革的指导思想和目标任务。高举中国特色社会主义伟大旗帜，以马克思列宁主义、毛泽东思想、邓小平理论、“三个代表”重要思想、科学发展观为指导，全面贯彻落实党的十八大、十八届二中、三中全会和习近平总书记系列重要讲话精神，按照省委“发展升级、小康提速、绿色崛起、实干兴赣”战略部署，坚持发展为先、生态为重、创新为魂、民生为本，推进发展项目化、产业生态化、建设景区化、服务信息化，积极实施目标引领、创新推动、企业帮扶、人才支撑战略，把全面深化改革贯穿加速崇义振兴发展全过程，以促进社会公平正义、增进人民福祉为出发点和落脚点，解放思想，凝聚共识，坚定信心，准确、有序、协调推进改革。到2020年，在重要领域和关键环节改革上取得重大突破，形成具有崇义特色、切实可行、科学规范、运行有效的制度体系，奋力加速崇义振兴发展，加快建设美丽、文明、活力、法治崇义，努力实现与全国同步全面建成小康社会。

全面深化改革，必须突出解放思想，勇于创新。下决心冲破陈旧观念障碍，突破利益固化藩篱，进一步解放和发展社会生产力、解放和增强社会活力。必须着眼振兴发展，先行先试。充分发挥中央国家机关及有关单位对口支援、中央企业对口帮扶等优势，跟踪对接国家部委深化改革举措，努力争取更多领域改革在崇义破题开篇、探索实践。必须注重统筹兼顾，重点突破。毫不动摇坚持社会主义市场经济改革方向，立足县情，突出问题导向，找准结合点、切入点、着力点，发挥经济体制改革牵引作用，抓住重要领域和关键环节，重点突破，协调推进。必须坚持以人为本，民生优先。从人民群众最期盼的领域改起，更好实现人民平等参与、平等发展权利，让改革发展成果更多更公平惠及全县人民。

二、激发市场主体活力

3. 推进非公有制经济创新发展。鼓励发展国有资本、集体资本和非公有资本交叉持股、相互融合的混合所有制经济。进一步放开民间投资领域，坚持非禁即入、非限即许，鼓励和引导民间资本进入基础设施、基础产业、公共事业等领域。加大对非公有制经济发展的金融、科技和人才的支持。促进“个转企、小升规、规改股、股上市”转型升级，引导小微企业加强制度创新、管理创新，健全扶持民营企业做大做强帮扶机制，加快建立现代企业制度，着力培育一批重点行业的骨干民营企业和龙头企业。打破一切不利于非公有经济发展的障碍和壁垒，营造非公有制企业健康发展环境。制定规范的招商引资优惠政策（包括办理证照的规范减免政策），营造企业公平竞争的环境。

4. 深化国企国资改革。创新国有资产管理体制，健全国有资本经营预算管理和绩效考核制度，建立完善股东会、董事会、经理层、监事会工作机构和工作制度。推动国投、林投、林股、旅投等县属国有企业完善现代企业制度，建立员工能进能出、管理者能上能下、收入能增能减的机制。试点推行政府性投融资平台公司改组成混合所有制企业。支持县属国有企业跨地区、跨所有制、跨行业参与市场竞争，打造具有比较优势的企业集团。厘清经营性、非经营性国有资产，盘活存量，分类推进非经营性国有资产集中统一监管，制定全县行政事业单位国有资产管理办法，确保国资保值增值。

5. 健全生产要素市场。健全人力、信息、技术、资本、土地、矿产等生产要素市场，发挥资源配置、价格发现、降低成本、规范秩序、统一结算等功能。进一步健全统筹城乡、区域一体的人力资源市场体系，促进人力资源合理流动和有效配置。大力发展信息产业，加快推进智慧城市、4G 网络、三网融合建设，大力发展电子商务新型商贸物流业态。完善土地市场，改革征地制度，探索研究建立城乡统一的建设用地流转机制。探索建设集中统一的公共资源交易平台，推动公共资源交易“管办分离”，实现公共资源交易制度统一、平台统一、监管统一、交易统一、深化林权和矿产资源交易市场化改革，推进公共资源交易公开招投标和网上交易。整合物流资源，构建物流网络，引进培育大型物流企业，打造现代商贸物流园区。

6. 改革金融发展方式。鼓励外埠金融机构设立驻县分支机构及后台服务机构。继续深化农村信用社改革，推进县农信联社重组改制农商银行。充分发挥县金融局组织、协调、联动作用，引进民间资本，提高县担保公司注册资本，积极发展融资租赁、融资性担保公司、典当行、小额贷款公司、风险投资公司、股权投资公司等准金融机构和各类融资性中介机构，支持发行企业债券、中期票据、短融券等金融产品，遏制民间高利贷，降低中小微企业融资风险，推进中小企业融资、民间融资登记等服务平台建设。加快国投、林投、旅投等投资公司实体化进程，不断增强融资能力，提高直接融资比重。激励金融机构加大对县域经济发展的信贷支持力度。继续推进林权等抵押贷款，试点土地承包经营权、宅基地连同房屋抵押信贷，探索推动矿权、动产抵押、股权质押等支农信贷产品创新。参照财园信贷通和小微信贷通等成熟融资模式，鼓励联合设立矿业基金，服务矿业发展。适时启动总部经济大楼建设，优先扶持总部经济，制定出台吸引投资类基金聚集的优惠政策，培育发展股权投资、创业投资和私募股权基金等金融产业。培育上市后备梯队，加快理顺和明确产权关系，完善法人治理结构，用好用活证监会拟上市企业审核“西部绿色通道”政策，加快推进耀升钨业、崇义林股、齐云山等公司上市发展。鼓励企业到“新三板”等资本市场融资，推动企业快速发展。

7. 促进产业转型升级。创新产业发展体制机制，完善支柱产业扶持政策。制定实施产业结构调整指导目录，促进产业结构调整升级，加快构建特色鲜明、结构合理、集约高效、环境友好的现代产业体系。探索建立政府性产业投资引导基金，撬动保险、社保资金及私募股权、私募基金等资金，扶持培育矿业、林业、食品业、旅游业四大优势主导产业。大力发展钨精深加工，开发钨终端产品，打造全国钨产业基地和钨资源综合利用示范基地；创新林业管理体制机制，大力发展高附加值林产品，延伸林业产业链，培育林产工业龙头企业，打造全国木材战略储备基地；大力推进国家旅游扶贫试验区建设，改革完善旅游开发管理体制机制，引进战略投资者参与文化旅游资源的开发利用，打造全国著名旅游养生目的地；推进农业结构调整，大力发展"生态、富硒、绿色、有机"食品，建设全国重要的特色农产品深加工基地。

8. 强化科技创新升级。抓住国家应用性技术研发机构市场化、企业化改革机遇，大力加强与国内外高等院校、科研院所、大企业研发中心的交流合作，联合建设研发机构、技术服务平台和产学研基地。建立健全企业科技创新先投入后补助机制，扶持科技型中小企业加强产品研发和成果转化。加强知识产权保护，健全技术转移机制，鼓励科技人员兴办领办科技型民营企业和科技成果入股，促进科技成果资本化、产业化。支持章源钨业、耀升钨业国家级企业技术中心建设，齐云山、君子谷创建省级工程技术研究中心，新泰升炭业、齐云山申报国家级高新技术企业。

三、建设服务型政府

9. 推进政府机构改革。科学规范部门职责，优化政府机构设置、职能配置、工作流程，2014年基本完成县政府机构改革任务，优化政府组织结构，统筹党政群机构改革，理顺部门职责关系。加大部门整合力度，严格控制机构编制，减少机构数量和领导职数，从严控制财政供养人员总量，降低行政成本。精简和规范各类议事协调机构及其办事机构。健全政务公开制度，提高政府运行透明度。加快事业单位分类改革。全面深化从事公益服务事业单位政事分开、管办分离和去行政化改革。理顺事业单位与主管部门关系，逐步取消学校、医院等单位的行政级别，推动有条件的事业单位变为企业或社会组织，建立事业单位统一登记管理制度和法人治理结构。深化社会组织管理改革，实现行业协会与行政机关脱钩。

10. 改革行政审批制度。承接和落实国家、省市取消和下放的行政审批事项，精减县本级行政审批事项，把该放的权力放到位，把该管的事管到位。全面梳理行政审批事项，面向社会公开行政审批事项目录清单，实行行政审批"授权式管理、清单式管理"制度。健全县乡联动的政务服务体系。加强行政审批绩效管理，推行并联审批模式，严格限时办结制度，完善重大产业项目"绿色通道"。全面推行行政审批、公共服务"两集中、两到位"改革，县级行政审批、公共服务事项全部纳入县行政服务中心窗口和崇义县网上审批系统集中办理，做到事进、人进、权进，实现行政审批、公共服务"一个窗口对外、一个窗口服务"，确保行政审批、公共服务全面集中、全面监管、全面提速、全面规范。逐步实现所有审批服务全部网上办理、电子监察实时监控和审批信息部门共享，健全行政审批一站式服务、延时服务、预约服务、全程跟踪服务等制度，努力打造审批项目最少、审批效率最高、运行成本最低、服务环境最好、投资政策最优的发展环境。实行一个窗口受理，一次性告知办理材料，在规定审批时限办结，并由窗口交给办理者，减少中间的流动环节。

11. 推进工商注册制度便利化。削减资质认定项目。降低创业门槛，鼓励全民创业，投资主体零限制、注册登记零收费。简化工商登记程序，由"先证后照"改为"先照后证"，放宽市场主体注册资本、住所（经营场所）登记条件，改注册资本实缴登记制为认缴登记制，改企业年检制度为年度报告制度，允许"一照多址"和"一址多照"。进一步清理规范现有歧视性政策，全面实施"审核合一"，切实做到简易事项当场办结，推动属地管理制改为"县域通办制"。

12. 深化投融资改革。进一步确立企业投资主体地位，企业投资项目，由企业依法依规自主决策。完善企业投资项目核准和备案管理办法，进一步减少前置条件，强化服务和后续监管。进一步完善县级项目会审制度，强化节能、节地、节水、环境、技术、安全等市场准入标准。制定政府投资项目管理办法，建立和完善政府投资项目投资评审制和绩效评估制度。改善投资管理方式，引导社会投资活动，促进投资结构优化。深化招投标制度改革，推进招投标工作电子化进程。

13．强化财税制度改革。加强预算管理，强化预算监督，落实全口径预算编制改革，进一步提升政府财力统筹水平。改进年度预算控制方式，建立跨年度预算平衡机制。健全预算信息公开制度，推进部门预决算和“三公经费”预决算公开。建立权责发生制的政府综合财务报告制度。规范政府举债行为，逐步实现政府债务统一扎口管理，建立政府债务风险预警机制。加快研究整合各类专项资金，尤其是涉农资金，集中投入，避免重复建设，提高财政资金使用效益。用好西部大开发税收优惠政策，规范招商引资税收优惠政策，继续推进营业税改征增值税改革。建立健全税收征管保障体系，严格依法征税。健全政府非税收入征收管理制度。进一步深化县级预算单位公务卡制度和乡镇财政国库集中支付制度改革。制定政府购买公共服务管理办法，建立政府向社会力量购买公共服务指导性目录和定期发布制度，通过合同、委托等方式，加大政府购买公共服务力度。

14．创新市场化招商模式。创新招商方式方法，积极探索市场化招商新模式，坚持引资与引智、引技联动，产业链招商、基地化招商、网络化招商并举。依托自身资源和产业优势，突出资源招商，坚持以资源换资本、以资源换技术、以资源换项目、以资源换市场，围绕四大主导产业着力跟踪承接产业集群和产业链转移。利用好各类经贸活动和展会平台，着力引进央企和优强企业落户。着力引进和扶持高技术含量、高附加值、高财税贡献率、低碳型产业项目，优先引进股权投资基金等投资金融产业项目。鼓励在外务工人员返乡创业。大力营造全面开放的良好政务环境、法治环境和人文环境。

15．打造开放升级平台。整合关田、过埠等工业小区，组建省级工业园（产业园）区，完善基础设施和园区功能，引进一批生态环保、高新技术企业，培育成为承接沿海发达地区产业转移的重要平台。阳岭新城围绕生态旅游城市定位，重点建设教育文化、体育健身、休闲娱乐、旅游服务、总部经济五个中心。加快招商引资和项目招投标，狠抓工程质量，落实城市综合体等重大项目，加快基础设施建设，完善城市功能，着力打造现代服务业发展平台。

四、促进城乡发展一体化

16．有序推进农民市民化。推进以人为核心的城镇化，提高新型城镇化质量。全面放宽县城和建制镇落户限制，统一城乡户口登记制度，全面实施居住证制度，加快推进义务教育、就业创业、社会保障等基本公共服务常住人口全覆盖，吸引农民进城镇居住创业。实施生态移民工程，对深山区、地质灾害区、生态保护区、重点风景区的农民搬迁下山，制定优惠安置政策，使其搬得出、住得下、发展好。

17．加速同城化进程。把握崇义与赣州中心城区同城化发展的重大机遇，树立“全域规划”的理念，加强城乡统一规划引导，促进经济社会发展、土地利用、城乡规划等各类规划相衔接。推进过埠镇全省统筹城乡示范镇建设，鼓励社会资本通过各种方式参与城镇基础设施投资和运营，着力建设全国重点镇。推进乡镇管理体制改革，开展扩权强镇试点改革，赋予乡镇部分县级经济社会管理权限，最大限度为乡镇松绑，制定政策措施激活乡镇经济发展活力，形成各具特色经济增长板块。

18．规范农村土地承包经营权流转。完成农村土地承包经营权登记确权颁证工作，2014年底前全县登记确权颁证发证率达到80%以上。鼓励农户采取托管、出租、入股等方式流转耕地、林地、水面经营权，发展多种形式适度规模经营。对流转耕地发展县规模优势特色农业的加大奖补。土地流转和适度规模经营要尊重农民意愿，不损害公民权益。加快健全土地经营权流转市场，完善县乡村三级服务和管理网络，特别是建立乡镇土地流转纠纷仲裁机构，乡镇成立农村土地流转服务站，为农村土地流转搞好服务，同时成立农村土地承包纠纷调解委员会，设立调解庭，并充分发挥基层调解组织的作用，做到土地纠纷“小事不出村、大事不出乡”。规范合同签订、鉴证、登记备案等制度。建立土地流转准入、退出和风险防范机制，探索建立工商企业流转农业用地风险保障金制度。

19．加快构建新型农业经营体系。大力培育壮大农业龙头企业，坚持扶大助强、招大引强，加大政策支持，引进优势企业和先进技术，扶持培育一批引领行业发展的领军企业。鼓励发展混合所有制农业龙头企业，建立龙头企业与农户、农民合作社的紧密型复兴联结机制，实施“企业+基地+农户”的模式，构建利益链接机制，推进基地建设壮大企业，企业发展带动基地建设。扶持发展新型农业经营主体，积极发展家庭农场、专业大户、农民合作社，开展多种形式的规模经营。鼓励引导懂技术、会经营的农户和返乡农民工、农村经纪人等流转土地、扩大生产规模，培育成为种养大户和家庭农场主。完善家庭农场认定标准和登记管理办法，开展示范农场和合作社的创建活动。

20．加强基层农业服务体系建设。加强乡镇农业技术推广、动植物疫病防控、农产品质量监管、农村经济管理等队伍建设，在规定的编制内优先招考、选调专业对口的大中专毕业生到乡（镇）农业技术推广机构工作。特别对专业性较强的科技人员，在空余的编制内，要不拘一格、特事特办，破格录用，以缓解当前我县面临的特别是农业、林业科技人员老化，青黄不接、人才断层状况。采取定向委培等方式，稳定充实基层农技队伍。健全乡镇农业推广机构经费保障和激励机制，建立健全乡镇农业推广机构县、乡、农户三方考核机制。实施好基层农技推广体系改革与建设项目，提升服务能力。强化农产品质量安全监管，建立最严格的覆盖全程的农产品安全监管制度，落实属地管理和生产经营主体责任，将农产品质量安全纳入县乡级政府绩效考核范围。

21．优化农村集体“三资”管理。积极探索集体经济多种有效实现形式，不断壮大集体经济实力。以清产核资、资产量化、股权管理为主要内容，加快推进农村集体“三资”管理的制度化、规范化、信息化。健全农村集体财务预决算、收入管理、开支审批、资产台账和资源登记等制度。严格农村集体资产承包、租赁、处置和资源开发利用的民主程序，加大集体财务公开力度，强化对公开事项及时性和公开内容真实性的监督，加快建设全省统一的农村集体“三资”信息化监管平台。

五、加快生态文明体制建设

22．建设国家生态主体功能区。全面落实好主体功能区规划，优化国土空间布局和形态，落实用途管制，实行分级分类管理和差别化的区域政策体系，严守生态红线。积极探索资源有偿使用和生态补偿制度，逐步建立生态补偿与经济发展相适应的制度。争取国家建立生态补偿横向转移支付制度。建立资源环境承载能力监测预警机制。探索编制自然资源资产负债表，探索建立生态环境损害责任终身追究制，实施“净空”、“净水”、“净土”工程，启动低质低效林改造试点，全面改善水环境质量，扎实推进重点工业污染源治理，切实做好饮用水源保护。严格落实空气环境质量相关制度，加快绿色矿山建设步伐。加强农村环境治理，开展农村垃圾集中连片整治，探索实行城市管理模式向重点乡镇延伸，建立农村环境长效管护机制。

23．加强生态环境监管。建立和完善严格监管所有污染物排放的环境保护管理制度。完善环境安全隐患排查与整治机制，健全部门协调联动的环境综合管理体系。完善重大规划和重大决策环境影响评价制度，及时公布环境信息，健全举报制度，加强社会监督。合理控制能源消费总量，加强对重点领域监管，强化节能减排目标责任制和问责制。完善污染物排放许可制，严格实行区域和企事业单位主要污染物排放总量控制。严格生态环境损害的赔偿制度和依法追责制度。强化环境监管执法，建立并严格执行项目审批准入、环保一票否决、资源环境倒逼等制度机制，坚决淘汰落后产能，关停污染企业。

24．打造生态文明示范区。抓好国家主体功能区建设试点，合理区划国土生态功能核心区、生态功能缓冲区、优化开发区和重点开发区，探索维护提升生态功能的绿色发展道路。推进生态资源商品化、资本化，推行节能量、碳排放权、排污权、水权交易制度，完善排放指标有偿使用初始价格形成机制，建立吸引社会资本投入生态环境保护的市场化机制，推行环境污染第三方治理。积极申报全国碳汇林业交易试点，创建全国生态文明先行示范区。

六、深化文化体制改革

25．推进文化管理体制改革。健全党委领导、政府管理、行业自律、企事业单位依法运营的管理体制。整合崇义旅游报、崇义手机报、崇义旅游一套、二套，崇义政府门户网站、崇义旅游网等新闻媒体资源，推进广播电台、电视台、报道组合并，组建新闻传媒中心。

26．创新公共文化服务。健全国有文化资产管理体制，加快文广系统资产整合步伐，推进城区文化阵地建设。深化公益性文化事业单位改革，推动图书馆、文化馆组建理事会，扶持竹艺演出公司市场化运营，采取定编不定人的方式聘用演职人员。推进文化市场综合执法大队规范化建设，建立文广、公安、工商、消防等联合执法机制，不断加大文化市场综合执法力度。

加强农村公共文化服务设施建设，重点推进乡镇综合文化站、农家书屋、村社区文化场所等文化阵地规范化建设，促进农村公共文化服务标准化、均等化。充分挖掘舞春牛、三节龙等特色的民俗文化，打响生态竹乐品牌，建立文化惠民项目建设的群众评价与反馈机制，推动文化惠民项目与群众文化需求有效对接。

27．促进文化与旅游融合发展。深化旅游体制改革，组建崇义县旅游发展委员会。完善赣州西部区域旅游联盟工作机制，出台加快旅游产业发展的政策措施，打造阳岭、上堡梯田、齐云山、聂都溶洞、君子谷旅游品牌。创新投融资机制，引导金融机构创新产品和服务，推进旅游融资渠道多元化。设立文化产业发展基金，重视抓好文化旅游产品开发，推出以奇石、根雕、竹工艺、九层皮为主的特色旅游产品。改革文化旅游招商方式，加大旅游招商力度，引进战略投资者参与文化旅游资源的开发利用，鼓励本地民间资本参与乡村旅游、宾馆酒店、旅游购物、娱乐休闲等产业发展。

七、推动社会事业改革创新

28．推进教育综合改革试验。统筹城乡义务教育资源均衡配置，推进全县中小学校布局调整，全面改善义务教育薄弱学校基本办学条件，加快学校标准化建设。加大教育投入，加快崇义中学新校区和乡镇公办幼儿园建设。创新教师资源配置管理，推进城乡中小学教师定期交流轮岗。建立统一的中小学教师职称制度，实现与事业单位岗位聘用制度的有效衔接。完善学校教师绩效工资制度，逐步提高艰苦边远地区农村中小学教师等特殊津贴补贴标准。加强校企合作交流，实行“校企合作、工学结合、半工半读、订单培养”办学模式，做大做强职业教育。完善财政、税收、金融和土地等优惠政策，鼓励和引导社会力量办学，加快建设省级示范幼儿园和乡村民办幼儿园，发展学前教育。

29．推进医药卫生管理改革。统筹推进医疗保障、医疗服务、公共卫生综合改革。建立新农合大病保障机制，健全疾病应急救助制度，健全乡村医疗卫生服务网络化运行机制。开展创建“农民满意乡镇卫生院”、示范村卫生室活动，进一步提高乡村医疗卫生服务能力，促进优质资源纵向流动，优化农村卫生资源配置，逐步缩小城乡卫生差距。探索建立县级公立医院管理体制和运行机制，建立健全科学的医疗绩效评价机制和适应行业特点的人才培养、人事薪酬制度，建立科学合理的补偿机制。实行“医药分开”管理模式，解决药品经营竞争无序、药价虚高等问题。

30．健全全民健身公共服务体系。以国家体育总局对口支援为契机，制定《崇义县体育工作发展纲要》和《崇义县公共体育设施建设规划》，积极创建全民健身服务体系试验县。加大体育后备人才培养，探索设立集科学健身知识普及、信息咨询、体质测定、运动康复为一体的“科学健身示范区”，打造国家级训练比赛疗养基地。推动体育旅游产业发展，形成“政府主导、部门协同、全社会共同参与”的体育事业发展新格局，促进基本公共体育服务均等化。

31．健全就业创业和收入增长机制。用足用活扶持创业的优惠政策，加快城乡公共就业服务平台建设，健全城乡均等的公共就业创业服务体系。完善职业培训、就业服务、劳动维权“三位一体”工作机制。优化创业环境，落实创业扶持、小额担保贷款等优惠政策，支持就业吸纳力强的企业加快发展，促进创业带动就业。完善城乡居民收入增长机制，促进城乡居民增收与经济增长同步。落实规范公务员津贴补贴政策。完善事业单位绩效工资制度。

促进企业建立工资协商决定机制和正常增长机制。稳步提高最低工资标准。大力发展现代农业增加农民经营性收入。

32. 完善城乡居民社会保障制度。积极稳妥推进机关事业单位养老保险制度改革。完善社会保险关系转移接续政策，扩大参保缴费覆盖面。完善被征地农民养老保险制度，健全兼顾各类人员的养老保险待遇确定机制和正常调整机制。推进养老服务平台建设，加快崇义县综合福利院、农村幸福院建设。健全新型社会救助体系，推进城乡最低生活保障制度统筹发展。加快健全重特大疾病医疗救助制度。把临时救助升级转型为“救急难”救助制度。建立社会救助与慈善救助的衔接机制。

33. 创新扶贫开发机制。对接对口支援政策，健全专项扶贫、行业扶贫、社会扶贫“三位一体”扶贫开发格局。结合统筹城乡发展示范区建设，大力实施搬迁移民扶贫和扶贫开发重点村整村推进。探索长效稳定可持续的促进贫困群众脱贫机制，建立精准扶贫、扶贫到户、定点扶持、结对帮扶的工作机制。引导和鼓励商业性金融机构创新金融产品和服务，增加贫困乡镇信贷投放。建立和完善广泛动员社会各方面力量参与扶贫开发制度。

八、强化民主政治制度建设

34. 推进人大工作创新。坚持人民主体地位，发挥人民代表大会制度的根本政治制度作用。健全人大对政府重大决策、地方财政预算决算和国有资产的有效监督制度。建立健全代表联络机构，完善代表联系群众制度。充分发挥代表作用，完善人大工作机制，综合运用听取和审议专项工作报告、开展执法检查、询问、质询、特定问题调查、备案审查等法定监督形式，积极回应社会关切。

35. 强化人民政协职能。推进政治协商、民主监督、参政议政制度建设。健全政协委员联络机构，完善委员联络制度。完善专题协商、对口协商、界别协商、提案办理协商等制度。发挥统一战线在民主协商中的重要作用，加强同各民主党派和无党派人士的团结合作。构建程序合理、环节完整的民主协商体系，推进协商民主广泛多层制度化发展。

36. 推行村民自治管理。建立村民自治制度，完善村务管理的监督和制约机制，促进群众在城乡社区治理、基层公共事务和公益事业中依法自我管理、自我服务、自我教育、自我监督，形成“群众监督、制度管理、干部干事”的新型村级工作格局。建立村情民意恳谈会制度，完善村民议事会、理事会制度，创新试行村两委会议村民旁听、村民例会制度。加强村规民约、村民自治章程来规范基层依法管理。

九、推进法治崇义建设

37. 创新社会治理模式。扎实推进“送政策、送温暖、送服务”工作，不断创新群众工作方式。创新有效预防和化解社会矛盾体制，健全重大决策社会稳定风险评估机制。加强行政执法监督，提高行政案件质量和速度，设立行政调解中心并完善人民调解、行政调解、司法调解联动工作体系。改革信访工作制度，把涉法涉诉访纳入法治轨道，建立涉法涉诉依法终结制度。健全基层综合服务管理平台，推进城乡社区网格化管理。建立食品药品安全标准体系和风险监测、检验检测、产品追溯等技术支撑体系。整合防汛、防火、天网等网络平台，完善综合应急指挥体系。完善社会治安防控体系，预防和严厉打击违法犯罪活动，增强人民群众安全感。

38. 推进司法管理机制创新。深化审务公开、检务公开、警务公开，构建开放、动态、透明、便民的阳光执法新机制。建立健全特殊人群管控帮教机制，完善刑释解教人员就业安置和社区矫正机制、法律援助制度。改革律师参与依法治理制度，建立健全律师执业保障和违法违规执业惩戒制度，在政府机构、行政单位普遍建立法律顾问制度，建立律师参与领导干部接访和协助化解重大、疑难矛盾纠纷及群体性事件工作制度。

十、加快党的建设制度改革

39. 深化干部人事制度改革。落实干部交流制度，对在同一职位任职满10年以上的科级领导干部，进行交流任职；对在同一职位任职满5年以上的科级领导干部，有计划地实行交流，促进干部的多岗培养锻炼，创造条件，逐步实行一般干部的交流轮岗途径，切实转变部门单位的工作作风。完善干部考察机制，继续开展好群众直接评议推荐干部工作，扩大群众在干部使用中的话语权。规范公开选拔和竞争上岗工作，合理设置资格条件和选拔程序。加大从事业单位公开选拔乡镇副科级领导干部和专业性较强的公务员单位领导班子成员力度，激发事业单位干部工作活力，优化领导班子配备和干部队伍结构。建立经济责任审计工作联席会议制度，每年有计划地开展科级领导干部任中经济责任审计工作。

40．建立聚集人才体制机制。实施人才支撑战略，积极争取赣南苏区振兴发展“千人计划”人才工程优惠政策，落实人才工作经费。深入开展人才资源统计调查，分类建立人才资源信息库，编制人才目录，提高引才引智工作针对性，采取多种形式引才引智，对硕士研究生以上学历人才，可直接聘用到急需的事业单位岗位，着力引进城市规划、生态旅游、教育卫生等领域急需的紧缺性人才，逐步解决好人才断层现象。鼓励引导规模以上非公企业与高等院校、科研部门开展产学研合作；充分利用农村党员创业孵化基地等平台，培养一批乡土人才；实施“筑巢引凤”工程，抓好人才公寓分配和管理；健全人才激励机制，大力营造爱才育才、聚才用才的良好氛围，使人才引得进、留得住、展得开、干得好。

41．健全群众工作体制机制。以开展教育实践活动为契机，巩固深化县委群众工作部牵头抓总、96333群众信息与服务中心督导调度、联席会议定期研判的群众工作机制，进一步完善县、乡、村、组四级群众信息服务网络，健全群众工作机制，推动群众工作的制度化、信息化和常态化。

42．推进服务型党组织建设。深化村（居）党组织任期目标责任制和村支部书记分类管理制度，激发干事创业热情。深入推进名誉村书记“情系家乡、共建家园”主题实践活动，搭建党员干部联系服务群众平台。整顿软弱涣散基层党组织，增强基层党组织服务能力。实施源头推优工程，加强村级后备干部队伍建设。健全党员队伍管理制度和党员“志愿服务”制度。探索建立实施不合格党员退出机制。拓宽远程教育网络覆盖外延。建立完善50周年以上党龄老党员补贴、党员扶贫济困基金制度，构建党内关爱长效机制。

十一、加强党风廉政建设

43．全面落实党风廉政建设责任制。认真落实党委主体责任，细化工作任务，明确责任分工，层层签字背书，落实“一岗双责”，强化责任追究。严格落实党委（党组）定期向上级纪委报告党风廉政建设责任制落实情况制度，组织政府组成部门主要负责人向县纪委全会述廉并进行民主测评。强化纪委的监督责任，创新执纪监督方式，强化线索排查管理，加大案件查办力度，坚决纠正损害群众利益的不正之风，有效惩治和预防腐败。

44．加强反腐败体制机制创新。改革和完善反腐败协调小组职能，健全工作规则，整合各方面力量，凝聚反腐败工作合力。抓好纪检监察工作双重领导体制具体实施办法的落实，积极推进纪检监察机关“三转”，落实乡镇纪委书记、副书记的提名考察以县纪委会同组织部门为主。强化上级纪委对下级纪委的领导，建立完善乡镇和县直单位纪委（纪检组）向县纪委报告工作，县纪委对乡镇和县直单位纪委（纪检组）督查考核制度。制定出台关于加强乡镇纪检组织建设的实施方案，提升乡镇纪委执纪监督和查办案件能力。

45．强化权力运行制约监督。认真落实党内监督各项制度，完善“三重一大”事项集体决策制度，制定出台加强对乡镇党政“一把手”和县直部门单位负责人监督管理办法，强化党政“一把手”监督。稳步推进公车改革。认真开展党员领导干部廉政警示教育，全面推行廉能风险防控机制，建立政府及其工作部门权力清单制度，依法公开权力运行流程，强化权力监督制约，规范干部履职行为，促进干部廉洁行政。

46．推进作风建设常态化。深入开展党的群众路线教育实践活动，深化“送政策、送温暖、送服务”工作，健全和完善干部直接联系服务群众长效机制。持之以恒贯彻执行中央八项规定和省市要求，研究制定操作性较强的具体实施办法。严肃查处党员干部出入私人会所、变相公款旅游等问题。严禁公款互相宴请、赠送节礼、高档消费。继续开展干部队伍“治庸、治懒、治散”。加大作风建设查处力度，对顶风违纪者快查快办，严查严办。

中共崇义县委

2014年8月18日

中共崇义县委　崇义县人民政府
关于印发《关于过埠镇扩权强镇改革试点办法（试行）》的通知

崇发〔2014〕11号

各乡（镇）党委、人民政府，县委各部门，县直、驻县各单位：

现将《关于过埠镇扩权强镇改革试点办法（试行）》印发给你们，请结合实际认真贯彻执行。

中共崇义县委
崇义县人民政府
2014年9月25日

关于过埠镇扩权强镇改革试点办法（试行）

为加快推进过埠统筹城乡示范镇建设，落实省、市文件精神，结合过埠镇实际，特制定本办法。

一、指导思想、总体目标和基本原则

（一）指导思想。以十八大、十八届三中全会精神为指导，贯彻落实省、市推进示范镇建设精神，以全面深化改革为动力，健全工作机制，加大扶持力度，通过扩权强镇，促进城乡一体化发展。

（二）总体目标。切实增强过埠对周边地区的带动辐射作用，通过若干年努力，把过埠建设成为辐射力强、配套齐全、生态优美、富有活力、宜居宜业的县域次中心城区，在全国百强中心镇中脱颖而出。

（三）基本原则。一是坚持依法放权，合理充分。二是坚持权责统一，做到职责明确、责任落实、有责可查。三是坚持依规办事，公开透明、便民高效，减少办事层级，提高办事效率。四是坚持分类指导，因地制宜。

二、扩权强镇改革的主要内容

（一）下放“七所八站”机构

第一条　下放站所归口乡镇管理。在民政和劳动保障服务中心、综合文化站归镇党委、政府管理的基础上，下放财政所、司法所、国土分局、规划建设管理所、人口和计划生育服务中心、农业技术推广综合服务站、水利站等7个站所。工商所待全省工商体制改革明晰后，再下放给镇党委、政府管理。

第二条　加强驻镇单位双重管理。加强对公安派出所、森林公安派出所、交警中队、初中、小学、幼儿园、卫生院等7个驻镇单位双重管理，林站实行委托管理，组织人事及上级主管部门对其主要负责人及其班子成员的任免调整，须事前充分听取乡镇党委、政府的意见建议。

（二）赋予部分县级行政管理权限

第三条 赋予乡镇人事调配权。归口镇党委、政府管理的乡镇站所的人员、编制、财务、资产等管理权下放给过埠镇，实行属地全权管理。县组织人事部门下放股级干部任免审批权给镇党委、政府。站所编制、职数范围内其他人员的任免、交流、聘用均由镇党委、政府按程序行文决定。

第四条 赋予发展决策权。在依法依规基础上，享有县级有关计划、项目、资金、用地指标单列权和项目资金整合使用权。县人民政府从2014年起每年优先安排示范镇用地计划指标。

第五条 赋予规划许可权。县级乡村建设规划许可审批权全权下放到过埠镇；农户集体土地申请建房且建筑层数5层以下、面积在1000平方米以下的，由镇规划建设管理所初审，镇人民政府审批后直接发证。村镇建设项目选址、建设用地规划许可、建设工程规划许可三项行政许可权审核权限全权下放到过埠镇，国有土地建设项目申请规划报建审批的，由镇规划建设管理所初审，镇人民政府预审后报县城建局审批发证；集体土地建设项目建筑层数5层以上或建筑面积在1000平方米以上的原则上不予审批，如符合规划要求确需申请规划报建审批的，由镇规划建设管理所初审，镇人民政府预审后报县城建局审批发证。

第六条 赋予土地管理权。县国土局下放土地利用总体规划编制权、年度土地收储和土地出让计划编制权、年度用地指标使用权给过埠镇，可自主聘请技术服务单位编制调整方案，规划编制完成后，可直接报县政府、市政府审批。下放国有土地使用权划拨、出让及集体建设用地、宅基地拨用等建设用地审批权，由镇国土分局审核、镇人民政府同意后，直接报县政府批准。

第七条 赋予落户审批权。将过埠镇列为全县户籍改革试点镇，县内迁入过埠镇落户审批权下放到过埠派出所。

第八条 赋予再生育一胎审批权。将《再生育一胎生育证》审批权下放到过埠镇，由过埠镇人民政府按相关法规审核批准并发证，同时报县人口计生委备案。

第九条 赋予林业审批权。县林业局在过埠镇设立林业网上办证点，对需县林业局审批的林木采伐许可证、木材运输证、植物检疫证审批权下放到镇林管站，实行网上审批、即申即办。将农民自用材审批权下放给镇政府，由镇人民政府负责审批。

第十条 赋予执法管理权。城乡违法建设行政处罚全权委托过埠镇负责镇域范围内城乡建设违章处罚和违法用地处罚权。县农粮局将动植物检疫、渔业捕捞、渔政执法、农产品质量安全监管等执法权限下放给过埠镇。成立综合执法大队，依法行使国土、规划、工商、城镇管理职能。

（三）实施经济发展奖励扶持政策

第十一条 对新办企业实行税收奖励。凡过埠镇引进新办企业，纳税之年起，三年内县财政按地方实得部分（剔除已享受其他优惠政策返还奖励的部分，如外购矿产品奖励等）的全额返还；过埠镇与县直单位（包括其他乡镇）共同引进的生态型、科技型企业（资源采掘型企业减半）入驻过埠镇，奖励部分按过埠镇与县直单位6∶4的比例分成，最高限额不封顶。

第十二条 对新增产能实行税收奖励。对镇辖区范围内原有企业新增产能增加的税收，从2014年起，比上年新增税收按县财政地方实得部分全额返还。

第十三条 鼓励盘活国有资产。鼓励过埠镇盘活自身沉淀的国有资产，过埠镇根据规划和发展需要向县政府履行报批手续后，国有资产取得的收入剔除原有成本和相关税费后，县财政实得部分全部奖励给过埠镇。过埠镇盘活土地资源，出让土地所得扣除土地征收、报批税费等成本及国家规定计提的政府性基金外，县实得部分全部返还乡镇。对示范镇建设实现的契税、耕地占用税，除实行土地招拍挂、县基础设施重点工程建设缴纳的外，其他用地项目及违规占用耕地项目所征收的两税、滞纳金及罚款，按县实得部分的70%的标准返还乡镇。

第十四条 全额返还社会抚养费。将过埠镇辖区范围内违法生育征收的社会抚养费上缴县财政后，全额返还过埠镇人民政府用于计划生育事业经费，涉及该镇计划生育利益导向资金，过埠镇应按照县政府标准从社会抚养费中支付。

汉语拼音主题索引

F

G

H

J

K

L

M

X

Y

Z